Emanzipation zwischen Sozialismus und Feminismus

25.–

Heinz Niggemann

# Emanzipation zwischen Sozialismus und Feminismus

## Die sozialdemokratische Frauenbewegung im Kaiserreich

Peter Hammer Verlag
Wuppertal

Umschlaggestaltung: hammerteam
Druck: F. L. Wagener, Lemgo
Buchbinderei: Klemme & Bleimund, Bielefeld
Gesetzt in der Linotype Garamond

*Heinz Niggemann* wurde 1951 in Dortmund geboren. Er besuchte dort das altsprachliche Staatliche Gymnasium und legte 1969 das Abitur ab. Anschließend studierte er an der Ruhr-Universität in Bochum Geschichte und Anglistik. 1975 bestand er die erste philologische Staatsprüfung. Von 1976 bis 1978 vertrat Heinz Niggemann als Lehrbeauftragter an der Fachhochschule in Dortmund die Fächer »Politik und Zeitgeschichte« und »Wirtschaftsenglisch«. Seit 1976 arbeitete er unter der Betreuung Prof. Dr. Hans Mommsens an seiner Dissertation zum Thema »Emanzipation zwischen Sozialismus und Feminismus. Die Sozialdemokratische Frauenbewegung im Kaiserreich«. Die Promotion wurde 1979 mit dem Prädikat »summa cum laude« abgeschlossen. Ein Teil der für die Dissertation benutzten Quellen wird 1981 veröffentlicht werden. 1980 bestand Heinz Niggemann in Bochum die Zweite Staatsprüfung für das Lehramt am Gymnasium. Gegenwärtig unterrichtet er an einem Hattinger Gymnasium die Fächer Geschichte und Englisch.

CIP-Kurztitelaufnahme der Deutschen Bibliothek

*Heinz Niggemann:*
Emanzipation zwischen Sozialismus und Feminismus:
d. sozialdemokrat. Frauenbewegung im Kaiserreich / Heinz Niggemann
Wuppertal: Hammer, 1981
ISBN: 3-87294-180-1

# Inhalt

# Einleitung

Die Frauenemanzipation ist gerade heute wieder in den Gesichtskreis öffentlichen Interesses geraten: Eine neue Frauenbewegung macht Schlagzeilen, Politiker sehen sich zum Überdenken der Frauenpolitik ihrer Parteien gezwungen, die UNO erklärte das Jahr 1975 zum »Jahr der Frau«. Noch immer bestehen Probleme, mit denen sich Frauen schon um 1900 auseinandergesetzt haben: Das Lohngefälle zwischen männlichen und weiblichen Arbeitern ist noch nicht überwunden; Frauen sind in politischen Parteien und Gremien noch immer unterrepräsentiert; nur selten erreichen Frauen leitende Funktionen im Berufsleben; die traditionelle Arbeitsteilung in der Familie besteht nach wie vor. Die SPD, die als erste deutsche Partei für die Gleichberechtigung der Frau eintrat, hat diese Probleme nicht bewältigen können. Unsere Gegenwart ist ohne eine Analyse ihrer Genese nicht erklärbar, und diese Untersuchung soll zum Verständnis der historischen Bedingtheit aktueller Fragen beitragen.

Zunächst soll das Frauenbild des 19. Jahrhunderts aufgezeigt und mit der tatsächlichen Stellung der Frauen in Gesellschaft, Politik und Familie konfrontiert werden. Im Kontext dieser Arbeit gehört ferner die Herausbildung einer sozialistischen Emanzipationstheorie zu den Gegebenheiten, die Sozialdemokratinnen am Ende des Jahrhunderts vorfanden.

Anschließend werden die organisatorische Entwicklung der sozialistischen Frauenbewegung, ihr Verhältnis zur bürgerlichen Frauenbewegung und ihre wichtigsten Tätigkeitsfelder dargestellt werden. Die Analyse der konkreten Arbeit der Bewegung und ihrer inneren Auseinandersetzungen ermöglicht eine Antwort auf die Frage nach dem politischen Charakter der sozialdemokratischen Frauenbewegung.

Eine Untersuchung der altersmäßigen Zusammensetzung und der sozialen Herkunft sozialistischer Frauen gibt Einblick in die Struktur der Bewegung. Die Stellung der Frauen in der SPD wirft die Frage nach ihrer innerparteilichen Gleichberechtigung auf.

Der Bereich des Privatlebens, der Ehe, Familie und Sexualmoral verdient besonderes Interesse. Die Aussagen der sozialistischen Theorie, die Realität der sozialdemokratischen Familie und die Initiativen der sozialistischen Frauen in diesem Bereich dürfen nicht vernachlässigt werden, wenn man Leistung und Grenzen dieser Emanzipationsbewegung abschätzen will.

Die Thematik bewegt sich im Spannungsfeld zweier Problemkreise, der Frauenemanzipation und der Sozialdemokratie. Zwischen diesen beiden

Polen bewegten sich auch sozialistische Frauen in der Zeit des deutschen Kaiserreichs, und dieses Spannungsverhältnis war Grundlage zahlreicher Probleme und Konflikte. Die Ausgangslage, die diese Frauen für ihre Tätigkeit vorfanden, wurde einerseits durch die Stellung der Frau in der Gesellschaft, andererseits durch die sozialistische Emanzipationstheorie geprägt. Die sozial- und ideologiegeschichtliche Entwicklung bildet den Hintergrund ihrer Arbeit für die Emanzipation der Frau und ihrer Position innerhalb der Sozialdemokratie.

Organisatorisch und theoretisch grenzte sich die sozialistische Frauenbewegung zunehmend von der »bürgerlichen Frauenbewegung« ab, mit der sie dennoch zahlreiche Berührungspunkte verbanden. Der im Sprachgebrauch der Zeit bei ihren Freunden und Feinden übliche Begriff der »bürgerlichen Frauenbewegung« soll hier trotz seiner Unschärfe übernommen werden. Die soziale Zusammensetzung, die enge Bindung an liberales Gedankengut und die ideologische Anlehnung an Werte des Bildungsbürgertums rechtfertigen die Bezeichnung. Der heute oft benutzte Begriff »Feminismus« wäre weniger zutreffend: »feministisch« sollen hier nur solche Vorstellungen und Verhaltensweisen genannt werden, die spezifischen Fraueninteressen die Priorität vor denen einer Partei, Kirche oder Nation geben[1]. Das auch in der sozialistischen Frauenbewegung enthaltene feministische Element wurde trotz der erklärten Loyalität zur Partei nie ganz verschüttet. Angesichts der Schwäche des deutschen Liberalismus und der bürgerlichen Frauenbewegung war die Sozialdemokratie die stärkste soziale Kraft, die sich für die Gleichberechtigung der Frauen einsetzte: die Integration der Sozialdemokratinnen in die Partei barg jedoch die Gefahr der Anpassung an eine männliche Bürokratie. Die Untersuchung der Tätigkeitsfelder sozialistischer Frauen gibt Aufschluß über das Verhältnis zwischen Partei- und Fraueninteresse in der alltäglichen Kleinarbeit und bei herausragenden Aktionen.

Um nicht nur die Gedanken einiger weniger Führerinnen und die Arbeit der Leitungsgruppe kennenzulernen, werden die Ergebnisse einer regionalen Fallstudie über das Rhein/Ruhr-Gebiet einbezogen; Berlin und Hamburg lieferten Kontrolldaten. So ist es möglich, auch die Tätigkeit der Bewegung auf lokaler Ebene zu untersuchen, Agitationsarbeit und Politisierungsprozesse an der Basis zu verfolgen und Einblicke in deren Bewußtseinsstruktur zu erhalten. Die Quellenlage und der Forschungsstand erschweren diese Arbeit ganz erheblich: Die Basis bleibt weitgehend anonym, regionale und biographische Untersuchungen fehlen, der Stand so-

---

1 Ähnlich definieren auch: Günther Bartsch: Feminismus kontra Marxismus, in: Aus Politik und Zeitgeschichte. Beilage zur Wochenzeitung »Das Parlament«, 3. 12. 1977, S. 13–27, und: »Feministische Tendenzen oder was so alles unter Feminismus verstanden wird«, in: Frauenjahrbuch 1976, München 1976, S. 63–106, hier S. 67f.

zialgeschichtlicher Forschung ist unzureichend, die Beteiligung von Frauen an Arbeitskämpfen noch nicht analysiert.

Gerade für die Frauenemanzipation sind lang tradierte Verhaltensweisen, unreflektierte Vorurteile, Residuen traditionellen Denkens von kaum zu überschätzender Bedeutung. Nicht in jeder »antifeministischen« Äußerung ist Revisionismus zu sehen, nicht jeder linke Sozialdemokrat frei von Vorurteilen. In der »Frauenfrage« verlaufen die Fronten häufig anders als bei anderen kontroversen Problemen. Vor allem der private Bereich – Ehe, Familie und Probleme der Sexualmoral – ist ein Prüfstein für die Verankerung emanzipatorischen Gedankengutes. Hier besteht nicht nur eine Kluft zwischen Theorie und Praxis, hier bleibt auch die Theorie unvollkommen. Phänomene des Privatlebens, das Beharrungsvermögen alter Verhaltensmuster und psychologische »Überbauphänomene« wurden von sozialistischen Theoretikern unterschätzt. Auch die Frauenbewegung zeigt hier ihre Begrenzung, auch die Mentalität von Sozialdemokratinnen war nicht revolutioniert.

Die Thematik enthält eine Fülle von Fragestellungen; hier sollen folgende Probleme im Mittelpunkt stehen: Welche Situation fanden Sozialdemokratinnen im Kaiserreich vor, wenn sie sich politisierten? Wie war ihr Verhältnis zur SPD einerseits und zur bürgerlichen Frauenbewegung andererseits? Der Charakter der Bewegung zwischen Parteipolitik und Frauenemanzipation läßt sich an den konkreten Themen ihrer politischen Arbeit ablesen, die in der Literatur vielfach postulierte Zugehörigkeit der Frauen zum linken Flügel der Sozialdemokratie muß überprüft werden. Innere Kontroversen und Strukturen der Meinungsbildung und Entscheidungsfindung sind dabei ausschlaggebend, die Schlüsselrolle Clara Zetkins ist für jede Analyse ein entscheidender Faktor. War die sozialistische Theorie ein emanzipatorisches Instrument für die Frauen, oder dominierten auch bei Sozialdemokraten in Partei und Privatleben überkommene Vorurteile? Welche Erfolge in Theorie und Praxis konnten die Sozialdemokratinnen verzeichnen, welchen Begrenzungen unterlagen sie? Fragen wie diese durchziehen die Analyse theoretischer Fragen, konkreter Arbeitsfelder, organisatorischer Strukturen, offener und versteckter Kontroversen. Die wichtigsten Ergebnisse werden in Form kurzer Thesen zusammengefaßt werden.

Nur wenige der handelnden Akteure sind heute noch bekannt. Biographische Informationen werden nicht im Text gegeben, sondern in Form eines »Biographischen Anhangs«, der als Beitrag zu einem noch nicht geschriebenen biographischen Lexikon der Frauenbewegung betrachtet werden kann. Nicht immer sind vollständige Lebensdaten eruierbar, doch immerhin gelang es, Informationen über fast 300 Frauen zu sammeln.

Nicht nur der biographische Aspekt, der ganze Komplex der Frauenbewegung und Frauenemanzipation ist lange Zeit von der historischen Forschung vernachlässigt worden. In allgemeinen Darstellungen der Geschichte der Arbeiterbewegung wurden die Frauen häufig vergessen[2]. Einige alte Arbeiten begannen zwar mit der Sichtung des Materials[3], doch erst in letzter Zeit nimmt sich eine intensivere wissenschaftliche Forschung der Thematik an. Die Verhandlungen der »Internationalen Tagung der Historiker der Arbeiterbewegung« in Linz 1978 zum Thema »Die Frau in der sozialistischen Arbeiterbewegung 1900–1939« zeigten jedoch, daß sich die Erarbeitung dieser Problematik noch im Anfangsstadium befindet.

Die bürgerliche Frauenbewegung wurde von Twellmann, Hackett und Evans behandelt[4], doch bleiben auch hier noch zahlreiche Fragen wie die nach dem Charakter ihres linken Flügels offen. Die Problematik der Frauenemanzipation in der Gewerkschaft wurde von Jaqueline Strain und dann – mit zum Teil entgegengesetzten Ergebnissen – von Gisela Losseff-Tillmanns untersucht[5]. Jean H. Quataert schrieb die Geschichte der sozialistischen Frauenbewegung als kollektive Biographie von acht Frauen[6];

---

2 Z. B. Dieter Groh: Negative Integration und revolutionärer Attentismus. Die deutsche Sozialdemokratie am Vorabend des Ersten Weltkrieges, Frankfurt a. M., Berlin, Wien 1973; Carl E. Schorske: German Social Democracy 1905–1917. The Development of the Great Schism, New York ²1965; Hedwig Wachenheim: Die deutsche Arbeiterbewegung 1844–1914, Köln-Opladen 1967.

3 Steffi Aron: Die sozialistische Frauenbewegung Deutschlands in ihrer historisch-soziologischen Entwicklung und in ihrem Verhältnis zur bürgerlichen Frauenbewegung, Diss. Heidelberg 1923; Lilly Hauff: Die deutschen Arbeiterinnen–Organisationen, Halle a. S. 1912; Reinhold Jaeckel: Die Stellung des Sozialismus zur Frauenfrage im 19. Jahrhundert, Diss. Tübingen 1904; Joseph Joos: Die sozialdemokratische Frauenbewegung in Deutschland, M. Gladbach 1912; Hilde Lion: Zur Soziologie der Frauenbewegung. Die sozialistische und die katholische Frauenbewegung, Berlin 1926; Annemarie Neumann: Die Entwicklung der sozialistischen Frauenbewegung, Diss. Berlin 1921; Werner Struewing: Das sozialistische Arbeiterinnenproblem, Diss. Freiburg 1921.

4 Margrit Twellmann: Die deutsche Frauenbewegung im Spiegel repräsentativer Frauenzeitschriften. Ihre Anfänge und erste Entwicklung 1843–1889, Meisenheim am Glan 1972; Amy Kathleen Hackett: The Politics of Feminism in Wilhelmine Germany, 1890–1918, Diss. Columbia University, 1976; Richard J. Evans: The Feminist Movement in Germany 1844–1933, London 1976; ders.: The Women's Movement in Germany, 1890–1919, Diss. Oxford 1972; ders.: The Feminists. Women's Emancipation Movements in Europe, America and Australasia 1840–1920, London 1977.

5 Gisela Losseff-Tillmanns: Frauenemanzipation und Gewerkschaften (1800–1975), Diss. Bochum 1975; Jaqueline Strain: Feminism and Political Radicalism in the German Social Democratic Movement, 1890–1914, Diss. University of California, Berkeley 1964 (auch ihre Thesen zur Frauenbewegung in der Partei sind häufig nicht überzeugend).

6 Jean H. Quataert: The German Socialist Women's Movement 1890–1918: Issues, Internal Conflicts, and the Main Personages, Diss. University of California, Los Angeles 1974, S. VIII, 15, 16; es handelt sich um die Frauen Zetkin, Zietz, Baader, Ihrer, Juchacz, Grünberg und Hanna.

Karen Honeycutt veröffentlichte eine Biographie Clara Zetkins, die für die hier behandelte Thematik wichtige Erkenntnisse enthält[7]. Die Arbeiten aus der DDR beschäftigen sich in erster Linie mit Clara Zetkin und der Bedeutung der Frauenbewegung für die Herausbildung eines linken Flügels, der später zur KPD werden sollte[8]. Die immer noch umfassendste deutsche Arbeit ist Thönnessens auf einer Dissertation aus dem Jahre 1958 basierendes Buch »Frauenemanzipation. Politik und Literatur der Deutschen Sozialdemokratie zur Frauenbewegung 1863–1933«. Seine Einteilung der historischen Entwicklung in die Phasen des Antifeminismus der Lassalleaner, der emanzipationsfreundlichen Marxisten und eines neuen, revisionistischen Antifeminismus ist jedoch nicht aufrechtzuerhalten[9]. Viele der genannten Werke sind eher politikwissenschaftlich orientiert als genuin historische Quellenanalysen[10]. Nicht nur alle Arbeiten aus der Zeit vor 1945, sondern auch viele der neueren Studien basieren auf einem relativ schmalen Quellenmaterial: Unveröffentlichte Quellen werden gar nicht, zeitgenössische Broschüren und Memoiren nur sehr unvollständig berücksichtigt[11]. Dadurch werden häufig schon die Darstellung der Fakten fehlerhaft, die Ergebnisse und Thesen zum Teil unhaltbar[12]. Bei der

7 Karen Honeycutt: Clara Zetkin: A Left-Wing Socialist and Feminist in Wilhelmian Germany, Diss. Columbia University 1975.

8 Luise Dornemann: Clara Zetkin. Ein Lebensbild, Berlin [4]1962; dies.: Clara Zetkin. Leben und Wirken, Berlin 1973; Dieter Götze: Clara Zetkin und die Einbeziehung der werktätigen Frauen in den Kampf der Kommunistischen Internationale 1919–1922, Diss. PH Leipzig 1974; Rolf Helbig/Wilhelm Langbein/Lothar Zymara: Beiträge zur Lage des weiblichen Proletariats und dessen aktive Einbeziehung in den Kampf der deutschen Arbeiterklasse gegen Imperialismus, Militarismus und Krieg in der dritten Hauptperiode der Geschichte der deutschen Arbeiterbewegung, Diss. PH Leipzig 1973; Berndt Schmidt/Wolfgang Richter: Die Rolle August Bebels und der von ihm geführten revolutionären Sozialdemokratie beim Kampf des Proletariats um die Befreiung der Frau (1865–1900). Ein Beitrag zur Geschichte der politisch-theoretischen und organisatorischen Entwicklung der proletarischen Frauenbewegung Deutschlands im 19. Jahrhundert, Diss. PH Leipzig 1973.

9 Werner Thönnessen: Frauenemanzipation. Politik und Literatur der Deutschen Sozialdemokratie zur Frauenbewegung 1863–1933, Frankfurt a. M. 1969; ders.: Die Frauenemanzipation in Politik und Literatur der Deutschen Sozialdemokratie (1863–1933), Diss. Frankfurt a. M. 1958. Beide Schriften sind fast identisch. Verweise in dieser Arbeit beziehen sich stets auf die leichter zugängliche Ausgabe von 1969.

10 Lion; Losseff-Tillmanns; Thönnessen.

11 Losseff-Tillmanns; Strain; Thönnessen.

12 Neben den älteren Arbeiten vor allem bei Strain und Quataert, aber auch bei Thönnessen. Die wichtigsten sachlichen Fehler werden hier in Fußnoten korrigiert, die fragwürdigen Thesen im Text diskutiert werden. Eine berechtigte Kritik an diesen Schriften gibt auch: Molly Nolan: Proletarischer Anti-Feminismus. Dargestellt am Beispiel der SPD-Ortsgruppe Düsseldorf, 1890 bis 1914, in: Frauen und Wissenschaft. Beiträge zur Berliner Sommeruniversität für Frauen. Juli 1976, Berlin 1977, S. 356–377, hier S. 357 ff.

Behandlung der sozialistischen Emanzipationstheorie und der Organisationsentwicklung konnte auf den vorliegenden Arbeiten aufgebaut werden; Probleme der Basisagitation, der täglichen Kleinarbeit, der Virulenz traditioneller Vorurteile, Arbeitskämpfe von Frauen, der Zusammenhang zwischen dem scheinbaren Radikalismus der Frauenbewegung und ihrer unterentwickelten Organisationsstruktur, die soziale Zusammensetzung der Bewegung oder die gerade in der Frauenfrage auch in der sozialistischen Theorie enthaltenen Berührungspunkte zu vormarxistischem Denken sind noch nicht hinreichend untersucht worden. Auch Fakten über die Entstehungsgeschichte der Bewegung, über ihre Entwicklung im Kampf mit der Polizei und über innerparteiliche Auseinandersetzungen konnten weitgehend erst aus Quellenstudien gewonnen werden.

Der Bruch in der Kontinuität in der Frauenbewegung führte zu einem Verlust historischen Bewußtseins, und heutige Feministinnen klagen zu Recht, daß die Geschichte der Frauen vernachlässigt wurde und nun erst wieder mühsam aufgearbeitet werden muß. Der Mangel an wissenschaftlichen Untersuchungen ließ die neue Frauenbewegung zu Fehleinschätzungen des Verhältnisses von bürgerlicher und sozialistischer Frauenbewegung kommen, die hier korrigiert werden sollen. Auch in dieser Arbeit jedoch müssen einige Fragen offen, einige Antworten hypothetisch bleiben. Fehlende Vergleichsdaten aus der bürgerlichen Bewegung, aus anderen Ländern – Österreich wurde hier gelegentlich in die Betrachtung mit einbezogen – und der Mangel an verläßlichen Detailstudien über den sozialgeschichtlichen Hintergrund erschweren die Interpretation der Ergebnisse.

Diese historische Analyse muß also ganz überwiegend auf der Erschließung von Quellen beruhen. Neben den Protokollen von Kongressen und Konferenzen und sozialdemokratischen Zeitschriften, vor allem der »Gleichheit«[13], wurden zahlreiche zeitgenössische Broschüren und Memoiren durchgesehen. Ein Großteil dieser Schriften ist bislang noch nicht ausgewertet worden, einige der Broschüren galten als verloren[14]. Wertvolle Aufschlüsse gaben unveröffentlichte Korrespondenzen, Flugblätter, Manuskripte, Polizeiberichte über Frauenversammlungen und Jahresberichte der Bürgermeister und Regierungspräsidenten. Zwar ist wertvolles Material unwiderruflich verlorengegangen[15], doch gelang es mit Hilfe der archivalischen Quellen, Wissenslücken zu schließen und einen tieferen Einblick in interne Probleme der Bewegung zu erhalten.

13 Die Gleichheit. Zeitschrift für die Interessen der Arbeiterinnen. 1891–1923.

14 Marie Juchacz z. B. hielt Lily Brauns Broschüren für verloren: Marie Juchacz: Frauen ihres Jahrhunderts. Lebenswege von Frauen durch ein Jahrhundert. Frauenschicksale im Dienst des Sozialismus (Manuskript), in: Archiv der sozialen Demokratie, Nachlaß Marie Juchacz 3.

15 Klara Weyl hat aus Angst vor Hausdurchsuchungen alle Briefe vernichtet, und Lily Braun hat anläßlich eines Umzugs in eine kleinere Wohnung alle Briefe und

Die vorliegende Arbeit beansprucht nicht, Antworten auf die heute im Zentrum der Kontroversen um die Frauenemanzipation stehenden Fragen zu geben; durch die Erweiterung historischen Wissens, durch gezielte Fragestellungen und pointierte Thesenbildung mag sie jedoch vielleicht der aktuellen Diskussion neues Material liefern und zum Verständnis der historisch bedingten Ursachen der immer noch unvollendeten Emanzipation beitragen.

---

weitere Unterlagen verbrannt: Klara Weyl: Erinnerungen (Aus einem Vortrag), in: Archiv der sozialen Demokratie, Nachlaß Gerda Weyl 21., S. 9; Hertha Vogelstein an Luise Kautsky, 24. 11. 1932, in: Internationaal Instituut voor Sociale Geschiedenis, Nachlaß Karl Kautsky, D VI 610.

# I. Die Ausgangslage

## 1. *Die Stellung der Frau in der Gesellschaft*

Die Frauen müssen lernen, »daß die Hauptaufgabe der deutschen Frau nicht auf dem Gebiet des Versammlungs- und Vereinswesens liegt, nicht in dem Erreichen von vermeintlichen Rechten, in denen sie es den Männern gleichtun können, sondern in der stillen Arbeit im Hause und in der Familie. Sie sollen die junge Generation erziehen, vor allen Dingen zum Gehorsam und zum Respekt vor dem Alter.«[1] Diese programmatische Äußerung Wilhelms II. gegen die Emanzipation der Frauen verweist die Frau ganz im Sinne des traditionellen Frauenbilds des 19. Jahrhunderts auf die Familie. Dort soll sie »Kinder gebären und erziehen. Ihrer Familie soll sie den lauteren Quell ihrer fühlenden, liebevollen Seele spenden, Zucht und Sitte, Gottesfurcht und heitere Lebensfreude nähren und pflegen. Nur so wird das Weib segensreich wirken.«[2] Das Lob der Hausfrau wird durch die Überzeugung von der gottgewollten Untertänigkeit der Frau ergänzt: »Daher ist nach der Meinung des Apostels, wie Christus Haupt der Kirche, so der Mann Haupt des Weibes; und wie die Kirche Christus untergeben ist, der sie mit keuschester und immerwährender Liebe liebt, so ziemt es sich auch, daß auch die Frauen ihren Männern unterworfen seien, die sie hinwieder mit treuer und standhafter Hingebung zu lieben haben.«[3] Seit dem Ende des 18. Jahrhunderts wurden der Frau in zunehmendem Maße besondere, angeblich naturbedingte Charaktereigenschaften zugeschrieben[4]: Ihre Mütterlichkeit, Emotionalität, Güte und Sanftmut recht-

1 Gleichheit 12. 9. 1910; Sozialdemokratische Partei-Correspondenz, 5. Jg. (1910) S. 322.

2 Heinrich v. Treitschke: Politik. Vorlesungen gehalten an der Universität zu Berlin. I, Leipzig ²1899, S. 258.

3 Papst Leo XIII. in der Enzyklika »Quod Apostolici Muneris«, zitiert nach: Mary Daly: Kirche, Frau und Sexus, Olten 1970, S. 83; ähnlich die Theologen Rösler, Nathusius, Jacobi: s.: Augustin Rösler: Die Frauenfrage vom Standpunkte der Natur, der Geschichte und der Offenbarung auf Veranlassung der Leo-Gesellschaft beantwortet, Wien 1893, S. 51; Twellmann, S. 58.

4 Zu dieser Datierung s. Karin Hausen: Die Polarisierung der »Geschlechtscharaktere« – Eine Spiegelung der Dissoziation von Erwerbs- und Familienleben, in: W. Conze (Hrsg.): Sozialgeschichte der Familie in der Neuzeit Europas. Neuere Forschungen, Stuttgart 1976, S. 363–393. Ganze Listen der Charakterunterschiede zwischen Mann und Frau finden sich außer bei Karin Hausen auch bei: Otto Caspari: Die Sociale Frage über die Freiheit der Ehe. Mit Berücksichtigung der Frauenbewegung vom philosophisch-historischen Ge-

fertigten ihre Beschränkung auf Ehe und Familie. Die Überzeugung, daß die Frau von Natur aus ein besonderes, unveränderliches Wesen habe, war nicht nur in konservativen und kirchlichen Kreisen verbreitet[5]. Meyers Konversationslexikon von 1894, das den Bestrebungen der Frauenbewegung teilweise mit Sympathie begegnet, betonte:

> »Durch die Ehe und Familie und durch die besonderen Aufgaben, welche der Frau in Rücksicht auf diese erwachsen, wird allerdings die soziale Stellung des weiblichen Geschlechts stets in erster Linie bestimmt bleiben müssen, und bei der spezifischen Verschiedenheit der von der Natur den Geschlechtern zugewiesenen Stellung im Geschlechtsleben kann selbst bei noch so weit getriebener formaler Rechtsgleichheit eine thatsächliche Gleichstellung von Mann und Frau, des männlichen und des weiblichen Geschlechts, niemals zur Verwirklichung gelangen, obschon das Verhältnis der Unterordnung der Frau unter den Mann mit fortschreitender Kulturentwicklung mehr und mehr einem wirklichen Genossenverhältnis weichen muß.«[6]

Weder die Verehrung von Frauen als »holder Wesen« noch ihr Wirken als Hausfrau und Mutter gaben ihnen Anspruch auf Gleichberechtigung: Die familiäre Idylle blieb patriarchalisch, die Vorrangstellung des Mannes wurde als naturgegeben gerechtfertigt[7].

Weniger verbreitet war die unverhohlene Verachtung der Frauen, wie sie sich bei Schopenhauer, Weininger oder Möbius findet, der den »physiologischen Schwachsinn des Weibes« als notwendige Voraussetzung der Mutterschaft ansah. »Gelehrte und künstlerische Frauen«, die »modernen Närrinnen«, waren für ihn »Ergebnisse der Entartung«, »schlechte Gebärerinnen und schlechte Mütter«, kinderlose Frauen hatten ihren »Beruf verfehlt«[8].

Daß die Frau ins Haus gehöre, ihr eigentlicher Beruf Ehe und Mutterschaft sei, war Gedankengut von Konservativen und Liberalen, von Männern und Frauen, Kirchenvertretern und Sozialdemokraten[9]. Elisabeth

---

sichtspunkt, Frankfurt a. M. ²1905, S. 165; G. Heymans: Die Psychologie der Frauen, Heidelberg ²1924; Maria Pauls: Die deutschen Frauenorganisationen. Eine Übersicht über den Bestand, die Ursprünge und die kulturellen Aufgaben, Diss. Aachen 1966, S. 83f.

5 Twellmann S. 57ff. zitiert zum Beispiel ähnliche Äußerungen von Heinrich v. Sybel, Lorenz v. Stein und Rudolf v. Virchow.

6 Meyers Konversations-Lexikon. Ein Nachschlagewerk des allgemeinen Wissens, Leipzig, Wien ⁵1894, Bd. VI, S. 820.

7 Das wird besonders deutlich in den Schriften: Wilhelm Brügelmann: Die Frauenbewegung im besonderen und die soziale Bewegung im allgemeinen. Vom wissenschaftlichen Standpunkt betrachtet, Leipzig 1907, S. 42; Richard Ehrenberg: Die Familie in ihrer Bedeutung für das Volksleben, Jena 1916, S. 12.

8 P. J. Möbius: Über den physiologischen Schwachsinn des Weibes, Halle ¹²1922, S. 14, 52f., 61.

9 Geradezu programmatisch vertreten von Brügelmann, S. 15; Germanicus: Der Sozialismus und die Frau in Vergangenheit, Gegenwart und Zukunft: Bebel im Lichte der Bibel. II, Leipzig 1899, S. VII; Carl v. Raumer: Das Familienleben des niederen Volkes unter Berücksichtigung der Lehren der Social-Demokratie besprochen für das Volk, Breslau ²1878, S. 8, 10, 49.

Gnauck-Kühne, durchaus nicht die konservativste Vertreterin der bürgerlichen Frauenbewegung, schrieb: »Der Mann ist Gatte und Vater im unbesoldeten Ehrenamte, für das Weib ist die Ehe in jedem Sinne Beruf und zwar, so will es die Natur, soll das Weib hauptberuflich und nicht nebenamtlich Hausmutter sein. Eine höhere Aufgabe als die der Hausmutter gibt es nicht.«[10] Auch die Sozialdemokratin Henriette Fürth meinte, »daß eine durchaus befriedigende Lebenserfüllung für das rechte Weib nur aus Ehe und Mutterschaft erwachse«[11]. Selbst Frauen, die für ihre Emanzipation kämpften, die politisch tätig wurden, waren oft noch im Frauenbild des 19. Jahrhunderts befangen. Das vor allem im Bildungsbürgertum verbreitete Frauenideal war die treue, hilfsbereite, keusche, aufopferungsvolle und mütterliche Frau; Mädchenschulbücher stellten Königin Luise, die Gattin Friedrich Wilhelms III., nicht nur als Symbol für die »deutsche Sache« dar, sondern auch als vorbildlich zurückhaltende, bescheidene Frau. Sie wurde zum »Sinnbild des reinen deutschen Weibes«. Die Schulen propagierten die Bestimmung der Frau für das Haus und stärkten die überkommene Rollenverteilung[12].

Politisches Engagement widersprach dem Idealbild von der zarten, reinen und wenig rationalen Frau und der Auffassung, ihr Reich seien Haus und Familie. Konservative erwarteten von ihrer Emanzipation zunächst die Zerstörung der kleinbürgerlichen Idylle und letztlich sogar den Untergang der Gesellschaft: »Würde nicht alle Gemüthlichkeit, alle Ruhe der Häuslichkeit abhanden kommen, wenn Mann und Frau gleichzeitig in politischen Angelegenheiten öffentlich kämpften, sich aufregten?«[13] »Die angestrebte Emancipation der Frau bringt mit sich die Zerstörung der Familie im Princip, die Verdrängung der Ehe durch die »freie Liebe«, die Beseitigung des specifisch weiblichen Charakters, die Abschaffung der Mutterwürde und Mutterrechte, die Zertrümmerung und Vernichtung der historischen Gesellschaft und ihrer Gliederungen.«[14]

Die Beteiligung der Frauen an der Arbeiterbewegung wurde als besonders gefährlich empfunden: Der »Reichsbote« prophezeite 1906 als Folge der

10 Elisabeth Gnauck-Kühne: Die Deutsche Frau um die Jahrhundertwende. Statistische Studie zur Frauenfrage. Berlin ²1907, S. 7.

11 Henriette Fürth: Die Berufstätigkeit des weiblichen Geschlechts und die Berufsarbeit der Mädchen, Gautzsch bei Leipzig 1908, S. 5; ähnlich dies.: Die Hausfrau. Eine Monographie, München 1914, S. 28.

12 Ernst Gystrow (Pseudonym für Hellpach): Liebe und Liebesleben im 19. Jahrhundert, Berlin 1902, S. 12; Horst Schallenberger: Untersuchungen zum Geschichtsbild der Wilhelminischen Ära und der Weimarer Zeit. Eine vergleichende Schulbuchanalyse deutscher Schulgeschichtsbücher aus der Zeit von 1888 bis 1933, Ratingen bei Düsseldorf 1964, S. 74; Elisabeth Blochmann: Das »Frauenzimmer« und die »Gelehrsamkeit«. Eine Studie über die Anfänge des Mädchenschulwesens in Deutschland, Heidelberg 1966, S. 13ff., 42ff.

13 Raumer: Familienleben, S. 50.

14 Rösler, S. 290.

sich anbahnenden Gewährung des Vereins- und Versammlungsrechtes an die Frauen eine Lohnbewegung, die den Staat in große Gefahr bringen werde[15], und der Regierungspräsident in Düsseldorf wies im gleichen Jahr die Bürgermeister und Landräte seines Bezirkes an: »In Anbetracht der großen Gefahr, die dem Gemeinwesen aus der Beteiligung der Frauen an den sozialdemokratischen Bestrebungen erwächst, nehme ich Veranlassung, die Aufmerksamkeit der Polizeibehörden auf diese Bewegung besonders hinzuweisen.«[16]

Die Regierungen der Länder und des Reiches bemühten sich, die Frauen von der Politik fernzuhalten. Bis 1918 hatten Frauen weder das aktive noch das passive Wahlrecht[17], bis 1908 untersagten ihnen Landesvereinsgesetze in den meisten deutschen Ländern den Beitritt zu politischen Vereinen und den Besuch ihrer Versammlungen. In Preußen lautete der entsprechende Paragraph:

> »Für Vereine, welche bezwecken, politische Gegenstände in Versammlungen zu erörtern, gelten außer vorstehenden Bestimmungen nachstehende Bedingungen:
>
> a) sie dürfen keine Frauenspersonen, Schüler und Lehrlinge als Mitglieder aufnehmen;
>
> b) . . .
>
> Werden diese Beschränkungen überschritten, so ist die Ortspolizei berechtigt, vorbehaltlich des gegen die Betheiligten einzuleitenden Strafverfahrens, den Verein bis zur ergehenden richterlichen Entscheidung (§ 16) zu schließen. Frauenspersonen, Schüler und Lehrlinge dürfen den Versammlungen und Sitzungen solcher politischer Vereine nicht beiwohnen. Werden dieselben auf die Aufforderung des anwesenden Abgeordneten der Obrigkeit nicht entfernt, so ist Grund zur Auflösung der Versammlung oder Sitzung (§§ 5. 6.) vorhanden.«[18]

Ähnliche Vereingesetze galten auch für die Länder Anhalt, Bayern, Braunschweig, Lippe und beide Reuß, während die Hansestädte Hamburg, Bremen und Lübeck sowie die Länder Hessen, Württemberg, Baden und Sachsen den Frauen die politische Betätigung erlaubten. In Sachsen ermöglichte ein Ministererlaß 1891 den Frauen, Mitglieder politischer Vereine zu werden; Ehefrauen allerdings durften keine Leitungsfunktio-

---

15 Beilage zu Nr. 63 des »Reichsboten«, 16. 3. 1906, in: Bundesarchiv, ZSg 113, Kulturgeschichtliche Abteilung, in einem noch nicht katalogisierten Band mit Materialien über die Frauenbewegung.

16 Regierungspräsident Düsseldorf am 10. 5. 1906, in: Hauptstaatsarchiv Düsseldorf, Regierung Düsseldorf Nr. 42789 Bl. 50.

17 Lediglich in einigen Gemeinden wie Travemünde, Oldenburg oder Friedrichstadt besaßen Frauen unter bestimmten Bedingungen wie Hausbesitz und Ausübung des Wahlrechts durch einen männlichen Stellvertreter das Gemeindewahlrecht. Die Details referiert Jenny Apolant: Stellung und Mitarbeit der Frau in der Gemeinde. Nach dem Material der Zentralstelle für Gemeindeämter der Frau in Frankfurt a. M. bearbeitet, Berlin ²1913, S. 5ff.

18 Gesetz-Sammlung für die Königlichen Preußischen Staaten. 1850, Berlin o. J., S. 279, § 8.

nen übernehmen[19]. Die Vereinsgesetze konnten von den Behörden unterschiedlich ausgelegt werden und wurden vor allem in Bayern bis 1898 sehr streng angewandt: Erst 1898 wurden Frauen die Mitgliedschaft in Gewerkschaften und unpolitischen Bildungsvereinen und die Beteiligung an öffentlichen Volksversammlungen gestattet[20], und 1902 gab der Münchner Polizeipräsident v. Vollmar die Zusicherung, daß gegen die Teilnahme von Frauen am Parteitag der SPD nicht eingeschritten werde[21]. In Preußen erlaubten die Behörden 1897 die Teilnahme von Johanna Löwenherz am Provinzialparteitag der SPD in Essen nicht[22], und Käte Duncker und Clara Weyl berichten, daß sie als Männer verkleidet politische Versammlungen besuchten[23].

Während also in Preußen die Frauen nicht der SPD beitreten und nicht an deren Veranstaltungen teilnehmen konnten, waren öffentliche Versammlungen erlaubt. Daher agitierte und beriet die sozialistische Frauenbewegung stets in öffentlichen und nicht in Vereinsversammlungen. Als Ersatz für politische Vereine schuf man Agitationskommissionen, unpolitische Bildungsvereine und die lose Organisation um in öffentlichen Versammlungen gewählte Vertrauenspersonen.

Dennoch wurde die Bewegung bis 1908 entscheidend durch zahlreiche Repressionsmaßnahmen der Behörden behindert: Die ersten Vereine Berliner Arbeiterinnen wurden 1886 aufgelöst[24]; 1889 und 1890 wurden die von der Agitationskommission Berlins einberufenen Versammlungen verboten oder aufgelöst, bis eine Audienz der Frauen Ihrer und Leuschner

---

19 Gertrud Bäumer: Die Geschichte der Frauenbewegung in Deutschland, in: Handbuch der Frauenbewegung. I, Berlin 1901, S. 1–166, hier S. 114; Protokoll über die Verhandlungen des Parteitages der Sozialdemokratischen Partei Deutschlands. Abgehalten zu Mainz vom 17. bis 21. September 1900, Berlin 1900, S. 95; Emma Ihrer: Die Arbeiterinnen im Klassenkampf. Anfänge der Arbeiterinnen-Bewegung, ihr Gegensatz zur bürgerlichen Frauenbewegung und ihre nächsten Aufgaben, Hamburg 1898, S. 52; dies.: Die Organisationen der Arbeiterinnen Deutschlands, ihre Entstehung und Entwicklung, Berlin 1893, S. 5; Strain, S. 55ff.

20 IISG, Nachlaß Vollmar 761; Gleichheit 15. 11. 1893; Parteitag 1896 S. 165; Bericht über die 3. sozialdemokratische Frauenkonferenz in Bremen am 17. und 18. September 1904, in: Parteitag 1904, S. 336; Ihrer: Arbeiterinnen, S. 51; Strain, S. 159.

21 IISG, Nachlaß Vollmar 141.

22 Sozialdemokratische Parteitage für die Rheinprovinz und den Niederrhein von 1889–1909 mit einem Anhang: Statistisches von der Landtagswahl 1908 Bezirk Niederrhein, Elberfeld 1910, S. 24.

23 Erinnerungen von Klara Weyl (Aus einem Vortrag), S. 1f., in: Archiv der sozialen Demokratie/Friedrich Ebert-Stiftung, Nachlaß Gerda Weyl, 21.; Käte Duncker: Von Suffragetten und anderen Frauenrechtlerinnen, in: Arbeiterbewegung und Frauenemanzipation 1889 bis 1933, Frankfurt a. M. 1973, S. 76–81, hier S. 76f.

24 S. u. S. 57.

bei Minister v. Herrfurth vorübergehend zur Einstellung dieser Maßnahmen führte[25]. In den Jahren 1893 bis 1895 wurden die Agitationskommissionen zu Vereinen erklärt und aufgelöst[26]. Rednerinnen wurden wegen Beleidigung der Kirche, des Kaisers oder der guten Sitten angeklagt und verurteilt[27], und aktive Sozialistinnen wurden in ihrer beruflichen Entwicklung behindert: Ida Altmann wurde 1900 vom Königlichen Provinzialschulkollegium der Unterrichtserlaubnisschein verweigert[28]. Auch die »unpolitischen« Bildungsvereine waren stets auflösungsgefährdet. Das Reichsgericht hatte 1887 definiert: »Unter politischen Angelegenheiten wird man alle Angelegenheiten zu verstehen haben, welche Verfassung, Verwaltung, Gesetzgebung des Staats, der staatsbürgerlichen Rechte der Unterthanen und die internationalen Beziehungen der Staaten in sich begreifen.«[29] Die lokalen und regionalen Behörden legten diese Erklärung durchaus unterschiedlich aus, und vor allem im Ruhrgebiet wurden häufig Frauenbildungsvereine als politisch aufgelöst[30]. Dagegen scheiterten die Versuche der Polizei, auch gegen die lockere Organisation mit Vertrauenspersonen als Mittelpunkten vorzugehen[31].

Das preußische Vereinsgesetz erfuhr eine erste Liberalisierung, als 1902 Frauen an einer Versammlung des Bundes der Landwirte teilnahmen, ohne daß die Polizei dagegen eingeschritten wäre. Auf eine Anfrage im preußischen Abgeordnetenhaus erklärte der Innenminister v. Hammerstein, Frauen dürften als passive Zuhörerinnen an politischen Vereinsversammlungen teilnehmen, wenn sie sich in einem eigenen Segment, getrennt von den Männern, befänden[32]. Die Polizei wurde angewiesen, nach dieser neuen Bestimmung zu verfahren; die Praxis zeigte jedoch, wie problematisch die Auslegung war: Zum Teil verlangte man einen eigenen Raum für die Frauen, zum Teil genügte bereits ein Kreidestrich auf dem Fußboden[33]. Auch Zwischenrufe und Beifall konnten als aktive Beteiligung verstanden

25 Ihrer: Arbeiterinnen, S. 21f.

26 Ebd., S. 23f. Die Berliner Frauenagitationskommission wurde erst 1895 geschlossen. Sie war keineswegs die erste geschlossene Kommission, wie Neuman meint: Robert Paul Neuman: Socialism, the Family and Sexuality: The Marxist Tradition and German Social Democracy before 1914, Diss. Northwestern University 1972, S. 292f.

27 Zahlreiche Berichte in der »Gleichheit«. Z. B. Gleichheit 3. 4. 1907 über Luise Zietz; über Agnes Wabnitz s. u. S. 100.

28 Ida Altmann an das Preußische Abgeordnetenhaus, 15. 1. 1901, in: IISG, Nachlaß Vollmar 2871 a.

29 Zitiert nach: Bäumer, Handbuch der Frauenbewegung. I, S. 116.

30 S. u. S. 63ff.

31 S. u. S. 65ff.

32 Gleichheit 12. 3. 1902; Parteitag 1902, S. 22f.; Ottilie Baader: Ein steiniger Weg. Lebenserinnerungen, Stuttgart, Berlin 1921, S. 81.

33 Erinnerungen von Klara Weyl, S. 6, in: Archiv der sozialen Demokratie, Nachlaß Gerda Weyl 21.; Gleichheit 7. 5. 1902; Parteitag 1902, S. 23.

werden, und im Ruhrgebiet wurde die neue Bestimmung auch auf die bisher keinen solchen Beschränkungen unterworfenen öffentlichen Versammlungen angewandt[34]. Diese Praxis der Polizei war zwar nicht rechtmäßig, behinderte jedoch die Agitationsarbeit ganz erheblich, da die Beamten zur Auflösung von Versammlungen befugt waren.

Eine weitere Aufweichung der harten Bestimmungen des Vereinsgesetzes stellte v. Hammersteins Erlaß vom 20. 12. 1902 dar, daß Frauen zu den geselligen Veranstaltungen politischer Vereine zuzulassen seien[35]. Bis dahin waren Frauen nicht selten auch aus Tanzveranstaltungen der SPD ausgewiesen worden[36].

Bis 1908 blieben die Initiativen von SPD, sozialistischer und bürgerlicher Frauenbewegung zur Gleichstellung der Frauen im Vereinsgesetz erfolglos; das Reichsvereinsgesetz von 1908 gestattete dann den Frauen die Mitgliedschaft in politischen Vereinen und die Beteiligung an politischen Versammlungen ohne Einschränkung[37]. Dazu hat neben der Tätigkeit von SPD und Frauenbewegung das Interesse konservativer und liberaler Kreise beigetragen, auch Frauen in ihre Versammlungen einzuladen, und die Zunahme der weiblichen Erwerbstätigkeit schien vielen ein politisches Engagement zu rechtfertigen[38]. Vor allem jedoch hatten die Sozialistinnen inzwischen Mittel und Wege gefunden, die Vereinsgesetze zu umgehen, so daß die restriktive Vereinsgesetzgebung kein wirksames Instrument zur Unterdrückung der Bewegung mehr war[39]. Während also bis 1908 die Vereinsgesetze eine Grundlage für zahlreiche Repressionsmaßnahmen der Behörden darstellten, konnten die Frauen nun den politischen Parteien beitreten. Landarbeiterinnen und Dienstboten jedoch, die unter Gesinderecht standen, besaßen weiterhin kein Koalitionsrecht[40].

Auch die unzureichende Bildung und mangelhafte Information vieler Frauen erschwerten alle Versuche einer Aufklärung und Politisierung. Gertrud Guillaume-Schack machte die Erfahrung: »Die deutsche Bourgeoisfrau hält sich ablehnend gegen jede Tätigkeit außerhalb ihrer vier Wände, und von dieser Regel sind nur wenige ausgenommen«[41], und in der Arbeiterschaft dachten viele Frauen wie Frau Hoffmann:

---

34 Parteitag 1902, S. 24; Frauenkonferenz 1904, S. 370f.

35 Gleichheit 28. 1. 1903.

36 Z. B. 1897 in Dortmund: Gleichheit 22. 12. 1897.

37 Reichs-Gesetzblatt 1908, Berlin o. J., S. 151ff.

38 Gleichheit 13. 4. 1908; Parteitag 1908, S. 208; Frauenkonferenz 1908, S. 499.

39 S. die Klagen der Behörden, daß der § 8 nicht mehr ausreiche, in: StA Düsseldorf, Regierung Düsseldorf Nr. 9041 Bl. 135; s. u. S. 63ff.

40 Lily Braun: Die Frauenfrage, ihre geschichtliche Entwicklung und wirtschaftliche Seite, Leipzig 1901, S. 436; Mathilde Wurm: Die Frauen und der preußische Landtag, Berlin 1913, S. 10ff.; Gleichheit 25. 5. 1908.

41 Guillaume-Schack an F. Engels, 16. 8. 1886, in: IISG, Marx-Engels-Nachlaß L 2055.

»Unser Kaiser soll ein sehr reeller Mann sein; auch die Kaiserin wird doch so sehr gerühmt. Sie wirken beide für das Gedeihen der Schulen. Der Kaiser muß alles wissen. . . . Wenn nur Berlin nicht so weit entfernt wäre, dann würde ich mich aufmachen und dorthin reisen. Dann würde ich alle meine Schulden los werden. . . . Zu seiner Hilfe hat der Kaiser die Regierung. Da sind vernünftige Menschen. Wenn man da hinschreibt, dann müssen sie für einen sorgen. . . . Über die liberale Partei und die Sozialdemokratie kann ich Ihnen gar nicht Bescheid sagen. Unter den Fremdwörtern können wir uns nichts denken. . . .«[42]

Schließlich standen viele Frauen, besonders in katholischen Gebieten, unter dem Einfluß der Kirche, die alles aufbot, um wenigstens die Frauen gegen sozialdemokratische Einflüsse zu immunisieren: In Dortmund suchten Geistliche neugewonnene Abonnenten der sozialdemokratischen Presse auf und »bearbeiteten« die Frau[43]; in Recklinghausen gründeten die Priester Müttervereine, in denen die Frauen »am Altare schwören, keinen Alkohol mehr zu trinken und der Sozialdemokratie nicht beizutreten«[44], und in Düsseldorf konnte man nach den Reichstagswahlen 1907 sehen, »wie Frauen ihre Männer mit Schmutz beworfen haben, weil sie einen Sozialdemokraten wählten, und wie sie im Straßenkot auf die Knie gefallen sind, um ihrem Herrgott zu danken, daß die Sozialdemokratie nicht bei den Wahlen gesiegt hat«[45]. Adele Ullenbaum aus Elberfeld klagte, daß sich ein Großteil der Frauen »noch allzusehr unter der Pfaffenherrschaft« befinde[46]. 1904 wurde in Deutschland ein katholischer Frauenbund als Gegengewicht zur sozialistischen und zur bürgerlich-liberalen Frauenbewegung gegründet, der 1912 104 Vereine mit über 40000 Mitgliedern umfaßte[47]. Gelegentlich schreckte man auch vor offenen Konfrontationen nicht zurück, die selbst vor Friedhofsmauern nicht aufhörten. So fehlte nicht viel zu einer handgreiflichen Auseinandersetzung, als ein Essener Pastor den Kranz mit roter Schleife am Grab einer Sozialdemokratin entfernen ließ und in seiner Grabrede gegen den Sozialismus agitierte[48], und in Innsbruck versuchte ein Pater 1907, mit seinem Rosenkranz-, Jungfrauen- und Jünglingsverein die Versammlungen und dann sogar den Verein

---

42 C. Moszeik (Hrsg.): Politische Ansichten einer ostpreußischen Arbeiterfrau, in: Wolfgang Emmerich: Proletarische Lebensläufe. Autobiographische Dokumente zur Entstehung der Zweiten Kultur in Deutschland. Bd. 1: Anfänge bis 1914, Reinbek bei Hamburg 1974, S. 235f.

43 So Klopsch auf der Frauenkonferenz 1908, S. 476; ähnlich: Gleichheit 31. 10. 1906; Ottilie Baader: Aus der Praxis der sozialdemokratischen Frauenagitation, in: Illustrierter Neue Welt-Kalender für das Jahr 1909, S. 36–37, hier S. 37.

44 Frau Endmann auf der Frauenkonferenz 1908, S. 479f.

45 Frau Kähler, ebd., S. 471.

46 Gleichheit 27. 1. 1904.

47 Jahrbuch der Frauenbewegung 1914. Im Auftrage des Bundes Deutscher Frauenvereine hrsg. v. Elisabeth Altmann-Gottheiner, Leipzig, Berlin 1914, S. 106.

48 Gleichheit 3. 10. 1906.

der sozialdemokratischen Frauen zu sprengen[49]. Wirksamer als solche spektakulären Aktionen war jedoch die ständige bewußtseinsmäßige Beeinflussung der Frauen, gegen die sich durchzusetzen für die Frauenbewegung äußerst schwierig war.
Wenn auch die traditionellen Vorstellungen über die Rolle der Frau auf breite Zustimmung trafen, wenn auch der Staat auf dem Wege der Frau in die Politik große Barrieren aufbaute und die Kirchen ihren ganzen Einfluß geltend machten, wuchsen doch die sozialistische wie die bürgerliche Frauenbewegung in den zwei Jahrzehnten vor dem Ersten Weltkrieg zu beachtlicher Größe heran, verbreiteten sich emanzipatorische Gedanken. Auch die staatlichen Repressionsmaßnahmen und die besorgten Äußerungen Konservativer verrieten Krisenbewußtsein, und das Gefühl der Bedrohung der alten Ordnung war so stark, daß sich im Juni 1912 unter der Führung von Oberlehrern und Pfarrern ein »deutscher Bund zur Bekämpfung der Frauenemanzipation« gründete, dessen defensives Programm den »Zeitgeist« nicht mehr auf seiner Seite glaubte[50]. Tatsächlich wurde das überkommene Frauenbild durch die Zunahme der hauptberuflichen Frauenarbeit außerhalb des Hauses unterminiert:

*Tabelle 1:* Die Berufsstatistiken von 1895 und 1907. Die Erwerbstätigen nach dem Hauptberuf[51]

A – Landwirtschaft, Gärtnerei, Tierzucht, Forstwirtschaft, Fischerei

| | 1895 | 1907 | prozentuale Differenz |
|---|---|---|---|
| a – Selbständige und Betriebsleiter | | | |
| gesamt | 2568725 | 2500974 | – 2,64 |
| Männer | 2221826 | 2172740 | – 2,21 |
| Frauen | 346899 | 328234 | – 5,38 |
| Frauenanteil | 13,5 % | 13,1 % | |
| b – Angestellte, Verwaltungspersonal | | | |
| gesamt | 96173 | 98812 | + 2,74 |
| Männer | 78066 | 82548 | + 5,74 |
| Frauen | 18107 | 16264 | – 10,18 |
| Frauenanteil | 18,8 % | 16,5 % | |

49 Adelheid Popp: Der Weg zur Höhe. Die sozialdemokratische Frauenbewegung Österreichs. Ihr Aufbau, ihre Entwicklung und ihr Aufstieg, Wien ²1930, S. 53.

50 Marie Juchacz: Chronik des Frauenlebens (Manuskript), S. 23, in: Archiv der sozialen Demokratie, Nachlaß Marie Juchacz 2.; Sozialdemokratische Partei-Correspondenz. 8. Jg. 1913, S. 52.

51 Da die Zahlenangaben in der Literatur widersprüchlich, ungenau und häufig

| | | | |
|---|---|---|---|
| c – Arbeiter, Gehilfen, Dienende | | | |
| gesamt | 5627794 | 7283471 | + 29,42 |
| Männer | 3239646 | 3028983 | – 6,50 |
| Frauen | 2388148 | 4254488 | + 78,15 |
| Frauenanteil | 42,4 % | 58,4 % | |
| a–c | | | |
| gesamt | 8292692 | 9883257 | + 19,18 |
| Männer | 5539538 | 5284271 | – 4,61 |
| Frauen | 2753154 | 4598986 | + 67,04 |
| Frauenanteil | 33,2 % | 46,5 % | |

B – Bergbau und Hüttenwesen, Industrie und Bauwesen

| | 1895 | 1907 | prozentuale Differenz |
|---|---|---|---|
| a – Selbständige und Betriebsleiter | | | |
| gesamt | 2061764 | 1977122 | – 4,11 |
| Männer | 1542272 | 1499832 | – 2,75 |
| Frauen | 519492 | 477290 | – 8,12 |
| Frauenanteil | 25,2 % | 24,1 % | |
| b – Angestellte, Verwaltungspersonal | | | |
| gesamt | 263745 | 686007 | +160,10 |
| Männer | 254421 | 622071 | +144,50 |
| Frauen | 9324 | 63936 | +585,71 |
| Frauenanteil | 3,5 % | 9,3 % | |
| c – Arbeiter, Gehilfen, Dienende | | | |
| gesamt | 5955711 | 8593125 | + 44,28 |
| Männer | 4963409 | 7030427 | + 41,65 |
| Frauen | 992302 | 1562698 | + 57,48 |
| Frauenanteil | 16,7 % | 18,2 % | |
| a–c | | | |
| gesamt | 8281220 | 11256254 | + 35,93 |
| Männer | 6760102 | 9152330 | + 35,39 |
| Frauen | 1521118 | 2103924 | + 38,31 |
| Frauenanteil | 18,4 % | 18,7 % | |

C – Handel und Verkehr

| | 1895 | 1907 | prozentuale Differenz |
|---|---|---|---|
| a – Selbständige und Betriebsleiter | | | |
| gesamt | 843557 | 1012192 | + 19,99 |
| Männer | 640941 | 765551 | + 19,44 |
| Frauen | 202616 | 246641 | + 21,73 |
| Frauenanteil | 24,0 % | 24,4 % | |

| | | | |
|---|---|---|---|
| b – Angestellte, Verwaltungspersonal | | | |
| gesamt | 261907 | 505909 | + 93,16 |
| Männer | 249920 | 426220 | + 70,54 |
| Frauen | 11987 | 79689 | +564,80 |
| Frauenanteil | 4,6 % | 15,8 % | |
| c – Arbeiter, Gehilfen, Dienende | | | |
| gesamt | 1233047 | 1959525 | + 58,92 |
| Männer | 868042 | 1354482 | + 56,04 |
| Frauen | 365005 | 605043 | + 65,76 |
| Frauenanteil | 29,6 % | 30,9 % | |
| a–c | | | |
| gesamt | 2338511 | 3477626 | + 48,71 |
| Männer | 1758903 | 2546253 | + 44,76 |
| Frauen | 579608 | 931373 | + 60,69 |
| Frauenanteil | 24,8 % | 26,8 % | |

A-C

| | 1895 | 1907 | prozentuale Differenz |
|---|---|---|---|
| a – Selbständige und Betriebsleiter | | | |
| gesamt | 5474046 | 5490288 | + 0,30 |
| Männer | 4405039 | 4438123 | + 0,75 |
| Frauen | 1069007 | 1052165 | − 1,58 |
| Frauenanteil | 19,5 % | 19,2 % | |
| b – Angestellte, Verwaltungspersonal | | | |
| gesamt | 621825 | 1290728 | +107,57 |
| Männer | 582407 | 1130839 | + 94,17 |
| Frauen | 39418 | 159889 | +305,62 |
| Frauenanteil | 6,3 % | 12,4 % | |
| c – Arbeiter, Gehilfen, Dienende | | | |
| gesamt | 12816552 | 17836121 | + 39,16 |
| Männer | 9071097 | 11413892 | + 25,83 |
| Frauen | 3745455 | 6422229 | + 71,47 |
| Frauenanteil | 29,2 % | 36,0 % | |
| a–c | | | |
| gesamt | 18912423 | 24617137 | + 30,16 |
| Männer | 14058543 | 16982854 | + 20,80 |
| Frauen | 4853880 | 7634283 | + 57,28 |
| Frauenanteil | 25,7 % | 31,0 % | |

D-Häusliche Dienste (einschließlich persönliche Bedienung), Lohnarbeit wechselnder Art

| | 1895 | 1907 | prozentuale Differenz |
|---|---|---|---|
| gesamt | 432491 | 471695 | + 9,06 |
| Männer | 198626 | 150791 | − 24,08 |
| Frauen | 233865 | 320904 | + 37,22 |
| Frauenanteil | 54,1 % | 68,0 % | |

| | | | |
|---|---|---|---|
| andere hauptberuflich Erwerbstätige | | | |
| gesamt | 3568769 | 5143513 | + 44,13 |
| Männer | 2276572 | 3062995 | + 34,54 |
| Frauen | 1292197 | 2080518 | + 61,01 |
| Frauenanteil | 36,2 % | 40,4 % | |
| Summe aller hauptberuflich Erwerbstätigen | | | |
| gesamt | 22913683 | 30232345 | + 31,94 |
| Männer | 16533741 | 20196640 | + 22,15 |
| Frauen | 6379945 | 10035705 | + 57,30 |
| Frauenanteil | 27,8 % | 33,2 % | |
| Gesamtbevölkerung des Reiches | | | |
| gesamt | 51770284 | 61720529 | + 19,22 |
| Männer | 25409161 | 30461100 | + 19,88 |
| Frauen | 26361123 | 31259429 | + 18,58 |
| Frauenanteil | 50,9 % | 50,7 % | |

Tabelle 1 gibt Aufschluß über die Verteilung der arbeitenden Frauen auf die verschiedenen Berufsbereiche, den Frauenanteil an den hauptberuflich Erwerbstätigen und über ihre soziale Stellung. Frauenarbeit ist keine neue Erscheinung: Vor der Industrialisierung war eine große Zahl von Frauen in der Landwirtschaft, im Handwerk und in der Heimarbeit beschäftigt. Der Verlust von Land- und Gartenbesitz und die Auslagerung der Produktion aus der Familie verdrängten viele Frauen aus der gesellschaftlichen Produktion, und Mitte des 19. Jahrhunderts waren weniger Frauen erwerbstätig als um 1800. Erst jetzt monopolisierte der Mann die Ernährerrolle[52]. Nach dem Durchbruch der industriellen Revolution begann die Frauenarbeit wieder zuzunehmen. Schon 1895 erreichte sie einen Anteil von über 30 %; in der offiziellen Statistik wurden 1895 die mithelfenden Familienangehörigen nur unzureichend erfaßt: Nach einer Schätzung von Hoffmann wurden in der Landwirtschaft 1483000 Personen, von denen etwa 90 % Frauen waren, nicht gezählt[53]. Der Anstieg der Zahl

falsch sind, empfiehlt es sich, die offiziellen Statistiken zu benutzen: Statistik des Deutschen Reichs. Herausgegeben vom Kaiserlichen Statistischen Amt. Neue Folge. Band 102, Berlin 1897, S. 2f.; Band 203, Berlin 1910, S. 2ff.; Band 211, Berlin 1913, S. 178ff. Die Tabelle ist aus den Angaben zu den Berufszählungen von 1895 und 1907 zusammengestellt. Die Prozentzahlen sind errechnet.

52 Ute Gerhard: Verhältnisse und Verhinderungen. Frauenarbeit, Familie und Rechte der Frauen im 19. Jahrhundert. Mit Dokumenten, Frankfurt a. M. 1978, S. 24, 26ff.

53 Walther G. Hoffmann: Das Wachstum der deutschen Wirtschaft seit der Mitte des 19. Jahrhunderts, Berlin, Heidelberg, New York 1965, S. 183, 209; ebenso Gerd Hohorst/Jürgen Kocka/Gerhard A. Ritter: Sozialgeschichtliches Arbeitsbuch. Materialien zur Statistik des Kaiserreichs 1870–1914, München 1975, S. 60.

erwerbstätiger Frauen in der Landwirtschaft von 1895 bis 1907 ist vor allem auf eine genauere Erfassung der mithelfenden Familienangehörigen zurückzuführen, während die Zunahme der industriellen Frauenarbeit echt ist. Doch die meisten Frauen – 1907 waren es über 4,5 Millionen und damit 45,8 % aller arbeitenden Frauen – waren in der Landwirtschaft beschäftigt. Daß es der sozialistischen Frauenbewegung kaum gelang, auf dem Land Fuß zu fassen[54], beschränkte ihre soziale Basis also ganz wesentlich. Doch auch in der Industrie waren 1907 schon über 2,1 Millionen Frauen beschäftigt – 1,5 Millionen davon als Arbeiterinnen – und boten der Bewegung ein weites wachsendes Rekrutierungsfeld. Unter den Dienstboten machten die Frauen 1895 54,1 % und 1907 sogar 68,0 % aus. Es besteht kein Zweifel, daß bereits 1895 und in noch stärkerem Maße 1907 eine ausreichende potentielle Basis für eine sozialistische Frauenbewegung vorhanden war, zu der noch die ebenfalls in der Bewegung stark vertretenen berufslosen Ehefrauen von Arbeitern hinzuzurechnen sind. Tabelle 1 zeigt deutlich, daß die absolute Zahl der Frauen von 1895 bis 1907 in allen Berufsbereichen wuchs. Gleichzeitig nahm auch ihr prozentualer Anteil zu, so daß die Frauenarbeit auch relativ an Bedeutung gewann.

In Landwirtschaft, Industrie, Handel und Verkehr kann zwischen Selbständigen, Angestellten und Arbeitern unterschieden werden. In der Landwirtschaft und Industrie ging die Zahl der Selbständigen deutlich zurück, wobei der Frauenanteil erheblich schneller sank als der der Männer. Anders war die Situation im Handel und Verkehr. Am größten war das prozentuale Wachstum der Angestellten in Industrie, Handel und Verkehr, obwohl ihre absolute Zahl deutlich hinter der der Arbeiter zurückblieb. Absolut und relativ stieg die Zahl der Arbeiter und Arbeiterinnen; nur in der Landwirtschaft arbeiteten 1907 weniger Männer als 1895. In Industrie, Handel und Verkehr wuchs die Zahl der Frauen unter der Arbeiterschaft schneller als die der Männer. 1907 waren von den 7,6 Millionen erwerbstätigen Frauen in den drei Berufsbereichen 84,12 % Arbeiterinnen, während der Arbeiteranteil bei den Männern nur 67,21 % betrug. Die erwerbstätigen Frauen waren also ganz überwiegend Arbeiterinnen. Nur in der Industrie war der Frauenanteil unter den Selbständigen größer als unter den Arbeitern; Gründe dafür sind der hohe Anteil von selbständigen Schneiderinnen unter den weiblichen Erwerbstätigen und der geringe Anteil von Frauen in der Schwerindustrie. Doch auch in der Industrie waren 1907 74,28 % der erwerbstätigen Frauen Arbeiterinnen, während es 1895 erst 65,24 % gewesen waren. Die Entwicklung förderte auch dort in erster Linie die unselbständige Arbeit.

54 S. u. S. 114ff., 217.

Die Analyse von Tabelle 1 zeigt also:

1. Von 1895 bis 1907 wuchs die Zahl der erwerbstätigen Frauen.
2. Die Zahl der erwerbstätigen Frauen wuchs schneller als die der Männer.
3. Die meisten Frauen waren in der Landwirtschaft beschäftigt.
4. Die erwerbstätigen Frauen waren überwiegend Arbeiterinnen.
5. Die Frauenarbeit war schon vor dem Ersten Weltkrieg eine Massenerscheinung.
6. Die soziale Basis für eine proletarische Frauenbewegung war vorhanden und vergrößerte sich.

Die letzte Aussage bleibt auch gültig, wenn man lediglich die Zahl der Fabrikarbeiterinnen, d. h. der Arbeiterinnen in Betrieben mit mindestens 10 Beschäftigten, betrachtet:

*Tabelle 2:* Die zahlenmäßige Entwicklung der Fabrikarbeiterinnen[55]

| | |
|---|---|
| 1892 | 649668 |
| 1893 | 691991 |
| 1894 | 705684 |
| 1895 | 739755 |
| 1896 | 781882 |
| 1897 | 822462 |
| 1902 | 964715 |
| 1903 | 1009041 |
| 1904 | 1119692 |
| 1905 | 1181773 |
| 1906 | 1245843 |
| 1907 | 1302141 |
| 1908 | 1306076 |
| 1909 | 1351880 |
| 1910 | 1432639 |
| 1911 | 1496187 |
| 1912 | 1565643 |

Wenngleich die Fabrik für die Frauenarbeit noch bei weitem nicht die gleiche Bedeutung hatte wie die Landwirtschaft, stieg doch die Zahl der Fabrikarbeiterinnen permanent an und bot der sozialistischen Frauenbewegung ein sich ständig vergrößerndes Agitationsfeld. So sind die Erfolge der Bewegung nach der Jahrhundertwende auch durch das Wachstum der sozialen Basis bedingt. Ein Vergleich der Zahlen aus den Tabellen 1 und 2 zeigt, daß 1907 schon 83,3 % der Industriearbeiterinnen in Fabriken arbeiteten. Die Mehrzahl konzentrierte sich jedoch in »Frauenindustrien«

55 Elisabeth Gnauck-Kühne: Einführung in die Arbeiterinnenfrage, M. Gladbach 1905, S. 20, 96; Gertraud Wolff: Der Frauenerwerb in den Hauptkulturstaaten nach amtlichen statistischen Quellen, München 1916, S. 28.

wie der Textilindustrie, während etwa in der Metall- und Maschinenindustrie die Frauenarbeit erst im Krieg nennenswerten Umfang erreichte[56].

*Tabelle 3:* Der Familienstand der Erwerbstätigen 1907 [57]

| | Männer | Frauen |
|---|---|---|
| Summe der Erwerbstätigen (=100 %) | 20196640 | 10035705 |
| ledig | 8443682 | 5039876 |
| prozentualer Anteil | 41,8 % | 50,2 % |
| verheiratet | 10934182 | 2950329 |
| prozentualer Anteil | 54,1 % | 29,4 % |
| verwitwet, geschieden | 818776 | 2045500 |
| prozentualer Anteil | 4,1 % | 20,4 % |

Der hohe Anteil der Ledigen erklärt sich daraus, daß auch arbeitende Kinder und Jugendliche in der Statistik mit eingeschlossen sind. Es fällt auf, daß der Verheiratetenanteil unter den erwerbstätigen Frauen wesentlich niedriger liegt als bei den Männern. Ein Großteil der Frauen arbeitete vor der Ehe, um nach der Heirat die Berufstätigkeit aufzugeben. Das bestätigt auch eine Betrachtung der Altersstruktur der weiblichen Erwerbstätigen: Mit dem Erreichen des 20. Lebensjahres sinkt die Erwerbsquote deutlich ab[58]. In der Arbeiterschaft wurde die Berufstätigkeit der Mädchen vor der Heirat zu einer Selbstverständlichkeit: In Neukölln waren 1911 88,7 % der heiratenden Frauen erwerbstätig gewesen[59]. Andererseits gab es 1907 bereits fast drei Millionen verheiratete erwerbstätige Frauen; das Problem der Doppelbelastung durch Haushalt und Beruf war also kein seltenes Phänomen.

Mit der Erwerbstätigkeit verheirateter Frauen in Fabriken beschäftigten sich die Gewerbeaufsichtsbeamten auf Beschluß des Reichstages vom 22. Januar 1898. 1899 ermittelten sie eine Zahl von 229334 verheirateten, verwitweten oder geschiedenen Fabrikarbeiterinnen und verzeichneten durch Vergleiche mit zurückliegenden regional oder lokal beschränkten Untersuchungen eine steigende Tendenz[60]. Hier sind große regionale Strukturunterschiede zu beachten: So waren 1904 in Karlsruhe, wo es kei-

56 Jürgen Kuczynski: Studien zur Geschichte der Lage der Arbeiterin in Deutschland von 1700 bis zur Gegenwart, Berlin ²1965, S. 190ff.

57 Statistik des Deutschen Reichs. Band 203, S. 2ff.

58 Gnauck-Kühne: Die Deutsche Frau, S. 94ff. und Tabellen IV–VI.

59 Helene Simon: Beruf, Familienstand und Altersaufbau, in: Archiv für Frauenkunde und Eugenetik. Bd. I (1914), S. 183f.

60 Die Beschäftigung verheiratheter Frauen in Fabriken. Nach den Jahresberichten der Gewerbeaufsichtsbeamten für das Jahr 1899 bearbeitet im Reichsamt des Innern. Mit einer tabellarischen Übersicht, Berlin 1901, S. 20ff., 256.

ne Textilindustrie gab, nur 18,7 % der Arbeiterinnen verheiratet oder verwitwet, während in Crimmitschau 1900 von 1371 Arbeiterinnen 1231, also 89,8 %, und in Berlin 1904 von 315 befragten Heimarbeiterinnen 262, also 83,2 % verheiratet, verwitwet oder geschieden waren[61]. Der Prozentsatz der verheirateten Frauen an den erwachsenen Fabrikarbeiterinnen stieg in Baden nahezu kontinuierlich von 27,1 im Jahre 1893 auf 37,9 im Jahre 1908[62].

In der Mehrzahl der Fälle war der niedrige Lohn des Mannes Motiv für die Fabrikarbeit. Nur ganz vereinzelt arbeiteten Ehefrauen, ohne durch finanzielle Not dazu gezwungen zu sein[63]. Daher entfielen auf 100 Selbständige 88 berufslose weibliche Angehörige; bei Angestellten lag die Zahl bei 64, bei Arbeitern bei 31; auch die Frauen gut bezahlter Arbeiter waren in der Regel nicht erwerbstätig[64]. Daß viele Proletarierinnen in der Berufstätigkeit weniger ein emanzipatorisches Moment als ein notwendiges Übel sahen, ist ein Problem, das für die Stellung des Sozialismus zur »Frauenfrage« eine große Rolle spielen sollte.

Für große Teile der Arbeiterinnen traf die Charakterisierung von Marie Baum 1910 zu: »Der Typus des weiblichen industriellen Arbeiters ist nicht die hochqualifizierte berufliche, sondern die ungelernte oder höchstens halbgelernte Arbeitskraft, die auf niedrigster Stufe im Arbeitsleben verharrt, keine Möglichkeiten des Aufstieges kennt, die keine ernste sittliche Bindung an ihre berufliche Arbeit knüpft, . . .«[65] Die meisten Arbeiterinnen in Industrie und Heimarbeit waren ungelernte Kräfte, lediglich zwei Fünftel der Fabrikarbeiterinnen waren wenigstens halbqualifiziert[66].

---

61 Marie Baum: Drei Klassen von Lohnarbeiterinnen in Industrie und Handel der Stadt Karlsruhe. Bericht, erstattet an das Großherzogliche Ministerium des Innern und hrsg. v. der Großherzoglich Badischen Fabrikinspektion, Karlsruhe 1906, S. 5, 29; Wilhelm Feld: Die Kinder der in Fabriken arbeitenden Frauen und ihre Verpflegung mit besonderer Berücksichtigung der Crimmitschauer Arbeiterinnen, Dresden 1906, S. 8.

62 Rose Otto: Über Fabrikarbeit verheirateter Frauen, Stuttgart, Berlin 1910, S. 99.

63 Beschäftigung verheiratheter Frauen, S. 33ff.; Feld, S. 78; Henriette Fürth: Die Fabrikarbeit verheirateter Frauen, Frankfurt a. M. 1902, S. 22.

64 Alice Dullo: Die Aufgaben der bürgerlichen Frauen in der Arbeiterinnenbewegung, Leipzig 1907, S. 9; Feld S. 79; Robert u. Lisbeth Wilbrandt: Die gegenwärtige Lage der Frauenarbeit in Deutschland, in: Handbuch der Frauenbewegung. IV, S. 55–379, hier S. 57.

65 Marie Baum: Der Einfluß der gewerblichen Arbeit auf das persönliche Leben der Frau, Jena 1910, S. 9f.

66 Maria Baum: Die gewerbliche Ausbildung der Industriearbeiterin, Leipzig 1907, S. 4; Rosa Kempf: Das Leben der jungen Fabrikmädchen in München. Die soziale und wirtschaftliche Lage ihrer Familie, ihr Berufsleben und ihre persönlichen Verhältnisse. Nach statistischen Erhebungen dargestellt an der Lage von 270 Fabrikarbeiterinnen im Alter von 14 bis 18 Jahren, Leipzig 1911,

*Tabelle 4:* Qualifikation der Arbeiter und Arbeiterinnen 1907[67]

| Berufsart | auf 100 gelernte Arbeiter kommen ungelernte | auf 100 gelernte Arbeiterinnen kommen ungelernte |
|---|---|---|
| Textilarbeiter | 97,9 | 140,5 |
| Schneider | 4,3 | 3,9 |
| Lederarbeiter | 54,9 | 588,0 |
| Schuhmacher | 14,2 | 101,6 |
| Tabakarbeiter | 38,4 | 59,0 |
| Holzarbeiter | 19.5 | 249,1 |
| Metallarbeiter | 23,4 | 248,9 |
| Buchbinder | 31,7 | 1335,8 |

Mit Ausnahme der Schneiderei war Frauenarbeit meist ungelernte Arbeit; das Qualifikationsniveau der Arbeiterinnen lag niedriger als das der Arbeiter. 1895 waren nur 7,37 %, 1907 10,3 % der Lehrlinge weiblich; der Staat gab nur 2,25 % der Gelder, die für die Berufsbildung zur Verfügung standen, für Frauen und Mädchen aus[68]. Die unzureichende Ausbildung der arbeitenden Frauen trug erheblich dazu bei, daß Frauenlöhne im Durchschnitt weit unter den Männerlöhnen lagen[69].

Noch ungeklärt ist das Problem, ob Frauenarbeit Männerarbeit verdrängte und lohndrückend wirkte. G. Lossef-Tillmanns bestreitet das unter Berufung auf A. Salomon und H. Simon[70]. Es handele sich lediglich um Argumente, »die eindeutig antifeministische Tendenzen aufweisen«[71]. Tatsächlich ließ sich die Forderung nach dem Verbot der Frauenarbeit so begründen, doch konnte man andererseits aus der Konkurrenzsituation und dem Lohndruck die Forderung nach gleichem Lohn für gleiche Arbeit ableiten. Und wenn auch die Verdrängung der Männer- durch Frauenarbeit keine gesellschaftliche Tendenz war, da die Frauen sich in bestimmten Industrien und angelernten Positionen konzentrierten, während Männer häufig in anderen Industrien eine oft besser bezahlte Arbeit fanden, so sa-

---

S. 90; Kuczynski S. 110; Julius Pierstorff: Frauenarbeit und Frauenfrage, Jena 1900, S. 27.

67 Hauff, Tabelle IX.

68 Der Internationale Kongreß für Frauenwerke und Frauenbestrebungen in Berlin 19. bis 26. September 1896. Eine Sammlung der auf dem Kongreß gehaltenen Vorträge und Ansprachen, Berlin 1897, S. 10; Angela Meister: Die deutsche Industriearbeiterin. Ein Beitrag zum Problem der Frauenerwerbsarbeit, Jena 1939, S. 38; Kuczynski S. 110.

69 S. u. S. 123f.

70 Alice Salomon: Die Ursachen der ungleichen Entlohnung von Männer- und Frauenarbeit, Leipzig 1906; Helene Simon: Der Anteil der Frau an der deutschen Industrie, Jena 1910.

71 Losseff-Tillmanns S. 124, 131, 135.

hen sich doch in vielen Einzelfällen Arbeiter durch weibliche Konkurrenz zu Recht bedroht[72]. Zudem ließ sich beobachten, daß die Durchschnittslöhne in Branchen mit starker Frauenarbeit oft an die niedrigeren Frauenlöhne angepaßt wurden[73].

Die Arbeits- und Lebensbedingungen der Arbeiterinnen wurden besonders anschaulich von Minna Wettstein-Adelt geschildert, die nach dem Vorbild Paul Göhres[74] dreieinhalb Monate in vier verschiedenen Fabriken arbeitete und auch ihre Freizeit mit ihren »Kolleginnen« verbrachte. Anschließend berichtete sie über die Arbeitsbedingungen – niedrige Löhne, Akkordarbeit, Streitigkeiten zwischen verschiedenen Gruppen von Arbeiterinnen –, über Konsumangewohnheiten – die Nahrung bestand meistens aus Kartoffeln, Reis und Brot, selten aus Fleisch, dafür wurde unverhältnismäßig viel Geld für die Sonntagskleidung ausgegeben, damit man sich nicht von den »Bürgermädchen« unterscheide –, über Moralvorstellungen – uneheliche Kinder waren nicht selten, voreheliche sexuelle Beziehungen selbstverständlich, in der Ehe herrschte Treue, Prostitution wurde verabscheut – und über Wohnungsverhältnisse: auf der Wohnungssuche wurden ihr Schlafplätze in einem Raum mit zwölf anderen Personen oder in einem Schrank angeboten[75]. Ihre Eindrücke werden durch zeitgenössische Detail- und Lokalstudien bestätigt[76], und die sozialen Verhältnisse werden

---

72 Beispiele sind belegt für:
Sachsen: Gleichheit 18. 10. 1893;
Textilindustrie im Erzgebirge: Hauff, S. 111;
Ladenangestellte: Valentin Sittel: Die Frauenarbeit im Handelsgewerbe, Leipzig 1911, S. 102;
Textil- und Tabakbranche: Robert Wilbrandt: Die Frauenarbeit. Ein Problem des Kapitalismus, Leipzig 1906, S. 65ff.;
für 25 Branchen in Wien: Ludwig Schüller: Die Wiener Enquête über Frauenarbeit, in: Archiv für soziale Gesetzgebung und Statistik. Zeitschrift zur Erforschung der gesellschaftlichen Zustände aller Länder, 10. Bd. (1897) S. 379–416, hier S. 404;
für England: Friedrich Engels: Die Lage der arbeitenden Klasse in England, in: MEW 2, Berlin 1957, S. 366ff.; Karl Marx: Das Kapital. I. Band, in: MEW 23, Berlin 1962, S. 494ff.

73 L. Braun: Frauenfrage S. 446; Elisabeth Gottheiner: Die gewerbliche Arbeiterinnenfrage, Leipzig 1905, S. 3; Popp: Weg zur Höhe, S. 39; Wilbrandt: Frauenarbeit, S. 2, 66.

74 Der Pfarrer Paul Göhre arbeitete drei Monate lang als Fabrikarbeiter und Handwerksbursche, um die Lebensverhältnisse der Arbeiter kennenzulernen. Er berichtete über seine Erfahrungen in: Paul Göhre: Drei Monate Fabrikarbeiter und Handwerksbursche. Eine praktische Studie, Leipzig 1891.

75 Minna Wettstein-Adelt: 3½ Monate Fabrikarbeiterin, Berlin 1893, S. 8ff., 24ff., 58ff.

76 Baum: Drei Klassen; Gertrud Dyrenfurth: Die hausindustriellen Arbeiterinnen in der Berliner Blusen-, Unterrock-, Schürzen- und Tricotkonfektion, Leipzig 1898; Feld; Li Fischer-Eckert: Die wirtschaftliche und soziale Lage

als Hintergrund der Tätigkeit sozialistischer Frauen noch eingehender behandelt werden.
Auch die Berufstätigkeit bürgerlicher Frauen war nicht ohne Probleme. Benachteiligt durch die Struktur des Bildungswesens – erst um 1900 öffneten sich die höheren Schulen und Universitäten zögernd auch den Frauen und Mädchen – und durch das traditionelle Frauenbild standen ihnen nur wenige Berufe offen: Haushälterin, Krankenschwester, Lehrerin, später auch Ärztin und Apothekerin. Für Lehrerinnen galt bis 1918 ein Heiratsverbot. Da auch viele Frauen, denen zwar die Ausbildung als Lehrerin oder Krankenschwester fehlte, die aber Fabrikarbeit als nicht standesgemäß ansahen, Geld verdienen wollten oder mußten, übernahmen sie gegen geringen Lohn heimlich Aufträge in Heimarbeit. Die sozialistische Frauenbewegung polemisierte häufig gegen diese lohndrückende »Schmutzkonkurrenz«, wenn etwa Beamtenfrauen und -töchter für 25 Pfennig einen Mantel anfertigten, »zu jedem Preis« oder »für ein Taschengeld« Häkelarbeiten übernahmen oder Offizierstöchter als Stickerinnen arbeiteten[77]. Obwohl der Vorwurf, diese Frauen arbeiteten lediglich für »Theater und Tand«[78], nicht in jedem Fall berechtigt war, die verschämte Heimarbeit bürgerlicher Frauen verschärfte die Kluft zwischen ihnen und den Arbeiterinnen und drückte deren Löhne.
Im 19. Jahrhundert war nicht nur die Berufstätigkeit der Frau entschei-

der Frauen in dem modernen Industrieort Hamborn im Rheinland, Hagen 1913; Kempf; Priester: Arbeits- und Lebensverhältnisse der Frauen in der Landwirtschaft in Mecklenburg. Auf Grund einer vom ständigen Ausschuß zur Förderung der Arbeiterinnen-Interessen veranstalteten Erhebung dargestellt, Jena 1914; Elly zu Putlitz: Arbeits- und Lebensverhältnisse der Frauen in der Landwirtschaft in Brandenburg. Auf Grund einer vom ständigen Ausschuß zur Förderung der Arbeiterinnen-Interessen veranstalteten Erhebung dargestellt, Jena 1914; Hans Seufert: Arbeits- und Lebensverhältnisse der Frauen in der Landwirtschaft in Württemberg, Baden, Elsaß-Lothringen und Rheinpfalz auf Grund einer vom ständigen Ausschuß zur Förderung der Arbeiterinnen-Interessen veranstalteten Erhebung dargestellt, Jena 1914; Sittel; Oscar Stillich: Die Lage der weiblichen Dienstboten in Berlin, Berlin, Bern 1902. Zur sozialen Lage der Arbeiterinnen s. auch die Zeitungsausschnittsammlung der Sammlung Fechenbach in: Bundesarchiv ZSg 113 und die zahlreichen Berichte der Gleichheit.

77 Gleichheit 4. 4. 1894, 11. 9. 1911; Bilder aus der deutschen Heimarbeit. Hrsg. v. der literarischen Kommission der deutschen Heimarbeitsausstellung, Leipzig 1906, S. 7, 11; Heimarbeit-Ausstellung Berlin 1906. Thüringer Heimarbeit für Textilwaren. Begleitschrift des Gewerkvereins der Stuhl-(Textil-)Arbeiter, S. 4; Oda Olberg: Das Elend in der Hausindustrie der Konfektion, Leipzig 1896, S. 26; Schutz den Heimarbeitern! Eine Denkschrift des Verbandes der Schneider, Schneiderinnen und verwandten Berufsgenossen an Bundesrat und Reichstag. Mit einem Anhange: Die Lage der Arbeiter im Schneidergewerbe Deutschlands, Stuttgart 1901, S. 7.

78 Schutz den Heimarbeitern, S. 7; ähnlich Olberg: Hausindustrie, S. 26.

denden Änderungen unterworfen, auch die Familie, die man ihr als Domäne zuwies, erfuhr strukturelle Änderungen. Zwar war die vorindustrielle Sozialform des »ganzen Hauses« nur in den oberen Gesellschaftsschichten verbreitet gewesen[79], doch wandelte sich auch die Kleinfamilie der Unterschichten: die Einheit von Wohn- und Arbeitsplatz wurde aufgehoben, ein Großteil der Produktionsaufgaben der Familie in die Gesellschaft verlagert und damit vor allem den Frauen ein weites Arbeitsfeld entzogen. Trotz der Durchbrechung dieser Tendenz durch Heimarbeit und Beibehalten von Arbeiten wie Nähen, Waschen und Kochen wurde die Familie weitgehend zu einer Konsumptionsgemeinschaft[80]. Die Frau wurde finanziell von ihrem Mann abhängig, und das Leben wohlhabender Frauen, denen Dienstboten die Führung des Haushalts und die Erziehung der Kinder abnahmen, wurde zunehmend inhaltsleer. Daraus bezog die bürgerliche Frauenbewegung mit ihren Forderungen nach besseren Bildungschancen und Öffnung neuer Berufe für Frauen einen Großteil ihrer Dynamik.

Die erwerbstätigen Ehefrauen dagegen litten unter der Mehrfachbelastung durch Beruf, Hausarbeit und Kindererziehung. Das erklärt, warum häufig die Erwerbstätigkeit als sehr lästige Notwendigkeit angesehen wurde und für viele Arbeiterinnen die vermeintlich heile bürgerliche Familie ein Vorbild darstellte. Vor allem arbeitende Mütter hatten kaum Freizeit, mußten häufig ihre Kinder vernachlässigen und sie während ihrer Arbeitszeit – zum Teil gegen Bezahlung – bei Bekannten oder Verwandten unterbringen[81]. Einzelberichte belegen, daß viele Frauen morgens gegen 4 Uhr aufstanden, ihre Kinder versorgten, Frühstück machten, dann zur

---

79 Dazu ausführlicher: Gerhard, S. 81ff.; Hans Medick: Zur strukturellen Funktion von Haushalt und Familie im Übergang von der traditionellen Agrargesellschaft zum industriellen Kapitalismus: die proto-industrielle Familienwirtschaft, in: Conze, S. 234–282, hier S. 256, 265; Heidi Rosenbaum (Hrsg.): Familie und Gesellschaftsstruktur. Materialien zu den sozioökonomischen Bedingungen von Familienformen, Frankfurt a. M. 1974; Ingeborg Weber-Kellermann: Die deutsche Familie. Versuch einer Sozialgeschichte, Frankfurt a. M. 1974.

80 Näheres bei: Margarete Freudenthal: Gestaltwandel der städtischen bürgerlichen und proletarischen Hauswirtschaft unter besonderer Berücksichtigung des Typenwandels von Frau und Familie, vornehmlich in Südwest-Deutschland zwischen 1760 und 1933. I. Teil von 1760–1910, Diss. Frankfurt a. M. 1934; Gerhard S. 75ff.; Rosenbaum; Therese Schlesinger-Eckstein: Die Frau im 19. Jahrhundert, Berlin 1902, S. 8ff.; Lothar Schneider: Der Arbeiterhaushalt im 18. und 19. Jahrhundert. Dargestellt am Beispiel des Heim- und Fabrikarbeiters, Berlin 1967; Weber-Kellermann.

81 Feld S. 22ff.; Freudenthal, S. 125; H. Mehner: Der Haushalt und die Lebenshaltung einer Leipziger Arbeiterfamilie, in: Rosenbaum, S. 309–331, hier S. 314.

Arbeit gingen, dort in den Pausen strickten, abends kochten, sonntags wuschen und flickten[82]. Kinderlose Arbeiterinnen und Schlafgängerinnen litten noch nicht so unter der Hausarbeit[83], doch wurden Mädchen schon in frühem Alter im Unterschied zu ihren Brüdern zur Mitarbeit im Haushalt oder zur Beaufsichtigung jüngerer Geschwister herangezogen[84]. So wurde schon in der Kindheit die Rollenverteilung vorgeprägt, die den Mann auf Kosten auch der erwerbstätigen Frau von der Hausarbeit freistellte. Die Hoffnung der Heimarbeiterinnen, sich intensiv ihren Kindern und ihrem Haushalt widmen zu können, erwies sich angesichts der durch Stücklohnsystem und extrem niedrige Löhne erzwungenen überlangen Arbeitszeiten als trügerische Illusion.

Karl Kautsky erkannte: »Die kapitalistische Produktionsweise löst den Einzelhaushalt des Arbeiters in den meisten Fällen nicht auf, aber sie raubt ihm alle seine Lichtseiten und läßt nur seine Schattenseiten fortbestehen . . . Die industrielle Arbeit der Frau bedeutet heute nicht ihre Entlastung von der Haushaltungsarbeit, sondern die Vermehrung ihrer bisherigen Lasten um eine neue.«[85]

Auch führende Frauen der sozialistischen Frauenbewegung litten unter dieser Doppelbelastung. Clara Zetkins Briefe aus ihrer Pariser Zeit, wo sie mit dem russischen Emigranten Ossip Zetkin und ihren Kindern in ärmlichen Verhältnissen lebte, machen ihre Schwierigkeiten deutlich, überhaupt Zeit für politische Arbeit zu finden: »Solange wir nicht genügend Beschäftigung haben, um Jemand bezahlen zu können, der mir wenigstens die gröbsten Haus- und Kinderarbeiten abnimmt, wird meine Zeit und

82 Freudenthal S. 125; Mehner S. 313ff. In der Weimarer Republik ergab eine Untersuchung, daß Textilarbeiterinnen täglich 5 Stunden für Hausarbeit benötigten: Mein Arbeitstag – mein Wochenende. 150 Berichte von Textilarbeiterinnen. Gesammelt und herausgegeben vom Deutschen Textilarbeiterverband, Hauptvorstand Arbeiterinnensekretariat, Berlin 1930, S. 219.

83 Mein Arbeitstag – mein Wochenende, S. 13ff. Zum Schlafgängerwesen s. u. S. 36.

84 Eugen Bleuler (Hrsg.): Aus der Lebensbeschreibung einer Armen, in: Emmerich I, S. 168ff. Auch in: Richard Klucsarits/Friedrich G. Kürbisch (Hrsg.): Arbeiterinnen kämpfen um ihr Recht. Autobiographische Texte zum Kampf rechtloser und entrechteter »Frauenspersonen« in Deutschland, Österreich und der Schweiz des 19. und 20. Jahrhunderts, Wuppertal o. J., S. 66ff., G. Braun (Hrsg.): Im Kampf ums Dasein, in: Emmerich I, S. 212; Lisbeth Franzen-Hellersberg: Die jugendliche Arbeiterin. Ihre Arbeitsweise und Lebensform. Ein Versuch sozialpsychologischer Forschung zum Zweck der Umwertung proletarischer Tatbestände, Tübingen 1932, S. 46f.; Therese Schlesinger: Wie will und wie soll das Proletariat seine Kinder erziehen?, Wien 1921, S. 20f.; Mein Arbeitstag – mein Wochenende, S. 34, 90, 94, 164, 226.

85 Karl Kautsky: Das Erfurter Programm in seinem grundsätzlichen Theil erläutert, Stuttgart $^{3}$1892, S. 40.

Kraft fast ausschließlich von den Kindern aufgebraucht.«[86] Später schrieb sie: »Der größte Teil meiner Tagesstunden wurde von der Erziehung der Kinder in Anspruch genommen, bezw. von Arbeiten, die mit ihr in Zusammenhang standen. Für die schriftstellerischen Arbeiten blieb mir nur die Nacht. . . . Ich litt empfindlich unter den steten Konflikten der Pflichten gegen die Kinder, der Pflichten gegen meine Überzeugungen. . . .«[87] Die Führerin der österreichischen Sozialistinnen, Adelheid Popp, konnte nach ihrer Heirat ihre Agitationstätigkeit vor allem deshalb fortsetzen, weil ihre Mutter den Haushalt führte. Als sie jedoch Kinder bekam, klagte auch Adelheid Popp über große Überbelastung[88].

Vor allem die Arbeiterfamilie der Großstadt wies schwere Schäden auf: Die Abwesenheit der arbeitenden Eltern, die Vernachlässigung von Kindern und Haushalt, die engen, überfüllten, keinen hygienischen Ansprüchen genügenden Wohnungen bildeten ein krasses Gegenbild zur Biedermeieridylle. Die verbreitete Aufnahme von familienfremden »Schlafgängern« in ohnehin überbelegte Wohnungen trug ebenfalls zur Zerstörung jeden Familienlebens bei[89]. Alkoholmißbrauch des Mannes und in unmittelbarem Zusammenhang damit das Schlagen von Frau und Kindern waren nicht selten[90]. Es gibt jedoch Anzeichen dafür, daß Trunksucht und Prügeln bei sozialdemokratischen, oft besser gestellten Arbeitern, die

---

86 C. Zetkin an K. Kautsky, 29. 8. 1886, in: IISG, Nachlaß Kautsky, D XXIII 307; ähnlich ein Brief v. 22. 3. 1886, in: ebd., 303.

87 C. Zetkin in: Adele Gerhard/Helene Simon: Mutterschaft und geistige Arbeit. Eine psychologische und soziologische Studie auf Grundlage einer internationalen Erhebung mit Berücksichtigung der geschichtlichen Entwicklung, Berlin[2] 1908, S. 301.

88 Adelheid Popp: Die Jugendgeschichte einer Arbeiterin. Mit einführenden Worten von August Bebel, München [4]1930, S. 79ff.

89 Näheres zur Wohnungs- und Schlafgängerfrage bei: Adolf Braun: Berliner Wohnungsverhältnisse. Denkschrift der Berliner Arbeiter-Sanitäts-Kommission, Berlin 1893; Paul Hirsch: Verbrechen und Prostitution als soziale Krankheitserscheinungen, Berlin 1897; Gustav Keßler: Wer zerstört die Familie?, Berlin o. J.; Georg v. Mayr: Statistik und Gesellschaftslehre. Dritter Band: Moralstatistik mit Einschluß der Kriminalstatistik, Tübingen 1917, S. 71ff.; Lutz Niethammer: Wie wohnten Arbeiter im Kaiserreich?, in: Archiv für Sozialgeschichte XVI (1976), S. 61–134; Franz J. Brüggemeier/Lutz Niethammer: Schlafgänger, Schnapskasinos und schwerindustrielle Kolonie. Aspekte der Arbeiterwohnungsfrage im Ruhrgebiet vor dem Ersten Weltkrieg, in: Jürgen Reulecke/Wolfhard Weber: Fabrik – Familie – Feierabend. Beiträge zur Sozialgeschichte des Alltags im Industriezeitalter, Wuppertal 1978, S. 135–175; Otto Rühle: Das proletarische Kind. Eine Monographie, München 1911, S. 36ff., 182ff.

90 Bleuler, in: Emmerich I, S. 168, und in Klucsarits/Kürbisch, S. 67; Göhre, S. 207; Adolf Levenstein: Die Arbeiterfrage. Mit besonderer Berücksichtigung der sozialpsychologischen Seite des modernen Großbetriebes und der psychophysischen Einwirkungen auf die Arbeiter, München 1912, S. 243f.

»mit peinlicher Gewissenhaftigkeit über ihren guten Ruf« wachten und »ihre Ehre« darein setzten, »sittlich unanfechtbare Persönlichkeiten« zu sein, weniger verbreitet waren[91].

Die Machtverhältnisse innerhalb der Familie waren gesetzlich eindeutig geregelt. Wenn auch das 1900 in Kraft tretende Bürgerliche Gesetzbuch für die Frauen insofern einen Fortschritt darstellte, als es die noch im Preußischen Allgemeinen Landrecht verankerte Geschlechtstutel abschaffte, die die Frauen der Gewalt des Vaters oder Ehemannes unterstellt hatte[92], war doch von einer rechtlichen Gleichstellung der Frauen nicht die Rede. Das mögen einige Zitate verdeutlichen:

»§1354. Dem Manne steht die Entscheidung in allen das gemeinschaftliche eheliche Leben betreffenden Angelegenheiten zu; . . .

§1358. Hat sich die Frau einem Dritten gegenüber zu einer von ihr in Person zu bewirkenden Leistung verpflichtet, so kann der Mann das Rechtsverhältnis ohne Einhaltung einer Kündigungsfrist kündigen, wenn er auf seinen Antrag von dem Vormundschaftsgerichte dazu ermächtigt worden ist. Das Vormundschaftsgericht hat die Ermächtigung zu ertheilen, wenn sich ergiebt, daß die Thätigkeit der Frau die ehelichen Interessen beeinträchtigt. . . .

§1363. Das Vermögen der Frau wird durch die Eheschließung der Verwaltung und Nutznießung des Mannes unterworfen . . .

§1626. Das Kind steht, solange es minderjährig ist, unter elterlicher Gewalt.

§1634. Bei einer Meinungsverschiedenheit zwischen den Eltern geht die Meinung des Vaters vor.«[93]

Die Bedeutung der Familienstruktur für die Erhaltung einer Klassengesellschaft wurde erst seit der Weimarer Republik eingehender diskutiert und vor allem von Wilhelm Reich als zentrale Frage angesehen[94]. Horkheimer formulierte:

»Infolge der scheinbaren Natürlichkeit der väterlichen Macht, die aus der doppelten Moral seiner ökonomischen Position und seiner juristisch sekundierten physischen Stärke hervorgeht, bildet die Erziehung in der Kleinfamilie eine aus-

---

91 Göhre S. 196f.; Göhres These wird bestätigt von: Moritz William Theodor Bromme: Lebensgeschichte eines modernen Fabrikarbeiters. Hrsg. und eingeleitet von Paul Göhre, Jena, Leipzig 1905, S. 367; Alice Salomon/Marie Baum (Hrsg.): Das Familienleben in der Gegenwart. 182 Familienmonographien, Berlin 1930, S. 275ff., 335ff.; Wettstein-Adelt, S. 45.

92 Erna Scheffler: Die Stellung der Frau in Familie und Gesellschaft im Wandel der Rechtsordnung seit 1918, Frankfurt a. M., Berlin 1970, S. 6ff.; Pierstorff, S. 58ff.; Schlesinger-Eckstein: Frau, S. 40.

93 Das Bürgerliche Gesetzbuch für das Deutsche Reich nebst dem Einführungsgesetze. Vom 18. August 1896, Berlin [17]1900, S. 291ff., 352f.

94 Wilhelm Reich: Die Massenpsychologie des Faschismus, Köln, Berlin [3]1971; ders.: Die sexuelle Revolution. Zur charakterlichen Selbststeuerung des Menschen, Frankfurt a. M. 1966; ähnlich auch: Otto Felix Kanitz: Das proletarische Kind in der bürgerlichen Gesellschaft, Jena 1925, S. 44ff.; H. S. Bossard/E. S. Boll: The Sociology of Child Development, New York 1960; Petra Milhoffer: Familie und Klasse. Ein Beitrag zu den politischen Konsequenzen familialer Sozialisation, Frankfurt a. M. 1975.

gezeichnete Schule für das kennzeichnende autoritäre Verhalten in dieser Gesellschaft. . . .
Infolge dieser raumzeitlichen Trennung von beruflicher und familiärer Existenz kann nun jeder bürgerliche Vater, auch wenn er im sozialen Leben eine armselige Funktion ausübt und einen krummen Rücken machen muß, zu Haus als Herr auftreten und die höchst wichtige Funktion ausüben, die Kinder an Bescheidenheit und Gehorsam zu gewöhnen. So wird es möglich, daß nicht nur aus großbürgerlichen Schichten, sondern auch aus vielen Gruppen der Arbeiter und Angestellten immer wieder Generationen hervorgehen, welche die Struktur des Wirtschafts- und Gesellschaftssystems nicht in Frage stellen, sondern sie als natürlich und ewig anerkennen . . .«[95]

Gerade im deutschen Kaiserreich mit seinen »generellen autoritären Leitbildern und Verhaltensweisen« konnte die »autoritäre Binnenstruktur der Familie« »als eine Art Multiplikator« wirken[96]. Zudem unterdrückte sie die Frauen, die ohnehin schon im wirtschaftlichen und politischen Leben benachteiligt waren, auch in der ihr als wesensgemäß zugewiesenen Sphäre.
Das widerspruchsvolle Frauenbild des 19. Jahrhunderts, in dem die Hochschätzung der Hausfrau von der Unterdrückung der Frau in der Gesellschaft wie in der Familie begleitet wurde, vermochte gerade am Ende des Jahrhunderts nicht mehr zu überzeugen. Die Sinnentleerung des Lebens wohlhabender Frauen und die Berufstätigkeit der Arbeiterinnen zeigten die Brüchigkeit des alten Frauenideals auf, und die »Frauenfrage« wurde Gegenstand der öffentlichen Diskussion.

## 2. *Frauenfrage und Frauenemanzipation in der sozialistischen Theorie*

Frauenfragen, Frauenemanzipation und die Entwicklung von Familie und Ehe wurden in der sozialistischen Theorie bereits vor der Herausbildung einer sozialistischen Frauenbewegung diskutiert. Während Proudhon die Emanzipation der Frauen als Gefährdung der Gesellschaft ablehnte und sich – wie seine Anhänger in der Ersten Internationale – gegen die Frauenarbeit und für die Herrschaft des Mannes über die Frau aussprach, stimmten die meisten anderen Frühsozialisten in ihrer Kritik der sozialen Stellung der Frau und der Familie überein. Wenn sie auch von der Existenz wesensmäßiger Unterschiede zwischen Mann und Frau, Weitling sogar von der geistigen Unterlegenheit der Frau überzeugt waren, so entwarfen doch Weitling, Owen und Saint-Simons Schüler Enfantin radikale Gegenmodelle zur Ehe und Familie und traten für eine verbesserte Stellung der

95 Max Horkheimer: Autorität und Familie. Allgemeiner Teil, Paris 1936, S. 57f. Er ist also unrichtig, daß die Familienstruktur erst nach dem Zweiten Weltkrieg Diskussionsthema wurde (so Quataert, S. 418).
96 Hans-Ulrich Wehler: Das Deutsche Kaiserreich 1871–1918, Göttingen [2]1975, S. 123f.

Frau in der Gesellschaft ein. Fourier befürwortete die rechtliche Gleichstellung der Frauen, ihre Zulassung zum Studium, freie Arbeitsmöglichkeiten und koedukative Erziehung. Die Familie wollte er durch kooperative Gruppenverbände, die Ehe durch die »freie Liebe« ersetzt sehen[97]. Er stellte die dann von Marx übernommene These auf, daß der gesellschaftliche Fortschritt an der Stellung der Frauen in der Gesellschaft abzulesen sei: »Les progrès sociaux et changements de Période s'opèrent en raison du progrès des femmes vers la liberté, et les décadences d'Ordre social s'opèrent en raison du decroissement de la liberté des femmes. . . . En résumé, l'extension des privilèges des femmes est le principe générale de tous progrès sociaux.«[98]

In der Frühphase der deutschen Arbeiterbewegung jedoch wurde die Frauenarbeit weitgehend als »Schmutzkonkurrenz« für die noch meist handwerklich orientierten Arbeiter und als schädlich für Familie und Gesellschaft bekämpft. Für die Zeit der Revolution 1848 fand Kuczynski im Deutschen Zentralarchiv von Merseburg »Hunderte von Petitionen, in denen die Beschränkung der Frauenarbeit verlangt wird«[99]. Häufig wurde die »Frauenfrage« auf das Problem der Frauenarbeit verkürzt. In der Nachfolge Hilde Lions sieht die Literatur vor allem die Lassalleaner als Gegner der Frauenarbeit, und Thönnessen spricht von deren »proletarischem Antifeminismus«[100].

Von Lassalle selbst ist lediglich eine Bemerkung überliefert: 1863 soll er einer Frau, die sich an einer politischen Diskussion beteiligte, geantwortet haben: »Davon verstehen Frauenzimmer nichts.«[101] Stellungnahmen des ADAV waren selten und unsicher: lediglich zwei große programmatische Erklärungen liegen vor: Am 15. Januar 1866 hielt Schlingmann in einer Parteiversammlung in Berlin ein Referat über »Frauenarbeit und Arbeiterfrauen«. Als Kronzeuge für den »proletarischen Antifeminismus« der Lassalleaner ist er jedoch nicht sehr geeignet; denn erstens war er nicht Arbeiter, sondern Buchhändler, und zweitens war er kurz zuvor aus dem

97 Zu den Frühsozialisten ausführlicher: Jaeckel, S. 19ff.; Neumann, S. 9ff.; Constance Rover: Love, Morals and the Feminists, London 1970, S. 9ff.; Georg Schwägler: Soziologie der Familie. Ursprung und Entwicklung, Tübingen 1970, S. 21ff.; Struewing S. 8ff.; Joseph Unger: Die Ehe in ihrer welthistorischen Entwicklung. Ein Beitrag zur Philosophie der Geschichte, Wien 1850, S. 160ff.

98 Charles Fourier: Oevres Complètes. Tome I, Paris 1967, S. 132f.; vgl. K. Marx an L. Kugelmann, 12. 12. 1868, in: Karl Marx/Friedrich Engels: Werke. Bd. 32, Berlin 1965, S. 582f.

99 Kuczynski S. 82f.

100 Lion, S. 26; Thönnessen, S. 14.

101 Ludwig Büchner: Meine Begegnung mit Ferdinand Lassalle. Ein Beitrag zur Geschichte der sozialdemokratischen Bewegung in Deutschland, Berlin 1894, S. 28f.

ADAV ausgetreten[102]. Schlingmann erklärte sich unter Hinweis auf die Arbeitsbedingungen, auf die lohndrückende Wirkung der Frauenarbeit und auf die Zerstörung des Familienlebens als Gegner der Frauenarbeit und schloß:

»Die Heilung erwarten wir für die Frauen, wie für die Männer nur in einer totalen Umänderung des Productionsmodus, in der gerechten Vertheilung des Arbeitsertrages, in der Selbständigkeit des Arbeiters als Mitglied einer Association. Eine andere, gerechte Grundlage der Production wird zur natürlichen Folge haben, daß die Frau eine würdigere sociale Stellung einnehmen wird. Dann, m. H., werden . . . die Frauen ihrer natürlichen Bestimmung als Gattinnen und Mütter folgen können.«[103]

Die meisten Diskussionsredner stimmten ihm zu, und Vogt vertagte die Frauenemanzipation: »Wir wollen erst die Befreiung der Arbeit vom Dienst des Kapitals und *dann* die Emanzipation der Frauen.« Jörrissen allerdings forderte: »Für die Frauen beanspruche ich das volle Recht und für die Arbeit die volle Freiheit.«[104]

Auf der Generalversammlung des ADAV von 1867 wurde die Frage erneut diskutiert. Bracke referierte über die Frauenarbeit:

»Einer der größten Mißstände unter den heutigen gesellschaftlichen Verhältnissen ist die Frauenarbeit; nicht daß die Frauen überhaupt nicht arbeiten sollen; im Gegentheil, wir Socialisten wollen die Arbeit aus dem Aschenbrödel hervorziehen, damit dem gesammten Zeitalter das heutige Gepräge des Capitals genommen und das der Arbeit aufgedrückt werde. Wir wollen also auch die Frauenarbeit. Aber nicht das ist die Frage, sondern die, unter welchen Verhältnissen sind sie heute gezwungen zu arbeiten?«[105]

Er schilderte die Arbeitsbedingungen, die Vernachlässigung von Familie und Kindern, den Verfall der Sittlichkeit als deren Folge und den Lohndruck auf die Männerlöhne. Nach kurzer Diskussion nahm die Versammlung seine Resolution an:

»Die Beschäftigung der Frauen in den Werkstätten der großen Industrie ist einer der empörendsten Mißbräuche unseres Zeitalters; empörend, weil die materielle Lage der Arbeiterklasse dadurch nicht gehoben, sondern verschlechtert und die Arbeiterbevölkerung besonders durch die Vernichtung der Familie in einen so elenden Zustand versetzt wird, indem sie auch den letzten Rest von idealen Gütern verliert, den sie noch inne hatte. Umsomehr ist heute das Streben zu verwerfen, den Markt für die Frauenarbeit noch zu vergrößern. Abhilfe gewährt nur die Beseitigung der Capitalherrschaft, indem durch positive organische Einrichtungen das Lohnverhältnis aufgehoben und jedem Arbeiter der volle Ertrag seiner Arbeit gewährt wird.«[106]

---

102 Seine Austrittserklärung in: Social-Demokrat. Organ der socialdemokratischen Partei. Nr. 4, 6. 1. 1866, 2. Jg.

103 Social-Demokrat. Nr. 13, 17. 1. 1866, 2. Jg.; Nr. 16, 20. 1. 1866, 2. Jg.; Nr. 17, 21. 1. 1866, 2. Jg.; Nr. 18, 22. 1. 1866, 2. Jg.

104 Ebd. Nr. 13, 17. 1. 1866 (Heraushebung durch den »Social-Demokrat«).

105 Ebd. Nr. 139, 29. 11. 1867, 3. Jg., 1. Beilage.

106 Ebd.

Aus der Analyse der bestehenden Mißstände zog man den zwar nicht frauenfeindlich gemeinten, jedoch auch von Konkurrenzfurcht mitgetragenen Schluß, daß die Frauenarbeit zumindest im Kapitalismus abgeschafft werden müsse. Das jedoch war nicht nur eine illusionäre Vorstellung, sondern verhinderte auch die Einbeziehung der Frauen in die Arbeiterbewegung.

Dagegen scheint die Arbeiterverbrüderung auch Frauen aufgenommen zu haben. Bei der Beratung der Statuten 1848 wurde beschlossen:

> »In den Bezirks-Komites ist die Sache der Arbeiterinnen durch eine Abtheilung vertreten.
>
> Im Central-Comité soll eine Abteilung beauftragt sein, die Sache der Arbeiterinnen zu vertreten.«[107]

Frolinde Balser konnte weibliche Mitglieder in Berlin, Königsberg, Breslau und Würzburg nachweisen, die jedoch nie in Spitzenpositionen der Verbrüderung aufrückten. Der Zigarrenarbeiterassoziation stellte man die Beitrittsbedingung, die Ablehnung der Frauenarbeit aufzugeben[108].

Positiv zur Frauenemanzipation stellte sich auch der Verband deutscher Arbeitervereine, auf dessen dritten Arbeitertag 1865 der Bijouteriefabrikant Moritz Müller zur Frauenfrage referierte. Weitgehend von liberalen Vorstellungen geprägt – an anderer Stelle erklärte er sich mit dem bürgerlichen »Allgemeinen Deutschen Frauenverein« als in »allem Wesentlichen einig«[109] – betonte er die natürlichen Unterschiede zwischen Mann und Frau, hielt am Familienleben als der »Krone allen Frauenlebens« fest und wollte die Frauen nicht in die »offene Partei-Politik treiben«[110]: »Ja, ausnahmsweise, möchten in viel späteren Zeiten, je nachdem sich ihre Verhältnisse und Schulen verbessern, manche Frauen auch für gewisse Staatsämter geeignet sein . . .«[111] Trotz seiner Befangenheit im traditionellen Frauenbild kam Müller zu progressiven Forderungen. »Die Frauen sind zu jeder Arbeit berechtigt, zu welcher sie fähig sind«, war seine Maxi-

---

107 Max Quarck: Die erste deutsche Arbeiterbewegung. Geschichte der Arbeiterverbrüderung 1848/49. Ein Beitrag zur Theorie und Praxis des Marxismus, Leipzig 1924, S. 201, 351; Elisabeth Todt/Hans Radandt: Zur Frühgeschichte der deutschen Gewerkschaftsbewegung 1800–1849, Berlin 1950, S. 193.

108 Frolinde Balser: Sozial-Demokratie 1848/49–1863. Die erste deutsche Arbeiterorganisation »Allgemeine Arbeiterverbrüderung« nach der Revolution. Textband, Stuttgart 1962, S. 81f.; zu Königsberg auch: Wilhelm Matull: Ostpreußens Arbeiterbewegung. Geschichte und Leistung im Überblick, Würzburg 1970, S. 15; zu den Zigarrenarbeitern auch: Christian Paulmann: Die Sozialdemokratie in Bremen 1864–1964, Bremen 1964, S. 14.

109 Moritz Müller: Aphorismen über die Frauenfrage. Zur Erinnerung an den Frauentag in Stuttgart den deutschen Frauen gewidmet, Pforzheim 1873, S. VI.

110 Moritz Müller: Vortrag über die Frauenfrage. Gehalten am dritten Arbeitertage in Stuttgart, Coburg 1865, S. 4f.

111 Müller: Aphorismen, S. 2.

me[112], und seiner Meinung nach habe die Natur »die Anlagen beider Geschlechter dergestalt vertheilt, daß die Frauen weit mehr als zur Hälfte aller Arbeiten gut befähigt sind«[113]. Er bat den Arbeitertag erstens um Bejahung der Frauenarbeit und Entsendung von Grüßen an den Frauenkongreß in Leipzig, auf dem der ADF gegründet wurde, zweitens um Eintreten für die Selbständigkeit und Gleichberechtigung der Frauen und drittens um die Unterstützung der Arbeiterinnen durch die Arbeiter und die Gründung von Arbeiterinnenvereinen[114]. In der Debatte fand er »bis auf 2 Stimmen allgemeinen Beifall«, und der Vereinstag nahm gegen zwei Stimmen eine Erklärung Eckardts an, mit der man sich »mit den in dem Bericht ausgesprochenen Grundsätzen im Allgemeinen einverstanden« erklärte[115].

Die Grüße Müllers an die Leipziger Frauenkonferenz symbolisierten die weitgehenden Kontakte zur entstehenden bürgerlichen Frauenbewegung. Müller war durch Luise Otto-Peters und Fanny Lewald beeinflußt, Eckardt formulierte die Stellungnahme der Leipziger Frauenkonferenz zur Frauenarbeit, und August Bebel stellte dem Leipziger Frauenbildungsverein das Vereinslokal des Arbeiterbildungsvereins zur Verfügung[116]. Zu den frühen Verfechtern der Gleichberechtigung der Frau in der deutschen Arbeiterbewegung gehörte auch Motteler, der sich am 28. 2. 1869 auf dem Stiftungsfest des Arbeiterfortbildungsvereins in Glauchau für die Frauen einsetzte[117].

Auf dem Eisenacher Kongreß der Sozialdemokratischen Arbeiterpartei im August des gleichen Jahres wurde ein Antrag auf Verbot der Frauenarbeit abgelehnt. Statt dessen verlangte man die »Einschränkung« der Frauenarbeit, eine Formulierung, die Unsicherheit und Uneinigkeit verrät. Zugleich wurde die Forderung nach dem Wahlrecht für alle Männer, nicht, wie ein Antrag wünschte, für alle Staatsangehörigen in das Programm aufgenommen[118].

Während so die deutsche Arbeiterbewegung in ihrer Stellung zur Frauenfrage und Frauenemanzipation noch sehr unsicher war und ihre Positionen nur langsam klärte, hatten Marx und Engels zwar keine fertige Emanzipationstheorie geschaffen, aber in ihrer gesamtgesellschaftlichen Analyse

112 Müller: Vortrag, S. 9.

113 Müller: Aphorismen, S. 3.

114 Müller: Vortrag, S. 10f.

115 Ebd. S. 11.

116 Twellmann, S. 39f., 148; über Kontakte zwischen Bebel und L. Otto-Peters berichtet auch: Richard Lipinski: Die Geschichte der sozialistischen Arbeiterbewegung in Leipzig. Teil I: bis 1857, Leipzig 1931, S. 89.

117 Archiv der sozialen Demokratie, Nachlaß Juchacz 2; Neumann, S. 6.

118 Protokoll über die Verhandlungen des Allgemeinen Deutschen sozial-demokratischen Arbeiterkongresses zu Eisenach am 7., 8. und 9. August 1869, Leipzig 1869, S. 32ff.

auch dafür wichtige Grundlagen gelegt. Marx erkannte hinter den Mißständen der Frauenarbeit ihre emanzipatorische Wirkung, hinter der diagnostizierten Auflösung der Familie den Keim einer neuen Form:

»So furchtbar und ekelhaft nun die Auflösung des alten Familienwesens innerhalb des kapitalistischen Systems erscheint, so schafft nichtsdestoweniger die große Industrie mit der entscheidenden Rolle, die sie den Weibern, jungen Personen und Kindern beiderlei Geschlechts in gesellschaftlich organisierten Produktionsprozessen jenseits der Sphäre des Hauswesens zuweist, die neue ökonomische Grundlage für eine höhere Form der Familie und des Verhältnisses beider Geschlechter.«[119]

Wie Marx ging auch Engels davon aus, daß »die Befreiung der Frau zur ersten Vorbedingung hat die Wiedereinführung des ganzen weiblichen Geschlechts in die öffentliche Industrie . . .«[120]. Sie befürworteten auch die Einbeziehung der Frauen in die Arbeiterbewegung: Marx lobte die gleichberechtigte Stellung der Frauen in der amerikanischen »Labor Union« als großen Fortschritt und betonte, daß »große gesellschaftliche Umwälzungen ohne das weibliche Ferment unmöglich sind«[121]. Stets sahen sie die Befreiung der Frau im Zusammenhang mit dem Kampf gegen den Kapitalismus. Engels sprach vermutlich auch die Überzeugung Marx' aus, wenn er schrieb: »Eine wirkliche Gleichberechtigung von Frau und Mann kann nach meiner Überzeugung erst eine Wahrheit werden, wenn die Ausbeutung beider durch das Kapital beseitigt und die private Hausarbeit in eine öffentliche Industrie verwandelt ist.«[122]

Die Stellung zur Familie und Ehe wird an späterer Stelle detaillierter behandelt werden. Deutlich ist jedoch schon, daß die Emanzipation der Frau für Marx und Engels mit der Abschaffung des Privateigentums und der Berufstätigkeit der Frau zusammenfiel. Psychologische Momente, irrationale Vorurteile, das Festhalten an der überkommenen Rollenverteilung wurden in ihrer Bedeutung nicht erkannt. Trotz dieses, angesichts des damaligen Standes der Psychologie und Soziologie erklärbaren Versäumnisses, stellte die allmähliche Rezeption der Auffassungen Marx' und Engels' in der deutschen Arbeiterbewegung einen großen Fortschritt dar. Eine entscheidende Rolle dabei spielte Bebels vielgelesenes Buch »Die Frau und der Sozialismus«, das in erster Auflage 1879 erschien und von Clara Zetkin als »Abschluß einer Klärungsepoche« gewertet wurde[123].

119 Karl Marx: Das Kapital. Kritik der politischen Ökonomie. I. Band, in: MEW 23, Berlin 1970, S. 513f.

120 Friedrich Engels: Der Ursprung der Familie, des Privateigentums und des Staats. Im Anschluß an Lewis H. Morgans Forschungen, in: MEW 21, Berlin 1962, S. 76.

121 K. Marx an L. Kugelmann, 12. 10. 1868 und 12. 12. 1868, in: MEW 32, Berlin 1965, S. 567, 582.

122 F. Engels an G. Guillaume-Schack, um den 5. 7. 1885, in: MEW 36, Berlin 1967, S. 341.

123 Clara Zetkin: Zur Geschichte der proletarischen Frauenbewegung Deutschlands, Frankfurt a. M. 1971, S. 118.

Welche Bedeutung Bebels Buch, das nach Erscheinen von Engels' »Ursprung der Familie, des Privateigentums und des Staats« im marxistischen Sinn überarbeitet wurde, für die Politisierung von Arbeiterinnen hatte, ist schwer feststellbar. Während Klucsarits und Kürbisch aus der Analyse autobiographischer Texte schließen, daß Arbeiterinnen zunächst durch persönliche Gespräche, durch Flugblätter und Versammlungen politisiert wurden und nicht durch die Lektüre Bebels[124], bezeugen doch Einzelbeispiele die große Bedeutung dieses im Vergleich zu Marx' und Engels' Werken leicht lesbaren Buches[125].

Bebels »Frau« war keine streng marxistische Analyse und wurde später auch von Clara Zetkin in Einzelheiten kritisiert[126]. Aber Bebel trat für die Bejahung der Frauenarbeit und die Gleichberechtigung der Frauen ein; ihre Emanzipation stellte er in direkten Zusammenhang mit der »sozialen Frage«; beide seien nur zusammen durch den Sozialismus zu lösen. Leidenschaftlich setzte er sich für die Befreiung der Frau ein und befürwortete das »Heraustreten der Frau aus dem engen Kreis der Häuslichkeit und ihre volle Teilnahme an dem öffentlichen Leben . . . und an den Kulturaufgaben der Menschheit«[127]. In seiner plastischen Beschreibung der Zukunftsgesellschaft, die wohl die meisten Leser faszinierte, äußerte er sich anders als Marx und Engels auch zu zahlreichen Detailfragen. Er begann sein Buch mit dem Satz: »Frau und Arbeiter haben gemein, Unterdrückte zu sein«[128] und schloß mit dem Ruf: »Dem Sozialismus gehört die Zukunft, das heißt in erster Linie dem Arbeiter und der Frau.«[129]

Es ist nicht zu bezweifeln, daß Bebel in der deutschen Sozialdemokratie Entscheidendes für die Anerkennung der Frauenemanzipation geleistet hat. Allerdings gelang es ihm auf dem Gothaer Vereinigungsparteitag von 1875 noch nicht, der ausdrücklichen Forderung nach dem Wahlrecht für »Staatsangehörige beiderlei Geschlechts« Aufnahme in das Programm zu verschaffen. Andererseits konnte sich auch Hasselmann, der das Frauenstimmrecht aus praktischen und taktischen Gründen wie der Rückständigkeit der Frauen und unter Hinweis auf die angebliche Verknüpfung von Wehrpflicht und Wahlrecht ablehnte, mit seiner Forderung nach dem allgemeinen Wahlrecht nur für die Männer nicht durchsetzen. Gegen Bebels Antrag wurde mit 62 gegen 55 Stimmen der Vorschlag Liebknechts ange-

---

124 Klucsarits/Kürbisch S. 33; ähnlich: Joos, S. 74; anders dagegen: Lion, S. 38.

125 Z. B. Baader S. 19ff.; Marie Koch in: Klucsarits/Kürbisch, S. 153; Johanna Reitze in: Gleichheit 1. 8. 1923; Bebels Buch erschien bereits vor dem Ersten Weltkrieg in 50. Auflage und war das meistgelesene deutsche sozialistische Buch.

126 Gleichheit 20. 12. 1909; ähnlich Schmidt/Richter, S. 84.

127 August Bebel: Die Frau und der Sozialismus, Berlin [60]1962, S. 273.

128 Ebd., S. 35.

129 Ebd., S. 557.

nommen, das Wahlrecht für alle »Staatsangehörigen«, ohne explizite Erwähnung der Frauen in das Programm aufzunehmen[130]. Die namentliche Abstimmung bietet einen weiteren Beleg dafür, daß die Etikettierung der Lassalleaner als Antifeministen und der Eisenacher als Freunde der Frauenemanzipation[131] zumindest eine grobe Vereinfachung darstellt. So stimmten die Lassalleaner Hasse, Hörig, A. Kapell, Richter, Reinders, Tölcke, Vater und Winner für den Antrag Bebels, während Eisenacher wie Bock, Demmler, Geib, Grillenberger, Liebknecht oder Pilster dagegen stimmten[132]. Die Fronten gingen also auch in dieser Frage durch die beiden sozialdemokratischen Parteien hindurch.

Die Erfahrungen der Zeit des Sozialistengesetzes, während der sich bereits eine Arbeiterinnenbewegung konstituierte und Frauen in der Sozialdemokratie mitarbeiteten, die wenngleich unvollkommene Rezeption marxistischer Ideen, die Wirkung des Bebelschen Buches und der Einsatz einzelner Persönlichkeiten wie Bebel, Motteler und Vollmar[133] veränderten die Haltung der SPD bis 1891. So wurden das Frauenwahlrecht und die rechtliche Gleichstellung der Frauen als Forderungen in das Erfurter Programm aufgenommen:

> »1. Allgemeines, gleiches, direktes Wahl- und Stimmrecht mit geheimer Stimmabgabe aller über 20 Jahre alten Reichsangehörigen ohne Unterschied des Geschlechts für alle Wahlen und Abstimmungen . . .
> 5. Abschaffung aller Gesetze, welche die Frau in öffentlich- und privatrechtlicher Beziehung gegenüber dem Manne benachteiligen.«[134]

In seinen Erläuterungen verknüpfte Kautsky wie Marx, Engels und Bebel die Befreiung der Frau eng mit ihrer Berufstätigkeit: »Durch ihre Arbeit im genossenschaftlichen Großbetrieb wird die Frau dem Manne wirthschaftlich gleichgestellt werden und den gleichen Antheil an der Genossenschaft erlangen, wie er; sie wird seine freie Genossin sein, befreit (emanzipirt) nicht blos von der Knechtschaft des Hauses, sondern auch von der des Kapitals.«[135]

---

130 Protokoll des Vereinigungs-Congresses der Sozialdemokraten Deutschlands, abgehalten zu Gotha, vom 22. bis 27. Mai 1875, Leipzig 1875, S. 36, 45ff.

131 Lion S. 25f.; Jutta Menschik: Gleichberechtigung oder Emanzipation? Die Frau im Erwerbsleben der Bundesrepublik, Frankfurt a. M. 1974, S. 62f.; Quataert, S. 54f.; Thönnessen, S. 14.

132 Protokoll des Vereinigungs-Congresses . . . 1875, S. 49f.

133 Zu Bebel Näheres in: August Bebel: Aus meinem Leben. Zweiter Teil, Stuttgart 1911, S. 381; Schmidt/Richter S. 16ff., S. 217ff.; zu Motteler s. o. S. 42 und Gleichheit 20. 12. 1909; zu Vollmar s. IISG, Nachlaß Vollmar, besonders 3156–3163, u. a. mit Manuskripten zu Vorträgen über »Die Stellung des Weibes in der Gesellschaft« vom 3. 10. 1877 und »Über Frauenemanzipation« vom 2. 3. 1878.

134 Deutsche Parteiprogramme. Hrsg. v. Wilhelm Mommsen, München 1960, S. 351.

135 Kautsky: Das Erfurter Programm, S. 146.

Nun entwickelte Clara Zetkin die sozialistische Emanzipationstheorie weiter; eines ihrer Hauptanliegen war dabei die Abgrenzung zur bürgerlichen Frauenbewegung[136]. Die Einbeziehung der Arbeiterinnen in die sozialdemokratische Bewegung, die Befürwortung der Frauenarbeit und der Gleichberechtigung wurden in der SPD nur noch selten grundsätzlich in Frage gestellt. Edmund Fischer vertrat 1905 in den »Sozialistischen Monatsheften« die Auffassung, daß keine Frau mehr arbeiten werde, wenn nach der erfolgten Revolution der Lohn (sic!) der Arbeiter deutlich gestiegen sei: ». . . und nicht die Emanzipation der Frau vom Manne wird dann erreicht sein, sondern etwas anderes: die Frau wird der Familie wiedergegeben sein. Und dieses Ziel kann und sollte auch das Ziel der Sozialisten sein.« Zwar wollte er die Frauenarbeit nicht gänzlich verboten wissen, aber er war davon überzeugt, »daß das erste und höchste, tief in der Natur des Weibes begründete Lebensziel der Frauen ist: Mutter zu sein und der Pflege und Erziehung der Kinder zu leben, während auf die wirtschaftliche Selbständigkeit in der Regel nur die Unverheirateten Anspruch machen«. Grundsätzlich meinte er: »Die sogenannte ›Frauenemanzipation‹ widerstrebt der weiblichen Natur und der menschlichen Natur überhaupt, ist Unnatur und daher undurchführbar.«[137] Hier findet sich die alte Vorstellung von einem spezifisch weiblichen, naturbedingten und daher unveränderlichen Wesen, die der marxistischen Auffassung von der Prägung des Menschen durch seine Gesellschaft widerspricht. Fischers Ansichten sind eher als vormarxistisch denn als revisionistisch[138] einzuschätzen.
Sein Artikel führte zu einer ausgedehnten Kontroverse. Clara Zetkin warf ihm in zwei Aufsätzen »Aus Krähwinkel« »kleinbürgerliches Vernarrtsein in eine Schneckenhauswelt« vor und betonte, ähnlich wie Oda Olberg: »Für die volle soziale und rechtliche Gleichstellung des weiblichen Geschlechts mit dem männlichen ist die Berufstätigkeit von grundsätzlicher Bedeutung.«[139] Emma Ihrer verlangte für die Frauen das Recht, nicht nur »das gute Haustierchen zu sein, das lediglich dem Wohlbehagen des Hausgenossen dienen will«. Die Frau brauche den Beruf auch zur Erweiterung ihres geistigen Horizontes[140].
Gegenüber diesen Artikeln beharrte Fischer auf seiner Meinung:

> »In dem Maße, wie es dem Manne gelingt, eine höhere wirtschaftliche Stufe zu erklimmen, gibt die Frau ihre gewohnte produktive Tätigkeit auf, um sich ganz ihrer natürlichen Berufstätigkeit zu widmen: der Pflege und Erziehung ihrer Kinder, der schöneren Gestaltung und Befestigung des Familienlebens . . .

---

136 S. u. S. 81 ff.

137 Sozialistische Monatshefte 1905, Bd. I, S. 262, 265 f.; auch in: Wally Zepler (Hrsg.): Sozialismus und Frauenfrage, Berlin 1919, S. 24, 29 f.

138 So fälschlich Thönnessen, S. 116.

139 Gleichheit 22. 3. 1905, 5. 4. 1905; O. Olberg in: Sozialistische Monatshefte 1905, Bd. I, S. 302.

140 Sozialistische Monatshefte 1905, Bd. I, S. 445 ff.

Die allgemeine Berufstätigkeit der Frauen, und damit ihre völlige wirtschaftliche Selbständigkeit, ihre Emanzipation vom Manne, und infolgedessen die Übernahme der gesamten Pflege und Erziehung der Kinder durch die Gesellschaft und die Auflösung der Einzelhaushalte, der Familie, ist ein Traum – und keineswegs ein schöner! – aus den Kinderjahren der sozialistischen Bewegung.«[141]

Fischer vermochte jedoch die offizielle Parteitheorie nicht mehr zu verändern. Allerdings war gerade die Erkenntnis, daß die Frauenarbeit wegen ihres emanzipatorischen Charakters prinzipiell zu befürworten sei und lediglich unter kapitalistischen Bedingungen negative Begleiterscheinungen habe, keineswegs Gedankengut aller Sozialisten und Sozialistinnen. Oda Olberg meinte sogar in einer Entgegnung auf Fischer: ». . . viele Parteigenossen denken wie Fischer, die meisten fühlen wie er.«[142] Rosa Luxemburg berichtete, daß sie einmal einem Sozialdemokraten beistehen mußte in dessen »verbissenen Streit mit den älteren der dortigen Genossen, die daran festhalten die Frau gehört zum Haus, und daß wir die Aufhebung der Fabrikarbeit für Frauen verlangen sollten«[143]. Auch Friedrich Ebert wünschte nicht, daß seine Frau mitarbeite, und noch kurz vor und sogar im Ersten Weltkrieg monierten Luise Zietz und Adolf Braun, daß auch Arbeiter Gegner der Frauenarbeit seien und sie allenfalls als unvermeidliches Übel akzeptierten[144].

Daß diese Residuen bürgerlichen Denkens so hartnäckig überlebten, ist auch dadurch erklärbar, daß eben tatsächlich die Befreiung der Frau nicht automatisch mit der Berufstätigkeit verwirklicht war[145]. Auch Clara Zetkin war es bewußt, daß die »Berufssklaverei« nicht minder öde als das »Nichts-als-Hausfrauenthum« war[146]; die Kombination beider Belastungen jedoch machte viele Frauen zu Gegnern der weiblichen Erwerbstätigkeit. Angesichts der Arbeitsbedingungen – geringe Löhne, unzureichende Schutzbestimmungen, lange Arbeitszeiten, in der Folge Krankheiten, frühzeitiges Altern, hohe Kindersterblichkeit – ist es nicht erstaunlich, daß vielen die dialektische Vorstellung Marx' vom emanzipatorischen

---

141 Ebd., S. 538f.

142 Sozialistische Monatshefte 1905, Bd. I, S. 309.

143 R. Luxemburg an L. Jogiches, 11. 2. 1902, in: Rosa Luxemburg: Briefe an Leon Jogiches. Mit einer Einleitung von Feliks Tych, Frankfurt a. M. 1971, S. 211.

144 Adolf Braun: Die Arbeiterinnen und die Gewerkschaften, Berlin 1913, S. 20; Luise Zietz: Zur Frage des Mutter- und Säuglingsschutzes, Leipzig 1911, S. 8; dies.: Zur Frage der Frauenerwerbsarbeit während des Krieges und nachher, Berlin 1916, S. 27; Emil Felden: Eines Menschen Weg. Friedrich Eberts Leben, Bremen 1927, S. 169.

145 Dazu auch Herbert Marcuse, in: Herbert Marcuse und Peter Furth: Emanzipation der Frau in der repressiven Gesellschaft. Ein Gespräch mit Herbert Marcuse, in: Das Argument. Berliner Hefte für Politik und Gesellschaft. 23. 4. Jg. (1962) Heft 4, [7]1972, S. 5.

146 Gleichheit 4. 1. 1899.

Wert der Arbeit unverständlich war. Daher ist die Kennzeichnung der Ablehnung von Frauenarbeit als »Antifeminismus« problematisch; häufig war sie nichts als eine theorielose, vormarxistische Reaktion auf offenkundige Mißstände.

Immer wieder wurde festgestellt, »daß Frauen nur vereinzelt in Fabriken arbeiten, ohne durch die Verhältnisse dazu gezwungen zu sein«[147]. Viele ledige Arbeiterinnen sahen ihre Berufstätigkeit nur als Provisorium bis zur Eheschließung an, und auch bei ihnen war die Vorstellung weit verbreitet, daß eigentlich nur der Mann Geld verdienen solle[148]. Selbst Führerinnen der sozialistischen Frauenbewegung teilten diese Einstellung. So erklärte Frau Fahrenwald, lange Zeit eine der Leiterinnen der Hamburger Sozialdemokratinnen, auf der Frauenkonferenz von 1906, sie hoffe, »daß die Zeit komme, wo die Frauenarbeit verschwinden wird, wo jede Mutter ihre Kinder selbst erziehen kann und wir keine Krippen und Kindergärten mehr brauchen«[149]. Auf der gleichen Konferenz sagte Frau Mahn aus Magdeburg: »Helfen könnte nur, wenn die Männer durch gemeinsamen Kampf so viel Lohn verdienten, daß die Frauen gar nicht mehr zu arbeiten brauchten.«[150] Wie verbreitet diese Einstellung war, beweist der Beifall der Konferenz für die zitierten Äußerungen, obwohl dort nur die Leiterinnen der Bewegung vertreten waren.

Das Theoriedefizit der weit ungeschulteren Basis war sicher noch größer. Daher ist in solchen unmarxistischen Aussagen nicht immer Revisionismus oder Antifeminismus, sondern das Ergebnis eines theorielosen Gefühlssozialismus zu sehen. Dennoch lehnte die sozialistische Frauenbewegung jedes gesetzliche Verbot der Frauenarbeit ab, das auch wirtschaftlich nicht realisierbar gewesen wäre und das Einkommen vieler Arbeiterfamilien unter das Existenzminimum gedrückt hätte. Auch den Vorschlag Henriette Fürths, für verheiratete Frauen einen 6- oder 7-Stunden-Tag oder die Halbtagsarbeit einzuführen[151], machte man sich nicht zu eigen. Man sah vielmehr in einem verbesserten Arbeitsschutz, im Achtstundentag, einer ausreichenden Mutterschaftsversicherung und in der Entlastung der Frauen von Hausarbeit durch gesellschaftliche Institutionen und Mithilfe des Mannes die Lösung[152]. Diese Politik entsprach der Emanzipationstheorie: Abschaffung der Mißstände der Frauenarbeit, nicht jedoch

---

147 Beschäftigung verheiratheter Frauen, S. 38.

148 Ebd. S. 53; Dullo S. 9; Fürth: Fabrikarbeit S. 11, 22; Alice Salomon: Die Arbeiterinnenbewegung, in: Handbuch der Frauenbewegung. II, S. 205–257, hier S. 233.

149 Frauenkonferenz 1906, S. 406.

150 Ebd., S. 467.

151 Fürth: Hausfrau, S. 58.

152 Nach einem Referat von Käte Duncker nahm man eine Resolution an, die diese Forderungen enthielt: Frauenkonferenz 1906, S. 459ff.

der Frauenarbeit selbst. Dennoch ist nicht zu verkennen, daß die Überzeugung vom emanzipatorischen Wert der Arbeit auch unter den Sozialistinnen nicht tief verankert war, daß vielfach die Frauenarbeit als notwendiges Übel angesehen wurde, das man am liebsten abgeschafft hätte und – im individuellen Bereich – auch tatsächlich aufgab, wenn man die Möglichkeit dazu hatte.

# II. Die sozialistische Frauenbewegung

## *1. Die organisatorische Entwicklung*

Vor 1890 bestand in Deutschland noch keine kontinuierliche proletarische Frauenbewegung. Auch der Einsatz demokratischer Frauen wie Mathilde Franziska Anneke und Luise Otto-Peters in der Revolutionszeit um 1848 artikulierte zwar schon den Anspruch der Frauen auf politische Rechte und schuf die ersten Frauenzeitungen[1], hatte aber in der Reaktionsphase nach der Niederlage der Revolution zunächst keine organisatorischen Konsequenzen. 1865 und 1866 wurden dann die ersten bedeutenden Vereinigungen bürgerlicher Frauen gegründet. Auf einer Konferenz in Leipzig 1865, auf der auch Vertreter der Vereinstage der deutschen Arbeitervereine, u. a. August Bebel, anwesend waren, schuf Luise Otto-Peters den »Allgemeinen Deutschen Frauenverein« (ADF)[2], und der liberale Wirtschaftspolitiker Adolf Lette rief 1866 in Berlin den »Lette-Verein« ins Leben, der die »Erwerbstätigkeit des weiblichen Geschlechts« fördern wollte, die »politische Emanzipation und Gleichberechtigung der Frauen« aber grundsätzlich ausschloß. Zudem erstreckte sich seine Tätigkeit nicht auf die »in Fabriken und beim Landbau beschäftigten Handarbeiterinnen, auf Dienstboten, auf Wäscherinnen und dergleichen«. Margrit Twellmann vermutet, daß es dem Verein »weniger um das materielle Wohl der Töchter ging als um eine Verringerung der materiellen Verpflichtungen der Familienväter und der zur Mitsorge verpflichteten Brüder«[3]. Ferner entstand 1866 in Preußen der »Vaterländische Frauenverein«, der von der Königin protegiert wurde und sich zur Pflege von Verwundeten im Kriege und zur Förderung der Krankenpflege im Frieden verpflichtete[4]. Als Frauenbewe-

1 L. Otto-Peters gab von 1849–1852 eine Frauenzeitung mit dem Motto »Dem Reich der Freiheit werb' ich Bürgerinnen« heraus, und Mathilde Anneke edierte 1848 die »Frauen-Zeitung«. Von dieser »Frauen-Zeitung« ist lediglich die Nr. 1 vom 27. 9. 1848 erhalten; zu Otto-Peters s. Biographischer Anhang und Twellmann, S. 3ff.; zu Anneke s. Biographischer Anhang und: Gleichheit 29. 4. 1914; Martin Henkel / Rolf Taubert: Das Weib im Conflict mit den socialen Verhältnissen. Mathilde Franziska Anneke und die erste deutsche Frauenzeitung, Bochum 1976.

2 Näheres bei Twellmann, S. 34ff.

3 Näheres bei Twellmann, S. 43ff.

4 Bericht über die dreiunddreißigste General-Versammlung und die Delegirten-Versammlung des Vaterländischen Frauen-Vereins am 18. und 19. April 1899, Berlin o. J., S. 311, 315f.; Twellmann, S. 47ff.

gung in dem Sinne, daß Frauen selbst für ihre eigenen Interessen eintraten, kann lediglich der ADF gelten. Doch auch dieser Verein erzielte bis 1889 kaum Erfolge. In den achtziger Jahren stagnierte er, das politische Engagement wurde schwächer, und noch 1889 war er kein »einflußreicher Faktor«[5].

Luise Otto-Peters bemühte sich auch um die Arbeiterinnen. 1869 gründete sie den »Verein zur Fortbildung und geistigen Anregung der Arbeiterfrauen«, dem zeitweise auch Ottilie Baader angehörte. Der Verein stand unter bürgerlicher Leitung, konnte nur wenige Arbeiterinnen gewinnen und zeigte schon 1871 Verfallserscheinungen[6]. Darauf wurde er von Lina Morgenstern weitergeführt, spaltete sich unter nicht ganz klaren Umständen und wurde 1877 von seinem letzten Vorsitzenden Ascherson aufgelöst[7]. So scheiterte der erste Versuch bürgerlicher Frauen, die Arbeiterinnen zu organisieren. Dennoch erkannte Emma Ihrer an, daß der Kampf gegen die Rechtlosigkeit der Frauen zunächst von Frauen der »oberen Zehntausend« eingeleitet wurde, und auch Clara Zetkin räumte ein, daß die bürgerliche Frauenbewegung »in der Frühzeit ihrer Entwicklung den Boden gelockert hat, auf dem auch die proletarische Frauenbewegung säte«[8].

Dennoch sei die »klassenbewußte proletarische Frauenbewegung Deutschlands keineswegs ein wildwuchernder Absenkling der bürgerlichen Frauenbewegung«. Vielmehr sieht Clara Zetkin die »Anfänge der organisierten Klassenbewegung der Proletarierinnen« in der gleichberechtigten Zulassung von Frauen in die »Internationale Gewerksgenossenschaft der Manufaktur-, Fabrik- und Handarbeiter« Sachsens[9]. Schon deren Gründungsversammlung wählte neben 13 Männern auch die beiden Frauen Wilhelmine Weber und Christiane Peuschel in das provisorische Organisationskomitee, und die Statuten bestimmten in §§ 3 und 4, daß Frauen der Gewerksgenossenschaft als gleichberechtigte Mitglieder beitreten könnten und zu jedem Amt wählbar seien. Nach einem Jahr hatte die Organisation 6000 bis 7000 Mitglieder, von denen ein Sechstel Frauen waren. Nach 1872 jedoch verfiel die Gewerksgenossenschaft[10].

5 Das ist das Ergebnis von Twellmanns Untersuchung: Twellmann, S. 221f., 230f.

6 Baader S. 16; Adeline Berger: Die zwanzigjährige Arbeiterinnen-Bewegung Berlins und ihr Ergebniß. Beleuchtet von einer Arbeiterin, Berlin 1889, S. 3f.; Ihrer: Arbeiterinnen S. 7; Twellmann S. 155f.; Zetkin: Geschichte, S. 55f.

7 Berger S. 3f.; Twellmann, S. 156ff.; Ascherson war seit 1873 (so Berger) oder 1874 (so Twellmann) als Nachfolger von Lina Morgenstern Vereinsvorsitzender.

8 Ihrer: Organisationen S. 3; Zetkin: Geschichte, S. 58.

9 Zetkin: Geschichte, S. 11, 57, 89.

10 Hauff, S. 11ff.; Neumann S. 5ff.; Erich Schaarschmidt: Geschichte der Crimmitschauer Arbeiterbewegung, Diss. Leipzig 1934, S. 73ff.; Zetkin: Geschichte, S. 125ff.; der Verfall ist nicht eindeutig zu datieren.

In den siebziger und achtziger Jahren entstanden vor allem in Berlin Arbeiterinnenvereine, die aber nach kurzer Zeit auf Grund der Vereinsgesetze aufgelöst und verboten wurden. 1872 oder 1873[11] gründeten Berta Hahn und Pauline Staegemann in Berlin den »Arbeiterfrauen- und Mädchenverein«, der sich nach Einschätzung Ottilie Baaders »auf den Boden der klassenbewußten Sozialdemokratie« stellte[12] und für die völlige Gleichberechtigung der Frauen einschließlich des Wahlrechts eintrat[13]. Ob sich dieser Verein von Lina Morgensterns Organisation abgespaltet hat, wie Margrit Twellmann vermutet[14], ist nicht feststellbar. Vermutlich im Jahre 1877 wurde der Verein wegen seiner Beteiligung am Wahlkampf verboten[15].

In den achtziger Jahren entstanden ein gewerkschaftlich orientierter »Frauenhilfsverein für Handarbeiterinnen«, der jedoch bald scheiterte[16], und die 1884 unter Mitwirkung von Gertrud Guillaume-Schack gegründete »Central-Kranken- und Begräbniskasse für Frauen und Mädchen« mit Sitz in Offenbach, die wegen ihres Charakters als Unterstützungsverein von Verboten verschont blieb[17].

Gertrud Guillaume-Schack hatte in zahlreichen Vorträgen gegen die Prostitution und deren Duldung durch den Staat gesprochen und in Deutschland den »Kulturbund« als Zweigverein des »Britisch-kontinentalen und allgemeinen Bundes gegen die, als gesetzmäßige oder geduldete Einrichtung, bestehende Prostitution« gegründet. Ihre Bemühungen stießen jedoch auf wenig Resonanz, und der »Kulturbund« hatte zuletzt nur noch 7 Mitglieder[18]. Lediglich unter Arbeitern und Arbeiterinnen, die sich auch

---

11 Baader, S. 22 und Ihrer: Arbeiterinnen, S. 8 nennen 1872, Berger, S. 15f. und Zetkin: Geschichte, S. 143 dagegen 1873.

12 Baader, S. 22.

13 Neue Westfälische Volks-Zeitung. Nr. 74, 28. 3. 1890, 14. Jg., in: Bundesarchiv, ZSg 113–37.

14 Twellmann, S. 157.

15 So Baader, S. 22 und Berger S. 16; dagegen nennt Zetkin: Geschichte, S. 143 das Jahr 1874, die Zeitschriften »Neue Bahnen« und »Frauen-Anwalt« 1875 (Twellmann, S. 159).

16 Die Nachrichten über diesen Verein sind widersprüchlich: Alice Salomon (in: Handbuch der Frauenbewegung. II, S. 237) datiert seine Gründung auf 1881, Eduard Bernstein (Die Berliner Arbeiterbewegung von 1890 bis 1905, Berlin 1924, S. 369) auf 1882 und Hilde Lion (S. 19) auf 1883. Auch die Angaben über die Gründerinnen und Leiterinnen sind widersprüchlich. Dazu gehörte aber mit Sicherheit Marianne Menzzer, ein Mitglied des ADF.

17 Bernstein: Die Berliner Arbeiterbewegung von 1890 bis 1905 S. 370; Twellmann S. 167.

18 Gertrud Guillaume-Schack: Ein Wort zur Sittlichkeitsfrage. Vortrag gehalten im Rathause zu Berlin am 14. Mai 1880, Berlin [4]1881; dies.: Über unsere sittlichen Verhältnisse und die Bestrebungen und Arbeiten des Britisch-Continentalen und Allgemeinen Bundes. Vortrag. Am 23. März 1882 in Darmstadt gehalten und von der Polizeibehörde daselbst verboten, Berlin 1882; Berger

in ihren Versammlungen 1883 in Berlin zu Wort meldeten, scheint sie Verständnis gefunden zu haben[19].

So wandte sie sich immer mehr den Arbeiterinnen zu und rezipierte sozialdemokratische Auffassungen. 1885 gab sie die erste deutsche Arbeiterinnenzeitung »Die Staatsbürgerin« heraus, von der bis zu ihrem Verbot durch die Polizei am 17. 6. 1886 24 Ausgaben erschienen[20]. 1885 war das Jahr ihrer intensivsten Tätigkeit für die Arbeiterinnenbewegung: Sie gab ihre Zeitschrift heraus, veranstaltete im Januar in Berlin Protestversammlungen gegen eine Reichstagsvorlage zur Beschränkung der Frauenarbeit[21], leitete im April eine erfolgreiche Protestkampagne gegen die Erhöhung der Nähgarnzölle und war Mitbegründerin und Ehrenpräsidentin des im März gegründeten »Vereins zur Vertretung der Interessen der Arbeiterinnen« in Berlin[22]. In Briefen an Engels bekannte sie sich als Sozialdemokratin[23], von der »Thüringischen Morgenpost« wurde sie als »weiblicher Lassalle« bezeichnet[24]. Für Lily Braun jedoch blieb sie »im Ideenkreis der englischen Feministinnen« befangen, und auch Clara Zetkin schätzte den von ihr beeinflußten »Verein zur Vertretung der Arbeiterinneninteressen« als noch stark frauenrechtlerisch orientiert ein: Männer hatten keinen Zutritt, ein besonderer Arbeiterinnenschutz wurde aus abstrakten Gleichheitserwägungen, die über die konkrete Verbesserung der Arbeitsbedingungen gestellt wurden, abgelehnt[25]. Diese Haltung wurde bereits von Friedrich Engels kritisiert[26]. Gertrud Guillaume-Schack wurde 1886 ausgewiesen[27]. Sie ging zunächst nach Zürich und dann nach London, wo sie sich anarchistischen Kreisen anschloß[28].

---

S. 23; Anna Plothow: Die Begründerinnen der deutschen Frauenbewegung, Leipzig 1907, S. 168ff.; Twellmann S. 166.

19 Ihrer: Arbeiterinnen, S. 10f.; Plothow S. 171.

20 Die Presse der Arbeiterklasse und der sozialen Bewegungen. Von den dreißiger Jahren des 19. Jahrhunderts bis zum Jahre 1967. Gesammelt, zusammengestellt und bearbeitet v. Alfred Eberlein, Frankfurt a. M. 1968/69. Bd. IV S. 1589 Nr. 17107. Thönnessens Behauptung (S. 48), die Zeitschrift sei bereits 1884 erschienen, ist offensichtlich unrichtig.

21 Berger S. 24; Twellmann, S. 167.

22 Thüringische Morgenpost, 25. 6. 1886, in: IISG, Nachlaß Vollmar 3161; Berger, S. 24f.

23 G. Guillaume-Schack an F. Engels, 1. 7. 1885, 13. 6. 1885, 11. 3. 1886, 14. 6. 1886, 17. 7. 1886, 16. 8. 1886, in: IISG, Marx-Engels-Nachlaß K 561, L 2048–2055.

24 Thüringische Morgenpost, 25. 6. 1886, in: IISG, Nachlaß Vollmar 3161.

25 L. Braun: Frauenfrage, S. 434; Zetkin: Geschichte, S. 143.

26 F. Engels an G. Guillaume-Schack, 5. 7. 1885, in: MEW 36, S. 341.

27 G. Guillaume-Schack an F. Engels, 17. 7. 1886, in: IISG, Marx-Engels-Nachlaß L 2054; Thüringische Morgenpost, 25. 6. 1886, in: IISG, Nachlaß Vollmar 3161; Sozialdemokrat 22. 7. 1886.

28 Dazu s. die Briefe von F. Engels an E. Bernstein, 5. 5. 1887, an F. A. Sorge, 4. 6. 1887, an L. Lafargue, 7. 6. 1887, an F. A. Sorge, 18. 6. 1887, in MEW 36,

Auch der »Verein zur Vertretung der Interessen der Arbeiterinnen« kam bald in Konflikt mit der Polizei, obwohl er seinen Statuten zufolge keine politischen Ziele verfolgte, sondern die »Hebung der geistigen und materiellen Interessen der Mitglieder, insbesondere Regelung der Lohnverhältnisse, gegenseitige Unterstützung bei Lohnstreitigkeiten, Aufklärung durch fachgewerbliche und wissenschaftliche Vorträge, Beschaffung einer Bibliothek, Pflege der Kollegialität durch gesellige Zusammenkünfte und Errichtung eines Arbeitsnachweises«[29]. In einem Aufruf stellte der Verein die Lohnfrage in den Mittelpunkt[30], und tatsächlich haben die Frauen in ihren Versammlungen die offene Behandlung politischer Fragen meist vermieden: ». . . wenn gelegentlich ein Mal eine Rednerin in flüchtiger Äußerung das Reichstagswahlrecht oder ähnliches für die Frauen fordert, so wird sie sofort von ihren Genossinnen zurechtgewiesen und ihr bemerklich gemacht, die Politik sei Sache der Männer und sie, die Frauen, wollten sich nur um die Dinge kümmern, in denen sie als Arbeiterinnen der Schuh drücke.«[31] Obwohl die meisten Versammlungen Themen wie die Erhöhung des Nähgarnzolls oder die »Kunstgenüsse des Volkes«, allerdings gelegentlich unter Beteiligung prominenter Sozialdemokraten wie Paul Singer, behandelten, wurden bereits 1885 mehrere Versammlungen polizeilich aufgelöst. Diese Versammlungen waren zum Teil von über 1000 Personen besucht, von denen allerdings nur eine Minderheit Frauen waren[32]. Der Verein selbst zählte anfangs 500, später »einige Tausende« Mitglieder. Neben den monatlichen öffentlichen führte er jeden Monat eine Mitgliederversammlung durch. Zu den führenden Mitgliedern gehörten neben Gertrud Guillaume-Schack Marie Hofmann als Vorsitzende sowie die Frauen Kreutz, Staegemann, Haase, Cantius, Ihrer und Leuschner[33]. Auch Marianne Menzzer hat wiederum mitgearbeitet, ohne jedoch die Erstarkung sozialdemokratischer Tendenzen im Verein verhin-

S. 651, 665ff., 674, und den Brief Natalie Liebknecht an F. Engels, 3. 8. 1887, in: Georg Eckert (Hrsg.): Wilhelm Liebknecht. Briefwechsel mit Karl Marx und Friedrich Engels, The Hague 1963, S. 299.

29 Zitiert bei Bernstein: Die Berliner Arbeiterbewegung von 1890 bis 1905, S. 370.

30 Abgedruckt in: Dokumente der revolutionären deutschen Arbeiterbewegung zur Frauenfrage 1848–1974, Leipzig 1975, S. 26f.

31 Kölnische Volkszeitung. Nr. 240, 1. 9. 1885, 26. Jg., 1. Blatt, in: Bundesarchiv ZSG 113–37.

32 Deutsches Tageblatt. Nr. 112, 26. 4. 1885, 5. Jg., 2. Beilage, in: Bundesarchiv ZSg 113–37; Deutsches Tageblatt. Nr. 149, 6. 6. 1885, 5. Jg., in: ebd.; Neue Preußische (Kreuz-)Zeitung. 26. 4. 1885, 1. Beilage, in: ebd.; Kölnische Volkszeitung. Nr. 309, 9. 9. 1885, 26. Jg., 2. Blatt, in: ebd.; Reichsbote. Nr. 195, 22. 8. 1885, Beilage, in: ebd.

33 Bäumer, in: Handbuch der Frauenbewegung. I, S. 117; Berger, S. 25; L. Braun: Frauenfrage, S. 434; Ihrer: Arbeiterinnen, S. 12; Salomon, in: Handbuch der Frauenbewegung. II, S. 238.

dern zu können[34]. Die Meinungsverschiedenheiten innerhalb des Vereins über die politischen Grundauffassungen waren so stark, daß sie schließlich sogar zur Spaltung führten.
Im September 1885 verließ ein Teil der Mitglieder den Verein und gründete den »Arbeiterinnen-Verein für den Nordbezirk« Berlins. Dieser neue Verein nahm nur Arbeiterinnen auf und bekannte sich zur Sozialdemokratie. Seine Mitglieder hießen bald die »Roten«, die des »Vereins zur Vertretung der Interessen der Arbeiterinnen« wurden die »Blauen« genannt. Der alte Verein verbot seinen Mitgliedern die Mitgliedschaft im »Nordverein« und ließ dessen Leiterinnen nicht mehr in die eigenen Versammlungen[35]. Den Vorstand des »Nordvereins« bildeten die Frauen Cantius, Walther und Pötting[36]; das Programm wurde von Frau Pötting entworfen und soll von August Bebel korrigiert worden sein[37]. Es forderte die Gleichberechtigung der Frau, die »Besserung der wirthschaftlichen und rechtlichen Lage«, die Gründung von Frauen- und Arbeiterinnenvereinen, Schutzbestimmungen für Fabrikarbeiterinnen und rechtliche Reformen zugunsten der Frauen[38]. An jedem Dienstag veranstaltete der Verein eine öffentliche Versammlung, die meist gut besucht war[39].
Unter Leitung der Frauen Büge und Krankemann spaltete sich eine zweite Gruppe ebenfalls vom »Verein zur Vertretung der Interessen der Arbeiterinnen« ab und gründete den »Fachverein der Berliner Mantelnäherinnen«, der eine gewerkschaftliche Interessenvertretung der über 16000 Mantelnäherinnen Berlins darstellen wollte. Seinen Beschluß, für eine Lohnerhöhung um etwa ein Drittel auf mindestens 12 Mark pro Woche zu streiken, konnte er jedoch nicht durchführen, da er nur 48 Mitglieder zählte. Statt dessen gründete man eine eigene Arbeitsstube, die sich jedoch als nicht lebensfähig erwies[40].
Bald gerieten alle drei bestehenden Vereine in Schwierigkeiten. Gegen einige der Führerinnen wurden Vorwürfe erhoben, sie hätten Kontakte zur »Christlich-sozialen Partei« des Hofpredigers Stöcker gesucht und von ihm Geld angenommen. Die Betroffenen wiesen die Verdächtigungen zurück, in öffentlichen Versammlungen kam es zu heftigen Auseinander-

---

34 Neumann, S. 9f.

35 Kölnische Volkszeitung. Nr. 252, 13. 9. 1885, 26. Jg., 2. Blatt, in: Bundesarchiv ZSg 113–37; Deutsche Reichs-Zeitung. Nr. 258, 19. 9. 1885, 14. Jg., in: ebd.

36 Ebd.; Berger, S. 26.

37 Berger, S. 34f.

38 Ebd., S. 35.

39 Deutsche Reichs-Zeitung. Nr. 258, 19. 9. 1885, 14. Jg., in: Bundesarchiv ZSg 113–37; Reichsbote. Nr. 229, 1. 10. 1885, Beilage, in: ebd.; Reichsbote. Nr. 235, 8. 10. 1885, Beilage, in: ebd.

40 Berger, S. 27ff.

setzungen, persönlichen Beschimpfungen und turbulenten Szenen, und die Bewegung drohte zu verfallen. Innerhalb der Vereine bildeten sich verschiedene Parteien, und Frau Pötting legte ihr Amt als Vorsitzende des »Nordvereins« nieder[41]. Stöcker selbst sagte später vor Gericht aus, daß er Emma Ihrer 1000 Mark in Aussicht gestellt habe und mit ihr einig gewesen sei, daß sich die Bewegung von der SPD fernhalten müsse[42]. Das jedoch mag eine rein taktische Überlegung Emma Ihrers gewesen sein, da die Polizei stets die Versammlungen auflöste, sobald für die SPD geworben wurde[43]. So wurde die ohnehin in sich zerstrittene Berliner Arbeiterinnenbewegung auch durch behördliche Maßnahmen behindert, und im Mai 1886 wurden alle drei Vereine aufgelöst[44]. Im Dezember 1886 fanden Gerichtsverhandlungen gegen die Vorstandsmitglieder statt, die mit der Schließung der Vereine wegen Behandlung politischer Themen in öffentlichen Versammlungen, die zugleich Vereinsversammlungen gewesen seien, und der Bestrafung der Vorstandsmitglieder endeten. Pauline Staegemann wurde zu einer Geldstrafe von 100 Mark, die Frauen Hofmann, Ihrer und Jagert zu Strafen von je 60 Mark, andere zu geringeren Geldstrafen verurteilt[45].

Trotz ihres Scheiterns hatten vor allem der »Verein zur Vertretung der Interessen der Arbeiterinnen« und der »Nordverein« gezeigt, daß es zumindest in Berlin eine große Zahl organisationsfähiger Frauen gab. Zugleich wurde deutlich, daß die frühe Arbeiterinnenbewegung sich keineswegs von Anfang an der Sozialdemokratie anschloß oder sich sozialistischer Theorie verpflichtet wußte.

In der folgenden Zeit versuchten vor allem Emma Ihrer und Ottilie Baader, die Bewegung neu zu erwecken. 1888 wurden neue Vereine mit gewerkschaftlichem Charakter gegründet[46], und auch außerhalb Berlins ent-

---

41 Kölnische Volkszeitung. Nr. 114, 24. 4. 1886, 1. Blatt, in: Bundesarchiv ZSg 113–37; Reichsbote. Nr. 92, 18. 4. 1886, 1. Beilage, in: ebd.; Berger, S. 34.

42 Reichsbote. Nr. 285, 5. 12. 1886, 2. Beilage, in: Bundesarchiv ZSg 113–37, und ein weiterer Zeitungsausschnitt ohne Quellenangabe offenbar Anfang Dezember 1886, ebd.; Emma Ihrer war damals Mitglied im »Verein zur Vertretung der Interessen der Arbeiterinnen«.

43 Kölnische Volkszeitung. Nr. 309, 9. 9. 1885, 26. Jg., 2. Blatt, in: Bundesarchiv ZSg 113–37; Mainzer Journal. Nr. 127, 1. 6. 1886, 39. Jg., in: ebd.; Reichsbote. Nr. 92, 18. 4. 1886, 1. Beilage, in: ebd.; Berger, S. 33.

44 Berger, S. 44; Ihrer: Arbeiterinnen, S. 19. Die Annahme von M. Twellmann (S. 169), die Vereine hätten bis 1887 bestanden, ist unrichtig.

45 Reichsbote. Nr. 285, 5. 12. 1886, 2. Beilage, in: Bundesarchiv ZSg 113–37; Reichsbote. Nr. 299, 22. 12. 1886, Beilage, in: ebd.; zwei weitere Zeitungsausschnitte ohne Quellenangabe, in: ebd.

46 Übersicht über die allgemeine Lage der sozialdemokratischen und revolutionären Bewegung, Berlin 22. 11. 1889, S. 11, in: Staatsarchiv Münster, Regierung Münster VII 43, Bd. 1, Bl. 397ff.; Kölnische Volkszeitung und Handelsblatt.

standen Arbeiterinnenvereine[47], über die allerdings wegen der Quellenlage und des Mangels an Lokalstudien fast nichts bekannt ist. In der Region an Rhein und Ruhr sind schon in den Jahren 1875 und 1876 Arbeiterinnen Unterstützungskassen beigetreten[48], und 1885 nahmen 5 Frauen an einem sozialdemokratischen Treffen auf der Burg Blankenstein südlich von Bochum teil[49]. Der rheinisch-westfälische Bezirksparteitag der SPD von 1889 diskutierte über die Frauenbewegung, wobei jedoch lediglich »taktische Meinungsverschiedenheiten« sichtbar wurden[50]. Einen Verein hat es anscheinend nur in Bielefeld gegeben. Dort bestand 1890 eine »freie Vereinigung der Frauen und Mädchen« mit »versteckt sozialdemokratischen Tendenzen«, die von dem Sozialdemokraten Josef Zwiener, dem zweiten Bevollmächtigten des dortigen Zweigvereins des Schneiderverbandes, beeinflußt[51] und später von dessen Frau geleitet wurde. Der Verein bezweckte die »Förderung der geistigen und materiellen Interessen seiner Mitglieder« und deren Unterstützung in Krankheitsfällen. Er zählte 50 Mitglieder. Schließlich wurde auch er wegen Verstoßes gegen das Vereinsgesetz geschlossen, seine Vorstandsmitglieder zu Geldstrafen verurteilt[52]. Ansätze zu einer sozialistischen Frauenbewegung gab es auch in anderen Regionen. In Hamburg und in der schleswig-holsteinischen Ortschaft Preetz gab es schon 1867 sozialistische Frauengruppen, und 1877 rief eine Gruppe von Frauen aus Altona dazu auf, im Wahlkampf die SPD zu unterstützen[53].

Während der Zeit des Sozialistengesetzes wurden zahlreiche Frauen durch Haftstrafen ihrer Männer, Ausweisungen und die Notwendigkeit zu konspirativer Arbeit in die sozialistische Bewegung hineingezogen. Sie verteilten den »Sozialdemokrat«, Flugblätter, Broschüren und Wahlaufrufe, sammelten Geld, beteiligten sich an der Kleinarbeit und errangen sich da-

---

Nr. 316, 14. 11. 1888, 29. Jg., 1. Blatt. Morgenausgabe, in: Bundesarchiv ZSg 113–37.

47 Zeitungsausschnitt v. 19. 5. 1888, in: IISG, Nachlaß Vollmar 3161; Twellmann, S. 169.

48 StA Düsseldorf, Regierung Düsseldorf Nr. 13656.

49 Staatsarchiv Münster, Oberpräsidium B Nr. 2693 I Bl. 263ff., zitiert bei: Karl Alexander Hellfaier: Probleme und Quellen zur Frühgeschichte der Sozialdemokratie in Westfalen, in: Archiv für Sozialgeschichte III (1963), S. 157–221, hier: S. 181f.

50 Sozialdemokratische Parteitage für die Rheinprovinz und den Niederrhein von 1889–1909, S. 7.

51 StA Münster, Oberpräsidium B Nr. 2693 I Bl. 193ff. und 197ff., in: Hellfaier, S. 213f., 220; Arno Herzig: Die Entwicklung der Sozialdemokratie in Westfalen bis 1894, in: Westfälische Zeitschrift. 121. Bd. (1971), S. 97–172, hier: S. 165.

52 Ihrer: Organisationen, S. 11.

53 Franz Osterroth: 100 Jahre Sozialdemokratie in Schleswig-Holstein. Ein geschichtlicher Überblick, Kiel 1963, S. 10, 17f.

durch die Anerkennung männlicher Sozialdemokraten[54]. So waren schon zahlreiche Ansätze für eine beständige sozialistische Frauenbewegung vorhanden, als mit dem Fall des Sozialistengesetzes die SPD sich neu organisierte und sich intensiver mit der Frauenagitation beschäftigen konnte. Schon 1889 bildete sich in Berlin eine Frauenagitationskommission, die aus sieben Frauen bestand. Ihre Versammlungen wurden aber meist verboten oder aufgelöst, bis 1890 nach einer Audienz der Frauen Ihrer und Leuschner bei Minister v. Herrfurth das Vereinsgesetz vorübergehend weniger streng ausgelegt wurde[55]. Nun wurden in vielen Städten Agitationskommissionen gebildet, die die Arbeiterinnen für die sozialistische Bewegung gewinnen sollten: z. B. 1891 in Nürnberg im Anschluß an eine Versammlung mit Emma Ihrer, 1892 in Düsseldorf, 1894 in Königsberg[56]. 1891 gründete Emma Ihrer die Zeitschrift »Die Arbeiterin«, die in ihrer ersten Ausgabe den »Kampf für die Gleichberechtigung des weiblichen Geschlechts auf wirthschaftlichem und politischem Gebiete« als ihr Ziel nannte. Zudem grenzte sie sich bereits, wenn auch noch nicht so scharf wie später Clara Zetkin, von der bürgerlichen Frauenbewegung ab, deren Bestrebungen sie als unzureichend bezeichnete[57]. Als Dietz die bisher von Emma Ihrer privat herausgegebene Zeitschrift Ende 1891 übernahm, diese jedoch nicht nach Stuttgart umziehen konnte, wurde die Redaktion Clara Zetkin übertragen. Erst 1890 war sie, in der Arbeiterbewegung bereits bekannt, aus Paris nach Deutschland zurückgekehrt[58], wo sie bald zur Führerin der sozialistischen Frauen wurde.

In der »Gleichheit«, die am 28. Dezember 1891 die Nachfolge der »Arbeiterin« antrat, bekannte sie sich offen und unmißverständlich zum Sozialismus. Schon in der ersten Ausgabe erklärte sie, der Kampf gegen den Kapitalismus, nicht gegen die Männer sei Aufgabe der Bewegung, die Befreiung der Frau sei nur durch den Sozialismus zu verwirklichen[59]. Dennoch war Friedrich Engels zumindest anfangs von der Zeitschrift nicht sehr begeistert. An Laura Lafargue schrieb er, sie sei zuerst von Emma Ihrer her-

---

54 C. Zetkin an K. Kautsky, 28. 8. 1886, in: IISG, Nachlaß Kautsky D XXIII 307; Karl Franz Egon Frohme: Im Kampf gegen politische Polizei und Justiz, in: Emmerich I, S. 258; Schmidt/Richter, S. 116ff.

55 Ihrer: Arbeiterinnen, S. 21f. In die Agitationskommission wurden in öffentlichen Versammlungen 1892 die Frauen Leuschner, Wengels, Greifenberg, Post, Putzke, Haase und Sachs, 1894 Fahrenwald, Leuschner, Ihrer, Jung, Frohmann, Gallien und Baader gewählt: Gleichheit 16. 11. 1892, 12. 12. 1894.

56 StA Düsseldorf, Regierung Düsseldorf 9039 Bl. 15ff.; Gleichheit 11. 1. 1893, 10. 6. 1895; Matull: Ostpreußen, S. 59.

57 Die Arbeiterin Nr. 1, abgedruckt in: Olga Essig: Die Frau in der Industrie, Berlin 1932, S. 57ff. Weitere Exemplare dieser Zeitschrift befinden sich in Leipzig und in Ostberlin (Eberlein I, S. 69).

58 Honeycutt, S. 95.

59 Gleichheit 28. 12. 1891.

ausgegeben worden »und zwar verteufelt schlecht, und jetzt hat sie die arme Clara Zetkin, und die ersten beiden Nrn. sind allerdings sehr dürftig und langweilig«[60].

Trotzdem hatte die Agitation durch die Zeitschrift und durch die Kommissionen erste Erfolge: die Beteiligung der Frauen an der Arbeiterbewegung nahm einen deutlichen Aufschwung[61], und 1893 gab es schon 56 Organisationen, denen Arbeiterinnen angehörten. Allein in Berlin bestanden 18 solche Vereine; allerdings handelte es sich meist um Unterstützungs-, Bildungs-, Theater- und Kulturvereine, so daß man keine direkten Aufschlüsse über die Zahl der sozialdemokratischen Frauen erhält[62].

Nach dem Parteitag der SPD von 1893 fand erstmals eine Besprechung von Beauftragten der Arbeiterinnenorganisationen statt, die wegen des Vereinsgesetzes als private Zusammenkunft organisiert war. Man einigte sich darauf, daß die Organisationsform eine Zweckmäßigkeitsfrage sei und der jeweiligen Vereinsgesetzgebung angepaßt werden müsse. Wo möglich, sollten die Frauen in die bestehenden politischen und gewerkschaftlichen Organisationen der allgemeinen Arbeiterbewegung eintreten. Damit bezog man Stellung gegen den Hamburger »Zentralverein der Frauen und Mädchen Deutschlands«, eine Frauengewerkschaft. Clara Zetkin hatte in der »Gleichheit« zwar den Hamburger Aufruf zum Beitritt in diese als national konzipierte Gewerkschaft abgedruckt, in einer Notiz aber darauf hingewiesen, daß sie für eine gemeinsame Organisation mit den Männern eintrete. Nur wenn die Vereinsgesetze, die besondere Rückständigkeit der Frauen oder die Vorurteile der Männer an einigen Orten das nicht zuließen, solle man eine Ausnahme machen[63]. Auch in Hamburg gab es Stimmen, die sich gegen eine separate Frauengewerkschaft aussprachen[64]. Unterstützung fanden sie beim Halberstadter Gewerkschaftskongreß, der eine gemeinsame Organisation von Männern und Frauen empfahl[65]. Schließlich nahm eine öffentliche Arbeiterinnenversammlung in Hamburg mit allen gegen eine Stimme eine Resolution Helma Steinbachs an: »In Anbetracht, daß die Arbeiterschaft auf den Beschlüssen des Halberstadter Gewerkschaftskongresses steht, erklärt die

---

60 F. Engels an L. Lafargue, 20. 1. 1892, in: MEW 38, S. 252.

61 S. dazu A. Bebel an F. Engels, 29. 9. 1891, in: Werner Blumenberg (Hrsg.): August Bebels Briefwechsel mit Friedrich Engels, London, The Hague, Paris 1965, S. 435f.

62 Ihrer: Organisationen, S. 8ff.

63 Gleichheit 11. 1. 1892, 23. 3. 1892, 29. 6. 1892, 13. 7. 1892, 27. 7. 1892, 10. 8. 1892.

64 Gleichheit 2. 11. 1892, 16. 11. 1892, 11. 1. 1893.

65 Protokoll der Verhandlungen des ersten Kongresses der Gewerkschaften Deutschlands. Abgehalten zu Halberstadt vom 14. bis 18. März 1892, Hamburg 1892, S. 73.

heutige Versammlung es nicht mit den Interessen der Arbeiterschaft vereinbar, daß die Frauen- und Männerorganisationen getrennt marschieren.«[66] Der »Zentralverein« führte jedoch noch bis zum Sommer 1894 Mitgliederversammlungen in Hamburg durch[67]. Dann wurde die Auflösung des Vereins beschlossen und der Versuch einer separaten Frauenorganisation aufgegeben[68].

Die Besprechung der Frauenbeauftragten von 1893 beschloß ferner, daß alle Organisationen Kontakt zur »Gleichheit« halten und für deren Verbreitung agitieren sollten. Die Berliner Frauenagitationskommission erhielt die Funktion einer Zentralstelle, Frauenbildungsvereine sollten nach dem Vorbild der Arbeiterbildungsvereine als unpolitische Organisationen zur Aufklärung und Solidarisierung der Frauen beitragen[69].

In Berlin war bereits gegen den anfänglichen Widerstand von Ottilie Baader, Agnes Fahrenwald und Clara Zetkin, die für eine Beteiligung der Frauen an der Arbeiterbildungsschule eintraten[70], am 27. Oktober 1892 in einer von 1800 Personen besuchten Versammlung nach einem Referat von August Bebel ein solcher Frauenbildungsverein gegründet worden. Mitglieder werden konnten alle Frauen über 18 Jahre, Ziel war die »geistige und soziale Hebung seiner Mitglieder«, und den Vorstand bildeten die Frauen v. Hofstetten, Leuschner, Post, Frohmann und Rohrlack. Die Kandidatur von Frau Gubela, die in den achtziger Jahren in den Verdacht der Kollaboration mit Hofprediger Stöcker gekommen war, löste heftige Auseinandersetzungen aus[71]. Im März 1893 wurde der Verein mit dem von Agnes Fahrenwald geleiteten »Allgemeinen Arbeiterinnenverein sämmtlicher Berufszweige Berlins und Umgebung« verschmolzen[72]; 1893 und 1894 führte er zahlreiche öffentliche und Mitgliederversammlungen durch[73]. Weitere Bildungsvereine wurden am 26. Oktober 1891 in Mün-

---

66 Gleichheit 11. 1. 1893.

67 Gleichheit 1. 11. 1893, 15. 11. 1893, 29. 11. 1893, 7. 2. 1894, 22. 8. 1894.

68 Gleichheit 22. 8. 1894.

69 Gleichheit 15. 11. 1893; Baader, S. 35, 36. Die Bildungsvereine wurden also nicht erst 1899 auf Initiative Lily Brauns geschaffen (so Christa Söllner: Clara Zetkin und die Sozialistische Frauenbewegung in der Zeit von 1890 bis zum I. Weltkrieg, Köln 1970, S. 29).

70 Gleichheit 6. 4. 1892; s. auch Julie Bebel an F. Engels 10. 5. 1892, in: Blumenberg, S. 540.

71 Gleichheit 16. 11. 1892; Vorwärts. Berliner Volksblatt. Zentralorgan der sozialdemokratischen Partei Deutschlands. Nr. 252, 27. 10. 1892, 9. Jg., 2. Beilage.

72 Gleichheit 14. 12. 1892, 8. 3. 1893, 22. 3. 1893. In den Vorstand wurden jetzt v. Hofstetten, Janz, Milantzky, Klauke, Fahrenwald, Gahreis, Staegemann, Wiesner, Frohmann und Gallien gewählt (Gleichheit 3. 5. 1893).

73 Gleichheit 31. 5. 1893, 28. 6. 1893, 26. 7. 1893, 18. 4. 1894, 2. 5. 1894, 16. 5. 1894, 12. 12. 1894.

chen, am 20. Juni 1892 in Nürnberg gegründet; der Nürnberger Verein gewann 40, ein Verein in Kiel 1893 200 Mitglieder[74].

Auch an Rhein und Ruhr entstanden bereits Anfang der neunziger Jahre die ersten Frauenbildungsvereine. Allerdings konzentrierte sich die Bewegung zunächst fast ausschließlich auf Düsseldorf und Elberfeld: In Düsseldorf wurde im Januar 1892 ein »Bildungsverein für Frauen und Mädchen« gegründet, der bis März 1892 53 Mitglieder zählte und sieben Mitgliederversammlungen sowie eine öffentliche Versammlung mit Martha Rohrlack als Rednerin abgehalten hatte[75]. Ein Vortrag Martha Rohrlacks gab auch den Anstoß zur Gründung des Arbeiterinnenbildungsvereins in Elberfeld am 9. Februar 1892, dem sofort 110 Frauen beitraten[76]. Der Verein veranstaltete jeden Monat eine öffentliche oder Mitgliederversammlung, in deren Mittelpunkt ein Referat stand. Themen waren zum Beispiel »Die Sklaverei«, »Die Arbeiterbewegung, ein Fortschritt in der Kulturentwicklung«, »Der Aberglauben im Volke«, »Ehe und Ehescheidung«, »Himmelskunde«, »Shelley«, »Das Genossenschaftswesen«, »Die Darwinsche Theorie«, »Die kapitalistische Produktionsweise und die Frauenbewegung«, »Gegenwartsstaat und sozialistische Zukunftsgesellschaft«, »Die industrielle Tätigkeit und die Rechtlosigkeit der Frau«, »Kindererziehung und Volksernährung«, »Wolfgang Göthe« (sic!), »Ist der Sozialismus eine Utopie?«, »Die industrielle Thätigkeit der Frauen und ihre Rechtlosigkeit« oder »Die Prostitution, ihre Ursachen und ihre Beseitigung«[77].

Die Themen vermeiden zwar explizit parteipolitische Fragen, lassen aber doch zum Teil politische Inhalte vermuten. Andererseits trug man jedoch auch dem allgemeinen Bildungsbedürfnis der Frauen Rechnung. Die Hälfte der Vorträge wurde von Männern gehalten, da offenbar noch nicht genügend qualifizierte Frauen zur Verfügung standen. In den öffentlichen Versammlungen sprachen in der Regel auswärtige Rednerinnen; lediglich Frau Voigt, die Vorsitzende des Vereins, hielt im März 1894 einen öffentlichen Vortrag, der jedoch eine Übernahme des Referats von Frau Schneider vom Juni 1893 zu sein scheint. Anna Schneider war bis 1893 Vorsitzende des am 25. Januar 1892 gegründeten Kölner »Frauen- und Mädchen-Bildungsvereins«, der an jedem Mittwoch eine Vereinssitzung ab-

---

74 Flugblatt, in: IISG, Nachlaß Vollmar 3163; Georg Gärtner: Die Nürnberger Arbeiterbewegung. 1868–1908, Nürnberg o. J. (1908), S. 143; Osterroth: 100 Jahre Sozialdemokratie, S. 28f.

75 Gleichheit 11. 1. 1892, 6. 4. 1892.

76 Gleichheit 23. 3. 1892, 6. 4. 1892.

77 Gleichheit 1892: 7. 3., 23. 3., 6. 4., 20. 4., 4. 5., 18. 5., 1. 6., 29. 6., 13. 7., 5. 10., 1893: 8. 2., 8. 3., 19. 4., 31. 5., 14. 6., 28. 6., 4. 10., 1894: 10. 1., 21. 3., 2. 5.

hielt, die 1892 von durchschnittlich 53, 1893 nur noch von 34 Personen besucht wurde[78].

Im Ruhrgebiet konnte die Frauenbewegung noch nicht Fuß fassen. Zwar wurden 1894/95 im Anschluß an eine Agitationsreise von Johanna Löwenherz in Dortmund und Witten Bildungsvereine gegründet, denen 40 bzw. 48 Frauen beitraten; die Vereine erwiesen sich jedoch nicht als lebensfähig. Grund dafür war nicht zuletzt das unnachgiebige Verhalten der Behörden, die zum Beispiel in Dortmund-Hörde eine Versammlung des Bildungsvereins auflösten, nur weil sich Ottilie Baader als Gast zu Wort meldete[79].

Die Bildungsvereine verfielen größtenteils nach kurzer Zeit der Auflösung, da sie von Staatsanwalt und Richter als politische Vereine angesehen wurden. Der Verein in Nürnberg wurde 1894, in Köln 1893, in Düsseldorf schon im Mai 1892, in Elberfeld 1894 und in Dortmund 1897 geschlossen[80]. Neben behördlichen Maßnahmen führten auch interne Zwistigkeiten und der Mangel an geeigneten Leitern und Leiterinnen dazu, daß die Bildungsvereine der neunziger Jahre scheiterten. Auf der Frauenkonferenz von 1900 meinte Helma Steinbach, die Vereine seien »eine zwecklose Spielerei und verwandelten sich fast stets in Klatsch- und Zankvereine«, während Luise Zietz und Emma Ihrer in ihnen eine Möglichkeit sahen, »das Gemeinschaftsgefühl der Frauen zu wecken und zu entwickeln«. Die Konferenz einigte sich darauf, daß Bildungsvereine zur Förderung des Solidaritätsgefühls und zur Aufklärung über Erziehungsfragen wertvoll seien, wenn eine geeignete Leitung gefunden würde[81].

Um die Jahrhundertwende lebten die unpolitischen Bildungsvereine noch einmal auf: 1899 wurde in Berlin der »Verein für Frauen und Mädchen der Arbeiterklasse« gegründet, der nach seinen Statuten das Ziel verfolgte, »seine Mitglieder durch Vorträge in alle Gebiete des Wissens einzuweihen und ihr Wissen zu bereichern, ihnen Gelegenheit zu geben, sich durch Lektüre fortzubilden und anregende Geselligkeit unter sich zu pflegen«. Der Verein hatte bald 1000 Mitglieder[82] und fand Nachahmer, die das Statut fast wörtlich übernahmen[83]. Jetzt waren die Vereine erfolgreicher, da

78 Günther Bers / Michael Klöcker: Die sozialdemokratische Arbeiterbewegung im Kölner Raum 1890–1895, Westorf bei Hamburg 1976, S. 74ff., 80.

79 StA Düsseldorf, Regierung Düsseldorf Nr. 9039 Bl. 65, 162f.; Gleichheit 9. 1. 1895, 17. 2. 1897.

80 Gleichheit 1. 6. 1892, 24. 12. 1894, 17. 2. 1897; Bers/Klöcker, S. 76; Gärtner, S. 158.

81 Frauenkonferenz 1900, S. 255f.

82 Gleichheit 1. 2. 1899, 1. 3. 1899; Bernstein: Die Berliner Arbeiterbewegung von 1890 bis 1905, S. 378ff.

83 StA Düsseldorf, Regierung Düsseldorf Nr. 42789, Bl. 46.

man gelernt hatte, die Fallstricke des Vereinsgesetzes geschickter zu umgehen. 1907 gab es 94 Bildungsvereine mit 10302 Mitgliedern[84].
Am Niederrhein und im Ruhrgebiet jedoch griffen die Behörden wiederum rigoros durch. Der im Oktober 1904 gegründete »Verein für die Frauen und Mädchen der Arbeiterklasse« in Elberfeld, der seine Mitgliederzahl bis 1906 auf 150 steigern konnte, wurde am 17. Dezember 1906 geschlossen, obwohl er Vorträge über Literatur, Geographie, Erziehung oder »Merkwürdige Naturerscheinungen«, jedoch auch über Schule und Religion durchgeführt hatte[85]. Die Polizeiaktionen waren selbst dann erfolgreich, wenn die verfügte Schließung des Vereins gerichtlich wieder aufgehoben wurde. So sank in Velbert die Mitgliederzahl des Vereins von 115 auf 20; trotz des Gerichtsbeschlusses waren die Frauen eingeschüchtert, der Verein zerschlagen[86]. In Remscheid leitete der Oberbürgermeister sofort nach Gründung des Frauenbildungsvereins am 1. April 1906 ein Strafverfahren gegen die Vorsitzende ein, da sie es versäumt hatte, die Gründung anzumelden und ein Mitgliederverzeichnis einzureichen. Mehrere Vorstandsmitglieder wurden zu Geldstrafen verurteilt, der Verein im April 1907 geschlossen[87]. Auch der 1906 in Solingen mit Filialen in Wald, Gräfrath und Ohligs gegründete Verein wurde noch 1906 wegen einer sozialdemokratischen »Tendenzrede« der Frau Caspers in Gräfrath als politisch aufgelöst, vier Vorstandsmitglieder zu Geldstrafen von je 15 Mark oder 3 Tagen Gefängnis verurteilt. Nach der Schließung des Gräfrather Vereins lösten sich die anderen Vereine selbst auf, um einem Prozeß zuvorzukommen[88].
Wo die Bewegung noch keine Massenanhängerschaft und geschickte Leitung besaß, waren die Unterdrückungsmaßnahmen auch nach der Jahrhundertwende noch erfolgreich. Daher wurden 1907 im Ruhrgebiet die Bildungsvereine durch formlose Lese- und Diskussionsabende ohne Vereinscharakter ersetzt[89]. Die sozialistischen Frauen nahmen an Veranstaltungen der Arbeiterturn- und Gesangvereine teil oder bildeten einen Frauenchor[90].
Als 1908 das Reichsvereinsgesetz den Frauen den Beitritt zu politischen

84 Parteitag 1907, S. 110.
85 StA Düsseldorf, Regierung Düsseldorf Nr. 42789, Bl. 46, Nr. 9058, Bl. 114, Nr. 9059, Bl. 129; Gleichheit 2. 11. 1904.
86 StA Düsseldorf, Regierung Düsseldorf Nr. 9041, Bl. 408f., Nr. 9059, Bl. 224, 227, 309, Nr. 42789, Bl. 54, 92ff.
87 Ebd. Nr. 9059, Bl. 293, Nr. 42789, Bl. 39ff.
88 Ebd. Nr. 9041, Bl. 408, Nr. 9058, Bl. 283f., Nr. 9059, Bl. 160, 309, Nr. 42789, Bl. 77, 79, Nr. 42810, Nr. 42811; Gleichheit 12. 12. 1906.
89 Baader S. 98; Philipp Sommerlad: Siebzig Jahre sozialistische Bewegung in Bochum, Hattingen 1948, S. 19f.
90 StA Düsseldorf, Regierung Düsseldorf Nr. 9041, Bl. 135, Nr. 9059, Bl. 3, 309, Nr. 42789, Bl. 1f.; StA Münster, Regierung Münster VII 44 a.

Vereinen gestattete, waren die Bildungsvereine als Notbehelf überflüssig geworden. Daher trat Minna Bollmann für deren Auflösung ein, da sie die Gefahr sah, sie könnten »später einmal zum Schmollwinkel werden für diejenigen Genossinnen, die glauben, daß sie in der Parteiorganisation nicht zu ihrem vollen Rechte kommen«[91]. Entgegen ihrem Vorschlag wurden jedoch die Bildungsvereine beibehalten, um die Frauen über sozialistische Kindererziehung zu informieren, nicht jedoch als Organe einer »Sonderorganisation«, die bindende Beschlüsse hätte fassen können[92].
Wie die Bildungsvereine wurden Mitte der neunziger Jahre auch die Agitationskommissionen von der Polizei und Justiz häufig als Vereine betrachtet und aufgelöst. Daher beschloß die wiederum informelle Besprechung der Sozialdemokratinnen im Jahre 1894, die Frauenagitationskommissionen aufzulösen und durch ein System von Vertrauenspersonen, wie sie bereits durch die SPD und die Gewerkschaften bekannt waren, zu ersetzen[93]. In Berlin wurde 1895 nach der Schließung der Kommission Ottilie Gerndt zur Vertrauensperson gewählt. Ende des Jahres übernahmen die Frauen Baader und Scholz als Vertrauenspersonen die Agitation innerhalb Berlins, während Ottilie Gerndt für die Fühlungnahme mit der Bewegung außerhalb der Hauptstadt zuständig war[94]. Später wurde ihre Aufgabe von Margareta Wengels, seit 1900 dann von Ottilie Baader übernommen, während innerhalb Berlins mehrere Vertrauenspersonen arbeiteten.
In Königsberg wurde 1894 Frau Schilling, in Köln 1893 Frau Willmann zur Vertrauensperson gewählt[95]. Auch am Niederrhein[96] und im Ruhrgebiet ging man zu einer losen Organisation über, deren Zusammenhalt durch die Vertrauensperson und die »Gleichheit« gewährleistet werden sollte. Diese Organisationsform vermied den Konflikt mit den Vereinsgesetzen, da eine einzige Person nicht zu einem Verein erklärt werden konnte. Wie die Bemühungen übereifriger Beamter scheiterten, die Bewegung dennoch mit juristischen Mitteln zu zerstören, zeigt das Beispiel Essens: Der Bezirkspolizeikommissar versuchte nachzuweisen, daß die Leserinnen der »Gleichheit« einen Verein bildeten, an dessen Spitze die Vertrau-

91 Frauenkonferenz 1908, S. 491.
92 Parteitag 1908, S. 111, 208; Gleichheit 17. 8. 1908.
93 Gleichheit 14. 11. 1895; Baader, S. 41. Strains Behauptung, man sei erst 1900 zu dem System der Vertrauenspersonen übergegangen (Strain, S. 160), ist unrichtig.
94 Gleichheit 6. 3. 1895, 17. 4. 1895, 26. 6. 1895, 18. 9. 1895, 27. 11. 1895, 11. 12. 1895.
95 Gleichheit 21. 12. 1898, 6. 12. 1899. Als Vertrauenspersonen in Berlin arbeiteten z. B. die Frauen Mesch, Wengels, Weyl, Bauschke, Wulff, Panzeram und Lutz: Gleichheit 29. 1. 1902, 3. 12. 1902, 16. 11. 1902, 16. 11. 1904.
96 Zur Auflösung der Düsseldorfer Frauenagitationskommission s.: Vorwärts 25. 9. 1894.

ensperson stehe. Daraus, daß sie sich regelmäßig in Versammlungen trafen und auch einen gemeinsamen Sommerausflug gemacht hatten, schloß er: »Hiernach besteht in Essen eine Vereinigung von Frauen, deren Dasein und Zweck geheim gehalten werden soll und die ihrem Wesen nach den Bestimmungen des Vereinsgesetzes zuwiderläuft.«[97] Vom Regierungspräsidenten in Düsseldorf erhielt er die Genehmigung, die nächste Versammlung auflösen, die Wohnungen der Vertrauenspersonen Deuper und Plum durchsuchen zu lassen und ein Strafverfahren anzustrengen. Am 25. Juli 1906 wurden zwei Polizeibeamte zu einer nicht angemeldeten Frauenversammlung entsandt, um Beweismaterial zu beschlagnahmen und die Versammlung aufzulösen. Wilhelmine Deuper teilte ihnen jedoch mit, daß man lediglich den Geburtstag ihrer Tochter feiere. Wachtmeister Mulack berichtete, er habe keinen Vorstandstisch entdecken können und lediglich »etwa 32 Frauen angetroffen, welche sich zwanglos bei einem Glase Bier unterhielten«. Daher habe er »von einer Auflösung der Versammlung Abstand nehmen müssen«[98]. Der Bezirkspolizeikommissar, der die Geburtstagsfeier für einen Vorwand hielt, war mit der Arbeit seiner Beamten äußerst unzufrieden[99].

Auch die Hausdurchsuchungen, die am gleichen Abend stattfanden, waren nicht sehr erfolgreich. In der Wohnung Wilhelmine Deupers wurden einige Exemplare der »Gleichheit«, Kontobücher, Abonnentenzettel und eine Quittungskarte für geleistete Parteibeiträge beschlagnahmt[100]. Die Wohnung Agnes Plums fand man verschlossen vor. Als die Polizisten am nächsten Vormittag wiederkamen, fanden sie nichts mehr[101]. Dennoch erhob der Polizeikommissar Anklage gegen Wilhelmine Deuper und beantragte beim Regierungspräsidenten eine Haussuchung beim Parteivorstand der Essener SPD[102].

Der jetzt hinzugezogene Staatsanwalt des Königlichen Landgerichts Essen bat den Regierungspräsidenten um eine persönliche Aussprache[103]. Auf einer Besprechung zwischen dem Staatsanwalt, dem Polizeikommissar und dem Stellvertreter des Regierungspräsidenten am 25. August erklärte der Staatsanwalt, daß der Vorwurf einer Vereinsbildung gegen die Essener Frauen juristisch nicht haltbar, zumindest nicht beweisbar sei. Er kritisierte die Polizeiaktion und beklagte, »wie misslich es für die Staatsanwaltschaft in solchen Untersuchungen sei, vor eine vollendete Tatsache gestellt zu werden, und dass es wünschenswert sei, möglichst vor der Einleitung

---

97 StA Düsseldorf, Regierung Düsseldorf Nr. 42789, Bl. 62ff.
98 Ebd., Bl. 66f.
99 Ebd., Bl. 73f.
100 Ebd., Bl. 68f.
101 Ebd., Bl. 70f.
102 Ebd., Bl. 74.
103 Ebd., Bl. 80.

aller Massnahmen eine Verständigung mit der Staatsanwaltschaft über Zweck, Ziel und Umfang der zu ergreifenden Schritte herbeizuführen.« Die Gesprächsteilnehmer einigten sich darauf, »dass es nicht angezeigt sei, die Sache auf der gegenwärtigen Grundlage weiter zu verfolgen. Ohne dass Beweiserhebungen in Antrag gebracht werden sollen, soll demnächst nach ihrer Vernehmung die Ausserverfolgungsetzung der Deuper in Antrag gebracht werden.«[104]

Am 29. November 1906 meldete dann die Essener Polizeiverwaltung dem Regierungspräsidenten, daß das Strafverfahren eingestellt worden sei[105]. Die gescheiterte Polizeiaktion lieferte der Frauenbewegung neues Agitationsmaterial und Stoff für eine große Frauenversammlung[106]. So erwies sich die neue, lose Organisationsform als geeignet, die Vereinsgesetze zu umgehen.

In Dortmund wurde Frau Bunte 1897 zur ersten Vertrauensperson gewählt. Erfolgreich war die Bewegung dort jedoch erst ein Jahrzehnt später, als Anna Lex das Amt einer Kreisvertrauensperson für Dortmund-Hörde und Frau König das einer Ortsvertrauensperson für Dortmund übernahmen[107]. In Düsseldorf wurde 1900 Frau Gropp – zu ihren Nachfolgerinnen gehörte auch die spätere Reichstagsabgeordnete Lore Agnes –, in Elberfeld 1903 Adele Ullenbaum, in Bochum und Essen 1904 je zwei Vertrauenspersonen gewählt[108].

Auch die Frauen Hamburgs übernahmen das System der Vertrauenspersonen, obwohl ihnen ein liberales Vereinsgesetz den Beitritt zur SPD erlaubte. Luise Zietz, die seit dem Hafenarbeiterstreik von 1896 zu einer der führenden Agitatorinnen geworden war, wurde 1900 zur Vertrauensperson gewählt. Erst jetzt wurde in Hamburg eine systematische Agitation unter den Frauen eingeleitet, und Luise Zietz wurde 1901 einstimmig wiedergewählt[109]. 1902 traten ihr die Frauen Rolf für den ersten Hamburger Wahlkreis, Rost für den zweiten und Fahrenwald für den dritten zur Seite[110].

Trotz der offensichtlichen Erfolge – im März 1902 waren bereits 902 Frauen politisch organisiert[111] – war es manchen Sozialdemokraten nicht ein-

---

104 Ebd., Bl. 86.
105 Ebd., Bl. 76.
106 Gleichheit 5. 9. 1906.
107 StA Münster, Regierung Münster VII 44 a; Gleichheit 17. 2. 1897, 14. 10. 1907.
108 StA Düsseldorf, Regierung Düsseldorf Nr. 42810; StA Münster, Regierung Arnsberg I 96, Bl. 355 und I 97, Bl. 14; Gleichheit 19. 12. 1900, 27. 1. 1904, 30. 3. 1908; Frauenkonferenz 1904, S. 339.
109 Gleichheit 7. 11. 1900, 6. 11. 1901.
110 Gleichheit 1. 1. 1903.
111 Gleichheit 12. 3. 1902, 1. 1. 1903.

sichtig, warum es auch in Hamburg weibliche Vertrauenspersonen geben solle. Sie befürchteten die Entstehung einer »Sonderorganisation« und legten dem Parteitag von 1902 eine Resolution vor, die dem Vertrauenspersonensystem die Existenzberechtigung dort absprach, wo die Mitgliedschaft der Frauen in der Partei möglich war[112]. Luise Zietz reichte einen Gegenantrag ein:

> »Durch das Organisationsstatut, welches der Parteitag zu Mainz der sozialdemokratischen Partei gegeben hat, wird in keiner Weise das vom Parteitag zu Gotha den Frauen zuerkannte Recht berührt, zur Betreibung einer einheitlichen und planmäßigen Agitation unter den proletarischen Frauen eigene Vertrauenspersonen zu wählen.«[113].

Die Hamburger Kimmel, Stubbe und Koenen griffen die Frauenbewegung scharf an: Frau Zietz sei keine gute Organisatorin und könne »ihre Stelle in Hamburg nicht ausfüllen, wenn sie sich auf den Triumphzügen ihrer Agitationsreisen durch Deutschland befindet«. Zudem beteilige sich nur eine kleine Zahl von Frauen an der Parteiarbeit. »In der Versammlung machen sie uns Vorwürfe, aber selbst mitarbeiten wollen sie nicht. Höhere Posten nehmen sie ja an, doch in kleineren Stellungen, z. B. die von Distriktleitern, wollen sie nicht hinein. In Folge des Vorgehens der Frauen, die Versammlungen einberufen an denselben Tagen, wo wir welche abhalten, hat sich in Hamburg schon eine Nebenregierung entwickelt.«[114]

Wenn auch Einzelkritik wie die an der Terminplanung gerechtfertigt gewesen sein mag, kann doch der Angriff auf die Frauenbewegung nur mit überkommenen Vorurteilen erklärt werden. Die Kritik an Luise Zietz und der Arbeit der Vertrauenspersonen kann nicht überzeugen, wenn man bedenkt, daß die Partei bis 1900 erfolglos und mit wenig Elan unter den Frauen agitiert hatte. Erst unter der Leitung von Luise Zietz nahm die Bewegung einen Aufschwung. Gerade die Sozialdemokraten, die zuvor die Frauenagitation vernachlässigt hatten, fürchteten nun eine »Nebenregierung«.

Nachdem Clara Zetkin erläutert hatte, daß die Vertrauenspersonen keine weibliche Sonderorganisation begründeten, sondern lediglich den »Mittelpunkt für die agitatorische Kleinarbeit« darstellten, nahm der Parteitag den Antrag Zietz an[115]. Als die Hamburgerinnen 1906 jedoch die Vertrauenspersonen nicht mehr in öffentlichen Versammlungen, sondern von den politisch organisierten Frauen wählen lassen und auch die Jahresberichte in Mitgliederversammlungen entgegennehmen wollten, lehnten die SPD-Vorstände diesen Vorschlag ab. Vielmehr boten sie an, in den einzelnen Wahlkreisen eine Frau als sechstes Mitglied in die Vorstände zu wählen;

---

112 Parteitag 1902, S. 94, Antrag 127.
113 Ebd., S. 88, Antrag 99.
114 Ebd., S. 253ff.
115 Ebd.

das wiederum lehnten die Frauen aus Angst um den Verlust ihrer Unabhängigkeit ab; eine Parteiversammlung jedoch entschied gegen sie, und Fahrenwald, Zietz und Sander wurden in die Vorstände gewählt[116].

Während also der Vorstoß einiger Männer auf dem Parteitag 1902 gescheitert war, führte nun die Initiative der Frauen entgegen ihrer Absicht zur Abschaffung des Vertrauenspersonensystems und zur Integration in die Vorstände. Dort wurde ihnen allerdings eine Vertretung garantiert, ohne daß sie von einer Wahl durch die Parteimitglieder abhängig waren.

Außerhalb Hamburgs jedoch blieben die Vertrauenspersonen bis 1908 Mittelpunkt der Organisation der Frauenbewegung. Die erste Frauenkonferenz verabschiedete 1900 ein »Regulativ«: In jeder größeren Stadt sollten in öffentlichen Frauenversammlungen Vertrauenspersonen für die Dauer eines Jahres gewählt werden. Sie sollten Kontakte zu anderen Vertrauenspersonen und zur »Zentralvertrauensperson« in Berlin halten und an ihrem Ort die Agitation unter den Frauen leiten[117].

Von 1890 an wurde die Frauenbewegung in die Organisation der SPD einbezogen. 1890 wurde ihr die Delegierung eigener Vertreterinnen zu den Parteitagen ermöglicht[118], 1892 wurde der Begriff »Vertrauensmänner« durch »Vertrauenspersonen« ersetzt[119]. 1905 wurden die weiblichen Vertrauenspersonen ausdrücklich in das Organisationsstatut aufgenommen:

> »Die planmäßige Agitation unter dem weiblichen Proletariat wird durch weibliche Vertrauenspersonen betrieben, die möglichst an allen Orten im Einvernehmen mit den Parteiinstanzen gewählt werden.«[120]

In Hamburg und Bremen konnten schon vor 1908 Frauen der SPD beitreten:

*Tabelle 5:* Weibliche SPD-Mitglieder in Bremen und Hamburg bis 1908[121]

| Jahr | Bremen | Hamburg |
|---|---|---|
| 1895 | | 439 |
| 1902 | | 902 |
| 1905 | 119 | 1700 |
| 1906 | 266 | |
| 1907 | 479 oder 589 | 2942 oder 2881 |
| 1908 | 513 | 3939 |

---

116 Gleichheit 18. 4. 1906; Frauenkonferenz 1906, S. 406. Strains Behauptung, das Vertrauenspersonensystem in Hamburg sei 1903 abgeschafft worden (Strain, S. 178), ist unrichtig; vgl. z. B. den Jahresbericht der Vertrauenspersonen für 1904, in: Gleichheit 19. 10. 1904.

117 Frauenkonferenz 1900, S. 248f.

118 Parteitag 1890, S. 6 (§ 9.1). Näheres s. u. S. 225f.

119 Parteitag 1892, S. 7, 146.

120 Parteitag 1905, S. 7 (§ 10).

121 Für Bremen: Karl-Ernst Moring: Die Sozialdemokratische Partei in Bremen

Während der Anteil der Frauen in der Bremer SPD 1908 mit 5,65 % ungefähr dem Durchschnitt für ganz Deutschland entsprach, der 1908 bei 5,02 % lag, war die sozialdemokratische Frauenbewegung in Hamburg mit einem Anteil von 11,2 % überdurchschnittlich stark. Die Bedeutung Hamburgs als einer der Hochburgen der Bewegung wird dadurch unterstrichen, daß die Hamburgerinnen 1908 13,37 % aller in der SPD organisierten Frauen stellten. Nach Angaben von Luise Zietz lagen die Zahlen eigentlich noch höher, da diejenigen, die mit ihren Beitragszahlungen drei Monate im Rückstand waren, nicht mitgezählt wurden[122].
1907 hatte die SPD bereits 10943 weibliche Mitglieder[123]. In den Ländern, in denen eine offizielle Parteimitgliedschaft nicht möglich war, dokumentierten zahlreiche Frauen ihre Zugehörigkeit zur SPD durch die Zahlung freiwilliger Beiträge, für die sie Quittungskarten erhielten. Solche Beiträge zahlten in Berlin 1907 850 und 1908 1591 Frauen, in Essen, wo man erst am 1. Januar 1908 dieses System einführte, 700 Frauen[124].
Einen entscheidenden Einschnitt in der Organisationsgeschichte der Bewegung stellte das Reichsvereinsgesetz von 1908 dar, das Frauen die Mitgliedschaft in politischen Vereinen ermöglichte. Damit wurde die Frage nach der Integration der sozialistischen Frauenbewegung in die SPD aktuell. Ottilie Baader, seit 1900 »Zentralvertrauensperson«, vertrat in ihrem Bericht an den Parteitag von 1908 folgende Auffassung:

> »Es braucht nicht länger Sonderorganisationen der Genossinnen zu geben, überall werden die Frauen der sozialdemokratischen Partei beitreten . . . Die gemeinsame Organisation schließt jedoch nicht aus, daß im Hinblick auf das verfolgte Ziel und unter Berücksichtigung der vorliegenden Verhältnisse solche von den Genossinnen geschaffene Einrichtungen erhalten bleiben, welche sich als treffliche Mittel bewährt haben, die weiblichen Parteimitglieder theoretisch zu schulen und unter den Massen der weiblichen Bevölkerung Mitarbeiterinnen für den politischen und wirtschaftlichen Klassenkampf des Proletariats zu gewinnen, und sie den Organisationen zuzuführen.«[125]

Auf der dem Parteitag vorausgehenden Frauenkonferenz hatte schon Luise Zietz die Meinung vertreten, auch weiterhin müßten die Frauen eine besondere Frauenagitation betreiben, und Käte Duncker die Notwendigkeit eigener Frauenversammlungen betont, da sonst viele Frauen zu Hause

---

1890–1914. Reformismus und Radikalismus in der Sozialdemokratischen Partei Bremens, Hannover 1968, S. 221. Für Hamburg: Gleichheit 3. 4. 1895, 12. 3. 1902, 27. 12. 1905, 14. 9. 1908. Der Parteitagsbericht (Parteitag 1907, S. 20) nennt jedoch für 1907 in Bremen 589 Frauen (3,43 %) und für Hamburg 2881 Frauen (8,85 %) als SPD-Mitglieder.

122 Gleichheit 14. 9. 1908.

123 Parteitag 1907, S. 20. Zur regionalen Verteilung s. u. Tab. 10.

124 StA Düsseldorf, Regierung Düsseldorf Nr. 42810; Gleichheit 31. 8. 1908; Baader, S. 92.

125 Parteitag 1908, S. 114f.

bei den Kindern blieben, während der Mann zur Parteiversammlung ging[126].

Der Parteitag verabschiedete einen von der Frauenkonferenz eingebrachten Organisationsvorschlag, der bereits am 9. Mai 1908 von Vertreterinnen der Frauen, Mitgliedern des Parteivorstandes und Vertretern der Berliner Parteiorganisation ausgearbeitet worden war:

»1. Jede Genossin ist verpflichtet, der sozialdemokratischen Parteiorganisation ihres Ortes beizutreten. Politische Sonderorganisationen der Frauen sind nicht gestattet. Über das Fortbestehen besonderer Frauenbildungsvereine entscheiden die Genossen und Genossinnen der einzelnen Orte. Die Mitgliedschaft in solchen Vereinen enthebt jedoch die Genossinnen nicht der Verpflichtung, den sozialdemokratischen Parteiorganisationen anzugehören.

2. Unabhängig von den Vereinsabenden der Männer sind für die weiblichen Mitglieder Zusammenkünfte einzurichten, welche ihrer theoretischen und praktischen Schulung dienen.

3. Die Festsetzung der Beiträge für die weiblichen Mitglieder bleibt den einzelnen Organisationen überlassen. Empfehlenswert ist, die Beiträge für die weiblichen Mitglieder niedriger zu bemessen wie für die männlichen.

4. Die weiblichen Mitglieder sind im Verhältnis zu ihrer Zahl im Vorstand vertreten. Doch muß diesem mindestens eine Genossin angehören.

5. Den weiblichen Mitgliedern des Vorstandes liegt es ob, die notwendige Agitation unter dem weiblichen Proletariat im Einvernehmen mit dem Gesamtvorstand und unter Mitwirkung der tätigen Genossinnen zu betreiben.

6. Solange betreffs der Beschickung des Parteitages durch die Parteiorganisationen noch das gegenwärtige Provisorium gilt, bleiben auch für die Delegierungen der Genossinnen die jetzigen Bestimmungen des Parteistatuts in Kraft. Das Zentralbureau der Genossinnen bleibt bestehen. Die Vertreterin der Genossinnen darin wird dem Parteivorstand angegliedert.«[127]

Das weibliche Parteivorstandsmitglied wurde vom gesamten Parteitag gewählt, nicht von den Frauen. Luise Zietz wurde 1908 als erste deutsche Frau in den Vorstand einer politischen Partei gewählt[128]. Das Frauenbüro, dem Luise Zietz und Ottilie Baader angehörten, wurde 1911 dem Parteivorstand angegliedert[129].

Auch auf lokaler Ebene waren die Frauen keineswegs bereit, mit der Integration in die Partei jegliche Selbständigkeit in Organisation und Agitation aufzugeben, wenngleich die prinzipielle Entscheidung für den Beitritt zur SPD nicht umstritten war. In Elberfeld stellten die Frauen folgende Bedingungen: Auch weiterhin sollten besondere öffentliche und Mitgliederversammlungen für Frauen stattfinden, die das Recht zur Wahl einer Vertrauensperson und von »Bezirksführerinnen« zur Agitation und zur Verbreitung der »Gleichheit« behalten sollten. Der niederrheinische Par-

---

126 Frauenkonferenz 1908, S. 488, 492.

127 Parteitag 1908, S. 115.

128 Ebd., S. 209, 460. Clara Zetkin war jedoch seit 1896 Mitglied der Kontrollkommission. Zur Wahl 1908 s. u. S. 195.

129 Frauenkonferenz 1908, S. 506, 544, 1911, S. 417.

teitag beschloß im Oktober 1908 ein dem zentralen Parteitagsbeschluß von 1908 entsprechendes Statut[130]. Der Begriff »Vertrauensperson« tauchte also nicht mehr auf, doch nahmen der SPD-Parteitag wie auch der niederrheinische Parteitag von 1909 folgenden Satz in die Statuten auf:

> »Organisationen, denen weibliche Mitglieder angehören, müssen diesen eine Vertretung im Vorstand gewähren. Die weiblichen Vorstandsmitglieder haben im Einvernehmen mit dem Gesamtvorstand vornehmlich die Frauenagitation zu betreiben.«[131]

Diese Organisationsform, die die sozialistische Frauenbewegung einerseits in die SPD eingliederte, ihr aber andererseits eine gewisse Unabhängigkeit gewährte, blieb bis zur Parteispaltung im Ersten Weltkrieg bestehen.

Seit der Jahrhundertwende nahm die Bewegung einen großen Aufschwung, und zugleich wurden ihre Organisationsformen verbessert. Von 1900 bis 1908 war Ottilie Baader »Zentralvertrauensperson«, seit dem 1. Juli 1904 erhielt sie ein Jahresgehalt von 1 800 Mark[132]. 1907 bekam sie eine besoldete Sekretärin[133], und neben den Ortsvertrauenspersonen wurden immer mehr Landes-, Bezirks- und Provinzialvertrauenspersonen gewählt. Auch der Wahlkreis Bochum erhielt 1907 mit Anna Nemitz eine Kreisvertrauensperson[134]. Seit 1900 trafen die Delegierten der Frauen sich in der Regel alle zwei Jahre[135] zu Frauenkonferenzen, die vor den Parteitagen der SPD stattfanden, und später wurden auch lokale und regionale Frauenkonferenzen durchgeführt. Zum Beispiel kamen die weiblichen Parteifunktionäre Hamburgs seit Oktober 1911 monatlich zusammen, und 1912 und 1913 fanden in zahlreichen Bezirken, auch in Bochum, Düsseldorf und Schleswig-Holstein, Frauenkonferenzen statt[136].

Auch innerhalb der einzelnen Orte wurde die Organisationsstruktur ausgebaut: Essen wurde 1907 in zwei Bezirke eingeteilt: Essen-Rüttenscheid mit den Vertrauenspersonen Deuper und Wiegand und Essen-Altendorf mit Agnes Plum als Vertrauensperson[137]. Düsseldorf wurde im gleichen Jahr in neun Distrikte eingeteilt, in denen je eine »Distriktführerin« mit Hilfe von »Unterkassiererinnen« für die Verteilung der »Gleichheit« zu-

---

130 Gleichheit 20. 7. 1908; Sozialdemokratische Parteitage für die Rheinprovinz und den Niederrhein, S. 61f.

131 Parteitag 1909, S. 6; Sozialdemokratische Parteitage für die Rheinprovinz und den Niederrhein, S. 69.

132 Gleichheit 15. 6. 1904; Vorwärts 15. 6. 1904; Parteitag 1904, S. 59.

133 Parteitag 1907, S. 112.

134 StA Münster, Regierung Arnsberg I 100, Bl. 19, 294f., Regierung Münster VII 44 a; Parteitag 1908, S. 104f.

135 Frauenkonferenzen fanden 1900, 1902, 1904, 1906, 1908 und 1911 statt.

136 StA Düsseldorf, Regierung Düsseldorf Nr. 42809, Bl. 300; Gleichheit 7. 8. 1912, 10. 7. 1912; Osterroth: 100 Jahre Sozialdemokratie, S. 49.

137 StA Düsseldorf, Regierung Düsseldorf Nr. 9059, Bl. 157.

ständig war[138]. 1911 wurde die Teilnahme einer Frau an den Sitzungen des niederrheinischen Agitationskomitees institutionalisiert, und 1912 wurde Elfriede Gewehr als Sekretärin Mitglied der Bezirksleitung[139]. Die erste besoldete Arbeitersekretärin Deutschlands war Helene Grünberg, die am 1. Juli 1905 in Nürnberg von der Gewerkschaft angestellt wurde[140]. Seit 1901 wuchs die Zahl der weiblichen Vertrauenspersonen und ab 1909 die der weiblichen Vorstandsmitglieder ständig:

*Tabelle 6:* Zahl der weiblichen Vertrauenspersonen (bis 1907) und Vorstandsmitglieder (ab 1909)[141]

| | |
|---|---|
| 1901 | 25 |
| 1902 | 54 |
| 1903 | 78 |
| 1904 | 100 |
| 1905 | 190 |
| 1906 | 325 |
| 1907 | 407 |
| 1909 | 257 |
| 1910 | 557 |
| 1911 | 570 |
| 1912 | 646 |

Der Rückgang zwischen 1907 und 1909 erklärt sich durch Anlaufschwierigkeiten bei der Neuorganisation von 1908.

Trotz dieses Ausbaus der Organisation war man von Perfektion noch weit entfernt. Ottilie Baader klagte zum Beispiel, sie »erhalte von manchen dieser Vertrauenspersonen nie eine Zeile, und ich weiß nicht, ob sie für die Bewegung arbeiten«[142]. Gerade das Fehlen einer effektiven Bürokratie und die relative Unabhängigkeit von der Partei ermöglichten es Clara Zetkin, in der Frauenbewegung ihre Meinungen durchzusetzen. Dazu nützte sie die Schlüsselstellung der von ihr in alleiniger Verantwortung redigierten »Gleichheit« und das für die Meinungsbildung und Beschlußfassung entscheidende Podium der Frauenkonferenz. Auch die Organisationsstruktur trug dazu bei, daß die sozialistische Frauenbewegung oft als radikal erschien, dieser Radikalismus sich jedoch bald als labil und oberflächlich erwies[143].

---

138 Ebd., Bl. 80ff.

139 StA Düsseldorf, Regierung Düsseldorf Nr. 42809, Bl. 300; StA Münster, Regierung Münster VII 44 a; Gleichheit 14. 5. 1913.

140 Marie Juchacz: Sie lebten für eine bessere Welt. Lebensbilder führender Frauen des 19. und 20. Jahrhunderts, Berlin, Hannover 1955, S. 85.

141 Jahresberichte Ottilie Baaders und des Parteivorstandes auf den Parteitagen seit 1902.

142 Frauenkonferenz 1904, S. 333.

143 Dazu ausführlich S. 199ff.

Die quantitative Stärke der sozialistischen Frauenbewegung läßt sich bis 1908 nur abschätzen. Bis zur Jahrhundertwende jedoch beschränkte sie sich auf einen engen Kreis von Mitarbeiterinnen. Das preußische Innenministerium stellte in seiner geheimen »Uebersicht über die allgemeine Lage der sozialdemokratischen und anarchistischen Bewegung im Jahre 1898« fest: »Die Frauenbewegung vermag trotz der Rührigkeit einiger weniger von der Agitation lebender Vorkämpferinnen weder an Ausdehnung noch an Intensität zu gewinnen.«[144] 1899 konstatierte der Bericht das Scheitern der Agitation: »›Die Kapitolswächterinnen‹ spielen mit ihren Bestrebungen eine geradezu lächerliche Rolle. Alle Bemühungen einzelner Agitatorinnen scheitern an der Indolenz des weiblichen Proletariats und an dem geringen Entgegenkommen der Parteileitung.«[145] Auch die »Gleichheit« äußerte sich 1899 und 1900 sehr kritisch über die Bewegung[146], und das Innenministerium sah noch 1901 keine Veränderung, während es von 1902 an ständig über Fortschritte der Bewegung berichtete[147].

Als Indikator für die Stärke der sozialistischen Frauenbewegung wurden vielfach die Abonnentenzahlen der »Gleichheit« angesehen[148]. Wenngleich diese Zeitschrift auch von Männern, von bürgerlichen Frauen und im Ausland gelesen wurde und somit ihre Auflagenhöhe keinen direkten Aufschluß über die Zahl der Sozialdemokratinnen gibt, ist sie doch Indiz für die Entwicklung der Attraktivität der Bewegung und die Erfolge der Agitation. Bis zur Jahrhundertwende wurde die Startauflage der »Gleichheit« von 2000 Exemplaren nicht überschritten. Noch 1898 meinte Bebel anläßlich eines scharfen Artikels Clara Zetkins über Parvus' Ausweisung: ». . . gut daß ihr Blatt mit Ausschluß der Öffentlichkeit erscheint und keine große Beachtung findet.«[149]

---

144 Uebersicht über die allgemeine Lage der sozialdemokratischen und anarchistischen Bewegung im Jahre 1898, S. 15, in: StA Düsseldorf, Regierung Düsseldorf Nr. 9042.

145 Uebersicht über die allgemeine Lage der sozialdemokratischen und anarchistischen Bewegung im Jahre 1899, S. 10, in: ebd.

146 Gleichheit 26. 4. 1899, 13. 9. 1899, 11. 4. 1900.

147 Uebersicht 1901, S. 12, 1902, S. 14, 1905/06, S. 19f.; 1906/07, S. 19f., in: StA Düsseldorf, Regierung Düsseldorf Nr. 9042, Nr. 9041, Bl. 356, StA Münster, Regierung Münster VII 44 a.

148 Anna Blos: Die Geschichte der sozialdemokratischen Frauen Deutschlands, in: dies. (Hrsg.): Die Frauenfrage im Lichte des Sozialismus, Dresden 1930, S. 7–95, hier: S. 61, 66; Robert Michels: Die deutsche Sozialdemokratie. I. Parteimitgliedschaft und soziale Zusammensetzung, in: Archiv für Sozialwissenschaft und Sozialpolitik 23 (1906), S. 471–556, hier: S. 533.

149 A. Bebel an V. Adler, 29. 9. 1898, in: Victor Adler: Briefwechsel mit August Bebel und Karl Kautsky sowie Briefe von und an Ignaz Auer, Eduard Bernstein, Adolf Braun, Heinrich Dietz, Friedrich Ebert, Wilhelm Liebknecht, Hermann Müller und Paul Singer. Gesammelt und erläutert von Friedrich

Seit 1902 stellte der Verband der Textilarbeiter die »Gleichheit« allen Familien, in denen Mann und Frau organisiert waren, zu; 1908 gestalteten die Schneider ihr eigenes »Fachblatt« aus und verzichteten auf die »Gleichheit«[150].

*Tabelle 7:* Abonnenten der »Gleichheit«[151]

| | |
|---|---|
| 1902 | 4000 |
| 1903 | 9500 |
| 1904 | 12000 |
| 1905 | 23000 |
| 1906 | 46000 |
| 1907 | 70000 |
| 1908 | 85000 |
| 1909 | 82000 |
| 1910 | 85000 |
| 1911 | 94500 |
| 1912 | 107000 |
| 1913 | 112000 |
| 1914 | 124000 |
| 1915 | 46500 |
| 1916 | 35500 |
| 1917 | 19000 |
| 1918 | 28000 |
| 1919 | 33000 |
| 1920 | 13000 |
| 1921 | 25000 |
| 1922 | 33000 |
| 1923 | 22000 |

Bis etwa 1900 waren die Erfolge der Bewegung »nur minimal«[152], während die dann mit der Frauenkonferenz eingeleitete planmäßige Agitation[153] bald große Erfolge zeitigte. Die Zahl der in Bildungsvereinen organisierten Frauen stieg von 3000 im Jahre 1905 über 8890 1906 auf 10302 im Jahre 1907[154]. Auch diese Daten bestätigen, daß die Bewegung schon vor 1908 einen deutlichen Aufschwung nahm, der noch 1900 nicht zu erwarten war.

Adler, Wien 1954, S. 252; ähnlich formulierte Ottilie Baader in: Berichte für die erste Internationale Konferenz sozialistischer Frauen, abgehalten in Stuttgart am Sonnabend den 17. August 1907 vormittags 9 Uhr in der Liederhalle, Stuttgart, o. J., S. 14.

150 Parteitag 1909, S. 23; A. Blos: Frauenfrage, S. 52.

151 Jahresberichte Ottilie Baaders und des Parteivorstandes auf den Parteitagen seit 1902, und: Die Genossin. Informationsblätter der weiblichen Funktionäre der sozialdemokratischen Partei Deutschlands. Nr. 1 (1924) 1. Jg., S. 5. Zum Rückgang der Abonnentenzahlen seit 1915 s. u. S. 179f.

152 So Ignaz Auer, Parteitag 1900, S. 185.

153 So Ottilie Baader, Frauenkonferenz 1902, S. 288.

154 Jahresberichte Ottilie Baaders auf den Parteitagen von 1905 bis 1907.

Ein Überblick über die amtlichen Berichte über die Sozialdemokratie an Rhein und Ruhr zeigt ebenfalls, daß sich dort die Frauenbewegung erst nach der Jahrhundertwende erfolgreich zu entwickeln begann. Bis 1903 fehlen in den Sammel- und Jahresberichten der Bürgermeister, Polizeikommissare und Regierungspräsidenten Hinweise auf die Frauenbewegung fast völlig, während ab 1905 meist schon ein eigenes Kapitel über die sozialdemokratische Frauenbewegung enthalten ist. Die Regierungspräsidenten wiesen die Polizei ausdrücklich auf die Beobachtung der Bewegung hin und legten besondere Akten an.

Seit 1904 kam es im Ruhrgebiet und am Niederrhein infolge intensiver Agitationsbemühungen durch reisende Rednerinnen und die sozialdemokratischen Ortsvereine an einigen Orten zu einem schnellen Aufschwung der Bewegung. Die meisten Frauen wurden in Essen gewonnen, wo 1908 bereits 1000 Abonnentinnen der »Gleichheit« gemeldet wurden[155]. In anderen Orten, z. B. in Dortmund, konnten polizeiliche Maßnahmen die Bewegung entscheidend hemmen, und auf dem Land blieb die Agitation weitgehend erfolglos[156]. 1904 noch gab es im ganzen Regierungsbezirk Düsseldorf nur 500 Bezieherinnen der »Gleichheit«, in den Bezirken Münster nur 160 und in Arnsberg 1906 nur 600. 1910 dagegen gehörten schon 4257 Frauen dem Agitationsbezirk westliches Westfalen der SPD an, und der Agitationsbezirk Niederrhein meldete 1911 für Barmen 451, für Elberfeld 372, für Düsseldorf 997 und für Essen 903 weibliche Parteimitglieder[157]. Die Kreise Bochum-Gelsenkirchen, Dortmund-Hörde und Hamm-Soest hatten 1913 3400 weibliche SPD-Mitglieder; damit lag der Frauenanteil mit 19,36 % deutlich über dem Durchschnitt, der 14,36 % betrug. Überdurchschnittlich stark vertreten waren die Frauen auch in der SPD des Bezirks Düsseldorf, der 1913 6860 Frauen, 19,87 % der Mitglieder, angehörten[158].

Die Zahl der gewerkschaftlich organisierten Frauen gibt zwar nicht unmittelbar die Stärke der Frauenbewegung wieder, kann jedoch als Indikator für die Entwicklung der Attraktivität der Arbeiterbewegung für die Arbeiterinnen gewertet werden.

Auch Tabelle 8 bestätigt: Vor 1900 waren nur wenige Frauen organisiert, nur 2 bis 3 % der Mitglieder waren Frauen. 1905 und 1906 stieg die Zahl bedeutend an und wuchs absolut wie auch in Relation zur Gesamtmitgliederzahl bis zum Krieg an. Dennoch blieben die Frauen, mehr noch als in der SPD, unterrepräsentiert.

---

155 StA Düsseldorf, Regierung Düsseldorf Nr. 42810.

156 Über die Erfolge und Mißerfolge der Landagitation s. u. S. 114ff.

157 StA Düsseldorf, Regierung Düsseldorf Nr. 9041, Bl. 89, 468ff., 519f., Nr. 42812, Bl. 43, 57, 143, Nr. 42813, Bl. 183.

158 Ebd., Nr. 42809, Bl. 115, 299, 343; StA Münster, Regierung Münster VII 44 a.

*Tabelle 8:* Mitglieder der freien Gewerkschaften[159]

| Jahr | Gewerkschafts-mitglieder | davon Frauen | Frauen-anteil in % |
|---|---|---|---|
| 1892 | 237094 | 4355 | 1,8 |
| 1893 | 223530 | 5384 | 2,4 |
| 1894 | 246494 | 5251 | 2,1 |
| 1895 | 259175 | 6697 | 2,5 |
| 1896 | 329230 | 15265 | 4,6 |
| 1897 | 412359 | 14644 | 3,5 |
| 1898 | 493742 | 13481 | 2,7 |
| 1899 | 580473 | 19280 | 3,3 |
| 1900 | 680427 | 22844 | 3,3 |
| 1901 | 677510 | 23699 | 3,4 |
| 1902 | 733206 | 28218 | 3,8 |
| 1903 | 887698 | 40666 | 4,5 |
| 1904 | 1052108 | 48604 | 4,6 |
| 1905 | 1344803 | 74411 | 5,7 |
| 1906 | 1689709 | 118908 | 7,1 |
| 1907 | 1865506 | 136929 | 7,3 |
| 1908 | 1831731 | 138443 | 7,6 |
| 1909 | 1832667 | 133888 | 7,3 |
| 1910 | 2017298 | 161512 | 8,0 |
| 1911 | 2320986 | 191332 | 8,2 |
| 1912 | 2530390 | 216462 | 8,6 |
| 1913 | 2548763 | 223676 | 8,8 |

1903 waren 20,7 % der Fabrikarbeiter, jedoch nur 4,4 % der Fabrikarbeiterinnen organisiert. Mit 12040 hatte der Textilarbeiterverband die meisten weiblichen Mitglieder, doch auch hier betrug der Organisationsgrad nur 3,87 %, während er bei den Männern bei 30,86 % lag, und auch bei den Tabakarbeitern waren die Frauen unterrepräsentiert. 1907 übertraf der Organisationsgrad der Frauen den der Männer nur bei den Schuhmachern – 24,3 % der weiblichen und 22,1 % der männlichen Arbeiter waren Gewerkschaftsmitglieder – und den Buchbindern. Dagegen waren in Industrien mit einem hohen Arbeiterinnenanteil wie der Schneiderei (einschließlich der Heimarbeiter) und der Textilindustrie nur 2,8 bzw. 9,6 % der Frauen organisiert. Den höchsten Organisationsgrad hatten die Buchdruckereihilfsarbeiterinnen mit 43,3 % (Männer 50,1 %) zu verzeichnen[160]. So waren die Frauen in den meisten Verbänden nicht nur im Vergleich zu ihrem Anteil an der Bevölkerung, sondern auch an den Erwerbstätigen unterrepräsentiert.

Die Übersicht über die Zahl der weiblichen SPD-Mitglieder wird erst mit

159 A. Braun: Arbeiterinnen, S. 23; Kuczynski, S. 183; Joos, S. 84.

160 Die Neue Zeit. Revue des geistigen und öffentlichen Lebens. 23. Jg., Bd. II, S. 156; Gottheiner, S. 13; Hauff, Tabelle IX; Salomon, in: Handbuch der Frauenbewegung. II, S. 246; Wachenheim, S. 385.

dem Jahre 1908 ein brauchbares Instrument für die Messung der Attraktivität der SPD für Frauen.

*Tabelle 9:* Zahl der SPD-Mitglieder[161]

| Jahr | SPD-Mitglieder | davon Frauen | Frauenanteil in % |
|---|---|---|---|
| 1902 | | 1826 | |
| 1903 | | 2644 | |
| 1904 | | | |
| 1905 | | 4000 | |
| 1906 | 384327 | 6460 | 1,68 |
| 1907 | 530466 | 10943 | 2,06 |
| 1908 | 587336 | 29458 | 5,02 |
| 1909 | 633309 | 62259 | 9,83 |
| 1910 | 720038 | 82642 | 11,48 |
| 1911 | 836562 | 107693 | 12,87 |
| 1912 | 970112 | 130371 | 13,44 |
| 1913 | 982850 | 141115 | 14,36 |
| 1914 | 1085905 | 174754 | 16,09 |

Die Tabelle zeigt einen ununterbrochenen Anstieg seit 1902; die sozialistische Frauenbewegung wurde noch vor dem Ersten Weltkrieg zu einer Massenbewegung. Ein Vergleich mit der Mitgliederentwicklung der gesamten SPD zeigt, daß der Frauenanteil ständig zunahm und die Frauen prozentual mehr zum Wachstum der SPD beitrugen als die Männer, ohne daß jedoch deren Mitgliederzahl annähernd erreicht wurde. Dabei sind große regionale Unterschiede zu beachten. 1909 stellte Groß-Berlin mit 9382 die meisten, Kassel mit 25 die wenigsten weiblichen Mitglieder in 45 Agitationsbezirken[162] (s. Tab. 10, S. 79).

In den letzten Jahren vor dem Ersten Weltkrieg waren die Frauen zwar ein wichtiger Faktor für das Wachstum der SPD; dennoch konnte die Partei nicht genügend Frauen gewinnen, um von der Einführung des Frauenwahlrechts eine entscheidende Stärkung ihrer parlamentarischen Situation erwarten zu können.

Tatsächlich zeigten dann die Wahlen der Weimarer Republik wie auch der Bundesrepublik, daß die unterschiedliche Parteipräferenz der Frauen zum Nachteil der SPD ausfiel. Dagegen profitierte vor allem das Zentrum von den Frauenstimmen: in der katholischen Großstadt Köln entfielen zum

---

161 Jahresberichte Ottilie Baaders und des Parteivorstandes auf den Parteitagen seit 1902. Offizielle Angaben über die gesamte Mitgliederzahl wurden erst seit 1906 gemacht.

162 Gleichheit 30. 8. 1909.

163 Dieter Fricke: Zur Organisation und Tätigkeit der deutschen Arbeiterbewegung (1890–1914). Dokumente und Materialien, Leipzig 1962, S. 82f.

*Tabelle 10:* Die Zahl der weiblichen Mitglieder in den einzelnen sozialdemokratischen Agitationsbezirken (1907–1914)[163]

| Agitationsbezirke | Mitgliederzahl | | | | | | | |
|---|---|---|---|---|---|---|---|---|
| | 1907 | 1908 | 1909 | 1910 | 1911 | 1912 | 1913 | 1914 |
| Ostpreußen | – | – | 814 | 962 | 1105 | 1457 | 1617 | 2120 |
| Westpreußen | – | – | 264 | 303 | 670 | 805 | 359 | 909 |
| Groß-Berlin | – | – | 9382 | 12766 | 16947 | 20039 | 21105 | 22580 |
| Brandenburg | – | – | 1443 | 2294 | 2810 | 3305 | 3565 | 5198 |
| Pommern | – | – | 670 | 881 | 1286 | 1715 | 1998 | 2380 |
| Posen | – | – | 29 | 79 | 101 | 112 | 146 | 132 |
| Breslau | – | – | 643 | 1886 | 2321 | 2944 | 3003 | 3720 |
| Görlitz | – | – | 97 | 853 | 1320 | 1036 | 1559 | 1588 |
| Oberlangenbielau | – | – | 1078 | 1367 | 2225 | 2596 | 2594 | 3108 |
| Kattowitz | – | – | 116 | 212 | 209 | 197 | 367 | 357 |
| Magdeburg | – | – | 1806 | 2650 | 3660 | 4220 | 3982 | 8487 |
| Anhalt | – | 1127 | 1328 | 2097 | 2603 | 2964 | 3157 | |
| Halle (Saale) | – | – | 1122 | 3422 | 3698 | 3775 | 3720 | 4454 |
| Erfurt | – | – | 389 | 610 | 831 | 1085 | 1220 | 1857 |
| Schlesw.-Holstein | – | – | 4818 | 5765 | 7147 | 8721 | 8981 | 11044 |
| Hannover | – | – | 3133 | 4141 | 4731 | 4767 | 4621 | 6186 |
| Östl. Westfalen | – | – | 344 | 572 | 633 | 844 | 1191 | 1736 |
| Westl. Westfalen | – | – | 3873 | 4257 | 4460 | 4586 | 4590 | 5761 |
| Frankfurt (Main) | – | – | 1334 | 2013 | 2675 | 3180 | 3292 | 4563 |
| Kassel | – | – | 25 | 133 | 58 | 142 | 317 | 326 |
| Oberrhein | – | – | 901 | 903 | 1013 | 1563 | 1607 | 1902 |
| Saargebiet | – | – | 41 | 36 | 96 | 133 | 93 | – |
| Niederrhein | – | – | 4321 | 4614 | 5628 | 6387 | 6860 | 8819 |
| Nordbayern | – | 281 | 1166 | 1886 | 2850 | 3327 | 3802 | 4927 |
| Südbayern | – | | 1049 | 1613 | 2291 | 2564 | 2723 | 3292 |
| Pfalz | – | – | – | 444 | 419 | 1225 | 968 | 903 |
| Dresden | 1863 | 6371 | 2535 | 2862 | 4131 | 5295 | 6314 | 8462 |
| Chemnitz | 507 | | 752 | 956 | 1451 | 3405 | 4630 | 6868 |
| Leipzig | 2853 | | 4146 | 4548 | 5821 | 6078 | 6898 | 9418 |
| Zwickau | 354 | | 593 | 709 | 2300 | 3273 | 3326 | 3676 |
| Württemberg | 85 | 241 | 388 | 650 | 1589 | 2679 | 3264 | 3856 |
| Baden | 401 | 345 | 375 | 454 | 1371 | 1897 | 2119 | 2701 |
| Mecklenburg | – | 163 | 555 | 1001 | 1232 | 1796 | 1093 | 2587 |
| Lübeck | 130 | 219 | 285 | 368 | 560 | 644 | 720 | |
| Hessen | 152 | 1076 | 1227 | 1099 | 1520 | 1489 | 1854 | 2099 |
| Thüringen I | 407 | 634 | 578 | 400 | 563 | 712 | 1233 | 5566 |
| Thüringen II | 578 | 395 | 1053 | 1221 | 1439 | 1590 | 1793 | |
| Altenburg | – | 36 | 692 | 628 | 747 | 803 | 768 | |
| Meiningen | 13 | 345 | 238 | 210 | 241 | 205 | 251 | |
| Gotha | – | – | 181 | 319 | 195 | 145 | 157 | |
| Oldenburg | 120 | 523 | 1047 | 1165 | 1327 | 1502 | 1512 | 1682 |
| Braunschweig | – | 402 | 1109 | 8518 | 1706 | 1806 | 1918 | 2278 |
| Hamburg | 2881 | 3939 | 4817 | 5044 | 5895 | 8004 | 9335 | 11684 |
| Bremen (Nordwest) | 589 | 968 | 1353 | 2759 | 3576 | 5039 | 6048 | 6940 |
| Elsaß-Lothringen | – | 111 | 149 | 155 | 242 | 320 | 445 | 588 |

1908 wurden für Preußen insgesamt 12285 weibliche sozialdemokratische Mitglieder angegeben.

Beispiel 1919 bei den Wahlen zur Nationalversammlung 145 Frauenstimmen auf 100 Männerstimmen für das Zentrum, und bei der Reichstagswahl 1930 war das Verhältnis sogar 175:100. Auch in evangelischen Gegenden stärkten die Frauen die katholische Partei: 1920 konnte daher sogar in Berlin ein Zentrumsabgeordneter gewählt werden. Weniger deutlich wurden auch DVP und DNVP von Frauen bevorzugt, während die SPD am Anfang der Weimarer Republik ganz erheblich, später weniger unter dem Wahlverhalten der Frauen litt. In Köln entsprachen 1919 100 Männerstimmen für die SPD nur 70 Frauenstimmen, 1930 jedoch schon 86[164]. In Berlin errang die SPD 1928 und in Thüringen 1930 sogar mehr Frauen- als Männerstimmen[165], doch insgesamt blieb die für die SPD negative Parteipräferenz der Frauen in abgeschwächter Form bestehen.

Ebenso deutlich aber wurde auch die NSDAP durch das Wahlverhalten der Frauen geschwächt, die 1930 in Köln 78 Frauen- auf 100 Männerstimmen und in Thüringen 90,8:100 Stimmen erreichte[166]. Die größte Differenz zwischen männlichem und weiblichem Wahlverhalten findet sich jedoch bei der KPD: Diese Partei erhielt – trotz Clara Zetkin und der vermeintlich radikalen Vorgeschichte der sozialdemokratischen Frauen – bei der Reichstagswahl Ende 1924 in 15 Orten, in denen die SPD 81 Frauen- auf 100 Männerstimmen verzeichnen konnte, nur eine Verhältniszahl von 58. Auch in Groß-Berlin, in Thüringen, in katholischen wie evangelischen Orten und Kreisen fand die KPD bei den Frauen wenig Unterstützung[167]. So tendierten die Frauen vor allem zu den gemäßigt konservativen Parteien rechts von der SPD, während sie die KPD und die NSDAP bis 1930 am entschiedensten ablehnten[168]. Dieses Bild wird auch dadurch bestätigt, daß nur 32,9 % der Frauen gegenüber 46,5 % der Männer sich im Volksentscheid für die Fürstenenteignung aussprachen[169] und daß sie bei der Wahl des Reichspräsidenten 1932 in beiden Wahlgängen Hindenburg be-

164 Hans Beyer: Die Frau in der politischen Entscheidung. Eine Untersuchung über das Frauenwahlrecht in Deutschland, Stuttgart 1933, S. 37; K. Panitz in: Die Neue Zeit. 39. Jg., Bd. I, S. 242ff.

165 Die Genossin. Heft 7 (Juli 1928), 5. Jg., und Heft 12 (Dezember 1930), 7. Jg.

166 Ebd., Beyer, S. 37.

167 Die Genossin, Heft 1 (1925), 2. Jg., Heft 7 (Juli 1928), 5. Jg., Heft 12 (Dezember 1930), 7. Jg.; ebenso Gabriele Bremme: Die politische Rolle der Frau in Deutschland. Eine Untersuchung über den Einfluß der Frauen bei Wahlen und ihre Teilnahme in Partei und Parlament, Göttingen 1956, S. 73.

168 Weitere Zahlen zur Bestätigung dieses Befunds in: Die Genossin, Heft 1 (1925), 2. Jg., Heft 7 (Juli 1928), 5. Jg., Heft 12 (Dezember 1930), 7. Jg.; Die Neue Zeit, 39. Jg., Bd. I, S. 242ff.; Beyer; Max Schneider: Die deutsche Wählerin. Eine notwendige Ergänzung zu dem Artikel 1912–1928, in: Die Gesellschaft. Internationale Revue für Sozialismus und Politik. II. Bd. (1927), S. 364ff.; Bremme.

169 Beyer, S. 83.

vorzugten, Hitler und Thälmann dagegen weniger Stimmen gaben als die Männer[170].

Die Benachteiligung der SPD setzte sich zunächst auch in der Bundesrepublik fort und entsprach einer Bevorzugung der CDU/CSU durch die Frauen[171]. Diese Tendenz schwächte sich bei den Bundestagswahlen von 1972 und 1976 deutlich ab, ohne jedoch die Unterschiede gänzlich aufzuheben[172]. Das Unvermögen der SPD, die Frauen mehrheitlich für sich zu gewinnen, kann nicht nur mit der Stärke konservativer Traditionen erklärt werden, sondern war auch in der Haltung der SPD zur Frauenemanzipation und der Politik der sozialistischen Frauen schon vor 1914 angelegt.

## 2. *Sozialistische und bürgerliche Frauenbewegung*

Clara Zetkin prägte seit 1889 ein Vierteljahrhundert lang das Selbstverständnis der sozialistischen Frauenbewegung so entscheidend, daß Hilde Lion zu Recht von einer »Ära Clara Zetkin« sprechen konnte[173]. Ihre erste große Rede hielt sie 1889 auf dem Internationalen Arbeiterkongreß in Paris: Während sie an bereits erarbeitete Grundpositionen der sozialistischen Emanzipationstheorie anknüpfen konnte, um allen Bestrebungen entgegenzutreten, die Frauenarbeit zu verbieten oder auch nur zu beschränken, war die scharfe Abgrenzung zur bürgerlichen Frauenbewegung weitgehend ihr eigenes Werk. Sie postulierte einen untrennbaren Zusammenhang zwischen »Frauenfrage« und »sozialer Frage«, zwischen »Emanzipation der Frau« und »Emanzipation der Arbeit vom Kapital«[174]. Daher müsse die sozialistische Frauenbewegung in erster Linie den Kapitalismus bekämpfen, während die Befreiung von der Vorrangstellung der Männer sekundär sei: »Die Frau des Arbeiters leidet heute weniger von der Knechtschaft des Mannes als von der Abhängigkeit des Kapitalisten.«[175] In der »Gleichheit« erklärte sie von Anfang an den Kapitalismus, nicht den Mann zum Gegner und erwartete die Befreiung der Frau nur vom Sozialismus[176].

---

170 Kuczynski, S. 253.

171 Margarete Heinz: Über das politische Bewußtsein von Frauen in der Bundesrepublik, München 1971, S. 21ff.

172 So wurde die SPD 1972 von 46,9 % der Männer und 45,7 % der Frauen gewählt. 1976 waren die Zahlen 43,6 % und 43,1 % (Statistisches Jahrbuch 1977 für die Bundesrepublik Deutschland, S. 84; Stichprobe).

173 Lion S. 13; ähnlich Juchacz: Sie lebten für eine bessere Welt S. 46.

174 Protokoll des Internationalen Arbeiter-Congresses zu Paris. Abgehalten vom 14. bis 20. Juli 1889. Deutsche Übersetzung, Nürnberg 1890, S. 80ff.

175 Parteitag 1892 S. 276; ähnlich Gleichheit 10. 1. 1894.

176 Gleichheit 28. 12. 1891.

Später stellte sie sogar den Begriff »Frauenbewegung« in Frage:

»Entgegen dem Charakter der bürgerlichen Frauenrechtelei ist eben das Ringen der proletarischen Frau für ihre volle Menschwerdung in erster Linie gar keine Frauenbewegung, sondern sozialistische Arbeiterbewegung. Es richtet sich nicht gegen Vorrechte der Männerwelt, vielmehr gegen die Machtstellung der Kapitalistenklasse. Die Proletarierin kann ihre höchsten Ziele nicht erreichen durch eine Bewegung für die Gleichberechtigung des weiblichen Geschlechts, ihr bringt nur der Kampf für die Befreiung der Arbeit das Heil. Denn nicht der Umstand, daß sie eine Frau ist, entscheidet in erster Linie über ihre Lebenslage. Daß sie dem Proletariat angehört und ihre Arbeitskraft einem Kapitalisten verkaufen muß, ist ausschlaggebend für ihr Wohl und Wehe.«[177]

Immer wieder betonte sie die unterschiedlichen Ziele der proletarischen und der bürgerlichen Frauenbewegung und ordnete die Gleichberechtigung der Frau dem Klassenkampf unter:

»Während die proletarische Frauenbewegung in erster Linie zum Klassenkampf gegen die kapitalistische Gesellschaftsordnung gezwungen ist, muß die bürgerliche Frauenbewegung einen Klassenkampf gegen die sozialen Vorrechte und die soziale Herrscherstellung des männlichen Geschlechts führen. Denn die soziale Unterbürtigkeit des weiblichen Geschlechts ist es, welche der bürgerlichen Frau die Freiheit der Entwicklung und des Auslebens verwehrt. Der Proletarierin dagegen wird ihr freies Menschenthum durch die Klassenherrschaft der Bourgeoisie vorenthalten, durch die Ausbeutung und die soziale Unterbürtigkeit, welche auf der Arbeiterklasse lasten. Wohl bedarf auch die Proletarierin der sozialen Gleichberechtigung als Geschlechtswesen, aber vor Allem zu dem Zwecke, mit aller Wucht gegen die kapitalistische Ordnung kämpfen zu können.«[178]

Diese scharfe Abgrenzung von den bürgerlichen Frauen findet sich bei Marx, Engels und Bebel noch nicht. Bebel hatte die bürgerliche Frauenbewegung in ihrer Frühphase sogar aktiv unterstützt und geriet auch später mehrfach in Konflikt mit Clara Zetkin, deren intransigente Haltung er nicht immer teilte. Engels dagegen hielt die »aparte Frauenrechtelei« für »eine reine Bourgeoisspielerei«[179], äußerte sich mehrfach recht abfällig über die bürgerliche Bewegung[180] und lobte auch Clara Zetkins Zurückweisung einer bürgerlichen Petition, die das Vereins- und Versammlungsrecht für die Frauen forderte.

---

177 Gleichheit 9. 1. 1895; ähnlich 2. 11. 1892.

178 Clara Zetkin: Der Student und das Weib, Berlin 1899, S. 5. Diese Schrift erschien auch als: Clara Zetkin: Geistiges Proletariat, Frauenfrage und Sozialismus. Nach einem Vortrage, gehalten in einer öffentlichen Studenten-Versammlung zu Berlin im Januar 1899, Berlin 1902 (dort S. 9f.). Es ist jedoch auffällig, daß Clara Zetkin dem Gegensatz Mann – Frau Klassencharakter zusprach; auch in einem Brief an Kautsky, 25. 9. 1896, in: IISG, Nachlaß Kautsky D XXIII 313.

179 F. Engels an A. Bebel, 1.10. 1891, in: Blumenberg S. 442.

180 F. Engels an F. A. Sorge, 29. 10. 1891, 21. 11. 1891, 6. 1. 1892, in: Briefe und Auszüge aus Briefen von Joh. Phil. Becker, Jos. Dietzgen, Friedrich Engels, Karl Marx u. A. an F. A. Sorge und Andere, Stuttgart 1906, S. 372, 374, 377.

Diese Petition wurde 1895 von Vertreterinnen des sich allmählich herausbildenden linken Flügels der bürgerlichen Frauenbewegung um den »Verein Frauenwohl« mit Minna Cauer und um die »Gesellschaft für ethische Kultur« mit Lily v. Gizycki, später Lily Braun, initiiert und nach anfänglichem Zögern[181] auch vom »Vorwärts« unterstützt[182]. Clara Zetkin griff den »Vorwärts« scharf an und rief dazu auf, die Petition nicht zu unterschreiben. Die SPD sei schon immer für ein freies Vereinsrecht eingetreten, in der Begründung fehle der entscheidende Hinweis auf die Erwerbstätigkeit der Frauen, und das »Petitioniren überhaupt« widerspreche dem »Charakter der sozialdemokratischen Arbeiterbewegung«, die nicht bitten, sondern fordern, nicht petitionieren, sondern demonstrieren müsse[183].

Der »Vorwärts« druckte Clara Zetkins Artikel erst nach Hinhaltemanövern und langem Widerstreben[184] ab und fügte dann als Anmerkung hinzu: »Die scharfen Geschosse der Genossin Zetkin scheinen für den Kampf, den sie führte, nicht geeignet, sie sollten für erheblichere Angriffsobjekte aufgespart werden.«[185] Clara Zetkin jedoch setzte sich durch: Sie gewann die Berliner Frauenagitationskommission für ihre Auffassung[186] und konnte den »Vorwärts« zur Zurücknahme der Empfehlung für die Petition zwingen. Hier hatte sie neben Wilhelm Liebknecht auch August Bebel gegen sich[187]. Es ging ihr nicht nur um die Petition, sondern vor allem darum, ihre keineswegs unumstrittene Haltung zur bürgerlichen Frauenbewegung prinzipiell durchzusetzen.

Da die von ihr immer wieder propagierte »reinliche Scheidung« gerade 1895 mit dem Entstehen eines linken Flügels im bürgerlichen Lager in Gefahr geriet, war ihr die Kontroverse wichtig genug, um sich in einem fünfzehn Seiten langen Brief an Engels zu wenden: Nach frauenrechtlichen Anfängen habe sich die proletarische Frauenbewegung als »klassenbewußte Arbeiterbewegung« konstituiert und sich von der bürgerlichen Bewegung getrennt.

> »Aber noch muss die erzielte Klarheit gegen Frauenrechtelei innerhalb u.(nd) ausserhalb unserer Reihen befestigt u.(nd) vertheidigt werden. Viele Genossen u.(nd) noch mehr Genossinnen sind immer noch geneigt, bürgerl.(iche) u.(nd) prolet.(arische) Frauen zusammen zu jener ›Normalfrau‹, der ›Frau‹ schlecht-

---

181 Vorwärts 9. 1. 1895.

182 Vorwärts 10. 1. 1895.

183 Vorwärts 24. 1. 1895, 2. Beilage; Gleichheit 23. 1. 1895.

184 K. Kautsky an F. Engels, 18. 1. 1895, in: Benedikt Kautsky (Hrsg.): Friedrich Engels' Briefwechsel mit Karl Kautsky, Wien ²1955, S. 421.

185 Vorwärts 24. 1. 1895, 2. Beilage.

186 Gleichheit 6. 2. 1895.

187 Vorwärts 7. 2. 1895; K. Kautsky an F. Engels, 18. 1. 1895, in: B. Kautsky, S. 421; C. Zetkin an K. Kautsky, 10. 2. 1899, in: IISG, Nachlaß Kautsky D XXIII 324.

hin zu verquicken, welche in der Fantasie der Frauenrechtlerinnen eine so erbauliche u.(nd) beschauliche Existenz führt. Und mehr als früher drängen sich neuerdings die bürgerl.(ichen) Frauenrechtlerinnen an uns heran. Diesen verschiedenen Strömungen bzw. Neigungen gegenüber die Situation zu klären, den Klassenkarakter unserer prolet.(arischen) Frauenbewegung scharf zu betonen, halte ich für die wichtigste Aufgabe der ›Gleichheit‹. Solange die Frauenrechtlerinnen in ihren Jagdgründen bleiben, lasse ich sie ungeschoren. Sobald sie sich aber der ›allgemeinen Schwesternschaft‹ erinnernd an uns mit einem Schwindelhuber herantreten, klopfe ich ihnen ziemlich unsanft auf die Finger.«

Gerade in letzter Zeit suchten sie nun Kontakt mit den Arbeiterinnen. Den Grund dafür sah Clara Zetkin so:

»In Deutschl.(and) ist die Frauenrechtelei farbloser u.(nd) schwächlicher als sonstwo u.(nd) hat aus eigener Kraft so gut wie nichts geleistet. Sie nährte sich kümmerlich von Opfern u.(nd) Gebetsrauch vor den Thronen fürstlicher Persönlichkeiten . . . Trotz der Kurzsichtigkeit ihrer Trägerinnen musste sie einsehen, dass sie damit nicht vorwärts kam. Im Bürgerthum fand sie äusserst geringe Unterstützung.«

Daher wende man sich nun auch an die »ärmeren Schwestern«, und vor allem Lily v. Gizycki von der »Gesellschaft für ethische Kultur« versuche, »innerhalb der proletar.(ischen) Frauenbewegung eine Reinkultur des ethischen Bazillus anzulegen«. Damit war sie offenbar erfolgreich: ». . . Frau v. Gizycki kneipt die Leier der Empfindsamkeit mit grosser Überzeugung u.(nd) Virtuosität. Unsere Leute werden tief gerührt, wenn sie die herzbeweglichen Schilderungen ihres Elends hören . . . Und vor lauter Gefühl geht ihre Kritik verloren, vor lauter Ethik vergessen sie den Klassenkampf. Zumal gilt dies für die Frauen. Ueberall, wo die Ethischen auftraten, lassen sie eine deutlich wahrnehmbare Spur zurück unter den Genossinnen.«

Daher sei sie, Clara Zetkin, der Meinung, man müsse alles vermeiden, was nach Solidarität mit ihnen aussehe. Um »die vorhandene Unklarheit« nicht noch zu steigern, müsse man die Gegensätze, nicht die Gemeinsamkeiten betonen. Daher kämpfe sie gegen den »Vorwärts«, auch wenn Liebknecht gegen sie stünde und Bebel ihren scharfen Ton kritisiere. Doch gerade Bebels Meinung lege sie großen Wert bei, wenn sie auch glaube, »daß bei ihm ein wenig der Verfasser der ›Frau‹, der Vertheidiger des unterdrückten weiblichen Geschlechts mit dem Marxisten durchgegangen ist u.(nd) der gute, liebenswürdige Mensch mit seiner natürlichen Sympathie für gute, strebende Menschen mit dem scharfen, strengen Taktiker.« Nun bitte sie ihn, Engels, um seine Meinung, die für die Zukunft »unschätzbar« sein werde[188].

Engels, der an anderer Stelle von »Clara Zetkin mit ihrer ungeheuren Schaffenskraft und ihrer leicht hysterischen Begeisterung« sprach[189], und

188 C. Zetkin an F. Engels, 22. 1. 1895, in: IISG, Marx-Engels-Nachlaß L 6475.
189 F. Engels an L. Lafargue, 21. 8. 1893, in: MEW 39 S. 117.

seine Sekretärin Louise Kautsky teilten Clara Zetkins Auffassung, wie aus einem Brief an Viktor Adler hervorgeht: »Louise freut sich besonders über die entschiedene Zurückweisung der Frauenvereinspetition – siehe Clara Zetkins Artikel in Donnerstags-›Vorwärts‹-Beilage. Clara hat recht und hat die fest und lang bekämpfte Aufnahme des Artikels doch durchgesetzt. Bravo Clara!«[190]
Clara Zetkin setzte ihre Auffassungen in der sozialistischen Frauenbewegung und in der SPD durch: Ottilie Baader erklärte 1907 als offizielle Vertreterin der sozialdemokratischen Frauen: »Die sozialistische Frauenbewegung Deutschlands ist von der Überzeugung durchdrungen, daß die Frauenfrage ein Teil der sozialen Frage ist und nur zusammen mit ihr durch die Beseitigung der kapitalistischen und die Errichtung der sozialistischen Gesellschaftsordnung gelöst werden kann.« Eine Zusammenarbeit mit bürgerlichen Frauen sei »ausgeschlossen dank der Halbheit der Forderungen, welche die Frauenrechtlerinnen erheben, und der Schwächlichkeit, mit der sie sie vertreten«[191]. Luise Zietz schrieb in der »Neuen Zeit«: »Ihrem innersten Wesen nach ist die sozialdemokratische Frauenbewegung Deutschlands ein Glied der allgemeinen sozialistischen Arbeiterbewegung. Sie sieht in der Frauenfrage einen Teil der großen sozialen Frage, die nur gemeinsam mit dieser ihre Lösung finden kann in der sozialistischen Ordnung der freien Arbeit.«[192]
Auch die Partei bestätigte offiziell Clara Zetkins Vorstellungen. 1896 war die Frauenagitation erstmals ein Tagesordnungspunkt des Parteitages; Referentin war Clara Zetkin. Unter Verweis auf die auch von Bebel und Engels zitierten Forschungsergebnisse von Morgan und Bachofen[193] betonte sie den Zusammenhang zwischen der Entstehung des Privateigentums und der Unterdrückung der Frau. Doch erst der Kapitalismus und die moderne Frauenarbeit ermöglichten eine organisierte Frauenbewegung. Während die bürgerliche Frauenbewegung gleiche Bildung und gleiche Berufstätigkeit verlange, kämpfe die proletarische Frau gegen ihre Ausbeutung. Dabei stimme sie durchaus den Forderungen der bürgerlichen Frauen zu. »Aber sie betrachtet die Erfüllung dieser Forderung nur als Mittel zu dem

190 F. Engels an V. Adler, 28. 1. 1895, in: MEW 39 S. 400.
191 Berichte für die erste Internationale Konferenz sozialistischer Frauen S. 1, 5.
192 Die Neue Zeit. 30. Jg. Bd. II S. 916.
193 Lewis Henry Morgan: Die Urgesellschaft. Untersuchungen über den Fortschritt der Menschheit aus der Wildheit durch die Barbarei zur Zivilisation, Stuttgart 1920; Johann Jakob Bachofen: Das Mutterrecht. Eine Untersuchung über die Gynaikokratie der alten Welt nach ihrer religiösen und rechtlichen Natur. Eine Auswahl hrsg. v. Hans-Jürgen Heinrichs, Frankfurt a. M. 1975; Engels' Folgerungen aus Morgans und Bachofens Studien werden heute im Westen kaum noch vertreten. Eine Ausnahme bildet: Ernest Bornemann: Das Patriarchat. Ursprung und Zukunft unseres Gesellschaftssystems, Frankfurt a. M. 1975.

Zweck, damit sie gleich ausgestattet an Waffen mit dem Proletarier in den Kampf ziehen kann. . . . Nicht um die schönen Augen eines Prinzips stellen wir diese Forderung auf, sondern im Klasseninteresse des Proletariats.«[194]

Der Parteitag stimmte ihrer Resolution zu und machte damit die sozialistische Frauenemanzipationstheorie in der Ausprägung durch Clara Zetkin zum Bestandteil der offiziellen Parteitheorie. Unter anderem hieß es:

> »Als Kämpferin in diesem Klassenkampf bedarf die Proletarierin ebenso der rechtlichen und politischen Gleichstellung mit dem Manne wie die Klein- und Mittel-Bürgerin und die Frau der bürgerlichen Intelligenz. Als selbständige Arbeiterin bedarf sie ebenso der freien Verfügung über ihr Einkommen (Lohn) und ihre Person wie die Frau der großen Bourgeoisie. Aber trotz aller Berührungspunkte in rechtlichen und politischen Reformforderungen hat die Proletarierin in den entscheidenden ökonomischen Interessen nichts Gemeinsames mit den Frauen der anderen Klassen. Die Emanzipation der proletarischen Frau kann deshalb nicht das Werk sein der Frauen aller Klassen, sondern ist allein das Werk des gesammten Proletariats ohne Unterschied des Geschlechts.«[195]

Die Auffassung von Johanna Löwenherz, man müsse in gewissen Punkten mit der bürgerlichen Frauenbewegung zusammenarbeiten, wurde von den Frauen Greiffenberg, Eichhorn, Baader, Meder, Kähler und Zetkin zurückgewiesen[196].

Im Anschluß an den Parteitag entspann sich in der »Gleichheit« eine heftige Auseinandersetzung zwischen Henriette Fürth und Clara Zetkin: Henriette Fürth warf den proletarischen Frauen Mißtrauen und reaktionäre Dogmentreue vor, erkannte Fortschritte bei den bürgerlichen Frauen an und empfahl eine Zusammenarbeit in Fragen des Arbeiterinnenschutzes, der Anstellung weiblicher Fabrikinspektoren, der Forderung nach gleichen Löhnen und nach politischer und privatrechtlicher Gleichstellung[197]. Clara Zetkin widersprach ihr mit dem Hinweis auf den fundamentalen Klassengegensatz; das »grundsätzlich und hauptsächlich Trennende« überwiege das »praktisch und nebensächlich Gemeinsame«. Wohl könnten einzelne bürgerliche Frauen für den Sozialismus gewonnen werden, auch könnten Sozialreformer die Rolle des »Zersetzungsbazillus in der kapitalistischen Gesellschaft spielen«. »In der bürgerlichen Welt« sehe sie die »Frauenrechtelei mit Vergnügen«, in der Sozialdemokratie jedoch müsse sie sie bekämpfen[198]. Tatsächlich machte sich Henriette Fürth Illusionen über die weitere Entwicklung der bürgerlichen Frauenbewegung: »Die bürgerliche Frauenbewegung wird und muß eines Tages klar darüber werden, daß sie sozialistisch sein oder nicht sein wird.«[199]

---

194 Parteitag 1896 S. 160ff.; ähnlich: Gleichheit 5. 4. 1905.
195 Parteitag 1896 S. 174f.
196 Ebd., S. 168ff.
197 Gleichheit 9. 12. 1896.
198 Ebd.
199 Gleichheit 23. 12. 1896.

Trotz dieser Fehleinschätzung ist jedoch ihre auch von anderen Frauen wie Wally Zepler, Lily Braun und Gertrud David geteilte Auffassung diskutabel, daß in Einzelfällen eine Zusammenarbeit mit der bürgerlichen Frauenbewegung möglich sei, ohne sozialistische Prinzipien zu verraten[200]. Lily Brauns Antrag auf der ersten Frauenkonferenz, »die Stellung der proletarischen zur bürgerlichen Frauenbewegung zu präzisieren«, wurde jedoch mit folgender Erklärung erledigt:

> »Inwieweit einzelne Genossinnen auf Gebieten, die außerhalb der sozialistischen Bewegung liegen oder von dieser zur Zeit noch nicht erfaßt werden können, mit Frauenrechtlerinnen und anderen bürgerlichen Elementen gelegentlich und vorübergehend zusammenwirken können, das müsse dem persönlichen Ermessen, ihrem Geschmack, ihrem Taktgefühl und der Wichtigkeit besonderer Umstände überlassen bleiben. Voraussetzung sei, daß sie überall als Sozialdemokratinnen wirkten.«[201]

Als Lily Braun nun folgerte, jetzt sei mit dem »Proletariat der Kopfarbeit« ein »großes und wichtiges Agitationsfeld« freigegeben worden, widersprach Clara Zetkin: Eine Rede vor bürgerlichem Publikum sei jederzeit zulässig gewesen, eine intensive Agitation komme jedoch nicht in Frage, solange »in der proletarischen Frauenbewegung nicht Reichthum an geistigen und materiellen Kräften vorhanden ist«[202]. Schon 1896, als Lily Braun am bürgerlichen Frauenkongreß in Berlin hatte teilnehmen wollen, hatte Clara Zetkin ihr erklärt, daß Lehrerinnen, Handelsangestellte und weibliche Beamte »zunächst gar nicht in Betracht« kämen[203].

Einen wirklichen Zusammenschluß beider Bewegungen propagierte lediglich Johanna Löwenherz, deren Metaphorik sogar die Unterordnung der Arbeiterinnen unter bürgerliche Führung implizierte: »Der Arbeiterin fehlt es an Offizieren, der Frauenrechtlerin an der Armee. Den beiden könnte geholfen werden.« Begründet wurde diese Forderung mit der unmarxistischen These vom Primat der »Klasse Frau« vor der »Klasse Proletariat«: »Möge die Klasse Frau ihren Forderungen dadurch Nachdruck verleihen, daß sie sich nicht durch die Interessen jener anderen Klasse, der sie zufällig noch angehört, verwirren lasse. Dann werden Arbeiterin und Frauenrechtlerin ihre gemeinsamen Forderungen auch gemeinsam erkämpfen.«[204]

Differenzierter äußerte sich Lily Braun. Sie hielt grundsätzlich die Zulassung von Frauen der bürgerlichen Bewegung zur Agitation unter Arbeiterinnen für falsch. Tatsächlich sahen sich bürgerliche Frauen häufig als

---

200 Gleichheit 23. 12. 1896; Sozialistische Monatshefte 1912 Bd. I S. 399ff.; zu Gertrud David s. Strain S. 176 und Quataert S. 288.

201 Frauenkonferenz 1900 S. 256f.

202 Gleichheit 5. 12. 1900.

203 Lily Braun: Memoiren einer Sozialistin. II. Kampfjahre. Roman, Berlin-Grunewald o. J., in: Lily Braun: Gesammelte Werke. Band 2, S. 141, 143.

204 Sozialistische Monatshefte 1897 S. 359.

Wohltäter und glaubten, die Arbeiterinnen bevormunden zu müssen[205]. Die Gewerkschaften, die 1901 auf Anregung Emma Ihrers Mitglieder des »Vereins Frauenwohl«, der dem linken Flügel der bürgerlichen Frauenbewegung zuzurechnen ist, an ihrer Agitationsarbeit beteiligten, machten schlechte Erfahrungen[206].

Lily Braun trat aber energisch dafür ein, auch unter bürgerlichen Frauen Propaganda für den Sozialismus zu machen und bei jeder Gelegenheit den eigenen Standpunkt zu vertreten[207]. 1896 hatte sie sich noch der Parteidisziplin gebeugt und auf ihr Referat auf dem bürgerlichen Kongreß verzichtet, und noch 1899 lehnte sie wie Clara Zetkin die Einladung zum Internationalen Frauenkongreß nach London ab[208]. 1904 jedoch nahm sie gegen den Willen der anderen Führerinnen der sozialistischen Frauenbewegung am Frauenkongreß teil und sprach in mehreren Versammlungen[209]. 1906 folgte sie einer Einladung der englischen Regierung an deutsche Journalisten, und 1907 befürwortete sie die Beteiligung am bürgerlichen »Kongreß zur Förderung der Interessen der Arbeiterinnen«[210].

Die offizielle Haltung der sozialistischen Frauenbewegung wurde jedoch bis 1914 von Clara Zetkin bestimmt. Neben ihrer prinzipiellen Auffassung vom Primat der Klassengegensätze ließ sie sich auch von der unterschiedlichen Bedeutung von Reformen für beide Seiten bestimmen:

> »Wenn die bürgerlichen Frauen Forderungen erheben, thun sie es nicht, um das Proletariat wehrfähiger zu machen für den Befreiungskampf, sondern sie thun es, getrieben von dem bösen Gewissen der Bourgeoisie, um mit ihren Forderungen dem Proletariat das Maul zu stopfen.«
>
> »Gewiß erheben auch wir Reformforderungen, aber welcher Unterschied besteht in der Bewertung zwischen uns und den Frauenrechtlerinnen. Sie wollen durch Reformen die bürgerliche Gesellschaft stützen, wir wollen das Proletariat durch sie kampffähiger machen, damit wir die bürgerliche Gesellschaft stürzen können.«[211]

---

205 Dazu ausführlicher Dullo S. 11; Hauff S. 124; Schlesinger-Eckstein: Die Frau S. 44; Twellmann S. 147.

206 Losseff-Tillmanns S. 247f.; ähnlich über Nürnberg: Quataert S. 326.

207 Frauenkonferenz 1902 S. 294; Sozialistische Monatshefte 1902 Bd. II S. 789; L. Braun: Frauenfrage S. 457ff.

208 L. Braun-Gizycki: Frauenfrage und Sozialdemokratie. Reden anläßlich des Internationalen Frauenkongresses zu Berlin, Berlin 1896, S. 3f.; L. Braun: Memoiren II S. 141ff.; Gleichheit 15. 3. 1899.

209 Frankfurter Zeitung und Handelsblatt. Nr. 169, 19. 6. 1904, 48. Jg., 3. Morgenblatt, in: Bundesarchiv, ZSg 113 – noch nicht numerierter Band mit Materialien über die Frauenbewegung; Kölnische Zeitung. Nr. 625, 20. 7. 1904, Morgen-Ausgabe, in: ebd.; ebd. Nr. 621, 18. 6. 1904, Abend-Ausgabe, in: ebd.; Vorwärts 15. 6. 1904, 1. Beilage, 19. 6. 1904; Frauenkonferenz 1904, S. 343ff.; L. Braun: Memoiren II, S. 440.

210 Julie Vogelstein: Lily Braun. Ein Lebensbild, in: L. Braun: Gesammelte Werke. Bd. I, Berlin-Grunewald o. J., S. V – CXXXVI, hier S. XXII; Die neue Gesellschaft. Sozialistische Wochenschrift. 27. 2. 1907, S. 258.

211 Parteitag 1896, S. 173; Frauenkonferenz 1904, S. 348.

Diese Argumentation vermag nicht zu überzeugen; die Wirkung von Reformen ist wohl wichtiger als die verfolgte Absicht.
Die schroffe Frontstellung gegen die bürgerliche Frauenbewegung macht heute viele Feministinnen zu Gegnerinnen Clara Zetkins, da ihnen Patriarchat, nicht Kapitalismus, Unterdrückung der Frau, nicht der Arbeiterin vorrangig erscheint. Karen Honeycutt dagegen versucht, Clara Zetkin für den Feminismus zu retten, nennt sie »Feministin« und stellt die These auf, sie habe nach der Jahrhundertwende die Frauenfrage von der sozialen Frage abgelöst, zunehmend die »Frau als Frau« gesehen, ohne Klassenunterschiede anzuerkennen, und sei letztlich ein Bindeglied zwischen bürgerlichen Frauen und Arbeiterinnen gewesen[212]. Doch trotz einer unbestreitbaren Entwicklung Clara Zetkins in Einzelfragen und unterschiedlichen Akzentuierungen bestimmter Aspekte kann man angesichts ihres fortwährenden Kampfes gegen die bürgerliche Frauenbewegung, ihrer Funktion bei der Herausbildung des linken Flügels der deutschen Sozialdemokratie und besonders ihres Verhaltens in der Weimarer Republik, als sie unter Berufung auf die Autorität Lenins entschieden Stellung gegen feministische Tendenzen in der KPD bezog[213], nicht davon sprechen, daß sich Clara Zetkin von einer Sozialistin zu einer Feministin entwickelt habe.
Dagegen verkennt auch die scharfe Kritik von Feministinnen, die Clara Zetkin sogar »frauenfeindliche Politik« vorwerfen und in ihr »letztlich eine Frau, die der Frauensache mehr geschadet als genutzt hat«, sehen[214], die historische Situation völlig. Die Vorstellung, die sozialistische Frauenbewegung habe sich mit der bürgerlichen oder zumindest mit deren linkem Flügel und nicht mit der SPD verbünden müssen, vergißt, daß die sozialistische Frauenbewegung sich erst innerhalb der SPD entwickelt hat und gar keine eigenständige Organisation darstellte. Vor allem jedoch kann Clara Zetkin keineswegs allein dafür verantwortlich gemacht werden[215], daß es nicht zu einer intensiveren Zusammenarbeit beider Bewegungen kam. Wer heute die Spaltung in sozialistische und bürgerliche Frauenbewegung beklagt, darf nicht verschweigen, daß auch der »Bund Deutscher Frauenvereine« (BDF) von Anfang an entscheidend dazu beigetragen hat.
Als Helene Lange alle deutschen Frauenvereine anschrieb, um mit dem »Bund Deutscher Frauenvereine« einen gemeinsamen Dachverband zu schaffen, lud sie keine Vertreterin der Arbeiterinnenvereine ein. Auf dem

212 Honeycutt: im Titel und S. 201, 204, 463.
213 Clara Zetkin: Erinnerungen an Lenin, Wien, Berlin 1929, S. 56ff.
214 Frauenkalender 1975, 1976, 1978 in Sonderseiten und kurzen Artikeln über Clara Zetkin; ähnlich: Marielouise Janssen-Jurreit: Sexismus. Über die Abtreibung der Frauenfrage, München, Wien 1976, S. 228ff., 252f.
215 So Janssen-Jurreit ebd., und Strain, S. 116.

Gründungskongreß in Berlin im März 1894 machte Lily v. Gizycki den Versuch, die Frage der Einbeziehung der sozialistischen Frauen zur Sprache zu bringen. Die Vorsitzende Auguste Schmidt jedoch verweigerte ihr das Wort und ging ohne Behandlung ihres Antrags zur Tagesordnung über[216]. Nur vier Personen, v. Gizycki, Cauer, Morgenstern und Gebauer, legten erfolglos Protest ein, den sie dann im »Vorwärts« veröffentlichten[217]. Der Vorstand des BDF erklärte dazu, der Bund sei wegen der Vereinsgesetze nicht in der Lage, »Vereine zuzulassen, die ihre Aufgabe thatsächlich in politischer Agitation suchen«, da er sonst auflösungsgefährdet gewesen sei[218]. Gertrud Bäumer erklärte später, die Aufnahme von Arbeiterinnenvereinen sei auch deshalb nicht möglich gewesen, da man damit die konservative Mehrheit der bürgerlichen Frauen verschreckt und den BDF gespalten hätte[219].

So wurde der Bund eine Zusammenfassung der bürgerlichen Frauenbewegung und wurde von Anfang an mehrheitlich von seinem rechten Flügel beherrscht. In seiner »Überparteilichkeit« vereinigte er lediglich verschiedene Spielarten liberaler bis konservativer Ausrichtung, schloß aber eine Solidarisierung mit den sozialistischen Frauen aus. Dabei konnte die Berufung auf die Vereinsgesetze sogar als Denunziation aufgefaßt werden, da die Arbeiterinnen sich ja in unpolitischen Vereinen oder Agitationskommissionen organisierten, die eben offiziell keine politischen Vereine darstellten. Als dann 1894 und 1895 tatsächlich die Arbeiterinnenorganisationen aufgelöst wurden, sah der BDF keinen Anlaß, dagegen Protest einzulegen[220], und noch 1900 lehnte die Generalversammlung des Bundes einen Antrag auf Zusammenarbeit mit der sozialistischen Frauenbewegung ab[221].

---

216 L. Braun: Memoiren einer Sozialistin. I. Lehrjahre. Roman, in: dies.: Gesammelte Werke. Bd. 2, Berlin-Grunewald o. J., S. 522ff.; Ein Protokoll des Kongresses existiert anscheinend nicht. Es fehlt in der Sammlung des Archivs des Bundes Deutscher Frauenvereine in Berlin, und schon 1922 meinte die damalige Schriftführerin Alice Bensheimer, daß kein Protokoll mehr vorliege: Alice Bensheimer an Frances Magnus-Hausen: Frances Magnus-Hausen: Ziel und Weg in der deutschen Frauenbewegung des XIX. Jahrhunderts, in: Deutscher Staat und deutsche Parteien. Beiträge zur deutschen Partei- und Ideengeschichte. Friedrich Meinecke zum 60. Geburtstag dargebracht. Hrsg. v. Paul Wentzcke, München 1922, ND Aalen 1973, S. 201–226, hier: S. 211.

217 Vorwärts 31. 3. 1894; Gleichheit 18. 4. 1894; Bäumer, in: Handbuch der Frauenbewegung. I, S. 133. L. Braun nennt fälschlich in ihren Memoiren (I S. 525) drei, in ihrer »Frauenfrage« (S. 472) dagegen fünf Frauen.

218 Gleichheit 31. 10. 1894; L. Braun: Memoiren I, S. 525; Helene Lange: Lebenserinnerungen, Berlin 1927, S. 222.

219 Bäumer, in: Handbuch der Frauenbewegung. I, S. 132f.; ähnlich Gleichheit 18. 4. 1894.

220 L. Braun: Frauenfrage, S. 474.

221 Evans: Women's Movement, S. 382.

Die Haltung der bürgerlichen Frauen verbitterte die Sozialistinnen und verschärfte die Aufspaltung in zwei Frauenbewegungen, die unterschiedliche Wege gingen. Clara Zetkin begrüßte diese Entwicklung:

»Wir freuen uns aber auch der Haltung des Kongresses mit Rücksicht auf die sehr vereinzelten Elemente in unseren Reihen, welche in Reminiszenz der frauenrechtlerisch angehauchten Jugendzeit unserer Arbeiterinnenbewegung oder aus Ritterlichkeit geneigt sind, die bürgerliche Frauenrechtelei mit mehr Entgegenkommen zu behandeln, als irgend eine andere soziale Strömung unserer Zeit. Wir freuen uns der Haltung des Kongresses, weil er hoffentlich Jenen die Augen öffnet, die von dem holden Wahn befangen sind, daß man durch taktisch vorsichtiges Vorgehen viele bürgerliche Frauen für den Sozialismus zu gewinnen vermöge. . .«[222]

Minna Cauer erkannte richtig, daß für die auch von ihr bedauerte Trennung zwischen sozialistischer und bürgerlicher Frauenbewegung, die in Deutschland ausgeprägter als in allen anderen Ländern war, beide Seiten Verantwortung trugen[223].

In der bürgerlichen Frauenbewegung, die dem Liberalismus eng verbunden war, standen lange Zeit Bildungsfragen im Vordergrund. In Deutschland verfolgten die Frauen eine sehr vorsichtige und zurückhaltende Politik, die Rechte für die Frauen nicht fordern oder erkämpfen, sondern durch Pflichterfüllung und Demonstration weiblicher Leistungsfähigkeit verdienen wollte[224]. Man tendierte dazu, bei Hoheiten und Behörden zu antichambrieren, um Audienzen zu ersuchen und Petitionen einzubringen[225].

Unzufrieden mit dieser zurückhaltenden Strategie bildete sich dann ein »radikaler« Flügel heraus, dessen bemerkenswerte Arbeit noch keineswegs ausreichend untersucht worden ist[226]. Diese »Radikalen«, von denen vor allem Minna Cauer, Anita Augspurg und Lida Gustava Heymann zu nennen sind, erkannten die Erfolglosigkeit der bisherigen Arbeit der Bewegung und versuchten, neue Impulse zu geben. Ihre Organisationen, der »Verein Frauenwohl«, der »Verband fortschrittlicher Frauenvereine« und die Vereine für Frauenstimmrecht trennten sich nicht vom BDF ab, sondern bildeten in ihm einen linken Flügel, der jedoch nie feste Konturen gewann. Weder theoretisch noch organisatorisch sind klare Trennlinien zu ziehen, wenn auch Helene Langes Behauptung, es handle sich nur um einen tiefen »Gegensatz der Temperamente«, die Differenzen her-

---

222 Gleichheit 18. 4. 1894.

223 Minna Cauer, in: Die Zeit. Nationalsoziale Wochenschrift. Nr. 15, 8. 1. 1903, S. 459ff.

224 Dazu vor allem: Evans: Women's Movement, und ders.: Feminist Movement.

225 M. Cauer an K. Weyl, 22. 12. 1916, in: Archiv der sozialen Demokratie, Nachlaß Gerda Weyl 14.; Evans: Feminist Movement, S. 81; Twellmann, S. 227.

226 Einiges jedoch bei Evans: Feminist Movement; ders.: Women's Movement.

unterspielt[227]. Frauen des radikalen Flügels gründeten 1902 einen Verein für Frauenstimmrecht und propagierten jetzt offen eine Forderung, die vorher allenfalls als Fernziel angesehen wurde. Der Verein spaltete sich jedoch bald an der Frage, ob man für ein allgemeines gleiches oder auch ein Zensus-Frauenwahlrecht eintreten solle[228]. Hier zeigen sich deutlich die Grenzen auch dieses progressiven Flügels. In der Zeit von 1898 bis 1908 gelang es den Radikalen, Einfluß auf die Politik des BDF zu gewinnen, bis 1908 wieder der rechte Flügel deutlich dominierte[229].

Politisch neigten auch die radikalen Frauen zum Liberalismus, nicht zur Sozialdemokratie: Sie unterstützten in Wahlkämpfen mehrfach die liberalen Parteien, obwohl die noch 1894 im Reichstag das Medizinstudium für Frauen abgelehnt hatten und erklärte Gegner des Frauenstimmrechts waren[230]. Noch 1910 lehnte die »Fortschrittliche Volkspartei« auf ihrem Gründungskongreß die Forderung der weiblichen Delegierten ab, das Frauenwahlrecht in das Programm aufzunehmen[231]. Die Rückständigkeit der deutschen Liberalen gegenüber der SPD zeigt sich deutlich in der halbherzigen Formulierung des Programms:

> »Erweiterung der Rechte der Frauen und ihres Erwerbsgebietes, Erleichterung der Frauenbildung und Reformen im staatlichen Berechtigungswesen. Aktives und passives Wahlrecht der Frauen für die Kaufmanns- und Gewerbegerichte, Gleichberechtigung in den Einrichtungen der Reichsversicherungsgesetzgebung. Verstärkte Mitwirkung der Frauen auf dem Gebiet der sozialen Fürsorge und des Bildungswesens. Heranziehung der Frauen zur Kommunalverwaltung.«[232]

Daß selbst der radikale Flügel der bürgerlichen Frauenbewegung dennoch die liberalen Parteien und nicht die Sozialdemokratie unterstützte, machte den sozialistischen Frauen den Sinn einer eventuellen Zusammenarbeit

227 Lange: Lebenserinnerungen, S. 219ff. Vgl. dagegen die Äußerungen radikaler Frauen, z. B. in: Lida Gustava Heymann, in Zusammenarbeit mit Anita Augspurg: Erlebtes – Erschautes. Deutsche Frauen kämpfen für Freiheit, Recht und Frieden. 1850–1940, Meisenheim am Glan 1972; Else Lüders: Minna Cauer. Leben und Werk. Dargestellt an Hand ihrer Tagebücher und nachgelassenen Schriften, Gotha 1925.

228 Petitionen des Deutschen Vereins für Frauenstimmrecht an den bayrischen Landtag, 18. 2. 1904 und 30. 9. 1905, in: IISG, Nachlaß Vollmar 3714.; Vorwärts 19. 6. 1904; Evans: Feminist Movement, S. 71ff. 99ff.

229 Evans, ebd. S. X.; ders.: Women's Movement, S. 395f.; Quataerts Behauptung (S. 285f.), die bürgerliche Frauenbewegung sei bis 1914 zunehmend progressiver geworden, ist also zu differenzieren.

230 Evans: Feminist Movement, S. 82ff.; L. Braun-Gizycki: Frauenfrage und Sozialdemokratie, S. 18; Johannes Schult: Geschichte der Hamburger Arbeiter 1890–1919, Hannover 1967, S. 276.

231 Fünfter (letzter) Delegiertentag des Wahlvereins der Liberalen zu Berlin am 5. März 1910, Berlin-Schöneberg 1910, S. 22ff.

232 Einigungsprogramm der Fortschrittlichen Volkspartei vom 6. März 1910, in: W. Mommsen: Deutsche Parteiprogramme S. 176.

nicht gerade einsichtig. Auch der Boykott sozialdemokratischer Frauenversammlungen durch bürgerliche Frauen[233] oder die Erhebung eines Eintrittsgeldes von 2 Mark für den Kongreß 1904, die jede Arbeiterin aussperrte[234], förderten die Entfremdung. Als gar bürgerliche Frauen selbst in ihrer Eigenschaft als Arbeitgeber ihrer Dienstmädchen angesprochen wurden, stand die bürgerliche Frauenbewegung einschließlich ihres linken Flügels einträchtig gegen die Dienstboten: Man distanzierte sich demonstrativ von Bemühungen, die Dienstboten zu organisieren oder auch nur Material über deren soziale Lage zu sammeln, und wandte sich entschieden gegen die Einführung eines Achtstundentages für Dienstmädchen[235].

Unter diesen Bedingungen ist es erklärlich, daß Arbeiterinnen sich durch die SPD besser vertreten sahen als durch die bürgerliche Frauenbewegung, und die Verantwortung für eine mangelhafte Zusammenarbeit beider ist nicht einseitig bei Clara Zetkin zu suchen. Deren entschiedener Kampf gegen jede Zusammenarbeit mit bürgerlichen Frauen ist nicht mit übersteigerter Prinzipientreue allein zu erklären, sondern auch mit einer weitgehend richtigen Einschätzung der politischen Situation: ». . . es wäre thöricht, wenn wir, hinter denen die kompakte soziale Macht der Sozialdemokratie steht, uns den bürgerlichen Frauen, hinter denen keine soziale Macht steht, anschließen wollten.«[236]

Angesichts der mangelnden Unterstützung der Frauenemanzipation durch die liberalen Parteien und der Schwäche und Zurückhaltung der bürgerlichen Frauenbewegung war zweifellos die SPD die stärkste und entschiedenste Befürworterin der Gleichberechtigung der Frauen. Für Clara Zetkin war der Kampf für die Emanzipation der Frau »eine Nebenaufgabe«, die gerade in Deutschland in erster Linie der Arbeiterbewegung zufalle[237]. Zudem klang bereits in ihrem oben zitierten Brief an Engels ihre Sorge um die Verwirrung der theoretisch sehr unsicheren Sozialistinnen an. Die Furcht vor Überfremdung der Bewegung durch bürgerliches Gedankengut war angesichts des mangelhaften Verständnisses der meisten Frauen für ideologische Fragen durchaus berechtigt: »Den Einfluß der Frauenrechtelei auf die in der Bewegung geschulten Genossinnen fürchte ich keineswegs. Aber es gilt, diesen das Klassenbewußtsein trübenden Einfluß von den noch nicht erzogenen proletarischen Frauenmassen

---

233 Gleichheit 24. 1. 1894; L. Braun: Der internationale Frauenkongreß in Berlin, in: Illustrirter Neue Welt-Kalender für das Jahr 1898, S. 44ff.

234 Frankfurter Zeitung und Handelsblatt. Nr. 171, 21. 6. 1904, 48. Jg., Abendblatt, in: Bundesarchiv, ZSg 113.

235 Gerhard, S. 60ff.; Stillich, S. 9, 77ff., 82; s. auch S. 154 zur Gesindeordnung.

236 Parteitag 1896, S. 173.

237 Gleichheit 3. 4. 1895.

fernzuhalten.«[238] Auch Ottilie Baader meinte, die Arbeiterinnen seien noch nicht selbstbewußt genug, um gleichberechtigt mit bürgerlichen Frauen zusammenarbeiten zu können[239].

Trotz aller scharfen Abgrenzung wies Clara Zetkin auch der bürgerlichen Bewegung eine wichtige Rolle zu: »Die geschichtliche Bedeutung der bürgerlichen Frauenbewegung beruht dagegen darin, daß sie alle gesellschaftlichen Hindernisse beseitigt, welche der Frau als Geschlechtswesen eine inferiore Stellung anweisen.«[240] 1900 konzedierte sie sogar die Möglichkeit zwar nicht einer »gemeinsamen Aktion«, wohl aber einer »Parallelaktion« für den Fall, daß die »Frauenrechtelei sich mit ihrem Wirken aus dem engen, steinigen Gärtchen der Wohlthätigkeitsbestrebungen entschieden auf das weite, fruchtbare Feld der sozialen Reformarbeit begeben wollte«[241]. Clara Zetkin scheint es auch aus taktischen Gründen für besser gehalten zu haben, wenn beide Bewegungen auch bei gleichen Zielen getrennt arbeiteten. Sie hoffte, daß etwa eine Stellungnahme zur Lage der Arbeiterinnen, bei der keine Sozialdemokratinnen mitgewirkt hatten, bei den Behörden Beachtung finden und so indirekt auch der eigenen Sache dienen würde[242].

Zwischen bürgerlicher und sozialistischer Frauenbewegung gab es mehr Berührungspunkte, als Clara Zetkins häufig polemische Äußerungen erwarten lassen. Die Entwicklung dieser Bewegungen bis in die achtziger Jahre hinein zeigt, daß sie keineswegs von Anfang an gänzlich getrennt waren[243]. Nicht nur die Kontakte Bebels und Moritz Müllers zu Luise Otto-Peters und die Arbeit Marianne Menzzers unter den Arbeiterinnen, auch die Entwicklung der ersten Führerinnen der sozialistischen Frauenbewegung stellen zahlreiche Berührungspunkte dar: Clara Zetkin selbst wies darauf hin, daß »unsere prolet.(arische) Frauenbewegung in ihren Anfängen ziemlich frauenrechtlerisch infiziert war« und daß Gertrud Guillaume-Schack, Agnes Wabnitz und Emma Ihrer aus der bürgerlichen Frauenbewegung gekommen seien[244]. Ottilie Baader war zeitweilig Mitglied in Lina Morgensterns Arbeiterinnenverein, Clara Zetkin war eine Schülerin Auguste Schmidts, und Käte Duncker war – wie Lily Braun – vor dem

---

238 Gleichheit 23. 12. 1896.
239 L. Braun: Memoiren I, S. 524.
240 Die Neue Zeit 15. Jg. Bd. I, S. 786.
241 Gleichheit 21. 11. 1900.
242 C. Zetkin an L. Braun, 8. 8. 1895, in: Institut für Marxismus-Leninismus / Zentrales Parteiarchiv, NL 5/44, in englischer Übersetzung zitiert bei Evans: Women's Movement, S. 392.
243 Wie es etwa Else Sauer behauptet: Else Sauer: Die Entwicklung der bürgerlichen Frauenbewegung von der Gründung des Bundes Deutscher Frauenvereine 1894 bis zum ersten Weltkrieg, in: Wissenschaftliche Studien des Pädagogischen Instituts Leipzig, Heft 2 (1970), S. 134–138, hier S. 135.
244 C. Zetkin an F. Engels, 22. 1. 1895, in: IISG, Marx-Engels Nachlaß L 6475.

Übertritt zur SPD Mitglied der »Gesellschaft für ethische Kultur«[245]. Rosa Luxemburg und Anita Augspurg propagierten als Studentinnen der Universität Zürich gemeinsam in der »Allgemeinen Studentenschaft« das passive Wahlrecht der Frauen zum Studentenkonvent[246], und auch in der »Ära Clara Zetkin« gab es noch Kontakte. Erleichtert wurden sie dadurch, daß die bürgerliche Frauenbewegung in Deutschland – anders als in England und Skandinavien – besondere Schutzgesetze für Arbeiterinnen nicht aus abstrakten Gleichheitserwägungen ablehnte[247].
Sozialdemokratinnen arbeiteten im Hamburger »Verein Frauenwohl« mit, Emma Ihrer sprach in diesem Verein über Arbeiterinnenschutz, und auch Luise Zietz hielt dort einen Vortrag[248]. Anna Blos arbeitete in bürgerlichen Hausfrauenvereinen mit; Henriette Fürth referierte häufig vor bürgerlichen Frauenvereinen, sogar auf der Generalversammlung des BDF, und schrieb in Helene Langes Zeitschrift »Die Frau«[249]. Arbeiterinnen und bürgerliche Frauen arbeiteten erfolgreich bei einem Milchboykott gegen eine Preiserhöhung zusammen, und bürgerliche Frauen unterstützten Streikende in Isenburg, Berlin und Crimmitschau[250]. Klara Weyl und

245 Baader, S. 16; Honeycutt, S. 34ff.; Ruth Kirsch: Käte Duncker. Eine biographische Studie über ihr politisch-pädagogisches Wirken, Diss. PH Dresden o. J., S. 15.

246 Fritz Brupbacher: 60 Jahre Ketzer. Selbstbiographie, Zürich-Leimbach 1935, S. 51f.

247 Gertrud Bäumer: Die Frau in Volkswirtschaft und Staatsleben der Gegenwart, Stuttgart, Berlin 1914, S. 282; Dullo S. 9; Orla-Maria Fels: Die deutsche bürgerliche Frauenbewegung als juristisches Phänomen dargestellt an der Erscheinung Gertrud Bäumers, Diss. Freiburg 1959, S. 108f.; Else Lüders: Arbeiterinnenorganisation und Frauenbewegung, Berlin 1902, S. 18; dies.: Die »Open-Door« Bewegung, in: Ada Schmidt-Beil (Hrsg.): Die Kultur der Frau. Eine Lebenssymphonie der Frau des XX. Jahrhunderts, Berlin-Frohnau 1931, S. 376ff.; Twellmann S. 163f.; Irmgard Remme: Die internationalen Beziehungen der deutschen Frauenbewegung vom Anfang des 19. Jahrhunderts bis 1933, Diss. Berlin 1955, S. 29f.; Agnes v. Zahn-Harnack: Wandlungen des Frauenlebens vom 18. Jahrhundert bis zur Gegenwart, Berlin, Hannover, Frankfurt a. M. 1951, S. 43. Die gegenteilige Behauptung Thönnessens (S. 43) ist unrichtig.

248 A. Blos: Frauenfrage S. 49; Quataert, S. 291; Gerda Tornieporth: Studien zur Frauenbildung. Ein Beitrag zur historischen Analyse lebensweltorientierter Bildungskonzeptionen, Weinheim, Basel 1977, S. 447 Anm. 106.

249 Marie Juchacz: Frauen ihres Jahrhunderts (Manuskript), in: Archiv der sozialen Demokratie, Nachlaß Juchacz 3; zahlreiche Beispiele in Henriette Fürths Korrespondenz: Coll. Henriette Fürth, in: IISG, Kleine Kollektion, 2 Mappen; Die Frau. Monatsschrift für das gesamte Frauenleben unserer Zeit. 4 (1896/97), S. 710ff., 5 (1897/98) S. 288ff., 6 (1898/99) S. 37ff., S. 394ff., S. 614ff., S. 666ff.

250 Gleichheit 23. 12. 1896; Die Neue Zeit 15. Jg. Bd. II, S. 437; Frauenkonferenz 1908, S. 480; Evans: Women's Movement, S. 386ff.; Schaarschmidt, S. 127; zu den Arbeitskämpfen s. u. S. 125ff.

Minna Cauer agitierten gemeinsam unter Büroangestellten, Adele Schreiber sprach 1899 im »Verein der Frauen und Mädchen der Arbeiterklasse« in Berlin, und 1911 nahm Minna Cauer als Gast an der sozialdemokratischen Frauenkonferenz teil[251]. Gegen solche punktuelle Zusammenarbeit hatte Clara Zetkin nichts einzuwenden; sie schritt nur dann ein, wenn man Kooperation öffentlich propagierte und zur offiziellen Strategie erheben wollte. Erst im Krieg arbeiteten beide Bewegungen dann offiziell und intensiv im »Nationalen Frauendienst« unter Leitung Gertrud Bäumers und in der kommunalen Sozialarbeit zusammen[252].

Die Vertreterinnen des radikalen Flügels der bürgerlichen Bewegung, die sich weder mit dem BDF noch mit der Fortschrittspartei, aber auch nicht mit der SPD identifizieren konnten, lösten ihr Dilemma auf ganz unterschiedliche Weise. Lily Braun trat zur SPD über, wo sie jedoch immer eine Außenseiterin blieb und sich schließlich enttäuscht aus der Bewegung in schriftstellerische Tätigkeit zurückzog[253]. Therese Schlesinger, die in Österreich zur Sozialdemokratie übertrat, schilderte die persönlichen Schwierigkeiten einer »Überläuferin«:

> »Der Schritt ist mir nicht ganz leicht gefallen. In der äußersten Linken der bürgerlichen Frauenbewegung, der ich angehört hatte, mußte ich meine sozialistische Ueberzeugung in keiner Weise zurückstellen oder verschleiern, und ich arbeitete dort unter den angenehmsten Verhältnissen. Mit den wenigen anderen Frauen, die im Vordergrund dieses Theiles der Bewegung stehen, verbindet mich eine innige Freundschaft. Jede kleinste Leistung wurde überschwänglich anerkannt. Nun bin ich unter fremden Menschen, die noch kein Zutrauen zu mir haben und von denen ich auch noch nicht weiß, wofür ich sie annehmen darf.«[254]

Anita Augspurg und Lida Gustava Heymann wurden Mitglieder der Freisinnigen Volkspartei, die sie jedoch bald wieder unzufrieden verließen[255]. Die 1907 von Maria Lischnewska gegründete »liberale Frauenpartei« blieb erfolglos[256].

Minna Cauer äußerte sich in ihren Tagebuchaufzeichnungen gleichermaßen kritisch über die bürgerliche Frauenbewegung wie über die SPD[257]. 1911 jedoch schrieb sie: »Mit unseren bürgerlichen Frauen werden wir nicht viel erreichen. . . . Ich will hinaus aus dieser engherzigen und engbrüstigen Frauenrechtlerei, ich lehne mich dagegen auf.«[258] Sie erkannte

---

251 Frauenkonferenz 1911, S. 414.

252 Anna Blos: Kommunale Frauenarbeit im Kriege, Berlin 1917.

253 S. u. S. 181ff.

254 Th. Schlesinger an K. Kautsky, 10. 2. 1898, in: IISG, Nachlaß Kautsky D XX 249.

255 Heymann, S. 101f.

256 Programm und Flugblatt der Partei in: Helene Lange-Archiv, Eb 2cc.

257 Minna Cauer: Tagebuch 28. 11. 1898, 10. 3. 1907, in: E. Lüders: Minna Cauer, S. 115, 138.

258 Ebd. 20. 3. 1911, S. 155f.

die »Tragik meines Lebens, ganz allein mit meiner Arbeit, mit meinem Sinnen und Denken, allein in einer bürgerlichen Gesellschaft zu stehen, deren Ideen ich nicht billige und nicht teile. Und doch kann ich den Schritt nicht tun dorthin, wohin mein inneres Denken und Fühlen gehört.«

»Die bürgerlichen Frauen wissen nicht, was sie wollen, und die Sozialdemokratinnen würden mich nie für voll ansehen. Sie haben recht. Es gehört viel dazu, uns zu trauen.«[259]

Das Dilemma fortschrittlicher demokratischer Frauen wurde auch in der SPD gesehen. Bebel riet Minna Cauer: »Bleiben Sie drüben! Vielleicht würden Sie bei uns zu sehr leiden, da sie nicht aus dem Arbeiterstande sind. Verbreiten Sie dort Ihre Ideen, die sich den unsrigen nähern.«[260] Ähnlich hat sich Clara Zetkin bei einem Besuch anläßlich Minna Cauers 70. Geburtstag geäußert. Minna Cauer notierte in ihrem Tagebuch:

> »Heute war Frau Zetkin fast vier Stunden bei mir. Ihre Begrüßung war ergreifend. Sie sagte, daß sie bei dem kurzen Artikel in der ›Gleichheit‹ über meinen 70. Geburtstag geweint habe in dem Gedanken, wie einsam und allein ich immer gekämpft hätte. . . . Welch' eine Frau! Ja, wenn wir viele solche Frauen unter uns hätten! Es wurde mir schwer, als sie schied; sie küßte mich herzlich. Sie sagte mir, wie Bebel: ›Bleiben Sie, wo Sie sind! Sie beunruhigen, Sie sind eine Macht trotz der kleinen Schar, die hinter ihnen steht. Sie zerstören Vorurteile, Sie halten die bürgerliche Stimmrechtsbewegung aufrecht. Halten Sie aus!‹«[261]

Minna Cauer blieb in der bürgerlichen Frauenbewegung, begrüßte 1914 den Beschluß der Sozialdemokratinnen zur Zusammenarbeit und trat 1918 der DDP bei[262].

Das Versagen der SPD und der sozialistischen Frauenbewegung liegt nicht so sehr in der Frontstellung zur bürgerlichen Frauenbewegung als vielmehr darin, daß sie progressiven demokratischen Frauen keine Heimat zu bieten vermochten und so ein wertvolles Potential gesellschaftlicher Demokratisierung zu politischer Wirkungslosigkeit verurteilten.

## *3. Tätigkeitsfelder sozialistischer Frauen*

### *a) Agitation und Schulung*

Die Agitation unter den Frauen, die Vorbedingung für eine erfolgreiche und starke Frauenbewegung war, wurde bis 1908 durch das Vereinsrecht in großen Teilen Deutschlands behindert. Zudem erschwerten Vorurteile der Männer gegen politisierende Frauen und die Rückständigkeit vieler Frauen selbst die Agitation in besonderem Maße. Der Einfluß der Kirche,

259 Ebd. Mai 1912 und 17. 8. 1913, S. 159, 166.
260 Ebd. 18. 8. 1913, S. 165f.
261 Ebd. 30. 3. 1912, S. 158.
262 Ebd. 3. 8. 1914, 19. 11. 1918, S. 177, 224.

die Übernahme des überkommenen Frauenbildes und die einseitige Orientierung auf Ehe und Familie bildeten Komponenten einer konservativen Grundhaltung. Selbst führende Frauen der Bewegung gaben der Ehe und Familie die Priorität vor beruflicher und politischer Arbeit. Elfriede Gewehr, besoldete Sekretärin für den Bezirk Niederrhein, und die Gewerkschaftsführerin Ida Altmann zogen sich nach ihrer Heirat aus der Bewegung zurück[263].

Die sozialistische Frauenbewegung erkannte in dem stark entwickelten Familiensinn vieler Frauen ein Moment, das die Agitation besonders schwierig machte: »Andere dagegen haben einen stark ausgeprägten Familiensinn, der zum krassen Familienegoismus ausartet, dabei jedes soziale Empfinden überwuchert und erstickt. Die Furcht, die Beteiligung am politischen Leben, der Eintritt in die politische Organisation könnten persönliche und materielle Opfer fordern, stimmt sie feindlich gegen alles, was Frauen- und Arbeiterbewegung heißt.«[264] Zur Überwindung dieses Familienegoismus knüpfte man zuweilen direkt an ihn an: Immer wieder wies man auf die politische Bedingtheit der Lebensmittelpreise hin und deutete gelegentlich sogar an, daß politisches Interesse auch dem Eheglück förderlich sei; der Mann werde die Frau als Genossin achten und werde durch ihr mangelndes Verständnis nicht in die Kneipe getrieben[265].

Tatsächlich versuchten Frauen häufig, das politische Engagement ihrer Männer zu verhindern. Sie verbrannten Flugblätter, kritisierten die Ausgaben für Parteibeiträge oder spätes Heimkommen von Vereinssitzungen und gaben sich alle Mühe, ihren Mann vom Sozialismus abzubringen[266]. Mütter warfen Agitatorinnen der SPD aus dem Haus[267], und Glaesers literarisches Bild der Frau Kremmelbein ist durchaus treffend; sie klagt:

> »Werkmeister hätte er werden können, wenn nicht das mit den Büchern gekommen wäre. Und mit der Partei. Alles hat er vernachlässigt – mich! Und wir sind nicht weiter gekommen. Immer noch sitzen wir in dem Loch. Ich muß waschen gehen, damit der Lohn reicht. Alles für die Partei . . . Und auf mich deu-

---

263 StA Düsseldorf, Regierung Düsseldorf Nr. 42809 Bl. 300; Die Neue Zeit 31. Jg. Bd. II, S. 885; Losseff-Tillmanns, S. 266

264 Luise Zietz: Gewinnung und Schulung der Frau für die politische Betätigung, Berlin 1914, S. 6; dies.: Bist Du eine der Unsrigen? Ein Mahnwort an die Frauen und Mädchen des arbeitenden Volkes, Berlin 1912, S. 16, 18.

265 Zietz: Bist Du eine der Unsrigen, S. 14f.; Adolph Hoffmann: Ein Warnungsruf! An die Frauen und Mädchen aller Stände, Pankow-Berlin 1893, S. 5ff.

266 Wilhelm Bock: Im Dienste der Freiheit. Freud und Leid aus sechs Jahrzehnten Kampf und Aufstieg, Berlin 1927, S. 18; Hans Böckler: Es werde Licht! In ernster Zeit ein ernstes Wort an die Hüttenleute und Metallarbeiter im Saargebiet, Saarbrücken 1906; Bromme, S. 223, 355ff.; Wenzel Holek: Lebensgang eines deutsch-tschechischen Handarbeiters. Mit einem Vorwort hrsg. v. Paul Göhre, Jena 1909, S. 213, 239; Levenstein, S. 4f.; Luise Zietz: Die Frauen und der politische Kampf, Berlin ²1912, S. 39.

267 Toni Sender: The Autobiography of a German Rebel, New York 1939, S. 26.

ten sie in der Kirche, auf der Straße, und niemand von den feinen Leuten läßt mich mehr waschen bei sich . . .«[268]

Es ist verständlich, wenn eine durch eigene Berufstätigkeit, Hausarbeit und Versorgung der Kinder dreifach belastete Frau es ihrem Mann übelnahm, wenn er abends zu Versammlungen ging und außerdem Partei- und Gewerkschaftsbeiträge zahlte. Die historisch bedingte Rückständigkeit zahlreicher Frauen hat so schon vor der Einführung des Frauenwahlrechts die Verbreitung sozialdemokratischen Gedankenguts erschwert, und mit diesem Argument verlangten auch die Frauen in der SPD mehr Unterstützung für ihre Arbeit.

Neben der konservativen Grundhaltung vieler Frauen und der unzureichenden Unterstützung durch die Partei machte auch die finanzielle Schwäche der Frauenbewegung[269] zumindest bis zur Jahrhundertwende eine intensive Agitation sehr schwierig. All diese Faktoren trugen dazu bei, daß Frauen weit schwerer zu politisieren und dauerhaft zu organisieren waren als Männer. Die negative Einstellung zur Erwerbstätigkeit, die nur als Durchgangsstadium gesehen wurde, ließ die Notwendigkeit der Organisation nicht einsichtig werden: »Ach, was soll uns dies alles, wir heiraten ja doch!«[270] Dennoch gelang es nach 1900 häufig, auch Frauen zu politisieren. Die Atmosphäre der imperialistischen Ära mit ihren innen- und außenpolitischen Krisen und Affären, heftige Arbeitskämpfe und die immer deutlicher zutagetretende Rückständigkeit der politischen Struktur Preußen/Deutschlands begünstigten den Aufschwung auch der Frauenbewegung.

Politisches Interesse schlug jedoch nicht unmittelbar in organisatorische Erfolge um: »Die Versammlungen waren überfüllt – und man ging wieder auseinander.«[271] Gewerkschaften und SPD litten stark unter der hohen Fluktuation: Viele in Arbeitskämpfen gewonnene Frauen gingen bald wieder verloren[272]. In Elberfeld und Barmen zusammen hatte die SPD am 1. 7. 1911 5185 männliche und 823 weibliche Mitglieder. Am 1. 7. 1912 waren die Zahlen 5636 und 865. Einer zu errechnenden Zunahme von 451 bzw. 42 steht jedoch die tatsächliche Aufnahme von 1574 Männern und 248 Frauen gegenüber. Innerhalb eines Jahres verlor die SPD also 1123 männliche und 206 weibliche Mitglieder, das sind 21,66 bzw. 25,03%. Der Unterschied zwischen der Fluktuation bei den Männern und bei den Frauen ist nicht signifikant. Von den lediglich 271 Parteiaustritten, das

268 Ernst Glaeser: Jahrgang 1902, Berlin 1931, S. 95f., ähnlich S. 81.

269 Gleichheit 26. 4. 1899.

270 Erinnerungen von Klara Weyl (Aus einem Vortrag), S. 5, in: Archiv der sozialen Demokratie, Nachlaß Gerda Weyl 21.; ähnlich: A. Braun: Arbeiterinnen, S. 17; L. Braun: Frauenfrage, S. 445.

271 Baader, S. 72.

272 S. u. S. 125ff.

entspricht 20 % aller Verluste, waren jedoch 111 Frauen. Nur 14,25 % der ausgeschiedenen Männer, jedoch 53,88 % der ausgeschiedenen Frauen sind tatsächlich aus der SPD ausgetreten[273]. Das Beispiel Elberfeld/Barmen deutet darauf hin, daß der Treuegrad von Frauen zur SPD geringer war als der der Männer. Ob dieser Eindruck jedoch generell richtig ist, müßte in detaillierten Lokalstudien überprüft werden.

Die immer wieder beklagte schlechte Organisierbarkeit von Frauen zeigte die Notwendigkeit, besondere Agitationsmethoden zu entwickeln. Clara Zetkin begründete das mit »dem historisch gegebenen Milieu, in dem die Proletarierin steht, wie aus der psychologischen Eigenart der Frau, die geschichtlich geworden ist, wie endlich aus der Vielfalt der Pflichten, die auf der proletarischen Frau lasten . . .«[274].

Die Agitatorinnen gerieten häufig in die Fallstricke der Justiz, und so sprachen sie über anscheinend unpolitische Themen wie »Volksaberglauben«, die »Königs- und Gottesidee« oder »Konventionelle Lügen«[275]. Dennoch wurde Agnes Wabnitz, eine der aktivsten Rednerinnen zu Beginn der neunziger Jahre, mehrfach zu Gefängnisstrafen verurteilt. Als sie 1891/92 wegen Majestätsbeleidigung und Verunglimpfung der Religion erneut eine zehnmonatige Freiheitsstrafe absitzen mußte, trat sie in einen Hungerstreik, der von der »Gleichheit« abgelehnt wurde, da er »der Arbeitersache absolut nichts nützt«. Agnes Wabnitz wurde in die Charité, ein Krankenhaus für Nerven- und Geisteskranke, überführt und zwangsernährt. Sie erlitt einen Zusammenbruch, wurde in ein Krankenhaus eingewiesen und nach ihrer Genesung vorübergehend entlassen. Als sie dann am 28. 8. 1894 ihre noch ausstehende Haft antreten sollte, auf die der Aufenthalt in der Charité und dem Krankenhaus nicht angerechnet wurde, beging sie Selbstmord. Ihr Begräbnis wurde zu einer sozialdemokratischen Massendemonstration[276].

Die Frauen bemühten sich, die Vereinsgesetze zu umgehen und auf dem schmalen Grat zwischen scharfer Kritik und Majestätsbeleidigung zu wandern, doch immer wieder kam es zu Prozessen. In den neunziger Jahren waren öffentliche Versammlungen das wichtigste Podium der mündlichen Agitation, und auch den – bürgerlichen – internationalen Frauen-

---

273 Die Angaben stammen aus dem Jahresbericht des Sozialdemokratischen Vereins Elberfeld/Barmen 1911/12, in: StA Düsseldorf, Regierung Düsseldorf Nr. 42813 Bl. 183. Die Summen, Differenzen und Prozentzahlen sind errechnet.

274 C. Zetkin an H. Ankersmith, 7. 9. 1913, in: Unveröffentlichte Briefe Clara Zetkins an Heleen Ankersmith, in: Beiträge zur Geschichte der deutschen Arbeiterbewegung. 9. Jg. (1967), S. 659-692, hier S. 665.

275 Gleichheit 28. 12. 1891; Baader, S. 31; B. Glogau: Agnes Wabnitz. Eine Frauenstimme aus der Bourgeoisie, Berlin 1894.

276 Gleichheit 10. 8. 1892, 5. 9. 1894, 19. 9. 1894; Glogau, S. 29. Eine Kritik an Glogau in: Gleichheit 17. 10. 1894.

kongreß 1896 in Berlin nutzte man. Eine Beteiligung am Kongreß selbst jedoch wurde nicht erwogen: Emma Ihrer, Ottilie Baader und Clara Zetkin lehnten die Einladung ab[277]. Lily Braun war erst unmittelbar vor dem Kongreß zur SPD übergetreten, hatte aber zuvor ein Referat übernommen. Clara Zetkin gelang es, sie zum Verzicht auf ihren Vortrag zu bewegen[278]. Auf dem Kongreß erklärte sie dann, daß auch sie jede weitere Arbeit in der bürgerlichen Frauenbewegung ablehne, es jedoch für notwendig halte, die ausländischen Gäste über die Arbeiterinnenbewegung zu informieren. Da die ihr zugestandene Zeit von 15 oder 20 Minuten nicht ausreiche, müsse sie auf ihr Referat verzichten. Statt dessen lud sie die Zuhörerinnen zu öffentlichen Versammlungen der sozialistischen Frauenbewegung ein und legte die Motive für ihren Übertritt dar: »Aber vielleicht wird ihnen eine Ahnung davon aufgehen, daß es ein größeres, ergreifenderes Elend giebt, als das der unbefriedigten, berufslosen Tochter ihrer Stände; daß außerhalb ihrer Kreise ein Kampf gekämpft wird, der ernster, heiliger ist, als der um den Doktorhut . . .«[279]

In öffentlichen Versammlungen sprach Clara Zetkin über »Bürgerliche und proletarische Frauenbewegung«, Marie Greifenberg über »Die wirthschaftlichen und politischen Schwierigkeiten der gewerkschaftlichen Arbeiterinnenorganisation« und Emma Ihrer über die »Entwicklung der deutschen Arbeiterinnenbewegung«. Lily Braun hielt einen Vortrag über »Frauenfrage und Sozialdemokratie«, in dem sie sich vorbehaltlos zur SPD bekannte[280]. Clara Zetkin war rückhaltlos begeistert und wertete die Versammlung als »eine der glänzendsten Demonstrationen« der letzten Jahre. Zu Recht glaubte sie, so habe Lily Braun »propagandistischer gewirkt« als durch ein Referat auf dem Kongreß[281]. Das öffentliche Auftreten der Tochter eines bekannten adligen Generals, einer ehemaligen Professorengattin, für die verfemte Sozialdemokratie erregte allgemeines Aufsehen.

Außerhalb Berlins wurde die Agitation lange Zeit von reisenden Rednerinnen getragen, die immer wieder in regelrechten Agitationstourneen durch Deutschland zogen und für die Bewegung warben. Frauen wie Clara Zetkin, Emma Ihrer, Martha Rohrlack oder Marie Greifenberg sprachen häufig drei Wochen lang täglich an einem anderen Ort, Clara Zetkin

---

277 Gleichheit 22. 1. 1896, 2. 9. 1896.

278 L. Braun: Memoiren II, S. 141.

279 L. Braun-Gizycki: Frauenfrage und Sozialdemokratie, S. 3ff. Das offizielle Protokoll verschweigt ihre Erklärung und bemerkt lediglich, daß sie wegen der kurzen Redezeit verzichte: Der Internationale Kongreß 1896, S. 202.

280 L. Braun-Gizycki: Frauenfrage und Sozialdemokratie, S. 6ff.

281 C. Zetkin an K. Kautsky, 25. 9. 1896, in: IISG, Nachlaß Kautsky D XXIII 313.

hielt bis zu 300 Vorträge im Jahr[282]. Die Berichte in der »Gleichheit« geben einen eindrucksvollen Einblick in das Ausmaß des persönlichen Engagements dieser Frauen[283].

Auch nach 1908 wurden diese Reisen fortgesetzt: z. B. hielt Berta Selinger 1909 am Niederrhein 25 Versammlungen ab. Elfriede Gewehr sprach dreizehnmal in den Kreisen Essen und Recklinghausen-Borken, und Frida Wulff besuchte vom 6. 11. bis 6. 12. 1909 32 Orte am Niederrhein[284]. Von 1910 bis 1913 veranstaltete das Frauenbüro der SPD jährlich zwischen 41 und 66 Agitationstouren[285]. Die reisenden Rednerinnen, von der Presse zu »fanatisirten Radicaleusen« gestempelt[286], waren nicht selten der Katalysator für das Entstehen einer sozialistischen Frauenbewegung in Regionen, wo die Bewegung noch nicht Fuß gefaßt hatte. Für das Rhein-Ruhr-Gebiet waren besonders die Reisen Luise Zietz' von Bedeutung. Oft wurden unmittelbar im Anschluß an ihren Vortrag Vertrauenspersonen gewählt, Abonnements der »Gleichheit« gesammelt und so die Grundlagen für eine kontinuierliche Arbeit gelegt[287].

Besucherzahlen und Polizeiberichte lassen gerade Luise Zietz als eine »besondere Zugkraft«[288] erscheinen: Zu ihrer Versammlung in Elberfeld am 16. Juni 1906, als sie über »Hunger und Peitsche« sprach, kamen 250 Männer und 200 Frauen, obwohl man ein Eintrittsgeld von 10 Pfennig erhob. Sie sprach über die Lage der Arbeiter, über Frauen- und Kinderarbeit, kritisierte die Zollgesetze, die zu Preissteigerungen, Hunger und Prostitution führten, und wandte sich scharf gegen das Zentrum und die Konservativen. Ihr oft ironischer Stil – Bülow war »der schöne Bernhard«, Podbielsky »der dicke Pod« – und ihre scharfen Formulierungen fanden den Beifall des Publikums[289]. Schon 1902 hatte sie mehrfach das Rhein-Ruhr-Gebiet besucht[290], und Anfang März 1903 hielt sie zahlreiche Versammlungen mit dem Thema »Die Reichstagswahl und die Frauen« ab. Anschließend sprach sie im Wahlkreis Essen in neun Volksversammlungen vor bis zu 2000 Personen und gewann 100 neue Abonnentinnen der »Gleichheit«. Im April sprach sie im Wahlkreis Duisburg-Mülheim, und im Mai besuchte sie den Wahlkreis Dortmund-Hörde, wo sie zwei-

---

282 Dorothea Reetz: Clara Zetkin als sozialistische Rednerin, Diss. Berlin 1973, S. 23.

283 Gleichheit, Die Spalte »Aus der Bewegung«, passim.

284 Gleichheit 13. 9. 1909, 8. 11. 1909, 20. 12. 1909, 3. 1. 1910.

285 Parteitag 1910, S. 21, 1911, S. 21, 1912, S. 16, 1913, S. 15.

286 Kölnische Zeitung Nr. 277, 6. 4. 1893, 2. Morgen-Ausgabe, in: Bundesarchiv, ZSg 113–95.

287 StA Düsseldorf, Regierung Düsseldorf Nr. 9042, Nr. 42789 Bl. 16.

288 Ebd. Nr. 9059 Bl. 271f.

289 Ein ausführlicher Bericht in: ebd. Nr. 9057. Weitere Berichte über einzelne Versammlungen in: StA Münster, Regierung Münster 62 v.

290 Gleichheit 10. 9. 1902, 24. 9. 1902.

mal in Dortmund selbst und in 16 Nachbarorten[291] sprach. Luise Zietz verband Wahlwerbung für die Sozialdemokratie mit Frauenagitation, und in Dortmund-Hörde gewann sie nach eigenen Angaben 400 bis 500, nach Schätzung der Behörden 100 Abonnentinnen der »Gleichheit«[292]. Eine ähnlich umfangreiche Agitation betrieb Wilhelmine Kähler im selben Jahr im gleichen Raum[293].

Doch 1903 konnten auch die zahlreichen und gut besuchten Versammlungen keine bedeutende Frauenbewegung an Rhein und Ruhr ins Leben rufen. Der Dortmunder Bezirkspolizeikommissar verzeichnete keine wesentlichen Fortschritte der Bewegung[294]. Es zeigte sich jedoch, daß die unermüdliche Agitation auch Frauen politisierte und so die Voraussetzung für spätere Erfolge schuf. Das wurde deutlich, als Luise Zietz im Februar und März 1906 wiederum das Ruhrgebiet und den Niederrhein besuchte. In zahlreichen, meist gut besuchten Versammlungen sprach sie über die Verteuerung der Lebensmittel, über Militarismus oder die russische Revolution: »Michel, halt die Taschen zu!«, »Revolution überall«, »Der Lebensmittelwucher nach den am 1. März in Kraft getretenen neuen Handelsverträgen« lauteten die Themen. In kleinen Orten wie Wermelskirchen sprach sie vor 170, in Städten wie Elberfeld vor 700 Zuhörern, von denen etwa die Hälfte Frauen waren. Sie gewann 800 Abonnements für die »Gleichheit«, und die Behörden meldeten, daß ihre Agitation der Frauenbewegung und der SPD zahlreiche neue Anhänger zuführte. Immer wieder kennzeichnen sie Luise Zietz als geschickte Rednerin:

> »Frau Zietz ist eine sehr gewandte Rednerin. Ihre hinreißende Sprache wirkte umsomehr auf das Volk, als sie die (sic!) gehässigen, aufreizenden und zum Teil unwahren Behauptungen sehr geschickt einen humoristischen Anstrich zu geben wußte.«
>
> »Sie spricht mit Ausdruck, besonders populär und versteht es unter Zuhilfenahme kleinlicher Beispiele aus dem täglichen Arbeiterleben Aufmerksamkeit zu erwecken und durch Verwendung alberner Witze, ebenso durch Einflechtung von an Unanständigkeit grenzenden Redewendungen ihren Vortrag interessant zu gestalten und laute Beifallsbezeugungen hervorzurufen.«

Detaillierte Polizeiberichte über ihre Versammlungen machen das anschaulich:

> »Die Referentin (Frau Zietz) führte aus, Weihnachten sei bekanntlich das Fest der Freude, an dem man seine Lieben mit Geschenken bedenke. Daß auch unsere Regierung uns lieb habe, beweise ihr doppeltes Weihnachtsgeschenk, nämlich die Flottenvorlage und Stengel's Steuer-Bouquet. Letzteres habe soviel

291 Es handelte sich um Lütgendortmund, Eichlinghofen, Schwerte, Oespel, Annen, Aplerbeck, Hengsten, Wickede, Hombruch, Barop, Neu-Asseln, Marten, Auf dem Höchsten, Auf dem Schnee, Hörde, Niedermaßen.

292 StA Münster, Regierung Arnsberg I 96 Bl. 199; Gleichheit 25. 3. 1903, 8. 4. 1903, 6. 5. 1903, 1. 7. 1903.

293 Gleichheit 29. 7. 1903, 2. 12. 1903, 16. 12. 1903.

294 StA Münster, Regierung Arnsberg I 96 Bl. 199.

duftende Blüten, daß, wenn man lange daran rieche, ohnmächtig werden könnte.«[295]

Die sozialistische Frauenbewegung entfaltete so schon vor 1908 in weiten Teilen Deutschlands eine intensive Versammlungstätigkeit, die zu einem Großteil von reisenden Rednerinnen getragen wurde. In Berlin wurden schon 1898 19 und in Hamburg 1903 21 öffentliche Frauenversammlungen veranstaltet[296]. Auch männliche Parteiprominenz beteiligte sich an der Frauenagitation. Bebel sprach 1892 in Berlin vor 1800 Zuhörern über »Die Frau in Staat und Gesellschaft« und 1901 in Hamburg über »Die Frau in der Arbeiterbewegung«, Singer 1902 in Hamburg über »Die politische Rechtlosigkeit der Frau«, Legien 1891 in Kiel über die »Frauenfrage«[297]. In Düsseldorf hielten die Parteiführer Berten und Milow monatlich eine Frauenversammlung ab, und auch in Essen und Elberfeld führte die Parteileitung zahlreiche Frauenversammlungen durch[298]. In Bochum und Dortmund ermöglichte erst die Hilfe der SPD 1907 eine Konsolidierung der Frauenbewegung[299], in Krefeld veranstaltete die Partei alle vier bis sechs Wochen eine Versammlung[300], und 1910 organisierte das Agitationskomitee für den Niederrhein 44 öffentliche Frauenversammlungen[301].

Diese umfangreiche öffentliche Frauenagitation wurde durch vielfältige andere Formen der mündlichen und schriftlichen Propaganda ergänzt. Vor und bei Versammlungen verteilte man Flugblätter, nach Versammlungen, aber auch unabhängig von ihnen, betrieb man Hausagitation: Sozialdemokratische Frauen gingen von Haus zu Haus und warben für den Beitritt der Frauen zur Partei oder für die »Gleichheit«. Diese Methode erwies sich als besonders erfolgreich und wurde immer wieder ausdrücklich empfohlen[302]. Arbeiterinnen trugen in ihren Betrieben zur Politisierung ihrer Kolleginnen bei. Gelegentlich fanden unmittelbar nach Feierabend Besprechungen in einem Lokal statt[303].

295 StA Düsseldorf, Regierung Düsseldorf Nr. 42789 Bl. 6ff.

296 Gleichheit, 21. 12. 1898, 1. 1. 1903.

297 Gleichheit 4. 12. 1901, 26. 3. 1902; Osterroth: 100 Jahre Sozialdemokratie, S. 28; zu Bebel ausführlich Schmidt/Richter, S. 228ff.

298 StA Düsseldorf, Regierung Düsseldorf Nr. 9058 Bl. 65f., 290f., Nr. 9041 Bl. 89; vgl. aber auch: Nolan: Proletarischer Anti-Feminismus, S. 370.

299 StA Münster, Regierung Arnsberg I 99 Bl. 264, I 100 Bl. 19, 294f.; Regierung Münster VII 44a.

300 StA Düsseldorf, Regierung Düsseldorf Nr. 42810.

301 StA Münster, Regierung Münster VII 44a.

302 Gleichheit 15. 4. 1913; Zietz: Gewinnung und Schulung, S. 11; Schreiben des Parteivorstandes vom 1. 10. 1917, in: Helene Lange-Archiv, Eb 2 ee; Marie Juchacz: Praktische Winke für die sozialdemokratische Frauenbewegung, Berlin 1919, S. 9.

303 Vgl. die Berichte von R. N. in Emmerich I, S. 19 und Amalie Seidel in Klucsarits/Kürbisch, S. 194f.; Winke für die Agitation. Hrsg. v. Vorstand der SPD, o.O., o.J., S. 5, in: Helene Lange-Archiv, Eb 2 ee.

Marie Greifenberg forderte 1904 die Delegierten der Frauenkonferenz auf, auch die Geselligkeit als Aufklärungsmittel zu benutzen[304], und die Beteiligung der Frauen an sozialdemokratischen Feiern hat sicherlich zu ihrer Integration in die sozialdemokratische Subkultur und zur Identifizierung mit deren Werten beigetragen[305]. Sozialdemokraten führten auch eigene Unterhaltungsabende durch, in denen Geselligkeit mit Politik gekoppelt wurde. Das »Herbstvergnügen des Vereins für Frauen und Mädchen der Arbeiterklasse« 1907 in Brandenburg begann mit Liedern, Deklamationen, Rezitationen und einer Posse »O diese Sozialisten«. Abschließend wurde getanzt[306]. Gelegentlich kam es auch hier zu Schikanen der Behörden, die anfangs die Frauen nicht zu solchen »Parteiveranstaltungen« zulassen wollten oder mit Hinweis auf die Pflicht der Frauen, sich um ihre Kinder zu kümmern, die Sperrstunde sehr früh ansetzten[307]. In ihrer Bedeutung nicht zu unterschätzen ist ferner die Politisierung durch Gespräche mit Verwandten oder Bekannten[308]; die Frauenbewegung legte großen Wert darauf, daß die Männer auch mit ihren weiblichen Angehörigen politische Fragen diskutierten.

In der schriftlichen Agitation ist neben der allgemeinen Parteipresse[309] in erster Linie die »Gleichheit« zu nennen. Um die Bedeutung dieser Zeitschrift richtig einschätzen zu können, muß man bedenken, daß sie mehr Leser als Abonnenten hatte: »Man las die Zeitschrift und gab sie weiter.«[310] Dennoch war der agitatorische Wert der »Gleichheit« umstritten. Mehrfach lagen den Parteitagen und Frauenkonferenzen Anträge vor, die eine populärer geschriebene Zeitschrift befürworteten, mehrfach wurde in den Debatten die Schwerverständlichkeit der »Gleichheit« kritisiert. Vielen schien sie »zu einseitig politisch«; das Fehlen von Schnittmustern wurde beklagt[311]. Clara Zetkin erklärte 1896, die »Gleichheit« sei eine Zeit-

304 Frauenkonferenz 1904, S. 338.

305 StA Münster, Regierung Arnsberg I 100 Bl. 185; Gleichheit 22. 12. 1897; Sozialdemokratische Parteikorrespondenz 1910, S. 98; Parteitag 1897, S. 158; Bers/Klöcker, S. 73f.; Göhre, S. 96f.

306 Eine Kopie des Programms in: Alfred Zeitz: Zur Geschichte der Arbeiterbewegung der Stadt Brandenburg vor dem ersten Weltkrieg, Potsdam 1965, S. 70.

307 Gleichheit 22. 12. 1897; Sozialdemokratische Parteikorrespondenz 1910, S. 98.

308 S. z. B. Popp: Jugendgeschichte, S. 52.

309 Z. B. der Bericht von Marie Beutelmeyer in: Klucsarits/Kürbisch, S. 197; Frauenkonferenz 1900, S. 249.

310 F. Wiemer an M. Juchacz, 19. 7. 1952, in: Archiv der sozialen Demokratie. Nachlaß Juchacz 1.

311 Parteitag 1896, S. 13, 171, 1905, S. 282, 1912, S. 166, 1913 S. 188; Frauenkonferenz 1902, S. 307, 1904, S. 373f., 1906, S. 411, 1911, S. 422, 427f.; Übersicht über die allgemeine Lage der sozialdemokratischen und anarchistischen Bewegung im Jahre 1912, S. 16, in: StA Düsseldorf, Regierung Düsseldorf Nr. 42809 B. 177. Über den Stil Clara Zetkins s. Söllner, S. 43ff. und Reetz.

schrift für die fortgeschrittenen Mitglieder der Bewegung, und 1898 betonte sie:

»Der Ansicht bin ich niemals gewesen, daß die ›Gleichheit‹ eine große Arbeiterinnenbewegung hervorrufen könne, denn das ist Sache der Agitation und der Organisation. Eine Zeitung wie die ›Gleichheit‹ kann keine Bewegung ins Leben rufen, sie kann nur eines thun, sie kann innerhalb der Bewegung schulend und fördernd wirken, und das hat die ›Gleichheit‹ gethan. Die ›Gleichheit‹ hat als Hauptziel verfolgt, die Genossinnen, die im Vordertreffen des Kampfes stehen, prinzipiell klar auf den Boden der Sozialdemokratie zu stellen und sie nicht von der bürgerlichen Frauenrechtlerei durchseuchen zu lassen und diese Aufgabe hat die ›Gleichheit‹ erfüllt.«[312]

Da jedoch vor allem vor 1908 die »Gleichheit« häufig die einzige Verbindung zwischen den Sozialdemokratinnen darstellte und die Zeitschrift auch zur Agitation unter ungeschulten Frauen benutzt wurde, sah sich Clara Zetkin 1904/05 zu Konzessionen gezwungen: Sie fügte der »Gleichheit« zwei monatlich erscheinende Beilagen »Für unsere Kinder« und »Für unsere Mütter und Hausfrauen« hinzu[313]. Die Kinderbeilage wurde von 1908 an von Käte Duncker redigiert, bis sie 1909 nach der Geburt ihres dritten Kindes diese Arbeit wieder aufgab[314].

Obwohl diese Beilagen beliebt wurden, verstummten die Vorwürfe nicht. Noch 1911 sagte Helene Grünberg: »Die ›Gleichheit‹ ist für die Referentinnen geschrieben, aber nicht für das Volk. Nicht der eigentliche Inhalt, sondern die Kinderbeilage hat die ›Gleichheit‹ so außerordentlich beliebt gemacht. (Sehr richtig! und Widerspruch.) Wenn irgend möglich, sollte Genossin Zetkin noch einmal umsatteln (große Heiterkeit) und die ›Gleichheit‹ populärer schreiben.«[315] Jäckel von der Textilarbeitergewerkschaft interpretierte diese Kritik als revisionistischen Angriff: »Im Grunde wird nicht gegen die ›Gleichheit‹ im allgemeinen protestiert, sondern ihre Tendenz ist es, die vielen nicht paßt.« Helene Grünberg wies diese Vermutung zurück: Ihr gehe es nicht um den Gegensatz »radikal und revisionistisch«, sondern darum, »daß für die Frauen ein Blatt geschaffen wird, das sie verstehen und auch lesen«[316]. Auch das preußische Innenministerium vermutete: »Die propagandistische Kraft dieses Blattes würde noch größer sein als sie jetzt schon ist, wenn es in populärerem Tone gehalten wäre.«[317]

Thönnessen und Honeycutt stimmen bedenkenlos der These zu, daß alle Kritik an der »Gleichheit« sich in Wirklichkeit gegen Zetkins politische

---

312 Parteitag 1896, S. 167, 1898, S. 131.

313 Gleichheit 1905ff.; Frauenkonferenz 1904, S. 373.

314 Honeycutt, S. 296f.; Kirsch, S. 107.

315 Frauenkonferenz 1911, S. 422.

316 Ebd., S. 427f.

317 Übersicht über die allgemeine Lage der sozialdemokratischen und anarchistischen Bewegung im Jahre 1913, S. 8, in: StA Düsseldorf, Regierung Düsseldorf Nr. 42809 B. 421.

Auffassungen richte[318]. Aus den Anträgen auf größere Verständlichkeit läßt sich das nicht belegen; angesichts des mangelhaften Bildungsstandes und geringen Verständnisses für politische und theoretische Fragen ist auch die einfache Klage über das zu hohe Niveau glaubwürdig. Wohl haben sich politische Gegnerinnen Clara Zetkins wie Lily Braun an diese Kritik angeschlossen und in Wirklichkeit gegen ihren Radikalismus gezielt. Generell jedoch kann die Kritik an der »Gleichheit« nicht als versteckter Richtungsstreit interpretiert werden.

Die Anträge auf die Herausgabe einer populärer geschriebenen »Gleichheit« oder einer Modezeitschrift und auf die Lieferung der Beilagen ohne die »Gleichheit« selbst fanden keine Mehrheit[319]. Auch in der Parteileitung diskutierte Pläne, die »Gleichheit« zu einer Beilage des »Vorwärts« zu machen oder ihr eine Konkurrenzzeitschrift zur Seite zu stellen[320], wurden nicht verwirklicht, bis die Gewerkschaften im Krieg aus Protest gegen die Haltung der »Gleichheit« zur Kriegsfrage eine »Gewerkschaftliche Frauenzeitung« schufen[321].

Auf regionaler Ebene jedoch gab es auch vor 1914 schon Frauenzeitungen und Frauenbeilagen. Im Ruhrgebiet erschien im Februar 1911 die erste Ausgabe der »Frauen-Zeitung für das westliche Westfalen«. Redakteur war der Bochumer Sozialdemokrat Heinrich Wetzker, Herausgeber die Bezirkskommission der SPD. Die Zeitung wurde den weiblichen Mitgliedern der Kreisvereine jeden Monat durch den Beitragskassierer unentgeltlich zugestellt[322]. In der Einführung zur ersten Ausgabe hieß es: »Unser Blatt soll weder die ›Gleichheit‹ noch die Tageszeitungen ersetzen . . .«, sondern lediglich gezielter auf lokale Besonderheiten eingehen. Die vierseitige Zeitschrift enthielt zwei politische Artikel, einen Aufsatz über »Die Masern« und einen ausführlichen Ratgeberteil, der über die »Pflege der Hühner im Winter«, »Feldsalat im Winter«, den »Nährwert des Frischfleisches« und »Irish Stew« informierte. Ein abschließender Notizenteil beschäftigte sich mit »Stottern, Stammeln« bei Kindern und mit der »Mundpflege«[323].

Diese inhaltliche Gewichtung bestätigt, daß die Zeitung tatsächlich keinen

---

318 Honeycutt, S. 131; Thönnessen, S. 53.

319 Frauenkonferenz 1900, S. 251f.; Parteitag 1912, S. 178, 256, 258, 289.

320 S. dazu A. Bebel an K. Kautsky, 17. 7. 1895, in: Karl Kautsky (Jr.) (Hrsg.): August Bebels Briefwechsel mit Karl Kautsky, Assen 1971, S. 92; C. Zetkin an Luise Kautsky, 18. 1. 1912, in: IISG, Kautsky-Familienarchiv 19,5; Luise Kautsky an C. Zetkin, 16. 11. 1912, in: ebd. 21,4.

321 Losseff-Tillmanns, S. 605ff.; zur Entwicklung der »Gleichheit« seit 1915 s. u. S. 179f.

322 Frauen-Zeitung für das westliche Westfalen. Nr. 1, Februar 1911, 1. Jg., in StA Münster, Regierung Münster VII 62o; Regierungspräsident Arnsberg, 23. 9. 1911, in: StA Münster, Regierung Münster VII 44a.

323 Frauen-Zeitung für das westliche Westfalen. Nr. 1, Februar 1911, 1. Jg.

Protest gegen die politische Tendenz der »Gleichheit« darstellte. Der Charakter dieser Neugründung zeigt auch, daß die Kritik an der »Gleichheit« wirklich deren hohen intellektuellen Anspruch meinte. Viele Frauen suchten eben auch in einer sozialistischen Frauenzeitung nach praktischen Ratschlägen zu Fragen des Haushalts, der Ernährung und der Kindererziehung. Die Zeitschrift wurde 1912 im Wahlkreis Dortmund-Hörde in 80000, 1913 in Bochum und Dortmund in 33000 Exemplaren verbreitet, bis sie im Oktober 1913 von der Bochumer SPD abgeschafft wurde[324]. Auf dem Bezirksparteitag der SPD 1914 kam es deswegen zu Auseinandersetzungen. Die Auffassung, daß die »Frauen-Zeitung« wertvolle Vorarbeit leiste, während die »Gleichheit« weitgehend gar nicht verstanden wurde, setzte sich durch[325]. Vermutlich verhinderte nur der Kriegsbeginn die Wiedereinführung der Zeitung.
Zur schriftlichen Agitation wurden häufig gezielte, einfach geschriebene Broschüren eingesetzt. Schon 1893 erschien Adolph Hoffmanns »Warnungsruf an die Frauen und Mädchen aller Stände«; Adolf Braun warb für die Gewerkschaften, und Tony Breitscheid wandte sich gezielt an die nicht erwerbstätigen Arbeiterfrauen[326]. Luise Zietz verfaßte mehrere solcher Schriften[327], in denen sie z. B. eine Frau Berndt die bisher politisch nicht interessierte Frau Arndt in einem Dialog allmählich über verschiedene politische Fragen aufklären und letztlich für die SPD gewinnen läßt[328]. 1912 wurde eine »Sozialdemokratische Frauenbibliothek« geschaffen, in der noch vor dem Weltkrieg acht Broschüren erschienen[329], die sowohl

324 StA Düsseldorf, Regierung Düsseldorf Nr. 42809 Bl. 22, 344; Bericht über den SPD Bezirksparteitag für das westliche Westfalen am 18. und 19. Juli 1914 in Recklinghausen, S. 4f., in: StA Münster VII 62a.

325 Ebd., S. 4ff.

326 Hoffmann; Adolf Braun (Hrsg.): Gleiches Recht für die Frauen! Eine Werbeschrift mit Beiträgen von E. Freundlich. S. Nestriepke, A. Popp, Nürnberg 1914; Tony Breitscheid: Hausfrauen und Politik, Berlin 1911. Weitere Titel im Quellen- und Literaturverzeichnis.

327 Luise Zietz: Die Frauen und die Reichstagswahlen. Politische Gespräche zwischen zwei Frauen, Leipzig 1911; dies.: Warum sind wir arm? Eine eindringliche Frage an alle Arbeiterinnen, Berlin 1914; dies.: Bist Du eine der Unsrigen?; dies.: Willst du arm und unfrei bleiben? Ein Aufruf an die Frauen des werktätigen Volkes, o.O., o.J.

328 Dies.: Die Frauen und die Reichstagswahlen.

329
1. Luise Zietz: Die Frauen und der politische Kampf, Berlin ²1912;
2. Klara Weyl: Die Frauen und die Gemeindepolitik, Berlin 1912;
3. L. Zietz: Kinderarbeit, Kinderschutz und die Kinderschutzkommissionen, Berlin 1912;
4. Mathilde Wurm: Die Frauen und der preußische Landtag, Berlin 1913;
5. M. Richter: Die Frau in der Industrie und Landwirtschaft Württembergs, Berlin 1913;
6. A. Braun: Die Arbeiterinnen und die Gewerkschaften, Berlin 1913;
7. Käte Duncker: Sozialistische Erziehung im Hause, Berlin 1914;
8. L. Zietz: Gewinnung und Schulung.

zur Agitation wie auch zur Schulung der bereits gewonnenen Frauen dienten. Die Werbewirksamkeit dieser Schriften ist schwer abschätzbar und von zusätzlicher, begleitender Agitationsarbeit abhängig. Luise Zietz empfahl, ein oder zwei Tage nach der Verteilung der Broschüren die Frauen aufzusuchen und mit ihnen persönlich über den Inhalt zu diskutieren[330].

Die Verteilung von Flugblättern begann in größerem Maßstab kurz nach der Jahrhundertwende: 1901 und 1902 verfaßte eine Kommission Flugblätter über Arbeiterinnenschutz und über »Wucherzölle«, die in 100000 bzw. 400000 Exemplaren verteilt wurden[331]. Anläßlich der Reichstagswahlen von 1907 wurden 800000 Flugblätter an die »Frauen und Mädchen des werktätigen Volkes« verbreitet, davon allein 40000 in Essen[332]. Zu den preußischen Landtagswahlen 1908 erschien ein Flugblatt, das zahlreiche Detailfragen wie Schulpolitik, Gesindeordnungen, Steuern, Wohnungspolitik und Justiz ansprach und für die SPD, die sozialistische Frauenbewegung und das Frauenwahlrecht warb. Die Frauen wurden zur Beteiligung am Wahlkampf aufgerufen: »Da wir nicht wählen können, so müssen wir um so mehr wühlen.« Man solle auf Handwerker und kleine Geschäftsleute Druck ausüben, damit sie bei der öffentlichen Stimmabgabe SPD wählten; andernfalls solle man sie boykottieren[333]. 1909 wurden selbst in einem so ländlich strukturierten Wahlkreis wie Lennep-Remscheid-Mettmann 6000 Flugblätter »Ein ernstes Wort an die Arbeiterfrauen« verteilt[334].

Höhepunkte der Agitation waren die auf Beschluß der zweiten internationalen Frauenkonferenz 1910[335] seit 1911 jährlich durchgeführten »Frauentage«. Der erste internationale Frauentag fand am 18. März 1911 in Dänemark, der Schweiz, in Österreich und am 19. März in Deutschland statt. Er stellte in erster Linie eine Demonstration für das Frauenwahlrecht und für die Sozialdemokratie dar, ist jedoch nicht als »Beitrag Clara Zetkins zur Entwicklung der Strategie und Taktik der revolutionären deutschen Linken in der Epoche des Imperialismus«[336] anzusehen. Flugblätter mit der Überschrift »Her mit dem Frauenwahlrecht« wurden ver-

---

330 Zietz: Gewinnung und Schulung, S. 11f.

331 Übersicht über die allgemeine Lage der sozialdemokratischen und anarchistischen Bewegung im Jahre 1902, S. 14, in: StA Düsseldorf, Regierung Düsseldorf Nr. 9042; Gleichheit 27. 2. 1901; Frauenkonferenz 1902, S. 289.

332 StA Düsseldorf, Regierung Düsseldorf Nr. 9059 Bl. 157; Parteitag 1907, S. 105.

333 Ein Exemplar dieses Flugblatts ist veröffentlicht in: Gleichheit 11. 5. 1908.

334 StA Düsseldorf, Regierung Düsseldorf Nr. 42811.

335 Gleichheit 12. 9. 1910.

336 So Fritz Staude: Ein Beitrag Clara Zetkins für den proletarischen Internationalismus, in: Wissenschaftliche Studien des pädagogischen Instituts Leipzig, 2 (1970), S. 149ff.

teilt, die unter Hinweis auf die zunehmende Frauenarbeit, die Mutterschaft und die Steuerzahlungen der Frauen den Anspruch auf das Wahlrecht begründeten und hervorhoben, daß als einzige Partei die SPD dafür eintrete. Zu den zahlreichen Versammlungen lud man auch die Männer ausdrücklich ein[337], die dennoch eine Minderheit blieben: In Düsseldorf besuchten 400 Frauen und 50 Männer die Versammlung, in Elberfeld 350 Frauen und 150 Männer, in Duisburg 375 Frauen und 25 Männer und in Recklinghausen 230 Frauen und 80 Männer[338].

Dagegen befanden sich Frauen bei allgemeinen Versammlungen, die nicht speziell für Frauen veranstaltet wurden, meist deutlich in der Minderheit: Zum Beispiel nahmen im November 1912 in Elberfeld und Barmen 800 Männer und 200 Frauen bzw. 5400 Männer und 600 Frauen an Kundgebungen gegen die Kriegsgefahr teil, und in Wahlrechtsversammlungen in Recklinghausen im März 1910 waren nur 40 bzw. 50 der 500 bzw. 600 Teilnehmer Frauen[339].

Der Frauentag von 1911 wurde von allen Seiten als Erfolg angesehen. Clara Zetkin schrieb, er sei »die wuchtigste Kundgebung für das Frauenwahlrecht gewesen, welche die Geschichte der Bewegung für die Emanzipation des weiblichen Geschlechtes bis heute verzeichnen kann«[340]. Ähnlich äußerte sich der Parteivorstand der SPD[341], und über Österreich berichtete Adelheid Popp: »Die Abhaltung des Frauentages hat beigetragen, die Forderung nach dem Wahlrecht den Massen der Frauen verständlicher zu machen und ihre politische Reife zu beschleunigen. Der Frauentag war ein Erzieher der Frauen zum Sozialismus.«[342] Auch Außenstehende beeindruckte der Frauentag. Drei Vertreterinnen der bürgerlichen Frauenbewegung gaben eine Sympathieerklärung ab[343], und Minna Cauer schrieb in ihr Tagebuch: »Sozialdemokratischer Frauentag gestern. Ein Markstein, O, wäre ich doch vor Jahrzehnten meinem Innern gefolgt und wäre hinübergegangen!«[344] In Österreich hatten etwa 300, in Hamburg und Altona 19, in Groß-Berlin 42 Versammlungen mit 30- bis 60000 Teilnehmern stattgefunden. In Westfalen veranstaltete man 25 Kundgebungen, im Bezirk Düsseldorf besuchten 7500 Frauen 20 Versammlungen. In Essen

---

337 StA Düsseldorf, Regierung Düsseldorf Nr. 42789 Bl. 171, Anlage A, Bl. 172, Anlage B. Ähnlich äußerten sich auch die Flugblätter zur Wahl der Nationalversammlung. Zahlreiche Exemplare in: Helene Lange-Archiv, Eb 2 ee.

338 StA Düsseldorf, Regierung Düsseldorf Nr. 42789 Bl. 69, 138, 141, 143ff.; StA Münster, Regierung Münster VII 44a.

339 StA Düsseldorf, Regierung Düsseldorf Nr. 42813 Bl. 61, 139, 194; StA Münster, Regierung Münster VII 41.

340 Gleichheit 27. 3. 1911.

341 Parteitag 1911, S. 20.

342 Popp: Weg zur Höhe, S. 101.

343 Gleichheit 27. 3. 1911. Es waren die Frauen Cauer, Lischnewska und Lüders.

344 M. Cauer: Tagebuch, 20. 3. 1911, in: Lüders: Minna Cauer, S. 155.

erschienen 700, in Düsseldorf 400 und in Elberfeld 350 Frauen[345]. Diese Versammlungen, in denen stets eine Resolution für das Frauenwahlrecht verabschiedet wurde, waren jedoch nicht überall erfolgreich. Helene Grünberg verzeichnete eine ganz unterschiedliche Resonanz in der Stadt Nürnberg und auf dem umliegenden Land: »Der Frauentag ist bei uns glänzend, auf dem Lande weniger gut verlaufen.«[346]

Auch der zweite Frauentag am 12. Mai 1912 wurde als »ein prächtiger Erfolg« gewertet[347], und 1913 weitete man ihn in Deutschland zu einer »Frauenwahlrechtswoche« aus[348]. Auf Grund der Erfahrungen der Vorjahre hatten Parteivorstand und Parteiausschuß jedoch beschlossen, den Frauentag nur noch in größeren Städten abzuhalten[349]. Obwohl in Groß-Berlin 40, in Hamburg und Altona 19 und auch in Düsseldorf, Elberfeld, Barmen und Dortmund große Versammlungen stattfanden[350], waren zahlreiche Sozialdemokraten mit dem Erfolg nicht mehr zufrieden. Der Parteiausschuß beschloß sogar, den Frauentag künftig nicht mehr stattfinden zu lassen, da die stets gleiche Thematik mit der Zeit an Zugkraft verliere[351].

Obwohl auch Clara Zetkin konzedierte, daß »hier und da die Beteiligung an den Frauentagsveranstaltungen hinter den Erwartungen zurückgeblieben ist«, und Minna Reichert sogar von einem Mißerfolg sprach, setzten sich Helene Brandenburg, Minna Reichert, Luise Zietz, Clara Zetkin und Helene Grünberg energisch für das Weiterbestehen des Frauentages ein. Helene Grünberg wies darauf hin, daß die Frauen in Nürnberg gegen starke Widerstände in der Partei 10 Veranstaltungen durchgeführt hätten, die sehr gut verlaufen seien. Es zeigte sich immer wieder, daß der Erfolg der Frauenagitation in hohem Maße von geeigneten Rednerinnen und Leiterinnen der Bewegung abhängig war. Der Parteitag beschloß schließlich, den Frauentag auch 1914 durchzuführen[352]. In der »roten Woche« 1914, in die der Frauentag integriert wurde, warb die SPD 148105 neue Mitglieder, von denen 32298 Frauen waren[353].

Gelegentlich wurden die Versammlungen an den Frauentagen mit einem Demonstrationszug verbunden, was in Einzelfällen – 1912 lediglich in

---

345 StA Düsseldorf, Regierung Düsseldorf Nr. 42789 Bl. 136, 143ff.; Nr. 42812 Bl. 169; StA Münster, Regierung Münster VII 44a; Gleichheit 27. 3. 1911; Popp: Weg zur Höhe, S. 100.

346 Frauenkonferenz 1911, S. 422.

347 Gleichheit 29. 5. 1912.

348 Parteitag 1913, S. 14.

349 Gleichheit 19. 3. 1913.

350 Ebd.

351 Parteitag 1913, S. 378, 380.

352 Gleichheit 19. 3. 1913, Parteitag 1913, S. 378ff.

353 Gleichheit 29. 4. 1914; Versammlungsberichte in: StA Münster, Regierung Münster VII 62v.

Berlin und Düsseldorf[354] – zu Zusammenstößen mit der Polizei führte. In Düsseldorf zogen nach Referaten von Lore Agnes und Karl Haberland die Versammlungsteilnehmer »in aufgelöster Ordnung und auf dem Bürgersteige sich bewegend« zum Gefängnis, wo an diesem Tage der Sozialdemokrat Peter Berten entlassen wurde. Als mehrere tausend Personen vor dem Gefängnis in »Gesang und Hochrufe auf das Frauenstimmrecht« ausbrachen, räumte die Polizei mit Gewalt die Straße. Drei Männer wurden wegen Beleidigung der Polizei und Nichtbefolgung ihrer Anordnungen angezeigt[355]. 1913 zogen die Düsseldorfer und Düsseldorferinnen nach der Frauenwahlrechtskundgebung mit Vorträgen von Elfriede Gewehr und dem Parteisekretär Arzberger in »einem losen Zug« und mit Hochrufen auf das Wahlrecht singend durch die Stadt. Die Polizei sprengte die Demonstration und erstattete mehrere Anzeigen; vier Personen wurden verurteilt[356]. Auch 1914 wiederholten sich solche Vorkommnisse[357].
In den meisten Orten jedoch war die Veranstaltung mit der Versammlung bereits beendet, oder ein anschließender Demonstrationszug verlief ruhig wie in Solingen 1912: »Im Anschluß an die Versammlung zogen ungefähr 250 Frauen unter Hochrufen auf das allgemeine, gleiche, geheime und direkte Wahlrecht nach dem Gewerkschaftshause, wo sich der Zug in Ruhe auflöste.«[358] Zu den Frauentagen gab Clara Zetkin eigene »Frauenwahlrechtszeitungen« heraus, die Artikel über das Frauenwahlrecht, biographische Beiträge über Vorkämpferinnen der Frauenemanzipation, Zuschriften ausländischer Sozialistinnen, Gedichte und Bilder enthielten[359].
Der Verlauf einer sozialdemokratischen Frauenversammlung wird aus den Anleitungen Luise Zietz' für die Agitatorinnen deutlich: Schon vor einer Versammlung sei durch Annoncen, Flugblätter, Plakatanschläge und Einladungszettel auf die Versammlung hinzuweisen. Die Veranstaltung selbst müsse dann gegen »das stumpfe Einerlei des Alltags« kontrastieren: »Eine gutbesuchte Versammlung mit einem guten, von Begeisterung getragenen und Begeisterung weckenden Referat, die Versammlung eingeleitet mit einem schönen, anfeuernden Kampfeslied eines Gesangvereins, geschlossen mit dem Massengesang der Versammelten, wird sicherlich einen erhebenden und unvergeßlichen Eindruck auf bisher Indifferente machen.«

354 Düsseldorfer Volkszeitung. 13. 5. 1912, in: StA Düsseldorf, Regierung Düsseldorf Nr. 42789 Bl. 152.

355 Ebd., Bl. 148ff.

356 Ebd., Bl. 161f.

357 Gleichheit 1. 4. 1914.

358 Arbeiterstimme. 13. 5. 1912, in: StA Düsseldorf, Regierung Düsseldorf Nr. 42789 Bl. 146.

359 Frauenwahlrecht! Hrsg. zum Ersten ff. Frauentag von Clara Zetkin. 1911ff., in: StA Düsseldorf, Regierung Düsseldorf Nr. 42812 Bl. 173ff.; Helene Lange-Archiv, Eb 2 ee. Eine detaillierte Inhaltsanalyse erfolgt unten S. 207ff.

Nach dem Vortrag solle man eine kurze Pause dazu nutzen, neue Mitglieder aufzunehmen. Am besten bilde man dazu eine Kommission, deren Mitglieder mit Aufnahmescheinen die einzelnen Tische aufsuchen und selbst sofort den Schein ausfüllen. Am Ende der Versammlung solle man diesen Vorgang wiederholen, jetzt jedoch Abonnements für die »Gleichheit« sammeln[360]. Diese geschickt organisierte und auch emotional-ästhetische Momente nicht ignorierende Agitationsmethode trug sicherlich dazu bei, daß die Frauenbewegung vor dem Ersten Weltkrieg zu einer ständig wachsenden Massenbewegung wurde.
Einen weitgehend typischen Politisierungsprozeß machte Rosa Frölich durch: 1907 erhielt sie anläßlich einer Wahlrechtsdemonstration ein Flugblatt, in dem auch das Frauenwahlrecht gefordert wurde. Anschließend las sie sozialdemokratische Zeitschriften und kaufte sich Clara Zetkins Broschüre »Zur Frage des Frauenwahlrechts«[361]. Im Januar 1908 besuchte sie erstmals eine sozialdemokratische Versammlung, kurz darauf wurde sie von der zuständigen Vertrauensperson aufgesucht, die sie in den Frauenbildungsverein einführte. Dort las sie zusammen mit den anderen Mitgliedern weitere Broschüren zur Frauenfrage[362]. So war sie stufenweise politisiert und zunehmend in die sozialistische Frauenbewegung einbezogen worden. Die vielfältigen Methoden der Frauenagitation griffen ineinander und ermöglichten einen angesichts der besonderen Schwierigkeiten beachtlichen Erfolg.
Allerdings wurden verschiedene Frauenkreise in unterschiedlichem Ausmaß erfaßt. Auch die proletarischen Frauen bildeten keine homogene Masse, und aus dieser Erkenntnis entwickelte die sozialistische Frauenbewegung für einzelne Zielgruppen spezialisierte Agitationsmethoden, jedoch mit unterschiedlichem Erfolg.
Anders als die Gewerkschaften konnte die sozialistische Frauenbewegung auch die Arbeiterfrauen als Rekrutierungsfeld betrachten, und immer wieder betonte man die Notwendigkeit, die proletarischen Hausfrauen zu gewinnen[363]. Versammlungsberichte zeigen, daß die Themen häufig auf deren Interessen zugeschnitten waren: Teuerung der Lebensmittel, vor allem steigende Fleischpreise boten häufig Anlaß, die Zoll- und Steuerpolitik der Regierung anzugreifen[364]. So konnte man, anknüpfend an konkrete

360 Gleichheit 25. 12. 1911; Zietz: Gewinnung und Schulung, S. 8ff. Diese Broschüre baut auf Luise Zietz' Vorträgen auf Bezirksfrauenkonferenzen auf.

361 Clara Zetkin: Zur Frage des Frauenwahlrechts. Bearbeitet nach dem Referat auf der Konferenz sozialistischer Frauen zu Mannheim, Berlin 1907.

362 Rosa Frölich: 100 Jahre SPD und die Frauen, in: Gleichheit. Nr. 5 (Mai 1963) 26. Jg., S. 175ff.

363 Frauenkonferenz 1904, S. 345, 1908, S. 505, 1911, S. 452.

364 Frauenkonferenz 1902, S. 306f.; Parteitag 1912, S. 14; O. Baader in: Illustrierter Neue Welt-Kalender 1909, S. 37; Breitscheid, S. 4ff.; Otto Rückert: Zur Geschichte der Arbeiterbewegung im Reichstagswahlkreis Potsdam–Span-

Probleme, die Notwendigkeit politischer Veränderungen aufzeigen. Die Agitation unter Hausfrauen hatte beachtliche Erfolge aufzuweisen[365]; es war sogar möglich, die Macht der Hausfrau als Konsumentin für politische und wirtschaftliche Ziele einzusetzen: 1908 führte ein Milchboykott zur Rücknahme einer Preiserhöhung, und ein Boykott der Jandorfschen Warenhäuser in Berlin gegen die Aussperrung von 146 organisierten Hausdienern war erfolgreich[366].

Ebenfalls 1908 übten die sozialdemokratischen Frauen bei den preußischen Landtagswahlen Druck auf Geschäftsleute aus, um sie zur Stimmabgabe für die SPD zu bewegen. Diese Methode, offen als »Terrorismus« bezeichnet, war zwar innerhalb der Bewegung umstritten, wurde jedoch als Notwehr gegen die ebenso fragwürdigen Methoden der Wahlbeeinflussung durch Gutsbesitzer und die katholische Kirche gerechtfertigt[367]. Daß solcher Druck überhaupt möglich war, zeigt die große Resonanz der sozialistischen Frauenagitation unter Hausfrauen.

Henriette Fürth wollte 1914 »Hausfrauenverbände konsumgenossenschaftlicher Art« nach dem Vorbild der 1911 gegründeten Reichsorganisation der Hausfrauen Österreichs schaffen[368]. Der Gedanke eigener Hausfrauenorganisationen setzte sich jedoch nicht durch. Man wollte die Hausfrauen in der SPD organisieren und sah eine Genossenschaft weitgehend als Vorschule. Clara Zetkin schrieb 1926: »Die Genossenschaft ist eine Brücke, über die hinweg viele zögernde, schüchterne Hausfrauen den Weg aus ihrem Heim in die Öffentlichkeit finden.« Im Unterschied zur Vorkriegszeit sah sie jetzt die Agitation in nicht-proletarischen Kreisen nicht mehr als Kraftverschwendung an: »Hier können wir nicht nur größte Kreise proletarischer Frauen erfassen, sondern auch über sie hinaus große Kreise der kleinbürgerlichen und mittleren Beamten usw. Und das ist von großer Wichtigkeit.«[369]

Die strukturelle Verteilung der erwerbstätigen Frauen auf die verschiedenen Sektoren zeigt, welch ausschlaggebende Bedeutung die Landagitation für die sozialistische Frauenbewegung haben mußte, wenn sie ihr Rekrutierungsfeld nicht von vornherein erheblich einschränken wollte. Doch finden sich die Probleme der SPD, die nicht zuletzt wegen der Beschlüsse des Breslauer Parteitags von 1895 wenig Anhänger auf dem Lande gewin-

---

dau–Osthavelland (1871–1917) unter besonderer Berücksichtigung der Tätigkeit Karl Liebknechts. 3 Teile, Potsdam 1965, S. 334f., Anhang Nr. 41; Zietz: Bist Du eine der Unsrigen, S. 10ff.; dies.: Die Frauen und der politische Kampf, S. 17.

365 Vgl. die Untersuchung der Sozialstruktur der Bewegung. S. 216ff.

366 Frauenkonferenz 1908, S. 480; Parteitag 1908, S. 110.

367 Frauenkonferenz 1908, S. 469ff.

368 Fürth: Hausfrau, S. 44.

369 C. Zetkin, in: Frau und Genossenschaft, Berlin 1926, S. 8, 12.

nen konnte[370], auch bei der Frauenbewegung. Selbst Clara Zetkin vertrat noch 1896 die Auffassung, in der Bauernschaft gebe es eigentlich gar keine Frauenfrage[371], und der Mangel an Agitatorinnen und Finanzmitteln ließ kaum eine erfolgreichere Landagitation erwarten, als die Gesamtpartei sie betrieb. Zudem wurde die politische Arbeit unter der Landarbeiterschaft dadurch erschwert, daß ihr das Koalitionsrecht verwehrt war und die Gesindeordnungen die persönliche Freiheit einschränkten. Daher begannen intensive Bemühungen der Sozialistinnen um die Landarbeiterinnen und Landarbeiterfrauen erst, nachdem sich die Bewegung konsolidiert hatte und schnell expandierte.

1906 stand ein Referat von Luise Zietz zur Lage der Landarbeiterinnen auf der Tagesordnung der Frauenkonferenz. Anschaulich schilderte sie Armut und Elend des Landproletariats, seine mangelnde Sicherung im Krankheitsfall, die langen Arbeitszeiten und niedrigen Löhne. In ihrer Resolution forderte sie die Abschaffung der Gesindeordnungen und rief zu intensiver Landagitation auf[372]. Neben der Beseitigung der Gesindeordnung war die Ausdehnung der Arbeiterschutzgesetze auf die Landarbeiter die zentrale Forderung[373]. Konkrete Hinweise für die Landagitation gab Luise Zietz jedoch nicht, und zu Recht kritisierten Lily Braun und Otto Braun, daß sie zwar die Lage der Landarbeiterinnen dargestellt, jedoch keine Lösung der besonderen Probleme bei der Agitation angedeutet habe[374].

Tatsächlich blieben trotz zahlreicher Agitationstouren von Frauen wie Wilhelmine Kähler und Luise Zietz auch in agrarisch strukturierte Gebiete[375] die Erfolge äußerst bescheiden, was Ottilie Baader 1908 in ihrem Geschäftsbericht vage mit den »äußerst schwierigen Verhältnissen« erklärte. 1909 stellte sie fest, daß Vereine auf dem Lande nicht lebensfähig seien und man sich auf formlose gelegentliche Zusammenkünfte beschränken müsse, und 1910 vermerkte die »Gleichheit« das Scheitern von Schulungsmaßnahmen auf dem Lande[376]. Noch 1911 war der Mitgliederzuwachs in erster Linie den großen Städten zu verdanken, und auch der Frauentag verlief auf dem Lande nicht erfolgreich[377]. Die Frauen auf dem

---

370 Parteitag 1895, S. 98ff.; Hans Georg Lehmann: Die Agrarfrage in der Theorie und Praxis der deutschen und internationalen Sozialdemokratie. Vom Marxismus zum Revisionismus und Bolschewismus, Diss. Tübingen 1970.

371 Parteitag 1986, S. 161.

372 Frauenkonferenz 1906, S. 414ff.

373 Ebd. und Baader, S. 43.

374 Gleichheit 13. 9. 1909; Die Neue Gesellschaft 1906, S. 4.

375 Gleichheit: Spalte »Aus der Bewegung«, 1906ff., passim.

376 Parteitag 1908, S. 106; Baader in: Illustrierter Neue Welt-Kalender 1909, S. 37; Gleichheit 21. 11. 1910.

377 Frauenkonferenz 1911, S. 422, 424.

Lande erwiesen sich gegenüber sozialistischen Einflüssen als weitgehend immun und ließen sich nicht für eine Organisation gewinnen[378]. Die Bürgermeister kleinerer Orte und die Landräte im Rhein/Ruhr-Gebiet meldeten immer wieder, noch in den letzten Jahren vor dem Krieg, daß es bei ihnen überhaupt keine Frauenbewegung gebe[379]. Das gleiche berichtete der Regierungspräsident von Münster 1907 für seinen ganzen Regierungsbezirk[380]; auch die Dienstbotenbewegung konnte auf dem Lande nicht Fuß fassen[381]. Die immer wiederkehrenden Hinweise auf die Notwendigkeit einer effektiveren Landagitation[382] bestätigten ebenfalls, daß die sozialistische Frauenbewegung auf dem Lande vollkommen gescheitert ist.

Wie das ländliche Gesinde standen auch die Dienstboten unter Gesindeordnungen. Das BGB von 1900 hob lediglich das in ihnen enthaltene Züchtigungsrecht der »Herrschaft« auf, das jedoch auch noch nach 1900 von einigen Gerichten als rechtmäßig bestätigt wurde[383]. Eine Dienstbotenbewegung setzte zunächst spontan, unabhängig von der SPD, in Berlin ein[384]; Ottilie Baader lehnte Lily Brauns Vorschlag, in dieser Bewegung für die SPD zu agitieren, ab, da die Dienstboten kein Koalitonsrecht besaßen und noch nicht reif genug seien. Clara Zetkin aber unterstützte Lily Braun, und 1899 sprachen Lily Braun und auch Ottilie Baader in Dienstbotenversammlungen[385]. Der Versuch, die Dienstmädchen zu gewinnen, scheiterte jedoch[386]. Auch in Österreich waren die bereits 1893 begonnenen Bemühungen zur Aufklärung der Dienstboten erfolglos geblieben, und erst 1911 konnte ein Verein der Hausgehilfinnen, »Einig-

378 Elisabeth Jaeckel: Weibliche Dorfjugend, Leipzig 1912, S. 9f.; Marie Wegner: Die Lage der Landarbeiterinnen, Leipzig 1905, S. 24.

379 Z. B. die Landräte von Düsseldorf, Essen, M. Gladbach, Kempen, Altena, Dortmund, Gelsenkirchen, Hagen, Hamm, Hattingen u. a.: StA Düsseldorf, Regierung Düsseldorf Nr. 42810, Nr. 42811, Nr. 42812 Bl. 8, 13, 17, 20, 32, 40, Nr. 42813 Bl. 159, Nr. 42781; StA Münster, Regierung Arnsberg I 97 Bl. 70, 86, I 98 Bl. 75, 136, 165, I 99 Bl. 8, 43, 80, 103, 129, 135, 163, I 100 Bl. 7, 88, 122, 143, 164, 204, 214.

380 StA Münster, Regierung Münster VII 44a.

381 Übersicht über die allgemeine Lage der sozialdemokratischen und anarchistischen Bewegung 1908, S. 11, in: StA Düsseldorf, Regierung Düsseldorf Nr. 9042.

382 Frauenkonferenz 1911, S. 452; Gleichheit 4. 3. 1912.

383 Stillich S. 236ff.; M. Wurm, S. 11f.; eine Übersicht über die Gesindeordnung in: Gleichheit 25. 5. 1908.

384 Gleichheit 16. 8. 1899.

385 Gleichheit 30. 8. 1899, 27. 9. 1899, 18. 7. 1900, 1. 1. 1902; L. Braun: Memoiren II, S. 252ff.; Stillich, S. 7, 387ff.

386 Übersicht über die allgemeine Lage der sozialdemokratischen und anarchistischen Bewegung 1899, S. 10, in: StA Düsseldorf, Regierung Düsseldorf Nr. 9042.

keit«, gegründet werden, der sich später mit dem Verein der Heimarbeiterinnen zusammenschloß[387].

Die Organisierung der Dienstmädchen scheiterte u. a. an deren häufigem Stellenwechsel. Schlechte Verpflegung, Mangel an Freizeit und nahezu unbegrenzte Arbeitszeit ließen die Dienstmädchen oft in der Kündigung einen Ausweg suchen. Doris Viersbeck, ein Hamburger Dienstmädchen, arbeitete bis zu ihrer Heirat in fünf verschiedenen Haushalten[388]. Stellenwechsel war eine weit verbreitete Reaktion auf die schlechten Arbeitsbedingungen, die »einzig schönen patriarchalischen Verhältnisse«[389] waren nur ein nostalgischer Traum Reaktionärer. Lange Zeit jedoch spielten sich die Konflikte unter Ausschluß der Öffentlichkeit ab, und erst 1906 hatten Organisationsversuche Erfolg.

Anläßlich zahlreicher Meinungsverschiedenheiten mit ihren »Herrschaften« über das übliche Weihnachtsgeschenk wandten sich die Dienstmädchen in Nürnberg an das Arbeitersekretariat. Mehrere Zeitungsartikel über die Lage der Dienstboten und ein Vortrag Helene Grünbergs vor über 1000 Frauen gaben den Anstoß zur Gründung einer Organisation am 18. März 1906. Die Mitglieder erhielten bei einem Monatsbeitrag von 25 Pfennig die »Gleichheit« gratis. Die Organisation schuf Institutionen zur Stellenvermittlung und unterstützte ihre Mitglieder im Krankheitsfall. Der Nürnberger Verein gewann sofort 200 Dienstboten, und die Zahl stieg in einem Jahr auf 549[390]. Die sozialistische Frauenbewegung griff die Nürnberger Anregung schnell auf. Schon 1906 hörte die Frauenkonferenz ein Referat Helene Grünbergs zum Thema und verabschiedete deren Resolution, die zur Agitation unter Dienstboten aufrief und auch die Forderung nach Abschaffung der Gesindeordnung enthielt[391].

Nach Nürnberg entstanden in München, Köln, Hamburg und Frankfurt Dienstbotenvereine, und im Oktober 1908 gab es schon in 18 Städten Dienstbotenorganisationen mit insgesamt 5711 Mitgliedern. Allein in Hamburg waren 2700 Dienstboten organisiert[392]. In Düsseldorf fanden 1907 drei öffentliche Dienstbotenversammlungen statt, die im Oktober

---

387 Popp: Der Weg zur Höhe, S. 45ff.; dies.: Haussklavinnen. Ein Beitrag zur Lage der Dienstmädchen, Wien 1912.

388 Doris Viersbeck: Erlebnisse eines Hamburger Dienstmädchens, München 1910, S. 3, 11ff., 19, 26, 58, 93, 97, 102f.; ausführlich über die Lage der Berliner Dienstmädchen: Stillich.

389 Brügelmann, S. 70.

390 Juchacz: Frauen ihres Jahrhunderts (Manuskript), in: Archiv der sozialen Demokratie, Nachlaß Juchacz 3.; Gleichheit 21. 3. 1906, 4. 4. 1906; Frauenkonferenz 1906, S. 430; Parteitag 1906, S. 71.

391 Frauenkonferenz 1906, S. 430ff.

392 Juchacz: Frauen ihres Jahrhunderts, in: Archiv der sozialen Demokratie, Nachlaß Juchacz 3.; Juchacz: Chronik des Frauenlebens (Manuskript), S. 22, in: ebd. 2.

zur Gründung einer Dienstbotenorganisation führten[393]. Schon im Oktober 1909 berichtete jedoch die Polizeiverwaltung, daß der Verein in den letzten Monaten nicht mehr hervorgetreten sei[394]. Die junge Düsseldorfer Frauenbewegung hatte ihre Kräfte überschätzt. Gute Erfolgschancen hatten Dienstbotenvereine dort, wo schon eine starke sozialistische Frauenbewegung bestand; denn anders als Ende der neunziger Jahre konnten sich dort unzufriedene Dienstmädchen an versierte Sozialdemokratinnen wenden, die in der Lage waren, ihre Beschwerden schnell und effektiv aufzugreifen und spontane Empörung zur Schaffung von Organisationen zu nutzen.

Dabei gab es allerdings Meinungsverschiedenheiten: Helene Grünberg, die auf einer außerordentlichen Frauenkonferenz über »Agitation und Organisation« der Dienstboten referieren sollte, boykottierte die Konferenz, da die Vertretung der Dienstboten Sache der Gewerkschaften, nicht der Frauenbewegung sei[395]. Ihr Referat wurde von Frau Kähler aus Düsseldorf übernommen, und die Konferenz behandelte ferner Fragen des Stellennachweises – Referentin war Luise Zietz – und des Dienstvertrages – Referentin war Ida Baar[396]. Ottilie Baader wies die Auffassung zurück, daß die Dienstbotenorganisation eine rein gewerkschaftliche Aufgabe sei, und im Gegensatz zu Helene Grünberg sprach sich die Konferenz für die Propagierung eines Dienstvertrages aus, der die Gesindeordnung außer Kraft setzte. Die »Gleichheit« hatte diesen Dienstvertrag vor allem aus agitatorischen Gründen befürwortet, während Helene Grünberg ihn als illusorisch ablehnte.

Die Frauenkonferenz suchte den Konflikt zwischen Frauenbewegung und Gewerkschaften aufzuheben: Sie führte die »Gleichheit« als Organ der Dienstbotenbewegung ein, beschloß, die Vereine zentral zu organisieren und sie dann an die Generalkommission der Gewerkschaften anzugliedern[397]. Dazu wurde eine Kommission mit dem Sitz in Hamburg gewählt, die am 8. Mai 1908 Verhandlungen mit den Gewerkschaften aufnahm[398]. Nach einem Referat Helene Grünbergs beauftragte der Gewerkschaftskongreß von 1908 die Generalkommission mit der Organisierung

393 StA Düsseldorf, Regierung Düsseldorf Nr. 9059 Bl 82, Nr. 42810; StA Münster, Regierung Münster VII 44 a.

394 StA Düsseldorf, Regierung Düsseldorf Nr. 42810.

395 Correspondenzblatt der Generalkommission der Gewerkschaften Deutschlands. 17. Jg. (1907), S. 672, 708 ff.; Gleichheit 30. 9. 1907, 11. 11. 1907, 9. 12. 1907. Zu Helene Grünbergs Stellung zwischen Gewerkschaften und Frauenbewegung ausführlich: Quataert, S. 160, 182 f., 197 ff.

396 Gleichheit 11. 11. 1907, 9. 12. 1907.

397 Gleichheit 9. 12. 1907; Quataert, S. 197 ff.

398 Juchacz: Frauen ihres Jahrhunderts, in: Archiv der sozialen Demokratie, Nachlaß Juchacz 3.; Parteitag 1908, S. 102 f.

der Dienstboten[399]. Am 17. Januar 1909 gründeten die Gewerkschaften den »Zentralverband der Hausangestellten Deutschlands«. Die Entscheidung, statt der »Gleichheit« eine eigene Zeitschrift einzuführen[400], muß als Niederlage Clara Zetkins gegen die letztlich stärkere Gewerkschaftsführung gewertet werden. Die gewerkschaftliche Dienstbotenagitation konnte allerdings nicht an die Erfolge der Frauen anknüpfen: Der Verein vermochte seine Mitgliederzahl nicht mehr zu steigern, und nach dem Rücktritt der Vorsitzenden Ida Baar im Mai 1913 blieb der Vorsitz ein Jahr lang vakant, bis Luise Kähler im März 1914 ihre Nachfolge antrat[401]. Da die gewerkschaftliche Agitation wenig erfolgreich war und der Beruf des Dienstmädchens längerfristig immer mehr an Bedeutung verlor, erwies sich der Verband in der Weimarer Republik als nicht mehr lebensfähig[402].

Kurz vor dem Ersten Weltkrieg wurden in der sozialistischen Frauenbewegung auch Ansätze zu einer spezialisierten Agitation unter katholischen Frauen sichtbar. Während man lange Zeit nicht selten den Austritt aus der Kirche propagiert hatte[403], betonte Luise Zietz immer wieder, daß die SPD die Religion als Privatsache ansehe: Vor katholischen Frauen müsse man dem Vorwurf entgegentreten, die SPD wolle die Religion abschaffen oder verbieten und Ehe und Familie zerstören. Wenn man diese Anklagen unter Hinweis auf das Eintreten der SPD für Kinder- und Mutterschutz entkräfte, könne man auch die »Frauen in den Domänen des Zentrums« trotz ihrer Kirchengebundenheit gewinnen[404]. Man erkannte durchaus die Gefahr, daß gerade die katholischen Frauen gegen die SPD mobilisiert werden könnten; die Wahlergebnisse von 1919 zeigen jedoch, daß noch keine durchschlagenden Erfolge erzielt wurden.

Die sozialistische Frauenbewegung beteiligte sich auch an der jedoch primär in gewerkschaftliche Zuständigkeit fallenden Agitation unter Handlungsgehilfinnen[405], wandte sich aber nicht gezielt an Akademikerinnen. Vor allem verzichtete man bewußt auf den Versuch, Lehrerinnen zu gewinnen, da man zunächst breitere proletarische Schichten organisieren wollte.

Tatsächlich litt die Bewegung lange Zeit an einem spürbaren Mangel an fähigen und geschulten Agitatorinnen. Die meisten männlichen Sozialde-

399 Gewerkschaftskongreß 1908, S. 36f., 176.

400 Gleichheit 1. 2. 1909.

401 Gleichheit 24. 7. 1912, 14. 4. 1916; Hauff, S. 37; Quataert, S. 206.

402 Julius Lotzmann (Bürgermeister Nürnbergs) an M. Juchacz, 26. 6. 1952, in: Archiv der sozialen Demokratie, Nachlaß Juchacz 1.

403 Z. B. StA Düsseldorf, Regierung Düsseldorf Nr. 42789 Bl. 46.

404 Gleichheit 4. 3. 1912; Zietz: Die Frauen und die Reichstagswahlen, S. 28f.; dies.: Gewinnung und Schulung, S. 24f.

405 Gleichheit 8. 3. 1893, 29. 4. 1896; Baader, S. 62; Sender, S. 26; Sittel; Strain, S. 145ff.

mokraten hatten kein starkes Interesse an der Frauenagitation, und die Frauen selbst vertraten häufig die Auffassung, Agitation unter Frauen werde am besten von Frauen geleistet: sie könnten sich besser in deren Probleme einfühlen, stießen auf größeres Vertrauen. So wurde die Frauenagitation zu einer Domäne der Frauen, und die meisten der aktiven Sozialdemokratinnen verwandten ihre Bemühungen in erster Linie auf die Gewinnung weiterer Frauen. Eine wichtige Ausnahme ist Rosa Luxemburg, die sich fast gar nicht in der Frauenbewegung[406] engagierte und ihre ganze Energie allgemeinen politischen Fragen widmete.

Viele Sozialistinnen waren wegen ihrer Pflichten in der Familie nicht in der Lage, öffentlich aufzutreten oder gar auf wochenlange Agitationsreisen zu gehen. Das Bildungsdefizit von Arbeiterinnen und Arbeiterfrauen ließ sich nur mühsam überwinden, und gerade am Anfang fehlten ausgebildete Rednerinnen. 1899 veranstaltete das Agitationskomitee für den Niederrhein 160 Versammlungen, von denen nur drei eine Frau als Referenten hatten. Da es sich in allen drei Fällen um Luise Zietz handelte[407], hielt im ganzen Jahr keine einzige Frau aus dem eigenen Bezirk auch nur einen Vortrag. In den Vereinen begnügte man sich häufig mit dem Vorlesen aus Broschüren oder Zeitschriften, wenn keine Referentin zur Verfügung stand[408]. 1900 wies Ignaz Auer auf die Überlastung der »Wenigen, die alle Arbeit leisten müssen«, hin, und 1901 bat Ottilie Baader die Männer um Hilfe bei der Flugblattverteilung; »denn das Häuflein Frauen, die in der Agitation thätig sind, reicht nicht aus«[409]. In Düsseldorf fehlten 1901 die Kräfte für die »erforderliche Kleinarbeit unter den Arbeiterinnen«, und noch 1902 beklagte Ottilie Baader den Mangel an Rednerinnen. Luise Zietz formulierte: »Die Mannschaften sind da, aber die Offiziere fehlen.«[410] Von 1904 an nahmen jedoch diese Klagen spürbar ab, wenngleich es auf regionaler Ebene noch immer »an energievollen Frauen, die auf eigene Initiative die Bewegung halten und leiten«[411], fehlte.

---

406 Sie schrieb allerdings mehrere Artikel allgemeinen politischen Inhalts für die »Gleichheit«, einen Aufsatz für die »Frauenwahlrechtszeitung« von 1912 und nahm 1911 als Delegierte von Hagen-Schwelm an der Frauenkonferenz teil, ohne sich jedoch an den Debatten zu beteiligen (Frauenkonferenz 1911, S. 493).

407 StA Düsseldorf, Regierung Düsseldorf Nr. 9060 Bl. 305.

408 Gleichheit 1. 6. 1892; Baader in: Illustrierter Neue Welt-Kalender 1909, S. 37.

409 Parteitag 1900, S. 138, ähnlich S. 185; Parteitag 1901, S. 91, 124, 131, ähnlich 1895, S. 197f.

410 Gleichheit 27. 2. 1901; Frauenkonferenz 1902, S. 288, 290, 292; Parteitag 1902, S. 39.

411 So Luise Zietz 1906 über das Ruhrgebiet, in: StA Düsseldorf, Regierung Düsseldorf Nr. 9041 Bl. 470; ähnlich der Vorsitzende Schaal 1907 auf der Solinger Kreiskonferenz, in: StA Düsseldorf, Regierung Düsseldorf Nr. 9059 Bl. 309.

Nicht nur die geringe Zahl der Agitatorinnen, sondern auch deren unzureichende Schulung bildete ein erhebliches Problem. Eine der Vertrauenspersonen Berlins wurde von Lily Braun als eine Frau geschildert, die »kaum Zeit hatte, eine Zeitung zu lesen, für die das Schreiben eines Briefes eine fast unlösbare Aufgabe war«[412], und Frau Bosse, die langjährige Leiterin der Bewegung in Bremen, erklärte 1904:

> »Über Bremen ist nicht viel Erfreuliches zu berichten. Die Bewegung wurde hierher von der nun verstorbenen Guillaume-Schack getragen. Diese Frau hat mich für unsere Sache begeistert. Durch sie kam ich zu der Ehre, hier eine Führerrolle zu spielen. Ich tat, was in meinen schwachen Kräften stand, es konnte nicht viel sein. Ich bin eine arme Proletarierin, hatte wenig Bildung und Wissen. Meine Dreistigkeit, mich öffentlich im Reden zu versuchen, war mein einziges Verdienst. Ich konnte nicht viel leisten. Die Bewegung ging etwas vorwärts, aber bald wieder zurück . . .«[413]

Typisch für die sozialistische Frauenbewegung sind nicht Frauen wie Clara Zetkin oder Lily Braun, sondern wie Frau Bosse, die in keinem biographischen Lexikon erwähnt werden und von denen nicht die geringsten Lebensdaten bekannt sind. Lily Braun erkannte richtig, daß die meisten Frauen »nicht auf dem Wege wissenschaftlicher Erkenntnis, sondern einzig und allein durch ihr Gefühl geleitet, zu Sozialistinnen geworden waren«[414].

Zur Schulung dieser Sozialistinnen dienten neben der »Gleichheit« vor allem die Diskussions- und Leseabende für Frauen, deren Aufgabe es war, die »Gefühlssozialistinnen« »zu überzeugten Klassenkämpferinnen heranzubilden«[415] und »aus den scheuen, gedrückten Frauen, die sich nicht trauten, ein Wort zu sagen, tüchtige Agitatorinnen« zu machen[416]. In diesen Leseabenden behandelte man das Parteiprogramm, Kautskys Erklärungen dazu, das »Kommunistische Manifest« oder Artikel der »Gleichheit«[417]. Den meisten Frauen jedoch war diese Lektüre zu schwierig, zu theoretisch, zu trocken. Viele Diskussions- und Leseabende waren schlecht besucht[418], und mehrfach wurde angeregt, statt schwieriger Werke mit wissenschaftlichem Anspruch Broschüren von Emma Ihrer oder Lily Braun zu behandeln oder bei der Besprechung des Erfurter Programms mit den Gegenwartsforderungen zu beginnen[419]. Welch große

---

412 L. Braun: Memoiren II, S. 179; s. auch Joos, S. 16.

413 Frauenkonferenz 1904, S. 341.

414 L. Braun: Memoiren II, S. 206.

415 Zietz: Gewinnung und Schulung, S. 13; ähnlich Gleichheit 27. 2. 1911.

416 Baader auf der Frauenkonferenz 1908, S. 468.

417 Frauenkonferenz 1902, S. 292; Parteitag 1905, S. 65; Parteitag 1907, S. 110.

418 Übersicht über die allgemeine Lage der sozialdemokratischen und anarchistischen Bewegung 1910, S. 12, in: StA Münster, Regierung Münster VII 44a; ebd. 1912, S. 15, in: StA Düsseldorf, Regierung Düsseldorf Nr. 42809 Bl. 170ff.

419 Frauenkonferenz 1904, S. 342, 1911, S. 433f.

Schwierigkeiten zu überwinden waren, zeigt sich daran, daß in einer Zuschrift an die »Gleichheit« selbst Bebels »Die Frau und der Sozialismus« als viel zu schwer bezeichnet und die Vermutung geäußert wird, es sei wohl noch nie ganz in einem Frauenleseabend behandelt worden[420].
Clara Zetkin jedoch befürchtete eine Verwässerung der politischen Schulung und betonte, der grundsätzliche Teil des Programms müsse Inhalt der Leseabende sein. Ottilie Baader stimmte ihr zu, und auch Käte Duncker, die selbst Diskussions- und Leseabende leitete, sah in der sozialistischen Weltanschauung das zentrale Thema. Zusätzlich sollten Fragen der Kindererziehung behandelt werden. Luise Zietz formulierte, man müsse die Mütter befähigen, »ihre Kinder mit sozialistischem Geist zu erfüllen«[421]. In Dresden entwickelte man ein für 22 Abende konzipiertes Programm, das sich zuerst mit den Forderungen der Sozialdemokratie, dann mit der Stellung der Frau in der Gesellschaft und schließlich mit Problemen der Kindesentwicklung beschäftigte[422].
Die Verständnisschwierigkeiten der Frauen wollte Clara Zetkin durch didaktische Verbesserungen überwinden. Statt Vorträge zu halten, solle man mit den Teilnehmerinnen das Thema in Frage und Antwort erarbeiten; Luise Zietz betonte den Wert der Mitarbeit der Teilnehmerinnen, und Ottilie Baader schlug vor, abwechselnd vorzulesen, zu diskutieren und die Frauen dann schriftliche Ausarbeitungen anfertigen zu lassen[423]. Doch selbst diese, aus heutiger Sicht ganz unzureichenden didaktischen Ansätze ließen sich nicht immer verwirklichen, da der Mangel an geeigneten Leiterinnen häufig das bloße Vorlesen notwendig machte, das sicher keine optimale Lern- und Arbeitssituation schuf[424].
Der elementare Bildungshunger vieler Frauen ermöglichte dennoch gewisse Erfolge, und schon 1908 äußerte sich Ottilie Baader zufrieden[425]. 1907 bestanden in 120 Orten, 1913 in 162 Kreisen solche Leseabende[426]. In Hamburg wurden zusätzlich in jedem Distrikt monatliche Frauenbildungsabende mit Vorträgen und Diskussionen eingerichtet, so daß es 1912 schon 61 Schulungsabende allein in Hamburg gab[427]. In Berlin wurden die Leseabende in einigen Bezirken 1908 wegen der Beteiligung von bis zu 150 Frauen geteilt, und so fanden erst in 14-, dann in achttägigem Abstand

420 Gleichheit 21. 11. 1910, s. auch Gleichheit 26. 9. 1910.
421 Frauenkonferenz 1908, S. 433f.; Parteitag 1905, S. 65; Gleichheit 11. 9. 1911; Zietz: Gewinnung und Schulung, S. 14.
422 Gleichheit 27. 2. 1911.
423 Frauenkonferenz 1908, S. 433; Baader in: Illustrierter Neue Welt-Kalender 1909, S. 37; Zietz: Gewinnung und Schulung, S. 15.
424 Gleichheit 26. 9. 1910, 27. 2. 1911.
425 Frauenkonferenz 1908, S. 468.
426 Parteitag 1907, S. 110, 1913, S. 16; Zietz: Gewinnung und Schulung, S. 12.
427 Gleichheit 23. 5. 1910, 7. 8. 1912, 2. 10. 1912.

15 Leseabende mit etwa 550 Teilnehmerinnen statt[428]. Luise Zietz legte wiederum auf die Stärkung des Zusammengehörigkeitsgefühls Wert: »Alle Lese- oder Schulungsabende sollten ihren Abschluß finden mit dem Absingen eines oder zweier unserer alten schönen Arbeiterlieder.«[429]
Bereits geschulte Frauen besuchten die allgemeinen Bildungsabende der Partei, für die Leitungskräfte gab es besondere Schulungskurse. In Hamburg konnten die aktiven Frauen sich über den Aufbau öffentlicher Vorträge unterrichten lassen, und in Berlin führte das Frauenbüro Ausbildungskurse für weibliche Funktionäre durch[430]. Einige Frauen, z. B. Agnes Plum[431], besuchten die Parteischule.
All diese Maßnahmen konnten die Zahl qualifizierter Referentinnen deutlich vermehren und so eine effektivere Agitations- und Schulungsarbeit ermöglichen. Die Zentralvertrauensperson und seit 1908 das Frauenbüro versorgten zudem die Leiterinnen der Bewegung mit Informationsmaterial: Theoretische Schriften, aktuelles statistisches Material, Broschüren mit Informationen zu bestimmten Einzelthemen und Parteitagsprotokolle ermöglichten ihnen, sich auch zu Hause zu informieren und weiterzubilden[432]. Die Schulungsbemühungen förderten nicht nur die sozialistische Frauenbewegung, sondern leisteten auch einen Beitrag zur Überwindung des Bildungsdefizits zahlreicher proletarischer Frauen.

### *b) Die Verbesserung der wirtschaftlichen und sozialen Lage der Arbeiterinnen*

Die Bemühungen um die Verbesserung der wirtschaftlichen und sozialen Lage der arbeitenden Frauen bildeten eine zentrale Aufgabe der sozialistischen Frauenbewegung. Man betonte die Bedeutung der Forderungen nach gleichen Löhnen wie denen der Männer, nach Arbeiterinnenschutz, Arbeitszeitverkürzung und weiblicher Gewerbeaufsicht und wollte diese Fragen keineswegs ausschließlich den Gewerkschaften überlassen.
Eine vollständige Lohnstatistik für ganz Deutschland liegt nicht vor. Dennoch kann kein Zweifel bestehen, daß die Frauenlöhne deutlich unter den Männerlöhnen lagen; Emma Ihrer schätzte sie auf 50 %, Johanna Löwen-

428 Gleichheit 3. 8. 1908, 31. 8. 1908, 7. 12. 1908.

429 Zietz: Gewinnung und Schulung, S. 18.

430 Übersicht über die allgemeine Lage der sozialdemokratischen und anarchistischen Bewegung 1911, S. 7, in: StA Münster, Regierung Münster VII 62R; Gleichheit 1. 1. 1903, 5. 2. 1912; Parteitag 1911, S. 22; Zietz: Gewinnung und Schulung, S. 18.

431 Polizei-Verwaltung Essen, 31. 8. 1908, in: StA Düsseldorf, Regierung Düsseldorf Nr. 42810.

432 Übersicht über die allgemeine Lage der sozialdemokratischen und anarchistischen Bewegung von der Mitte des Jahres 1905 bis zur Mitte des Jahres 1906, S. 20, in: StA Düsseldorf, Regierung Düsseldorf Nr. 9041 Bl. 347ff.; Parteitag 1902, S. 40, 1903, S. 51, 1908, S. 113.

herz sogar auf nur ein Drittel[433]. Ein wichtiger Grund für den dauerhaft niedrigen Stand der Frauenlöhne ist die Tatsache, daß Frauen in den meisten Fällen ungelernte Arbeiterinnen waren. Doch auch bei gleicher Arbeit erhielten Frauen niedrigere Löhne; bei der Bewertung der Frauenarbeit ging man davon aus, daß Männer eine Familie zu ernähren hätten, Frauen dagegen nur einen Zuschuß zum Familieneinkommen verdienen wollten[434]. So diente die überkommene Rollenverteilung zur Rechtfertigung niedrigerer Löhne, die nicht nur soziale Härten und Ungerechtigkeiten bedeuteten, sondern selbst erwerbstätigen Frauen die finanzielle Selbständigkeit versagten. »Frauenfrage« und »soziale Frage« waren hier eng verknüpft.

Häufig lagen die Frauenlöhne unter dem Existenzminimum: 1902 verdiente eine Fabrikarbeiterin durchschnittlich 500 Mark im Jahr, während man das Existenzminimum auf 600 Mark schätzte[435]. Die Arbeiterinnen, die nicht durch Angehörige unterstützt wurden, mußten sich durch Heimarbeit oder Prostitution zusätzliches Geld verdienen[436]. Auf dem Land erhielten die Tagelöhnerinnen, die zum Teil mit Lebensmitteln entlohnt wurden, weniger Nahrung als die Männer[437].

Besonders niedrig waren die Löhne in der Heimarbeit, wo die Konkurrenz durch bürgerliche Frauen, durch Gefängnisarbeit und schließlich die Bedrängung der städtischen durch die noch billigere ländliche Heimarbeit die Löhne drückte[438]. Die Diskriminierung der Frauen in der Lohnhöhe läßt sich an zahlreichen Beispielen eindrucksvoll belegen[439], und insgesamt schätzt Bry, daß die Frauenlöhne vor dem Ersten Weltkrieg etwa 50 % der Männerlöhne betrugen[440]. Der geringe Organisationsgrad der Arbeiterinnen und das unzureichende Engagement der Gewerkschaften für eine gleiche Bezahlung von Frauen und Männern ließen dieses Element sozialer Ungleichheit immer wieder überleben, und auch heute noch sind gleiche Löhne für Männer und Frauen nicht selbstverständlich[441].

---

433 Josephine Levy-Rathenau: Die deutsche Frau im Beruf. Praktische Ratschläge, in: Handbuch der Frauenbewegung. V, S. 29ff.; Ihrer: Organisationen, S. 7; Johanna Loewenherz: Prostitution oder Production, Eigentum oder Ehe? Eine Studie zur Frauenbewegung, Neuwied 1895, S. 50.

434 L. Braun: Frauenfrage S. 289ff.; Dullo, S. 5; Salomon: Die Ursachen der ungleichen Entlohnung, S. 14ff., 41ff.; M. Wurm, S. 7f.

435 R. u. L. Wilbrandt in: Handbuch der Frauenbewegung. IV, S. 183f.

436 Ebd. S. 186; Schlesinger-Eckstein: Die Frau, S. 13.

437 L. Braun: Frauenfrage, S. 372.

438 Bilder aus der deutschen Heimarbeit, S. 29f.; Schutz den Heimarbeitern, S. 6ff. 17ff., 23ff.; Olberg: Elend, S. 25ff.

439 Beispiele und Zahlen bei: A. Braun: Arbeiterinnen, S. 10f.; Gerhard Bry: Wages in Germany 1871–1945, Princeton 1960, S. 352, 366ff.; Kuczynski, S. 175f.

440 Bry, S. 93, 99; ähnlich Ernst Drahn: Deutsche Arbeitslöhne, Gautzsch bei Leipzig 1914, S. 16.

441 Nach einem Kommissionsbericht des Deutschen Bundestages von 1977 liegen

Ein Überblick über die Beteiligung von Frauen an Arbeitskämpfen zeigt, daß Frauen keineswegs immer die Rolle von Streikbrechern spielten, sondern in erheblichem Umfang an Streiks teilnahmen. Diese bislang noch unerforschte Thematik ist hier auch deshalb wichtig, weil die sozialistische Frauenbewegung gerade bei Arbeitskämpfen eine besonders intensive Agitation betrieb und weil das Streikverhalten von Arbeiterinnen auch über ihr politisches Bewußtsein informieren kann.

Vor den neunziger Jahren kam es nur zu kleineren Streiks mit weiblicher Beteiligung: 1872 etwa gab es mehrere kleine, meist spontane Arbeitsniederlegungen. In München streikten 8 Arbeiterinnen in einer Gold- und Silberdrahtfabrik zwei Tage lang erfolglos für eine kürzere, zwölf- bzw. im Winter elfstündige Arbeitszeit; in einer Leinenspinnerei im Allgäu fand ein eintägiger Lohnstreik statt, der mit einem Erfolg endete: 190 Arbeiterinnen in Schönau/Baden konnten nach acht Tagen eine Lohnerhöhung durchsetzen, 80 Zigarrenarbeiter und -arbeiterinnen erkämpften nach viertägigem Streik eine Lohnerhöhung, die allerdings nur ein Drittel des geforderten Betrags ausmachte, und in einer Hutfabrik in Altenburg wurde 30 streikenden Arbeiterinnen bereits nach einigen Stunden eine Lohnerhöhung bewilligt[442]. 1882 streikten 700 Weber und Weberinnen in Augsburg[443], und in Crimmitschau kam es schon 1882, 1884 und 1887, lange vor dem großen Streik von 1903, zu Arbeitskämpfen in den Webereien[444].

Ein wirklich großer Arbeiterinnenstreik fand 1893 in Österreich statt: Aus Protest gegen die Entlassung der erst 16 Jahre alten Amalia Ryba, die in den Fabriken für die Beteiligung an der Maifeier geworben hatte, legten am 3. Mai 600 Frauen und Mädchen in Gumpendorff bei Wien in Bleichereien, Spinnereien und Appreturfabriken die Arbeit nieder. Nach Ausbruch dieses spontanen Streiks wandten sich die Streikenden an Adelheid Dworschak, später Popp, und fanden deren Unterstützung und die Hilfe der österreichischen Sozialdemokratie. Zu den Streikforderungen gehörten neben der Wiedereinstellung Amalia Rybas die Einführung des Zehnstundentages – der Arbeitstag betrug 12 Stunden –, die Abschaffung der Feiertagsarbeit und eine 10%ige Lohnerhöhung. Nach zwei bis drei Wochen

---

die Löhne der Industriearbeiterinnen ca. 30 % unter denen der Männer: Frau und Gesellschaft. Zwischenbericht der Enquete-Kommission deutscher Bundestag (Bundestagsdrucksache 7/5866), in: Zur Sache. Themen parlamentarischer Beratung. 1/77, S. 24f.

442 Amtliche Mitteilung des Deutschen Handelstages. Die Arbeitseinstellungen in Deutschland. Bericht auf Grund des dem Handelstage zugegangenen Materials dem bleibenden Ausschusse erstattet vom General-Sekretär, Berlin 1873, zitiert in: Kuczynski, S. 161f.

443 Schmidt/Richter, S. 123.

444 Schaarschmidt, S. 101ff.; s. auch schon Gerhart Hauptmann: Die Weber, in: ders.: Das dramatische Werk. Sechs Teile in drei Bänden. 1. Teil, Berlin [6]1932. S. 293–384.

wurde der Streik erfolgreich beendet; viele Frauen hatten sich organisiert, wenige jedoch blieben es dauerhaft[445].

Auch in Deutschland kam es in den folgenden Jahren mehrfach zu Arbeiterinnenstreiks. Im November 1893 streikten in Harburg 200 Arbeiterinnen einer Gummifabrik für höhere Löhne. Ihre Forderung wurde nach zwei Tagen bewilligt[446].

Im Mai 1894 bemühte sich der Schuhfabrikant Tack aus Burg bei Magdeburg, eine Streikbrecherorganisation zu gründen. Er wandte sich an die Arbeiterin Schmutzler, die jedoch ihren Kolleginnen diesen Plan enthüllte. Ihre Entlassung löste einen spontanen Streik aus, der von den Unternehmern auch anderer Schuhfabriken mit einer Aussperrung beantwortet wurde. 99 der 500 Ausgesperrten waren Frauen[447].

Im April 1896 legten 547 Kaffeeverleserinnen in Altona und 50 in Hamburg für zwei bzw. drei Wochen die Arbeit nieder, um die Einführung des Neunstundentages und einen garantierten Mindestlohn von 25 Pfennig pro Stunde durchzusetzen[448].

Um einen großen Arbeitskampf handelte es sich 1896 bei dem Konfektionsarbeiterstreik, der am 2. Februar in Hamburg, Breslau und Stettin begann. Acht Tage später wurde auch in Berlin in 14 Versammlungen der Streik beschlossen, und schließlich griff die Bewegung auf Erfurt, Dresden und Halle über. Allein in Berlin beteiligten sich 30000 Personen am Streik, von denen ein Großteil Frauen war. Dieser Arbeitskampf war bereits am 26. Januar mit Flugblattverteilungen vorbereitet worden; die meisten der Streikenden waren allerdings nicht organisiert. Streikziele waren:

1. die Einführung von Lohntarifen;
2. die Errichtung von Betriebswerkstätten. In den Verhandlungen stellten die Streikenden diese Forderung zurück;
3. die Einsetzung von paritätischen Kommissionen für Streitfälle;
4. eine menschenwürdigere Behandlung: »Rohe Redensarten oder gar Handgreiflichkeiten (wie sie vorgekommen) müssen unterbleiben«;
5. eine schnelle Abfertigung beim Abholen und Abliefern der Ware. Diese Forderung war wichtig, da Heimarbeit nach Stücklohn bezahlt wurde und jedes Warten Lohnverlust bedeutete;
6. wöchentliche Lohnzahlung;
7. die Errichtung von Arbeitsnachweisen unter Leitung von Arbeitern[449].

---

445 Münchener Post. Nr. 112, 17. 5. 1893, 7. Jg., in: Bundesarchiv, ZSg 113–95; Bericht Amalia Rybas in: Emmerich I, S. 343ff.; auch in: Klucsarits/Kürbisch, S. 194ff.; Gleichheit 17. 5. 1893, 31. 5. 1893; Popp: Weg zur Höhe, S. 40ff.

446 Gleichheit 15. 11. 1893.

447 Gleichheit 30. 5. 1894.

448 Johannes Schult: Geschichte der Hamburger Arbeiter 1890–1919, Hannover 1967, S. 111f.

449 Gleichheit 19. 2. 1896, 4. 3. 1896; Schutz den Heimarbeitern, S. 87.

Die Öffentlichkeit wurde durch Presse und durch Versammlungen intensiv über die Verhältnisse in der Heimarbeit unterrichtet. Die Hälfte der Heimarbeiterinnen arbeitete in der Bekleidungsindustrie: 1895 waren dort 92612 Frauen beschäftigt. Die Arbeitsbedingungen waren durch besonders lange Arbeitszeiten und extrem niedrige Löhne gekennzeichnet; zudem war gerade bei den Kleider- und Mäntelnäherinnen nur in der Saison Arbeit zu bekommen. Zwischen den Unternehmer und die Heimarbeiterin war häufig ein Zwischenmeister eingeschaltet. Dieses System verschlechterte die Situation der Heimarbeiterinnen zusätzlich, da zahlreiche Zwischenmeister nicht die vollen Löhne auszahlten. Die Schutzgesetze für Fabrikarbeiterinnen galten für die Hausindustrie und Heimarbeit nicht, und gerade diese Tatsache trug dazu bei, daß die durch moderne Betriebsformen überholte Heimarbeit vor dem Ersten Weltkrieg noch kein aussterbender Produktionszweig war[450].

Angesichts dieser Verhältnisse unterstützten auch bürgerliche Kreise die Forderungen der Streikenden, zumal die in Heimarbeit hergestellten Kleidungsstücke dank der erbärmlichen Zustände in den Heimarbeiterfamilien nicht selten mit Krankheitskeimen infiziert waren und so auch die Kunden gefährdeten. In Dresden trug die finanzielle Unterstützung der Streikenden durch einen bürgerlichen Frauenverein dazu bei, daß der Kampf erfolgreich beendet wurde: u. a. wurden Lohnerhöhungen zwischen 15 % und 33,3 % erreicht[451]. Auch in anderen Orten wurde eine Einigung erzielt: In Breslau konnten eine 10 %ige Lohnerhöhung, die Einsetzung eines Schiedsgerichts und die Verkürzung der Wartezeiten durchgesetzt werden; in Erfurt einigte man sich auf eine Lohnerhöhung von 12,5 %, die Einführung eines Stundenlohnes für Abhol- und Wartezeiten und auf Festsetzung und öffentliche Bekanntmachung von Lohntarifen; in Halle konnten die Streikenden die Vergütung langen Wartens und eine Lohnerhöhung von 15 % durchsetzen. In Berlin wurden die Verhandlungen am 19. Februar mit einer Vereinbarung abgeschlossen: Einführung und Veröffentlichung von Mindesttarifen, Lohnerhöhung um 12,5 %, für die unteren Lohngruppen um bis zu 30 %, Verpflichtung der Zwischenmeister zur Auszahlung des vollen Lohnes, Bildung einer Schlichtungskommission aus Vertretern der Konfektionäre, der Meister und der Arbeiterinnen. In sieben von elf Versammlungen beschlossen die Streikenden, den Arbeitskampf zu beenden. Den Entschluß der vier anderen Versammlun-

---

450 Bilder aus der deutschen Heimarbeit, S. 13, 29f.; Heimarbeit-Ausstellung Berlin 1906, S. 3; Olberg: Elend, S. 13, 22, 31; Schutz den Heimarbeitern, S. 6 ff., 17ff., 23ff.; die männliche Heimarbeit in der Stadt starb allerdings schon aus: s. Käthe Gabel: Die Heimarbeit. Das jüngste Problem des Arbeiterschutzes, Jena 1913, S. 19.

451 Gleichheit 19. 2. 1896, 1. 4. 1896; Olberg: Elend, S. 80.

gen zur Fortsetzung des Kampfes erklärte die »Gleichheit« mit »anarchistischen Quertreibereien«. Insgesamt wertete die sozialistische Frauenbewegung das Ergebnis als erfreulichen Teilsieg[452].

Vor allem erhoffte sich die Frauenbewegung jedoch von dem breiten öffentlichen Interesse eine baldige Einführung gesetzlicher Schutzmaßnahmen auch für die Heimarbeit. Tatsächlich hatten sich in einer Reichstagsdebatte alle Parteien mit Ausnahme des Freisinns für Schutzgesetze ausgesprochen. Eine Vorlage der Regierung sah jedoch lediglich vor, den Bundesrat zum Erlaß von Schutzbestimmungen zu ermächtigen. Die Bundesratsverordnung vom 30. 6. 1897 enthielt schließlich nur noch Schutzmaßnahmen für Arbeiter und Arbeiterinnen in Werkstätten, nicht jedoch für die Heimarbeit. Anträge der SPD, die Schutzgesetze für Fabriken auf die Heimarbeit auszudehnen, wurden abgelehnt. Auch die Initiative des internationalen Kongresses für Arbeiterschutz und die Heimarbeitsausstellung 1906 in Berlin führten nicht zum Erfolg[453]. Die Arbeiterbewegung sah letzlich in der Abschaffung der Heimarbeit ihr Ziel, und Oda Olberg hoffte, daß gerade die Ausdehnung von Schutzgesetzen eine Reform sei, die die Heimarbeit allmählich »in moderne Betriebsformen überführt«[454]. Vor 1914 blieb jedoch dieser Reform jeder Erfolg versagt. Die 1896 aufgeflackerte Empörung der Öffentlichkeit war letztlich zu kurzlebig gewesen, um die Gesetzgebung zu beeinflussen. Damit blieben die Teilerfolge des Arbeitskampfes nur Zugeständnisse, die keine durchgreifende Änderung herbeiführten. Die Lohnerhöhungen wurden weitgehend wieder rückgängig gemacht, und in der Damenkonfektion gelang es nicht, Tarifverträge abzuschließen. 1911 führte die Ablehnung eines Tarifentwurfs durch die Unternehmer erneut zu einem Streik, ohne daß sich die Lage entscheidend änderte. Auch die Mitgliedergewinne der Schneidergewerkschaft waren nicht dauerhaft: Während des Streiks 1896 waren 7886 Frauen organisiert, am Jahresende nur noch 1956. Nach einem Tiefpunkt im Jahre 1909 stieg die Zahl der Frauen im Schneiderverband 1910 auf 8942. Von

452 Gleichheit 4. 3. 1896, 1. 4. 1896; Baader, S. 59f.

453 Schutz den Heimarbeitern, S. 78, 97ff.; Heimarbeit-Ausstellung Berlin 1906; Die Heimarbeitsausstellung in Berlin, Nürnberg, Gotha o.J.; Else Lüders: Heimarbeitfragen in Deutschland. Bericht an die Internationale Vereinigung für gesetzlichen Arbeiterschutz erstattet, Berlin 1910; dies.: Heimarbeitfragen in Deutschland. II. Bericht an die Internationale Vereinigung für gesetzlichen Arbeiterschutz erstattet, Berlin 1912.

454 Sozialistische Monatshefte 1904, Bd. I, S. 195, 198; Protokoll der Verhandlungen des ersten Allgemeinen Heimarbeiterschutz-Kongresses. Abgehalten zu Berlin im Gewerkschaftshaus am 7., 8. und 9. März 1904, Berlin 1904, S. 116, 166ff.; Internationaler Kongress für Arbeiterschutz in Zürich vom 23. bis 28. August 1897. Die Cirkulare des Organisationskomites, Referate und Anträge und Vorläufiges Verzeichnis der Kongressteilnehmer, Zürich 1897, S. 45; Die Heimarbeitsausstellung in Berlin, S. 12f.; Olberg: Elend, S. 84, 90.

den 49000 in der Damenkonfektion beschäftigten Frauen jedoch waren 1911 nur 600 organisiert, und der von Unorganisierten getragene Streik 1911 scheiterte nicht zuletzt deshalb, weil er vom Verband nicht unterstützt wurde[455].

1897 streikten die Wäscherinnen in Isenburg, Hessen. Im Verlauf des siebenwöchigen Arbeitskampfes organisierten sich 185 der 208 Wäscherinnen. Sie forderten die Einführung des Zehnstundentages – in den meisten Betrieben wurde noch 14 bis 16 Stunden lang, in einigen 11 Stunden lang gearbeitet –, höhere Löhne und bessere Kost. Henriette Fürth referierte vor der Frankfurter Ortsgruppe des ADF, und bürgerliche Frauen sammelten 300 Mark für die Streikenden. Zudem drohten sie den Wäschereibesitzern mit der Entziehung von Aufträgen, und die »Gleichheit« erkannte an: »Dank auch der Unterstützung gerechtdenkender bürgerlicher Elemente, wurde den Streikenden das Aushalten bis jetzt möglich.« Ein Schlichtungsversuch des Gewerbegerichts scheiterte, da die Unternehmer der angesetzten Sitzung fernblieben. Nach sieben Wochen jedoch endete der Streik mit einem Sieg der Wäscherinnen[456].

Zu einem weiteren Streik in der Wäscheindustrie kam es 1905 in Bielefeld, wo die Unternehmer nach fünfwöchigem Streik Lohnerhöhungen von 8 bis 12,5 % und eine Arbeitszeitverkürzung von 10 auf 9 ½ Stunden zugestehen mußten. Nach dem Erfolg verließen viele Arbeiterinnen die Gewerkschaft, und 1908, in einem konjunkturell ungünstigen Jahr, wurden die Löhne wieder gesenkt. Gründliche Vorarbeit der Gewerkschaft führte 1910 zu einem erneuten Streik, an dem sich 2000 Arbeiterinnen beteiligten; von ihnen waren 1650 organisiert. Ziel der Gewerkschaften war der Abschluß eines Tarifvertrags[457].

1899 streikten die Feingoldschläger und -schlägerinnen in Nürnberg. Der Arbeitskampf war erfolgreich, und die Zahl der organisierten Frauen stieg von 46 auf 437[458].

1900 führte eine erfolgreiche Tarifbewegung der Kostümschneider und -schneiderinnen der Organisation 400 neue weibliche Mitglieder zu, von denen aber nach einem Jahr lediglich 50 noch organisiert waren[459].

Am 19. März 1901 traten 375 Schuharbeiterinnen in Harburg in einen Lohnstreik. Nach 13 Wochen endete dieser Arbeitskampf mit einem Vergleich[460].

---

455 Gleichheit 11. 12. 1911.

456 Gleichheit 28. 4. 1897, 12. 5. 1897, 9. 6. 1897, 23. 6. 1897; Die Neue Zeit 15. Jg. Bd. II, S. 437; Baader, S. 61; Hanna Ilberg: Clara Zetkin. Aus dem Leben und Wirken einer großen Sozialistin, o.O. 1956, S. 67f.

457 Gleichheit 5. 12. 1910.

458 Salomon, in: Handbuch der Frauenbewegung. II. S. 251.

459 Ebd., S. 248.

460 Gleichheit 31. 7. 1901.

Im gleichen Jahr fand in Cunewalde in der Oberlausitz ein Abwehrstreik gegen Lohnkürzungen statt. Dort hatte die Arbeiterbewegung noch nicht Fuß gefaßt, und zur ersten Streikversammlung erschienen viele Arbeiterinnen mit dem Gesangbuch. Der Streik von 580 Webern, von denen 450 Frauen waren, endete mit einem Vergleich, der von Ottilie Baader zu Unrecht als voller Sieg bezeichnet wurde: Die Lohnkürzung machte lediglich einen geringeren Betrag aus als ursprünglich beabsichtigt[461].

Einen weiteren Weberstreik gab es 1902 in Meerane, wo sich 1976 Männer und Frauen an dem Arbeitskampf beteiligten und nur 11 Streikbrecher gefunden wurden. Die »Gleichheit« betonte das solidarische Verhalten der Frauen ausdrücklich; auch unter den Streikposten waren Frauen. Nach 13 Wochen konnten die Streikenden eine Lohnerhöhung um 20 bis 25% erzwingen[462].

Der bekannte, große Textilarbeiterstreik von Crimmitschau, in dem 21 Wochen lang während der Jahre 1903/04 um den Zehnstundentag gerungen wurde, soll hier nicht näher dargestellt werden. Die Mehrzahl der Beteiligten waren Frauen: 3434 Frauen und 3126 Männer waren ausgesperrt[463].

Am 9. Juli 1910 begann in der Nürnberger Bleistiftindustrie ein elfwöchiger Arbeitskampf, in dem 1800 Streikende, unter ihnen 1200 Frauen, eine Erhöhung der Mindestlöhne um 5 bis 10% und die Verkürzung der Arbeitszeit auf 56 Wochenstunden durchsetzten[464].

Der erste größere Streik der Papierwarenarbeiterinnen fand 1912 in Aschersleben statt. Dort streikten 300 Arbeiterinnen mit Unterstützung einer gleichen Anzahl Heimarbeiterinnen 7 Wochen lang für höhere Löhne. Obwohl dieses Ziel nicht erreicht werden konnte, wertete die »Gleichheit« die Solidarisierung der Arbeiterinnen als Fortschritt[465].

1913 konnten Heimarbeiterinnen in Johanngeorgenstadt eine Lohnerhöhung erkämpfen[466], und im gleichen Jahr gelang es 1100 Arbeiterinnen und 700 Arbeitern der Nürnberger Bürsten- und Pinselindustrie, mit einem 20 Wochen dauernden Streik eine Lohnerhöhung von 10% durchzusetzen[467].

Diese Streikchronik läßt deutlich erkennen, daß Frauen durchaus an Arbeitskämpfen beteiligt waren. In den meisten Fällen handelte es sich um Lohnstreiks; gelegentlich löste ein konkreter Vorfall den Arbeitskampf

---

461 Gleichheit 14. 8. 1901; Baader, S. 79f.

462 Gleichheit 17. 12. 1902, 28. 1. 1903; Juchacz: Chronik des Frauenlebens, S. 19, in: Archiv der sozialen Demokratie, Nachlaß Juchacz 2.

463 Ebd.; Baader, S. 83; Schaarschmidt, S. 123ff.

464 Gleichheit 1. 8. 1910, 24. 10. 1910.

465 Gleichheit 11. 12. 1912.

466 Gleichheit 17. 9. 1913.

467 Gleichheit 23. 7. 1913, 15. 10. 1913.

aus, der spontan von unorganisierten Arbeiterinnen begonnen wurde. In einigen Fällen erfuhren die Streikenden auch die Solidarität bürgerlicher Frauen, ohne daß dadurch die grundsätzliche Trennung überwunden worden wäre. Die Gewerkschaften gewannen während der Arbeitskämpfe eine große Zahl von Frauen, die jedoch häufig schon bald die Organisation wieder verließen.

Das statistische Material über die Beteiligung von Frauen an Arbeitskämpfen ist recht dürftig und bislang kaum bearbeitet worden. 1892 waren bei Angriffstreiks 32659 Arbeiter, davon 2468 Frauen, bei Abwehrstreiks 960 Frauen, 1903 bei Angriffstreiks 53760 Arbeiter, davon 2841 Frauen, und bei Abwehrstreiks 67830 Arbeiter, davon 9869 Frauen beteiligt[468]. Gewerkschaftliche Gesamtzahlen geben folgendes Bild:

*Tabelle 11:* Beteiligung an Arbeitskämpfen 1900–1913[469]

| | Gesamtbeteiligung | Männer | Frauen | Frauenanteil |
|---|---|---|---|---|
| 1900 | 115711 | 111441 | 4270 | 3,69 % |
| 1901 | 48552 | 45196 | 3326 | 6,85 % |
| 1902 | 56004 | 52576 | 3428 | 6,14 % |
| 1903 | 121603 | 108893 | 12710 | 10,45 % |
| 1904 | 135957 | 130909 | 5048 | 3,71 % |
| 1905 | 507946 | 473039 | 34925 | 6,88 % |
| 1906 | 316042 | 289537 | 26505 | 8,39 % |
| 1907 | 281030 | 245544 | 26486 | 9,42 % |
| 1908 | 126883 | 115991 | 10892 | 8,58 % |
| 1909 | 131244 | 123318 | 7926 | 6,04 % |
| 1910 | 369011 | 348051 | 20960 | 5,68 % |
| 1911 | 325253 | 274173 | 51080 | 15,70 % |
| 1912 | 479589 | 452032 | 27557 | 5,75 % |
| 1913 | 248986 | 228254 | 20732 | 8,33 % |

Einen Überblick über die Zahl der freigewerkschaftlich organisierten Männer und Frauen, die an Arbeitskämpfen beteiligt waren, gibt folgende Tabelle:

468 Frauenkonferenz 1904, S. 337.

469 Statistische Beilagen zum Correspondenzblatt 1901 ff.; Zahlen bis 1920 in: Willy Albrecht / Friedhelm Boll / Beatrix W. Bouvier / Rosemarie Leuschen-Seppel / Michael Schneider: Frauenfrage und deutsche Sozialdemokratie vom Ende des 19. Jahrhunderts bis zum Beginn der zwanziger Jahre, in: Internationale Tagung der Historiker der Arbeiterbewegung (»XIV. Linzer Konferenz« 1978). Die Frau in der Arbeiterbewegung 1900–1939, Wien 1980, S. 107–181, hier Tab. 14, S. 181. Die Prozentzahlen sind errechnet.

*Tabelle 12:* Beteiligung der Gewerkschaftsmitglieder an Arbeitskämpfen[470]

| | Gesamtbeteilligung | Männer | Frauen | Frauenanteil |
|---|---|---|---|---|
| 1904 | 69058 | 65363 | 3695 | 5,35 % |
| 1905 | 81065 | 65099 | 15966 | 19,70 % |
| 1906 | 134754 | 118943 | 15811 | 11,73 % |
| 1907 | 92323 | 78622 | 13701 | 14,84 % |
| 1908 | 91018 | 80126 | 10892 | 11,97 % |
| 1909 | 64638 | 56712 | 7926 | 12,26 % |
| 1910 | 174649 | 153689 | 20960 | 12,00 % |

Der relativ hohe Frauenanteil erklärt sich daraus, daß hier nur Streiks und Aussperrungen berücksichtigt sind, an denen überhaupt weibliche Gewerkschaftsmitglieder beteiligt waren. Dieses Bild wird durch folgende Zahlen korrigiert:

*Tabelle 13:* Anteil der Streikenden unter den Organisierten[471]

| | Männer | Frauen |
|---|---|---|
| 1904 | 9,4 % | 7,6 % |
| 1906 | 12,7 % | 13,2 % |
| 1908 | 6,8 % | 7,8 % |
| 1910 | 18,7 % | 12,9 % |

Nach absoluten Zahlen und auch im Verhältnis zu ihrem Anteil an den Erwerbstätigen[472] beteiligten sich Frauen weit weniger als Männer an Arbeitskämpfen. Dagegen zeigen Tabelle 13 und ein Vergleich der Tabellen 11 und 12 mit Tabelle 8, daß die Streikbeteiligung der organisierten Frauen keineswegs durchgehend unter der der Männer lag. Die Streikbeteiligung der Frauen entsprach – mit Abweichungen nach oben und nach unten – durchaus ihrem Organisationsgrad. Dabei lag der Frauenanteil an Streikenden und Ausgesperrten in Branchen mit starker Frauenarbeit, z. B. bei den Textil-, Tabak- und Buchdruckereihilfsarbeitern, wesentlich höher als in den Verbänden der Metall- und Holzarbeiter, in denen die Frauen eine geringe Minderheit bildeten[473]. Eine detaillierte branchenspezifische Analyse sowie eine Betrachtung der Streikdaten unter Aspekten

470 Hauff S. 44ff. Die Zahlen sind aus ihren Angaben für die einzelnen Verbände errechnet. Eine Doppelzählung von Streikenden und Ausgesperrten ist nicht auszuschließen.

471 Ebd., S. 43.

472 Vgl. Tabellen 1 und 2.

473 Zahlen bei: Hauff, S. 44f. und in den Statistischen Beilagen zum Correspondenzblatt.

wie Verteilung von Abwehr- und Angriffsstreiks, spontanen und organisierten Arbeitskämpfen, Korrelationen zur Konjunkturentwicklung und Bedingungen für Erfolg und Mißerfolg wäre Aufgabe einer eigenen Untersuchung[474].

In der Arbeiterbewegung machte man den nicht erwerbstätigen Frauen von streikenden Arbeitern häufig den Vorwurf, daß sie den Kampfgeist ihrer Männer durch ständige Hinweise auf die finanziellen Opfer für die Familie untergrüben. Nach der Jahrhundertwende, mit dem Wachstum der sozialistischen Frauenbewegung, verloren diese Vorwürfe jedoch zunehmend ihre Berechtigung. Zum Beispiel bejahten die meisten Bergarbeiterfrauen 1905 den Streik ihrer Männer im Ruhrgebiet, und die »Gleichheit« kommentierte: »Früher standen die Frauen den Kämpfen ihrer Männer, Söhne und Brüder als eine einsichtslose, ja feindliche Masse gegenüber. Jetzt verfolgen sie mit leidenschaftlichem Interesse alle Vorgänge des gewaltigen Kampfes der Grubenhörigen gegen ihre Herren . . .«[475]

Diese veränderte Lage wiederum, die zunehmende Politisierung der Frauen, nutzte die Bewegung intensiv zur Agitation, die gerade jetzt auf fruchtbaren Boden fiel: »Im Ruhrrevier ist es gegenwärtig eine Lust zu agitieren.«[476] Während also schon die intensive Agitation der sozialistischen Frauenbewegung zur Veränderung der Haltung der Frauen beigetragen hatte, profitierte sie nun von der durch den Arbeitskampf geschaffenen Mobilisierung. Frauen mit gerade erwachtem politischen Interesse fanden jetzt eine Bewegung vor, die jeden Streik zur Gewinnung neuer Anhängerinnen ausnutzte.

Die Verkürzung der Arbeitszeit, die neben Lohnerhöhung und gleichem Lohn für gleiche Arbeit zu den häufigsten Themen der Arbeitskämpfe gehörte, war ständige Forderung der sozialistischen Frauenbewegung. 1891 war für Fabrikarbeiterinnen der elfstündige Maximalarbeitstag eingeführt worden, der jedoch nicht für Betriebe mit weniger als zehn Beschäftigten, nicht für die unter Gesindeordnung stehenden Arbeiterinnen und nicht für die Heimarbeit galt[477]. Die tatsächliche Arbeitszeit der Frauen war sehr unterschiedlich: 1899 unterschritt die Arbeitszeit der meisten verheirateten Arbeiterinnen, die sich nur selten von der Unverheirateter unterschied, bereits die erlaubten 11 Stunden, während vor allem in der Heim-

---

474 G. Losseff-Tillmanns geht in ihrer Dissertation nur sehr kurz (S. 200ff.) auf die Problematik der Arbeitskämpfe ein.

475 Gleichheit 8. 2. 1905; ähnlich 25. 1. 1905, 22. 2. 1905; vgl. dagegen Gleichheit 25. 1. 1903.

476 Luise Zietz in: Gleichheit 3. 5. 1905; ähnlich Agnes Plum in: Gleichheit 25. 1. 1905 und 22. 2. 1905.

477 Reichs-Gesetzblatt. 1891, S. 282.

arbeit und Textilindustrie noch weit längere Arbeitszeiten üblich waren[478].

Auf Konferenzen und Parteitagen, in der schriftlichen und mündlichen Agitation forderten die sozialdemokratischen Frauen die Einführung des Achtstundentages[479]. Wenngleich Clara Zetkin 1902 die Reichstagsfraktion der SPD kritisierte, weil sie für den Zehn- und nicht den Achtstundentag eingetreten war[480], schlug auch die Frauenbewegung 1902 eine andere, pragmatischere Strategie ein: Ohne das Ziel des Achtstundentages, eine Forderung mit politisch-symbolhafter Qualität, aufzugeben, propagierte man als Übergangsregelung die Einführung des Zehn- und anschließend des Neunstundentages, also eine sofortige Reform zum Schutz der Arbeiterinnen[481]. 1908 wurde der zehnstündige Maximalarbeitstag für Fabrikarbeiterinnen, der allerdings schon in vielen Betrieben realisiert war, gesetzlich eingeführt; ihn als Übergangsregelung zu einer weiteren Verkürzung auf acht Stunden anzusehen, lehnte der Reichstag jedoch ab[482]. Nach 1908 griffen die sozialistischen Frauen ihre Agitation für den Achtstundentag wieder auf, ohne bis zum Krieg weitere Erfolge in der Gesetzgebung zu erzielen[483].

In enger Verbindung mit dem Problem der Arbeitszeit steht die Frage des Arbeiterinnenschutzes, der anfangs auch unter den Sozialistinnen umstritten war. Der »Verein zur Vertretung der Interessen der Arbeiterinnen« lehnte jede besondere Schutzgesetzgebung ab[484], und auch im Erfurter Programm war die Forderung nicht enthalten. Clara Zetkin erklärte noch 1889 auf dem Internationalen Arbeiterkongreß in Paris: ». . . wir verlangen keinen anderen Schutz als den, welchen die Arbeit im allgemeinen gegen das Kapital fordert. Nur eine einzige Ausnahme lassen wir zu Gunsten schwangerer Frauen, deren Zustand besondere Schutzmaßnahmen im Interesse der Frau selbst und der Nachkommenschaft erheischt.«[485]

---

478 Beschäftigung verheiratheter Frauen, S. 64f., 78; Zadek in: Sozialistische Monatshefte 1901, Bd. I, S. 177; H. Simon in: ebd. 1905, Bd. II, S. 956.

479 Parteitag 1899, S. 66f.; Frauenkonferenz 1900, S. 253, 1906, S. 461ff.; Fürth: Fabrikarbeit, S. 58.

480 C. Zetkin an K. Kautsky, 21. 2. 1902, in: IISG, Nachlaß Kautsky D XXIII 351.

481 Frauenkonferenz 1902, S. 296, 306; Parteitag 1903, S. 125; ähnlich in Österreich: s. Popp: Weg zur Höhe, S. 81.

482 Reichs-Gesetzblatt. 1908, S. 668f.; Parteitag 1909, S. 159; Frauenkonferenz 1904, S. 357.

483 Zietz: Die Frauen und der politische Kampf, S. 10; dies.: Zur Frage des Mutter- und Säuglingsschutzes, S. 12.

484 Zetkin: Geschichte, S. 143.

485 Protokoll des Internationalen Arbeiter-Congresses. 1889, S. 84; auch in: Clara Zetkin: Ausgewählte Reden und Schriften. 3 Bde., Bd. I: Auswahl aus den Jahren 1889 bis 1917. Mit einem Vorwort von Wilhelm Pieck, Berlin 1957, S. 10. Bornemann lobt Clara Zetkins Position als »matristisch« und einzigen

1889 war die Betonung der prinzipiellen Gleichheit von Mann und Frau trotz der bereits geforderten Ausnahme für Schwangere für Clara Zetkin wichtiger als konkrete Reformmaßnahmen. Das erklärt sich aus der 1889 noch notwendigen Polemik gegen die Ansicht, man müsse die Frauenarbeit abschaffen oder beschränken. Lange Zeit hatten unklare Vorstellungen und unscharfe Formulierungen den Arbeiterinnenschutz in die Nähe der Beschränkung der Frauenarbeit gerückt. So verlangte etwa das Gothaer Programm das Verbot aller »die Gesundheit und Sittlichkeit schädigenden Frauenarbeit«[486], und selbst Marx, der stets den emanzipatorischen Wert der Arbeit betonte, befürwortete den »Ausschluß der Frauenarbeit aus Arbeitszweigen . . ., die speziell gesundheitsschädlich für den weiblichen Körper oder für das weibliche Geschlecht sittenwidrig sind[487]. Die unklare Formulierung und die Übernahme unreflektierter Moralvorstellungen verwischten die Grenze zwischen konkreten Schutzforderungen und Bestrebungen, die Frauenarbeit einzudämmen und auf bestimmte Bereiche zu begrenzen. Aus der Frontstellung gegen die Gegner der Frauenarbeit betonte Clara Zetkin die prinzipielle Gleichheit der Frau und lehnte jeden besonderen Schutz ab. Der Internationale Kongreß beschloß trotz ihres Referats, das »Verbot der Frauenarbeit in allen Industriezweigen, deren Betriebsweise besonders schädlich auf den Organismus der Frauen einwirkt«, und das Verbot der Nachtarbeit für Frauen zu fordern[488].

1893 wurde die Haltung der Bewegung zum Arbeiterinnenschutz endgültig festgelegt. Louise Kautsky, die nach ihrer Scheidung als Sekretärin und Haushälterin bei Friedrich Engels lebte, referierte auf dem Internationalen Kongreß in Zürich über den Schutz der Arbeiterinnen; sie legte präzise Forderungen vor, die »mit großer Majorität« angenommen wurden[489], und stellte konkrete Verbesserungen der Arbeitsbedingungen über prinzipielle Gleichheitserwägungen. Dies geschah in Übereinstimmung mit Engels, der 1885 geschrieben hatte:

> »Daß die arbeitende Frau infolge ihrer besonderen physiologischen Funktionen besonderen Schutz gegen kapitalistische Ausbeutung bedarf, scheint mir klar . . . Mich, ich gestehe es, interessiert die Gesundheit der kommenden Generation mehr als die absolute formelle Gleichberechtigung der Geschlechter während der letzten Lebensjahre der kapitalistischen Produktionsweise. Eine wirkliche Gleichberechtigung von Frau und Mann kann nach meiner Überzeugung erst eine Wahrheit werden, wenn die Ausbeutung beider durch das Kapi-

---

Weg zur Emanzipation (S. 540), verschweigt jedoch Clara Zetkins späteren Gesinnungswandel in dieser Frage.

486 Protokoll des Vereinigungs-Congresses 1875, S. 52; ähnlich der österreichische Parteitag in Hainfeld 1888/89: Popp: Weg zur Höhe, S. 13.

487 Karl Marx: Kritik des Gothaer Programms, in: MEW 19, S. 11–32, hier S. 31.

488 Protokoll des Internationalen Arbeiter-Congresses 1889, S. 122.

489 Protokoll des Internationalen Sozialistischen Arbeiterkongresses in der Tonhalle Zürich vom 6. bis 12. August 1893, Zürich 1894, S. 36ff.

tal beseitigt und die private Hausarbeit in eine öffentliche Industrie verwandelt ist.«[490]

Die Beschlüsse von 1893 gingen jedoch weit über die auch schon 1889 befürworteten Sonderschutzmaßnahmen für schwangere Frauen hinaus. Man forderte u. a. den Achtstundentag für Frauen, den Sechsstundentag für Mädchen unter 18 Jahren, das Verbot der Nachtarbeit für Frauen und das Verbot der Frauenarbeit in »allen gesundheitsschädlichen Betrieben«. Einwände, die von Adelheid Popp, damals noch Dworschak, und Bernhard Shaw vorgebracht wurden, fanden kein Gehör[491].

Während des Kongresses und im Anschluß an ihn setzte sich nun auch Clara Zetkin in der »Gleichheit« entschieden für den Arbeiterinnenschutz ein. Die besondere Schutzbedürftigkeit der Arbeiterin begründete sie nicht mehr nur mit der Mutterschaft, sondern auch mit ihren zusätzlichen Aufgaben im Hause und in der Familie sowie mit ihrer besonderen sozialen Schwäche und politischen Rechtlosigkeit, die sie einer besonderen Ausbeutung aussetzten. Zudem sah sie in dem auch von Teilen der bürgerlichen Parteien befürworteten Arbeiterinnenschutz einen ersten Schritt zum allgemeinen Arbeiterschutz[492]. Ähnlich hatte sich schon früher Eduard Bernstein geäußert, und auch später griff die sozialistische Frauenbewegung diese Argumente immer wieder auf[493].

Clara Zetkins Gesinnungswandel zwischen 1889 und 1893 mag durch die Begegnung mit Louise Kautsky und durch Engels' Einfluß gefördert worden sein; wichtiger sind jedoch zwei Entwicklungen: Erstens war eine Verteidigung gegen die Gegner der Frauenarbeit innerhalb der Sozialdemokratie nicht mehr vordringlich, und zweitens waren in den ersten Jahren nach Bismarcks Entlassung die Chancen für Reformen in der Schutzgesetzgebung gestiegen. Beide Entwicklungen gaben den Weg für eine positive Einstellung zum Arbeiterinnenschutz frei. Clara Zetkin propagierte die Forderungen des Internationalen Kongresses im Herbst 1893 in zwei großen Volksversammlungen in Berlin und wies die Einwände der von der bürgerlichen Frauenbewegung zur SPD gekommenen Johanna Löwenherz entschieden zurück. Johanna Löwenherz fürchtete, daß Schutzgesetze die Frauen aus den Fabriken verdrängen, ihre Löhne senken würden und grundsätzlich gegen das Prinzip der Gleichstellung von Mann und Frau verstießen[494]. Doch in der Bewegung setzte sich die Überzeugung vom Wert des Arbeiterinnenschutzes durch, und 1896 machte sich der Partei-

490 F. Engels an G. Guillaume-Schack, 5. 7. 1885, in: MEW 36, S. 341.
491 Protokoll des Internationalen Sozialistischen Arbeiterkongresses 1893, S. 37f.
492 Gleichheit 9. 8. 1893, 6. 9. 1893, 20. 9. 1893.
493 Bernstein in: Die Neue Zeit 9. Jg., Bd. II, S. 181; E. Ihrer auf dem Parteitag 1903, S. 290; M. Wurm, S. 10.
494 Gleichheit 20. 9. 1893, 18. 10. 1893; Löwenherz, S. 170f.

tag Clara Zetkins Forderung nach besonderen Schutzmaßnahmen gegen den Widerspruch Johanna Löwenherz' zu eigen[495]. Seitdem war der Arbeiterinnenschutz eine wichtige und nicht mehr umstrittene Forderung der sozialdemokratischen Frauenbewegung, die auf zahlreichen Parteitagen und Frauenkonferenzen gestellt und in der Agitation vertreten wurde: Man propagierte sie in Versammlungen, Broschüren, Unterschriftenaktionen und besonderen Flugblättern, von denen allein 1902 100000 verteilt wurden[496]. Die SPD, die schon 1877 die Einführung des Zehnstundentages für Männer, aber des Achtstundentages für Frauen gefordert hatte, vertrat die Forderungen auch im Reichstag[497].

Eine Ablehnung des Arbeiterinnenschutzes als patriarchalische Vorstellung, die eine Emanzipation der Frau verhindere[498], hätte den Verzicht auf soziale Fortschritte bedeutet. Die konkrete Verbesserung der Arbeitsbedingungen war für die Arbeiterinnen wichtiger als abstrakte Gleichheitsprinzipien, die angesichts der Doppelbelastung vieler Frauen tatsächlich eine Diskriminierung bedeutet hätten. Da die sozialistische Frauenbewegung den Kampf für die Emanzipation der Frau als Teil des Kampfes gegen den Kapitalismus begriff, war es auch kein Prinzipienverrat, verbesserten Arbeitsbedingungen der Frauen den Vorrang zu geben. Im einzelnen forderte man neben Arbeitszeitverkürzungen das Verbot gesundheitsschädlicher Arbeiten, besseren Unfallschutz, effektivere Entgiftung der Luft in den Fabriken, besseren Versicherungsschutz, das Verbot der Nachtarbeit, einen freien Samstagnachmittag, das Wahlrecht zu den Gewerbegerichten und die Ausdehnung der Schutzgesetze auf Heimarbeit und Hausindustrie[499].

Gewisse Erfolge konnten auch in der Gesetzgebung erzielt werden. Seit 1878 war die Frauenarbeit unter Tage verboten; nach der Geburt eines Kindes stand Frauen eine dreiwöchige Arbeitsruhe zu; weitere Maßnahmen konnte der Bundesrat ergreifen[500]. 1891 wurden dann der Elfstundentag für Arbeiterinnen, das Verbot der Nacht- und Sonntagsarbeit für Frauen, der Zehnstundentag an Tagen vor Sonn- und Feiertagen sowie

495 Parteitag 1896, S. 172, 175.

496 Parteitag 1899, S. 66f., 1902, S. 40, 198, 1903, S. 49, 125f., 1911, S. 20f.; Frauenkonferenz 1900, S. 253ff., 1902, S. 289ff., 1906, S. 460f.; Gleichheit 29. 1. 1902; Baader, S. 69, 77f.; L. Braun: Frauenfrage, S. 454; Fürth: Fabrikarbeit, S. 58; Zietz: Die Frauen und der politische Kampf, S. 9ff.; Übersicht über die allgemeine Lage der sozialdemokratischen und anarchistischen Bewegung 1902, S. 14, in: StA Düsseldorf, Regierung Düsseldorf Nr. 9042.

497 Kuczynski, S. 147; Parteitag 1903, S. 114.

498 Bornemann, S. 539f.

499 Protokoll des Internationalen Sozialistischen Arbeiterkongresses 1893, S. 37; Parteitag 1899, S. 66f., 1903, S. 114, 125f.; Fürth: Fabrikarbeit, S. 58; Popp: Weg zur Höhe, S. 82; Zietz: Zur Frage des Mutter- und Säuglingsschutzes, S. 12; dies.: Die Frauen und der politische Kampf, S. 12, 14.

500 Reichs-Gesetzblatt, 1878, S. 209ff.

eine sechswöchige Arbeitsruhe für Wöchnerinnen verankert[501]. 1908 trat ein Gesetz in Kraft, das den Arbeitstag für Frauen auf zehn Stunden, vor Sonn- und Feiertagen auf acht Stunden beschränkte und die Ruhezeit für Wöchnerinnen auf acht Wochen, davon sechs nach der Entbindung, ausdehnte[502]. Gerade den Schutz für Schwangere und Wöchnerinnen sahen die Sozialdemokratinnen als unzureichend an, zumal die Frauen während der gesetzlich verordneten Arbeitsruhe nicht gegen Lohnausfall geschützt waren. Deshalb forderten sie neben städtischen Einrichtungen für Schwangere und einer Verlängerung der Arbeitsruhe auf vier Wochen vor und acht Wochen nach der Niederkunft die finanzielle Absicherung der arbeitenden Mütter[503].

Dazu unterbreitete Lily Braun einen unkonventionellen Vorschlag: Der Staat solle eine durch direkte progressive Steuern finanzierte Mutterschaftsversicherung für das ganze Volk schaffen[504]. Zunächst wurde sie von Henriette Fülrth unterstützt, die später jedoch diesen Plan nicht mehr für realisierbar hielt und die Krankenversicherungen als Träger der Mutterschaftsversicherung empfahl[505]. Ihre Meinungsänderung erklärt sich aus der Diskussion innerhalb der Frauenbewegung und aus der Entwicklung der Gesetzgebung: Auf der Frauenkonferenz von 1902 hatte Clara Zetkin Lily Brauns Vorschlag zurückgewiesen: »Der Gedanke der Mutterschaftsversicherung kann erst verwirklicht werden, wenn das Recht des lebenden Menschen über den todten Besitz zur Geltung gebracht sein wird, in einer sozialistischen Gesellschaft.« Heute seien Fortschritte nur durch die Krankenversicherungen zu erzielen. Lily Braun entgegnete scharf:

> »Bisher hat es nur als Kennzeichen der bürgerlichen Frauenbewegung gegolten, daß sie aus Opportunitätsgründen möglichst wenig forderte, um überhaupt etwas zu erreichen. Wir fordern im Gegenteil Alles, weil wir meinen, daß nur dann etwas zu erreichen ist. Auch die Mutterschaftsversicherung müssen wir von der heutigen Gesellschaft fordern, in deren Interesse sie auch liegt. Denken Sie an die ungünstigen Rekrutenaushebungen. Die bürgerliche Gesellschaft entsetzt sich über die schreckliche Kindersterblichkeit und die Degeneration ganzer Volksschichten.«

---

501 Reichs-Gesetzblatt. 1891, S. 282; Alice Salomon: Die deutschen Arbeiterinnenschutzgesetze, Leipzig 1906, S. 6.

502 Reichs-Gesetzblatt. 1908, S. 668f.

503 Frauenkonferenz 1902, S. 296; Parteitag der SPD Preußens 1910, S. 120, 203; Das Kommunal-Programm der Sozialdemokratie Preußens. Erläutert von Paul Hirsch, Berlin 1911, S. 7, 143; Popp: Weg zur Höhe, S. 82; Zietz: Zur Frage des Mutter- und Säuglingsschutzes, S. 9.

504 Frauenkonferenz 1902, S. 298; Parteitag 1902, S. 192; Sozialistische Monatshefte 1903, Bd. I, S. 275f.; L. Braun: Memoiren II, S. 195; dies.: Die Mutterschaftsversicherung. Ein Beitrag zur Frage der Fürsorge für Schwangere und Wöchnerinnen, Berlin 1906, S. 18.

505 Fürth: Fabrikarbeit S. 35; Fürth auf der Frauenkonferenz 1906, S. 467; dies.: Die Mutterschaftsversicherung, Jena 1911, S. 162, 185.

Lily Braun überschätzte hier zweifellos die Umsetzbarkeit moralischer Entrüstung in eine progressive Gesetzgebung, mit der gerade im deutschen Kaiserreich kaum zu rechnen war. Dennoch war die Streitfrage nicht von so grundlegender Bedeutung, um die Erregung Clara Zetkins zu verstehen, die jetzt – im Gegensatz zu ihren vorherigen Ausführungen – meinte: »Die Forderung der Mutterschafts-Versicherung ist durchaus nicht so radikal sozialistisch, wie Frau Braun meint.«[506] Verständlich sind die scharfen Worte und die Zuflucht zu sich widersprechenden Argumenten nur im Kontext der jetzt schon zugespitzten grundsätzlichen Auseinandersetzung zwischen Clara Zetkin und Lily Braun[507].

Als das Thema vier Jahre später wieder auf der Tagesordnung der Frauenkonferenz stand, wurde die Resolution der Referentin Käte Duncker, die die Forderung einer Mutterschaftsversicherung im Rahmen der Krankenkasse enthielt, angenommen[508]. Auch die Gewerkschaften befürworteten dieses Konzept[509], während Lily Brauns Idee nur noch in stark modifizierter Form – in der Forderung eines Reichszuschusses von 25 Mark für jede Geburt – in dem radikalen bürgerlichen »Bund für Mutterschutz und Sexualreform« vertreten wurde[510].

Inzwischen hatte das Krankenversicherungsgesetz von 1903 die Unterstützung schwangerer Arbeiterinnen geregelt; sechs Wochen lang sollten sie zwei Drittel des ortsüblichen Tageslohnes erhalten. Das war allerdings angesichts der oft am Rande des Existenzminimums liegenden Frauenlöhne völlig unzureichend, und außerdem beschränkte sich die Unterstützung auf Fabrikarbeiterinnen; Land- und Heimarbeiterinnen sowie Dienstboten hatten keinerlei Ansprüche[511]. Dennoch legte dieser Fortschritt es nahe, auf dem Weg der Verbesserung der Leistungen der Krankenkassen fortzuschreiten und eine Vereinheitlichung des Versicherungswesens anzustreben statt sich für eine völlig neue Institution im Sinne Lily Brauns einzusetzen[512].

---

506 Frauenkonferenz 1902, S. 300; ähnlich L. Zietz auf dem Parteitag 1902, S. 198.

507 S. u. S. 181ff.

508 Frauenkonferenz 1906, S. 463, 468; ähnlich auch: Sozialistische Monatshefte 1907, Bd. II, S. 870.

509 Gewerkschaftskongreß 1910, S. 52ff.

510 Maria Lischnewska auf einem Kongreß 1911, in: Max Rosenthal (Hrsg.): Mutterschutz und Sexualform. Referate und Leitsätze des I. Internationalen Kongresses für Mutterschutz und Sexualreform in Dresden 28./30. September 1911 nebst einer Einführung: »Zur Geschichte des Deutschen Bundes für Mutterschutz« und einem Anhang: »Gründungsprotokoll, Satzungen und Aufruf der Internationalen Vereinigung für Mutterschutz und Sexualreform«, Breslau 1912, S. 27. Zur Entwicklung dieses Bundes s. u. S. 252ff.

511 Else Lüders: Das Problem der Mutterschaftsversicherung, Berlin 1905, S. 4; Schlesinger-Eckstein: Frau, S. 21.

512 So auch E. Lüders: Mutterschaftsversicherung, S. 7.

Weitergehende, auch heute aktuelle Forderungen nach einem längeren Mutterschaftsurlaub von 1 ½, 2 oder 3 Jahren vertraten Oda Olberg und Wally Zepler schon 1905 und 1906: In dieser Zeit sollten die Mütter zumindest nicht voll berufstätig sein[513]. Hope Bridges Adams-Lehmann setzte sich dafür ein, daß Mütter sechs bis zehn Jahre lang halbtägig arbeiten sollten, und Luise Zietz erklärte, im Sozialismus werde die Gesellschaft die Mütter vom Zwang der Erwerbstätigkeit befreien und sie und ihre Kinder wirtschaftlich absichern[514]. Diese Vorstellungen wurden jedoch vor dem Ersten Weltkrieg nicht in den Katalog der Forderungen übernommen; daß eventuell auch der Vater für die Erziehung der Kinder freigestellt werden könne, wurde nicht erwogen. Man beschränkte sich weitgehend auf die Propagierung von Zielen, deren Verwirklichung innerhalb des Systems und in absehbarer Zeit denkbar war.

Die gesetzliche Verankerung von Arbeiterinnenschutzmaßnahmen führte entgegen der Befürchtung Johanna Löwenherz' nur vorübergehend, nicht jedoch langfristig zu einem Lohnverlust, der vor allem aus der Arbeitszeitverkürzung am Sonnabend zu erklären ist. In der Tabakindustrie nahm zeitweilig die Heimarbeit wieder zu, und viele Konfektionsbetriebe stellten nur neun Arbeiterinnen ein, so daß für sie die Gewerbeordnung nicht galt. Das waren jedoch nur vorübergehende Reaktionen; langfristig erwies sich der Arbeiterinnenschutz als wirklicher Fortschritt. Die Löhne der geschützten Arbeiterinnen übertrafen bald die der ungeschützten[515]. Problematisch war jedoch die Umsetzung der in der Gewerbeordnung festgelegten Schutzbestimmungen in die Praxis. Immer wieder wurden Verstöße gegen die Schutzgesetze festgestellt, und nur selten wurden Unternehmer bestraft.

*Tabelle 14:* Ermittlungen süddeutscher Gewerbeinspektoren 1903[516]

| | Verstöße gegen die Arbeiterinnenschutzgesetze | bestrafte Personen |
|---|---|---|
| Bayern | 276 | 42 |
| Württemberg | 110 | 7 |
| Baden | 15 | 5 |
| Hessen | 270 | 13 |

---

513 Sozialistische Monatshefte 1905, Bd. 1, S. 305, 1906, Bd. II, S. 581; auch in Zepler: Sozialismus und Frauenfrage, S. 38, 69.

514 Sozialistische Monatshefte 1905, Bd. II, S. 1035f.; auch in: Zepler: Sozialismus und Frauenfrage, S. 52; Zur Frage des Mutter- und Säuglingsschutzes, S. 9.

515 Arthur Dodd: Die Wirkung der Schutzbestimmungen für die jugendlichen und weiblichen Fabrikarbeiter und die Verhältnisse im Konfektionsbetriebe in Deutschland. Vergleichende Untersuchungen, Jena 1898, S. 131, 146ff., 226f.; Robert Wilbrandt: Arbeiterinnenschutz und Heimarbeit. Mit einem Beitrag von Dora Landé, Jena 1906, S. 53ff.; M. Wurm, S. 17.

516 Correspondenzblatt 1903, S. 423.

Im Regierungsbezirk Aachen stellte der Regierungsrat Storp 1910 in 88, 1911 in 87 und 1912 in 76 Betrieben Mißachtungen der Arbeiterinnenschutzbestimmungen fest. 1910 wurden deswegen 13, 1911 32 und 1912 36 Personen bestraft[517]. Von den 1911 in Preußen insgesamt ermittelten 7384 Verstößen blieben 85% straffrei[518]. Mit der Übertretung gingen die Unternehmer kaum ein Risiko ein, zumal die verhängten Strafen sehr milde waren: Obwohl die Gewerbeordnung Geldbußen bis zu 2000 Mark vorsah, wurden meist Geldstrafen zwischen 5 und 30 Mark, fast stets unter 50 Mark verhängt[519].
Im Bezirk Aachen wurden 1911 nur zwei und 1912 eine Person zu einer Geldstrafe von 100 Mark verurteilt[520].
Außerdem kann man mit Sicherheit davon ausgehen, daß die meisten Verstöße gegen gesetzliche Schutzbestimmungen gar nicht bekannt wurden. Die wenigen Fabrikinspektoren – 1906 in ganz Deutschland 350 – konnten die Betriebe nur selten inspizieren und kündigten ihren Besuch häufig vorher an. 1911 wurden in Preußen nur 51,9% der Fabriken überprüft; vor allem kleinere Betriebe wurden kaum inspiziert[521]. Die sozialistische und auch die bürgerliche Frauenbewegung forderten deshalb ständig die Anstellung weiblicher Fabrikinspektoren[522], eine Forderung, die seit 1897/98 erste Erfolge zeitigte: 1906 gab es in Deutschland 16, 1910 26 weibliche Fabrikinspektoren[523].
Die Realisierung der Schutzgesetze wurde ferner dadurch erschwert, daß die Arbeiterinnen Schikanen oder sogar ihre Entlassung fürchteten, wenn sie Anzeige erstatteten. Deshalb gründete die sozialistische Frauenbewegung, zum Teil in Zusammenarbeit mit den Gewerkschaften, Beschwerdekommissionen, die die Klagen von Arbeiterinnen an die Gewerbeinspektion übermittelten und der Klägerin ihre Anonymität beließen. 1902

517 StA Düsseldorf, Regierung Aachen Nr. 13009, Bl. 123, 204, 233, 280, 305.

518 M. Wurm, S. 16.

519 StA Düsseldorf, Regierung Aachen Nr. 13009, Bl. 204, 280; R. u. L. Wilbrandt in: Handbuch der Frauenbewegung. IV, S. 177f.; M. Wurm, S. 16.

520 StA Düsseldorf, Regierung Aachen Nr. 13009, Bl. 204, 280.

521 Elisabeth Gnauck-Kühne: Die soziale Lage der Frau. Vortrag, gehalten auf dem 6. Evangelisch-sozialen Kongresse zu Erfurt am 6. Juni 1895, Berlin 1895, S. 29; Salomon: Arbeiterinnenschutzgesetze, S. 7; M. Wurm, S. 15.

522 Parteitag 1890, S. 196, 1893, S. 25f., 1896, S. 175, 1897, S. 65, 1899, S. 66f.; Gnauck-Kühne: Die soziale Lage der Frau, S. 31; Popp: Weg zur Höhe, S. 82.

523 Die Neue Zeit 18. Jg., Bd. I, S. 601; Salomon: Arbeiterinnenschutzgesetze, S. 7; Stephan Poerschke: Die Entwicklung der Gewerbeaufsicht in Deutschland, Jena 1911, S. 172; E. Jaffé-Richthofen, in: Marie Baum: Der Einfluß der gewerblichen Arbeit auf das persönliche Leben der Frau, Agnes Bluhm: Der Einfluß der gewerblichen Gifte auf den Organismus der Frau, E. Jaffé-Richthofen: Die Frau in der Gewerbeinspektion. Drei Vorträge, gehalten auf der zweiten Konferenz zur Förderung der Arbeiterinnen-Interessen, Jena 1910, S. 53.

arbeiteten nur in Berlin, Leipzig, Dresden und Düsseldorf solche Kommissionen; 1911 gab es zwar schon 50 Beschwerdestellen, doch Ottilie Baaders Geschäftsbericht verrät, daß man keineswegs mit deren Erfolgen zufrieden sein konnte: »Sie werden ja schon seit Jahren propagiert, sind aber doch noch nicht so entwickelt, daß schon ein eingehender Bericht über ihre Tätigkeit gegeben werden könnte.«[524]

Die Berliner Beschwerdekommission wurde im Mai 1898 eingerichtet und nahm noch im gleichen Jahr 31 Beschwerden entgegen. Sie bestand anfangs aus acht, später aus sieben Mitgliedern; auch Ottilie Baader gehörte ihr an. 1901 bearbeitete die Kommission nur 24 Beschwerden, doch stieg die Zahl 1902 auf 36 und 1903 auf 41. 1902 kritisierten die Frauen die Gewerbeinspektion, die zum Teil gar nicht oder erst nach einer Veröffentlichung in der Presse auf die Beschwerden reagierte. 1903 dagegen wurde die Zusammenarbeit positiv bewertet[525]. Ein großes Problem der Kommission lag darin, daß Klagen von Dienstboten und Heimarbeiterinnen nicht berücksichtigt werden konnten, da diese Gruppen nicht den gesetzlichen Beschränkungen unterstanden. Diese Arbeit der sozialistischen Frauenbewegung hielt sich vollkommen im Rahmen der bestehenden Gesellschaft und zielte auf Einhaltung und Verbesserung der bestehenden Gesetze. Gewisse Erfolge wurden erzielt, ein zufriedenstellendes Niveau jedoch nie erreicht. Die gewerkschaftlichen Arbeiterinnenkommissionen, die schließlich die Überwachung der Schutzgesetze übernahmen, arbeiteten noch weniger erfolgreich[526].

Die Vertretung der Interessen der Konsumenten durch Proteste gegen Verteuerung von Milch, Brot und Fleisch infolge der Agrarzölle und durch Forderung nach Importen billiger Lebensmittel und nach Verteilung preiswerter Mahlzeiten durch die Kommunen[527] hatte für die sozialistische Frauenbewegung in erster Linie agitatorische Bedeutung und zielte erst in zweiter Linie auf tatsächliche Reformen ab. Die systemimmanente Vertretung der wirtschaftlichen Interessen der Arbeiterinnen bildete jedoch eins der wichtigsten Tätigkeitsfelder der Bewegung.

*c) Die politische und rechtliche Gleichstellung der Frau*

Für die sozialistischen Frauen war die Gleichstellung mit den Männern im Vereins- und Versammlungsrecht eine wichtige Forderung, solange die

524 Parteitag 1902, S. 40; Frauenkonferenz 1911, S. 430, 432.

525 Gleichheit 28. 1. 1899, 12. 2. 1902, 25. 2. 1903, 6. 4. 1904.

526 Losseff-Tillmanns, S. 282f.

527 Belege für die Behandlung dieser Fragen in: StA Münster, Regierung Arnsberg I 99 Bl. 34; Gleichheit 19. 6. 1901, 14. 1. 1903, 4. 10. 1905, 18. 10. 1905, 27. 12. 1905, 24. 1. 1906, 2. 1. 1911, 2. 10. 1912; Parteitag 1903, S. 49, 1911, S. 20f., 160, 1912, S. 14; Frauenkonferenz 1902, S. 289, 1908, S. 480; T. Breitscheid, S. 4ff.

Bewegung durch Vereinsgesetze in vielen Ländern Deutschlands behindert wurde. In der Agitation, auf Parteitagen und Frauenkonferenzen, mit Resolutionen und Petitionen an Landesregierungen und Reichskanzler setzte man sich für diese Forderung ein[528]. Nicht zuletzt dank des Kampfes der sozialdemokratischen Frauen wurde 1908 im Reichsvereinsgesetz die Diskriminierung der Frauen aufgehoben[529].

Weniger Erfolg hatte der Kampf um das Frauenwahlrecht, das von der SPD im Erfurter Programm ausdrücklich gefordert wurde[530]. 1895 beantragte die SPD im Reichstag erstmals die Einführung des Frauenwahlrechts; zur Begründung sprach August Bebel[531]. Dieser – erfolglose – Antrag wurde von großen Volksversammlungen in Berlin begleitet, auf denen August Bebel, Wilhelm Liebknecht, Emma Ihrer und Ottilie Baader sprachen und Resolutionen für das Stimmrecht verabschiedet wurden[532]. Auch spätere Anträge im Reichstag, z. B. 1912, blieben erfolglos; die anfangs nicht sehr ausgedehnte Agitation[533] für das Frauenwahlrecht wurde jedoch von 1905/06 an intensiviert.

In der Regel wurde die Forderung im Rahmen der allgemeinen Wahlrechtsbewegungen der Partei um das allgemeine, gleiche, direkte und geheime Wahlrecht erhoben. Dadurch erhoffte sich die Frauenbewegung die Unterstützung durch die Männer der Partei und konnte gleichzeitig ihre enge Verbundenheit mit der allgemeinen Arbeiterbewegung demonstrieren. 1903 beschloß der Parteitag, in allen Wahlrechtskämpfen auch das Frauenstimmrecht zu betonen[534]. Die Wahlrechtsbewegung von 1905/06 bezeichnete Ottilie Baader als die »umfassendste und kräftigste Aktion für das Frauenstimmrecht . . ., die wir in Deutschland bis jetzt gehabt haben«, obwohl die Forderung »mehrfach von den Genossen vergessen« worden sei[535]. Die sozialdemokratischen Frauen beteiligten sich gemäß einem 1906 auf Antrag Clara Zetkins gefaßten Beschluß[536] an allen Wahlbewegungen und traten in diesem Rahmen für das Frauenstimmrecht ein. Neben der erwähnten Kampagne von 1905/06 sind vor allem die Demon-

---

528 H. Grünberg an den Parteivorstand der SPD Bayerns, 20. 9. 1907, in: IISG, Nachlaß Vollmar 761.; Gleichheit 29. 11. 1893, 7. 9. 1904; Parteitag 1896, S. 175, 1903, S. 113f., 1908, S. 108; Frauenkonferenz 1902, S. 302f., 1904, S. 370f.

529 S. o. S. 21, 65ff.

530 S. o. S. 45.

531 Stenographische Berichte über die Verhandlungen des Reichstags. IX. Legislaturperiode. III. Session. 1894/95, Erster Band, Berlin 1895, S. 858; Erster Anlageband, Berlin 1895, S. 104.

532 Text der Resolution in: Klucsarits/Kürbisch, S. 269.

533 Vgl. die Klagen darüber: Parteitag 1897, S. 136; Frauenkonferenz 1902, S. 303.

534 Parteitag 1903, S. 117, 288, 292, 296f.

535 Parteitag 1906, S. 70f.; s. auch: Frauenkonferenz 1906, S. 403.

536 Frauenkonferenz 1906, S. 455ff.

strationen der Jahre 1908, 1910 und 1911 zu nennen[537]. Von 1911 bis 1914 stellten die Frauentage[538] machtvolle Demonstrationen für das Frauenwahlrecht dar, die zweifellos als erneute Steigerung der bisherigen Aktionen angesehen werden können. Die SPD unterstützte in der Regel den Kampf für das Frauenwahlrecht ohne Vorbehalte, trat auch auf Landes- und Gemeindeebene dafür ein[539] und betonte in der Agitation immer wieder zu Recht, daß sie die einzige Partei sei, die diese Forderung vertrete. Die prinzipienfeste Haltung wurde von den Frauen streng überwacht, und Resolutionen, in denen die Forderung nach dem Stimmrecht ohne Unterschied des Geschlechts nicht enthalten war, stießen auf heftige Proteste[540]. In Wahlkämpfen unterstützten die sozialistischen Frauen die SPD durch die Gründung von Frauenwahlrechtsvereinen, in denen sie zugleich ihren Anspruch auf politische Rechte artikulierten. Dabei nutzte man eine Gesetzeslücke im preußischen Vereinsgesetz: § 21 nämlich hob die Beschränkung des § 8, der unter anderem den Frauen die Vereinsmitgliedschaft verbot, für Wahlvereine auf[541].

Am 20. 4. 1903 wurde der erste »Sozialdemokratische Wahlverein der Frauen für Berlin und Umgegend« gegründet, der 958 Mitglieder gewann und neun Versammlungen abhielt. Der zur gleichen Zeit in Altona gegründete Verein erreichte eine Mitgliederzahl von 104. Zu den preußischen Landtagswahlen wurde am 24. 9. 1903 erneut ein Frauenwahlverein mit 400 Mitgliedern ins Leben gerufen, und 1908 konnte man zu den Landtagswahlen 5000 Frauen in Preußen in solchen Vereinen organisieren[542]. Diese zeitlich zwischen der Ausschreibung von Wahlen und dem Wahltermin befristete Organisationsform wurde nach 1908 unmöglich, da gerichtlich entschieden wurde, daß nur Wahlberechtigte Wahlvereine bilden dürften[543].

Wenn Thönnessen meint, daß die Bewegung durch diese Frauenwahlvereine von einem revolutionären auf einen parlamentarischen Kurs gebracht wurde und »der Schwerpunkt in der sozialdemokratischen Frauenagitation von den radikalen Emanzipationsbestrebungen, welche den Rahmen des Kapitalismus sprengten, auf die einem Wahlkampf in der bürgerlichen

537 Zahlreiche Versammlungsberichte in: StA Münster, Regierung Münster VII 41 und VII 44a; Parteitag 1908, S. 106, 1910, S. 21.

538 S. o. S. 109ff.

539 Z. B. in: Preußen, Sachsen, Oldenburg: StA Düsseldorf, Regierung Düsseldorf Nr. 42789 Bl. 135ff.; Gleichheit 7. 2. 1894, 16. 3. 1908; A. Blos: Frauenfrage, S. 81.

540 Z. B. ein Beschluß des niederrheinischen Parteitags: Gleichheit 22. 7. 1914.

541 Gesetz-Sammlung für die Königlichen Preußischen Staaten. 1850, S. 282.

542 Gleichheit 6. 5. 1903, 20. 5. 1903, 15. 7. 1903, 7. 10. 1903, 16. 12. 1903; Parteitag 1908, S. 107; Baader, S. 86.

543 Gleichheit 11. 5. 1908.

Gesellschaft unterliegenden Möglichkeiten« verlagert wurde[544], so überschätzt er die Bedeutung dieser Vereine bei weitem. Sie stellten eher eine zusätzliche Organisations- und Agitationsform dar als einen Wendepunkt in der politischen Zielsetzung.

Die Verbindung von Frauenstimmrechtsforderung und allgemeiner Wahlbewegung sicherte den Frauen die Unterstützung der Partei, ohne die große Kundgebungen lange Zeit nicht möglich gewesen wären. Für die Arbeiterinnen war die SPD ein überzeugenderer Vertreter des Frauenwahlrechts als die bürgerliche Frauenbewegung: Die Befürwortung des Frauenstimmrechts durch Luise Otto-Peters und Hedwig Dohm war bis 1902 von den Organisationen der bürgerlichen Frauen ignoriert worden, und auch nach 1902 trat die Mehrheit der bürgerlichen Frauenbewegung nur für ein beschränktes Wahlrecht der Frauen ein, das etwa in Preußen die Arbeiterinnen entscheidend diskriminiert hätte. An dieser Frage spaltete sich der »Deutsche Verband für Frauenstimmrecht« 1907 und 1911, und Teile des BDF, z. B. die 1911 aufgenommene »Vereinigung konservativer Frauen«, waren sogar grundsätzliche Gegner jeden Frauenwahlrechts[545].

Ein beschränktes Frauenwahlrecht, »unter den gleichen Bedingungen wie die Männer«, wurde von breiten Teilen der englischen Arbeiterbewegung und auch der englischen Sozialistinnen als erster Schritt zu einem allgemeinen Frauenwahlrecht befürwortet[546], während in der deutschen Arbeiterbewegung lediglich Henriette Fürth und Wally Zepler öffentlich Ver-

---

544 Thönnessen, S. 70f. Zur Frage des Radikalismus der Frauenbewegung und ihrer Stellung im Richtungsstreit der Sozialdemokratie s. u. S. 199ff.

545 Hedwig Dohm: Der Frauen Natur und Recht, Berlin 1876, S. 159ff.; Twellmann, S. 206f., 220; Petitionen des »Deutschen Vereins für Frauenstimmrecht« in: IISG, Nachlaß Vollmar 3714.; Gertrud Bäumer: Lebensweg durch eine Zeitenwende, Tübingen 1933, S. 218f.; Evans: Feminist Movement, S. 99ff., 196ff.; Auguste Kirchhoff: Zur Entwicklung der Frauenstimmrechts-Bewegung, Bremen 1916, S. 5ff.; Remme, S. 48ff.; Agnes v. Zahn-Harnack: 80 Jahre Frauenbewegung 1849–1928, Berlin-Tempelhof o. J., S. 309.

546 Die Independent Labour Party, die Fabian Society und die Women's Labour League befürworteten auch ein beschränktes Frauenwahlrecht, die Social Democratic Party und die Adult Suffrage Society dagegen lehnten es ab. Dazu s.: Sozialistische Monatshefte 1908 Bd. II, S. 1006ff., 1908 Bd. III, S. 1280ff., 1909 Bd. II, S. 863f., 1910 Bd. II, S. 1099ff., 1910 Bd. III, S. 1454f.; Berichte an die zweite Internationale Konferenz sozialistischer Frauen zu Kopenhagen am 26. und 27. August 1910, Stuttgart o.J., S. 45; Lucy Middleton (Hrsg.): Women in the Labour Movement. The British Experience, London, Totowa/New Jersey 1977; Annemarie Neumann: Die Entwicklung der sozialistischen Frauenbewegung, in: Schmollers Jahrbuch für Gesetzgebung, Verwaltung und Volkswirtschaft im Deutschen Reiche. 45. Jg. (1921) 3. Heft, S. 815–877, hier: S. 852; Constance Rover: Women's Suffrage and Party Politics in Britain 1866–1914, London, Totowa 1967, S. 146ff.

ständnis für diese Haltung bezeigten[547]. Clara Zetkin dagegen wies in einer nach einem Referat auf der Frauenkonferenz 1906 bearbeiteten Broschüre das beschränkte Frauenwahlrecht als »Recht des Besitzes« entschieden zurück[548]. Sie hatte zunächst auch über eventuelle Möglichkeiten spekulieren wollen, doch einem beschränkten Stimmrecht zuzustimmen, dann jedoch darauf verzichtet, um es »dem parlamentarischen Kretinismus nicht zu leicht zu machen . . ., auf jede bürgerliche Quacksalbe hereinzufallen.« Sie wollte den »bürgerlichen Dummheiten« derjenigen vorbeugen, die »um der schönen Augen des Prinzips der Gleichberechtigung halber bürgerlich-frauenrechtlerische Wechselbälge in die Welt setzen« würden[549]. Ihre Befürchtungen haben sich jedoch nicht bestätigt; die Frage wurde in Deutschland nie aktuell.

Umstrittener war dagegen die Frage, ob die sozialdemokratischen Parteien in jeder Situation auch für das Frauenwahlrecht einzutreten hätten. Anstoß zu der Kontroverse gab das Verhalten der österreichischen Sozialdemokratie. Österreichische Arbeiterinnen hatten schon 1893 in großen Versammlungen das Wahlrecht gefordert, doch hatte Viktor Adler 1903 auf der Frauenkonferenz erklärt, die Lage sei für einen Feldzug für das Frauenstimmrecht noch nicht reif, erst müsse das allgemeine Männerwahlrecht erkämpft werden[550]. Ende 1905 beschloß die Partei, einen ausgedehnten Kampf um die Einführung des gleichen, allgemeinen und direkten Wahlrechts zu führen und eventuell auch das Kampfmittel des Massenstreiks einzusetzen. Die Regierung setzte die Wahlrechtsreform auf die Tagesordnung des Parlaments, trotz zweier Regierungswechsel kam es jedoch nicht zu Fortschritten. Die Sozialdemokratische Arbeiterpartei und die Gewerkschaften beschlossen, den Massenstreik vorzubereiten. Mit einem Manifest vom 10. Juni 1906 begann eine intensive Kampagne. Nun beschleunigte sich auch das parlamentarische Verfahren, und schließlich verabschiedete das Parlament ein Gesetz zur Einführung des allgemeinen, gleichen und direkten Männerwahlrechts, ohne daß es zum Massenstreik gekommen war[551].

In dieser Wahlkampagne hatten die österreichischen Sozialdemokraten

547 Sozialistische Monatshefte 1907 Bd. I, S. 411, 1909 Bd. II, S. 863f., 1910 Bd. III, S. 1454f.

548 Zetkin: Zur Frage des Frauenwahlrechts, S. 26ff.

549 C. Zetkin an K. Kautsky, 29. 7. 1907, in: IISG, Nachlaß Kautsky D XXIII 372.

550 V. Adlers Diskussionsbeitrag ist abgedruckt in: Klucsarits/Kürbisch, S. 272.

551 Gleichheit 18. 4. 1906, 17. 10. 1906; Popp: Weg zur Höhe, S. 84f.; s. auch William Jenks: Austrian Electoral Reform of 1907, Oxford 1951. Auch die sozialdemokratischen Parteien in den Niederlanden, in Belgien und in Schweden hatten schon Wahlrechtskämpfe geführt, ohne das Frauenwahlrecht zu verlangen: Berichte an die zweite Internationale Konferenz sozialistischer Frauen, S. 32; Neumann in: Schmollers Jahrbuch 1921, S. 851.

und Sozialdemokratinnen auf die Forderung des Frauenwahlrechts verzichtet, da sie befürchteten, »daß jeder Wahlreform neue Schwierigkeiten in den Weg gelegt würden, wenn man sie mit der Forderung des Frauenwahlrechts verquicke. Alle Wahlrechtsfeinde würden sicher mit Freuden die Forderung benutzen, um die Reform zu Falle zu bringen.« Kritik der bürgerlichen Frauenbewegung wiesen sie zurück: »Die organisierten Proletarierinnen fühlen sich in erster Linie als Parteigenossinnen. Sie erachten es daher als einen unverzeihlichen Fehler, der Partei in ihrem schweren Kampfe in Gestalt der Forderung des Frauenwahlrechts Schwierigkeiten zu schaffen.«

Clara Zetkin jedoch sah hierin ein falsches Verständnis sozialistischer Prinzipien und bemerkte in einer Fußnote, es habe »über die Grenzen der bürgerlichen Frauenbewegung hinaus Befremden erregt, daß die Forderung des Frauenwahlrechts von vornherein zurückgestellt worden ist«[552]. In Anwesenheit Adelheid Popps erklärte sie auf der Mannheimer Frauenkonferenz, daß »die Forderung des Frauenstimmrechts von Anfang an hätte aufrecht erhalten und vor allem in der Agitation und im Parlament mit allem Nachdruck verfochten werden sollen«. Die Haltung der Sozialdemokratie müsse »von einer prinzipiellen Auffassung, nicht von Zweckmäßigkeitsrücksichten« bestimmt werden. Auch August Bebel bezeichnete auf dieser Konferenz den Verzicht auf prinzipielle Forderungen als Opportunismus[553].

Bevor Adelheid Popp Stellung nehmen konnte, wurde die Diskussion geschlossen. Dafür legte sie ihre Ansichten in der »Gleichheit« dar: Das Frauenwahlrecht sei gegenwärtig noch nicht durchsetzbar, und so hätten die österreichischen Sozialdemokratinnen mithelfen müssen, wenigstens ein demokratisches Männerwahlrecht zu erkämpfen. Auf dieses eine Ziel habe man sich konzentrieren müssen, und letztlich biete diese Wahlrechtsreform die Voraussetzung für eine stärkere parlamentarische Vertretung der Sozialdemokratie und steigere so auch die Aussichten für eine spätere Einführung des Frauenwahlrechts. Sie sei überzeugt, »daß die Genossinnen Österreichs durch ihre Haltung und Taktik in diesem Kampfe dem Frauenwahlrecht mehr genützt haben, als wenn es so nebenbei mitgefordert worden wäre«[554]. Später erklärte sie, das Verhalten der Frauen habe der Bewegung innerhalb der Partei zu besserem Ansehen verholfen und die Voraussetzungen für eine intensivere Frauenagitation geschaffen[555].

Diese zurückhaltende Politik lehnte Clara Zetkin ab. Eine »Eigenbrödelei« der Frauen, eine nicht mit der Partei koordinierte Aktion, doch auch

552 Gleichheit 18. 4. 1906.

553 Frauenkonferenz 1906, S. 453, 457f.; Gleichheit 31. 10. 1906.

554 Gleichheit 17. 10. 1906.

555 Popp: Weg zur Höhe, S. 84; ähnlich: Arbeiter-Zeitung (Wien), 1. 8. 1907, 19. Jg., in: IISG, Nachlaß Vollmar 3713.

den Verzicht auf die Frauenwahlrechtsforderung bei einer sozialdemokratischen Kampagne hielt sie für falsch. Im Parlament könne man aus taktischen Gründen schließlich den Antrag auf Einführung des Frauenstimmrechts zurückziehen; in der Agitation jedoch sei die Forderung unverzichtbar: »Die Agitation ist ja selbst ein wesentlicher, ja der wichtigste Teil des Kampfes . . . Meiner Ansicht nach soll die Sozialdemokratie in den proletarischen Wahlrechtskämpfen das Frauenstimmrecht fordern, gerade weil es zum Zwecke der Revolutionierung der Köpfe notwendig ist, daß von ihm gesprochen wird.« Wenn die Sozialdemokratie nur noch das fordere, was sofortigen Erfolg verspreche, so müsse sie ihr Endziel und ihren revolutionären Charakter aufgeben und sich »aus dem Stürmer und Dränger Faust, der Himmel und Erde fassen will, in den versauerten Reformphilister Wagner verwandeln, der gierig mit der Hand nach goldenen Schätzen gräbt und froh ist, wenn er Regenwürmer findet«[556].

Clara Zetkin verkannte die Schwierigkeiten, im multinationalen Österreich ein demokratisches Wahlrecht zu erkämpfen; ihr ging es nicht um die konkrete Situation, sondern um die grundlegende Frage nach dem Wesen der Sozialdemokratie. Adelheid Popps Hochschätzung des Parlamentarismus war ihr fremd, der agitatorische Wert einer Forderung wichtiger als ein unmittelbarer Erfolg in der Tagespolitik, den sie zudem in diesem Fall durch Eintreten für das Frauenwahlrecht nicht gefährdet sah[557].

Gegen Helene Grünbergs und Lily Brauns[558] Widerstand legten die deutschen Frauen der ersten Internationalen Konferenz sozialistischer Frauen 1907[559] eine Resolution vor, in der es hieß:

> »Die sozialistischen Parteien aller Länder sind verpflichtet, für die Einführung des allgemeinen Frauenwahlrechts energisch zu kämpfen. Daher sind insbesondere auch ihre Kämpfe für Demokratisierung des Wahlrechts zu den gesetzgebenden und verwaltenden Körperschaften in Staat und Gemeinde zugunsten des Proletariats als Kämpfe für das Frauenwahlrecht zu führen, das sie fordern und in der Agitation wie im Parlament mit Nachdruck vertreten müssen. . . . Pflicht der sozialistischen Frauenbewegung in allen Ländern ist es, sich an allen Kämpfen, welche die sozialistischen Parteien für die Demokratisierung des Wahlrechts führen, mit höchster Kraftentfaltung zu beteiligen, aber auch, mit der nämlichen Energie dafür zu wirken, daß in diesen Kämpfen die Forderung des allgemeinen Frauenwahlrechts nach ihrer grundsätzlichen Wichtigkeit und praktischen Tragweite ernstlich verfochten wird.«

---

556 Gleichheit 31. 10. 1906; Frauenkonferenz 1906, S. 453. Clara Zetkin zitiert hier sinngemäß, aber nicht wörtlich, Goethes Faust: vgl.: Goethes Faust. Der Tragödie erster und zweiter Teil. Urfaust. Kommentiert v. Erich Trunz, Hamburg 1963, S. 26.

557 Gleichheit 31. 10. 1906, 22. 7. 1907. Zu Österreich s. Jenks.

558 Vorwärts 20. 8. 1907, 2. Beilage, 21. 8. 1907, 1. Beilage.

559 1897 hatte schon eine internationale Besprechung sozialistischer Frauen stattgefunden (Gleichheit 2. 9. 1907, Parteitag 1908, S. 99), die erste offizielle Konferenz fand jedoch 1907 in Stuttgart statt.

Die Österreicherinnen sahen darin nicht nur eine Empfehlung für die Zukunft, sondern auch eine nachträgliche Verurteilung ihrer Haltung. Sie brachten eine eigene Resolution ein:

». . . erklärt der Kongreß eine erhöhte Propaganda für die politische Gleichberechtigung der Geschlechter in den Kreisen der Arbeiterschaft für unaufschiebbar und beauftragt die Bruderparteien, sich bei jedem sich bietenden Anlaß, insbesondere während jeder Bewegung zur Ausdehnung des Wahlrechts mit der Forderung nach dem Frauenstimmrecht energischer vorzugehen. – Obwohl es den Parteiorganisationen der einzelnen Staaten überlassen bleiben muß, den Augenblick und die Methode zu bestimmen, in welchem und mit der der Kampf mit Erfolg aufgenommen werden kann, erklärt es der Kongreß für eine Pflicht aller Parteiorganisationen, keine Unterbrechung in dem Wahlrechtskampfe eintreten zu lassen, bis wirklich das allgemeine Wahlrecht für Männer und Frauen errungen ist.«

Nachdem Emma Ihrer und vor allem Luise Zietz in der Diskussion zwar die Leistungen der österreichischen Frauen im Wahlkampf sehr gelobt, dennoch aber die deutsche Resolution empfohlen hatten, wurde der deutsche Antrag mit 47 gegen 11 Stimmen angenommen. Damit lehnte die Konferenz zugleich das beschränkte Frauenwahlrecht ab, das in der Resolution als undemokratisches Recht des Besitzes verurteilt wurde[560].

In der vorbereitenden Kommission zum Internationalen Sozialistenkongreß, dem die Frauenkonferenz vorausging, kam es zum Zusammenstoß zwischen Clara Zetkin und Viktor Adler. Adler erklärte, daß die Haltung der österreichischen Frauen den Wahlrechtskampf erleichtert und den Erfolg ermöglicht habe. Er stellte den Antrag, daß die Organisationen der einzelnen Länder den Zeitpunkt und die Methode ihres Eintretens für das Frauenstimmrecht selbst bestimmen müßten. Nach einer Gegenrede Clara Zetkins wurde sein Antrag mit 12 gegen 9 Stimmen abgelehnt[561]. Der Internationale Sozialistenkongreß verabschiedete darauf folgende Resolution, deren letzter Satz Kompromißcharakter trägt:

». . . Die sozialistischen Parteien aller Länder sind verpflichtet, für die Einführung des allgemeinen Frauenwahlrechts energisch zu kämpfen. Daher sind insbesondere auch ihre Kämpfe für Demokratisierung des Wahlrechts zu den gesetzgebenden Körperschaften in Staat und Gemeinde zugunsten des Proletariats als Kämpfe für das Frauenwahlrecht zu führen, das in der Agitation wie im Parlament mit Nachdruck zu vertreten ist. Der Internationale Kongreß erkennt an, daß es nicht angebracht ist, für jedes Land die genaue Zeit anzugeben, wo ein Wahlrechtskampf anzufangen sei, erklärt jedoch, daß, wenn ein Kampf für das Wahlrecht geführt wird, er nur nach den sozialistischen Prinzipien geführt werden soll, also mit der Forderung des allgemeinen Wahlrechts für Frauen und Männer.«[562]

---

560 Vorwärts 20. 8. 1907, 2. Beilage, 21. 8. 1907, 1. Beilage; Gleichheit 19. 8. 1907, 2. 9. 1907.

561 Internationaler Sozialisten-Kongreß zu Stuttgart. 18. bis 24. August 1907, Berlin 1907, S. 120ff.

562 Ebd., S. 40; Quataerts Behauptung (S. 318), der Kongreß habe gegen die Radikalen entschieden, ist abwegig und sachlich falsch.

Clara Zetkin hatte ihre Auffassung durchsetzen können und war mit dem Ergebnis zufrieden. Später sprach sie von diesen Auseinandersetzungen als »einem leidenschaftlichen Kampf gegen den Reformismus, den Opportunismus auf der ganzen Linie« und wertete den Beschluß von 1907 als Sieg des revolutionären Marxismus[563].
Henriette Fürth hielt die Verurteilung sowohl der österreichischen Politik wie des englischen Eintretens auch für ein beschränktes Frauenwahlrecht für falsch, aber nicht für bedeutend: »Diese Intransigenz wäre zu bedauern, wenn sie mehr als akademischen Wert hätte. Denn auch hier wird sich, wenn der Fall sich einmal ergeben sollte, die Logik der Tatsachen stärker erweisen, als die vermeintlichen Theorien.«[564]
In der Begründung der Forderung nach dem Frauenstimmrecht setzte sich vor allem Clara Zetkin betont antiidealistisch von der Naturrechtslehre ab und sprach von einem »sozialen Recht«, das in erster Linie aus der Erwerbstätigkeit der Frauen hervorgehe[565]. August Bebel dagegen setzte in einer Aufzählung von zehn Gründen für das Frauenwahlrecht andere Akzente: Erst als vierten Punkt nannte er die Berufstätigkeit der Frau, als erstes dagegen: »Weil, wie Mann und Frau erst den ganzen Menschen bilden, die menschliche Gesellschaft und ihr politischer Oberbau, der Staat, ohne die Frau unmöglich sind.« Als zweites berief er sich auf das Prinzip der Gerechtigkeit, und erst als letzten Punkt nannte er das für Clara Zetkin so wichtige Argument, daß das Wahlrecht ein Kampfmittel gegen Unterdrückung und Ausbeutung sei[566]. Diese Differenzen in der Gewichtung zeigen, daß die Emanzipationstheorie Clara Zetkins zumindest nicht in allen Einzelheiten als *die* Theorie der Bewegung gelten kann.
Neben den genannten Argumenten für das Frauenwahlrecht berechtige auch die Mutterschaft die Frauen zur politischen Gleichheit. Die Mutterschaft wurde häufig als Pendant zur Wehrpflicht der Männer gesehen: In Flugblättern wurden Zahlen von im Kindbett gestorbenen Frauen den Zahlen gefallener Soldaten gegenübergestellt, als steige der Anspruch auf politische Rechte mit der Zahl der hygienischen Mißständen und rückständiger Medizin geschuldeten Opfer. Die strikte Ablehnung der Naturrechtsgedanken vermag dann nicht mehr zu überzeugen, wenn man sich gleichzeitig trotz aller Kritik am Militarismus auf die Verbindung von Wehrdienst und Wahlrecht einließ und so zu fragwürdigen Argumenten greifen mußte.

563 Zetkin: Geschichte, S. 218f.
564 Sozialistische Monatshefte 1907 Bd. II, S. 890.
565 Zetkin: Zur Frage des Frauenwahlrechts, S. 3; dies.: Reden und Schriften I, S. 346ff.; dies. auf dem Internationalen Sozialisten-Kongreß 1907, S. 41ff.; Gleichheit 30. 3. 1893.
566 »Frauenwahlrecht!« Hrsg. zum Ersten Sozialdemokratischen Frauentag von Clara Zetkin, Stuttgart 19. 3. 1911, S. 2, in: StA Düsseldorf, Regierung Düsseldorf Nr. 42812 Bl. 173ff.

Das Argument, daß Frauen ja auch Steuern zahlten und so mit gleichen Pflichten gegenüber dem Staat belastet waren, griff auf die dubiose Verknüpfung von Steuerleistung und politischen Rechten zurück[567]. Solche Argumente aufzugreifen, jedoch wegen der Abgrenzung gegenüber idealistischer Philosophie und liberalem Gedankengut bewußt auf die Anknüpfung an die demokratischen Traditionen Europas und die Menschenrechtsforderung der Gleichheit zu verzichten, war vielleicht ein Fehler. Die Argumentation wäre überzeugender geworden, hätte den liberalen Parteien eine klare Stellungnahme abverlangt und das vorhandene Potential demokratischen Gedankengutes nutzbar gemacht.

Clara Zetkin sah im Frauenwahlrecht lediglich eine Etappe, keineswegs das Endziel, mit dem die Emanzipation der Frau verwirklicht sei. Immer wieder wandte sie sich gegen die in der bürgerlichen Frauenbewegung, zum Teil aber auch in der Arbeiterbewegung vertretene Auffassung, daß das Wahlrecht erst am Ende eines langen politischen Reifeprozesses stehen dürfe: »Das Wahlrecht ist jedoch nicht eine Belohnung für politische Reife, sondern umgekehrt ein äußerst wirksames Mittel, die Massen zu sammeln, zu organisiren und zu politischer Reife zu erziehen.«[568] Nicht höchstes Ziel, sondern Mittel zum Kampf gegen den Kapitalismus sei das Wahlrecht:

> »Die Proletarierin dagegen bedarf des Wahlrechts nicht nur, um ihre ökonomischen und kulturellen Lebensinteressen zu verteidigen, bedarf des Wahlrechts nicht etwa zum Kampf gegen die Männerwelt ihrer Klasse, sondern vor allem zum Kampfe gegen die Kapitalistenklasse . . . Wir verlangen gleiche politische Rechte mit dem Manne, um ungehemmt durch gesetzliche Schranken mitarbeiten zu können, um diese Gesellschaft zu stürzen, zu zerschmettern.«[569]

Ihre anfängliche Hoffnung, die Einführung des Frauenwahlrechts werde die Sozialdemokratie stärken, da die bürgerlichen Frauen sich gar nicht an Wahlen beteiligen würden[570], erkannte sie bald als Illusion. 1907 vermutete sie ganz richtig, daß die meisten Frauen das Zentrum wählen würden. Auch August Bebel und Lily Braun waren sich darüber im klaren, daß die SPD nicht von der Einführung des Frauenwahlrechts profitieren werde[571],

567 Flugblatt »Her mit dem Frauenwahlrecht«, in: StA Düsseldorf, Regierung Düsseldorf 42789 Bl. 135, 140; Flugblatt »Frauenwahlrecht«, in: Dokumente der revolutionären deutschen Arbeiterbewegung, S. 61ff.; Bebel: Die Frau und der Sozialismus, S. 340; L. Zietz in: Frauenwahlrecht! 1911, S. 4.

568 Zetkin: Zur Frage des Frauenwahlrechts, S. 44; ähnlich: ebd., S. 42, 45ff., 50f.; dies.: Reden und Schriften I, S. 346, 351; Internationaler Sozialisten-Kongreß 1907, S. 41ff.; Frauenkonferenz 1902, S. 303, 1906, S. 451.

569 Frauenkonferenz 1906, S. 440, 446. Ähnlich äußerte sich Karl Kautsky, in: Zetkin: Zur Frage des Frauenwahlrechts, S. 84f. (Anhang III).

570 Gleichheit 25. 7. 1894; ähnlich M. Wurm, S. 31.

571 Zetkin: Zur Frage des Frauenwahlrechts, S. 43; L. Braun auf dem Parteitag 1899, S. 283; A. Bebel im Reichstag: Stenographische Berichte über die Ver-

und Bismarck soll 1894 gesagt haben: »Ich bedaure sehr, daß unserer besseren Hälfte des menschlichen Geschlechtes bei uns nicht mehr Einfluß auf die politischen Verhältnisse gestattet ist. Wenn unsere Wahlen etwas mehr unter weiblichem Einfluß stattfänden als bisher, dann glaube ich, würden sie nationaler und besser ausfallen.«[572]

Die konservativen Parteien blieben jedoch grundsätzliche Gegner des Frauenwahlrechts, und die Liberalen konnten sich nicht zuletzt aus der Befürchtung, die Frauen würden mehrheitlich Zentrum oder SPD wählen, nicht zu einer Befürwortung des Frauenwahlrechts durchringen[573]. Dagegen fand die Wahlrechtsforderung Fürsprecher in Kreisen des Zentrums: Pater Auracher sprach sich auf dem Katholikentag 1905, der Abgeordnete Heim im Bayerischen Landtag und 1906 der »Bayrische Kurier« für das Frauenwahlrecht aus[574]. Clara Zetkin wertete diese Tendenzen als »Spekulation auf die geistige Rückständigkeit, auf die politische Gleichgültigkeit und Verständnislosigkeit, welche das traurige Erbteil ist, das Jahrhunderte der Unfreiheit und Ungleichheit großen Massen des weiblichen Geschlechts gelassen haben«[575].

Trotz vereinzelter Stimmen aus bürgerlichen Parteien, trotz der Arbeit des linken Flügels der bürgerlichen Frauenbewegung und trotz der als weit wirkungsvoller einzuschätzenden Arbeit der SPD und der sozialistischen Frauen war die Einführung des Frauenwahlrechts im Kaiserreich aussichtslos. Nur dank der Revolution konnte schon 1918 das Frauenwahlrecht durch Verordnung des Rats der Volksbeauftragten eingeführt werden[576]. SPD und USPD werteten das Prinzip höher als Opportunitätserwägungen; so war das Frauenwahlrecht ein Produkt der Revolution und auch der intensiven Arbeit sozialistischer Frauen innerhalb der SPD. Es ist eine Legende, daß das Frauenwahlrecht in Deutschland von der bürgerlichen Frauenbewegung oder gar den liberalen Parteien erkämpft worden sei[577].

---

handlungen des Reichstags. IX, III. 1894/95, Erster Band, S. 858, und auf der Frauenkonferenz 1906, S. 458.

572 Zitiert bei: Frieda Radel: Warum fordern wir das Frauenstimmrecht?, Leipzig 1910, S. 22.

573 S. o. S. 92 und Bremme, S. 24.

574 Frauenkonferenz 1906, S. 450; Zietz: Die Frauen und der politische Kampf, S. 31; Beilage der »Frauenbewegung«. Parlamentarische Angelegenheiten und Gesetzgebung. Nr. 20, 15. 10. 1906, in: IISG, Nachlaß Vollmar 3162. Diese – von Anita Augspurg redigierte – Zeitschrift meinte jedoch, Heim habe »aus Rache für schlechte Behandlung lediglich seiner Partei einen Schabernack spielen« wollen.

575 Zetkin: Zur Frage des Frauenwahlrechts, S. 42.

576 Reichs-Gesetzblatt. 1918, S. 1304; s. auch Martin Martiny: Integration oder Konfrontation? Studien zur Geschichte der sozialdemokratischen Rechts- und Verfassungspolitik, Bonn-Bad Godesberg 1976, S. 23ff.

577 Diese Legende findet sich z. B. bei Beyer, S. 4ff., 11, 16 und Elisabeth Boe-

Einen anderen Weg zur Erringung des Wahlrechts hatte Wally Zepler 1911 vorgeschlagen. Unter der Alternative »Reformismus oder Radikalismus« bekannte sie sich offen als Reformistin. Da es vorerst keine Hoffnung gebe, im Reichstag das Frauenwahlrecht durchzusetzen, solle man zunächst nur das kommunale Stimmrecht anstreben[578]. Tatsächlich schien die Forderung auf Gemeindeebene leichter zu verwirklichen. 1910 berichtete Ludwig Frank, daß ein Antrag auf Einführung des kommunalen Frauenwahlrechts in Baden mit nur 8 zu 7 Stimmen abgelehnt wurde[579]. Wally Zepler verkannte jedoch, daß die Forderung des Frauenwahlrechts zu Landtagen und zum Reichstag für die sozialistische Frauenbewegung große agitatorische Bedeutung besaß, auch wenn keine parlamentarischen Erfolge zu erwarten waren.

Dennoch beschäftigte sich die Bewegung intensiv mit kommunalen Fragen. 1911 stand das Thema »Die Frauen und die Gemeindepolitik« auf der Tagesordnung der Frauenkonferenz; Referentin war Klara Weyl, geb. Haase, die schon seit 1888 in der Bewegung tätig war und seit 1902 als Armen- und Säuglingspflegerin arbeitete[580]. 1912 schrieb sie in ihrer Broschüre über »Die Frau und die Gemeindepolitik«: »Die Kommunen sind im Klassenstaate zwar nur Verwaltungskörper, die der Klassenherrschaft unterliegen, und daher nicht imstande, die Wohlfahrt aller zu fördern. Dennoch ist es heute schon möglich, dem mannigfachen Elend der arbeitenden Klassen durch soziale Fürsorge wenigstens in etwa zu steuern und so zur geistigen und körperlichen Wiedergeburt der Arbeiterklasse beizutragen.«[581] Die Frauen sollten in der Kranken- und Säuglingsfürsorge, der Waisenpflege und Arbeitslosenfürsorge mitarbeiten, sich für die Errichtung von Kindergärten und -krippen einsetzen, sich in der Schulpolitik, im Gesundheitswesen, der Wohnungsinspektion und Lebensmittelkontrolle engagieren. Tatsächlich waren schon 1909 in 304 Gemeinden 11 900 Frauen in der Wohlfahrtspflege tätig, in den leitenden Positionen jedoch unterrepräsentiert[582].

Die SPD teilte die Auffassungen Klara Weyls; die Kommunalprogramme enthalten Forderungen nach dem Gemeindewahlrecht für Frauen, der obligatorischen Fortbildungsschule für Mädchen, Mutterschutzeinrichtungen und der Heranziehung von Frauen zur Waisen- und Armenpflege: »In erster Linie sollten die Gemeinden Frauen damit betreuen, die sich ja für

---

deker: Marksteine der deutschen Frauenbewegung von ihren Anfängen im 19. Jahrhundert bis zum Neuanfang nach 1945, Hannover ²1969, ND 1970, S. 14 f.; zur Haltung der Parteien 1918 s. Evans: Feminist Movement, S. 228 ff.

578 Sozialistische Monatshefte 1911 Bd. I, S. 354 ff.

579 Parteitag 1910 S. 266; Wachenheim: Die deutsche Arbeiterbewegung, S. 491.

580 Klara Weyl: Erinnerungen, S. 1 f., 10, in: Archiv der sozialen Demokratie, Nachlaß Gerda Weyl 21.; Frauenkonferenz 1911, S. 454 ff.

581 Weyl, S. 5.

582 Frauenkonferenz 1911, S. 454 ff.; Weyl, S. 11 ff., 23 ff.

dieses Amt ganz besonders eignen.«[583] Die Sprache entlarvt: Mit dem »ja« wird auf jede Begründung verzichtet, werden unkritisch nicht hinterfragte Vorurteile über das Wesen der Frau übernommen. Hier wurden bereits die Grundlagen dafür gelegt, daß auch in der SPD die Wohlfahrtspflege zunehmend der Sektor wurde, der den Frauen reserviert blieb, auf den der Tätigkeitsradius der Frauen eingeengt wurde[584].

Die rechtliche Gleichstellung der Frauen in Ehe und Familie war vor allem während der Beratung und Verabschiedung des Bürgerlichen Gesetzbuches 1896 ein aktuelles Thema. Auf Antrag der Frauen Gerndt und Zetkin hatte der Parteitag der SPD 1895 beschlossen: »Die Reichstagsfraktion wird beauftragt, bei den bevorstehenden Berathungen über den Entwurf eines bürgerlichen Gesetzbuches mit aller Energie die Initiative zu ergreifen für die Beseitigung aller gesetzlichen Bestimmungen, welche die Frau dem Manne gegenüber benachtheiligen.«[585] Einen entsprechenden Antrag stellte August Bebel am 25. Juni 1896 im Reichstag[586]. Wolfgang Plat kam zu dem Ergebnis, daß die juristische Gleichberechtigung der Frau für die »Gleichheit« trotz einiger Artikel zu dem Thema[587] kein Schwerpunkt war und daß sich die Reformvorschläge der SPD von denen der bürgerlichen Frauenbewegung nicht grundsätzlich unterschieden[588]. Beide kritisierten zum Beispiel die Erschwerung der Ehescheidung, beide setzten sich für familienrechtliche Gleichberechtigung ein. Clara Zetkins Kritik an den bürgerlichen Frauen war ungewöhnlich milde: sie druckte in der »Gleichheit« die Resolution des BDF ab und wünschte ihr Glück, monierte jedoch, daß die Forderung nach Abschaffung der Gesindeordnungen fehlte[589].

Die Solidarität der bürgerlichen Frauen mit den Arbeiterinnen fand dort ihre Grenze, wo sich »Herrschaft« und Dienstmädchen gegenüberstanden. Dennoch wäre gerade jetzt eine Zusammenarbeit beider Bewegungen denkbar gewesen. Während der BDF in Flugblättern, Versammlungen

583 Das Kommunal-Programm der Sozialdemokratie Preußens 1911, S. 3f., 7, 9, 15, 51, 143, 191; s. auch: Parteitag der SPD Preußens 1910, S. 118ff.; Die Sozialdemokratie im Nürnberger Rathause. Drei Jahre sozialdemokratischer Gemeindetätigkeit 1908–1911. Zu den Gemeindewahlen herausgegeben vom Sozialdemokratischen Verein Nürnberg-Altdorf, Nürnberg o. J., S. 31ff.

584 Das wird bereits im Ersten Weltkrieg sehr deutlich: s. A. Blos: Kommunale Frauenarbeit im Kriege.

585 Parteitag 1895, S. 18, 94.

586 Stenographische Berichte über die Verhandlungen des Reichstags. IX, IV. 1895/97, Vierter Band, S. 2901ff.

587 Gleichheit 4. 3. 1896, 27. 5. 1896, 10. 6. 1896, 24. 6. 1896, 8. 7. 1896.

588 Wolfgang Plat: Die Stellung der deutschen Sozialdemokratie zum Grundsatz der Gleichberechtigung der Frau auf dem Gebiet des Familienrechts bei der Schaffung des Bürgerlichen Gesetzbuches des Deutschen Reiches, Diss. Berlin 1966, S. 146; ebenso Martiny, S. 61f.

589 Gleichheit 10. 6. 1896, 24. 6. 1896, 8. 7. 1896; zur Haltung der bürgerlichen Frauen zu den Dienstboten s. o. S. 93.

und Resolutionen mit Zehntausenden von Unterschriften versuchte, die rechtliche Gleichstellung der Frau im BGB zu verankern, führte die SPD erst nach Verabschiedung des Gesetzbuches nennenswerte Versammlungen durch[590]. 1899 lehnte die SPD es ab, eine erneute, allerdings aussichtslose Protestresolution des BDF gegen das Inkrafttreten des BGB zu unterstützen[591]. Die durch sachliche Gegensätze in dieser Frage nicht begründete strenge, ja dogmatische Prinzipienpolitik brachte die sozialistischen Frauen um die Möglichkeit, in Einzelfragen faktische Erfolge zu erzielen, die einer revolutionären Politik keineswegs geschadet hätten. Mobilität in den Methoden ist nicht Reformismus. Gerade 1896 kristallisierte sich im BDF eine linke, mit der übervorsichtigen Taktik der Mehrheit unzufriedene Opposition heraus, deren Entwicklung durch stärkere Kontakte mit Sozialdemokratinnen gefördert worden wäre. Clara Zetkin jedoch war der ideologische Klärungsprozeß noch nicht weit genug fortgeschritten, um die Frauen durch ein Zusammengehen mit Bürgerlichen zu verwirren. Die ideologische Festigkeit war ihr wichtiger als praktische Reformen[592].

Das Bürgerliche Gesetzbuch, das 1900 in Kraft trat, brachte nur wenige Fortschritte für die Gleichberechtigung der Frau[593]. Der einzige Erfolg der bürgerlichen Frauenaktionen war die Zulassung auch unverheirateter Frauen zur Vormundschaft[594]. Die sozialistische Frauenbewegung führte keinen energischen Kampf um die rechtliche Gleichstellung der Frau, und für die »Gleichheit« waren rechtliche Fragen weiterhin kein zentrales Thema[595].

### *d) Kinder und Jugend*

Es galt – und gilt noch weithin – als selbstverständlich, daß die Mütter die Hauptverantwortung bei der Erziehung der Kinder im Vorschulalter tragen. So lag es nahe, daß sich die sozialdemokratische Frauenbewegung intensiv mit pädagogischen Themen beschäftigte, zumal einige ihrer führenden Repräsentanten wie Clara Zetkin oder Käte Duncker ausgebildete Lehrerinnen waren. Themen wie »Sozialismus und Kindererziehung« wurden häufig in Frauenbildungsvereinen und öffentlichen Versammlungen behandelt[596]. In Hamburg fand 1913 ein Vortragszyklus statt, in dem

590 Gleichheit 8. 7. 1896; Frauen-Landsturm. Flugblatt zum Familienrecht im bürgerlichen Gesetzbuch. Hrsg. v. Hanna Bieber-Boehm, Berlin 1896; Plat S. 156, 204f.

591 M. Stritt an A. Bebel, 18. 11. 1899, in: IISG, Nachlaß Bebel 164.

592 Zu der grundsätzlichen Problematik s. o. S. 81ff.

593 S. o. S. 37.

594 Pierstorff, S. 59

595 Eine Ausnahme bildet die Serie von Ernst Oberholzer über Eherecht 1909/10.

596 Z. B. 1905 in Düsseldorf und Elberfeld: Gleichheit 3. 5. 1905, 28. 6. 1905, 23. 8. 1905; auch Gleichheit 24. 6. 1914.

vor 500 meist weiblichen Teilnehmern unter der übergreifenden Thematik »Aus der Praxis der Kindererziehung« über die »Entwicklung des Willens«, die »Entwicklung des Charakters« und die »geistige Entwicklung des Kindes mit Anwendung auf die Erziehung« referiert wurde[597]. Auf den Frauenkonferenzen von 1904 und 1908 sowie auf dem Parteitag von 1906 sprachen Clara Zetkin und Käte Duncker zu Erziehungsfragen. Ihre Vorträge erschienen als Broschüren, von denen bis zu 20000 Exemplare verteilt und die in der Frauenbewegung diskutiert wurden[598].

Clara Zetkin hatte von 1874 bis 1878 Auguste Schmidts Lehrerinnenseminar in Leipzig besucht und anschließend als Hauslehrerin gearbeitet, Käte Duncker war an eben diesem Seminar Lehrerin, nachdem sie von 1888 bis 1890 in Eisenach ausgebildet worden war. 1896 kündigte sie wegen politischer Differenzen und unterrichtete an einer privaten Höheren Mädchenschule in Hamburg[599]. Auch Ida Altmann, Anna Blos, Toni Jensen, Marie Kunert, Antonie Pfülf, Adele Reiche, Anna Siemens und Hildegard Wegscheider waren Lehrerinnen, Luise Zietz war ausgebildete Kindergärtnerin[600]. Anna Blos wurde 1910 Schulrätin in Stuttgart[601], und auch Lily Braun, Henriette Fürth, Therese Schlesinger, Mathilde Wurm und Wally Zepler interessierten sich für pädagogische Fragen[602].

Die Erziehungsinhalte und -ziele dieser sozialistischen Frauen lassen sich keinesfalls mit der Formel abdecken, daß die Kinder zu »Kämpfern für die Arbeiterklasse«[603] erzogen werden sollten. Zwar sprach Luise Zietz davon, daß die Frauen »Rekrutenerzieher zum Klassenkampf« sein sollten, und Käte Duncker betonte die Notwendigkeit, die »sozialistische Weltanschauung der von der Schule verbreiteten gegenüberzustellen«, insbesondere chauvinistischem Gedankengut entgegenzuarbeiten[604]; doch hinter

597 Gleichheit 14. 5. 1913.

598 Frauenkonferenz 1904, S. 360ff., 1906, S. 403, 1908, S. 507ff., 518ff.; Parteitag 1906, S. 68, 347ff.; Käte Duncker: Sozialistische Erziehung im Hause, Berlin 1914; Clara Zetkin: Die Schulfrage. Referat, gehalten auf der 3. Frauenkonferenz in Bremen, Berlin 1904.

599 Gerd Hohendorf: Revolutionäre Schulpolitik und marxistische Pädagogik im Lebenswerk Clara Zetkins, Berlin 1962, S. 11; Honeycutt, S. 33ff.

600 S. Biographischer Anhang.

601 A. Blos: Frauenfrage, S. 81.

602 Lily Braun: Die Emanzipation der Kinder. Eine Rede an die Schuljugend, München 1911; Hohendorf, S. 40f.; Schlesinger-Eckstein: Frau; dies.: Wie will und wie soll das Proletariat seine Kinder erziehen; W. Zepler in: Sozialistische Monatshefte 1899, S. 298, 1906 Bd. II, S. 580ff.

603 Rosemarie Walther: Clara Zetkin zur proletarischen Familienerziehung, Berlin 1959 (Dissertation der Pädagogischen Fakultät der Humboldt Universität Berlin unter dem Titel: Der Beitrag zur Theorie der proletarischen Familienerziehung in den Ausführungen von Clara Zetkin), S. 39ff.

604 Frauenkonferenz 1908, S. 490; K. Duncker: Sozialistische Erziehung, S. 27f.; Zietz: Die Frauen und der politische Kampf, S. 39.

der Formel der sozialistischen Erziehung verbergen sich durchaus differenzierte und unterschiedlich akzentuierte Vorstellungen.

Käte Duncker formulierte: »Wir brauchen gesunde, kräftige Menschen mit klarem Kopf und klassenbewußtem Denken, mit starkem Gerechtigkeitsgefühl und sozialem Empfinden, mit festem Willen und solidarischem Handeln. Solche Menschen heranzubilden, das ist das Ziel der sozialistischen Erziehung.«[605] Häufig betonte man die Erziehung zur Wertschätzung der Arbeit, zu solidarischem Verhalten und zur Selbständigkeit[606]. Clara Zetkin sah die Bedeutung der Erziehung für die Überwindung fest eingewurzelter Rollenmuster, die die Frau diskriminierten. Jungen und Mädchen sollten gleich behandelt werden, nicht mehr nur die Jungen ihre Freizeit genießen dürfen, während ihre Schwestern häufig zur Mithilfe im Haushalt und zur Beaufsichtigung jüngerer Geschwister herangezogen wurden. Sie forderte die Mütter dazu auf, die Kinder »nicht in den Vorurteilen aufzuziehen, daß es Arbeiten gibt, die des Mannes unwürdig sind, die aber dem Weibe geziemen. Knaben und Mädchen sollen alle Verrichtungen, die das häusliche Leben mit sich bringt, mit gleich großer Geschicklichkeit und Freudigkeit verrichten können. . . . Um diesen Vorurteilen entgegenzuwirken, soll man Knaben und Mädchen ohne Unterschied gewöhnen, allen häuslichen Verrichtungen ohne Vorurteil nachzugehen.«[607]

Clara Zetkin, aber auch Therese Schlesinger und Hope Bridges Adams-Lehmann hielten es für wichtig, daß die Erziehung der Kinder von Anfang an das Werk beider Eltern sein müsse und der Vater sich dieser Aufgabe nicht entziehen dürfe[608]. Wie schwer vielen Männern die Verwirklichung dieser Forderung fiel, zeigt ein Brief Bebels: ». . . ich habe aber an unserem Buben gefunden, daß damit nur die Frauen fertig werden können. Ab und zu eine halbe oder ganze Stunde ja; aber den ganzen Tag, da muß man ein Engel sein, wie es unsere Frauen sind, um das auszuhalten.«[609]

Die Sozialdemokratie trat entschieden gegen die Prügelstrafe auf und appellierte an die Eltern, ihre Kinder nicht zu schlagen. Käte Duncker rief dazu auf, weniger Befehle zu erteilen und nie unbegründete Verbote auszusprechen, und auch Lily Braun wandte sich gegen autoritäre Erziehung[610].

---

605 K. Duncker: Sozialistische Erziehung, S. 14.

606 Ebd., S. 28f., 38, und: Frauenkonferenz 1908, S. 511f., 517; C. Zetkin auf dem Parteitag 1906, S. 353; L. Zietz: Bist du eine der Unsrigen, S. 15.

607 Parteitag 1906, S. 353.

608 H. B. Adams-Lehmann in: Sozialistische Monatshefte 1905 Bd. II, S. 1031ff.; Th. Schlesinger: Wie will und wie soll das Proletariat seine Kinder erziehen, S. 4; C. Zetkin auf dem Parteitag 1906, S. 350f.

609 A. Bebel an F. Engels, 6. 6. 1895, in: Blumenberg, S. 800. Bebel äußert sich hier über Erfahrungen mit seinem Enkel.

610 Julian Borchardt: Wie sollen wir unsere Kinder ohne Prügel erziehen, in: Clara

Man erkannte die Notwendigkeit einer rechtzeitigen sexuellen Aufklärung der Jugend, ging dabei jedoch sehr behutsam und übervorsichtig vor. Käte Duncker wandte sich zwar gegen falsche »Heimlichtuerei«, aber auch gegen eine zu frühe und »brutale« Aufklärung. Wie Henriette Fürth empfahl sie eine stufenweise Aufklärung mit Hilfe von Analogien zur Natur, besonders zum Pflanzenreich[611]. Julian Markuse riet in der »Arbeiter-Gesundheits-Bibliothek« zur Aufklärung der Kinder durch die Mutter bis zum Alter von 14 oder 15 Jahren, während Henriette Fürth erkannte, daß viele Eltern sich überfordert fühlten oder zu einer sachgerechten Aufklärung nicht geeignet waren; in diesen Fällen solle die Schule diese Aufgabe übernehmen[612]. Die sozialistische Frauenbewegung kritisierte wohl Mißstände der Sexualerziehung, war jedoch in der Regel zu sehr in der Sexualmoral ihrer Gesellschaft befangen, um wirklich neue, zukunftsweisende Konzepte entwickeln zu können[613].
Ein weit verbreiteter, auch heute noch nicht verstummter Vorwurf gegen den Sozialismus war die Behauptung, die SPD wolle die Kinder von ihren Eltern trennen[614]. Schon August Bebel wies diesen Vorwurf zurück, obwohl er in seiner Schilderung der Zukunftsgesellschaft die gesellschaftliche Erziehung auf Kosten der häuslichen ausdehnte[615]. Stern erklärte, im Sozialismus werde die Erziehung das Werk ausgebildeter Pädagogen sein, wenn es die Eltern nicht anders wünschten[616], und Adelheid Popp meinte, staatliche und kommunale Institutionen sollten die arbeitende Mutter der Kindererziehung »entheben«: »Eine gemeinsame Erziehung in Staats- oder kommunalen Anstalten, geleitet von wirklichen Pädagogen und Kinderfreunden, dürfte das beste sein. Am Abend und am Sonntag könnten doch alle Familienmitglieder vereinigt sein . . .«[617] Das Spannungsverhält-

---

Zetkin / Käthe Duncker / Julian Borchardt: Die Erziehung der Kinder in der proletarischen Familie. Quellen zur Pädagogik der deutschen Arbeiterbewegung aus der Zeit vor dem ersten Weltkrieg. Ausgewählt, eingeleitet und erläutert von Gerd Hohendorf, Berlin 1960, S. 30ff.; L. Braun: Emanzipation der Kinder, S. 14, 21; K. Duncker: Sozialistische Erziehung, S. 32f.

611 K. Duncker: Sozialistische Erziehung, S. 19ff.; Henriette Fürth: Die geschlechtliche Aufklärung in Haus und Schule, Leipzig 1903, S. 17.

612 Markuse, Julian: Geschlechtliche Erziehung in der Arbeiterfamilie, Berlin 1908, S. 4; ders. (in der Schreibweise »Marcuse«): Geschlechtliche Erziehung in der Familie, Berlin 1920, S. 4, 15; Fürth: Geschlechtliche Aufklärung, S. 36f.

613 Dazu Näheres S. 247ff.

614 Z. B. Eugen Richter: Sozialdemokratische Zukunftsbilder. Frei nach Bebel, Berlin 1919 (zuvor erschienen in: Freisinnige Zeitung, 20. 9. 1891 – 24. 10. 1891).

615 Bebel: Frau, S. 488ff.

616 J. Stern: Der Zukunftsstaat. Thesen über den Sozialismus. Sein Wesen, seine Durchführbarkeit und Zweckmäßigkeit, Berlin [5]1906, S. 16.

617 Adelheid Popp: Erinnerungen. Aus meinen Kindheits- und Mädchenjahren. Aus der Agitation und anderes, Stuttgart 1915, S. 87, 91.

nis zwischen gesellschaftlicher und familiärer Erziehung war noch nicht geklärt. Die Stellungnahmen lassen deutlich das Bestreben verspüren, die Erziehung in die Hände von Fachleuten zu verlegen, gleichzeitig jedoch den Elterneinfluß zu erhalten.

Eine Entwicklung in dieser Frage machte Clara Zetkin durch. 1889 schrieb sie: »Die Kindererziehung wird und muß aus der Familie in die Gesellschaft verlegt werden, sie wird und muß aus den Händen der Mutter in die von Pädagogen im weitesten Sinne des Wortes übergehen.«[618] Später rückte sie von dieser Meinung ab[619] und wandte sich gegen die Ausschaltung der Familie aus der Erziehung. Öffentliche und familiäre Erziehung sollten sich ergänzen[620]. 1922 trat sie sogar für eine Verstärkung des elterlichen Einflusses ein[621]. Käte Duncker befürwortete schon 1896 die Erziehung der Kinder durch die Mutter – vom Vater sprach sie hier nicht –, die allerdings vom Staat eine Vergütung erhalten solle. 1908 verlangte sie, daß »der Familie die Möglichkeit der Kindererziehung zurückgegeben« werde, die ihr durch soziale Mißstände de facto genommen sei[622].

In der sozialistischen Frauenbewegung entwickelte sich ein Konsens, daß gesellschaftliche und häusliche Erziehung zusammenwirken müßten. Innerhalb dieser Grundübereinstimmung lebten verschiedene Konzepte weiter, blieben große Unklarheiten bestehen. So propagierte und forderte man zwar stets die Einrichtung besserer gesellschaftlicher Erziehungsinstitutionen, vor allem die Errichtung von Kindergärten[623], doch konnte Agnes Fahrenwald 1906 unter dem Beifall der Frauenkonferenz der Hoffnung Ausdruck verleihen, daß die Zeit komme, »wo jede Mutter ihre Kinder selbst erziehen kann und wir keine Krippen und Kindergärten mehr brauchen«[624]. Dagegen bezeichnete es Therese Schlesinger als ein »Vorurteil, daß die Kinder immer bei den Eltern am glücklichsten untergebracht sind«, und Wally Zepler meinte, in den ersten Lebensjahren eines Kindes müsse die Erziehung in erster Linie in den Händen der Mutter – auch hier

618 Clara Zetkin: Die Arbeiterinnen- und Frauenfrage der Gegenwart, Berlin 1889, S. 28.

619 Dazu auch Hohendorf, S. 56; dagegen kennt Gerda Tornieporth (S. 233, 241) nur Zetkins Schrift von 1889, nicht jedoch ihren Gesinnungswandel. Angesichts des Wandels der Erziehungskonzeption und auch der Stellung zum Arbeiterinnenschutz (S. o. S. 134ff.) erscheint auch Thönnessens Aussage (S. 47f.), 1889 sei die Entwicklung der Emanzipationstheorie abgeschlossen, problematisch.

620 Parteitag 1906, S. 351.

621 Hohendorf, S. 60.

622 Brief vom 30. 10. 1896, in: Institut für Marxismus-Leninismus, NL 45/120, zitiert in: Kirsch, S. 22; K. Duncker: Sozialistische Erziehung, S. 7.

623 Parteitag 1908, S. 112; Sozialistische Monatshefte 1899, S. 298; Zietz: Zur Frage des Mutter- und Säuglingsschutzes, S. 9.

624 Frauenkonferenz 1906, S. 406.

fehlt der Hinweis auf den Vater –, später dann bei gesellschaftlichen Institutionen liegen[625].
Die Bewegung war durchaus zur Formulierung wichtiger pädagogischer Erkenntnisse fähig; vor allem Clara Zetkins und Käte Dunckers Engagement für eine gleichberechtigte Behandlung von Jungen und Mädchen und ihre Frontstellung gegen eine autoritäre Erziehung sind als Ansätze zu einer neuen Pädagogik zu werten. Diese Gedanken wurden mit Hilfe der Frauenbewegung auch in breite Kreise der Arbeiterfrauen hineingetragen. Über die Erziehungswirklichkeit in Arbeiterhaushalten ist allerdings fast nichts bekannt; wie die Frauen gehören auch die Kinder zu den von der historischen Forschung weitgehend vernachlässigten Gruppen.
Das Spannungsverhältnis zwischen familiärer und gesellschaftlicher Erziehung erkannte man als Problem, jedoch wurde mangels eines geschlossenen pädagogischen Programms kein Konsens gefunden. Obwohl der theoretische Klärungsprozeß noch nicht abgeschlossen war, nahmen die Sozialdemokratinnen die Agitation für Kindergärten auf und entwickelten Ansätze eines Schulprogramms[626].
Clara Zetkins Referat über die Schulfrage wurde als selbständige Broschüre in 20000 Exemplaren verbreitet und in der sozialistischen Frauenbewegung intensiv diskutiert[627]. Die Sozialdemokratinnen setzten sich für Koedukation von Jungen und Mädchen und für Schulgeld- und Lernmittelfreiheit ein, um die Chancengleichheit zu fördern. Sie befürworteten die Einführung eines Arbeitsunterrichts und forderten die Abschaffung des Schulfaches Religion. Neben der Weltlichkeit und Unentgeltlichkeit galt die Einheitlichkeit des Schulwesens als drittes Prinzip[628]. Während jedoch Anna Blos das Konzept einer Einheitsschule vertrat, die alle Schüler bis zum 14. Lebensjahr besuchen sollten, um sich anschließend bis zum Alter von 18 Jahren der Vorbereitung auf Beruf oder Studium zu widmen, entwickelte Clara Zetkin das Modell einer Elementarschule, an die sich eine Mittelschule und dann verschiedene höhere Schulen anschließen sollten, »in welche die Schüler und Schülerinnen nach Begabung und Neigung eintreten können«[629]. Lily Braun lehnte das Konzept der Einheitsschule ent-

625 Schlesinger-Eckstein: Frau, S. 55; W. Zepler in: Sozialistische Monatshefte 1906 Bd. II, S. 580ff.

626 Zur Mädchenbildung in Deutschland s.: Blochmann; Tornieporth; Jürgen Zinnecker: Sozialgeschichte der Mädchenbildung. Zur Kritik der Schulerziehung von Mädchen im bürgerlichen Patriarchalismus, Weinheim, Basel 1973.

627 Frauenkonferenz 1904, S. 360ff.; Zetkin: Schulfrage; Frauenkonferenz 1906, S. 403; Parteitag 1906, S. 69; Gleichheit 27. 12. 1905.

628 Gleichheit 21. 9. 1904, 14. 12. 1904; Anna Blos: Krieg und Schule, Berlin-Karlshorst 1915, S. 7f.; L. Braun: Emanzipation der Kinder, S. 27; Henriette Herzfelder: Die gemeinsame Erziehung der Geschlechter, Leipzig 1907, S. 3; C. Zetkin auf der Frauenkonferenz 1904, S. 364ff.

629 A. Blos: Krieg und Schule, S. 17ff.; C. Zetkin auf der Frauenkonferenz 1904, S. 364.

schieden ab. Sie befürchtete eine individuellen Begabungsunterschieden nicht genügende Nivellierung; aus dem gleichen Grund sprach sie sich gegen die Einführung von Technik und Handwerk auf Kosten der Wissenschaften in die Lehrpläne aus[630]. Auch Clara Zetkin ging von angeborenen Begabungsunterschieden aus: Beide Faktoren, Begabung und Umwelt, seien für die Entwicklung eines Menschen bestimmend[631]. Lily Brauns Konzept einer Mitbestimmung der Schüler wurde noch nicht aufgegriffen[632].

Für den Hochschulbereich forderte die sozialistische Frauenbewegung die Zulassung der Frauen zum Studium, obwohl diese Thematik wegen der proletarischen Struktur der Bewegung keinen zentralen Platz einnahm. Bebel und Vollmar befürworteten mehrfach in Land- und Reichstag das Frauenstudium[633]. Die bürgerliche Frauenbewegung nahm hier gern die Hilfe der SPD zur Unterstützung ihrer Resolutionen in den Parlamenten in Anspruch[634]. Um die Jahrhundertwende wurden dann allmählich Frauen in den Ländern Deutschlands zur Immatrikulation an den Universitäten zugelassen[635].

Besonders unzureichend war die Berufsschulbildung der Mädchen entwickelt: Vor 1900 war der Fortbildungsunterricht für Mädchen nur in Baden obligatorisch[636]. Die Einführung solcher Schulen für beide Geschlechter gehörte zu den Vorschlägen für eine Schulreform, die auch in die Kommunalpolitik der SPD Eingang fand[637]. Ein begrenzter Erfolg war die obligatorische Einführung eines Fortbildungsunterrichts von sechs Wochenstunden seit April 1913 in Berlin. Die Bestimmung galt für gewerbliche Arbeiterinnen, Verkäuferinnen und Handlungsgehilfinnen, nicht jedoch für Hausangestellte, wie es die sozialistische Frauenbewegung gewünscht hatte[638]. Die sozialistische Frauenbewegung diskutierte bereits vor dem Ersten Weltkrieg wichtige, zum Teil noch aktuelle Fragen der Schulpolitik.

---

630 L. Braun: Emanzipation der Kinder, S. 11, 26.

631 Frauenkonferenz 1904, S. 361.

632 L. Braun: Emanzipation der Kinder, S. 24.

633 Reinhard Jansen: Georg von Vollmar. Eine politische Biographie, Düsseldorf 1958, S. 71; Schmidt/Richter, S. 253f.

634 A. Augspurg an G. v. Vollmar, 18. 11. 1901, in: IISG, Nachlaß Vollmar 135.

635 Über die Entwicklung des Frauenstudiums s.: 25 Jahre Frauenstudium in Deutschland. Verzeichnis der Doktorarbeiten von Frauen 1908–1933. Zusammengestellt von Elisabeth Boedecker unter Mitarbeit von Ingeborg Colshorn und Elsa Engelhardt. Vier Hefte. Heft 1, Hannover 1939, S. XXIXff.

636 Seit 1874 (s. Pierstorff, S. 25).

637 Das Kommunal-Programm der Sozialdemokratie Preußens 1911, S. 4; Protokoll über die Verhandlungen des Parteitages der Sozialdemokratischen Partei Preußens. Abgehalten in Berlin vom 3. bis 5. Januar 1910, Berlin 1910, S. 119; Die Sozialdemokratie im Nürnberger Rathause, S. 35.

638 A. Blos: Krieg und Schule, S. 8; M. Wurm, S. 25.

In den Kontext pädagogischer Fragen gehört auch der Kampf gegen die Kinderarbeit. Kinderschutz und das Verbot der Kinderarbeit waren wichtige Forderungen der sozialistischen Frauenbewegung, und vor allem in der Zeit der Beratung und Verabschiedung des Kinderschutzgesetzes von 1903 wurde diese Thematik diskutiert und in Vorträgen behandelt[639]. Die Kritik an diesem Gesetz setzte daran an, daß die Arbeiterschaft nicht an dessen Überwachung beteiligt wurde, sondern lediglich die ohnehin überlasteten Gewerbeinspektoren und die für soziale Aufgaben nicht gerade prädestinierten Polizeibehörden die Einhaltung der Gesetzesbestimmungen kontrollieren sollten. Ferner bemängelte man, daß Kinderarbeit in Geschäften oder Betrieben der eigenen Eltern der gesetzlichen Regelung nicht unterlag[640].

Um die Einhaltung der Bestimmungen des Gesetzes zu gewährleisten, rief Ottilie Baader 1905 alle weiblichen Vertrauenspersonen zur Gründung von Kinderschutzkommissionen auf. 1909 wurde dieser Aufruf wiederholt, und jetzt übernahmen der Parteivorstand der SPD und die Generalkommission der Gewerkschaften die Leitung. In ihrem Zirkular empfahlen sie, »in erster Linie die politisch und gewerkschaftlich organisierten Frauen heranzuziehen, die durch ihr mütterliches Empfinden für diese Tätigkeit besonders prädestiniert sind, vorausgesetzt, daß sie auch genügend geschult sind und soziales Verständnis entwickeln«[641]. Ein nicht in Frage gestellter Glaube an einen natürlichen »Mutterinstinkt« reichte aus, um den Kinderschutz zur Domäne der Frauen zu machen; tatsächlich arbeiteten in fast allen Kommissionen Frauen mit, zum Teil bestanden sie nur aus Frauen[642].

Luise Zietz wies ihnen drei Aufgaben zu: die Beeinflussung der öffentlichen Meinung zugunsten eines Verbotes der Arbeit von Kindern unter 14 Jahren, die Förderung von Schulspeisung und Kindergartenbau in den Gemeinden und die Sammlung von Material für die Reichstagsfraktion zur Einflußnahme auf die Gesetzgebung[643].

Hauptsächlich bemühten sich die Kommissionen jedoch, Übertretungen des Kinderschutzgesetzes festzustellen und zu verhindern. In Hamburg ermittelten sie 1909/10 1548, in Berlin 188 und in Dresden 100 Gesetzes-

---

639 Gleichheit 26. 3. 1902, 1. 1. 1903. 25. 3. 1903, 12. 9. 1910; Frauenkonferenz 1902, S. 297, 301, 1904, S. 350ff.; A. Blos: Krieg und Schule, S. 20; Käte Duncker: Die Kinderarbeit und ihre Bekämpfung, Stuttgart ²1910, S. 64; Zietz: Zur Frage des Mutter- und Säuglingsschutzes, S. 11.

640 Eine ausführliche Darstellung und Kritik des Gesetzes in: Duncker: Kinderarbeit, S. 33ff.; auch: Gleichheit 12. 9. 1910; Zietz: Kinderarbeit, S. 54.

641 Gleichheit 26. 9. 1910; Zietz: Kinderarbeit, S. 35.

642 Eine detaillierte Übersicht über die Zusammensetzung der Kommissionen an den verschiedenen Orten gibt L. Zietz: Kinderarbeit, S. 36ff.

643 Zietz in: Die Neue Zeit 31. Jg. Bd. II, S. 885f.

verstöße; 1910/11 betrugen die Zahlen für Hamburg 1 048, für Berlin 3 595 und für Dresden 456. Diese Zahlen geben weniger über das tatsächliche Ausmaß der Gesetzesübertretungen Auskunft als über die Intensität der angestellten Ermittlungen. Die Kommissionen hatten 1912 in Berlin 800 und in Hamburg 329 Mitarbeiter[644]. Da die Kinder häufig von ihren Eltern zur Arbeit geschickt wurden, die auf das zusätzliche Einkommen durch Kinderarbeit zur Linderung der Not der Familie angewiesen waren, bemühten sich die Kommissionen meist um eine gütliche Beseitigung der Gesetzesverstöße; in Hamburg wurden z. B. 1909/10 nur 52 Anzeigen erstattet[645]. In Kiel mußte die Kinderschutzkommission wegen des Widerstandes der Eltern ihr Scheitern eingestehen[646]. Obwohl es 1912 an 125 und 1913 an 202 Orten solche Kommissionen gab und vor allem in Berlin erste Erfolge verzeichnet wurden[647], blieb doch der durchschlagende Erfolg versagt. Selbst in Hamburg, so sich zahlreiche Frauen dieser sozialen Kleinarbeit widmeten, bezeichnete man noch 1912 die Erfolge als unzureichend[648]. Dazu trug sicherlich das Dilemma bei, daß man sich häufig nicht nur gegen die Unternehmer, sondern auch gegen die Eltern der arbeitenden Kinder durchzusetzen hatte.

Daher wählte die Frauenbewegung in den letzten zwei Jahren vor dem Weltkrieg zusätzlich einen anderen Weg, um Gesundheit und Lebensqualität proletarischer Kinder zu verbessern: Man lud die Kinder zu Ausflügen und Ferienwanderungen ein, die vor allem an Rhein und Ruhr sehr beliebt waren. 1913 nahmen in Hamburg 213, in Remscheid 8 000, in Essen 6 200 und in Krefeld 3 000 Kinder an solchen Veranstaltungen teil, und auch in Solingen und Köln wurden Ausflüge und Wanderungen für Arbeiterkinder durchgeführt[649]. Daß diese sinnvolle soziale Arbeit auch die Gefahr barg, die ganze Frauenbewegung aus der politischen Arbeit zu verdrängen und das Tätigkeitsfeld der Frauen auf bestimmte Bereiche zu beschränken, wurde nicht erkannt.

Politische Brisanz enthielt dagegen die Jugendarbeit der Bewegung. 1904 hatten sich – als ganz neues Phänomen in der deutschen Arbeiterbewegung – in Nord- und Süddeutschland weitgehend unabhängig von der SPD sozialistische Jugendorganisationen gegründet. Das Reichsvereinsgesetz von 1908 verbot Jugendlichen unter 18 Jahren die Mitgliedschaft in politischen Vereinen und bedeutete insofern eine Verschlechterung der

---

644 Gleichheit 12. 9. 1910; Zietz: Kinderarbeit, S. 36f., 41.
645 Gleichheit 12. 9. 1910.
646 Osterroth: 100 Jahre Sozialdemokratie, S. 50.
647 Gleichheit 26. 9. 1910; Parteitag 1912, S. 18, 1913, S. 17.
648 Gleichheit 2. 10. 1912.
649 Gleichheit 9. 7. 1913, 6. 8. 1913, 15. 10. 1913, 24. 12. 1913; Fritzmichael Roehl: Marie Juchacz und die Arbeiterwohlfahrt. Überarbeitet von Hedwig Wachenheim, Hannover 1961, S. 50.

Lage, als zuvor in den süddeutschen Ländern die politische Betätigung Jugendlicher erlaubt war[650]. 1908 ergriffen im Zusammenhang mit der notwendigen Neuorganisation der Bewegung vor allem die Gewerkschaftsführer Legien und Robert Schmidt die Gelegenheit, sich für die Beseitigung der organisatorischen Selbständigkeit der Jugendbewegung einzusetzen. Deren politischer Radikalismus und vor allem deren antimilitaristische Agitation waren ihnen schon lange ein Dorn im Auge gewesen, und auch Molkenbuhr vom Parteivorstand der SPD stimmte in diese Kritik mit ein[651]. Der Angriff auf ihre Selbständigkeit vereinigte die Jugendverbände Nord- und Süddeutschlands; bald fanden sie Unterstützung bei Vertretern des linken Flügels der Sozialdemokratie, die sich von der Jugendbewegung eine Belebung der immobil gewordenen Taktik der Partei erhofften. So wurde die anfangs noch starke Züge eines Generationskonflikts aufzeigende Auseinandersetzung zu einem Richtungsstreit, in dem deutliche Polarisierungstendenzen in der SPD sichtbar wurden[652].

Deshalb ist es besonders interessant, daß sich auch die sozialistische Frauenbewegung in den Konflikt einschaltete und hier – das einzige Mal – als Frauenbewegung Stellung in einem Richtungsstreit der Partei bezog. 1905 hatte die »Gleichheit« als erste Parteizeitschrift ausführlich über die Jugendbewegung diskutiert[653], während sich die Parteileitung noch reserviert und abwartend verhielt. 1908 wandte sich Clara Zetkin entschieden gegen die Vorstellungen der Gewerkschaftsführer und sprach sich für die Selbständigkeit der Jugendorganisationen aus. Der Forderung des Gewerkschaftskongresses nach einer »allgemeinen Bildung« der Jugend »durch die Veranstaltung guter Vorträge, die der Erkenntnis der Jugend angepaßt sind und vor allem die Gebiete der Naturwissenschaft, Gesundheitspflege, Literatur, Kunst, Technik, Rechtswissenschaft, Volkswirtschaft, Geschichte, Politik und gewerkschaftliche Tätigkeit umfassen«, und der These Molkenbuhrs, man müsse »vor allem Wert auf die Allgemeinbildung legen«[654], setzte sie ihre Forderung nach einer bewußt nicht neutralen Klassenbildung entgegen[655]. In der zweiten Hälfte des Jahres

---

650 Reichs-Gesetzblatt. 1908, S. 151 ff., §§ 17, 18; zur Entstehung der Arbeiterjugendbewegung s.: Ludwig Frank: Die jugendlichen Arbeiter und ihre Organisation, Berlin 1906; Karl Korn: Die Arbeiterjugendbewegung. Einführung in ihre Geschichte. 3 Teile, Berlin 1922–1924; Walter Sieger: Das erste Jahrzehnt der deutschen Arbeiterjugendbewegung 1904–1914, Berlin 1958.

651 Sozialistische Monatshefte 1908 Bd. II, S. 712, 733 ff.; Gewerkschaftskongreß 1908, S. 45, 319 ff., 333 ff.; dazu auch Schorske, S. 97 ff.

652 Die Neue Zeit 26. Jg. Bd. II, S. 467 f., 557 ff., 603; Karl Liebknecht: Gesammelte Reden und Schriften. 7 Bde., Berlin 1958–1971, Bd. II, S. 226 ff.

653 Gleichheit 26. 7. 1905, 9. 8. 1905, 23. 8. 1905, 6. 9. 1905, 20. 9. 1905, 4. 10. 1905, 1. 11. 1905, 29. 11. 1905, 27. 12. 1905.

654 Gewerkschaftskongreß 1908, S. 45, 335.

655 Gleichheit 6. 7. 1908.

1908 spitzte sich die Diskussion zu, und die in die Defensive gedrängten Gewerkschaftsführer setzten sich zunehmend mit den Vorbildern der Jugendlichen wie Karl Liebknecht[656], nicht mehr mit der Jugend selbst auseinander.

In dieser gespannten Situation, unmittelbar vor dem Nürnberger Parteitag, der eine Entscheidung herbeiführen sollte, tagte die fünfte sozialdemokratische Frauenkonferenz. Clara Zetkin referierte über »Die Jugendorganisation« und nannte in bewußter Frontstellung gegen Legien, Schmidt und Molkenbuhr die sozialistische Erziehung, den wirtschaftlichen Schutz und die Aufklärung über den Militarismus als wichtigste Aufgaben der Jugendbewegung. In den Leitsätzen und in der Resolution, die sie der Konferenz vorlegte, trat sie für das volle Selbstverwaltungs- und Selbstbestimmungsrecht der Jugendorganisation ein: Wenngleich Beratung durch Erwachsene notwendig sei, sei nur die völlige Selbständigkeit dem revolutionären Ziel – »der Erziehung der proletarischen Jugend zum bewußten und organisierten Handeln als Masse im modernen Klassenkampf« – pädagogisch adäquat. Auch für sie war die Jugend ein »vorwärtstreibendes Element«, von dem sie Impulse auf die Partei erwartete[657]. Im Anschluß an das Referat wies v. Elm darauf hin, daß die Frauenkonferenz keine bindenden Beschlüsse fassen könne, und beantragte, auf eine Diskussion zu verzichten und Leitsätze und Resolution dem Parteitag als Material zu überweisen. Nachdem dieser Antrag mit Mehrheit angenommen war, erklärte Henke aus Bremen, man könne doch wenigstens über Clara Zetkins Thesen abstimmen und sie dem Parteitag als Willenskundgebung zustellen. Obwohl v. Elm und Helene Grünberg unter Verweis auf das Ende der Debatte protestierten, ließ Clara Zetkin als Vorsitzende über ihre Leitsätze und Resolution abstimmen. Sie wurden mit »großer Mehrheit« angenommen[658].

Die Frauenkonferenz stellte sich mehrheitlich hinter Clara Zetkin und damit in einem Richtungsstreit der Sozialdemokratie auf die Seite des linken Flügels. Der Beschluß wurde jedoch ohne inhaltliche Diskussion gefaßt, und auch der überstürzte Abstimmungsmodus läßt es doch sehr fraglich erscheinen, ob diese Entscheidung als bewußte Identifizierung mit dem Radikalismus der Jugendbewegung und den damit sympathisierenden Kreisen zu werten ist. Nur mit Mühe und unter Einsatz ihrer Doppelfunktion als Referentin und Diskussionsleiterin konnte Clara Zetkin sich gegen den geschickt taktierenden v. Elm durchsetzen. Ihre Autorität reichte aus, um eine Mehrheit für ihre Resolution zu gewinnen; ohne ihren Einsatz wäre es nicht zu einer Stellungnahme der Frauenbewegung gekommen.

---

656 Z. B. Wolfgang Heine in: Sozialistische Monatshefte 1908 Bd. III, S. 1161.
657 Frauenkonferenz 1908, S. 518ff., hier: S. 519ff., 532ff., 536f., 539f.
658 Ebd., S. 543f.

Der Parteitag verabschiedete eine von einer Kommission vorbereitete Resolution, in der zwar selbständige Jugendvereine auf lokaler Ebene zugelassen wurden, nicht jedoch eine zentrale Jugendorganisation[659]. Die »Gleichheit« begrüßte diesen Kompromiß als »glückliche Lösung«[660], doch schon bald zeigte sich, daß die Jugendbewegung durch ihre Integration in Partei und Gewerkschaften zunehmend in reformistisches Fahrwasser geriet. Im neuen Leitungsgremium, der »Zentralstelle für die arbeitende Jugend Deutschlands« unter Vorsitz von Friedrich Ebert, konnten die Linken allenfalls auf Luise Zietz zählen. 1908 bedeutete für die Jugendbewegung nicht nur eine neue Organisationsform, sondern auch einen inhaltlichen Kurswechsel, der die spätere Annäherung der »Sozialistischen Arbeiterjugend« an Arbeitsmethoden des »Wandervogels« und der »Pfadfinder« vorbereitete. Die recht starke linke Opposition innerhalb der Jugend wurde zu einer wichtigen Rekrutierungsbasis für die KPD[661].

Einzelne Persönlichkeiten stellten Kontakte zwischen der Frauen- und der Jugendbewegung her: Luise Zietz und Emma Ihrer waren Mitglieder der »Zentralstelle«, Clara Zetkin hielt in Stuttgart Vorträge vor Jugendlichen und leitete 1911 einen Kursus für Jugendfunktionäre[662]. Der Glaube an die vermeintlich naturgegebene Eignung der Frauen für pädagogische Aufgaben förderte das Engagement von Frauen in der Jugendbewegung. Luise Zietz schrieb: »Eine hübsche Anzahl unserer Genossinnen ist auch in der Jugendbewegung tätig, wozu gerade sie am meisten mitbefähigt sind, durch das warme, mütterliche Gefühl, das in den Frauen schlummert und das, erwacht, nach Betätigung drängt.«[663] Luise Zietz selbst nahm 1914 am niederrheinischen Jugendtag teil, Käte Duncker veranstaltete Diskussionsabende für Jugendliche und besuchte als Gast die Internationale Jugendkonferenz von 1910[664]. In Hamburg arbeiteten Frauen als Leiterinnen der Jugendbewegung, in Dortmund war eine Frau Mitglied der

---

659 Parteitag 1908, S. 551.

660 Gleichheit 28. 9. 1908.

661 Parteitag 1911, S. 282; Arbeiter-Jugend. Organ für die geistigen und wirtschaftlichen Interessen der jungen Arbeiter und Arbeiterinnen, 1909ff., passim, z. B. 1911 Nr. 12; Korn, S. 180ff.; Willi Münzenberg: Die dritte Front. Autobiographische Aufzeichnungen, Berlin 1931, S. 45ff.; ders.: Die sozialistischen Jugendorganisationen vor und während des Krieges, Berlin 1919, S. 67ff.; Sieger, S. 162ff., 184ff.; Hermann Weber: Der Gründungsparteitag der KPD. Protokoll und Materialien, Frankfurt a. M. 1969, S. 315ff.

662 Parteitag 1911, S. 282; Fritz Globig: . . . aber verbunden sind wir mächtig. Aus der Geschichte der Arbeiterjugendbewegung, Berlin 1958, S. 90, 94.

663 Die Neue Zeit 31. Jg. Bd. II, S. 886; ähnlich Ottilie Baader und Luise Zietz in: Berichte an die zweite Internationale Konferenz sozialistischer Frauen 1910, S. 5.

664 Arbeiter-Jugend 1914 Nr. 13; Kirsch, S. 38, 99.

Jugendkommission[665]. Elfriede Gewehr gehörte 1909 dem Jugendausschuß der SPD Elberfeld an, und in Essen erschien 1907 die Kreisvertrauensperson Deuper mit fünf jungen Mädchen auf einer Jugendversammlung[666]. Diese Kontakte wurden jedoch von einzelnen Personen hergestellt, nicht von »den Frauen« zu »der Jugend«. Allerdings hatte der Berliner Arbeiterinnenverein am 3. Mai 1908 eine Jugendabteilung gegründet; auf den sonntäglichen Treffen der Mädchen wurden Vorträge gehalten und gesellige Veranstaltungen wie Spiel, Tanz und Ausflüge angeboten[667]. Dieses Modell einer weiblichen Jugendabteilung wurde jedoch verworfen, da die Sozialdemokratie wie auch die Frauenbewegung trotz der moralischen Bedenken mancher Eltern[668] ganz überwiegend koedukative Erziehung und dementsprechend gemeinsame Organisation von Jungen und Mädchen befürworteten[669].

Innerhalb der Jugendbewegung jedoch blieben die Mädchen trotz der Bemühungen der Frauen – Luise Zietz verfaßte z. B. 1913 eine an junge Mädchen gerichtete Agitationsbroschüre[670] – deutlich unterrepräsentiert: 1907 gehörten der Arbeiterjugendbewegung in Berlin 301 ungelernte jugendliche Arbeiter an, von denen nur 12 Mädchen waren. Ob unter den 770 Lehrlingen überhaupt Mädchen waren, wird nicht gesagt. Da jedoch Frauenarbeit überwiegend ungelernte Arbeit war, ist hier ein noch geringerer weiblicher Anteil zu erwarten[671]. In Süddeutschland hatte der »Verband junger Arbeiter und Arbeiterinnen Deutschlands« auf seiner ersten Generalversammlung beschlossen, auch weibliche Mitglieder aufzunehmen. Im Mai 1908 gehörten ihm jedoch nur 250 Mädchen an, das sind etwa 5 % der Mitglieder[672]. In Bremen zählten Ende 1907 nur 20 Mädchen zu den 250 Mitgliedern der Jugendorganisation, und in Altona bildeten 26 Mädchen ebenfalls eine kleine Minderheit unter den 340 organisierten Jugendlichen[673]. Einem Arbeiterjugendverein im Norden Berlins gehörten 30 Personen, davon 4 oder 5 Mädchen, an[674]. Noch weniger Erfolg hatte

---

665 Gleichheit 2. 10. 1912; Ralf Lützenkirchen: Der sozialdemokratische Verein für den Reichstagswahlkreis Dortmund-Hörde. Ein Beitrag zur Parteigeschichte, Dortmund 1970, S. 112.

666 StA Düsseldorf, Regierung Düsseldorf Nr. 42811; ebd. Nr. 42789 Bl. 113, 116.

667 Gleichheit 22. 6. 1908.

668 Gleichheit 24. 12. 1913; Johannes Schult: Geschichte der Hamburger Arbeiter 1890–1919, Hannover 1967, S. 229.

669 Gleichheit 22. 6. 1908, 31. 8. 1908; Frauenkonferenz 1908, S. 520, 535.

670 Luise Zietz: Komm zu uns! Ein Weckruf an die junge Arbeiterin, Berlin 1913.

671 Korn, S. 60.

672 Ebd. S. 90.

673 Ebd., S. 87; Osterroth: 100 Jahre Sozialdemokratie, S. 51.

674 Karl Retzlaw in: Emmerich II, S. 70.

die Bewegung unter der weiblichen Landjugend, die häufig durch Landflucht eine Verbesserung ihrer Situation zu erreichen hoffte[675].

Auch nach 1908 blieben die Mädchen in der Arbeiterjugendbewegung unterrepräsentiert. Zwar liegen wegen des Reichsvereinsgesetzes, das eine feste politische Organisation nicht zuließ, keine Mitgliederzahlen vor, doch erklärte Luise Zietz: »Die Anteilnahme der weiblichen Jugend an unserer Bewegung steht weit hinter jener der männlichen zurück.«[676] In Berlin war 1913 nur »ein winziger Teil« der Abonnenten der »Arbeiter-Jugend« weiblich, und in den Jugendheimen der Partei blieben die Mädchen eine Minderheit von 19 bis 22 %; von den Besuchern der Vortragskurse stellten sie nur 7 %, bei Einzelvorträgen 9 %[677].

Als Reaktion auf die 1912 beginnende Einbeziehung der Mädchen in die staatliche, deutlich antisozialistische Jugendpflegearbeit betonte Mathilde Wurm 1913 die Notwendigkeit einer effektiveren Gewinnung der weiblichen Jugend. Man müsse die Kinder von Parteimitgliedern als Leser der »Arbeiter-Jugend« gewinnen und unter verstärkter Mitarbeit von Frauen besondere Mädchenabende veranstalten. Die bislang enttäuschenden Ergebnisse erklärte sie mit der Doppelbelastung durch Berufstätigkeit und Hausarbeit, die auch schon viele Mädchen betreffe, mit der unzureichenden Schulbildung, die Vorträge häufig unverständlich erscheinen lasse, und mit den Vorurteilen vieler Eltern, die gerade ihre Töchter nicht gern in koedukativ arbeitende Jugendgruppen gehen ließen[678].

Die Frauenbewegung hat sich unter Führung Clara Zetkins früh mit der Jugendbewegung befaßt und Kontakte gesucht und gehalten. Von einer Zusammenarbeit beider Bewegungen kann jedoch nicht die Rede sein; nur einzelne Persönlichkeiten bildeten die Verbindungspunkte. Selbst die Solidarisierung der Frauenkonferenz von 1908 mit der um ihre Selbständigkeit kämpfenden Jugendbewegung resultierte aus dem Einsatz und der Autorität Clara Zetkins und nicht aus einer bewußten, überlegten Stellungnahme in diesem Richtungsstreit der SPD.

Die Gewinnung der weiblichen Jugend war eine schwierige Aufgabe, die von den in der Arbeiterjugendbewegung tätigen Frauen nicht zufriedenstellend gelöst werden konnte. Der Verzicht auf die Durchführung besonderer Veranstaltungen für Mädchen, die häufig mit anderen Voraussetzungen als die Jungen in die Bewegung kamen, scheint ein Fehler gewesen zu sein. Gelegentliche Sonderveranstaltungen hätten nicht schon getrennte Organisation und Aufgabe des Koedukationsprinzips bedeutet. Für die

---

675 E. Jaeckel, S. 10f.

676 Die Neue Zeit 31. Jg. Bd. II, S. 886; ähnlich der Bericht des Parteivorstandes: Parteitag 1913, S. 17.

677 Mathilde Wurm auf der Frauenkonferenz für Groß-Berlin 1913, in: Gleichheit 24. 12. 1913.

678 Gleichheit 10. 12. 1913, 24. 12. 1913.

Frauenbewegung wäre die Sicherung ihres Nachwuchses deshalb um so wichtiger gewesen, als gerade die Jugend einen großen Teil der weiblichen Arbeiterschaft stellte. Der unzureichende Erfolg bei der Jugendagitation schwächte die Frauenbewegung und mag auch zum Verlust ihrer Unabhängigkeit gegenüber der Partei in der Weimarer Republik und ihrem kampflosen Rückzug in die Sozialarbeit beigetragen haben.

*e) Militarismus und Krieg*

Frau und Krieg – die Kluft galt als unüberbrückbar, und viele erwarteten sogar, Kriege könne es nicht mehr geben, wenn erst die Frauen das Wahlrecht besäßen[679]. In Verbindung mit der postulierten linken Politik der sozialistischen Frauenbewegung findet sich der Gedanke auch in der DDR-Literatur: »Aus Clara Zetkins Arbeit für die Jugend entstand das schöne Bündnis der Mütter und der Jugend im Kampf gegen Militarismus und Krieg . . .«[680]

Tatsächlich war Clara Zetkin eine entschiedene Gegnerin des Militarismus, wie zahlreiche Artikel und Reden beweisen[681]. Das stehende Heer wollte sie durch eine Miliz ersetzen, den Militarismus von innen her »ausgehöhlt« sehen; gerade hier lag für sie die Aufgabe der Frauen: »Zu diesem Zwecke haben wir auch durch die Erziehung unserer Kinder zu Sozialisten dafür zu sorgen, daß das kämpfende Proletariat, diese Armee des Friedens, immer größer und zahlreicher wird.« Langfristig solle die Kindererziehung den Militarismus überwinden, als unmittelbare Reaktion auf einen Krieg der Generalstreik ausgerufen werden[682]. Auf dem Internationalen Sozialistenkongreß 1912 in Basel gab Clara Zetkin in einer vielbeachteten Rede[683] die Erklärung ab, daß gerade die Frauen und Mütter besonders überzeugte Kriegsgegner seien[684]. Gegen den Militarismus führte sie immer wieder folgende Gründe an: Rüstungsausgaben und hohe Steuern belasteten das Volk, Arbeitskraft und Erfindergabe würden sinnlos vergeudet, militärischer Drill lähme den Geist und breche den Charakter der jungen Soldaten, die Rüstungsausgaben seien wirtschaftlich unproduktiv, das Militär könne bei innenpolitischen Unruhen eingesetzt wer-

---

679 Loewenherz, S. 99; Radel, S. 21; Olive Schreiner: Die Frau und die Arbeit, Jena 1914, S. 111.

680 Luise Dornemann: Clara Zetkin. Ein Lebensbild, S. 174.

681 Gleichheit 22. 2. 1892, 27. 5. 1907, 10. 6. 1907, 24. 6. 1907, 24. 4. 1911, 25. 12. 1911, 5. 8. 1914; Zetkin: Reden und Schriften I, S. 367ff., 445ff., 481, 564ff.

682 Ebd., S. 337, 481.

683 Reaktionen des Auslands in: Gleichheit 11. 12. 1912; eine literarische Bearbeitung in dem Roman: Louis Aragon: Die Glocken von Basel. Roman, München 1964, S. 486ff.; eine stilistische Analyse der Rede bei: Reetz, S. 150ff.

684 Außerordentlicher Internationaler Sozialisten-Kongreß zu Basel am 24. und 25. November 1912, Berlin 1912, S. 34ff.

den, Militarismus bedeute Kriegsgefahr und eventuell Massen- und Völkermord[685]. Clara Zetkin erkannte die psychologische, innenpolitische Bedeutung nationalistischer und militaristischer Propaganda zur Ablenkung von inneren Problemen und Konflikten: »Die Bewaffnung der Massen gegen den »äußeren Feind« soll nichts als ihre Entwaffnung im Ringen mit dem inneren Feind sein.«[686] Zum Abbau internationaler Spannungen empfahl sie die Abrüstung, für eine langfristige Friedenspolitik betonte sie immer wieder die Notwendigkeit, die »Kinder mit dem tiefsten Abscheu gegen den Krieg zu erfüllen«[687].

Luise Zietz ging zwar mehrfach, aber stets nur kurz auf das Thema ein. Auch sie erwähnte die drohende Kriegsgefahr, die hohen Rüstungskosten und die Möglichkeit, daß das Militär als innenpolitisches Unterdrükkungsinstrument eingesetzt werden könne. Den Militarismus nannte sie ein »Bollwerk der Reaktion, ein Hemmnis der Kulturentwicklung«. Es ist auffällig, daß ihr noch 1912 die Kriegsgefahr lediglich als ein Argument neben anderen und keineswegs als besonders drängendes Problem erschien. Ihre Alternativvorschläge brachten nichts Neues und blieben vage: Sie befürwortete ein Milizheer und wollte die »Entscheidung über Krieg und Frieden in die Hände des Volkes« legen[688].

Auch andere Sozialdemokratinnen wie Ottilie Baader und Wilhelmine Kähler erklärten sich als Antimilitaristen[689], konkrete Aktionen der Frauenbewegung waren jedoch selten: 1893, als der Reichstag wegen der Ablehnung der Militärvorlage aufgelöst wurde, veröffentlichte die Berliner Frauenagitationskommission einen Aufruf, der sich in erster Linie gegen die Finanzierung der Heeresvermehrung durch indirekte Steuern und die damit verbundene finanzielle Belastung der Verbraucher wandte[690]. Im September 1903 fanden in Hamburg drei Protestversammlungen von Frauen gegen den Militarismus statt, und 1905/06 agitierte die sozialistische Frauenbewegung gegen die aus der deutschen Armee immer wieder gemeldeten Soldatenmißhandlungen durch Vorgesetzte[691]. Die Agitation wandte sich an Frauen und Mütter, während antimilitaristische Aufklärungsarbeit unter den künftigen Soldaten seit dem Reichsvereinsgesetz von 1908 kaum noch möglich war. In Österreich wurden Frauen sogar zu Freiheitsstrafen verurteilt, weil sie an die Mütter appelliert hatten, ihre Söhne so zu erziehen, daß sie sich als Soldaten nicht zu einem Einsatz ge-

685 Zetkin: Reden und Schriften I, S. 337, 446, 522ff., 551ff. 561, 619.
686 Ebd., S. 554.
687 Ebd., S. 528, 566.
688 Zietz: Bist du eine der Unsrigen, S. 12f.; dies.: Die Frauen und der politische Kampf, S. 24f.
689 Gleichheit 3. 5. 1905, 2. 5. 1906, 26. 4. 1909.
690 Gleichheit 28. 12. 1892; Vorwärts 4. 6. 1893, 1. Beilage; Baader, S. 34.
691 Gleichheit 21. 10. 1903; Parteitag 1906, S. 68.

gen streikende Arbeiter mißbrauchen ließen[692]. 1912 beteiligten sich in Barmen 600 Frauen an einer Kundgebung gegen die Kriegsgefahr[693], und am 27. Januar 1913 sprach Regina Friedländer auf einer Frauenversammlung im Wahlkreis Potsdam–Spandau–Osthavelland über »Teuerung und Kriegsgefahr«[694]. Beim Frauentag 1914 wurden die Demonstrationen für das Frauenwahlrecht zugleich als Kundgebungen für die Erhaltung des Friedens durchgeführt; am 21. April 1914 fand in Berlin eine große Frauenversammlung gegen den drohenden Krieg statt[695]. Insgesamt jedoch bildete die antimilitaristische Agitation keinen Schwerpunkt in der Arbeit der sozialistischen Frauenbewegung vor 1914, obwohl auch hier die Ansicht weit verbreitet war, Frau und Krieg sei ein scharfer Gegensatz.
Die bürgerliche Frauenbewegung Deutschlands hatte schon vor dem Ersten Weltkrieg wenig pazifistische Neigungen gezeigt. Marie Stritt erklärte das mit dem nationalistischen Interesse der Frauen an Deutschlands Größe, die man sich ohne Militarismus nicht vorstellen konnte[696]. Im Krieg identifizierte sich dann die Mehrheit der bürgerlichen Frauenbewegung unter Führung Gertrud Bäumers rückhaltlos mit der Kriegspolitik der Regierung und boykottierte die Bemühungen ausländischer Frauen, mit internationalen Konferenzen Verständigungsbereitschaft wenigstens der Frauen zu demonstrieren[697]. Die Minderheit von Pazifistinnen, zu denen Minna Cauer, Lida Gustava Heymann und Anita Augspurg gehörten, übte scharfe Kritik an Gertrud Bäumers chauvinistischer Kriegsbegeisterung und beteiligte sich am internationalen Kongreß in Den Haag, konnte sich jedoch nicht durchsetzen[698].
Die Kriegsfrage, die Polarisierungstendenzen in der bürgerlichen Frauenbewegung wie in der SPD verschärft deutlich werden ließ, spaltete auch die sozialistische Frauenbewegung. Clara Zetkin überschrieb die Titelseite der »Gleichheit« am 5. August 1914, am Tage nach der Bewilligung der Kriegskredite durch die sozialdemokratische Reichstagsfraktion, mit dem

---

692 Popp: Weg zur Höhe, S. 56f.
693 StA Düsseldorf, Regierung Düsseldorf Nr. 42813 Bl. 194.
694 Rückert, S. 334f.
695 Gleichheit 13. 5. 1914; Luise Zietz: Die sozialdemokratischen Frauen und der Krieg, Berlin, Stuttgart 1915, S. 38.
696 Marie Stritt: Der Anteil der deutschen Frauen an der Friedensbewegung, in: Handbuch der Frauenbewegung. II, S. 201ff.
697 Evans: Feminist Movement, S. 208ff.; Ursula v. Gersdorff: Frauen im Kriegsdienst 1914–1945, Stuttgart 1969, S. 15ff.; Werner Huber: Gertrud Bäumer. Eine politische Biographie, Diss. München 1970, S. 58ff.
698 M. Cauer an W. Schücking, 29. 5. 1915, in: Bundesarchiv, Nachlaß Walter Schücking 48; »Nationaler Frauen-Ausschuß für dauernden Frieden« an W. Schücking, 24. 10. 1915, in: ebd.; Adele Schreiber, in: Deutsche Worte. 2. 8. 1914, in: Bundesarchiv, Nachlaß Adele Schreiber 11; Gleichheit 28. 5. 1915; Evans: Feminist Movement, S. 214ff.

Aufruf »Krieg dem Kriege!«[699]. Als internationale Sekretärin dankte sie dem britischen Frauenrat der Sozialisten- und Arbeiterorganisationen, der den Krieg als Barbarei bezeichnet und zur Arbeit für einen dauernden Frieden aufgerufen hatte, für seine »Botschaft der Treue und der Freundschaft«. Sie versicherte, »daß wir eins mit Euch sind in der Brandmarkung des gegenwärtigen Weltkrieges als des furchtbarsten Verbrechens an der Menschheit, dessen sich der kapitalistische Imperialismus schuldig macht«[700]. Auch Luise Zietz – von Autoren in der DDR wegen ihrer Mitarbeit im Parteivorstand des Zentrismus, Sozialpazifismus und Opportunismus geziehen[701] – sandte der englischen Sektion eine Sympathieerklärung, das österreichische Frauenreichskomitee sprach seine Solidarität aus[702].

Clara Zetkins unentwegte Anprangerung der deutschen Kriegspolitik ließ die »Gleichheit« häufig zum Opfer staatlicher Zensurmaßnahmen werden; selbst in den eigenen Reihen stieß sie zunehmend auf Kritik. Henriette Fürth erklärte, daß »wir nach wie vor den Krieg verabscheuen, . . . aber trotzdem das Ringen gutheißen, das man uns aufzwang . . .«. Jetzt müsse man bereit sein, »nicht nur unsere überkommenen und als wahr und gut erkannten Vorstellungen und Forderungen wahrer Sittlichkeit und Menschenwürde, sondern uns selbst mit Hab und Gut, mit Leib und Seele und bis zum letzten Blutstropfen zum Opfer zu bringen, damit der Sieg uns bleibe und mit diesem endlichen Sieg ein Friede heraufziehe, in dem Deutschland allen – den Freunden und den Feinden – die Segnungen menschwerter Kultur und Gesittung bringe und erschließe.«

Hier wird neben einer völligen Verkennung der Kriegsursachen und der deutschen Kriegsziele auch ein gefährlicher Glaube an einen Sendungsauftrag Deutschlands sichtbar. Henriette Fürth wurde ein Opfer des nationalen Begeisterungstaumels, der weite Kreise der Bevölkerung erfaßte. Ihre Sprache dokumentiert den Sieg der Irrationalität über die Kritikfähigkeit:

> »Ein warmer Strom hingebender Opferfreudigkeit und Hilfsbereitschaft durchflutete in den unvergeßlichen Augusttagen des Jahres 1914 unser Volk. Ein Großes war aufgewacht und verlangte uns: Das Vaterland! Wir hatten es immer lieb gehabt und an ihm gehangen! Aber was es uns bedeutete, wie es wuchs weit über Irdisches hinaus, wie es zum Ein und Alles wurde für uns alle, zur Tempelstätte und zum Opferstein, an dem wir alles darbrachten, was uns sonst als das Höchste erschienen war: Freunde, Familie, uns selbst: das hatten wir so nicht gewußt.«

---

699 Gleichheit 5. 8. 1914.

700 C. Zetkin an den Internationalen Frauenrat der Sozialisten- und Arbeiter-Organisationen Grossbritanniens, 8. 11. 1914, in: IISG, Robert Grimm: Zimmerwalder Bewegung C. 44.; Zietz: Die sozialdemokratischen Frauen und der Krieg, S. 38f.

701 Helbig/Langbein/Zymara, S. 276ff.

702 Zietz: Die sozialdemokratischen Frauen und der Krieg, S. 38ff.

Die Kriegszeit sei »als ein reinigendes Gewitter« »durch unsere Seelen gezogen und hat alles Kleinliche, alles Gezierte, alle eitle Selbstbespiegelung und alle Wichtigtuerei von uns abgetan«[703]. Dem Krieg werden hier mystische, quasi-religiöse Läuterungsfunktionen zugeschrieben, sozialistische Erkenntnisse von einer Gefühlsflut weggeschwemmt.

Auch Wally Zepler bejahte den Krieg und erkannte die »Bedeutung der Nation als einer lebendigen Einheit« an[704], und bei Anna Blos brach nationalistisches, ja sogar rassistisches Denken auf. Im Dezember 1914, nachdem sich erstmals Sozialdemokraten im Reichstag der Fraktionsdisziplin widersetzt und gegen die Kriegskredite gestimmt hatten, schrieb sie an Julia v. Vollmar: »Man sollte kaum glauben, dass Deutsche so undeutsch empfinden können. Es ist fast ein Trost, daß die beiden Antipoden Liebknecht u.(nd) Weill semitischen Ursprungs sind.« Im April 1915 äußerte sie sich befriedigt darüber, daß die Partei in Württemberg jetzt gegen die Kriegsgegner, die »Zetkin-Westmeier-Gruppe«, vorgehe[705]. Die hier zitierten nationalistischen und chauvinistischen Entgleisungen stammten von Frauen, die auch vor und nach dem Weltkrieg führend in der sozialistischen Frauenbewegung tätig waren. Anna Blos z. B. arbeitete seit 1905 in der »Gleichheit« mit und wurde in der Weimarer Republik Reichstagsabgeordnete. Clara Zetkins Führungsposition war labil, ihre radikalen Grundsatzpositionen in der Frauenbewegung keineswegs fest verankert.

Das Ausmaß der Verblendung, das gerade im Weltkrieg möglich war, macht Lily Braun erschreckend deutlich. 1903 hatte sie erklärt: »Sehr fern liegen dem Volke die Weltmachtgelüste der Regierenden . . .«, und auch in ihren Memoiren distanzierte sie sich deutlich von der Militär- und Außenpolitik der deutschen Regierung. Sie erkannte, daß imperialistische Propaganda es ermöglichte, die Sozialdemokraten als Vaterlandsfeinde zu denunzieren, daß die Weltmachtspolitik das liberale Bürgertum von der Innenpolitik ablenkte und politisches Potential in patriotisches Fahrwasser kanalisierte[706].

Diese intelligente Analyse konnte nicht verhindern, daß sie 1914 von der Welle der Kriegsbegeisterung erfaßt und überspült wurde. Nachdem sie lange Zeit nur noch literarisch gearbeitet hatte, zog sie nun wieder als Rednerin von Ort zu Ort und sprach über den »Krieg und die Frauen« oder die »Frau von übermorgen«: Am 9. Oktober 1914 predigte sie in einer überfüllten Versammlung den Haß gegen England, »für das der Krieg nur Geschäft ist, und das sich im Namen der Freiheit mit Schwar-

703 Henriette Fürth: Die deutschen Frauen im Kriege, Tübingen 1917, S. 51ff.
704 Wally Zepler: Die Frauen und der Krieg, Berlin-Karlshorst 1916, S. 2, 7.
705 A. Blos an J. v. Vollmar, 20. 12. 1914 und 5. 4. 1915, in: IISG, Nachlaß Vollmar 2447.
706 Lily Braun: Die Frauen und die Politik, Berlin 1903, S. 24; dies.: Memoiren II, S. 201.

zen, mit Japanern und Kosaken gegen uns verbündet.« Es zeige sich jedoch, »daß unser Geschlecht von Stahl und Eisen ist, das dieser Weltenbrand nicht vernichtet, sondern zusammenschweißt . . .«[707]. Sie glaubte, Deutschland sei von vielen Feinden überfallen worden und »erneuere« sich in einem Kampf für den Frieden. Nach der Schlacht bei Langemarck, wo zahlreiche jugendliche Kriegsfreiwillige begeistert in den Tod stürmten, meinte sie, »Deutschland habe seine Erstlinge dargebracht und damit alles Böse von sich abgewendet«[708].

Ihre Versuche, den Sozialismus mit den Ideen Nietzsches zu einer Synthese zu verbinden, mögen ihrer mystischen Auffassung vom Krieg vorgearbeitet haben. 1915 distanzierte sie sich weitgehend von allen Emanzipationsbestrebungen der Frauen und verherrlichte den Krieg wegen seiner »Größe«: Der August 1914 habe ihr das Erlebnis der nationalen Solidarität – ein Vaterland, ein Volk – vermittelt und die Frauen von ihrem »Irrweg« zu ihrer »wahren Bestimmung« zurückgeführt:

> »Und mit dem gleichen Schlage zerstörte der Krieg die männischen . . . Gelüste und Ehrsüchte der Frauen, ihren sentimentalen Pazifismus, ihren törichten Traum von der Schwesternschaft aller Menschen weiblichen Geschlechts.«
>
> »Verschwunden waren mit einem Schlage alle spezifisch frauenrechtlerischen Forderungen, die stets in der Gleichstellung mit dem Manne gipfelten . . . Die Arbeitsgebiete der auf diese Weise organisierten Frauen[709] entsprachen wieder durchaus dem ursprünglichen Schaffen und Wirken des Weibes, wie ihre Geschlechtsbestimmung sie ihr zuwiesen: Ernährung, Bekleidung, Jugendfürsorge.«

Die Frauen, die dennoch den Krieg ablehnten und bekämpften, griff sie heftig an:

> »In fanatischer Einseitigkeit sehen sie vom Kriege nichts als seine Greuel und verschließen sich jeder anderen Einsicht und Erkenntnis. Infolgedessen ist ihr ganzes Bestreben darauf gerichtet, den Frieden – einen Frieden um jeden Preis – so rasch als möglich herbeizuführen. Sie versichern den »Schwestern« hüben und drüben ihre unentwegte internationale Gesinnung, und bemühen sich, sie zu propagieren und den Krieg in den Augen ihrer Geschlechtsgenossinnen all seiner Größe in Gesinnung und Tat zu entkleiden.«

Ironischerweise warf sie den Kriegsgegnern fanatische Verblendung vor, während sie selbst dem Krieg geheimnisvolle Heilkräfte zuschrieb und seine »Größe« mit fragwürdigen historischen Parallelen »belegte«: »Große Taten reifen nur an großen Forderungen . . . Wem das Menschheitsideal der Zukunft nicht eine Herde satter Spießbürger ist, der muß auch den Krieg bejahen . . . Aus den Perserkriegen wuchs das Griechenland des

---

707 Vossische Zeitung. 10. 10. 1914, in: Bundesarchiv, Nachlaß Adele Schreiber 11; Vogelstein: Lily Braun S. CIXff.

708 Ebd., S. CVff.

709 Gemeint ist der »Nationale Frauendienst«, in dem bürgerliche und sozialdemokratische Frauen gemeinsam unter Leitung Gertrud Bäumers kriegsbedingte Fürsorgeaufgaben übernahmen.

Aeschylos und des Plato. Haben wir nicht ein Recht, zu glauben, daß wir inmitten unserer Perserkriege stehen?« Sie, die früher immer das Recht des Individuums, ihr Recht auf Freiheit von der Parteidisziplin verteidigt hatte, forderte jetzt die Überwindung des Individualismus und bekannte sich zu heroischen und mystischen Idealen[710]. Ihre Abkehr vom Sozialismus, die sich schon in ihren literarischen Werken[711] andeutete, fand 1914/15 ihren Abschluß und Höhepunkt.

Da ähnliche Gedanken jedoch auch von Frauen wie Henriette Fürth und Anna Blos geäußert wurden, die weiterhin in der sozialistischen Frauenbewegung mitarbeiteten, entsprach Clara Zetkins Beteuerung der ungebrochenen internationalen Solidarität nicht mehr der Wirklichkeit. Die Spaltung der SPD und der Frauenbewegung kündigte sich an, als Clara Zetkin 1915 zu einer internationalen Frauenkonferenz einlud, die den Internationalismus der Sozialisten bestätigen und zum Kampf gegen den Krieg aufrufen sollte. Der Parteivorstand lehnte dieses Projekt ab und verurteilte seine Durchführung[712]. Die österreichischen Sozialdemokratinnen lehnten die Einladung Clara Zetkins »nach einer langen und schlichten Debatte im Beisein Viktor Adlers« ab[713] und traten auch sonst während des Krieges »in weniger demonstrativer Weise« auf als zuvor[714].

So fand die Konferenz im März 1915 in Bern ohne Beteiligung Österreichs und ohne offizielle Vertretung Deutschlands statt. Anwesend waren Delegationen aus Frankreich, England, Rußland, Polen, Holland, der Schweiz und Vertreterinnen Deutschlands, die gegen den Willen der Parteileitung teilnahmen. Nach der Entgegennahme der Berichte aus den einzelnen Ländern trat die Konferenz in die Beratung eines Manifests ein, das von Käte Duncker und Angelica Balabanoff vorbereitet worden war[715]. Die bolschewistischen Fraktionen aus Rußland und Polen, die nach dem Zeugnis Toni Senders von Lenin dirigiert wurden, forderten in einer eigenen Resolution eine sofortige Spaltung der jeweiligen nationalen Parteien und die Umwandlung des Krieges in einen Bürgerkrieg[716]. Clara Zetkin regte sich hierüber so auf, daß sie, »am ganzen Leibe zitternd«, einem Herzanfall nahe schien. Es gelang ihr, die Delegierten Rußlands und Polens zur Annahme der Mehrheitsresolution zu bewegen; sie begnügten sich da-

---

710 Lily Braun: Die Frauen und der Krieg, Leipzig 1915, S. 8, 11, 17, 40ff., 45, 49, 53.

711 Lily Braun: »Lebenssucher. Roman«, und »Mutter Maria. Eine Tragödie in 5 Akten«, in: dies.: Gesammelte Werke. Bd. IV, Berlin-Grunewald o. J.

712 C. Zetkin an R. Grimm, 29. 4. 1915, in: IISG, Robert Grimm: Zimmerwalder Bewegung B. 199.

713 Popp: Weg zur Höhe, S. 122.

714 Ebd., S. 100.

715 Angelica Balabanoff: Erinnerungen und Erlebnisse, Berlin 1927, S. 98ff.; Zietz: Die sozialdemokratischen Frauen und der Krieg, S. 41.

716 Balabanoff, S. 100; Sender, S. 72f.

mit, eine Erklärung zu Protokoll zu geben[717]. So konnte die Konferenz einstimmig ein Manifest verabschieden, das den Krieg entschieden verurteilte, den Kapitalismus und besonders die Rüstungsindustrie als Schuldige anprangerte und zu Frieden und Sozialismus aufrief[718].

Clara Zetkin, die auch in anderen Fragen keineswegs immer mit den Bolschewiki einig war[719], erklärte 1922, die Meinungsverschiedenheiten seien lediglich taktischer Natur gewesen:

> »Vollständige Einigkeit bestand in der grundsätzlichen Auffassung, daß der Kampf für den Frieden den Weg freilegen sollte für den schärfsten revolutionären Klassenkampf des Proletariats, für die soziale Revolution. Die bolschewistischen Vertreterinnen forderten, daß die ›Erklärung‹ der Internationalen Frauenkonferenz darüber hinaus Zweierlei enthalten müsse. Erstens die Ansage unerbittlichen Kampfes gegen die Sozialpatrioten aller Länder. Zweitens die Aufforderung zum Kampf für unser Ziel auch mit illegalen Mitteln und bis in die Schützengräben hinein. Ich vertrat die Auffassung, daß beide Forderungen glatte Selbstverständlichkeiten enthielten, dass es aber unklug sein würde, in der ›Erklärung‹ das Selbstverständliche auszusprechen. Unter den vorliegenden Verhältnissen werde die sichere Folge davon sein eine Sprengung der internationalen Kampffront der Genossinnen in den einzelnen Ländern, die völlige Knebelung und Erdrosselung unserer Aktion durch den Terror der Behörden und ihrer bürgerlichen wie proletarischen Hilfstruppen und damit eine Hinderung und Schwächung unseres Anlaufs, eine Massenbewegung zu schaffen.«[720]

Tatsächlich jedoch waren die Differenzen tiefer, als Clara Zetkin es nachträglich darstellte. Sie teilte Lenins Konzept einer Partei neuen Typus' und seine Vorstellungen von der Herbeiführung einer Revolution schon im Grundsatz nicht. Ruth Kirsch wirft deshalb Clara Zetkin sogar Zentrismus vor, ohne ihren Namen zu nennen: »Obwohl die deutschen Delegier-

---

717 Balabanoff, S. 101; Sender, S. 73.

718 Manifest der Internationalen Sozialistischen Frauenkonferenz in Bern vom 26. bis 28. März 1915, in: Dokumente und Materialien zur Geschichte der deutschen Arbeiterbewegung. Reihe II Bd. 1, Berlin 1958, S. 125ff.

719 Schon vor 1914 als Schiedsrichterin in einem russischen Finanzstreit: s. dazu die Korrespondenz Zetkin - Kautsky in: IISG, Nachlaß Kautsky, und Honeycutt, S. 421ff.; 1918 hielt sie die Gründung der KPD für verfrüht: s. dazu C. Zetkin an R. Luxemburg, 17. 11. 1918, in: Hermann Weber: Zwischen kritischem und bürokratischem Kommunismus. Unbekannte Briefe von Clara Zetkin, in: Archiv für Sozialgeschichte XI (1971), S. 417–448, hier S. 433; 1921 trat sie demonstrativ aus der Zentrale der KPD aus: s. dazu Dornemann: Clara Zetkin. Leben und Wirken, S. 417; Ilberg, S. 177; 1925 lehnte die KPD den Vorschlag Wilhelm Piecks ab, Clara Zetkin als Kandidatin für die Reichspräsidentenwahlen aufzustellen, weil sie als Rechte galt: s. dazu Ruth Fischer: Stalin und der deutsche Kommunismus. Der Übergang zur Konterrevolution, Frankfurt a. M. 1948, S. 509; weiteres Material zur Kritik Clara Zetkins an Stalin und Thälmann in: Bundesarchiv, Kleine Erwerbungen Nr. 379: Maria Reese Nr. 1 und Nr. 4.

720 C. Zetkin an M. Wibaut, 1922, in: IISG, Kleine Korrespondenz: Clara Zetkin; ihre Interpretation übernimmt G. G. L. Alexander: Aus Clara Zetkins Leben und Werk, Berlin 1927, S. 42.

ten auf dieser Beratung keinen klaren revolutionären Standpunkt vertraten – die Mehrheit stimmte für einen zentristisch beeinflußten Resolutionsentwurf – war die Konferenz von großer Bedeutung für die Mobilisierung der proletarischen Frauen gegen den Krieg.«[721]

Luise Zietz, die 1919 die Bewilligung der Kriegskredite als Verrat des Sozialismus durch die »Rechtssozialisten« bezeichnete und für die schon vorher das Scheitern aller Bemühungen zur Erhaltung des Friedens eine »niederschmetternde« Enttäuschung war[722], nahm als Mitglied des Parteivorstandes nicht an der Berner Konferenz teil. Die von Toni Sender organisierte Verteilung des Manifests verstieß gegen ein Verbot des Parteivorstandes, doch konnte die »Gleichheit« zahlreiche zustimmende Äußerungen aus dem Ausland zitieren[723].

Die Arbeit der Kriegsgegnerinnen wurde durch polizeiliche Maßnahmen behindert: Die »Gleichheit« und andere Schriften wurden zensiert[724], Versammlungen verboten[725], Redeverbote verhängt, und Clara Zetkin wurde 1915 vorübergehend in Untersuchungshaft genommen[726]. Dennoch gelang es, das Manifest der Berner Frauenkonferenz weithin bekanntzumachen: »Die deutschen Delegierten, die an ihr teilgenommen haben, erstatteten in geschlossenen Sitzungen der weiblichen Mitglieder Bericht. Überall, wo solche Versammlungen bisher stattfanden, waren sie außerordentlich wirksam.«[727] Kriegsgegnerinnen sprachen in Frauenversammlungen, propagierten ihre Auffassung in Frauenleseabenden[728] und bei internen Zusammenkünften: Käte Duncker übte schon am 17. November 1914 bei einer Besprechung der Referentinnen und Leiterinnen der Frauenleseabende Kritik an der Kriegspolitik der SPD und lehnte die Mitarbeit im »Nationalen Frauendienst«[729] ab[730].

---

721 Kirsch, S. 121.

722 Zietz: Die sozialdemokratischen Frauen und der Krieg, S. 1; dies.: Willst du arm und unfrei bleiben, S. 9.

723 Sender, S. 74; Gleichheit 14. 5. 1915, 11. 6. 1915, 25. 6. 1915.

724 Z. B. Luise Zietz' Broschüre »Die sozialdemokratischen Frauen und der Krieg«: s. Gleichheit 6. 8. 1915; in den Kriegsausgaben der »Gleichheit« finden sich ständig große leere Stellen, die dem Zensor zum Opfer gefallen sind.

725 Anweisung des 7. Armeekorps, Stellv. Generalkommando, an die Regierungspräsidenten von Münster, Minden, Arnsberg, Düsseldorf, Detmold, Bückeburg vom 3. 5. 1917, in: StA Münster, Regierung Münster VII 62 v; Gleichheit 2. 4. 1915, 16. 3. 1917.

726 Gleichheit 20. 8. 1915.

727 C. Zetkin an A. Henke, 22. 4. 1915, in: Archiv der sozialen Demokratie, Nachlaß Henke 43.

728 Z. B. Martha Arendsee: s. Helbig/Langbein/Zymara, S. 279.

729 S. o. S. 174 Anm. 709.

730 Helbig/Langbein/Zymara, S. 290f.; Kirsch, S. 118; Käte Duncker: Unsere Frauen und der nationale Frauendienst, in: Die Internationale. Heft 1 (April 1915), S. 33-38; auch in: Arbeiterbewegung und Frauenemanzipation, S. 25ff.

Die Antikriegspropaganda stieß auf zunehmende Resonanz. Ernst Glaeser verspürte Ende 1915 ein Nachlassen der anfänglichen Kriegsbegeisterung unter den Frauen: »Wenn ein Sieg gemeldet wurde, riefen sie nicht mehr Hurra; sie waren mit dem Sieg erst einverstanden, wenn ihr Mann schrieb, daß er ihn gut überstanden hätte oder daß er gar nicht dabei gewesen wäre.«[731] Die veränderte Situation registrierten auch Sozialdemokratinnen der Mehrheitsrichtung. Wally Zepler schrieb 1916, man habe »von bestimmter Seite in der Partei eine lebhafte Agitation für Friedenskundgebungen inszeniert, die vielfach von Frauen ausging und jedenfalls gerade bei Frauen starken Anklang fand«[732].

Anna Blos klagte, daß sie wegen ihrer Bejahung des Krieges in Frauenversammlungen heftig angegriffen worden sei[733].

Frauen dominierten auf den ersten Friedenskundgebungen: Am 18. März 1915 demonstrierten 500 Frauen vor dem Reichstag gegen Krieg und Teuerung; unter den 1500 Teilnehmern einer ähnlichen Protestkundgebung am selben Ort am 28. Mai 1915 bildeten die Frauen die Mehrheit[734]. Elfriede Bayley protestierte 1917 auf der Kreiskonferenz der Bonner SPD gegen die Haltung der Parteileitung, und in Barmen blieb der Frauen- und Mädchenchor demonstrativ einer Versammlung Marie Juchacz', der führenden Vertreterin der MSPD, fern[735].

Daß viele Arbeiterinnen kriegsmüde waren, zeigte sich auch an der hohen Beteiligung von Frauen an dem Streik gegen die Kürzung der Brotration im April 1917 und am großen Munitionsarbeiterstreik Anfang 1918 in Berlin[736]. Berlin war schon 1915 eine Hochburg der Gegnerinnen der Parteileitung: Molkenbuhr stieß auf einer Frauenkonferenz für Groß-Berlin am 1. August 1915 auf heftige Kritik: Alle Rednerinnen distanzierten sich von Fraktion und Parteivorstand und vor allem von dessen Stellung zur Berner Frauenkonferenz. Die Berlinerinnen solidarisierten sich offen mit Clara Zetkin[737]. 1916 wurde in der Bewegung der Ruf nach einer zentralen Frauenkonferenz laut, der auch von der »Gleichheit« und von Luise Zietz unterstützt wurde. Der Parteivorstand lehnte jedoch entschieden ab, offenbar aus Furcht, daß sich dort in den zu erwartenden Auseinanderset-

---

731 Glaeser, S. 270.

732 Zepler: Die Frauen und der Krieg, S. 13, 22.

733 A. Blos an J. v. Vollmar, 20. 12. 1914, in: IISG, Nachlaß Vollmar 2447.

734 Spartakusbriefe. Nr. 6 vom September 1915, in: Spartakusbriefe. Herausgegeben vom Institut für Marxismus-Leninismus beim Zentralkomitee der Sozialistischen Einheitspartei Deutschlands, Berlin 1958, S. 42.

735 Helbig/Langbein/Zymara, S. 330; Helmuth Stoecker: Walter Stoecker – Die Frühzeit eines deutschen Arbeiterführers 1891–1920, Berlin 1970, S. 139.

736 Karl Retzlaw und Cläre Casper-Derfert in: Emmerich II, S. 150ff., 175; Lore Mallachow: Clara Zetkin. Ihr Leben in Bildern, Leipzig 1960, S. 33.

737 Gleichheit 3. 9. 1915.

zungen über die Kriegsfrage die Opposition durchsetzen könnte[738]. Daß alle vorgeschobenen organisatorischen Gründe gegen eine Frauenkonferenz nur Ausflüchte waren, wurde spätestens deutlich, als kurz nach der Gründung der USPD und dem Ausscheiden der führenden Kriegsgegnerinnen aus der MSPD eine Frauenkonferenz einberufen wurde. Hier, wo man keine Kritik mehr zu erwarten hatte, konstatierte man, daß »ein großer Teil der Berliner Genossinnen doch gemeinsam mit den übrigen deutschen Genossinnen die richtigen Wege gegangen« sei[739]. Die Berliner Frauenkonferenzen von 1916 und 1917 hatten jedoch wie die von 1915 ganz eindeutig Stellung für die Opposition bezogen[740].

Eine Messung des Kräfteverhältnisses zwischen Befürwortern und Gegnern der SPD-Politik innerhalb der Frauenbewegung ist schwierig. In der »Gleichheit« finden sich immer wieder Berichte lokaler Frauenorganisationen und Briefe von einzelnen oder Gruppen, die zu der grundsätzlichen Haltung der »Gleichheit« Stellung bezogen. So stellten sich die Kreis-Generalversammlung von Teltow-Beeskow-Storkow-Charlottenburg sowie Frauen aus Hessen und aus Harburg auf die Seite der Parteileitung[741], während sich die Vertreterinnen der sozialdemokratischen Frauen des Niederrheins, des Wahlkreises Hanau, eine Frauenversammlung in Hamburg[742] sowie Zuschriften aus Bremen, Mainz und anderen Orten mit der von Clara Zetkin vertretenen Oppositionshaltung solidarisierten[743]. Man kann nun nicht einfach diese Briefe und Berichte auszählen und daraus auf ein 2:1-Übergewicht der Opposition schließen[744]; denn nicht alle Mehrheitsanhängerinnen haben an die »Gleichheit« geschrieben, und ob Clara Zetkin in der Auswahl der veröffentlichten Artikel unparteiisch war, ist auch nicht sicher.

Andererseits kann auch der Rückgang der Abonnentenzahlen der »Gleichheit«[745] nicht als Zeichen von Unwillen über Clara Zetkins Haltung gedeutet werden; ausschlaggebend sind die Kriegssituation und die damit zusammenhängende materielle Notlage. Zudem stellte die »Gewerkschaftliche Frauenzeitung«, die 1917 in einer Auflage von 100000 Exemplaren erschien[746], eine ernsthafte Konkurrenz dar. Daß sich die

---

738 Gleichheit 26. 5. 1916, 23. 6. 1916, 21. 7. 1916, 4. 8. 1916, 13. 10. 1916.

739 Gleichheit 3. 8. 1917.

740 Gleichheit 13. 10. 1916, 27. 10. 1916, 16. 2. 1917, 16. 3. 1917.

741 Gleichheit 14. 5. 1915, 19. 1. 1917, 16. 2. 1917, 13. 4. 1917, 27. 4. 1917.

742 Andererseits kamen in Hamburg 800 Frauen zu einer Versammlung, auf der Marie Juchacz über »Kriegszeit, Frauenpflicht, Frauenrecht« sprach (Gleichheit 9. 11. 1917).

743 Gleichheit 14. 5. 1915, 2. 2. 1917, 16. 2. 1917, 16. 3. 1917, 30. 3. 1917, 13. 4. 1917, 27. 4. 1917.

744 Das tut Quataert, S. 343.

745 S. o. S. 75 Tab. 7.

746 Thönnessen, S. 91f.

Frauen nicht aus Protest gegen Clara Zetkin von der Zeitschrift abgewandt hatten, zeigte sich nach der Parteispaltung: Auch die nun auf MSPD-Kurs eingeschworene »Gleichheit« konnte den Abonnentenverlust nicht auffangen. Der Niedergang setzte sich in der Anfangsphase der Weimarer Republik fort, und erst 1925 erreichten die Nachfolgezeitschriften »Die Frauenwelt« und »Die Genossin« zusammen den Abonnentenstand der »Gleichheit« von 1913[747]. Der Leserschwund im Weltkrieg und zu Beginn der Weimarer Republik erklärt sich letztlich daraus, daß die sozialistische Frauenbewegung durch den Verlust ihrer wichtigsten Führerinnen, durch die Erfüllung der Wahlrechtsforderung und ihren Eintritt in die parlamentarische Tätigkeit sowie ihren Rückzug in die Sozialarbeit ihre Dynamik verlor. So wurde die Bewegung weniger attraktiv, und das wirkte sich auch auf die Leserzahl der »Gleichheit« aus. Zusätzlich verschärft wurde die Situation durch die Parteispaltung und die Auswirkungen der Inflation, die der Zeitschrift ebenfalls zahlreiche Abonnenten entzogen.

Viele sozialdemokratische Frauen hatten sich zu Gegnerinnen des Krieges entwickelt, nur wenige jedoch folgten Clara Zetkin in den Spartakusbund[748]. 1919 hatte die MSPD 206354 und die USPD 70000 weibliche Mitglieder, während die KPD keine Angaben machte. Doch während die USPD 1920 135464 Frauen zu ihren Mitgliedern zählte, fanden sich in der KPD 1922 nur 26690 und 1923 32856 Frauen. Die meisten Frauen, die der USPD angehörten, gingen nach deren Spaltung also nicht zur KPD. In der SPD waren 1920 21,27 % und 1921 18,71 % der Mitglieder weiblich, in der USPD 1920 15,15 %, in der KPD 1922 13,91 % und 1923 12,57 %[749]. Die Mitgliederzahlen bestätigen den Eindruck der Wahlanalyse, daß die KPD für Frauen weniger Attraktivität besaß als die SPD. Im Ersten Weltkrieg hatten sich in der Frauenbewegung wie in der Partei ältere politische Gegensätze und neuere um die Haltung zum Kriege überlagert. Die Parteispaltung 1917 fand ihre Parallele in der Frauenbewegung. Endgültig besiegelt wurde sie, als der Parteivorstand 1917 Luise Zietz aus dem Vorstand ausschloß, die fast siebzigjährige Ottilie Baader zur Hilfsarbeiterin der Parteikorrespondenz degradierte und Clara Zetkin die Re-

---

747 S. o. S. 75 Tab. 7 und Thönnessen, S. 133ff.

748 Vgl. die Wahlergebnisse der KPD, s. o. S. 80f. Die Auffassung von Helbig/Langbein/Zymara, die »meisten deutschen Proletarierinnen« seien »dem Spartakusbund gefolgt« (S. 412), wird auch von kommunistischen Autoren nicht geteilt: z. B. Ilberg, S. 168.

749 Parteitag 1921, S. 11; Unabhängige Sozialdemokratische Partei Deutschlands. Protokoll über die Verhandlungen des außerordentlichen Parteitages vom 2. bis 6. März 1919 in Berlin, Berlin o. J., S. 50; ebd. 1920, S. 24; Bericht über die Verhandlungen des III. (8.) Parteitages der Kommunistischen Partei Deutschlands (Sektion der Kommunistischen Internationale). Abgehalten in Leipzig vom 28. Januar bis 1. Februar 1923, Berlin o. J., S. 61; ebd. 1924, S. 58.

daktion der »Gleichheit« nahm. Viele Frauen solidarisierten sich mit ihren langjährigen Führerinnen; Linchen Baumann z. B. trat aus Protest aus dem Vorstand des 3. Hamburger Wahlkreises aus[750]. In der MSPD jedoch war endgültig die von Clara Zetkin und Luise Zietz geprägte Epoche der Frauenbewegung beendet. Marie Juchacz trat ihre Nachfolge an[751], Ottilie Baader blieb fortan im Hintergrund. Luise Zietz blieb bis zu ihrem Tode Mitglied der USPD, und Clara Zetkin, die vorerst die Frauenbeilage der »Leipziger Volkszeitung« redigierte, schloß sich zunächst der USPD und 1919 der KPD an[752]. Ihr Kampf gegen Militarismus und Krieg war zwar von vielen Frauen unterstützt worden, hatte aber weder die SPD noch die Frauen in ihrer Gesamtheit in eine andere Richtung lenken können.

### *4. Kontroversen*

Die heftigsten und lautstärksten Auseinandersetzungen innerhalb der sozialistischen Frauenbewegung entspannen sich zwischen Clara Zetkin und Lily Braun. Clara Zetkins dominierende Position erklärt sich aus der bildungsmäßigen Unterlegenheit der meisten anderen Frauen, die oft aus oberflächlichem Gefühlssozialismus zu der Bewegung gestoßen waren, ohne in politischer Theorie und kritischem Denken geschult zu sein. Institutionell gestärkt wurde ihre Führungsrolle durch ihre Funktionen als Redakteurin der »Gleichheit« und als häufige Vorsitzende und Referentin bei Frauenkonferenzen.

Die durch die Theorielosigkeit ihrer Gefolgschaft bedingte Labilität ihrer Vorherrschaft wurde nach 1908 deutlich, nicht jedoch schon 1896, als Lily v. Gizycki zur SPD übertrat. Man begegnete ihr vielfach mit Mißtrauen: Eine Urenkelin Jèrome Bonapartes, Enkelin einer Freundin Goethes, Tochter eines adligen Generals, Witwe eines Professors, dazu übergelaufen aus der bürgerlichen Frauenbewegung[753], hatte sie wenig gemeinsam mit Arbeiterinnen und Arbeiterfrauen. Man nahm ihr übel, daß Heinrich Braun sich ihretwegen scheiden ließ, und bei vielen erregte sie Neid und Eifersucht auf ihre Bildung, ihre finanzielle Lage[754], ihr Aussehen. Zudem

750 Gleichheit 16. 3. 1917, 30. 3. 1917, 13. 4. 1917, 25. 5. 1917, 8. 6. 1917.

751 Ebert berief sie als Nachfolgerin Luise Zietz' in den Parteivorstand (s. Roehl S. 63f.); die »Gleichheit« wurde vom 8. 6. 1917 an von Heinrich Schulz und Marie Juchacz, von April 1919 an von Clara Bohm-Schuch redigiert (Gleichheit 8. 6. 1917, 11. 4. 1919, 5. 7. 1919).

752 Clara Zetkin verließ die USPD nicht schon bei der Gründung der KPD, sondern erst im März 1919: s. Dornemann: Clara Zetkin. Leben und Wirken, S. 347.

753 L. Braun: Memoiren I; J. Vogelstein: Lily Braun, S. Vff.

754 Man hielt Lily Braun für reicher, als sie war. Doch immerhin arbeitete sie nur sporadisch als freie Schriftstellerin und konnte sich eine Putzhilfe leisten.

machte sie sich durch mangelhafte Beteiligung an der täglichen Kleinarbeit unbeliebt. Mehrfach lehnte sie ihr übertragene Aufgaben wegen eigener Krankheit oder ihres Sohnes wegen ab. Das wurde ihr von den ohnehin überlasteten Frauen verständlicherweise übelgenommen, die darin nur die Überspanntheiten einer vornehmen Dame sahen.

Tatsächlich blieb Lily Braun weitgehend einem adligen Lebensstil verhaftet, der auf ihre »Genossinnen« befremdend wirken mußte. Stampfer schildert einen Abend im Hause Braun: »Sie waren alle gut angezogen, hatten gutbürgerliche Manieren und führten sehr gebildete Gespräche. Man nannte Lily Braun ›gnädige Frau‹ und sie sagte ›Herr Doktor‹ oder ›Herr Rechtsanwalt‹ . . .«[755] Als Rednerin trat sie stets mit einer dunkelroten Rose im Gürtel auf. »Sie hauchte eine frostige Kühle aus, und ein wenig befliß sie sich auch der Kaprizen einer großen Dame . . .«[756] Ihre Biographin Julie Braun-Vogelstein[757] bemerkte, daß ihr ein »gefährlicher Hang zu Genuß« »eingeboren« gewesen sei. Selbst in Zeiten finanzieller Schwierigkeiten konnte sie nicht auf teure Keidung, teures Essen, Fahrten mit der Kutsche verzichten, hatte eine Schwäche für »Tand und Trödel«[758]. So erscheint es verständlich, wenn ihr Arbeiterinnen mit Mißtrauen begegneten. Adele Schreiber schrieb treffend:

> »Sie war stattlich, ungewoehnlich schoen. Ihre gewaehlten Manieren, und ihre Kleidung beleidigten unbeabsichtigterweise manche hart arbeitende Genossin, deren Los es gewesen, im Elend aufzuwachsen ohne all die Vorteile von Erziehung und Schoenheit.«
>
> »Gross war der Kontrast zwischen der gepflegten, vornehm gekleideten Frau und den verarbeiteten, mühselig gebeugten, die oft im stillen berechnen mochten, wieviele sauer verdiente Monatslöhne wohl ein einziges Kleid Lilys kostete.«[759]

Von Clara Zetkin jedoch wurde sie freundlich in der Sozialdemokratie begrüßt, nicht nur offiziell in der »Gleichheit«[760], sondern auch in privater Korrespondenz, in der Clara Zetkin sicherlich ihren wahren Gefühlen Ausdruck gab. Nach einer Rede Lily Brauns 1896 schrieb sie an Kautsky: »Sie sprach ausgezeichnet, u.(nd) ich bin so glücklich über sie, auch aus

755 Friedrich Stampfer: Erfahrungen und Erkenntnisse. Aufzeichnungen aus meinem Leben, Bielefeld 1957, S. 85.

756 Willy Hellpach: Wirken in Wirren. Lebenserinnerungen. Eine Rechenschaft über Wert und Glück, Schuld und Sturz meiner Generation. 1. Bd.: 1877–1914, Hamburg 1948, S. 375f.

757 Nach Lily Brauns Tod heiratete Julie Vogelstein Heinrich Braun. Sie schrieb Lily und Heinrich Brauns Biographie.

758 Vogelstein: Lily Braun, S. CXXI; Julie Braun-Vogelstein: Ein Menschenleben. Heinrich Braun und sein Schicksal, Tübingen 1932, S. 331ff.

759 Adele Schreiber: Frauen, die es wagten (Manuskript), S. 16, in: Bundesarchiv, Nachlaß Adele Schreiber 58; dies.: Dem Gedächtnis einer Kämpferin. Lily Braun, zum 30. Todestag. 8. August 1916, in: ebd. 64.

760 Gleichheit 8. 1. 1896.

Egoismus: nun, wo sie offen u.(nd) rückhaltlos zu uns strebt, brauche ich meiner persönlichen Sympathie für sie nicht mehr durch Kritik ihrer politischen Haltung einen Dämpfer aufzusetzen.«[761]

Die Behauptung, Clara Zetkin habe in Lily Braun von vornherein nur die ungewünschte Rivalin gesehen[762], ist zweifellos unrichtig. Erst als Lily Brauns politische Entwicklung Clara Zetkin enttäuschte, wurde sie ihre Gegnerin. Erst diese politische Gegnerschaft führte dann auch zu persönlicher Feindschaft; Clara Zetkin war auch in anderen Fällen nicht in der Lage, persönliche Freundschaft mit politisch Andersdenkenden aufrechtzuerhalten[763].

Die erste Kontroverse entspann sich, als Lily Braun in einem Leitartikel der »Gleichheit« unter dem Titel »Die nächsten Aufgaben der deutschen Arbeiterinnenbewegung« Vorschläge zu einer strukturellen Reform der Bewegung entwickelte. Man solle eine aus vier Gruppen bestehende Zentralstelle bilden; die erste Gruppe solle Untersuchungen zur Lage der Arbeiterinnen vornehmen und dazu Material sammeln, die zweite, »bibliographische« Gruppe solle Literatur und Material zur Frauen- und Arbeiterinnenfrage sichten und eine »Auskunftsstelle« für Agitatorinnen schaffen, eine dritte, »juristische« Gruppe solle gerichtliche und gewerbegerichtliche Urteile sammeln, als »praktischer Berather den Arbeiterinnen zur Seite stehen«, Beschwerden entgegennehmen und an die Fabrikinspektoren weiterleiten, und die Aufgabe der vierten Gruppe schließlich solle die Herausgabe von Flugblättern und die Veröffentlichung von Artikeln in der Presse sein[764]. Damit löste Liy Braun eine Debatte aus, die ein halbes Jahr lang die »Gleichheit« beherrschte.

Clara Zetkin kritisierte den »parteilosen« Charakter der projizierten Zentralstelle: Aufgabe der Bewegung müsse es ein, nicht »Fachgelehrte« zu fördern, sondern »die Proletarierinnen zum Klassenbewußtsein zu wekken, sie aus einer indifferenten oder hemmenden zu einer treibenden Kraft im wirthschaftlichen und politischen Klassenkampf des Proletariats zu verwandeln, sie zu bewußten Sozialistinnen zu erziehen«. Dafür seien Bildungsvereine, öffentliche Versammlungen, Parteipresse und sozialistische Literatur geeigneter als die von Lily Braun vorgeschlagene Einrichtung. Als Ergänzung könne sie wohl nützlich sein, doch dafür fehle es an »Muße und an Mitteln«. Alle verfügbaren Kräfte würden dringend für Agita-

---

761 C. Zetkin an K. Kautsky, 25. 9. 1896, in: IISG, Nachlaß Kautsky D XXIII 313.

762 Das deuten A. Blos: Frauenfrage, S. 49, J. Braun-Vogelstein: Ein Menschenleben, S. 313f., und Quataert, S. 212 an.

763 Vgl. die Abkühlung ihres Verhältnisses zu Karl Kautsky, wie es in ihrer Korrespondenz mit ihm zum Ausdruck kommt: IISG, Nachlaß Kautsky D XXIII 349, 350, G. 4. 110; ferner: Wilhelm Keil: Erlebnisse eines Sozialdemokraten. Bd. I, Stuttgart 1947, S. 138; Honeycutt, S. 222ff.

764 Gleichheit 17. 3. 1897.

tions- und Organisationsaufgaben benötigt und seien vollständig damit ausgelastet, »wochenlang von Ort zu Ort, von Versammlung zu Versammlung zu pilgern, bei einleitenden Aktionen, Rücksprachen, Sammlungen, Beschaffung von Referenten, polizeilichen Anmeldungen u. u. tagelang treppauf treppab, von Pontius zu Pilatus zu laufen«. Daher dürfe man keine Aufgaben aufgreifen, die nicht auf »dem Gebiete des Klassenkampfes«, sondern dem »staatswissenschaftlicher Studien und Hilfsarbeiten« lägen. Wohl könnten die »in bürgerlichen Verhältnissen lebenden Sozialistinnen« diese Aufgaben übernehmen: »Sie stehen fast ausnahmslos nicht kämpfend in Reih und Glied, sondern mit den Streiterinnen sympathisierend hinter der Front und leisteten bisher herzlich wenig . . .« Finanzielle Unterstützung dürften sie allerdings weder von der Partei noch von der sozialistischen Frauenbewegung erwarten[765].

Wie wichtig Clara Zetkin die Zurückweisung von Lily Brauns Vorschlägen war, zeigt nicht nur ihre ausführliche Kritik, sondern auch ihre Korrespondenz mit Karl Kautsky. In zwei langen Briefen aus ihrem Urlaub in San Remo informierte sie ihn über ihre Auffassung und bat ihn um seine Meinung. Sie glaubte, der Plan sei »auf die Verhältnisse u.(nd) Wünsche einer Handvoll Sozialistinnen in Berlin, die in bürgerl.(ichen) Verhältnissen leben«, zugeschnitten, und vermutete »ein gut Theil *persönliche* Motive«. Man habe ihr mitgeteilt, daß Lily Braun absichtlich ihre Abwesenheit abgewartet habe und ihren Vorschlag schon von »Berliner Genossinnen« beschließen und vom Parteivorstand bewilligen lassen wollte, ehe Clara Zetkin »auch nur zu Wort gekommen« sei. Dieses Vorhaben sei jedoch vereitelt worden, da man Lily Braun auf den »Instanzenweg« verwiesen habe. All das berichtete Clara Zetkin jedoch unter Vorbehalt und äußerte die Hoffnung, »dass dies alles nur böser Schein sei. Es würde mir sehr leid thun, die L.(ily) von der Seite der Intrigantin kennen zu lernen . . .«[766]
Kautskys Unterstützung bewog Clara Zetkin endgültig, »den Kampf« aufzunehmen. Sie rechnete damit, gegen »die Berliner Genossinnen, inclusive Fr.(au) Ihrer, gegen einen Theil der Parteiväter, inclusive den sonst so innig geliebten August (Bebel) u.(nd) gegen andere noch« angehen zu müssen, da Lily Braun »auf dem Gebiete der ›persönlichen Rücksprache‹ gearbeitet« habe[767].

In der »Gleichheit« erschienen nach Lily Brauns und Clara Zetkins Ausführungen noch elf weitere Artikel zu der Frage. Ottilie Baader lehnte mit der gleichen Begründung wie Clara Zetkin den Vorschlag ab; ähnlich äußerte sich Auguste Jäger aus Leipzig, die zudem daran erinnerte, daß die meisten Sozialistinnen »nicht blos für ihren Lebensunterhalt sorgen, son-

765 Gleichheit 17. 3. 1897, 31. 3. 1897.
766 C. Zetkin an K. Kautsky, 14. 3. 1897 und 24. 3. 1897, in: IISG, Nachlaß Kautsky D XXIII 314 und 315 (Hervorhebung durch Clara Zetkin).
767 Ebd.

dern auch noch die Wirthschaft führen müssen« und daher keine Zeit für zusätzliche Aufgaben hätten. Auch Wilhelmine Kähler, Marie Greifenberg und Auguste Eichhorn bezogen Stellung gegen Lily Braun[768].
Emma Ihrer dagegen trat, wie Clara Zetkin schon vermutet hatte, auf die Seite Lily Brauns. Sie schloß sich den Ausführungen einer anonymen A. N. an, man solle »eine Jede, die arbeiten kann und will, an den geeigneten Platz, ihr selbst zur Freude, den Genossinnen zum Nutzen«, stellen. Die vorgeschlagene Zentralstelle könne die »Hauptkämpferinnen« entlasten, man solle das Programm wenigstens teilweise realisieren. Die »Gruppen« könnten zum Beispiel anfangs nur aus je einem Mitglied bestehen. Eine ebenfalls anonyme N. N. meinte, es könne für die Agitatorinnen eine große Hilfe sein, von einer Auskunftsstelle beraten zu werden[769].
Martha Rohrlack versuchte zu vermitteln: In der vorgeschlagenen Form sei Lily Brauns Plan »praktisch undurchführbar, und zwar wegen Geld- und Personenmangel«. Die Gegner des Vorschlags hätten sich jedoch in »kleinliche Bedenken« »recht sehr verrannt«. Statt den Plan pauschal abzulehnen, hätte man Änderungsvorschläge machen sollen. Zum Beispiel könne man mit Parteigeldern eine besoldete Sekretärin anstellen, die alle einschlägigen Veröffentlichungen durchsehen, die Berichte der Gewerbeaufsichtsbeamten sowie gerichtliche Entscheidungen sammeln und vor allem das Material für die Agitatorinnen in kurzer Form zusammenfassen solle[770].
Lily Braun ging in einem langen Artikel auf die Debatte ein und legte einen modifizierten Plan vor: Zunächst brauche man nur »eine Sekretärin und ein kleines Bureau«. »Die anzustellende Sekretärin müßte eine gute sozialpolitische Vorbildung haben, Kenntniß der einschlägigen Literatur besitzen und durch ihre lange, erfolgreiche und aufopferungsvolle Thätigkeit in der Partei von vornherein eine autoritative Vertrauensstellung einnehmen.« Die letzte Bedingung schließt aus, daß Lily Braun ein Amt für sich selbst suchte, wie Clara Zetkin und andere anscheinend vermuteten[771]. Nach ihren eigenen Angaben hatte sie Clara Zetkin vorschlagen wollen[772]. Die in »bürgerlichen Verhältnissen lebenden Sozialistinnen« sollten lediglich als »freiwillige Hilfskräfte« herangezogen werden. Ob die Partei das Projekt finanzieren könne, solle man auf dem nächsten Parteitag erörtern[773].

---

768 Gleichheit 14. 4. 1897, 28. 4. 1897, 12. 5. 1897.
769 Gleichheit 28. 4. 1897, 12. 5. 1897.
770 Gleichheit 9. 6. 1897.
771 C. Zetkin an K. Kautsky, 14. 3. 1897 und 24. 3. 1897, in: IISG, Nachlaß Kautsky D XXIII 314 und 315; L. Braun: Memoiren II, S. 180.
772 L. Braun: Memoiren II, S. 179f.
773 Gleichheit 7. 7. 1897.

Clara Zetkin nutzte ihre Stellung als Redakteurin der »Gleichheit«, um das Schlußwort zu der ausgedehnten Diskussion selbst zu verfassen. Das hielt sie für ihre Pflicht, »denn sonst meinen die Genossinnen, daß ich beistimme«. Lily Braun jedoch war deswegen, so Clara Zetkin, »ausser sich! Sie ist der Meinung, sie als Referentin u.(nd) nicht ›die Redaktion‹ habe das letzte Wort.« Zudem war Lily Braun über den »persönlich verletzenden« Ton in Clara Zetkins Artikeln aufgebracht, und in diesem Punkt gab August Bebel ihr recht. Clara Zetkin jedoch fand das »lachhaft« und sah in Lily Braun »eine kleinlich eitle Frau, die keine Kritik vertragen kann«. Sie war entschlossen, »den Kampf« weiterzufechten, »auch gegen August (Bebel), falls er sich dafür ins Zeug legen sollte, was so gut wie sicher ist«[774]. So lehnte sie auch den modifizierten Plan Lily Brauns entschieden ab: sie stehe der »Hilfe seitens bürgerlicher Genossinnen . . . mit der tiefsten Skepsis gegenüber« und halte die Anstellung einer besoldeten Sekretärin für falsch, solange nicht »unten eine feste und breite Grundlage geschaffen ist«. Zudem dürfe man keine Sozialistin, die die von Lily Braun geforderten Eigenschaften besitze, der »Hauptaufgabe« entziehen und für »Nebenaufgaben« einsetzen[775].
In den Kampf gegen Lily Brauns Vorschläge investierte Clara Zetkin erstaunlich viel Zeit und Arbeit; die polemische Schärfe ihrer Kritik ist angesichts der Sachfrage und der Kompromißbereitschaft Lily Brauns kaum verständlich, Lily Brauns begreifliche Empfindlichkeit trug auch dazu bei, daß diese Kontroverse das persönliche Verhältnis der beiden Kontrahentinnen beeinträchtigte. Clara Zetkins Engagement verurteilte Lily Brauns Plan zum Scheitern; er wurde auf dem Parteitag nicht einmal diskutiert. Als Kompensation für Lily Braun richtete Clara Zetkin in der »Gleichheit« einen von beiden Frauen gemeinsam geleiteten »Notizenteil« ein und lobte Lily Braun wegen ihrer »trefflichen, weitreichenden Kenntnisse auf dem Gebiet der Frauenbewegung, der sozialen Gesetzgebung u. u. und ihre lichtvolle Darstellungsweise«[776]. Darin kann durchaus ein Friedensangebot Clara Zetkins gesehen werden. Tatsächlich kam es mehrere Jahre lang nicht mehr zu solch erbitterten Auseinandersetzungen.
Auf der zweiten Frauenkonferenz 1902 tauchte ein Teil des Planes von 1897 plötzlich wieder auf: Frau Weiß aus Düsseldorf schlug vor, eine besoldete Beamtin einzustellen. Ihr Antrag wurde von Lily Braun unterstützt, stieß aber sonst auf heftige Kritik. Die Frauen Baader, Wehmann, Greifenberg, Weyl, Kähler, Wackwitz und Zietz bezeichneten den Vorschlag als überflüssig und undurchführbar, sahen darin eine Kritik an der

774 C. Zetkin an K. Kautsky, 24. 3. 1897 und 21. 6. 1897, in: IISG, Nachlaß Kautsky D XXIII 315 und 316.
775 Gleichheit 21. 7. 1897.
776 Gleichheit 7. 7. 1897; s. dazu auch Honeycutt, S. 315.

Arbeit der Zentralvertrauensperson Ottilie Baader und griffen besonders Lily Braun persönlich an. Sie vermuteten immer noch, daß Lily Braun für den Antrag verantwortlich sei und sich selbst einen Posten verschaffen wolle:

»Jedenfalls haben aber diejenigen Genossinnen, die nur ab und zu etwas von sich hören lassen, sonst aber praktisch so gut wie gar nicht arbeiten, das Vertrauen der übrigen Genossinnen nicht, die könnten wir für eine solche Stelle nicht gebrauchen.«

»Es giebt freilich auch akademisch gebildete Damen, die sich sonst um nichts weiter kümmern, die nur, um sich einmal zu zeigen, in einer großen Versammlung einen Vortrag halten . . . Das sind sogenannte Paradepferde, die wir nicht brauchen können.«

Eine sachliche Auseinandersetzung mit dem Vorschlag fand nicht statt. Luise Zietz brachte sogar das merkwürdige Argument vor, daß eine einzige bezahlte Sekretärin mit der anfallenden Arbeit weit überlastet sei, als wäre dann die Einsetzung Ottilie Baaders als unbesoldeter Zentralvertrauensperson eine bessere Lösung. Clara Zetkin beteiligte sich nicht an der Debatte[777]. Lily Braun kritisierte zu Recht, die Diskussion sei lediglich ein »Ausfluß persönlicher Antipathien und Sympathien« gewesen[778]. Daß die Ablehnung des Antrages tatsächlich sachlich kaum begründet war, zeigt sich darin, daß keine zwei Jahre später Ottilie Baader von der Partei besoldet wurde, ohne daß sich Widerspruch erhoben hätte[779]. Damit jedoch war keineswegs der von Lily Braun 1897 entwickelte Plan verwirklicht: Ottilie Baader sollte eine einheitliche und systematische Agitation gewährleisten und die Arbeit auf nationaler Ebene koordinieren, war jedoch nicht für die Sammlung von Material verantwortlich. Die von Lily Braun projektierten Arbeiten übernahmen später zum Teil die Beschwerdekommissionen, die Schulungskurse und die »Sozialdemokratische Frauenbibliothek«[780].

Wenig Verständnis fand Lily Braun auch für ihren Plan, ein großes Buch über die »Frauenfrage« zu schreiben. Die meisten Sozialdemokratinnen meinten, Bebels »Die Frau und der Sozialismus«, das Erfurter Programm und die Artikel der »Gleichheit« seien völlig ausreichend[781]. Als ihr umfangreiches Werk 1901 erschien[782], stieß es innerhalb und außerhalb der Sozialdemokratie auf sehr unterschiedliche Resonanz[783]: Clara Zetkin verzichtete darauf, das Buch zu besprechen:

»Das Kapitel über die *Arbeiterinnenbewegung* schließt mir als Kritikerin den Mund. Ich kann die zum Theil unhistorische Auffassung u.(nd) geschichtlich

777 Frauenkonferenz 1902, S. 290ff.

778 Sozialistische Monatshefte 1902, Bd. II, S. 788ff.

779 S. o. S. 72.

780 S. o. S. 108f.

781 L. Braun: Memoiren II, S. 194.

782 L. Braun: Die Frauenfrage; der geplante zweite Band ist nie erschienen.

783 S. dazu A. Blos: Frauenfrage, S. 56; L. Braun: Memoiren II, S. 333.

ganz falsche Darstellung der Entwicklung unserer deutschen proletarischen Frauenbewegung nicht kritisieren u.(nd) bekämpfen, ohne dass ich den Lücken u.(nd) Schiefheiten des Buches meine eigene persönliche Lebensarbeit entgegenstelle . . . L.(ily) Br.(aun) findet nur einen Grund für die Lostrennung der deutschen Arbeiterinnenbewegung von der bürgerlichen Frauenrechtelei: die Chikanen (sic!) der Polizei auf dem Gebiete des Vereinsrechts! . . . es ist keine Uebertreibung, wenn ich sage, dass die grundsätzliche Klarheit unserer Frauenbewegung u.(nd) ihre Haltung gegenüber unserer allgemeinen Bewegung einerseits, der Frauenrechtelei andererseits, zum großen Theil mein ganz persönliches Werk ist . . . Aber mir fällt nicht ein, meine Lebensarbeit gegen soviel Kleinlichkeit zur Geltung zu bringen . . .«[784]

Tatsächlich erwähnte Lily Braun Clara Zetkin nur kurz als Redakteurin der »Gleichheit«[785], während jeder unvoreingenommene Beobachter ihre entscheidende Bedeutung hätte zugestehen müssen. Clara Zetkin war persönlich tief betroffen, auch wenn sie betonte, es gut ertragen zu können, »dass eine L.(ily) Br.(aun) meine Arbeit todtschweigt, weil ich weiss, dass sie in Tausenden und Tausenden von Köpfen lebt«. Dennoch bescheinigte sie dem Buch gewisse Vorzüge: Es sei die einheitlichste und methodischste Arbeit zu dem Thema und behandle – »von rollenwidrigen Seitensprüngen abgesehen – die Frage auch von unserem Standpunkt«[786]. Die Besprechung in der »Gleichheit« überließ sie Georg Ledebour, der in erster Linie die seiner Meinung nach zu positive Einschätzung der bürgerlichen Frauenbewegung und die Vernachlässigung der sozialistischen Frauenbewegung[787] kritisierte[788]. Lily Braun hatte von Kautsky die Zusage erwirkt, ihr Buch in der »Neuen Zeit« nicht von Clara Zetkin rezensieren zu lassen[789]. Dort äußerte sich Bebel sehr positiv über Lily Brauns »Frauenfrage«, obwohl auch er die nur »kursorische Behandlung der proletarischen Frauenbewegung« monierte[790]. In der Tat vertrat das Buch in seinen Grundauffassungen einen sozialistischen Standpunkt; das befremdliche Verschweigen von Clara Zetkins Tätigkeit kann wohl nur mit persönlicher Animosität erklärt werden.

Immer wieder war Lily Braun in Konflikt mit ihren »Genossinnen« geraten. Sie hatte die scharfe Abgrenzung zur bürgerlichen Frauenbewegung

784 C. Zetkin an K. Kautsky, 29. 11. 1901, in: IISG, Nachlaß Kautsky D XXIII 348 (Hervorhebung durch Clara Zetkin).

785 L. Braun: Frauenfrage, S. 452.

786 C. Zetkin an K. Kautsky, 29. 11. 1901, in: IISG, Nachlaß Kautsky D XXIII 348.

787 Das fast 500 Seiten umfassende Buch behandelte die Arbeiterinnenbewegung auf 30 Seiten.

788 Gleichheit 16. 7. 1902, 30. 7. 1902. Lily Brauns Behauptung, ihr Buch habe nur zwei negative Kritiken erhalten, und zwar von Helene Lange und Clara Zetkin (L. Braun: Memoiren II, S. 333), ist unrichtig.

789 C. Zetkin an K. Kautsky, 8. 12. 1901, in: IISG, Nachlaß Kautsky D XXIII 349.

790 Die Neue Zeit, 20. Jg., Bd. I, S. 293ff.

in Frage gestellt[791], sich mit Clara Zetkin überworfen, war mit ihrem Entwurf einer Mutterschaftversicherung in Gegensatz zu den anderen Sozialdemokratinnen geraten[792] und hatte mit ihrer Schrift über Wirtschaftsgenossenschaften eine Auseinandersetzung ausgelöst[793]. Sie lehnte die Parteidisziplin ab, wurde gegenüber der sozialdemokratischen Taktik immer kritischer und schloß sich – mit Vorbehalten – dem Revisionismus an.

Dieser Entwicklungsprozeß wurde von einer weitgehenden Boykottierung Lily Brauns in der sozialistischen Frauenbewegung begleitet. Zunächst teilte ihr Ottilie Baader im Namen der Berliner Sozialdemokratinnen schriftlich mit: »Nachdem Ihre Unzuverlässigkeit in der Ausführung übernommener Parteipflichten wieder offenbar wurde, . . . haben die Genossinnen einstimmig beschlossen, Sie zu unseren Sitzungen nicht mehr einzuladen.«[794] Im Juni 1901 verschwand ihr Name aus der Redaktion des Notizenteils der »Gleichheit«, seit 1902 veröffentlichte die Zeitschrift keine von ihren gezeichneten Artikel mehr[795]. Auch die »Neue Zeit« lehnte mehrfach ihre Beiträge ab[796], und überhaupt stand ihr die Parteipresse »nur selten zur Verfügung«[797]. Ihre Beteiligung an bürgerlichen Tagungen, ihre Kontakte zu liberalen Politikern wie Naumann oder Sombart[798] und ihre Mitarbeit an bürgerlichen Zeitschriften wie Hardens »Zukunft« kosteten sie auch die Sympathien von Männern wie August Bebel oder Viktor Adler, die noch Ende 1901 Clara Zetkins ablehnende Haltung gegenüber Lily Braun nicht teilten[799].

Als Heinrich und Lily Braun 1905 eine eigene Zeitschrift, die »Neue Gesellschaft«, gründeten[800], verschlechterte sich ihre Position in der Partei erneut: Auch der »Vorwärts« griff sie an, die Berliner Parteileitung strich sie aus der Rednerliste der Partei. Zwar wurde dieser Beschluß nach einer Anhörung wieder aufgehoben[801], zwar konnte sie 1905 noch zwei Aufsätze in der »Stuttgarter Tagwacht« veröffentlichen[802], doch beschränkte sich

---

791 S. o. S. 87f.

792 S. o. S. 138f.

793 S. u. S. 244ff.

794 L. Braun: Memoiren II, S. 335.

795 Gleichheit 19. 6. 1901ff.

796 Heinrich Braun auf dem Parteitag 1903, S. 240.

797 L. Braun: Memoiren II, S. 390.

798 Vgl. die Briefe W. Sombart an L. Braun, 1903–1907, in: Bundesarchiv, Kleine Erwerbungen Nr. 129: Lily Braun; A. Bebel an V. Adler, 4. 10. 1906, in: Viktor Adler: Briefwechsel, S. 473.

799 V. Adler an K. Kautsky, 28. 9. 1903, in: Viktor Adler: Briefwechsel, S. 426; A. Bebel an V. Adler, 4. 10. 1906, in: ebd., S. 473; vgl. dagegen C. Zetkin an K. Kautsky, 9. 12. 1901, in: IISG, Nachlaß Kautsky D XXIII 350.

800 Die Neue Gesellschaft. Sozialistische Wochenschrift. 1905ff.

801 L. Braun: Memoiren II, S. 471, 476, 486f.

802 C. Zetkin an K. Kautsky, 21. 8. 1905, in: IISG, Nachlaß Kautsky D XXIII 366.

ihre politische Arbeit in der nächsten Zeit auf Bildungsvorträge für die Gewerkschaften[803]. Kampflos nahm sie ihren Ausschluß aus dem Parteileben jedoch nicht hin: 1907 beantragte sie die Einsetzung eines Schiedsgerichtes, um Clara Zetkin zur Zurücknahme von »verleumderischen Behauptungen« zu zwingen. Um die Bedingungen der Parteisatzung für die Einberufung solch eines Schiedsgerichts zu erfüllen, stellte sie einen Antrag auf Ausschluß Clara Zetkins aus der Partei. Kurz darauf jedoch zog sie den Antrag wieder zurück und erklärte dem Parteivorstand, sie habe »natürlich nie etwas anderes bezweckt«, als Clara Zetkin »die formellen Ausflüchte abzuschneiden«. Bei einer öffentlichen Erörterung der Sache jedoch werde ihr die »moralische Verantwortung für einen Parteiskandal« zugeschoben, und zu einer Schädigung der Parteiinteressen lasse sie sich nicht herbei[804].

Nachdem so ihr Versuch gescheitert war, sich von der Partei offiziell rehabilitieren zu lassen, wandte sie sich 1909 persönlich an Bebel: sie habe kein Interesse mehr, »an den internen Arbeiten der Berliner Frauen« teilzunehmen, würde jedoch gern für die Partei arbeiten. Sie bat Bebel: »Wenn Sie etwas dazu beitragen wollen, daß böswillige Verleumdung mir nicht auch hier hindernd in den Weg tritt, so wäre ich Ihnen natürlich sehr dankbar. Ich bin z. B. gern bereit, eventuell in Berliner Versammlungen, auch in solchen außerhalb Berlins, Referate zu übernehmen, kann mich aber, meines Halses wegen, zu größeren Agitationstouren nicht verpflichten.«[805]

Tatsächlich waren gerade in der Frauenbewegung Auseinandersetzungen häufig in persönliche Gehässigkeiten abgeglitten: Ottilie Baader soll erzählt haben, Lily Braun sei nur in die SPD eingetreten, um einen Mann zu finden[806], Clara Zetkin warf Lily Braun »innere Unwahrheit und Selbstsucht« vor und nannte ihre »Liebenswürdigkeit« »so falsch wie ihr Teint«[807]. Andererseits jedoch fand auch Lily Braun selbst bei Sozialdemokraten wie Georg Gradnauer, die inhaltlich ihrer Kritik an Clara Zetkin zustimmten, kein Verständnis für das Ausmaß ihrer »Ge-

803 L. Braun: Memoiren II, S. 508.

804 L. Braun an den Parteivorstand, 7. 12. 1907, in: Archiv der sozialen Demokratie, Nachlässe: Orginalbriefe und -dokumente. Sammlung von Einzelstücken, 14. Rosa Luxemburg hielt Clara Zetkin davon ab, 1907 ihrerseits gegen Lily Braun vorzugehen: R. Luxemburg an C. Zetkin, 21. 12. 1907, Institut für Marxismus-Leninismus, NL 5/45, in englischer Übersetzung zitiert bei Honeycutt, S. 322.

805 L. Braun an A. Bebel, 2. 9. 1909, in: IISG, Nachlaß Bebel 71.

806 L. Braun: Memoiren II, S. 137 (für Ottilie Baader wählte Lily Braun das Pseudonym Bartels).

807 C. Zetkin an K. Kautsky, 29. 11. 1901 und 9. 12. 1901, in: IISG, Nachlaß Kautsky 348 und 350.

reiztheit und Erbitterung«[808]. Lily Braun glaubte sogar, Clara Zetkin wolle auch ihre schriftstellerische Arbeit boykottieren: Lily Braun plante, eine Broschüre über die Fabrikarbeit verheirateter Frauen zu verfassen, erfuhr dann jedoch von Clara Zetkin, daß sie bereits an dem Thema arbeite. Darauf verzichtete sie auf ihr Vorhaben und glaubte an eine bewußte Irreführung, als über zwei Jahre lang keine Broschüre Clara Zetkins zu dem Thema erschien[809]. Aus Clara Zetkins Korrespondenz mit Richard Fischer, dem Leiter des Parteiverlags, geht allerdings hervor, daß sie tatsächlich an einer solchen Broschüre arbeitete, deren Fertigstellung nur aus gesundheitlichen Gründen oder wegen vordringlicher anderer Arbeiten immer wieder verhindert wurde[810].

Lily Brauns Ausschluß von der Parteiarbeit wurde nicht von allen Frauen gutgeheißen. 1907 luden Münchnerinnen sie als Referentin ein und sandten einen Versammlungsbericht an die »Gleichheit«. Clara Zetkin lehnte die Veröffentlichung ab und schrieb an die Münchner Sozialdemokratin Mauerer:

> »Die Berliner Genossinnen haben schon vor Jahren beschlossen, Frau Lily Braun als verlogen und unzuverlässig, kurz als vertrauensunwürdig nicht mehr in ihrem Auftrag sprechen zu lassen und auch jegliche Verantwortlichkeit für sie abzulehnen. Frau Lily Braun hat sich bis jetzt von den gegen sie erhobenen Anschuldigungen, die sich auf ein umfangreiches Tatsachenmaterial stützen, nicht gereinigt. Umgekehrt, sie hat sich auch anderwärts und in anderen Verhältnissen als in Berlin als zweideutig und vertrauensunwürdig erwiesen. . . . Die ›Gleichheit‹ ist den Berliner Genossinnen gegenüber zur Solidarität verpflichtet, und ich möchte sagen, ich persönlich bin das erst recht, weil ich jahrelang den Berliner Genossinnen immer wieder zugeredet habe, mit Genossin Braun nicht zu brechen . . . Die ›Gleichheit‹ würde aber den Berlinerinnen in den Rücken fallen und ihren Beschluß null und nichtig machen, wenn sie durch Berichte über ein gelegentliches Referat von Frau Lily Braun Reklame für diese machen würde. Ein Bericht in der ›Gleichheit‹ käme tatsächlich auf eine Empfehlung von Frau Lily Braun heraus, und die kann ich um so weniger mit meinem Gewissen vereinbaren, als niemand besser weiß wie ich, wie begründet in jedem Punkte der Beschluß der Berliner Genossinnen gewesen ist . . .«[811]

Als Clara Zetkin die Münchnerinnen auch in einem zweiten Schreiben abschlägig beschied[812], wandten sie sich mit einer Beschwerde an den Parteivorstand, für den Wilhelm Pfannkuch antwortete:

---

808 G. Gradnauer an L. Braun, undatiert, in: Bundesarchiv, Kleine Erwerbungen Nr. 129: Lily Braun, Bl. 1f.

809 L. Braun an A. Bebel, 2. 9. 1909, in: IISG, Nachlaß Bebel 71.; L. Braun an R. Fischer 8. 11. 1900 und 16. 11. 1900, in: IISG. Kleine Korrespondenz: Lily Braun.

810 C. Zetkin an R. Fischer, 9. 11. 1900, 16. 11. 1900, 13. 2. 1902, 9. 3. 1902, in: IISG, Kleine Korrespondenz: Clara Zetkin.

811 C. Zetkin an Mauerer, 25. 5. 1907, in: Archiv der sozialen Demokratie, Nachlässe: Originalbriefe und -dokumente. Sammlung von Einzelstücken 15.

812 C. Zetkin an »Werte Genossin«, 28. 6. 1907, in ebd., 16.

». . . Nach § 15 der Parteiorganisation kontrolliert der Parteivorstand nur die prinzipielle Haltung der Parteipresse. Darüber, was in einem Blatt aufgenommen und was abgedruckt wird, entscheidet die Redaktion. Das muß auch der Redaktion der ›Gleichheit‹ eingeräumt werden. Da jedoch der Redaktion der ›Gleichheit‹ eine Preßkommission als Beschwerdeinstanz nicht nebengeordnet ist, verkennt der Parteivorstand die Schwierigkeit nicht, Fragen wie die von Ihnen aufgeworfene zu klären. Deshalb lehnt es auch der Parteivorstand nicht ab, die gewünschte Klärung mit herbeizuführen. Da sich das Verhalten der Redaktion im vorliegenden Fall auf Vorgänge in der Berliner Frauenbewegung stützt, haben wir die Vertrauensperson O. Baader ersucht, im Verein mit der Organisation der Berliner Genossinnen uns Aufschluß über die Beweggründe zu geben, die das Verhalten der Berliner Genossinnen und der Redaktion der ›Gleichheit‹ der Genossin Braun gegenüber bestimmen. Diese Auskunft ist uns zugesagt. Nach Eingang derselben wird der Parteivorstand prüfen, was weiter zu tun ist, bzw. getan werden kann.«[813]

Weiteres Material über diese Angelegenheit liegt nicht vor; vermutlich sah der Parteivorstand sachlich oder rechtlich keine Möglichkeit, gegen die »Gleichheit« vorzugehen. Gerade die relative Autonomie und die lose, unbürokratische Organisationsstruktur der Frauenbewegung ermöglichten es Clara Zetkin, auch hier ihre Auffassung durchzusetzen. Lily Braun zog sich weitgehend aus der Politik zurück und widmete sich künftig ihren literarischen Ambitionen.

Sie für eine bestimmte politische Richtung zu beanspruchen, ist nicht einfach. 1896 äußerte sie sich radikal wie Clara Zetkin über die bürgerliche Frauenbewegung:

»Wenn sie petitioniren, so protestieren wir, wenn sie – was zwar noch nicht vorgekommen ist, aber doch vorkommen könnte – eine Verkürzung der Arbeitszeit für weibliche Arbeiter aus Rücksicht auf Gesundheit und Familienleben wünschen, so verlangen wir derartige gesetzgeberische Maßregeln nicht nur wegen ihrer hygienischen und sozialen Wirkungen, sondern weil wir darin ein Mittel sehen, die Frauen zu tüchtigen Kämpferinnen für die Sache der Sozialdemokratie zu machen.«[814]

Dann jedoch geriet sie mit Clara Zetkin in Konflikt, weil sie die sozialistische Theorie auch in bürgerlichen Kreisen verbreiten, auch die Frauen des Mittelstandes gewinnen wollte. Da sie jedoch keine Synthese beider Bewegungen erstrebte und auch keine sozialistischen Grundsätze aufgeben wollte, kann man diese Haltung nicht als revisionistisch bezeichnen. Doch Lily Braun stimmte mit einigen Vorbehalten mit Bernsteins Kritik überein und verstand sich selbst als Revisionistin[815], während August Bebel sie noch 1901, als ihre Gegnerschaft zu Clara Zetkin bereits offenkundig geworden war, für eine »Radikale« hielt[816]. Einerseits suchte sie Kontakte zu

---

813 W. Pfannkuch an »Werte Genossin«, 30. 8. 1907, in: ebd. 13.
814 Gleichheit 11. 11. 1896.
815 L. Braun: Memoiren II, S. 236, 341, 406, 511.
816 A. Bebel an K. Kautsky, 20. 10. 1901, in: K. Kautsky (Jr.), S. 142.

bürgerlichen Kreisen, andererseits befürwortete sie 1905 – ähnlich wie ja auch Ludwig Frank – den Massenstreik[817].

Am Beispiel Lily Braun manifestiert sich das Problem, klar zwischen verschiedenen Flügeln der Sozialdemokratie zu unterscheiden, besonders deutlich. Der Versuch, dieses Dilemma dadurch zu lösen, daß man Lily Braun als Feministin bezeichnet und ihren Kampf mit Clara Zetkin als Auseinandersetzung zwischen Sozialismus und Feminismus interpretiert[818], ist jedoch völlig verfehlt: Gerade Lily Braun distanzierte sich häufig von Vorstellungen, die man feministisch nennen könnte. So wies sie entschieden die These zurück, die Befreiung der Frau müsse »in erster Linie das Werk der Frau« sein[819], und schärfer als Clara Zetkin wandte sie sich gegen autonome Organisationsformen der Frauen in der SPD: »Wo ein direkter Zwang nicht vorliegt, ist jede Nur-Frauenorganisation in der Arbeiterinnenbewegung vom Uebel.«[820] Keineswegs im Sinne des Feminismus – und hier wieder im Gegensatz zu Clara Zetkin – rechtfertigte sie schließlich den Verzicht der Österreicher auf das Frauenwahlrecht zugunsten eines taktischen Vorteils im Wahlrechtskampf[821]. Ihre Vorstellungen zu inhaltlichen, organisatorischen und taktischen Fragen sind vollkommen antifeministisch.

In Wirklichkeit war sie nicht nur »Anarchist in allem rein Persönlichen«[822], sondern auch in politischen Fragen Individualist, für die Sozialdemokratie letztlich zu individualistisch. Sie schuf sich selbst eine zudem ständigem Wandel unterworfene eigene Weltanschauung aus so verschiedenen Quellen wie Marx, Goethe und Nietzsche. Nicht ganz zu Unrecht bezeichnete sie eine Biographin als »Publizistin des Gefühls«[823]. Ihr politischer Werdegang wurde häufig von persönlichen Erlebnissen bestimmt: Von der Gedankenwelt der deutschen Aristokratie entfernte sie sich erst, als ihr Vater von Wilhelm II. entlassen wurde. Ihr erster Mann, Professor von Gizycki, führte sie zur Frauenbewegung und dann zur Sozialdemokratie[824]. Wie ihr Mann Heinrich Braun schloß sie sich dem revisionistischen Flügel an, und Julie Vogelstein berichtet, erst das Durchleben einer Krankheit habe in ihr den Entschluß zum Bruch mit der Parteidisziplin gefestigt[825]. Nach der Geburt ihres Sohnes entdeckte sie den gro-

---

817 L. Braun: Memoiren II, S. 457.

818 Quataert, S. IX, 14, 426; auch Evans: The Feminists, S. 161.

819 Gleichheit 5. 12. 1900.

820 L. Braun: Frauenfrage, S. 456; s. u. S. 226.

821 Die Neue Gesellschaft. 1. 8. 1907; Vorwärts 20. 8. 1907, 2. Beilage; s. o. S. 146ff.

822 Vogelstein: Lily Braun, S. CXXI.

823 Gina Gärtler: Lily Braun, eine Publizistin des Gefühls, Diss. Heidelberg 1935.

824 Vogelstein: L. Braun, S. XXXIII, XL.

825 Ebd., S. LXX.

ßen Wert der Mütterlichkeit auch für die Frauenfrage, und ein Seitensprung in Italien und eine Krise ihrer Ehe machten sie zur Verfechterin der »freien Liebe«[826]. Dadurch sind ihre Ansichten nicht diskreditiert; es wird jedoch deutlich, daß Lily Braun nicht etikettierbar ist und auch in ihrer Bedeutung für die sozialistische Frauenbewegung nur als außergewöhnliche Persönlichkeit, nicht als »Rechte« oder »Feministin« gesehen werden kann. Mit ihrem Rückzug aus der Politik waren jedoch die Auseinandersetzungen innerhalb der Bewegung keineswegs beendet[827].
Clara Zetkin hatte neben den Kontroversen mit Johanna Löwenherz und Henriette Fürth um die Haltung zur bürgerlichen Frauenbewegung[828] und mit Helene Grünberg um die Organisierung der Dienstboten[829] auch Konflikte mit Emma Ihrer durchzukämpfen. 1902 hatte Emma Ihrer beabsichtigt, auf der Frauenkonferenz einen Antrag auf Einstellung einer besoldeten Sekretärin einzubringen; mit diesem Vorschlag hatte Lily Braun schon 1897 eine lange Auseinandersetzung ausgelöst[830]. 1902 gelang es Clara Zetkin offenbar durch Manipulation der Wahltermine, die Delegation von Emma Ihrer, Martha Rohrlack, Mathilde v. Hofstetten, Lina Vogel, M. Steinbach und A. Bosse zur Frauenkonferenz zu verhindern[831]. Der 1902 dann von Frau Weiß eingebrachte Antrag wurde nach heftiger, polemischer Debatte abgelehnt[832]. Diese Vorgänge bewegten Emma Ihrer, sich grundsätzlich gegen die öffentlichen Frauenkonferenzen auszusprechen und interne Besprechungen, wie sie vor 1900 stattgefunden hatten, zu bevorzugen[833]. Da Emma Ihrer schon in der »Arbeiterin« 1891 weniger radikale Töne als später Clara Zetkin angeschlagen hatte, zudem gelegentlich Kritik an ihr übte und in den »Sozialistischen Monatsheften«, dem Organ der Revisionisten, schrieb[834], stuft Luise Dornemann sie als Revisionistin ein[835]. Diese Kennzeichnung ist jedoch problematisch, da sich Emma Ihrer kaum zu politischen Grundsatzfragen äußerte, und auch in der DDR umstritten: Ein Lexikon stellt sie sehr positiv dar und lobt ihre »hervorragenden Verdienste bei der politischen und gewerkschaftlichen Organisierung der Arbeiterinnen«[836].

---

826 Braun-Vogelstein, S. 395ff.
827 So fälschlich Beyer S. 57.
828 S. o. S. 86f.
829 S. o. S. 118f.
830 S. o. S. 183ff.
831 E. Ihrer an G. v. Vollmar, 8. 9. 1902, in: IISG, Nachlaß Vollmar 1006.
832 S. o. S. 186f.
833 Sozialistische Monatshefte 1904, Bd. II, S. 763ff.
834 Z. B. ebd. und 1904, Bd. I, S. 194ff., 1905 Bd. I, S. 443ff.
835 Dornemann: Clara Zetkin. Leben und Wirken, S. 146.
836 Geschichte der deutschen Arbeiterbewegung. Biographisches Lexikon, Berlin 1970, S. 222f.

Auch zwischen Clara Zetkin und Luise Zietz, die sicherlich eher dem »radikalen« als dem »revisionistischen« Flügel zuzurechnen ist[837], kam es bald nach deren Wahl in den Parteivorstand zu Differenzen. Daß es jedoch mit der Wahl von Luise Zietz an Stelle Clara Zetkins 1908 den »Rechten« gelang, einen »infamen Schlag gegen die Führerin der sozialistischen Frauenbewegung« zu führen[838], ist eine nur mit der Rückprojektion späterer Kontroversen erklärbare Fehlinterpretation. Auch Else Sauer behauptet, daß »Revisionisten und Zentristen« die Wahl Luise Zietz' gegen Clara Zetkin durchgesetzt haben[839], und Karen Honeycutt kann sich nicht vorstellen, daß Clara Zetkin nicht selbst habe in den Parteivorstand gewählt werden wollen[840]. Diese Überlegungen sind jedoch spekulativ und nicht zu belegen. Es gibt nirgendwo Äußerungen Clara Zetkins, die andeuten, daß sie Mitglied des Parteivorstandes werden wollte oder mit der Wahl von Luise Zietz nicht zufrieden war. Clara Zetkin selbst schlug der Frauenkonferenz von 1908 vor, Luise Zietz und Ottilie Baader ins Frauenbüro zu wählen, das dann mit einer Vertreterin im Parteivorstand vertreten sein sollte[841]. Es ist völlig undenkbar, daß Clara Zetkin es »den Rechten« so leicht gemacht haben soll, »einen infamen Schlag« gegen sie zu führen, oder daß keine Zeugnisse ihres Widerstands überlebt haben sollten. Zudem sollte man bedenken, daß Clara Zetkin auch vor 1908 die organisatorische Leitung Ottilie Baader überlassen hat und sich als Autorität in theoretischen Fragen sah. Dazu waren die Redaktion der »Gleichheit« und Referate auf den Frauenkonferenzen geeigneter als dieses Parteiamt. Ferner hätte Clara Zetkin bei einer Wahl in den Parteivorstand wohl die Redaktion der »Gleichheit« aufgeben müsen, weil beide Aufgaben zeitlich nicht zu bewältigen gewesen wären, und ihre Priorität lag stets bei der ideologischen, nicht der organisatorischen Arbeit. Da außerdem Luise Zietz als erfolgreiche Organisatorin und Agitatorin bekannt war und sowohl der Inhalt wie der scharfe Ton ihrer Reden und Schriften sie als »Radikale« auswiesen, lag es nahe, daß auch Clara Zetkin ihre Kandidatur unterstützte, nachdem Ottilie Baader verzichtet hatte[842]. In allen Meinungsverschiedenheiten vor 1908 hatte Luise Zietz auf der Seite Clara Zetkins gestanden, und 1909 wurde sie mit 224 Stimmen gegen Helene Grünberg, eine Kandidatin der »Rechten«, gewählt[843].

---

837 Schorske nennt sie »an ethical radical« (S. 212).

838 Dornemann: Clara Zetkin. Leben und Wirken, S. 226.

839 Else Sauer: Die Entwicklung der bürgerlichen Frauenbewegung von der Gründung des Bundes Deutscher Frauenvereine 1894 bis zum ersten Weltkrieg, Diss. Leipzig 1969, S. 96.

840 Honeycutt, S. 326. Sie formuliert allerdings vorsichtig: »it is difficult to imagine . . .«

841 Frauenkonferenz 1908, S. 544.

842 Parteitag 1908, S. 424.

843 Ebd., S. 460.

Erst als Luise Zietz sich zunehmend in den Parteivorstand integrieren ließ und dessen Entscheidungen mittrug, brachen unterschiedliche Standpunkte auf: Der erste Anlaß betraf Personalfragen: Clara Zetkin wollte 1909 Elfriede Gewehr als Sekretärin der »Gleichheit« anstellen, die jedoch dem Parteivorstand einschließlich Luise Zietz nicht genehm war[844]. Clara Zetkin war darüber so maßlos erbost, daß sie die Redaktion der »Gleichheit« niederlegen wollte. Rosa Luxemburg gelang es jedoch, ihr diese Idee auszureden[845]. Als die Kontrollkommission festgestellt hatte, daß »verschiedene Anschuldigungen« gegen Elfriede Gewehr unberechtigt seien, war die Angelegenheit nicht mehr aktuell[846]. Hier scheinen persönliche Argumente im Vordergrund gestanden zu haben; das Verhältnis zwischen Luise Zietz und Clara Zetkin war jedoch beeinträchtigt.
Dieser Entfremdungsprozeß setzte sich 1910 fort. Die turnusmäßige Frauenkonferenz wurde wegen der in der SPD verbreiteten Ablehnung gegen die nach dem Reichsvereinsgesetz für überflüssig gehaltene »Frauensonderorganisation« vom Parteivorstand mit Zustimmung von Luise Zietz und Ottilie Baader abgesagt. Offiziell erklärte man, die Konferenz solle aus organisatorischen Gründen um ein Jahr verschoben werden[847]. Daß der Parteivorstand in Wirklichkeit befürchtete, Clara Zetkins Position könne auf Kosten von Luise Zietz durch eine Frauenkonferenz gestärkt werden[848], war nicht ausschlaggebend; denn noch gab es kaum Kritik an der Arbeit des Frauenbüros, und auch auf der Frauenkonferenz von 1911 kam es nicht zu einer solchen Polarisierung. Daß sich jedoch die Vertreterinnen des Frauenbüros nicht gegen die von männlichen Vorurteilen bestimmte Angst vor Frauensonderveranstaltungen zur Wehr gesetzt hatten und die Konferenz ohne Befragen der anderen Frauen ausfallen sollte, erregte auch den Widerspruch von Frauen wie Helene Grünberg, die politisch rechts von Luise Zietz standen[849]. Käte Duncker, Berta Selinger, Mathilde Wurm, Frieda Wulff und zehn weitere[850] sowie Frauenversammlungen in zahlreichen Orten[851] sprachen sich ebenfalls für die Abhaltung einer

844 C. Zetkin an K. Kautsky, 29. 8. 1909, in: IISG, Nachlaß Kautsky D XXIII 387; R. Luxemburg an K. Haenisch, 8. 11. 1910, in: Rosa Luxemburg: Briefe an Freunde, nach dem von Luise Kautsky fertig gestellten Manuskript hrsg. v. Benedikt Kautsky, Zürich 1950, S. 27f.

845 R. Luxemburg an C. Zetkin, November 1909, in: Institut für Marxismus-Leninismus, NL 5/46, in englischer Übersetzung zitiert bei Honeycutt, S. 332f.

846 Parteitag 1910, S. 208.

847 Parteitag 1910, S. 200; Gleichheit 11. 4. 1910.

848 Dornemann: Clara Zetkin. Leben und Wirken, S. 230.

849 Gleichheit 31. 1. 1910.

850 Gleichheit 17. 1. 1910, 31. 1. 1910, 28. 2. 1910, 14. 3. 1910, 28. 3. 1910, 11. 4. 1910, 9. 5. 1910, 23. 5. 1910, 6. 6. 1910.

851 Gleichheit 28. 2. 1910, 14. 3. 1910, 28. 3. 1910, 25. 4. 1910, 23. 5. 1910, 20. 6. 1910.

Frauenkonferenz im Jahre 1910 aus. Ottilie Baader fühlte sich persönlich angegriffen und bestand darauf, daß man ohne Rücksprache mit dem Frauenbüro und dem Parteivorstand nicht in eine öffentliche Diskussion eintreten dürfe. Sie und Luise Zietz betonten, daß die Konferenz nur verschoben, nicht abgeschafft werden solle[852]. Einige Frauen unterstützten sie[853], Clara Zetkin jedoch wandte sich scharf gegen diese Auffassung. Die Vertagung der Konferenz bedeute eine undemokratische Verlängerung der Amtszeit von Ottilie Baader und Luise Zietz – das Frauenbüro war von der Frauenkonferenz gewählt worden. Sie warf den beiden Frauenvertreterinnen »bureaukratischen Dünkel«, »Untertanenverstand« und »undemokratischen Geist« vor. Man dürfe nicht aus falsch verstandener Loyalität mit der Partei einem Konflikt mit den Männern aus dem Weg gehen, wenn es um die Interessen der Bewegung gehe[854].

Es zeigt sich, wie unberechtigt der Vorwurf Marielouise Janssen-Jurreits ist, Clara Zetkin habe sich nicht bemüht, »innerhalb der Arbeiterbewegung den Arbeiterinnen so weit wie möglich Autonomie und Handlungsspielräume gegenüber einer bereits mächtigen männlichen Funktionärshierarchie zu erkämpfen und zu behaupten«[855]. Im Gegenteil ist Clara Zetkin schon 1907 gegen den Verzicht auf die Frauenwahlrechtsforderung aufgetreten[856], und auch 1910 kämpfte sie energisch gegen die völlige Integration der Frauenbewegung in die weitgehend reformistische Bürokratie der Gesamtpartei. Ihre Polemik war in so scharfem Ton gehalten, daß sich viele Frauen deswegen von ihr distanzierten[857]. Eine gewisse Unabhängigkeit und Autonomie der Frauenbewegung war für sie bei aller Solidarität mit der Partei von entscheidender Bedeutung[858]. Doch schon 1910 konnte sie sich nicht mehr durchsetzen: Die nächste Frauenkonferenz fand erst 1911 statt; sie war die letzte vor der Spaltung 1917.

Die Kritik an Clara Zetkins polemischer Schärfe verkannte ihre Motive, ist jedoch verständlich, da in der Frauenbewegung häufig persönliche Gehässigkeiten sachliche Differenzen durchdrangen und die Entwicklung der Bewegung behinderten. Das zeigt die Arbeiterinnenbewegung Berlins in den achtziger Jahren[859], das zeigt der Stil der Auseinandersetzungen mit Lily Braun[860]; in Berlin war die Wahl Ottilie Gerndts 1985 zur Ver-

852 Gleichheit 11. 4. 1910.
853 Gleichheit 23. 5. 1910, 6. 6. 1910; Sozialistische Monatshefte 1910, Bd. II, S. 918, 1911 Bd. III, S. 1248.
854 Gleichheit 11. 4. 1910, 23. 5. 1910, 6. 6. 1910.
855 Janssen-Jurreit, S. 228.
856 S. o. S. 146ff.
857 Gleichheit 23. 5. 1910, 6. 6. 1910.
858 S. o. S. 68, s. u. S. 229.
859 S. o. S. 53ff.
860 S. o. S. 181ff.

trauensperson von Fraktionskämpfen begleitet, in denen man sich »verletzte Eitelkeit, Nörgelsucht und Unfähigkeit« vorwarf[861], und selbst im Solinger »Damenchor Freiheit« haben »innere Streitigkeiten in diesem Verein das Anwachsen desselben wesentlich verhindert«[862]. Helma Steinbach wollte die Frauenbildungsvereine abgeschafft wissen, da sie sich »fast stets in Klatsch- und Zankvereine« verwandelten, Wally Zepler beklagte die »scharfen persönlichen Gegensätze«, und Ignaz Auer meinte: ». . . solange ich denken kann, war bei den Frauen stets derselbe Krakeel . . .«. Lily Braun schrieb rückblickend, der »Kampf der Ideen« »verzerrte sich bei den Frauen nur zu oft wie in einem Hohlspiegel zum fratzenhaft kleinlichen Kampf der Personen«[863]. Allerdings war gerade Lily Braun verbittert; sie sah sich als Opfer von Neid und persönlichen Gehässigkeiten. Auch unter den Männern waren Auseinandersetzungen nicht frei von persönlichen Momenten. Daß die Frauen bei Meinungsverschiedenheiten häufig Zuflucht zu persönlichen Angriffen nahmen, ist mit dem niedrigen Niveau der politischen Kenntnisse der weitaus meisten Frauen zu erklären. Bildungsdefizit und Mangel an Erfahrung in politischer Arbeit erschwerten eine sachliche Auseinandersetzung. Interne Versammlungen liefen nicht selten in Privatunterhaltungen aus, Vorträge wurden häufig ohne Diskussionen aufgenommen. Lily Brauns Kritik an den Verhandlungen der Frauenkonferenz von 1906 war weitgehend berechtigt:

> »Eine große Zahl von Delegierten hatte sich eingefunden – fast ausschließlich Frauen des Proletariats – und fast alle folgen mit stumm-staunender Bewunderung den Ausführungen der Referenten. In dieser kritiklosen Hinnahme alles Gesagten, diesem eingewurzelten Autoritätsglauben, zeigte sich . . . mit schmerzlicher Deutlichkeit die Rückständigkeit der Frauen, selbst jener Frauen, deren Anwesenheit doch schon bewies, daß sie über den Durchschnitt hinausragen . . .«[864]

Noch hatte die Bewegung ihre Kinderkrankheiten nicht überwunden; doch mit der Einbeziehung zahlreicher Frauen in die Politik, mit den Bemühungen um Bildung und Schulung leistete die sozialistische Frauenbewegung einen Beitrag zur Emanzipation der Frau.

---

861 Gleichheit 18. 9. 1895, 8. 7. 1896.

862 Oberbürgermeister von Solingen am 9. 9. 1909, in: StA Düsseldorf, Regierung Düsseldorf Nr. 42811.

863 H. Steinbach auf der Frauenkonferenz 1900, S. 255; W. Zepler in: Sozialistische Monatshefte 1910, Bd. II, S. 918; I. Auer, zitiert nach L. Braun: Memoiren II, S. 260; L. Braun: Die Frauen und der Krieg, S. 5; ähnlich schon: dies.: Memoiren II, S. 207.

864 Die Neue Gesellschaft. 1906, S. 3, 5; L. Braun: Memoiren II, S. 145; s. auch Frauenkonferenz 1911, S. 454 und Wally Zepler in: Sozialistische Monatshefte 1910, S. 918.

In der Literatur gilt es als selbstverständlich, daß die sozialistische Frauenbewegung vor dem Ersten Weltkrieg radikal war, daß sie dem linken Flügel der Sozialdemokratie zuzurechnen sei[865]. Auch Clara Zetkin schrieb 1928: »Die deutsche proletarische Frauenbewegung hat ihr gerüttelt Maß Anteil an dem Verfall, dem Niedergang der Sozialdemokratischen Partei. Sie ist von einer tapferen, zielklaren Kämpferin für den revolutionären Marxismus in der II. Internationale zu einer gehorsam dienstbaren, fleißigen Magd des Reformismus geworden . . .«[866]

Tatsächlich bekannten sich nur wenige Frauen wie Wally Zepler[867] offen zum Revisionismus; Clara Zetkin, Luise Zietz, Ottilie Baader und Käte Duncker stellten sich gegen Bernstein[868], und vor allem Clara Zetkin bekämpfte den Revisionismus in Versammlungen wie in der »Gleichheit«[869]. Als der Parteitag von 1905 über den Massenstreik diskutierte, in dem seine Befürworter eine Kampfmethode sahen, die geeignet sein mochte, die trotz ihrer zahlenmäßigen Stärke machtlose Sozialdemokratie aus ihrer Immobilität hinauszuführen, setzten sich neben Rosa Luxemburg auch Clara Zetkin und Luise Zietz für den Massenstreik ein. 1913 gehörten Rosa Luxemburg und Clara Zetkin wiederum zu seinen Befürwortern, während die inzwischen in den Parteivorstand integrierte Luise Zietz sich nicht mehr an der Debatte beteiligte[870].

Doch nur wenige Frauen äußerten sich überhaupt zu grundsätzlichen Fra-

---

865 Geschichte der deutschen Arbeiterbewegung. Bd. 2: Vom Ausgang des 19. Jahrhunderts bis 1917, Berlin 1966, S. 80; Mechthild Merfeld: Die Emanzipation der Frau in der sozialistischen Theorie und Praxis, Reinbek bei Hamburg 1972, S. 76; Gerhard A. Ritter: Die Arbeiterbewegung im Wilhelminischen Reich. Die Sozialdemokratische Partei und die Freien Gewerkschaften 1890–1900, Berlin $^{2}$1963, S. 220; Guenter Roth: The Social Democrats in Imperial Germany. A Study in Working-Class Isolation and National Integration, Totowa, New Jersey 1963, S. 265; Sauer in: Wissenschaftliche Studien des Pädagogischen Instituts Leipzig, S. 136; Siegfried Scholze: Der Kampf Clara Zetkins um die Verwirklichung der Ideen Lenins zur Befreiung der Frau, in: Beiträge zur Geschichte der Arbeiterbewegung. 12. Jg. (1970) Heft 4, S. 648f.; Jean H. Quataert: Feminist Tactics in German Social Democracy: A Dilemma, in: Internationale Wissenschaftliche Korrespondenz zur Geschichte der Arbeiterbewegung. 13. Jg. (1977) Heft 1, S. 48–65, hier S. 56.

866 Zetkin: Geschichte, S. 13

867 Sozialistische Monatshefte 1911, Bd. I, S. 334f., 1912 Bd. I, S. 402; Zepler: Die Frauen und der Krieg, S. 12.

868 Parteitag 1899, S. 145; L. Braun: Memoiren II, S. 237; Kirsch, S. 81.

869 Gleichheit 12. 4. 1899, 11. 10. 1899; Vorwärts 26. 4. 1899; Rosa Luxemburg an L. Jogiches, 22. 4. 1899, in: Luxemburg: Briefe an Leon Jogiches, S. 142.

870 Parteitag 1905, S. 320ff., 323ff., 1913, S. 288ff., 315ff. Zum Abstimmungsverhalten der Frauen s. Strain, S. 295ff.

gen. Die Reaktionen auf Lily Brauns unkonventionelle Vorschläge verraten häufig ein Mißtrauen gegen neue Ideen, so daß in der mangelnden Resonanz des Revisionismus bei der Frauenbewegung eher ein Zeichen einer konservativen Grundhaltung zu sehen ist als die Bejahung einer revolutionären Alternative. Ganz so radikal wie Clara Zetkin meinte, war die Metamorphose eben nicht: Auch vor dem Ersten Weltkrieg waren revolutionäre Grundauffassungen in der Frauenbewegung nicht tief verankert. Oberflächlicher Gefühlssozialismus, Bildungs- und Theoriedefizit[871] ließen Grundsatzdebatten gar nicht zu. Selbst die programmatischen Äußerungen führender Sozialdemokratinnen verraten große Unsicherheit über Wesen und Ziele des Sozialismus. Luise Zietz erklärte, Sozialismus bedeute hauptsächlich Verkürzung der Arbeitszeit, für Ottilie Baader war die »Hebung« der »wirtschaftlichen Lage das Wesentliche«[872]. Andere erhofften sich vom Sozialismus die Rückkehr der Frau in die Familie[873], und Johanna Löwenherz analysierte die gesellschaftliche Entwicklung dahin, daß der Liberalismus »nun fin de siècle zum Kapitalismus ausartete«[874].
Auch die Schwerpunktsetzung in der praktischen Arbeit der Bewegung – Lohnfragen, Arbeitsschutz, Arbeitszeitverkürzung, politische Rechte, Wohlfahrtsarbeit – läßt keine linke Alternative zum parlamentarisch-reformistischen Kurs der Partei erkennen. Dennoch scheinen zahlreiche Quellen die Frauenbewegung als radikal auszuweisen: Das Fehlen politischer Rechte und die Verfolgungen durch die Polizei ließen die Sprache der Agitatorinnen scharf und kompromißlos werden. Vor allem jedoch bestimmte Clara Zetkin, deren Zugehörigkeit zum linken Flügel der SPD unbestreitbar ist, die offiziellen Stellungnahmen der Bewegung, da sie den weitaus meisten Frauen bildungsmäßig überlegen war und sich schon seit 1889 mit großem Kraftaufwand in der Bewegung engagierte. Die Theorielosigkeit ihrer Gefolgschaft machte sie zwar zur entscheidenden Autorität in allen ideologischen Fragen, bedingte jedoch zugleich die Labilität ihrer Führungsposition. Die Treue zu Clara Zetkin war oberflächlich, das Bekenntnis zu ihren Gedanken beruhte nicht auf dem Fundament tiefen Verständnisses.
Ob Clara Zetkin ihre Auffassungen durchsetzen konnte oder nicht, war weitgehend vom Stand der organisatorischen Entwicklung abhängig: Die relative Unabhängigkeit von der SPD und das Fehlen einer eigenen Bürokratie in der Frauenbewegung schufen Strukturen der Meinungsbildung und Entscheidungsfindung, die Clara Zetkin eine Schlüsselstellung zuwiesen. Die Bedeutung der »Gleichheit« für den Prozeß der Meinungsbil-

871 S. o. S. 48, 121f., 198.
872 Baader, S. 22; Zietz: Zur Frage des Mutter- und Säuglingsschutzes, S. 9.
873 So die Frauen Fahrenwald und Mahn: s. o. S. 48; ähnlich Wilhelmine Kähler auf einer Frauenversammlung in Elberfeld: Gleichheit 4. 5. 1904.
874 Loewenherz, S. 119.

dung ist kaum zu überschätzen. Bis 1900 hatte sie geradezu eine Monopolstellung inne, der allenfalls interne Gespräche auf lokaler Ebene oder informelle Besprechungen zur Seite traten. Clara Zetkin redigierte die Zeitschrift in alleiniger Verantwortung; kompromißlos und parteilich propagierte sie ihre Auffassung. Anna Blos machte ihr den Vorwurf, daß sie »die ›Gleichheit‹ häufig benutzt hat, um sich in die Kämpfe innerhalb der Partei zu mischen, daß sie dem Blatt ihre persönliche Meinung stark aufgedrängt und ihren Leserinnen kaum die Möglichkeit gegeben hat, sich ein eigenes Urteil zu bilden . . .«[875]. Wilhelm Keil behauptet sogar, sie habe Artikel anderer umgearbeitet: »Jede Arbeit, die sie annahm, gleichgültig von wem, erfuhr eine totale Umgestaltung in Stil und Inhalt. Was auch in der ›Gleichheit‹ erschien, mußte das geistige Gepräge ihrer Redakteurin tragen.«[876] Die gleiche Einschätzung findet sich bei Marielouise Janssen-Jurreit, die die »Gleichheit« ein Organ nennt, das »andersdenkenden Frauen keinen Raum zur Äußerung ihrer Meinung bot«[877].

In dieser Form sind die Vorwürfe unrichtig: Die in der Zeitschrift breit ausgetragenen Kontroversen – mit Henriette Fürth um die Stellung zur bürgerlichen Frauenbewegung, mit Johanna Löwenherz um den Arbeiterinnenschutz, 1897 um Lily Brauns »Zentralstelle«, 1910 um die Frauenkonferenz oder während des Krieges um die Haltung der »Gleichheit«[878] – zeigen, daß auch Clara Zetkins Gegnerinnen häufig und ausführlich zu Wort kamen. Sie nutzte jedoch die Möglichkeit, in kontroversen Fragen noch in derselben Ausgabe Stellung zu den Artikeln anderer zu beziehen. So konnte sie ihre Einwände sofort vorbringen und den Lesern ihre Stellungnahme mitteilen, während ihre Kontrahentinnen mindestens 14 Tage mit ihrer Entgegnung warten mußten. Clara Zetkin hatte stets den Vorteil, gleichzeitig Redakteurin und Beteiligte an Meinungskämpfen zu sein, und diesen Vorteil nutzte sie bedenkenlos.

Daß der »Gleichheit« keine Beschwerdeinstanz beigeordnet war – sie war als private, nicht als Parteizeitschrift entstanden –, war für Lily Braun ein »bedenklicher Zustand«[879]. Der Versuch von Münchener Sozialdemokratinnen, gegen Clara Zetkins Willen einen Bericht über eine Versammlung Lily Brauns zu veröffentlichen[880], macht die Problematik deutlich. Clara Zetkin erläuterte ihnen auf Anfrage: »Die nächste Beschwerdeinstanz gegen die Redaktion der ›Gleichheit‹ ist die Vertrauensperson der Genossinnen Deutschlands, die weitere wird gebildet durch den Kreis der intern ar-

---

875 A. Blos: Frauenfrage, S. 48.
876 Keil, S. 130f.
877 Janssen-Jurreit, S. 238.
878 S. o. S. 86f., 136, 179, 183ff., 196f.
879 Die Neue Gesellschaft 1907, S. 259; zum rechtlichen Status und zur Finanzierung der »Gleichheit« s. Honeycutt, S. 120ff.
880 S. o. S. 191f.

beitenden Berliner Genossinnen, als dritte käme die Frauenkonferenz in Betracht. Natürlich können Sie sich außerdem jederzeit beschwerdeführend an den Parteivorstand in Berlin wenden.«[881] Diese Instanzenfolge war nirgendwo statuarisch oder institutionell festgelegt. Es gibt keine Anzeichen dafür, daß Ottilie Baader oder ein derart unscharf definiertes »Gremium« wie der »Kreis der intern arbeitenden Berliner Genossinnen« sich als Kontrollinstanzen der »Gleichheit« verstanden oder Einfluß auf deren Gestaltung zu nehmen versucht hätten. Auf Frauenkonferenzen und Parteitagen wurde lediglich die Schwerverständlichkeit der Zeitschrift diskutiert, der Parteivorstand griff erst 1917 mit der Ablösung Clara Zetkins in die Redaktion der »Gleichheit« ein. Bis dahin gestaltete Clara Zetkin die Zeitschrift ganz in ihrem Sinne, und eine unkritische Betrachtung dieser Quelle erweckt tatsächlich den Eindruck, »die Frauenbewegung« sei überwiegend radikal orientiert.

Clara Zetkins Brief an die Münchnerinnen spiegelt die erstaunlich unbürokratische Struktur von Entscheidungsprozessen in der Bewegung korrekt wider. Die Gespräche der Berliner Sozialdemokratinnen waren lange Zeit ein entscheidendes Forum, Clara Zetkins Einfluß auf diesen Kreis wie auch auf die überwiegend mit organisatorischen Aufgaben betraute Zentralvertrauensperson Ottilie Baader ist kaum zu überschätzen. Die dank der Vereinsgesetze lose Organisationsstruktur der Bewegung stärkte den Einfluß der ganz wenigen Instanzen. Von 1900 an bildeten die Frauenkonferenzen ein zusätzliches Podium, um Meinungen zu formulieren, Kontroversen auszutragen und Beschlüsse zu fassen. Die erste Kontroverse zwischen Lily Braun und Clara Zetkin[882] war 1897 in der »Gleichheit« ausgetragen und zugunsten Clara Zetkins entschieden worden; 1902 dagegen wählte Lily Braun die Frauenkonferenz, um dort ihren Vorschlag einer Mutterschaftsversicherung einzubringen. Sie scheiterte jedoch ebenso wie Frau Weiß mit ihrem Antrag auf Einstellung einer besoldeten Sekretärin[883]. Es zeigte sich, daß die Schlüsselpositionen der Frauenkonferenzen von ganz wenigen Frauen behauptet wurden und daß auch dort Clara Zetkin dominierte (s. Tabelle 15).

Die drei Frauen Zetkin, Zietz und Baader beherrschten die Frauenkonferenzen; nur gelegentlich und zu Fachfragen wie der Dienstbotenorganisation, der Kommunalpolitik und Erziehungsproblemen wurden auch andere Referentinnen angehört. 1908 gelang es Clara Zetkin nur durch den Einsatz ihrer Doppelfunktion als Referentin und Vorsitzende, die Zustimmung der Konferenz zu ihrer Resolution über die Jugendbewegung zu

---

881 C. Zetkin an »Werte Genossin«, 28. 6. 1907, in: Archiv der sozialen Demokratie, Nachlässe: Originalbriefe und -dokumente. Sammlung von Einzelstükken 16.

882 S. o. S. 183ff.

883 S. o. S. 186f.

*Tabelle 15:* Vorsitzende und Referentinnen der Frauenkonferenzen[884]

| | Vorsitzende | Referentinnen |
|---|---|---|
| 1900 | C. Zetkin<br>O. Baader | C. Zetkin (zweimal) |
| 1902 | C. Zetkin<br>O. Baader | C. Zetkin<br>O. Baader<br>L. Zietz |
| 1904 | C. Zetkin<br>L. Zietz | C. Zetkin<br>O. Baader (zweimal)<br>L. Zietz<br>M. Greifenberg |
| 1906 | C. Zetkin<br>L. Zietz | C. Zetkin<br>O. Baader<br>L. Zietz<br>H. Grünberg<br>K. Duncker |
| 1908 | C. Zetkin<br>L. Zietz | C. Zetkin<br>O. Baader<br>L. Zietz<br>K. Duncker |
| 1911 | O. Baader<br>L. Zietz | C. Zetkin<br>O. Baader<br>L. Zietz<br>K. Weyl |

erhalten[885]. Die drei genannten Frauen zusammen verfügten also über die »Gleichheit« und die Frauenkonferenzen, Ottilie Baader bekleidete das Amt der Zentralvertrauensperson, Luise Zietz wurde 1908 Mitglied des Parteivorstandes, sie beide zusammen bildeten das Frauenbüro, und Clara Zetkin war zudem Mitglied der Kontrollkommission. Diese kombinierte Machtfülle ließ einer Opposition kaum eine Chance, selbst wenn sie eine Mehrheit der Basis hinter sich hätte. Solange Luise Zietz und Ottilie Baader Clara Zetkin unterstützten, und das war bis 1908 einschließlich der Fall, fand ihr Radikalismus Eingang in die offiziellen Verlautbarungen der Frauenbewegung.

1908 war ein Übergangsjahr: Die Verleihung der Vereins- und Versammlungsfreiheit an die Frauen schwächte ironischerweise Clara Zetkins Position. Jetzt konnte endlich – wie Clara Zetkin schon lange gewünscht hatte – die Frauenbewegung in die SPD, eine Vertreterin in den Parteivorstand integriert werden, und nun geriet die neue Loyalität von Luise Zietz und Ottilie Baader zum Parteivorstand in Konflikt mit der alten Loyalität zu

884 Frauenkonferenzen 1900–1911.

885 S. o. S. 165.

Clara Zetkin; schon 1910, in der Kontroverse um die Frauenkonferenz[886], konnte sich Clara Zetkin nicht mehr durchsetzen. Die »Gleichheit« blieb zwar ein wichtiges Forum der Meinungsbildung, konnte jedoch die vom Parteivorstand und dem Frauenbüro getroffene Entscheidung nicht mehr rückgängig machen. Gerade darum legte Clara Zetkin auch so viel Wert auf die Beibehaltung der Frauenkonferenzen, die ein Gegengewicht zur Parteileitung hätten bilden können. 1917 fand der Prozeß seinen Abschluß: Der Parteivorstand entzog Clara Zetkin die »Gleichheit«, die Integration der Frauenbewegung in die Partei wurde vollendet.

»Die Frauenbewegung« als solche war nie wirklich radikaler als die Partei. Bis 1908 gaben lediglich die relative Autonomie der Bewegung und ihre unterentwickelte Organisationstruktur Repräsentanten des linken Flügels mehr Raum, als sie in der Partei hatten. Dank der Monopolisierung der für die Meinungsbildung und Entscheidungsfindung ausschlaggebenden Podien und der theoretischen Unbedarftheit ihrer meisten Anhängerinnen konnte Clara Zetkin ihre Anschauungen durchsetzen. So schlug sich Clara Zetkins linke Position als Auffassung »der« Frauen in den offiziellen Quellen nieder; daß jedoch der von Clara Zetkin geprägte Radikalismus von den Frauen nur oberflächlich rezipiert wurde, zeigt die weitgehend reformistische Praxis der Bewegung. Das Theoriedefizit der Frauen ließ gar keine tiefgehende Identifizierung mit Clara Zetkins Position zu. Selbst Luise Zietz und Ottilie Baader paßten sich zunehmend der Linie des Parteivorstandes an. Ottilie Baader blieb Mitglied der SPD, nur wenige Frauen fanden den Weg zur KPD. Der in der Literatur postulierte Radikalismus der sozialistischen Frauenbewegung war in erster Linie der Radikalismus Clara Zetkins. Da ihre linke Position keineswegs von allen Sozialistinnen geteilt wurde, war sie nach der Integration der Bewegung in die SPD leicht angreifbar.

Clara Zetkin selbst wiederum war lange Zeit eine treue Schülerin Karl Kautskys. Immer wieder bat sie ihn um Rat, rief ihn »als unser aller Kirchenvater« zum Schiedsrichter an, war offensichtlich erleichtert, wenn er ihre Meinung teilte[887]. Ihr Verhältnis zu Kautsky spiegelt die zögernde, allmähliche Trennung des linken Flügels der deutschen Sozialdemokratie vom »marxistischen Zentrum« wider. 1901 begann der Entfremdungsprozeß, als Clara Zetkin erfuhr, daß Kautsky Lily Braun versprochen hatte, ihre »Frauenfrage« in der »Neuen Zeit« nicht von Clara Zetkin besprechen zu lassen. Zum endgültigen Bruch kam es 1911: Anlaß war die Kontroverse zwischen Kautsky und Rosa Luxemburg um die Stellung der Partei zur Marokkokrise, in der sich Clara Zetkin auf die Seite Rosa Luxem-

---

886 S. o. S. 196f.

887 C. Zetkin an K. Kautsky, 25. 9. 1896, 14. 3. 1897, 24. 3. 1897, 2. 7. 1901, in: IISG, Nachlaß Kautsky D XXIII 313, 314, 315, 341.

burgs stellte und ihre persönlichen Beziehungen zu Kautsky wegen dessen scharfer Polemik gegen Rosa Luxemburg abbrach[888]. Clara Zetkin hatte zwar schon immer eine weniger deterministische, mehr voluntaristische Auffassung der Revolution vertreten als Kautsky[889], doch wurde ihr dieser Unterschied erst allmählich bewußt. Nach der Jahrhundertwende stand sie der »Neuen Zeit« zunehmend kritischer gegenüber und monierte mehrmals, daß Artikel über die Frauenfrage nicht »die sozialistische Auffassung in tieferer Weise vertreten«[890].

Eine Durchsicht von Clara Zetkins Briefen, Artikeln, Reden und Schriften bestätigt Karen Honeycutts Eindruck, daß radikale Sprache und polemische Schärfe nicht selten Unsicherheit überdeckten[891]. Sie war häufig von Autoritäten abhängig, und nach ihrer Abkehr von Karl Kautsky wandte sie sich immer mehr Rosa Luxemburg zu. Bei Beginn ihrer Freundschaft hielt Rosa Luxemburg nicht viel von Clara Zetkins theoretischen Fähigkeiten: »Klara allein ist ein offenes und ehrliches Frauenzimmer, aber auch bis zu einem gewissen Grade ein leerer Schlauch, den das jeweils letzte Gespräch füllt . . .« »Übrigens ist Klara so wie sie war, schnattert sehr viel und radikal, aber eine eigene Meinung hat sie nicht . . .«[892]. Diese auch von Peter Nettl übernommene Einschätzung[893] ist nicht ganz gerecht: Zwar hatte Clara Zetkin zweifellos nicht Rosa Luxemburgs Fähigkeit zur theoretischen Abstraktion und zur schöpferischen Analyse, doch hat auch sie Beachtliches auf theoretischem Gebiet geleistet. Neben ihren Beiträgen zur Frauenemanzipation lassen sich ihre differenzierte Stellungnahme zur Landagitation 1895 oder später ihre Analyse des Faschismus nennen, in dem sie abweichend von der offiziellen KPD-Linie auch eine kleinbürgerliche Massenbewegung sah[894]. Schon 1895 erkannte sie eines der größten Probleme der Sozialdemokratie: Sie wandte sich gegen »kleinliche ›positive Mitarbeit‹« in den Parlamenten und erklärte:

> »Positiv können wir nicht sein mit den bürgerlichen Parteien zusammen, sondern gegen sie. Deshalb gilt es aggressiv für unsere großen Reformen einzutreten, in erster Linie für den Arbeitsschutz bzw. den Achtstundentag . . . Es ist ja

888 C. Zetkin an K. Kautsky, 8. 12. 1901, in: IISG, Nachlaß Kautsky D XXIII 349; 30. 8. 1911, in: ebd., G 4. 110.

889 Zetkin: Reden und Schriften, passim; Gleichheit passim. So wertet auch K. Honeycutt, S. 156.

890 C. Zetkin an K. Kautsky, 17. 6. 1900 und 21. 2. 1902, in: IISG, Nachlaß Kautsky D XXIII 330 und 351; sie bezieht sich auf Else Spiegel und Oda Olberg: s.: Die Neue Zeit, 18. Jg., Bd. II, S. 345ff., 21. Jg., Bd. II, S. 52ff., 86ff.

891 Honeycutt, S. 234ff.

892 R. Luxemburg an L. Jogiches, 27. 4. 1899 und 23. 7. 1899, in: Rosa Luxemburg: Briefe an Leon Jogiches, S. 145, 154.

893 J. P. Nettl: Rosa Luxemburg. 2 Bde., London, New York, Toronto 1966, Bd. I, S. 193, Bd. II, S. 461.

894 Parteitag 1895, S. 138ff.; Zetkin: Reden und Schriften II, S. 689ff.

m. E. falsch, die Spießbürgerei in der Partei aus dem Vorhandensein kleinbürgerlicher Elemente, des Ruhebedürfnisses der Führer etc. etc. allein zu erklären ... Der Stimmenzahl nach ist unsere Partei die stärkste des Reiches, man erwartete daher »Positives« von ihr. Den politischen Verhältnissen in Deutschland entsprechend besitzt sie aber nicht die Macht, ist außer Stande »Positives« in dem angenommenen Sinne schaffen zu können. Da aber mit Rücksicht auf die reformbedürftige Masse absolut »Praktisches« geboten werden sollte, verkrümelte man sich in positivem praktischem Kleinkram, der im Einzelnen manches Nützliche leisten kann, aber in dieser Einseitigkeit kultiviert die indifferente Masse nicht wachrüttelt und fasziniert.«[895]

Diese intelligente Analyse erkennt ein Dilemma der SPD im deutschen Kaiserreich, das durch organisatorisches Wachstum und politische Machtlosigkeit, von Reformbestreben und »revolutionärem Attentismus«[896] gekennzeichnet ist. Zugleich wird deutlich, daß Clara Zetkin »große Reformen« für äußerst wichtig hielt und deshalb die Zusammenarbeit mit den liberalen Parteien ablehnte, weil sie Reformen wie Arbeitsschutz und Achtstundentag nicht mittrugen.

Wenn auch Clara Zetkin nicht jede Fähigkeit zu theoretischer Analyse abgesprochen werden kann, so sind doch ihre programmatischen Äußerungen, auch zur Frauenemanzipation, nicht frei von Unklarheiten und Widersprüchen. Obwohl sie stets für die schärfste Abgrenzung von der bürgerlichen Frauenbewegung kämpfte und ihren Radikalismus der sozialistischen Frauenbewegung aufsetzte, trug sie überkommene Stereotypen über Wesen und Rolle der Frau in die Bewegung. Hier war sie extrem unsicher: Nachdem sie sich für eine gleiche Erziehung von Jungen und Mädchen zur Hausarbeit eingesetzt hatte, fuhr sie fort: »Ich will dadurch keineswegs die Teilung der Arbeit zwischen den Geschlechtern beseitigt wissen, soweit dieselbe sozial notwendig ist, und im Hinblick auf das Ergebnis der Arbeit durch vererbte Disposition und Geschicklichkeit geboten erscheint, mag auch an dem Ererbten das unter sozialen Einflüssen geschichtlich Gewordene ein gut Theil haben.«[897] Die Forderung nach gleicher Erziehung nahm sie teilweise wieder zurück, konzedierte ererbte Unterschiede, schränkte auch das wieder ein. Sie erwog zwar die Möglichkeit, daß als natürlich geltende Unterschiede zwischen Mann und Frau historisch, sozial bedingt sein könnten, übernahm aber dennoch konventionelle Stereotypen. Die sozialistische Frauenemanzipationstheorie wurde auch von Clara Zetkin nicht zu einem konsistenten, geschlossenen Ganzen entwickelt.

Sie bemühte sich, traditionellen Werten einen neuen, revolutionären Sinn zu geben:

---

895 C. Zetkin an K. Kautsky, 31. 8. 1895, in: IISG, Kautsky-Familienarchiv, 7, 3.
896 Groh, S. 56ff.
897 Parteitag 1906, S. 353.

»Gattin und Mutter will die neue Frau sein, aber Gattin und Mutter in der höchsten Bedeutung des Wortes. Nicht als verkrüppeltes Geschöpf, dessen Entwicklung auf ein Prokrustesbett gespannt ist, vielmehr als freie, starke, voll entwickelte Persönlichkeit.«

»Gerade weil wir Frauen unsere geistige, unsere sittliche Eigenart haben, ... gerade deshalb vermögen wir eigene, neue, andere Werte in das Gesellschaftsleben aller Gebiete einzusetzen.«[898]

Eine solche Argumentation birgt Gefahren: Mit Luise Zietz' Definition von männlicher und weiblicher »Wesensart« ließ sich bereits die Beschränkung des politischen Wirkungsfeldes der Frau auf Wohlfahrtsarbeit und kommunale Tätigkeit rechtfertigen, und auch bestimmte Wissenschaften erscheinen dann der Frau als nicht zugänglich: »Und just in unserer Partei ist das, was weibliche Eigenart zu geben vermag, von größter Bedeutung. Der auf das Praktische gerichtete Sinn der Frau, ihr Zug zum Konkreten und zum Persönlichen kann glücklich ergänzen, was an Wesensart der Mann bringt: die schnellere Erfassung des Abstrakten, die Hinneigung zum Systematischen.«[899]

In mystischer Überhöhung finden sich diese Gedanken bei Henriette Fürth: »Das Weib steht der Urnatur näher als der Mann.« Es solle seinen »Kulturanteil« in die »kühle Abstraktion der Manneswelt« einbringen. »Die starken Wurzeln dieses Kultureinschlages sind in den Boden der Familie eingebettet ... Ihre Hüterin und ihre Pflegerin ist und sei allezeit die Frau, die mütterliche Hausfrau.«[900] Der Schritt zur Festlegung der Frau auf familiäre Aufgaben ist nur klein. Die Charakterisierung der Frau durch naturgegebene Eigenschaften spricht ihr und dem Mann einen Teil menschlicher Qualitäten ab und beinhaltet die Tendenz, beide auf bestimmte gesellschaftliche Rollen festzulegen.

Clara Zetkin erkannte die Konsequenzen nicht in ihrem vollen Ausmaß. Daß sie unterschwellig sogar Auffassungen akzeptierte, die sie als theoretisch explizit formuliertes Konzept ablehnte, zeigt die Auswahl von Gedichten für ihre Frauenwahlrechtszeitungen zu den Frauentagen von 1911 bis 1914. Sie enthüllen eine romantisch-sakrale Auffassung von der Mutterschaft, wie sie auch die Ideologie der konventionellen Mädchenbildung im 19. Jahrhundert durchzog[901]. 1911 steht auf der Titelseite ein Gedicht von »E. P.«: »Weib«, in dem es unter anderem heißt:

»Weib! Wie am Boden kriecht das Wort dahin
in Niederungen, da die Nacht gebeut –

---

898 Zetkin: Geistiges Proletariat, S. 24; dies.: Die Frauen und die Kommunistische Partei, Leipzig 1921, S. 12.

899 Zietz: Gewinnung und Schulung, S. 19.

900 Fürth: Hausfrau, S. 73f.

901 Blochmann, S. 63ff.; zum Frauenbild in der Literatur s. Peter-Klaus Schuster: Theodor Fontane: Effi Briest – ein Leben nach christlichen Bildern, Tübingen 1978.

und ist doch Titel für die Bildnerin,
in deren Schoß die Menschheit sich erneut . . .!
. . .
Denn unser Recht ist heilig wie das Licht,
das über keimerfüllten Äckern ruht;
denn unser Recht ist unsre höchste Pflicht,
die wir die Zukunft bau'n in unserm Blut.
. . .
In euren Händen ruht der Kinder Sinn!
Daß frei er werde, wie das Licht gebeut,
macht frei das Recht der ewigen Bildnerin,
in deren Schoß die Menschheit sich erneut!«[902]

So legitim und sinnvoll es ist, einer Gesellschaft, die in ihrer Ideologie die Mutterschaft verherrlicht, die tatsächliche rechtlose Lage der Mütter vorzuhalten, so fragwürdig ist es doch, mit der Mutterschaft die Freiheitsbestrebungen der Frauen zu rechtfertigen: Haben kinderlose Frauen keinen Anspruch auf Freiheit? Schwülstige Mythenbildung dient nicht der Emanzipation.

Otto Krille: »Blick auf«
»Reich unerschöpflich, gütig wie die Erde,
In Liebe stark, zur Opferglut bereit,
Urew'ger Triebkraft herrlichste Gebärde,
So steht das Weib am lauten Strand der Zeit,
So schreitet es mit übervollen Händen,
Des Mannes Sehnsucht – ein beglücktes Los.
Der Zukunft kreisend Werden und Vollenden
Keimt ewig neu und kühn in seinem Schoß . . .«[903]

Zunächst werden Ewig-Weibliches und konventionelle Tugenden beschworen, die dann mystisch überhöht werden zu »Urew'ger Triebkraft . . .«; anschließend wird das Glück der Frau darin gefunden, Sehnsucht des Mannes zu sein, und schließlich gipfelt der Lobpreis der Weiblichkeit in Mutterschaft von kosmischer Bedeutung: »Der Zukunft kreisend Werden und Vollenden . . .« In einer Zeitung, in der sozialistische Frauen das Wahlrecht fordern, wirkt das Gedicht befremdend, und doch ist es kein Einzelfall.

Ada Negri: »Jener Tag«
»Und jede Mutter darf ihr Kindchen säugen
in Fried' und Fröhlichkeit, und gibt die Kraft
Des roten Mutterblutes ihm zu eigen;
. . .
Zur Göttin reinen Tempels auserkoren,
Führt frei zum Licht den Helden sie empor,
Aus ihrem Fleisch und ihrem Geist geboren.
Und Brüder sind sie alle dann im Herzen

---

902 Frauenwahlrecht! 1911, S. 1, in: StA Düsseldorf, Regierung Düsseldorf Nr. 42812, Bl. 173ff.

903 Frauenwahlrecht! 1914, S. 5 in: Helene Lange-Archiv, Eb 2 ee.

Durch diese Religion vom Mutterschoß,
Der sie für Sonn' und Sturm erschuf mit Schmerzen; . . .[904].

Der mystische Glaube an die »Kraft des roten Mutterblutes« wird hier mit Begriffen wie »Göttin«, »Tempel« und »Religion vom Mutterschoß« zu einer religionsähnlichen Ideologie gesteigert. Politische Arbeit, Berufstätigkeit, Wissenschaft treten zurück, werden sogar verdammt:

»Und keine Frau muß sich mehr zwingen lassen
Durch das Gesetz mühsel'ger Fronarbeit,
Das Haus, der Kinder Wiege zu verlassen.«[905]

Die Söhne – und nicht die Töchter auch – werden zum einzigen Lebenssinn der Frau: Sie werden, schmerzensvoll »für Sonn' und Sturm« erschaffen, eine bessere Welt aufbauen. Auch Klara Müller-Jahnke schreibt in ihrem Gedicht »Ostara«:

». . .
Du meine Sehnsucht, meine Ewigkeit:
Mein ungeborener Sohn!«[906]

Dieser Mutterkult reduziert die Frau auf eine Funktion. Clara Zetkin legte offenbar bei der Auswahl »künstlerischer« Erzeugnisse nicht die gleiche kritische Sonde an wie an theoretische Abhandlungen. In Klara Müller-Jahnkes Gedicht »Die Gipfel glühen« findet sich der Satz:

»Da reckt empor aus dunkler Haft
Ihr blondes Haupt die Volkeskraft . . .«[907].

Abgesehen von der mißglückten Metaphorik – das blonde Haupt der Kraft – hätte der Inhalt dieser Zeilen die Verfasserin 1933 sicher nicht als Sozialdemokratin verdächtig erscheinen lassen.

Der aus der Analyse der Gedichte gewonnene Eindruck bestätigt sich bei einer Betrachtung der von Clara Zetkin ausgewählten und kommentierten Bilder[908]. Honoré Daumiers »Die Republik« zeigt eine sitzende Frau mit entschlossenem, heroischem Gesichtsausdruck, die zwei Knaben säugt. Ein drittes Kind sitzt mit einem Buch zu ihren Füßen. Im Kommentar heißt es:

»Die Republik als Ausdruck starker, fruchtbarer Volkskraft! . . . In stolzer, furchtloser Ruhe sucht der Blick die Zukunft. Die Gegenwart ist ganz sorgende Mutterliebe. Zwei Kinder zugleich trinken gierig den Lebenssaft aus diesen strotzenden Brüsten. In ihren schwellenden Körpern ist ungestüme Bewegung zur Ruhe gekommen. Die Mutter nährt und wacht, zu ihren Füßen lernt ein drittes Kind. Im Schutze der siegreichen Revolution kann die Wissenschaft gedeihen.«[909]

---

904 Frauenwahlrecht! 1913, S. 1; in: Helene Lange-Archiv, Eb 2 ee.
905 Ebd.
906 Frauenwahlrecht! 1914, S. 12, in: Helene Lange-Archiv, Eb 2 ee.
907 Frauenwahlrecht! 1913, S. 15, in: Helene Lange-Archiv, Eb 2 ee.
908 Die Kommentare sind nicht unterzeichnet. Man kann davon ausgehen, daß sie von Clara Zetkin verfaßt wurden, die auch in der »Gleichheit« ihre eigenen Beiträge nicht immer namentlich unterzeichnete.
909 Frauenwahlrecht! 1913, S. 9, 16, in: Helene Lange-Archiv, Eb 2 ee; Honoré

In Klara Müller-Jahnkes Gedicht, in Daumiers Bild und in Clara Zetkins Kommentar wird das Volk – die »Volkskraft« – zum Helden. Der Heroismus ergänzt den Mutterkult: Die Mutter wird zum Helden, das Säugen zur revolutionären Tat. Murillos Bild »Madonna mit dem Kind« wird interpretiert als »ein hohes Lied erfüllten Weibesglücks, ›Zukunftsmusik‹ für die Millionen, denen die heutige Ordnung verwehrt, wirklich Mütter zu sein, wenn sie Gebärerinnen werden«[910]. Ohne die hier auch enthaltene Sozialkritik, den implizierten Hinweis auf mangelhafte Mutterschutzgesetze zu übersehen, fällt doch gerade im Kontext der oben zitierten Gedichte die religiöse Überhöhung der Mutterschaft auf: Die Terminologie – »hohes Lied« – entspricht dem religiösen Motiv. Die von Clara Zetkin redigierten Wahlrechtszeitungen waren gegen Mythenbildung nicht immun; der Wert dieser Mythen für den Sozialismus und die Frauenemanzipation ist jedoch mehr als fragwürdig. Der Glaube an ein spezifisches Wesen der Frau und ein nicht selten pseudoreligiöser Mutterkult waren Bestandteile der Gedankenwelt der sozialistischen Frauenbewegung und Clara Zetkins[911]. Auch ihr Radikalismus unterlag Beschränkungen und enthielt Elemente unmarxistischen Denkens und Berührungspunkte mit der traditionellen bürgerlichen Ideologie.

In Frage gestellt wurden diese weit verbreiteten Überzeugungen von einigen Sozialdemokratinnen, die nicht dem linken Flügel der Partei angehörten. Hope Bridges Adams-Lehmann vertrat die Auffassung, die charakterlichen Unterschiede zwischen den Geschlechtern seien erziehungsbedingt[912], und Oda Olberg forderte: »Man entkleide die Mutterfunktion ihres mystischen Gewandes und stelle sie allen anderen bewußten Verrichtungen gleich . . .«[913] Auch Wally Zepler wandte sich gegen ein sentimentales Lob der Mütterlichkeit[914], und Emma Ihrer schrieb: »Ein gewaltiger Irrtum liegt in der Annahme, das erste und höchste in der Natur der Frau begründete Lebensziel sei es, Mutter zu sein, der Pflege und Erziehung der Kinder zu leben. Mutter sein ist so wenig ein Lebensziel wie Vater sein.«[915] Diese Äußerungen blieben jedoch vereinzelt, und

---

Daumier (1808–1879) war ein Maler der französischen Romantik, der auch sozialkritische Motive bearbeitete.

910 Frauenwahlrecht! 1914, S. 11, 16, in: Helene Lange-Archiv, Eb 2 ee. Bartholomé Estéban Murillo (1618–1682) gilt als volkstümlicher spanischer Maler, der religiöse Motive und Szenen aus dem Alltagsleben bevorzugte und zum Teil kombinierte.

911 Das verkennt Quataert völlig, wenn sie schreibt, die Frauenbewegung habe in der Weimarer Republik begonnen, auch den Wert der Mutterschaft zu betonen (Quataert, S. 370).

912 Hope Bridges Adams-Lehmann: Die Arbeit der Frau, in: Zepler: Sozialismus und Frauenfrage, S. 46–54, hier: S. 48.

913 Oda Olberg: Das Weib und der Intellektualismus, Berlin, Bern 1902, S. 100.

914 Sozialistische Monatshefte 1906, Bd. II, S. 587.

915 Sozialistische Monatshefte 1905, Bd. I, S. 448.

in den literarischen Produkten zeigte sich die Stärke des konventionellen Frauenbildes auch in der sozialistischen Frauenbewegung. Gerade in der Stellung zur Frauenemanzipation sind häufig andere Fronten zu finden als bei der Bildung politischer Flügel der Sozialdemokratie[916].

Die These vom Radikalismus der sozialistischen Frauenbewegung vor 1914 ist also in zweifacher Hinsicht zu revidieren: Erstens können bei weitem nicht alle Frauen der Bewegung dem linken Flügel der Sozialdemokratie zugerechnet werden; es gelang Clara Zetkin dank ihrer bildungsmäßigen Überlegenheit und der Beherrschung von Schlüsselfunktionen in der unterentwickelten Organisationsstruktur, ihre Auffassung in die offiziellen Äußerungen der Bewegung hineinzubringen. Zweitens war der Radikalismus Clara Zetkins kein bruchloses Gedankensystem, sondern unterlag zahlreichen Beschränkungen und enthielt auch Elemente eines vorurteilsreichen bürgerlichen Weltbildes. Die Frauenbewegung hatte keine revolutionäre Alternative zum Kurs der SPD.

---

916 S. dazu auch u. S. 229ff.

# III. Die Frauen in der SPD

## *1. Strukturdaten*

Seitdem die sozialistischen Frauen 1908 der SPD beitreten konnten, liegen exakte Angaben über ihre Zahl und ihren Anteil an der Parteimitgliedschaft vor[1]. Dagegen ist über ihre soziale Struktur und altersmäßige Zusammensetzung fast nichts bekannt. Eine Betrachtung von Karikaturen zeigt, daß emanzipierte Frauen als besonders häßlich dargestellt wurden. Dahinter verbirgt sich die Vorstellung, daß »der Antrieb zur Emanzipation immer irgendwelche Enttäuschungen in der Liebe seien«[2]. Selbst in neuesten Arbeiten findet sich dieses antifeministische Vorurteil: Quataert betont in ihrer kollektiven Biographie einiger führender Frauen der Arbeiterbewegung persönliche Motive, die sie in die Bewegung geführt haben sollen: Ottilie Baader war unverheiratet und habe daher einen Lebenszweck gesucht, Marie Juchacz soll durch das Scheitern ihrer Ehe in die Politik getrieben worden sein[3], Gertrud Hanna sei melancholisch und isoliert gewesen und habe in der Gewerkschaft Kontakte gesucht, und Lily Braun habe ein Ventil für ihren Tätigkeitsdrang gebraucht[4].

Die Reduktion der Motive für gesellschaftspolitisches Engagement auf persönliche Gründe führte zu der Vorstellung, die Vorkämpferinnen der Frauenemanzipation seien unattraktive Blaustrümpfe, verbitterte alte Jungfern gewesen. Dagegen vermerkt die »Leipziger Zeitung« 1890, Emma Ihrer sei in einer Frauenversammlung von 300 meist »noch sehr jugendlichen Arbeiterinnen« zum Parteitag der SPD delegiert worden[5]. Zahlreiche Beispiele zeigen, daß viele junge Frauen an führender Stelle in der sozialistischen Frauenbewegung mitarbeiteten: Martha Arendsee wurde im Alter von 22 Jahren Vorsitzende des Frauenbildungsvereins Berlin-Tegel, mit 24 Jahren Vorstandmitglied der SPD in Niederbarnim; Käte Duncker leitete seit ihrem 28. Lebensjahr die Diskussionsabende in Leipzig; Klara Heinrich wurde schon mit 21 Jahren zum Parteitag delegiert; Else Höfs übernahm mit 29 Jahren das Amt der Vertrauensperson für

---

1 S. o. S. 78, Tab. 9.

2 Eduard Fuchs: Sozialgeschichte der Frau, Frankfurt a. M. 1973 (Neudruck von: ders.: Die Frau in der Karikatur, o. O. [3]1928), S. 478.

3 In Wirklichkeit hatte sich Marie Juchacz schon vor ihrer Heirat dem Sozialismus zugewandt (s. Roehl, S. 24ff.).

4 Quataert, S. 380.

5 Leipziger Zeitung. Nr. 235, 9. 10. 1890, in: Bundesarchiv, ZSg 113–95.

Pommern; Johanna Jagert gehörte mit 24 Jahren dem Vorstand des »Vereins zur Vertretung der Interessen der Arbeiterinnen« an; Helene Mutz und Elle Wilms wurden im Alter von 22 bzw. 23 Jahren als Vorstandsmitglieder des Frauenbildungsvereins in Solingen-Gräfrath verurteilt; Louise Schröder war schon mit 23 Jahren Mitglied des Parteivorstandes von Altona-Ottensen; Klara Weyl war seit ihrem 21. Lebensjahr Agitationsrednerin der sozialistischen Frauenbewegung und wurde gleichzeitig Vorstandsmitglied des Fachvereins der Handlungsgehilfinnen[6].

Es gelang, von 156 Sozialdemokratinnen in Deutschland und Österreich, die vor 1914 politisch aktiv waren, das Geburtsjahr zu ermitteln.

*Tabelle 16:* Altersstruktur von 156 Sozialdemokratinnen[7]

| geboren | Zahl | % |
|---|---|---|
| vor 1840 | 7 | 4,49 |
| 1841–1850 | 12 | 7,69 |
| 1851–1860 | 16 | 10,26 |
| 1861–1870 | 28 | 17,95 |
| 1871–1880 | 57 | 36,54 |
| 1881–1890 | 28 | 17,95 |
| 1891–1900 | 8 | 5,13 |

Da hier sowohl Frauen erfaßt sind, die schon in den achtziger Jahren mitarbeiteten, als auch solche, die erst nach 1908 in die Bewegung eintraten, ist die Errechnung eines Durchschnittsalters für einen bestimmten Zeitpunkt nicht sinnvoll. Wenn man vom Jahr 1910 ausgeht, so verfälscht man das Ergebnis: Viele Frauen erscheinen dann älter, als sie es bei Eintritt in die Bewegung oder auf dem Höhepunkt ihrer Tätigkeit waren. Dennoch kommt man selbst dann zu dem Resultat, daß 59,62 % jünger als 40 Jahre waren. Nur 22,44 % waren 50 Jahre und älter. Dieses Ergebnis täuscht, da 1910 schon viele der älteren Sozialdemokratinnen ihr Engagement für die Bewegung längst beendet hatten, ausgewandert oder gestorben waren. So zeigt sich, daß ein sehr hoher Teil der führenden Sozialdemokratinnen erst um 30 Jahre alt war, daß sehr viele junge Frauen in der sozialistischen Frauenbewegung und der SPD mitarbeiteten. »Alte Jungfern« prägten die Bewegung nicht.

Diese Aussage wird durch eine Erhebung über die Teilnehmerinnen an Frauenleseabenden in Berlin bestätigt. Von 1100 Frauen, die in viereinhalb

6 Vgl. Biographischer Anhang.

7 Die Tabelle beruht auf den Angaben im Biographischen Anhang. Die dort auch aufgeführten Vertreterinnen der bürgerlichen Frauenbewegung, die erst nach 1914 zur SPD übergetretenen Frauen und Frauen aus anderen Ländern wurden nicht berücksichtigt. Eine Ausklammerung der hier einbezogenen 15 Österreicherinnen verändert das Ergebnis nur unwesentlich.

halb Jahren an acht verschiedenen Leseabendkreisen teilnahmen, füllten 119 einen von Kurt Heinig verteilten Fragebogen aus.

*Tabelle 17:* Altersstruktur von 119 Besucherinnen der Leseabende[8]

| Alter | Zahl | % |
|---|---|---|
| 18–21 | 7 | 5,88 |
| 22–25 | 10 | 8,40 |
| 26-30 | 25 | 21,01 |
| 31–35 | 27 | 22,69 |
| 36–40 | 23 | 19,33 |
| 41–45 | 17 | 14,29 |
| 46–50 | 6 | 5,04 |
| über 50 | 4 | 3,36 |

77,31 % waren 40 Jahre und jünger, 35,29 % 30 Jahre und jünger. Daß viele junge Frauen die Leseabende besuchten, ist deshalb überraschend, weil gerade die jüngeren Jahrgänge durch Berufsarbeit, Erziehung kleiner Kinder oder beides besonders belastet waren und wenig Zeit für abendliche Schulungskurse hatten. 102 der 119 Frauen waren verheiratet. Die ältliche, ehelose, verbitterte Frau, die verzweifelt einen neuen Lebenssinn sucht, bildete ganz offenbar nicht die Basis der Bewegung.

Es scheint, daß die führenden Mitglieder der bürgerlichen Frauenbewegung im Durchschnitt älter waren. Von 28 Frauen waren 17 vor 1861, 11 im Jahre 1861 oder später geboren[9]. Hier ist die zahlenmäßige Basis noch zu schmal für gesicherte Aussagen; die vorliegenden Daten lassen jedoch ein höheres Durchschnittsalter der Führungsgruppe vermuten.

Auch über die Sozialstruktur der bürgerlichen Frauenbewegung liegen keine statistischen Angaben vor. Marie-Elisabeth Lüders berichtet, die meisten Mitglieder der Weimarer Gruppe des Bundes Deutscher Frauenvereine stammten aus dem Adel und seien mit Offizieren verlobt gewesen, die 1870/71 gefallen seien[10]. Trotz dieses adligen Einschlags gibt der Begriff »bürgerliche Frauenbewegung« die soziale Herkunft ihrer Mitglieder richtig wieder. Nach eigenen Angaben bildeten die Frauen »der bürgerlichen Mittelschicht« oder Kreise des »niederen und höheren Bürgerstandes« ihre Basis[11]. Von 15 der im »Biographischen Anhang« aufgeführten

8 Gleichheit 14. 8. 1911. Die geringe Zahl der beantworteten Fragebögen erklärt sich daraus, daß 700 der 1100 Frauen nur ein- oder zweimal erschienen.

9 Die Zahlen beruhen auf den im Biographischen Anhang enthaltenen Informationen.

10 Marie-Elisabeth Lüders: Fürchte Dich nicht. Persönliches und Politisches aus mehr als 80 Jahren. 1878–1962, Köln, Opladen 1963, S. 43.

11 Der Deutsche Frauenkongreß, Berlin, 27. Februar bis 2. März 1912. Sämtliche Vorträge hrsg. im Auftrage des Vorstandes des Bundes Deutscher Frauenvereine von Gertrud Bäumer, Leipzig, Berlin 1912, S. 287; Bäumer in: Handbuch der Frauenbewegung. I, S. 108.

Leiterinnen der bürgerlichen Frauenbewegung ist ihr eigener Beruf bekannt: 13 übten einen akademischen Beruf aus – 7 von ihnen waren Lehrerinnen –, Marie Stritt war Bühnenkünstlerin und Hedwig Heyl Leiterin einer Fabrik. In 13 Fällen liegen Informationen über den Beruf des Ehemannes vor: 8 waren Akademiker, 3 Geschäftsleute, 1 Opernsänger. Nur Luise Otto-Peters heiratete einen Arbeiter, der jedoch dann als Journalist tätig war. Von 18 Vätern führender Frauen der Bewegung ist der Beruf bekannt: 11 waren Ärzte, Pfarrer, Juristen und hohe politische Beamte, 4 waren Fabrikanten oder Kaufleute, 3 Adlige, Rittergutsbesitzer, Offizier[12]. Dieser Überblick kann keine exakte soziale Analyse ersetzen; der bürgerliche Charakter der Bewegung wird jedoch deutlich. Einige Adlige schlossen sich der Bewegung an, die Arbeiterschaft jedoch wurde überhaupt nicht erreicht.

Dagegen hat schon 1906 Robert Michels auf Grund eigener Schätzungen und seiner Kenntnis der Bewegung gesagt, die soziale Zusammensetzung der sozialdemokratischen Frauenbewegung sei »eine so gut wie rein proletarische«. Die meisten Frauen seien selbst erwerbstätig, es gebe jedoch eine »nicht ganz geringe Minorität« von berufslosen Hausfrauen, die »fast ausschließlich« mit Sozialdemokraten verheiratet seien und »lediglich durch deren Werbekraft zum Beitritt in die Organisation veranlaßt worden sind«. Er unterschied allerdings streng zwischen der Mitgliedschaft und den leitenden Persönlichkeiten: »Von den sozialdemokratischen Führerinnen besteht freilich ein sehr hoher Prozentsatz . . . aus Mitgliedern der ›besseren Stände‹«. Zusätzlich differenzierte er innerhalb der Führungsschicht zwischen den Frauen, die hauptsächlich literarisch für die Bewegung arbeiten, und denen, die sich um den Ausbau der Organisation bemühen. Die zweite Aufgabe liege »ausschließlich in den Händen von Arbeiterinnen«. Als Beweis führte er an, daß von den 27 Delegierten der Frauenkonferenz von 1904 niemand außer Clara Zetkin aus bürgerlichen Kreisen stammte[13].

Michels Kategorien sind allerdings unscharf. Die Grenze zwischen überwiegend literarischer und überwiegend organisatorischer Tätigkeit ist fließend; viele Frauen lassen sich wie Luise Zietz oder Emma Ihrer nicht eindeutig zuordnen. Tatsächlich ist die Erstellung einer exakten Statistik nicht möglich, selbst von führenden Frauen der Bewegung sind nur wenige Lebensdaten bekannt. Dennoch ließ sich von 130 Frauen ihr eigener Beruf, in 82 Fällen der Beruf ihres Ehemannes und in 84 Fällen der ihres Vaters ermitteln. Angesichts der relativ schmalen Führungsschicht läßt diese Zahlenbasis erwarten, daß die Ergebnisse zumindest tendenziell richtig und zuverlässig sind.

---

12 Vgl. Biographischer Anhang.

13 Michels, S. 534ff.

*Tabelle 18:* Die Berufe führender Sozialdemokratinnen, ihrer Ehemänner und Väter[14]

| Beruf der | Frauen selbst | | der Ehemänner | | der Väter | |
|---|---|---|---|---|---|---|
| | Zahl | % | Zahl | % | Zahl | % |
| Arbeiter und Handwerker | 87 | 66,92 | 38 | 46,34 | 53 | 63,10 |
| Bauern und Landarbeiter | – | – | – | – | 2 | 2,38 |
| Angestellte, auch der Partei und Gewerkschaft | 18 | 13,85 | 9 | 10,98 | 4 | 4,76 |
| Beamte, Lehrer, Ärzte, freie Berufe | 23 | 17,69 | 31 | 37,80 | 10 | 11,90 |
| Kaufleute, Gastwirte | 2 | 1,54 | 4 | 4,88 | 10 | 11,90 |
| Adel und Militär | – | – | – | – | 5 | 5,95 |
| Summen | 130 | 100,00 | 82 | 100,00 | 84 | 100,00 |

Die Verteilungen auf die verschiedenen Berufe unterscheiden sich signifikant. Die Tabelle über die Berufe der Väter zeigt, daß fast zwei Drittel der Frauen aus proletarischen Schichten kamen, während nur 12 % einen Akademiker oder freiberuflich Tätigen als Vater hatten. Dagegen sind weniger als die Hälfte der Ehemänner Arbeiter und Handwerker, jedoch 38 % in akademischen oder freien Berufen tätig. Ein Blick auf die Kategorie »Landarbeiter« und »Bauern«[15] bestätigt erneut, daß die Bewegung auf dem Land nicht Fuß fassen konnte. Die Frauen selbst, soweit sie berufstätig waren, arbeiteten überwiegend in proletarischen Berufen, waren jedoch häufiger als ihre Väter Lehrerinnen oder Freiberufliche. Die Zahlen bestätigen, daß auch die führenden Frauen der Bewegung mehrheitlich aus der Arbeiterschaft oder dem Handwerk stammen; ihre Heirat bedeutete jedoch häufig einen gesellschaftlichen Aufstieg. Auch der relativ hohe Anteil der Frauen in akademischen und freien Berufen, die damals noch sehr

14 Die Zahlen beruhen auf den Angaben im Biographischen Anhang. Es wurden nur deutsche und österreichische Sozialdemokratinnen berücksichtigt, die schon vor 1914 in der Bewegung tätig waren. Da von den Frauen, die die Masse der Mitgliedschaft bildeten, in der Regel keine Lebensdaten zu ermitteln sind, ist schon die Tatsache, daß Informationen eruierbar sind, ein Hinweis auf eine führende Funktion. Arbeiter und Handwerker ließen sich nicht trennen, da häufig nur ungenaue Angaben wie »Schneiderin«, »Näherin«, »Weber« vorliegen.

15 Nur Ida Altmann war Tochter eines Bauern, nur Anna Stiegler Tochter eines Landarbeiters.

selten von Frauen besetzt werden konnten, deutet auf einen gesellschaftlichen Aufstieg hin und bestätigt Michels These, daß ein beträchtlicher Teil der leitenden Persönlichkeiten den »besseren Ständen« zuzurechnen sei und eine überdurchschnittliche Schulbildung genossen habe. Dennoch arbeiteten selbst in der Führungsschicht zwei Drittel der Frauen als Arbeiterinnen oder Handwerkerinnen, und es ist zu erwarten, daß die soziale Struktur der Gesamtmitgliedschaft proletarischer geprägt ist. Insgesamt kann die Bewegung als überwiegend proletarische Frauenbewegung mit einer aus Arbeiterkreisen aufstrebenden, teilweise akademisch gebildeten Führerinnenschicht gekennzeichnet werden.

Dieses Ergebnis wird durch die bereits zitierte Untersuchung Kurt Heinigs über die Berliner Leseabende bestätigt: Von den 119 Frauen, die seine Fragen beantworteten, waren 94 verheiratet, 6 verwitwet, 2 geschieden und 17 ledig. 92 Frauen gaben über ihren eigenen Beruf und den ihres Mannes Auskunft. 66 Ehemänner waren gelernte Arbeiter[16], unter denen die Metallarbeiter mit 28 die größte Gruppe bildeten, 26 waren ungelernte Arbeiter. Von den 92 Frauen waren selbst nur 39 erwerbstätig, von denen 35 nähere Informationen gaben: 23 arbeiteten in einer Fabrik[17], 12 zu Hause. Die größte Gruppe bildeten die 10 Schneiderinnen, Näherinnen und Stickerinnen[18]. Die Besucherinnen der Leseabende weisen die Mitgliedschaft der Bewegung sowohl durch die Berufe ihrer Männer wie die eigene Berufstätigkeit ganz überwiegend als proletarisch aus.

Auffällig ist jedoch, daß mindestens 53 Frauen[19] nicht berufstätig waren. Das ist etwa die Hälfte der Befragten, nicht nur die von Michels erwartete »nicht ganz geringe Minorität«. Auch andere Quellen bestätigen den Eindruck, daß nicht erwerbstätige Frauen die Hälfte, vielleicht sogar die Mehrheit der sozialdemokratischen Frauen stellten. Im Ruhrgebiet rekrutierte sich die sozialistische Frauenbewegung fast ausschließlich aus Hausfrauen, die mit Arbeitern und Sozialdemokraten verheiratet waren. Das erklärt sich daraus, daß es im Ruhrgebiet, wo die Eisenindustrie dominierte, keine weibliche Industriearbeiterschaft gab; die erwerbstätigen Frauen nähten, putzten, wuschen, arbeiteten als Verkäuferinnen oder in der niederrheinischen Textilindustrie[20]. Doch auch in Berlin, dem Zentrum der Bewegung, bestand der Frauenbildungsverein überwiegend aus proletari-

16 Dazu rechnet Heinig allerdings auch 4 »Privatbeamte und städtische Arbeiter«.

17 Hier schließt Heinig auch 6 Zeitungsausträgerinnen und 4 Verkäuferinnen ein.

18 Gleichheit 14. 8. 1911.

19 Die Zahl geht von der Annahme aus, daß alle 17 Frauen, die keine Auskunft gaben, erwerbstätig waren.

20 StA Münster, Regierung Arnsberg I 96 Bl. 199, I 99 Bl. 18; Regierung Münster VII 44 a; Gleichheit 25. 1. 1909, 19. 12. 1910, 13. 9. 1917; Baader in: Illustrierter Neue Welt-Kalender 1909, S. 36.

schen Hausfrauen[21], und in Hamburg, einer Hochburg der sozialistischen Frauenbewegung, waren 1914 von den 11684 sozialdemokratischen Frauen nur 1601 hauptberuflich erwerbstätig[22].
Die meisten der organisierten Frauen waren mit Sozialdemokraten verheiratet, nicht selten waren Ehefrauen führender Parteimitglieder Leiterinnen der Frauenbewegung. Viele wurden von ihren männlichen Angehörigen überhaupt erst mit sozialistischen Ideen bekannt gemacht und in Versammlungen eingeladen[23], die Leseabende wurden hauptsächlich von »Frauen politisch und gewerkschaftlich schon längere Jahre organisierter Arbeiter« besucht[24]. Polizeiberichte konstatierten immer wieder, SPD-Mitglieder und Versammlungsbesucher seien »fast ausschließlich«, »bis auf wenige Ausnahmen« die Frauen »der tätigen Genossen«, »der radikalen Genossen«, der besoldeten Parteifunktionäre[25]. Vor allem im Regierungsbezirk Arnsberg stellten die Ehefrauen von Parteimitgliedern den größten Teil der Sozialdemokratinnen[26], in Oberhausen und Recklinghausen leitete die Frau des SPD-Führers die Frauenbewegung[27]. In Gelsenkirchen bildeten »sämtlich Frauen bekannter sozialdemokratischer Agitatoren« den Vorstand des Frauenvereins[28]. Dieser Befund ist zwar im Ruhrgebiet besonders deutlich, wird jedoch auch durch die Informationen über Berlin und Hamburg bestätigt. Luise Zietz vermerkte noch 1912/13, der Zuwachs an weiblichen Parteimitgliedern komme hauptsächlich aus Familien, deren männliche Angehörige schon organisiert waren[29].
So ist die Struktur der Frauen in der SPD gekennzeichnet durch einen relativ starken Anteil junger Frauen, durch überwiegend proletarische Herkunft und durch einen hohen Prozentsatz nicht erwerbstätiger Hausfrauen, die fast stets mit Sozialdemokraten verheiratet waren. Das gilt auch für die Führungsgruppe, unter der jedoch eine ganze Anzahl von Frauen mit akademischer Bildung zu finden ist.

---

21 Gleichheit 11.4. 1900.

22 Volker Ullrich: Die Hamburger Arbeiterbewegung vom Vorabend des Ersten Weltkrieges bis zur Revolution 1918/19. Bd. 1, Hamburg 1976, S. 77.

23 StA Düsseldorf, Regierung Düsseldorf Nr. 9059 Bl. 3; Wettstein-Adelt, S. 71.

24 Gleichheit 14. 8. 1911.

25 Z. B. Oberhausen, Elberfeld, Essen, Dortmund und Bochum: StA Düsseldorf, Regierung Düsseldorf Nr. 9059 Bl. 271f., Nr. 42810, Nr. 42813 Bl. 60, Nr. 42789 Bl. 122f.; StA Münster, Regierung Arnsberg I 96 Bl. 199, I 97 Bl. 13f., I 99 Bl. 18, I 100 Bl. 97, Regierung Münster VII 44a.

26 StA Düsseldorf, Regierung Düsseldorf Nr. 9042; StA Münster, Regierung Münster VII 44a; Gleichheit 13. 9. 1917.

27 Hier handelt es sich um die Frauen Münzberg und Endmann: s. StA Düsseldorf, Regierung Düsseldorf Nr. 42789 Bl. 122f.; StA Münster, Regierung Münster VII 62v, VII 44a.

28 StA Münster, Regierung Arnsberg I 100 Bl. 97.

29 Die Neue Zeit 31. Jg. Bd. II, S. 880f.

## 2. *Innerparteiliche Gleichberechtigung*

Die Haltung der SPD zur Frauenfrage und die Bedeutung der Partei für die Emanzipationsbewegung sind nicht nur an der theoretischen Anerkennung der Frauenarbeit und Gleichberechtigung und der Aufnahme emanzipatorischer Forderungen in die Parteiprogramme zu überprüfen, sondern auch am Grad der Gleichberechtigung im Parteileben. Hier wird eine deutliche Diskrepanz zwischen sozialistischer Theorie und sozialdemokratischer Praxis sichtbar.

Häufig führten die Frauen Klage darüber, daß die Männer in den Ortsvereinen erkennen ließen, ihrer Meinung nach habe die Frau in der Politik nichts zu suchen. Die Frauen seien zu dumm, sollten lieber auf die Kinder aufpassen und Strümpfe stopfen[30]. Auf Parteitagen und Frauenkonferenzen wurde ständig moniert, daß Männer der Frauenbewegung gleichgültig oder sogar feindlich gegenüberständen und sie zu wenig unterstützten[31]. Gelegentlich zeigten selbst führende Parteimitglieder ihren Hochmut und ihre Vorurteile ganz offen: In Augsburg etwa fragte ein Parteiführer nach der Wahl einer Frau zur Sektionsleiterin: »Seid Ihr denn schon so weit gekommen, daß Ihr ein Frauenzimmer dazu nehmen müßt . . . Habt Ihr denn keine Männer, die diesen Posten ausfüllen können . . .«[32] Solche Äußerungen sind nicht nur für Bayern belegt. Allein auf den zentralen Parteitagen und Frauenkonferenzen wurden ähnliche Vorkommnisse oder eine kaschiertere Abneigung gegen die Frauenbewegung in Düsseldorf[33], Leipzig, Württemberg, Altenburg, Berlin und Nürnberg diskutiert[34].

Polizeiberichte bestätigen diesen Eindruck: In Remscheid sprachen sich Männer gegen die Organisierung der Frauen aus, der SPD-Führer Honrath in Aachen hatte an der Gewinnung der Frauen »kein sonderliches Interesse«, im Landkreis Solingen scheiterte der Frauenverein, weil die »Männerwelt« »im allgemeinen nichts davon wissen« wollte, in Düsseldorf hielten viele »Genossen« »nicht viel von weiblicher Agitation«, und in Dortmund behauptete ein Sozialdemokrat, »es läge sogar eine Gefahr für die Partei darin, wenn die Frauenbewegung hier weiter um sich greifen würde. Er wünscht sogar, daß die Frauenbewegung fallengelassen wird,

---

30 Parteitag 1896 S. 170; Frauenkonferenz 1906, S. 407, 409, 1908, S. 487, 489, 496, 503; L. Braun: Memoiren II, S. 148, 207f.

31 Parteitag 1890, S. 49, 1894, S. 179, 1896, S. 170, 1900, S. 96, 1907, S. 205, 1909, S. 386, 388, 1913, S. 379; Frauenkonferenz 1900, S. 250, 1904, S. 337, 346, 1908, S. 487, 1911, S. 422.

32 Frauenkonferenz 1908, S. 496.

33 Zu Düsseldorf s. auch: Mary Nolan: The Socialist Movement in Düsseldorf, 1890–1914, Diss. Columbia University 1975, S. 327; dies.: Proletarischer Anti-Feminismus, S. 356ff.

34 Parteitag 1913, S. 384; Frauenkonferenz 1900, S. 250, 1904, S. 346, 1906, S. 407, 409, 1908, S. 503.

da sie den Männern nur den Weg verlege.«[35] Die geheimen Übersichten des Innenministeriums erwähnten 1898 die »Antipathie und den passiven Widerstand der männlichen Mitglieder der Partei gegen die Betheiligung der Frauen an der Bewegung« und sprachen 1899 von dem »geringen Entgegenkommen der Parteileitung«[36]. Ähnliche Formulierungen finden sich auch 1901 und 1906, und 1909 – nach dem Reichsvereinsgesetz – ist wiederum von »passivem Widerstand« die Rede: es fänden sich kaum männliche Referenten für Frauenabende und es würden kaum Ämter an Frauen vergeben[37].

In Magdeburg beschloß eine von Männern majorisierte Frauenversammlung gegen den Widerspruch »einiger Frauen« 1891 die Auflösung der Frauenkommission[38], im 3. und 6. Wahlkreis Brandenburgs lehnte die Partei es 1899 ab, jährlich zwei (!) Frauenversammlungen zu organisieren[39], und selbst führende Sozialdemokratinnen berichteten, daß sie sich häufig im Kampf gegen männliche Parteimitglieder durchsetzen mußten[40]. Klara Weyl schilderte in einem Vortrag ihre Erlebnisse im 1. Berliner Wahlkreis: »Und nun sollen Sie wissen, wie die Sozialisten gegen die Frauen waren . . . Man sah uns als Frauen unter den Männern nicht gern. Ich kam in die erste Sitzung, und meine Männer suchten ihre Kurage (sic!) zu zeigen, indem sie die niederträchtigsten Ausdrücke gebrauchten, sie suchten die hässlichsten und gemeinsten Worte, um mich zu ärgern . . .« Nachdem sie sich jedoch nicht hatte »rausgraulen« lassen und mit einer Beschwerde beim Parteivorstand gedroht hatte, entschuldigte man sich und war »jetzt sehr anständig« zu ihr. Sie wurde sogar als Vertreterin des Wahlkreises zum Parteitag delegiert[41].

---

35 StA Düsseldorf, Regierung Düsseldorf Nr. 42809 Bl. 389, Nr. 42810 (Bericht des Landrats von Solingen, 29. 8. 1908), Nr. 42781 (Bericht der Polizeiverwaltung Düsseldorf, 1. 9. 1910), Nr. 42789 Bl. 40; StA Münster, Regierung Arnsberg I 98 Bl. 57.

36 Uebersicht über die allgemeine Lage der sozialdemokratischen und anarchistischen Bewegung im Jahre 1898, S. 15 und 1899, S. 10, in: StA Düsseldorf, Regierung Düsseldorf Nr. 9042.

37 Uebersicht über die allgemeine Lage der sozialdemokratischen und anarchistischen Bewegung im Jahre 1901, in: ebd.; Uebersicht über die allgemeine Lage der sozialdemokratischen und anarchistischen Bewegung von der Mitte des Jahres 1906 bis zum Ende des Jahres 1907, S. 19 und im Jahre 1909, S. 11, in: StA Münster, Regierung Münster VII 44a.

38 Berliner Tageblatt und Handels-Zeitung. Abend-Ausgabe. Nr. 391, 5. 8. 1891, 20. Jg., in: Bundesarchiv, ZSg 113–95.

39 Gleichheit 27. 9. 1899.

40 L. Zietz an A. Henke, 29. 4. 1908, in: Archiv der sozialen Demokratie, Nachlaß Alfred Henke, Kassette I, 8.; O. Baader in: Gleichheit 11. 10. 1899, und auf dem Parteitag 1907, S. 205.

41 Klara Weyl: Erinnerungen, S. 4f., in: Archiv der sozialen Demokratie, Nachlaß Gerda Weyl 21.

Auch die Unterstützung der Frauenbewegung durch die Parteipresse war lange Zeit unzureichend[42], und viele organisierte Arbeiter hielten die Mitarbeit ihrer Frau in Partei oder Gewerkschaft für überflüssig[43]. Die Frauen drohten, eine Enquete darüber vorzunehmen, ob die weiblichen Angehörigen der Parteimitglieder auch organisiert seien[44]. Diese Untersuchung wurde jedoch nicht durchgeführt; ihre Ankündigung bedeutete »einen Appell an das Pflichtgefühl der klassenbewußten Proletarier. Sie sollen daran erinnert werden, daß zwischen Theorie und Praxis, zwischen Überzeugung und Tun kein Widerspruch klaffen darf!«[45] Dennoch wurden sozialdemokratischen Männern immer wieder Philistertum, Hochmut und Vorurteile gegen Frauen in der Politik vorgeworfen[46]. 1913 vermerkte Clara Zetkin, daß »in manchen Parteikreisen noch eine ziemliche Abneigung gegen den Frauentag« bestehe[47], und aus der Zeit nach dem Ersten Weltkrieg sind Fälle bekannt, in denen organisierte Arbeiter ihren Frauen die politische Arbeit unmöglich machten und ihren Töchtern die Mitgliedschaft in der SAJ verboten[48].

Ähnliche Probleme wie in Deutschland hatten auch die Sozialistinnen anderer Länder zu überwinden: Adelheid Popp berichtet, daß selbst organisierte Arbeiter Gegner des Frauenwahlrechts waren und die Vorkämpferinnen der Bewegung als »Emanzipationshyänen« verspotteten. Noch 1902 schien den Delegierten der sozialdemokratischen Frauen Österreichs die Abneigung der Partei gegen eine politische Frauenorganisation zu groß, um die Frage auf dem Parteitag zu behandeln[49]. Auch im Sudetenland hatte die Bewegung Widerstände seitens sozialdemokratischer Männer zu überwinden[50], und Alexandra Kollontai berichtete, es sei sehr schwer gewesen, unter russischen Sozialisten Interesse für die Frauenfrage

42 Gleichheit 12. 9. 1900.

43 Gleichheit 19. 12. 1910; Zietz: Zur Frage der Frauenerwerbsarbeit, S. 28.

44 Frauenkonferenz 1904, S. 339; Parteitag 1907, S. 206.

45 C. Zetkin in: Gleichheit 19. 10. 1904; auch in: Zetkin: Reden und Schriften I, S. 272.

46 Ihrer in: Sozialistische Monatshefte 1905 Bd. I, S. 444; L. Braun: Frauenfrage, S. 461f.; dies.: Memoiren II, S. 148, 207; Michels, S. 535; Schlesinger: Wie will und wie soll das Proletariat seine Kinder erziehen?, S. 21; Wally Zepler: Welchen Wert hat die Bildung für die Arbeiterin? Ein Vortrag, Berlin 1907, S. 12.

47 C. Zetkin an H. Ankersmith, 7. 1. 1913, in: Unveröffentlichte Briefe Clara Zetkins an Heleen Ankersmith, S. 664.

48 Mein Arbeitstag – mein Wochenende, S. 116; Günther Dehn: Proletarische Jugend. Lebensgestaltung und Gedankenwelt der großstädtischen Proletarierjugend, Berlin 1929, S. 50.

49 Popp: Weg zur Höhe, S. 38f., 80.

50 Alfred Kleinberg / Fanni Blatny: Das Denkmal der unbekannten Proletarierin. Die Sudetendeutsche Arbeiterinnenbewegung bis zum Weltkrieg, Karlsbad 1937, S. 136.

zu wecken; auch in der Schweiz und in Holland fehlte eine tatkräftige Unterstützung durch die Partei[51].

Der Kampf gegen die Frauen in der Partei wurde versteckt ausgetragen: als Kritik an »Sonderorganisationen«. Auf Grund ihrer Entstehungsgeschichte und wegen der Vereinsgesetzgebung war die sozialdemokratische Frauenbewegung relativ unabhängig von der allgemeinen Parteiorganisation geblieben. Diese Autonomie stand in einem Spannungsverhältnis zu der Theorie, die vollständige Integration in und Einheit mit der Arbeiterbewegung postulierte. Die Sozialdemokratinnen rechtfertigten ihre Eigenständigkeit mit dem besonderen Charakter der Frauenagitation:

> ». . . ungeachtet aller inneren Einheit mit der allgemeinen sozialistischen Bewegung bedurfte doch unsere Frauenbewegung, sollte sie ihre Aufgaben erfüllen, ihrer eigenen besonderen Organe und einer gewissen Selbständigkeit und Bewegungsfreiheit . . . Wollten sie den Sozialismus unter die Massen der proletarischen Frauenbewegung tragen, so mußten sie deren politische Rückständigkeit, ihre seelische Eigenart, ihre zweifache Pflichtbürde im Hause und in der Fabrik, kurz alle Sonderheiten ihres Daseins, Wirkens, Empfindens und Denkens berücksichtigen.«[52]

So stellten die Frauen auf dem Parteitag die Anträge, daß in Ländern mit einem für Frauen repressiven Vereinsrecht die Organisation um eine Vertrauensperson beibehalten werden solle und daß diese weiblichen Vertrauenspersonen zu allen Sitzungen der sozialdemokratischen Vereine gleichberechtigt hinzugezogen werden sollten[53]. Ignaz Auer erklärte, in Ländern mit frauenfeindlicher Vereinsgesetzgebung müsse man »Rücksicht auf die Genossinnen« nehmen; den zweiten Antrag hielt er jedoch nicht für gerechtfertigt: »Die Frauen verlangen immer Gleichberechtigung, und in demselben Augenblick treten sie für eine Ausnahmestellung für sich ein . . . Ja, das Schlimme ist, daß mit den Freundinnen nicht zu reden ist. (Heiterkeit.) Ich habe mir schon in den schönsten Privatunterhaltungen alle Mühe gegeben. (Heiterkeit.) Sie wollen aber gleichberechtigt sein, daneben aber noch eine Extrawurst gebraten haben.« Die Frauen betonten, daß sie keine Sonderrechte erstrebten, sondern die in der Praxis noch nicht durchgesetzte Gleichberechtigung in der Partei sichern wollten. Luise Zietz sagte: »Ich will keine Ausnahmebedingungen und Sonderrechte, aber wir wollen nicht – Staatsbürger zweiter Klasse sind wir ja schon – zu Genossen zweiter Klasse degradiert werden . . .« Emma Ihrer betonte: »Wir Frauen erheben unsere Forderungen nicht, um etwas Besonderes

---

51 Alexandra Kollontai: Autobiographie einer sexuell emanzipierten Kommunistin. Hrsg. und mit einem Nachwort v. Iring Fetscher, München [2]1970, S. 20; Berichte an die zweite Internationale Konferenz sozialistischer Frauen 1910, S. 30, 35.

52 O. Baader in: Berichte für die erste Internationale Konferenz sozialistischer Frauen 1907, S. 6.

53 Parteitag 1900, S. 95f., Anträge 72. und 73.

vorzustellen in der Partei, sondern damit das sozialdemokratische Gleichheitsprinzip nicht blos in der grauen Theorie, sondern auch in der Praxis gelte.« Ignaz Auer nahm am folgenden Tag seine Kritik zurück und erklärte sich mit den Forderungen der Frauen einverstanden. Die Anträge wurden der Organisationskommission überwiesen, der auch Clara Zetkin, Luise Zietz und Emma Ihrer angehörten[54].

In Hamburg kam es zu Auseinandersetzungen, ob dort trotz des freien Vereinsrechts das System der Vertrauenspersonen gerechtfertigt sei[55], und 1912 lehnte die Hamburger SPD die Einrichtung spezieller Frauenbildungsabende ab[56]. Die »Gleichheit« hatte sich schon 1908 für das Weiterbestehen von Frauenbildungsvereinen auch unter dem Reichsvereinsgesetz ausgesprochen: Gleichberechtigung dürfe nicht zu »Prinzipienreiterei entarten, welche eine mechanische äußere Gleichmacherei an die Stelle der gewissenhaften, gerechten Prüfung aller tatsächlichen Verhältnisse setzt.«[57]

Gerade 1908, als die Frauen der Partei beitreten konnten, wurde die Frage aktuell, ob eigene Frauenorganisationen weiterhin bestehen bleiben sollten. Luise Zietz und Käte Duncker wiesen darauf hin, daß im Interesse einer erfolgreichen Arbeit auch künftig besondere Frauenversammlungen und Frauenkonferenzen stattfinden müßten[58]. Ein Antrag gegen die »Sonderorganisation« der Frauen scheiterte, nachdem Müller vom Parteivorstand erklärt hatte, trotz eigener Gremien der Frauen werde es keine separate Organisation geben: Frauenbildungsvereine konnten keine bindenden Beschlüsse fassen, die Vertreterin der Frauen im Parteivorstand wurde nicht von der Frauenkonferenz, sondern vom ganzen Parteitag gewählt[59]. Das verabschiedete Organisationsstatut ermöglichte weiterhin besondere Frauenversammlungen, eigene Bildungsvereine und garantierte den Frauen eine Vertretung in den Vorständen[60].

Die letzte Bestimmung wurde 1909 kritisiert: die Gleichberechtigung der Frauen mache Ausnahmeregelungen überflüssig[61]. Statutenmäßige Gleichberechtigung setzt jedoch tatsächliche Gleichberechtigung voraus, die faktische Ungleichheit machte dagegen besondere Maßnahmen notwendig. Friedrich Ebert erklärte:

> »Es soll aber ganz offen ausgesprochen werden, daß diese Bestimmung eine Art parteirechtlichen Frauenschutzes sein soll. In der Kommission hat der Vertreter

---

54 Ebd., S. 137f., 144, 146, 150, 152, 185, 187.
55 S. o. S. 67ff.
56 Gleichheit 7. 8. 1912.
57 Gleichheit 17. 8. 1908.
58 Frauenkonferenz 1908, S. 489ff.
59 Parteitag 1908, S. 189f., 208f., 257.
60 S. o. S. 71.
61 Parteitag 1909, S. 207 (Antrag 164.), 391f.

einer angesehenen Bezirksorganisation erklärt, daß unter seinen 80 Ortsvereinen noch mindestens 40 sind, für deren Vorstände der in unserem Entwurf vorgesehene sanfte Druck sehr notwendig sei, damit sie ihren kleinbürgerlichen Adam auch in dieser Hinsicht ausziehen.«

Mehrere andere Redner stimmten ihm zu, und der Parteitag lehnte den Antrag gegen die Sonderrechte für Frauen ab. Damit bestätigte man die Notwendigkeit von Privilegien, um Gleichheit zu verwirklichen. Der Parteitag wies den Vorwurf zurück, daß eine »Sonderorganisation« der Frauen bestehe. Ein entsprechender Antrag wurde nicht behandelt[62]. Dennoch traten auch 1911 wieder Sozialdemokraten unter Berufung auf Demokratie und Gleichberechtigung gegen die »Sonderorganisation« der Frauen auf. Diesmal richtete sich ihr Antrag gegen den Modus der Delegierung zu den Parteitagen[63].

Das Organisationsstatut der SPD von 1890 hatte den Frauen die Delegierung eigener Vertreterinnen zu den Parteitagen ermöglicht: »Insoweit nicht unter den gewählten Vertretern des Wahlkreises Frauen sich befinden, können weibliche Vertreter in besonderen Frauenversammlungen gewählt werden.«[64] Diese Bestimmung wurde 1892 auf Wunsch der Frauen selbst, die auf Sonderrechte verzichten wollten, gestrichen[65]. Zwei Jahre später jedoch lagen dem Parteitag drei Anträge vor, die die Wiederherstellung der Bestimmung von 1890 wünschten. Ignaz Auer sagte dazu: »Wir müssen der sozialdemokratischen Frauenbewegung Gelegenheit zur Vertretung auf den Parteitagen geben, ohne daß sie dabei von der Gnade der Männer abhängig sind. Diese Abhängigkeit hat sich nicht bewährt.« Der Parteitag schloß sich dieser Auffassung an[66]. Während die Sozialdemokraten auf lokaler Ebene nicht bereit gewesen waren, Frauen als Delegierte zu wählen, erkannten die auf dem Parteitag vertretenen Repräsentanten der SPD die Notwendigkeit, der Frauenbewegung ein Mitspracherecht zu sichern. Das Organisationsstatut der Partei von 1905 enthielt ebenfalls die Bestimmung, daß Frauen eigene Vertreterinnen zu den Parteitagen entsenden konnten[67].

Anläßlich der Neuorganisation von 1908 wandte sich v. Elm gegen dieses Privileg der Frauen. Scheinbar einleuchtend argumentierte er: »Wenn man von Gleichberechtigung redet, soll man doch endlich damit aufhören, Sonderrechte für die Frauen zu verlangen.« Tatsächlich jedoch hätte eine schematische Gleichstellung die Frauen diskriminiert. V. Elms Behauptung, auf ihn hätten die »Zwangsforderungen« der Frauen den Eindruck

62 Ebd., S. 189 (Antrag 8.), 371, 386, 388, 401, 492.
63 Parteitag 1911, S. 151 (Antrag 14.), 240.
64 Parteitag 1890, S. 6.
65 Parteitag 1892, S. 146.
66 Parteitag 1894, S. 13 (Anträge 35., 37., 38.), 174f.
67 Parteitag 1905, S. 7 (§ 11. 1.).

gemacht, »als ob man die ganze Partei unter den Pantoffel der Frau bringen will«[68], ist angesichts des Machtverhältnisses zwischen Partei und Frauenbewegung nur als unsachliche Polemik anzusehen. Seine »Befürchtung« hat sich ja in der Zukunft trotz der Sonderrechte für Frauen keineswegs bestätigt. 1908 und 1911 lehnte der Parteitag die Anträge zur Beseitigung dieses Privilegs der Frauenbewegung ab[69].

Der heftige Widerstand gegen diese Sonderbestimmung kann nur mit einer – vielleicht unbewußten – Abneigung gegen das Auftreten der Frauen in der Politik erklärt werden; denn die Frauenbewegung bemühte sich von Anfang an, ihr Recht auf eigene Delegationen nicht zu strapazieren. Die »Gleichheit« erklärte 1895: »Wir rathen den Genossinnen, von diesem Recht nur in ausnahmsweisen Fällen Gebrauch zu machen, nur dann, wenn ganz besondere Verhältnisse eine Verständigung mit den Genossen bezüglich der Wahl einer Delegierten unmöglich machen.«[70] Tatsächlich hatte das umstrittene Privileg in der Praxis wenig Bedeutung: Bis 1895 und nach 1908 machten die Frauen keinen Gebrauch von dieser Möglichkeit, und nur in zwei Jahren wurden mehr als drei Frauen auf diese Weise zum Parteitag entsandt: 1903 waren es 6, 1905 5. Nur 1903 war die Mehrheit der auf dem Parteitag anwesenden Frauen von besonderen Frauenversammlungen delegiert worden; nur 7,22 % der Parteitagsteilnehmerinnen von 1890 bis 1913 verdankten ihre Teilnahme diesem Sonderrecht[71].

1899 gab es unter den Berliner Frauen wiederum Bestrebungen, ganz auf das Privileg zu verzichten. Vor allem Helma Steinbach und Lily Braun befürworteten seine Abschaffung[72] – ein weiteres Indiz dafür, daß man Lily Braun keineswegs als Feministin bezeichnen kann[73]. Die Männer honorierten die Zurückhaltung der Frauen nicht; häufig waren sie nicht bereit, die in den einzelnen Wahlkreisen vorgeschlagenen Frauen zum Parteitag zu delegieren. 1892 wurde in Berlin im 1. Wahlkreis die Kandidatur Klara Haases abgelehnt, und auch im 2., 3. und 6. Wahlkreis wurde keine Frau gewählt; so wurden aus Berlin nur Ottilie Baader für den 4. und Martha Rohrlack für den 5. Wahlkreis zum Parteitag delegiert[74]. 1899 hatte die Kreiskonferenz der Partei in Reuß j. L. die Wahl selbst einer so prominen-

---

68 Parteitag 1908, S. 243, 249.

69 Ebd., S. 257; Parteitag 1911, S. 151 (Antrag 14.), 240, 270.

70 Gleichheit 7. 2. 1895.

71 Die Zahlen beruhen auf den Angaben in den Präsenzlisten der Parteitagsprotokolle. Bei Mehrfachzählung nahmen von 1890 bis 1913 360 Frauen an den Parteitagen teil. Davon wurden 309 von Partei- und 26 von Frauenversammlungen gewählt. 25 (in Wirklichkeit nur Clara Zetkin, Luise Zietz und Ottilie Baader) waren durch Bekleidung eines Parteiamtes zur Teilnahme berechtigt.

72 Gleichheit 25. 10. 1899.

73 S. o. S. 193f.

74 Gleichheit 26. 11. 1892.

ten Vertreterin wie Emma Ihrer abgelehnt, und im selben Jahr blieben die Anträge der Frauen im 12. und 13. sächsischen Wahlkreis, d. h. Leipzig, auf Delegierung einer ihrer Vertreterinnen erfolglos; da das zuständige Agitationskomitee der Partei es auch ablehnte, die Kosten für die Entsendung einer von einer Frauenversammlung gewählten Sozialdemokratin zu tragen, konnten die Leipzigerinnen auf dem Parteitag nicht vertreten sein[75]. So reichte das statutenmäßige Privileg der Frauen nicht aus, da die Finanzierung in der Kompetenz der örtlichen Parteiinstanzen lag. Die Leipziger Vertrauensperson hatte schon vorher beklagt, daß ihre Arbeit durch Geldmangel und ausbleibende Unterstützung der Partei behindert werde[76].

Auf regionaler Ebene hatten die Frauen nicht immer den gleichen Rechtsanspruch auf eigene Vertretung bei den Parteitagen. Der niederrheinische Parteitag beschloß 1909, die weiblichen Mitglieder sollten »mindestens entsprechend ihrer Zahl« unter den Parteitagsdelegierten der einzelnen Wahlkreise vertreten sein; wenn ihre Zahl jedoch gering war, »so soll sich doch möglichst eine Genossin unter den Delegierten befinden«[77]. Der Appell an den guten Willen aber reichte häufig nicht aus. Gerade nach der Integration in die Partei stießen Frauen häufig auf männlichen Widerstand. Der Regierungspräsident von Arnsberg berichtete schon 1909, daß in seinem Bezirk die Sozialdemokratinnen unzufrieden seien und sehnsüchtig auf die Zeit vor 1908 zurückblickten, als sie – gezwungen durch das Vereinsgesetz – noch weitgehend unabhängig von der Partei arbeiteten[78]. Die Schwierigkeiten, die die Frauen zu überwinden hatten, wurden 1910 deutlich, als die Parteileitung aus Abneigung gegen »Sonderorganisationen« die Frauenkonferenz absagte[79]. Während der Debatte um dieses Problem wurde auch bekannt, daß männliche SPD-Mitglieder in Hamburg und Berlin gegen »Sonderveranstaltungen» der Frauen Stellung bezogen hatten[80].

Dennoch gibt es auch Belege für eine positive Zusammenarbeit von Männern und Frauen. So ermöglichten in Essen 1904 ein Aufruf der dortigen »Arbeiter-Zeitung« und die Hilfe der männlichen Parteimitglieder ein rasches Wachstum der Frauenbewegung, das sich in einem Anstieg der Abonnentenzahl der »Gleichheit« von 225 im Januar auf fast 500 im September ausdrückte[81]. In Elberfeld unterstützten Sozialdemokraten die Ar-

---

75 Gleichheit 13. 9. 1899, 27. 9. 1899, 11. 10. 1899.

76 Gleichheit 26. 4. 1899.

77 Organisationsstatut § 15, in: Sozialdemokratische Parteitage für die Rheinprovinz und den Niederrhein, S. 70.

78 StA Münster, Regierung Münster VII 44 a.

79 S. o. S. 196f.

80 Gleichheit 14. 3. 1910, 6. 6. 1910.

81 StA Münster, Regierung Arnsberg I 96 Bl. 355; Frauenkonferenz 1904, S. 339.

beit des »Vereins für die Frauen und Mädchen der Arbeiterklasse« durch die Übernahme von Referaten, da noch nicht genügend geschulte Frauen zur Verfügung standen[82]. In Düsseldorf standen die Parteiführer Berten und Milow der weiblichen Vertrauensperson »mit Rat und Tat« zur Seite und sprachen fast monatlich in einer Frauenversammlung[83]. Clara Bohm-Schuch erinnerte sich 1926 wehmütig an die Zeit, als sie 1904 in die SPD kam: »Die Genossen – ganz besonders die tätigen – unterstützten uns Frauen, wo sie nur konnten . . . Wir wurden herangeholt, es wurde uns Mut gemacht, die Freude am ersten Werbeerfolg wurde so aufrichtig geteilt, daß daraus neuer Ansporn und neuer Erfolg erwachsen mußten.«[84] Hier wird allerdings – vielleicht um 1926 eine Änderung zu fördern – nostalgisch verklärt; doch äußerte sich auch Ottilie Baader mehrfach positiv über die gute Zusammenarbeit mit den Männern der Partei[85]. Lily Braun, die allerdings eine besonders populäre Rednerin war, machte die Erfahrung, sie könne »vor Männerversammlungen mit derselben Autorität wie Männer« sprechen[86]. Die positiven Äußerungen datieren meist aus der Zeit nach 1904, als das schnelle Wachstum der Frauenbewegung ihr auch in der Partei mehr Achtung gewann. Die Frauen Zietz und Wehmann lobten die Hilfe der Männer[87], und 1911 konstatierte auch die Regierung, daß die Parteipresse die Frauenbewegung »erheblich bereitwilliger als sonst« unterstütze[88]. Dagegen hatte Emma Ihrer 1892 noch gemeint, »es gelte überhaupt, sich von den Männern selbständig zu machen, denn diese betrachteten die Frauen im Kampfe für die Befreiung des arbeitenden Volkes nicht als Gleichberechtigte, sondern als Anhängsel«[89]. Ähnlich riet Pernerstorfer 1900: »Wie der Sozialismus nur siegen kann durch die Arbeiter selbst, so kann auch die Frauenbewegung nur siegen durch die Frauen selbst.«[90]

Diese Thesen widersprachen jedoch dem Selbstverständnis der Bewegung; die anfangs doch sehr schwache Bewegung wäre allein völlig einflußlos gewesen. Den meisten Sozialdemokratinnen erschien der Kampf gegen Vorurteile in den eigenen Reihen erfolgversprechender als die Isolation. Tat-

---

82 StA Düsseldorf, Regierung Düsseldorf Nr. 42789 Bl. 46; Gleichheit 2. 11. 1904, 14. 12. 1904, 23. 8. 1905.

83 StA Düsseldorf, Regierung Düsseldorf Nr. 9058 Bl. 65.

84 Die Genossin Heft 2 (Februar 1926) 3. Jg., S. 51ff.

85 Frauenkonferenz 1906, S. 401; Parteitag 1905, S. 68, 1908, S. 105; Baader, S. 65.

86 L. Braun-Gizycki: Frauenfrage und Sozialdemokratie, S. 19.

87 Frauenkonferenz 1906, S. 409; Parteitag 1913, S. 380.

88 Übersicht über die allgemeine Lage der sozialdemokratischen und anarchistischen Bewegung im Jahre 1911, S. 7, in: StA Münster, Regierung Münster VII 62R.

89 Gleichheit 6. 4. 1892.

90 Frauenkonferenz 1900, S. 53.

sächlich hatten sie in der Parteitheorie eine Instanz, auf die sie sich mit ihren emanzipatorischen Forderungen stets berufen konnten; die Theorie verpflichtete die Sozialdemokraten, bei allen offiziellen Anlässen und nicht zuletzt im Parlament für die Rechte der Frauen einzutreten. Die männlichen Offensiven gegen vermeintliche Privilegien und »Sonderorganisationen« fanden auf den Parteitagen nie eine Mehrheit. Ein gewisses Niveau politischer Schulung, ein gewisses Maß an Theorierezeption machte es unmöglich, frauenfeindliche Politik zu unterstützen.

Clara Zetkin legte daher Wert darauf, die unter der Fahne der Gleichberechtigung geführten Angriffe gegen die Privilegien der Frauen als Äußerungen kleinbürgerlicher Vorurteile zu entlarven. Organisationsfragen waren für sie kein Problem des Prinzips, sondern der Zweckmäßigkeit. 1913 monierte sie, die »Genossen wiederum fassen die gemeinschaftliche Organisation vielfach ganz äußerlich und roh schematisch auf. Hinter jeder notwendigen oder nützlichen Lebensäußerung der Genossinnen wittern sie Quertreibereien und Sonderbündelei.«[91] Ihren Kampf um die Erhaltung eines großen Handlungsspielraumes für die Frauenbewegung[92] setzte sie auch in der KPD fort. 1920 betonte sie die Notwendigkeit besonderer Einrichtungen für die Frauen[93], und 1921 rief sie dazu auf, »nicht aus jeder organisatorischen Mücke über die Stellung und das Recht der weiblichen Mitglieder Elefanten zu machen. (Sehr gut.) Einen grundsätzlichen Elefanten, hinter dem, mag er noch so riesig sein und mit erhobenem Rüssel noch so laut von der Extrawurst trompeten, die den Frauen gebraten werden soll, letzten Endes gar nichts anderes steht als der ganz gewöhnliche kleine Spießbürger (sehr gut!), der sich zwar mit Worten für die Gleichberechtigung der Frau begeistert, der aber von der Gleichberechtigung der Frau nichts wissen will, wenn sie in die Tat umgesetzt wird . . .«[94]

Keinesfalls kann man einfach Kommunisten oder linke Sozialdemokraten als Befürworter der Frauenemanzipation, Reformisten und Revisionisten als deren Gegner hinstellen, wie es Thönnessen tut. Wichtiger war hier das Niveau politischer Bildung und theoretischer Kenntnisse: Die Frauenbewegung hatte auf lokaler Ebene weit größere Widerstände zu überwinden als auf der Ebene des zentralen Parteitages oder des Parteivorstandes.

Thönnessen stellt Ignaz Auer als Musterbeispiel des rechten Sozialdemokraten hin, der offen gegen die Gleichberechtigung der Frauen zu Felde ziehe[95]. Als Beleg dafür dienen Bemerkungen wie die folgenden:

---

91 C. Zetkin an H. Ankersmith, 7. 9. 1913, in: Unveröffentlichte Briefe Clara Zetkins an Heleen Ankersmith, S. 665f.

92 S. o. S. 197.

93 Zetkin: Reden und Schriften III, S. 82.

94 Zetkin: Die Frauen und die Kommunistische Partei, S. 9.

95 Thönnessen, S. 73ff. Die gleiche Wertung übernehmen Honeycutt, S. 339 und

». . . wohin soll es führen, wenn wir solche Reden hören von Vertreterinnen des Geschlechts, das angeblich das unterdrückte ist. (Heiterkeit.) Ich bin ja kein großer Schwärmer nach dieser Richtung hin, dafür bin ich bekannt (Heiterkeit), aber als ich die Genossin Zetkin gestern ihre Angriffe so herunterschmettern hörte (große Heiterkeit), da habe ich mir doch gesagt: und das ist das unterdrückte Geschlecht! (Große Heiterkeit.) Was soll erst einmal werden, wenn das frei und gleichberechtigt ist! (Stürmische Heiterkeit.) Dabei ist der Genosse Heine noch ein schöner junger Mann. (Stürmische Heiterkeit.) Wie wird es erst uns alten Kraxlern ergehen!«[96]

Auch seine Stellungnahme zu Organisationsfragen[97] würzte er mit ironischen Bemerkungen über die Frauen: »Die Wenigen, die alle Arbeit leisten müssen, sind überlastet und werden da leicht griesgrämig. (Heiterkeit.) So kommt es, daß sie uns, die wir garnichts (sic!) dafür können, das Leben sauer machen . . . Wir sind so gut und den Frauen hold, daß man uns an unsere Pflicht den Frauen gegenüber nicht zu erinnern braucht . . .«[98] Thönnessen sieht in dieser »witzelnd-patriarchalischen Behandlung der Frauen auf den Parteitagen Anzeichen für eine reaktionäre Entwicklung« der Partei[99]. Dagegen riet Clara Zetkin, die »Auslassungen Auers nicht tragisch zu nehmen, sondern als Ausfluß des persönlichen Geschmacks des Redners zu bewerthen«, und auch Frau Mesch bemerkte, »man wisse, daß Genosse Auer gern Kraftausdrücke gebrauche, und ein Eingehen auf den Ton lohne sich deshalb nicht . . .«[100]. Nach Auers Tod schrieb die »Gleichheit«:

»Auer stand vielfach in dem Rufe, ein grundsätzlicher Gegner der proletarischen Frauenbewegung zu sein. Unseres Dafürhaltens zu Unrecht. Wohl hat er sich gelegentlich früher scharf gegen manche Lebensäußerung der proletarischen Frauenbewegung gewendet . . . Wohl hat Auer auch im Unmut über sachliche Gegnerschaft in Parteifragen Genossinnen als Frauen mit der Lauge seines Spottes überschüttet. Aber dies weniger aus eingefleischter Spießbürgerei . . . Er wußte, daß er . . . mit derartigen Witzchen die Lacher und leicht den Erfolg auf seine Seite bekam.« [101]

Tatsächlich hat Auer schon in den siebziger Jahren als Referent in Frauenversammlungen die Entstehung der Bewegung gefördert, und auf dem Parteitag von 1875 gehörte er zu der Minderheit, die in der Abstimmung und in der Diskussion der Forderung nach dem Frauenwahlrecht Eingang in das Gothaer Programm zu verschaffen suchte[102]. 1894 setzte er sich für

---

. Gundula Bölke: Die Wandlung der Frauenemanzipationstheorie von Marx bis zur Rätebewegung, Hamburg [2]1971, S. 34.

96 Parteitag 1898, S. 112.

97 S. o. S. 223f.

98 Parteitag 1900, S. 138.

99 Thönnessen, S. 75.

100 Gleichheit 12. 10. 1898, 7. 12. 1898.

101 Gleichheit 1. 5. 1907.

102 Protokoll des Vereinigungs-Congresses . . . 1875, S. 48f.; Gleichheit 1. 5. 1907; s. o. S. 44f.

die Privilegierung der Frauen bei der Beschickung der Parteitage ein, 1900 verteidigte er die Frauenbewegung gegen den Vorwurf der »Sonderorganisation« und widerrief öffentlich seine gegen die Frauen vorgebrachte Kritik[103]. Im Parteivorstand setzte er sich für die finanzielle Unterstützung der Bewegung ein[104]. So förderte er in allen entscheidenden Fragen aktiv die Interessen der Frauen; bei näherem Hinsehen erweist sich seine Verurteilung als reaktionärer Frauenfeind als oberflächliches Fehlurteil. Die Gleichsetzung seiner ironischen und in der Tat nicht sachlichen Ausführungen mit reaktionärer Entwicklung vermag ebenfalls nicht zu überzeugen; schließlich waren Ironie und Polemik auch bei Vertretern des linken Flügels keine Seltenheit. Gegenüber Lily Braun erklärte Auer einmal, er sei natürlich für die Gleichberechtigung, fügte aber hinzu: »Ich werd's ja, gottlob, nicht erleben!«[105] Gefühlsmäßig vermochte er die Frauenemanzipation nicht zu bejahen; für ihn war aber die Parteitheorie Grund genug, seine persönlichen Vorurteile als solche zu erkennen und sogar aktiv die Frauenbewegung zu fördern. Die sozialistische Theorie erwies sich als Waffe der Frauen gegen die noch nicht überwundenen Vorurteile der Männer.

Willi Münzenberg kann als Beispiel dafür dienen, daß die Zugehörigkeit zum linken Flügel der Arbeiterbewegung keineswegs unbedingt freudige Bejahung der Frauenemanzipation impliziert. Seine Biographin schreibt: »Münzenberg liebte Frauen mit politischem Ehrgeiz nicht. Bei jeder Gelegenheit teilte er später gegen seine kommunistischen Genossinnen boshafte Seitenhiebe aus . . . Nur Clara Zetkin genoß, als eine Art Monument aus heroischen Zeiten, eine Sonderstellung. Vor ihr hatte sogar Münzenberg Respekt.«[106] Die Fronten in der Stellung zur Frauenemanzipation verliefen mit denen der politischen Flügelbildung nicht immer parallel.

Völlig unhaltbar sind die Thesen amerikanischer Autorinnen, in den Gewerkschaften seien die Frauen von den Männern stets bereitwillig unterstützt worden, und Gertrud Hanna, die seit 1909 als Nachfolgerin Ida Altmanns die gewerkschaftliche Frauenarbeit leitete, habe erfolgreiche Arbeit leisten können, ohne je auf Widerstand männlicher Gewerkschaftsmitglieder zu treffen[107]. Im Gegenteil finden sich auf den Gewerkschaftskongressen heftige Klagen der Frauen, und Adolf Braun machte gerade den gewerkschaftlich organisierten Männern den Vorwurf, sie seien an der Organisierung der Frauen nicht interessiert[108]. Der Stuttgarter Gewerk-

---

103 S. o. S. 223f.

104 Gleichheit 1. 5. 1907.

105 L. Braun: Memoiren II, S. 260.

106 Babette Gross: Willi Münzenberg. Eine politische Biographie, Stuttgart 1967, S. 44.

107 Strain, S. 256; Quataert, S. 100f.; so auch Aron, S. 76.

108 Gewerkschaftskongreß 1902, S. 109ff., 1905, S. 19; A. Braun: Die Arbeiterinnen und die Gewerkschaften, S. 20.

schaftssekretär Raether erklärte den Frauen, die Organisation der Arbeiterinnen könne erst in Angriff genommen werden, wenn die der Männer abgeschlossen sei[109], und die Debatte um die »Sonderorganisationen« in der Partei findet ihre Parallele in Cohens Polemik gegen eine »Nebenregierung« der Frauen[110]. Legien allerdings förderte die Frauenorganisation; gerade unter Ida Altmann war die Arbeit erfolgreich. Mit Gertrud Hanna setzte dann ein Anpassungsprozeß ein, der lautstarke Artikulierung der Beschwerden kaum noch zuließ. Losseff-Tillmanns Untersuchung zeigt, daß gerade in den Gewerkschaften starke Vorurteile und antifeministische Ressentiments vorherrschten[111].

In der Leitung der SPD waren die Frauen unterrepräsentiert; doch immerhin gehörte Clara Zetkin der Kontrollkommission an, Luise Zietz wurde als erste deutsche Frau Vorstandsmitglied einer politischen Partei, und Rosa Luxemburg redigierte als erste Frau in Deutschland eine politische Tageszeitung[112]. Eine Übersicht über die Vertretung der Frauen auf den Parteitagen zeigt, daß ihre Zahl von 1890 bis 1913 deutlich wuchs. In den Jahren, in denen eine Frauenkonferenz stattfand, wurden mehr Frauen zu den Parteitagen entsandt als sonst (s. Tabelle 19).

Die Entwicklung des Frauenanteils zeigt eine steigende Tendenz, wenn auch keinen kontinuierlichen Anstieg. Zusätzlich zu den Delegierten nahmen seit 1896 Clara Zetkin als Angehörige der Kontrollkommission, seit 1909 Luise Zietz als Mitglied des Parteivorstandes und 1911 und 1912 Ottilie Baader als Vertreterin des Frauenbüros teil. Auch darin ist ein Indiz für die wachsende Bedeutung der Frauenbewegung zu sehen; dennoch blieben die Frauen auf den Parteitagen im Vergleich zu ihrem Anteil an der Parteimitgliedschaft[113] unterrepräsentiert.

Aufschlußreich ist ferner die Beteiligung der Frauen an den Parteitagsdebatten (s. Tabelle 20).

Die Gesprächsbeteiligung der Frauen entspricht ungefähr ihrem Anteil unter den Parteitagsteilnehmern; eine steigende Tendenz ist nicht so deutlich, obwohl ein Unterschied zwischen der Zeit bis 1894 und der Zeit seit 1895 erkennbar ist. Nur 1896, also auf dem Parteitag, der das Thema »Frauenagitation« behandelte, bestritten die Frauen über 10 % der Diskussion. Im Durchschnitt jedoch machten ihre Gesprächsbeiträge nur 4,55 % des Gesamtumfangs der Verhandlungen aus.

Die Auswertung von Tabelle 21 gibt folgende Aufschlüsse:

1. Die meisten Beiträge stammten von Clara Zetkin; sie bestritt über ein

---

109 Frauenkonferenz 1906, S. 407.
110 Losseff-Tillmanns, S. 244.
111 Ebd., S. 210, 229, 232ff., 274ff., 285, 300.
112 A. Blos: Frauenfrage, S. 41.
113 S. o. S. 78 Tab. 9.

*Tabelle 19:* Parteitagsdelegierte[114]

| Jahr | Zahl der Delegierten | Zahl der weiblichen Delegierten | Frauenanteil in % |
|---|---|---|---|
| 1890 | 388 | 4 | 1,03 |
| 1891 | 242 | 6 | 2,48 |
| 1892 | 229 | 4 | 1,75 |
| 1893 | 183 | 7 | 3,83 |
| 1894 | 222 | 9 | 4,05 |
| 1895 | 190 | 7 | 3,68 |
| 1896 | 185 | 9 | 4,86 |
| 1897 | 189 | 6 | 3,17 |
| 1898 | 215 | 5 | 2,33 |
| 1899 | 197 | 4 | 2,03 |
| 1900 | 198 | 6 | 3,03 |
| 1901 | 203 | 6 | 2,96 |
| 1902 | 205 | 11 | 5,37 |
| 1903 | 263 | 10 | 3,80 |
| 1904 | 225 | 14 | 6,22 |
| 1905 | 251 | 16 | 6,37 |
| 1906 | 313 | 29 | 9,27 |
| 1907 | 268 | 16 | 5,97 |
| 1908 | 312 | 30 | 9,62 |
| 1909 | 295 | 18 | 6,10 |
| 1910 | 315 | 20 | 6,35 |
| 1911 | 338 | 34 | 10,06 |
| 1912 | 409 | 34 | 8,31 |
| 1913 | 387 | 29 | 7,49 |

Drittel der Gesamtbeteiligung von Frauen an den Parteitagsdebatten. Das bestätigt erneut ihre führende Position in der Frauenbewegung.

2. Rosa Luxemburg trug nach Clara Zetkin am meisten zu der Geprächsbeteiligung der Frauen bei, obwohl sie nur an 12, Clara Zetkin jedoch an 22 Parteitagen teilnahm. Daß Rosa Luxemburg sich nie zu speziellen Frauenfragen äußerte, unterstreicht ihr Desinteresse an der Frauenbewegung.
3. Von den anderen Frauen beteiligte sich nur Luise Zietz in nennenswertem Umfang an den Debatten. Clara Zetkin, Rosa Luxemburg und Luise Zietz bestritten 84 % aller Äußerungen weiblicher Parteitagsteilnehmer, alle anderen Frauen zusammen nur 16 %. Von diesen 16 % wiederum betrafen zwei Drittel spezielle Frauenfragen. Da die Frauen ohnehin nur 4,55 % der Parteitagsverhandlungen bestritten, ist festzu-

114 Die Gesamtzahl der Delegierten wurde seit 1894 durch die Mandatsprüfungskommission bekanntgegeben; die Delegiertenzahl bis 1893 und die Zahlen der weiblichen Delegierten wurden nach den Präsenzlisten der Parteitagsprotokolle ausgezählt. Thönnessen nennt ebenfalls einige Zahlen (S. 62). Seine Angaben sind jedoch unvollständig und zum Teil unrichtig.

*Tabelle 20:* Die Beteiligung von Frauen an den Debatten der Parteitage[115]

| Jahr | Gesamtumfang der Verhandlungen (in Seiten) | Umfang der Beiträge von Frauen (in Seiten) | Anteil der Frauenbeiträge in % |
|---|---|---|---|
| 1890 | 282 | 2,75 | 0,98 |
| 1891 | 274 | 0,25 | 0,09 |
| 1892 | 218 | 2,75 | 1,26 |
| 1893 | 164 | 1,5 | 0,91 |
| 1894 | 116 | 1 | 0,86 |
| 1895 | 132 | 8 | 6,06 |
| 1896 | 115 | 12 | 10,43 |
| 1897 | 145 | 6,5 | 4,48 |
| 1898 | 157 | 9 | 5,73 |
| 1899 | 226 | 16,25 | 7,19 |
| 1900 | 140 | 10,25 | 7,32 |
| 1901 | 196 | 7,75 | 3,95 |
| 1902 | 184 | 9,5 | 5,16 |
| 1903 | 292 | 8,25 | 2,83 |
| 1904 | 187 | 8 | 4,28 |
| 1905 | 212 | 14,25 | 6,72 |
| 1906 | 239 | 16,25 | 6,80 |
| 1907 | 210 | 4,75 | 2,26 |
| 1908 | 266 | 16 | 6,02 |
| 1909 | 271 | 19 | 7,01 |
| 1910 | 292 | 17,75 | 6,08 |
| 1911 | 238 | 19,5 | 8,19 |
| 1912 | 325 | 7 | 2,15 |
| 1913 | 336 | 19 | 5,65 |
| Summe | 5217 | 237,25 | 4,55 |

*Tabelle 21:* Die Beiträge der Frauen zu den Parteitagsdebatten von 1890 bis 1913[116]

| Rednerin | Umfang ihrer Beiträge in Seiten | in % | dazu zu Frauenfragen in Seiten |
|---|---|---|---|
| Clara Zetkin | 90,25 | 38,04 | 23 |
| Rosa Luxemburg | 54,75 | 23,08 | – |
| Luise Zietz | 54,5 | 22,97 | 17,75 |
| andere | 37,75 | 15,91 | 24,75 |
| Summe | 237,25 | 100,00 | 65,5 |

115 Die Tabelle beruht auf Zählungen des seitenmäßigen Umfangs der Gesprächsbeiträge weiblicher Parteitagsteilnehmer. Die Angaben sind auf 0,25 Seiten gerundet. Die Angaben über den Gesamtumfang der Debatten beziehen sich auf die Protokolle der Verhandlungen; dabei wurden Anträge, Berichte und Anhänge nicht mitgezählt.

116 Die Zählung erfolgte wie in Anm. 115 beschrieben.

halten, daß sich Frauen außer Clara Zetkin, Rosa Luxemburg und Luise Zietz jenseits der Sphäre besonderer Frauenprobleme fast gar nicht an den Parteitagsdebatten beteiligten. Dieses Ergebnis zeigt, daß selbst den führenden Sozialdemokratinnen entweder das Selbstbewußtsein oder die theoretischen Kenntnisse fehlten, um an den politischen Diskussionen gleichberechtigt teilzunehmen; diese Aufgabe überließen sie wenigen Führerinnen.

Ein Überblick über die von Frauen eingebrachten Anträge zeigt, daß die Themen fast ausschließlich Probleme der Frauenbewegung betrafen[117]. Die Sozialdemokratinnen waren nicht vollständig und gleichberechtigt in die Partei integriert. Die Tabellen 9, 19, 20 und 21 zeigen, daß die Frauen in der SPD zwar an Bedeutung gewannen, dennoch im Vergleich zu den Männern keine sehr bedeutende Rolle spielten. Ursachen dafür sind neben dem Bildungsrückstand der Frauen vor allem antifeministische Ressentiments unter männlichen Parteimitgliedern, die den Frauen schon auf lokaler Ebene die Mitarbeit erschwerten. Unter Berufung auf die sozialistische Emanzipationstheorie gelang es den Frauen, die Angriffe gegen ihre Eigenständigkeit zurückzuschlagen. Den Erfolgen in Programmatik und Organisation stand jedoch eine Praxis gegenüber, die häufig von konventionellen Vorurteilen bestimmt war.

117 Parteitage 1890–1913.

# IV. Ehe, Familie, Sexualität

## *1. Ehe und Familie in der sozialistischen Theorie*

Ehe und Familie waren für die Frühsozialisten wichtige Themen, zu denen sie allerdings ganz unterschiedliche Auffassungen vertraten: Während etwa Babeuf, Cabet und die Saint-Simonisten eine strenge Eheauffassung vertraten und die Monogamie befürworteten, wollten Fourier und Weitling die Aufhebung von Ehe und Familie. Fourier entwickelte in einem utopischen Entwurf ein ausgeklügeltes System, in dem die Familie durch kooperative Gruppenverbände, die Ehe durch die »freie Liebe« mit mehr oder weniger losen Bindungen ersetzt wurden[1].

Während also die Sozialisten noch nicht zu einem einheitlichen Standpunkt gefunden hatten, hatten sich ihre Gegner bereits ein Bild gemacht. In ihren Augen galt für die Sozialisten, was Heinrich Heine spöttelnd so formulierte:

> »Die radikale Rotte
> Weiß nichts von einem Gotte.
> Sie lassen nicht taufen ihre Brut,
> Die Weiber sind Gemeindegut.«[2]

Treitschke erwartete vom Sieg der Sozialdemokratie »die Auflösung aller häuslichen Liebe und Zucht, und die Ehe verwandelt sich in ein Concubinat«[3]. Die weite Verbreitung der Vorstellung, der Sozialismus gefährde Familie und Moral, zwang Marx und Engels schon im »Kommunistischen Manifest« zu einer Entgegnung:

> »Aufhebung der Familie! Selbst die Radikalsten ereifern sich über diese schändliche Absicht der Kommunisten. Worauf beruht die gegenwärtige, die bürgerliche Familie? Auf dem Kapital, auf dem Privaterwerb. Vollständig entwickelt existiert sie nur für die Bourgeoisie; aber sie findet ihre Ergänzung in der erzwungenen Familienlosigkeit der Proletarier und in der öffentlichen Prostitution. Die Familie der Bourgeois fällt natürlich weg mit dem Wegfallen dieser ihrer Ergänzung, und beide verschwinden mit dem Verschwinden des Kapitals.«[4]

---

1 S. o. S. 38f. Literaturhinweise S. 39 Anm. 97.

2 Heinrich Heine: Die Wanderratten, in: ders.: Werke. Hrsg. v. Ernst Elster. Kritisch durchgesehene und erläuterte Ausgabe, Leipzig 1890, Bd. II, S. 325–327, hier S. 326.

3 Treitschke, S. 259.

4 Karl Marx/Friedrich Engels: Manifest der Kommunistischen Partei, in: MEW 4, Berlin 1959, S. 459–493, hier S. 478.

Gertrud Bäumer sah in der »Auflösung der Familie« das Ideal der Sozialisten, und noch 1965 schrieb Gabriele Strecker in ihrem von der CDU herausgegebenen Buch über den »Weg der Frau in die Politik«: »Im Kommunistischen Manifest 1848 aber legt Karl Marx die Axt an die Wurzeln der Familie.«[5]

Autoren der DDR wie Hohendorf dagegen betonen, daß Marx, Engels und auch Clara Zetkin die Familie stets bejaht hätten:

> »Immer wieder haben Marx und Engels auf die zerstörende Wirkung des Kapitalismus für die Familie im allgemeinen und die proletarische im besonderen hingewiesen, aber sie haben nie die Familie als Lebens- und Erziehungsgemeinschaft grundsätzlich in Frage gestellt. Marx führte ein geradezu beispielhaftes Familienleben und hat – unterstützt von seiner Frau Jenny – selbst unter drükkenden Sorgen . . . nie die sorgfältige und liebevolle Erziehung seiner Kinder vernachlässigt.«

Diese zum Teil sehr fragwürdigen Ausführungen informieren weniger über Marx' Familienleben als über Hohendorfs Familienauffassung. Auch Clara Zetkin habe »die Familie als wichtige Erziehungsinstitution wiederholt gegen sektiererische und anarchistische Auffassungen von der ›Auflösung der Familie‹ und von ›freier Liebe‹ verteidigt«[6]. Die Autoren der DDR[7] treffen sich mit konservativen Kreisen in der Absicht, die Familie zu erhalten, vertreten aber eine diametral entgegengesetzte Interpretation des Marxismus.

Marx selbst sprach in der »Deutschen Ideologie« von der »Aufhebung der Familie«[8], und im »Kapital« erklärte er:

> »Die Gewalt der Tatsachen zwang jedoch, endlich anzuerkennen, daß die große Industrie mit der ökonomischen Grundlage des alten Familienwesens und der ihr entsprechenden Familienarbeit auch die alten Familienverhältnisse selbst auflöst . . . So furchtbar und ekelhaft nun die Auflösung des alten Familienwesens innerhalb des kapitalistischen Systems erscheint, so schafft nichtsdestoweniger die große Industrie mit der entscheidenden Rolle, die sie den Weibern, jungen Personen und Kindern beiderlei Geschlechts in gesellschaftlich organisierten Produktionsprozessen jenseits der Sphäre des Hauswesens zuweist, die neue ökonomische Grundlage für eine höhere Form der Familie und des Verhältnisses beider Geschlechter.«[9]

---

5 Bäumer: Die Frau, S. 325; Gabriele Strecker: Der Weg der Frau in die Politik. Die Rolle der Frau in den deutschen Parteiprogrammen, Bonn 1965, S. 38.

6 Hohendorf, S. 53f., 58; ähnlich Hohendorfs Einleitung in: Zetkin/Duncker/Borchardt, S. 21f.

7 Neben Hohendorf z. B. auch: Marlis Allendorf: Die Frau im Sozialismus, Leipzig 1975, S. 213f.; Eberhard Mannschatz: Einführung in die sozialistische Familienerziehung, Berlin 1971, S. 14, 20, 63ff.; zur Definition einer »sozialistischen Familie«, s. u. S. 240f.

8 Karl Marx/Friedrich Engels: Die deutsche Ideologie. Kritik der neuesten deutschen Philosophie in ihren Repräsentanten Feuerbach, B. Bauer und Stirner, und des deutschen Sozialismus in seinen verschiedenen Propheten, in: MEW 3, Berlin 1969, S. 9–530, hier S. 29, Anm.

9 Marx: Das Kapital I, S. 513f.

Marx konstatierte Auflösungstendenzen der Familie und sprach von ihrer »Aufhebung« und der Entstehung einer »höheren Form«; wie die beschaffen sein könnte, führte er jedoch nicht näher aus.
Detaillierter hatte sich Engels in den »Grundsätzen des Kommunismus« geäußert:

> »Welchen Einfluß wird die kommunistische Gesellschaft auf die Familie ausüben?
> Sie wird das Verhältnis der beiden Geschlechter zu einem reinen Privatverhältnis machen, welches nur die beteiligten Personen angeht und worin sich die Gesellschaft nicht zu mischen hat. Sie kann dies, da sie das Privateigentum beseitigt und die Kinder gemeinschaftlich erzieht und dadurch die Grundlagen der bisherigen Ehe, die Abhängigkeit des Weibes vom Mann und der Kinder von den Eltern vermittels des Privateigentums, vernichtet.«[10]

Für die Zukunft erwartete Engels monogame Ehen. Sollte jedoch die Liebe, die nun die einzige Grundlage dieser Ehen darstellte, nicht lebenslang anhalten, so werde »die Scheidung für beide Teile wie für die Gesellschaft zur Wohltat. Nur wird man den Leuten ersparen, durch den nutzlosen Schmutz eines Scheidungsprozesses zu waten.«[11] Engels erstrebte also nicht die völlige Abschaffung der Ehe, sondern wollte sie ausschließlich auf Liebe, nicht auf Besitz begründet wissen. Gesetzliche Zwänge sollten aufgehoben und vor allem eine problemlose Scheidung ermöglicht werden.
In Bebels Entwurf einer Zukunftsgesellschaft ist die Antwort ähnlich: Die Ehe »ist ein Privatvertrag ohne Dazwischentreten eines Funktionärs«[12]. In der »Neuen Zeit« erklärte er »eine Umgestaltung der Ehe, der Erziehung, der Hauswirthschaft von Grund aus, der eine neue soziale Organisation der gesellschaftlichen Produktivkräfte vorauszugehen hätte«, für notwendig[13].
Auch bei Kautsky gewinnt die »höhere Form der Familie« keine scharfen Konturen:

> »Wir halten die heute bestehende Form der Familie nicht für ihre letzte, und erwarten, daß eine neue Gesellschaftsform auch eine neue Familienform entwikkeln wird. Aber eine solche Erwartung ist denn doch etwas ganz anderes, als ein Bestreben nach Auflösung jeden Familienverbandes. Wer die Familie aufhebt – nicht blos aufheben will, sondern thatsächlich vor unseren Augen aufhebt, das sind nicht die Sozialdemokraten, sondern die Kapitalisten . . .«[14]

Hier findet sich ein deterministischer Glaube an die verändernde Kraft der gesellschaftlichen Entwicklung, der die Gefahr der Untätigkeit und des Attentismus barg. Auch Bebel sah die Veränderung der Familie als auto-

---

10 Friedrich Engels: Grundsätze des Kommunismus, in: MEW 4, Berlin 1959, S. 361–380, hier S. 377.

11 Ders.: Der Ursprung der Familie, S. 82f.; s. u. S. 248.

12 Bebel: Frau, S. 515.

13 Die Neue Zeit. 19 Jg., Bd. II, S. 47.

14 Kautsky: Das Erfurter Programm, S. 41.

matische Folge des prophezeiten Untergangs des Kapitalismus: »Die heutige Ehe ist eine Einrichtung, die mit dem bestehenden sozialen Zustand aufs engste verknüpft ist und mit ihm steht und fällt. Aber diese Ehe ist in der Auflösung und im Verfall begriffen, genau wie die bürgerliche Gesellschaft selbst.«[15] Die richtige Erkenntnis der gesellschaftlichen Bedingtheit der Formen von Ehe und Familie wurde zu einem undialektischen Determinismus vereinfacht.

Besonders deutlich wird das in Clara Zetkins Aufsatz »Etwas vom Umsturz der Familie«: »Allein die Sozialdemokratie hat an dem sich vollziehenden Entwicklungsprozeß nicht mehr ursächlichen Antheil als der Forscher, der die Laufbahn eines Kometen berechnet, an dem Erscheinen der ›Himmelsruthe‹ zu einer bestimmten Zeit an einem bestimmten Ort.«[16] Clara Zetkin legte Wert auf die Feststellung, sie sei nie »für die Vernichtung und Ausrottung der Familie als einer überlebten Institution eingetreten. Dagegen habe ich dargelegt: 1. daß die wirtschaftliche und geschichtliche Entwicklung die gegenwärtige bürgerliche Form der Familie zersetzt und eine andere Form der Familie zeitigt; 2. daß dieses geschichtliche Vergehen nicht zu beheulmeiern, sondern zu begrüßen ist, denn es setzt an Stelle der Familie als wirthschaftliche Einheit die Familie als sittliche Einheit.«[17]

Marx' These von der »Aufhebung« der Familie und der Entstehung einer »höheren Form« verstand sie als deren Umwandlung von einer »wirtschaftlichen« zu einer »sittlichen Einheit«: Da die »Ehe als soziale Einrichtung eine Konsequenz des Privateigentums« sei, verliere sie ihre ökonomische Notwendigkeit und könne sich aus »einer vermögensrechtlichen in eine sittliche Institution« verwandeln[18]. Dann werde »die Frau als gleichberechtigte, gleich schaffende und gleich strebende, mit dem Manne vorwärtsschreitende Gefährtin ihre Individualität als Mensch zusammen ausleben, gleichzeitig aber auch ihre Aufgabe als Gattin und Mutter im höchsten Maße erfüllen können«[19]. An die Stelle des bislang geltenden »Vaterrechts tritt die Gleichberechtigung von Mann und Weib, die Monogamie wird aus einem Gebot, dessen strenge Praxis nur für die Frau allein

---

15 Bebel: Frau, S. 205.

16 Gleichheit 20. 2. 1895; die Behauptung von Klucsarits/Kürbisch (s. 39f.), die proletarische Frauenbewegung habe nicht an eine Automatik geglaubt, sondern »jetzt und immer und in jedem Bereich den Emanzipationskampf« geführt, ist also zu revidieren.

17 Gleichheit 9. 12. 1896.

18 Gleichheit 16. 5. 1906, 11. 7. 1906, 8. 8. 1906. Die »Gleichheit« behandelte 1906 die Thematik in einer Serie über »Ehe und Sittlichkeit«: 18. 4., 16. 5., 30. 5., 11. 7., 25. 7., 8. 8., 22. 8., 5. 9.

19 Parteitag 1896, S. 167; ähnlich Zetkin: Geistiges Proletariat, Frauenfrage und Sozialismus, S. 24, 27; dies.: Der Student und das Weib, S. 14.

gilt, zu frei gewollter sittlicher Erfüllung beider Geschlechter«. Diese neue Familie werde erst im Sozialismus verwirklicht werden[20], obwohl schon in der gegenwärtigen Arbeiterehe eine »Entwertung der Form, dafür aber die Vertiefung und Versittlichung des Inhaltes der Ehe« zu beobachten sei. Hier seien bereits die »bedeutendsten Charaktermerkmale eines höheren Bundes von Mann und Weib« vorgebildet, die proletarische Familie sei eine »Arbeits- und Kampfgemeinschaft von Mann und Weib«[21]. Angesichts der sozialen Mißstände in Arbeiterfamilien und der Unterdrückung der Frau auch im Proletariat[22] erscheint Clara Zetkins Auffassung als Wunschbild, als romantische Verklärung einer Arbeiterfamilie, die in der Realität nur in Einzelfällen anzutreffen war. Die Definition des Begriffes »sittliche Einheit« bleibt unscharf und zeugt von Clara Zetkins Unsicherheit über das, was zu erwarten und zu erstreben ist. Hier zeigt sich ihre Verbundenheit mit der humanistisch-idealistischen Tradition, die auch in ihrer Goetheverehrung deutlich wird. Ihr Zukunftsideal von der Ehe unterscheidet sich inhaltlich kaum von dem der bürgerlichen Frauenbewegung, die auch Liebe an die Stelle ökonomischer Erwägungen, Gleichberechtigung an die Stelle von Unterdrückung und freiwillige Monogamie an die Stelle der Doppelmoral setzen wollte[23].

Rosemarie Walther hat 1959 in der DDR den Versuch gemacht, den Begriff der »sittlichen Einheit« auch mit politischen Inhalten zu füllen: Die Familie soll eine »moralisch-politische Einheit . . . mit der Arbeiterklasse« bilden und die Kinder zu »Kämpfern für die Arbeiterklasse« erziehen[24]. Daß diese Interpretation jedoch mit dem Begriff »sittliche Einheit« abgedeckt ist, ist zu bezweifeln. Bei Clara Zetkin fand sich – wie bei anderen Sozialdemokraten – vielmehr das Bestreben, moralischer, anständiger zu sein als das Bürgertum. Die »freie Ehe« als Alternativmodell lehnte sie ab: Dafür zu agitieren, sei »die denkbar größte Eselei«. »Nicht etwa mit Rücksicht auf die erschreckte Spießbürgermoral, sondern mit Rücksicht auf die mangelnde wirtschaftliche und soziale Basis.«[25] Die Diskussion über Alternativen zur bestehenden Ehe und Familie war für sie kein aktuelles Problem und konnte auf unbestimmte Zeit, wahrscheinlich bis zur sozialistischen Gesellschaft, vertagt werden. Als konkrete Reformforderung vertrat sie die Scheidung auf »gegenseitige Uebereinkunft«[26], eine

20 Gleichheit 8. 8. 1906.
21 Gleichheit 22. 8. 1906, 5. 9. 1906.
22 S. o. S. 34ff., S. u. S. 272ff.
23 Z. B. Lange: Lebenserinnerungen, S. 232. Die gleiche Auffassung vertrat auch die sonst radikalere englische Frauenbewegung: s. Rover: Love, Morals and the Feminists, S. 140, 166.
24 Walther, S. 39ff.
25 Die Neue Zeit. 15. Jg., Bd. I, S. 785.
26 Gleichheit 10. 6. 1896.

Forderung, die in der Bundesrepublik erst 1977 ansatzweise verwirklicht wurde.
In der Regel beschränkte sich die SPD darauf, den Vorwurf, man wolle die Familie und Ehe abschaffen, zurückzuweisen. Der Kapitalismus habe die Familie bereits zerstört: bei der Bourgeoisie durch Geldheiraten, beim Proletariat durch die Frauenarbeit[27]. Der bürgerlichen Gesellschaft warf man Unmoral vor: »die Ehe sei nichts weiter als ein Kuhhandel; nur in Arbeiterkreisen finde man noch wahre Liebe«[28]. In naiver Zukunftsgläubigkeit gab man sich unkritischen Heilserwartungen hin: »Ganz von selbst und auch ohne unser Wollen oder Zutun wird sich die Ehe, wie so ziemlich alles, mit der wirtschaftlichen Grundlage der Gesellschaft ändern, und uns genügt, zu wissen, daß dies keine Änderung zum Schlimmen, wohl aber zum Besseren sein wird.«[29] Wie sehr vulgärmarxistisch vereinfacht und verfälscht wurde, zeigt auch die Rezeption des ohnehin überhastet geschriebenen[30] Werkes von Engels über den »Ursprung der Familie, des Privateigentums und des Staates«: In Remscheid erklärte ein Referent, der Frau sei es »vor dem Mittelalter« besser gegangen. »Damals habe es keine Ehe gegeben, wie heute, wo sich die Frau nur mit einem Mann begnügen mußte.«[31]
Ganz überwiegend jedoch führte die Verflachung der auch bei Marx und Engels unvollkommen gebliebenen Analyse der Familie dazu, daß man das traditionelle Familienideal nicht in Frage stellte. Der Sozialismus werde »in vielen Fällen erst ein gesundes Familienleben ermöglichen, in jedem Falle dazu beitragen, das Verhältnis zwischen Mann und Weib in der Ehe freundlicher, inniger zu gestalten«[32]. Er werde »Ehe und Familie befestigen und auf edler Grundlage neu gründen«[33]. »Der Kampf der aufgeklärten Arbeiterinnen gegen die kapitalistische Ausbeutung ist daher auch ein Kampf für ein gefestigtes und edles Familienleben.«[34] Edmund Fischer gelang es zwar nicht, sein Ziel, die Frau solle »der Familie wiedergegeben sein«, in der sozialistischen Programmatik zu verankern[35], doch auch Luise Zietz empfahl den Agitatorinnen, vor allem in katholischen Gegen-

27 L. Braun-Gizycki: Frauenfrage und Sozialdemokratie, S. 9ff.
28 Anna Schneider auf einer Versammlung in Elberfeld am 10. 3. 1895: StA Düsseldorf, Regierung Düsseldorf Nr. 9039 Bl. 20; ähnlich May 1905 in Solingen: Gleichheit 13. 10. 1905.
29 Stern, S. 17.
30 Dazu s. Neuman, S. 85.
31 Wermuth auf einer Versammlung in Remscheid am 7. 1. 1906: StA Düsseldorf, Regierung Düsseldorf Nr. 42789 Bl. 39.
32 Nestriepke in: A. Braun: Gleiches Recht für die Frauen! S. 27.
33 Keßler, S. 32.
34 Margareta Pratsch in: Gleichheit 28. 11. 1906.
35 Sozialistische Monatshefte 1905, Bd. I, S. 265f.; auch in: Zepler: Sozialismus und Frauenfrage, S. 29; s. o. S. 46f.

den darauf hinzuweisen, daß die SPD Ehe und Familie nicht zerstöre; man könne nachweisen, wie »durch ihr kraftvolles Eintreten für den Kinder-, den Arbeiter- und Arbeiterinnenschutz, wie durch ihren zähen Kampf gegen die volksauswuchernde Zoll- und Steuerpolitik die Sozialdemokratie ihre Hand schirmend über das bißchen Familienleben des Arbeiters hält . . .«[36]. Von der Zukunft erhoffte sich Luise Zietz keine radikale Neuordnung der Familie, sondern Reformen wie technische Arbeitserleichterungen in der Hausarbeit und die Schaffung besserer Kindergärten[37].

Der Verzicht auf die kritische Weiterführung der Marxschen Ansätze und die unvollkommene Rezeption seiner Methode ließen die sozialistische Familientheorie unvollkommen bleiben und machten sie zu einem von vormarxistischen Gedanken durchzogenen Bestandteil einer vulgärmarxistischen Ideologie. Hellpach sah sogar im »bürgerlichen Familienleben eine der wertvollsten Errungenschaften der Kulturentwicklung überhaupt«[38].

In der ansatzweise geführten Debatte um Alternativen zur Ehe und Familie oder deren Reform zeigt sich ein sehr breit gefächertes Spektrum sozialdemokratischer Aussagen, die sich meist um die Begriffe »freie Liebe« oder »freie Ehe« drehen. Ferch definierte die »freie Liebe« als »bewußte freie edelste Hingabe in dem von jedem Zeremoniell sich befreienden Bunde, ohne jegliche gesetzliche, gesellschaftliche oder wirtschaftliche Zwangsfessel . . . Der freie Wille wird in der Zukunftsehe der höchste und alleinige Grundsatz. Die Liebe ist eben unabhängig, wird zur freien Liebe.« Die mit der Eheschließung verbundene Zeremonie lehnte er ab; Arbeiter sollten wenigstens nicht kirchlich heiraten[39]. Tatsächlich verzichteten Sozialdemokraten nicht selten auf die kirchliche Zeremonie; ein prominentes Beispiel liefern Friedrich und Louise Ebert[40]. Auch Hugo Haase und seine Frau Thea heirateten gegen den Widerstand seiner Eltern nur standesamtlich, und selbst darin sah Haase nur »eine leere Form«[41]. Rosa Schapire definierte »freie Liebe« geradezu als Liebe ohne »Segen von Staat und Kirche«[42], während Adelheid Popp den Begriff so verstand, »daß je-

36 Zietz: Gewinnung und Schulung, S. 24f.

37 Dies.: Zur Frage des Mutter- und Säuglingsschutzes, S. 9.

38 Gystrow (Pseudonym für Hellpach), S. 52.

39 Joh. Ferch: Liebe und Ehe in der arbeitenden Klasse, Oranienburg 1913, S. 17, 21, 45.

40 Georg Kotowski: Friedrich Ebert. Eine politische Biographie. Bd. I: Der Aufstieg eines deutschen Arbeiterführers 1871 bis 1917, Wiesbaden 1963, S. 50.

41 H. Haase an Thea Lichtenstein, 20. 6. 1891, und H. Haase an seinen Vetter Koppel, 2. 10. 1891, in: Ernst Haase (Hrsg.): Hugo Haase. Sein Leben und Wirken. Mit einer Auswahl von Briefen, Reden und Aufsätzen, Berlin-Frohnau 1929, S. 190ff.

42 Sozialistische Monatshefte 1897, S. 511.

der Mann und jedes Mädchen frei wählen kann, ohne auf materielle Verhältnisse oder Standesrücksichten sehen zu müssen . . .«[43]. Auch für Lily Braun war »freie Liebe« die Möglichkeit, »frei von jeder materiellen Rücksicht, nur aus Liebe zu wählen«, und ähnlich äußerte sich Luise Zietz[44]. Mit dem Begriff »freie Liebe« war keineswegs immer eine radikal neue Moralvorstellung verknüpft[45]; häufig wollte man lediglich die unmoralischen Auswüchse bürgerlicher und adliger »Vernunftehen« beseitigt wissen.

Eine Veränderung des Scheidungsrechts gehörte zu den wenigen konkreten Reformforderungen. Engels, Bebel und Clara Zetkin befürworteten eine leichte, möglichst formlose Scheidung bei Einigkeit der Betroffenen, ohne aber detaillierte Vorschläge zu machen[46]. Es gab jedoch auch Stimmen für eine Beibehaltung des Scheidungsprozesses und der festgelegten Scheidungsgründe[47], während etwa Henriette Fürth, eine Vertreterin des rechten Flügels der SPD, auch für eine Auflösung der Ehe auf Wunsch eines Partners eintrat[48]. Die unter bürgerlichen Frauen verbreitete Vorstellung, die Ehe sei »für das Weib ein Schutzinstitut« und es liege »in der Natur der Dinge, daß der Pakt dem Manne leichter leid wird als der Frau«, führte zu der Erwartung, daß man mit einer Erleichterung der Scheidung nur den Männern entgegenkomme: ». . . auf 100 Männer, die die Ehe abschütteln wollen, werden wohl nur 50 Frauen kommen, die den gleichen Wunsch haben.«[49] In Wirklichkeit überwog jedoch schon vor der Jahrhundertwende die Zahl der scheidungswilligen Frauen die der Männer: In Baden wurde von 1895–1899 in 59,1 % der Fälle die Scheidungsklage von der Frau, in 36,0 % vom Mann und zu 4,9 % von beiden gemeinsam eingereicht[50].

Eine radikale Alternative zur bestehenden Ehe und Familie entwickelte die sozialistische Frauenbewegung nicht. Lediglich Lily Braun entwickelte ein durchaus in utopischer Tradition stehendes[51], detailfreudiges Bild einer »Wirtschaftsgenossenschaft«:

---

43 Adelheid Popp: Die Arbeiterin im Kampf ums Dasein, Wien $^{2}$1911, S. 26.

44 L. Braun-Gizycki: Frauenfrage und Sozialdemokratie, S. 12; Zietz: Die Frauen und die Reichstagswahlen, S. 35.

45 S. u. S. 247ff.

46 S. o. S. 239, 241; Bebel: Frau, S. 515f.

47 Keßler, S. 31.

48 Henriette Fürth: Kulturideale und Frauentum, Leipzig 1906, S. 37; dies.: Das Geschlechtsproblem und die moderne Moral, Leipzig 1908, S. 12ff.

49 Gnauck-Kühne: Die Deutsche Frau, S. 147ff.

50 Mayr, S. 253. In der Bundesrepublik reichten 1977 30657 Männer und 76172 Frauen die Scheidung ein (Statistisches Jahrbuch 1977, S. 76).

51 Vgl. z. B. die Entwürfe kollektiven Zusammenlebens bei Morus und Campanella, in: Der utopische Staat. Morus: Utopia, Campanella: Sonnenstaat, Bacon: Neu-Atlantis, Reinbek bei Hamburg 1960, S. 58ff., 128ff.

»Ich stelle mir ihr äußeres Bild folgendermaßen vor: In einem Häuserkomplex, das einen großen, hübsch bepflanzten Garten umschließt, befinden sich etwa 50 bis 60 Wohnungen, von denen keine eine Küche enthält; nur in einem kleinen Raum befindet sich ein Gaskocher, der für Krankheitszwecke oder zur Wartung kleiner Kinder benutzt werden kann. An Stelle der 50–60 Küchen, in denen eine gleiche Zahl Frauen zu wirthschaften pflegt, tritt eine im Erdgeschoß befindliche Zentralküche, die mit allen modernen arbeitssparenden Maschinen ausgestattet ist. Giebt es doch schon Abwaschmaschinen, die in drei Minuten zwanzig Dutzend Teller und Schüsseln reinigen und abtrocknen! Vorrathsraum und Waschküche, die gleichfalls selbstthätige Waschmaschinen enthält, liegen in der Nähe; ebenso ein großer Eßsaal, der zu gleicher Zeit Versammlungsraum und Tags über (sic!) Spielzimmer der Kinder sein kann. Ein kleineres Lesezimmer schließt sich ihm an. Die ganze Hauswirthschaft steht unter einer erfahrenen Wirthschafterin, deren Beruf die Haushaltung ist; ein oder zwei Küchenmädchen stehen unter ihrer Aufsicht. Die Wohnung dieser Haushaltungsbeamten sind im selben Stock wie die Wirthschaftsräume, sie umfassen auch noch das Zimmer der Kinderwärterin, die ebenso wie die Anderen von allen Bewohnern gemeinsam angestellt ist. Die Mahlzeiten werden, je nach Wunsch und Neigung, im gemeinsamen Eßsaal eingenommen oder durch besondere Speiseaufzüge in alle Stockwerke befördert. Die Erwärmung der Wohnungen erfolgt durch Zentralheizung, so daß auch hier 50 Öfen durch einen ersetzt werden. Während der Arbeitszeit der Mütter spielen die Kinder, sei es im Saal, sei es im Garten, wo Turngeräthe und Sandhaufen allen Altersklassen Beschäftigung bieten, unter Aufsicht der Wärterin. Abends, wenn die Mutter sie schlafen gelegt hat und die Eltern mit Freunden plaudern oder lesen wollen, gehen sie hinunter in die gemeinsamen Räume, wo sie sich die Unterhaltung nicht durch Alkoholgenuß zu erkaufen brauchen, wenn sie kein Bedürfnis danach haben.«[52]

Lily Brauns Entwurf hatte zwar utopischen Charakter, stellte aber auch einen direkten Aufruf zur Veränderung der Kleinfamilie dar. Sie erklärte, die Entwicklung dieser Wirtschaftsgenossenschaften könne man schon im Kapitalismus fördern, obwohl sie sich wohl erst im Sozialismus endgültig durchsetzen würden[53].

Auch August Bebel hatte von der Zukunft die »Beseitigung der Privatküche« erwartet, die »für ungezählte Frauen eine Erlösung« sein werde[54]. Clara Zetkin jedoch sah in Lily Brauns Idee die »neueste Blüthe des Utopismus« in einer »gefährlichen opportunistischen Form« und hoffte, daß man über diesen Plan »ohne grosse Debatte zur Tagesordnung übergehen« werde[55]. Dennoch setzte sie sich mit Lily Braun in vier Artikeln in der »Gleichheit« auseinander: Die Idee sei zwar gut begründet, aber undurchführbar, da den Arbeiterfamilien die finanziellen Voraussetzungen fehlten. Sie könnten weder den Bau der notwendigen Häuserkomplexe noch die laufenden Kosten bezahlen. Die Agitation für Wirtschaftsgenos-

---

52 Lily Braun: Frauenarbeit und Hauswirthschaft, Berlin 1901, S. 21f.

53 Ebd., S. 30.

54 Bebel: Frau, S. 510.

55 C. Zetkin an K. Kautsky, 16. 5. 1901, in: IISG, Nachlaß Kautsky D XXIII 339.

senschaften sei eine Kraftvergeudung, die lediglich als »Privatvergnügen von Sozialistinnen bürgerlicher Herkunft« betrieben werden könne; sie hätten bisher »so wenig oder auch nichts für den Befreiungskampf des Proletariats geleistet, daß Niemand sie vermissen wird, falls sie einer Eigenbrödelei huldigen«[56].

Lily Braun entgegnete, ihrer Meinung nach böten die Wirtschaftsgenossenschaften sogar finanzielle Vorteile. Zudem lähme man die Energie der Arbeiterklasse, »wenn man ihr immer wieder vorhält, daß sie der bürgerlichen Gesellschaft gegenüber trotz ihrer Millionen Stimmen machtlos ist«[57]. Diese Aussage kennzeichnet treffend die Schwäche der Sozialdemokratie im Zeichen des revolutionären Attentismus[58]. Die Konsequenz aus diesem auch Clara Zetkin bewußten Dilemma[59] war für die beiden Kontrahentinnen ganz unterschiedlich: Clara Zetkin lehnte die Ausrichtung auf Reformarbeit entschieden ab und hielt die Verwirklichung sozialistischer Ideale im Kapitalismus für unmöglich: »Als wichtigste That, um den Sozialismus aus der Theorie in die Praxis zu überführen, erscheint mir noch immer die ›Predigt‹ der sozialistischen Ideale unter den proletarischen Massen und deren Organisation und Schulung für den schärfsten Kampf gegen die kapitalistische Ordnung.«[60]

Hier zeigt sich einmal deutlich, daß hinter den Meinungsverschiedenheiten um Finanzierungsprobleme und der persönlichen Polemik der Kampf zweier unterschiedlicher Strategien stand. Diese Tatsache war sicher vielen der an den Kontroversen beteiligten Frauen nicht klar. Frieda Wulff leistete Clara Zetkin Schützenhilfe mit dem Argument, sie – »als Kleinstädterin« – sei »überhaupt nicht für das Zusammenwohnen vieler Familien in einem großen Hause . . .«[61]. Lily Braun meinte zwar, Clara Zetkins Autorität sei »viel zu gewichtig« gewesen, »als daß sich innerhalb der Partei irgendeine Stimme« für die Wirtschaftsgenossenschaften erhoben hätte[62]. Wichtiger für das Scheitern ihres Planes dürfte jedoch die Grundeinstellung der Arbeiterfrauen gewesen sein, die ihr Vorbild eher in der vermeintlich heilen bürgerlichen Familie als in utopisch-radikalen Alternativmodellen sahen: Trotz Überbelegung der Wohnungen hatte jede Arbeiterfamilie, die es sich leisten konnte, eine »gute Stube«, die nur bei besonderen Gelegenheiten benutzt wurde. So erschien Lily Braun nicht nur

56 Gleichheit 19. 6. 1901, 3. 7. 1901, 17. 7. 1901, 31. 7. 1901.
57 Gleichheit 28. 8. 1901.
58 Groh, S. 56ff.
59 S. o. S. 205f.
60 Gleichheit 28. 8. 1901.
61 Gleichheit 25. 9. 1901.
62 L. Braun: Memoiren II, S. 328. Karl Kautsky stimmte mit Clara Zetkins Kritik überein: s. C. Zetkin an K. Kautsky, 2. 7. 1901, in: IISG, Nachlaß Kautsky D XXIII 341.

als Verräterin der revolutionären Taktik, sondern auch als Zerstörerin des alten Familienideals.

Dennoch verschwand ihr Plan nicht aus der Diskussion. Henriette Fürth sprach sich für die Einrichtung von Zentralspeisehallen und Waschhäusern aus, hielt Lily Brauns Konzept jedoch für zu uniform und den Weg zu Zentralküchen für »wenig gangbar«, da dort der individuelle Geschmack unterdrückt werde, und wollte die Familie erhalten wissen[63]. Adelheid Popp sah in den »Zentralküchen« ein gutes Modell für die Zukunft, das jedoch gegenwärtig nicht zu finanzieren sei[64]. Daß es nicht darum gehe, die Arbeiterfrau »in den Jammer ihres Zwergenhaushaltes festzubannen, sondern die Industriearbeiterin von der Last der Hauswirtschaft zu erlösen und dieses traurig entstellte Überbleibsel einer längst überholten Wirtschaftsform durch Einrichtungen zu ersetzen, die den Bedingungen moderner Produktion angemessen sind und sich den Regeln der Arbeitsteilung und Geldwirtschaft bequemen«, meinte auch Therese Schlesinger. Ganz ähnlich wie Lily Braun stellte sie sich hauswirtschaftliche Genossenschaften mit einer Zentralküche für dreißig Familien vor[65]. In Berlin entstand ein »Verein für Hauswirtschafts-Genossenschaften«, für den Lily Braun 1902 in einer Flugschrift ihre Vorstellungen darlegte und die Finanzierung durch Bau- und Konsumgenossenschaften empfahl[66]. In Wien wurde ein allerdings nicht proletarischer »Verein ›Einküchenhaus‹ zur Förderung der Errichtung von Mittelstandseinküchenhäusern« gegründet[67].

Die SPD und die sozialistische Frauenbewegung griffen solche Initiativen jedoch nicht auf, und erst in der Weimarer Republik im Zusammenhang mit der Sexualitätsdebatte um Wilhelm Reich wurde die Thematik wieder ernsthaft diskutiert; die Vorschläge zur Überwindung der Kleinfamilie wurden dann vor allem in der antiautoritären Studentenbewegung aufgegriffen und führten zu der Gründung zahlreicher Kommunen und Wohngemeinschaften.

## 2. *Probleme der Sexualmoral*

In der Erwartung des Untergangs von Ehe und Familie mußte sich die sozialistische Theorie auch mit Fragen der Sexualmoral befassen. Die gegne-

---

63 Fürth: Die Fabrikarbeit verheirateter Frauen, S. 63f.; dies.: Kulturideale und Frauentum, S. 31; dies.: Die Hausfrau, S. 58f.

64 Popp: Erinnerungen, S. 92.

65 Die Neue Zeit. 30. Jg., Bd. II, S. 60; Schlesinger: Wie will und wie soll das Proletariat seine Kinder erziehen? S. 6.

66 Lily Braun: Was wir wollen, Berlin 1902.

67 Zwölf Urteile über das Einküchenhaus, Wien o. J.

rische Propaganda sah im Ziel der Sozialisten »nichts anderes als die Verallgemeinerung der Prostitution und ein Zurücksinken in eine sittliche Roheit . . .«[68]. Bebels Entwurf einer Zukunftsgesellschaft bedeute »höchste Zügellosigkeit in der Befriedigung der Naturtriebe«, mache die Ehefrau zu einer »Gattin auf Kündigung« und »die Prostitution obligatorisch«[69]. Geradezu komische Züge nahm die Verketzerung der Sozialdemokratie bei Eugen Richter an, für den die Vorstellung am schrecklichsten war, daß im Sozialismus die Frauen den Männern Heiratsanträge machen könnten[70].

Die Sozialisten ließen sich häufig in eine defensive Position drängen; schon im »Kommunistischen Manifest« wiesen Marx und Engels den Vorwurf zurück, die Kommunisten wollten die »Weibergemeinschaft« einführen, indem sie ihrerseits der Bourgeoisie den Vorwurf machten, ihre Ehen seien »in Wirklichkeit die Gemeinschaft der Ehefrauen« und die »Weibergemeinschaft« habe »fast immer existiert«[71]. Engels erklärte: »Die Weibergemeinschaft ist ein Verhältnis, was ganz der bürgerlichen Gesellschaft angehört und heutzutage in der Prostitution vollständig besteht. Die Prostitution beruht aber auf dem Privateigentum und steht und fällt mit ihm. Die kommunistische Organisation also, statt die Weibergemeinschaft einzuführen, hebt sie vielmehr auf.«[72] »Weibergemeinschaft« wurde mit Prostitution identifiziert, der moralische Vorwurf gegen die bürgerliche Gesellschaft gekehrt. Die Kommunisten traten als Gegner der Prostitution auf und betonten ihre moralische Integrität. Eine neue Sexualmoral war damit aber nicht entworfen.

Engels tendierte dazu, die Monogamie als natürlich anzusehen:

> »Da nun die Geschlechtsliebe ihrer Natur nach ausschließlich ist – obwohl sich diese Ausschließlichkeit heute nur in der Frau durchweg verwirklicht –, so ist die auf Geschlechtsliebe begründete Ehe ihrer Natur nach Einzelehe . . . Fallen nun noch die ökonomischen Rücksichten weg, infolge derer die Frauen sich diese gewohnheitsmäßige Untreue der Männer gefallen ließen – die Sorge um ihre eigene Existenz und noch mehr die um die Zukunft der Kinder –, so wird die damit erreichte Gleichstellung der Frau aller bisherigen Erfahrung nach in unendlich stärkerem Maß dahin wirken, daß die Männer wirklich monogam werden, als dahin, daß die Frauen polyandrisch.«

Engels erwartete also monogame, jedoch leicht auflösbare Ehen, wurde aber nie normativ-dogmatisch und schloß mit dem Hinweis, die Menschen der Zukunft »werden sich den Teufel darum scheren, was man heute glaubt, daß sie tun sollen; sie werden sich ihre eigene Praxis und ihre da-

---

68 Germanicus, S. 68.

69 Carl v. Raumer: Die Frau der Socialdemokratie unter Klarlegung des socialistischen Zukunftsstaates nach August Bebel. Beleuchtet, Berlin 1884, S. 147f.

70 E. Richter, S. 39.

71 Marx/Engels: Manifest der Kommunistischen Partei, S. 478f.

72 Engels: Grundsätze des Kommunismus, S. 377.

nach abgemeßne öffentliche Meinung über die Praxis jedes einzelnen selbst machen – Punktum«[73]. Marx und Engels teilten weitgehend die sexualmoralischen Maßstäbe ihrer Gesellschaft[74]; der Verzicht auf Normensetzung jedoch beinhaltete eine freiheitliche Komponente.
Bebel betonte vor allem, daß die Sexualität Privatsache sei: »Die Befriedigung des Geschlechtstriebs ist ebenso jedes einzelnen persönliche Sache wie die Befriedigung jedes anderen Naturtriebs. Niemand hat darüber einem anderen Rechenschaft zu geben und kein Unberufener hat sich einzumischen.«[75]
Kautsky dagegen setzte andere Akzente: Er wies wiederum den Vorwurf der »Weibergemeinschaft« als verlogen zurück und fuhr fort: »Wir behaupten vielmehr, daß gerade das Gegenteil jeder Weibergemeinschaft, jedes geschlechtlichen Zwanges und jeder Unzucht, nämlich die ideale Liebe, in einem sozialistischen Gemeinwesen der Grund aller ehelichen Verbindungen sein wird, und daß diese Liebe erst in einem solchen zu allgemeiner Geltung gelangen kann.« Diese »ideale Liebe« verband er mit der Gleichberechtigung der Frau: »Frei über sich verfügend, gleich dem Manne, wird sie jeder Art von Prostitution, der gesetzlichen wie der ungesetzlichen, ein Ende machen und zum ersten Mal in der Weltgeschichte die für Mann und Weib gleich geltende Einehe zu einer wirklich, nicht blos dem Buchstaben nach, bestehenden Einrichtung erheben.«[76] Kautsky setzte also die Monogamie als Norm und bezeichnete alles andere als Prostitution. Die Diskrepanz zwischen dieser moralisierend-normativen Haltung und der Erklärung der Sexualität zur Privatsache zeigt, daß man sich über diese Frage keineswegs einig war.
Die gleiche Uneinigkeit und Unsicherheit finden sich bei der SPD und der sozialistischen Frauenbewegung. Die »Gleichheit« kam zu dem Schluß, die Entwicklungstendenzen liefen »unzweideutig in der Richtung einer Gleichstellung der Geschlechter, indem sie dem Liebesleben des Weibes vor der Ehe größere Bewegungsfreiheit sichern, dem des Mannes aber in der Ehe größere Gebundenheit auferlegen«[77]. Für eine tolerante Haltung gegenüber außerehelichen Formen des Geschlechtsverkehrs setzten sich Oda Olberg und Ladislaus Gumplowicz ein[78], und Adelheid Popp rückte trotz der Zurückweisung der propagandistischen Verzerrung des Begriffs »freie Liebe« durch die Gegner der Sozialdemokratie nicht von dieser For-

73 Engels: Der Ursprung der Familie, S. 82f.; ähnlich Paul Lafargue: La Question de la Femme, Paris 1904, S. 24.
74 So auch Merfeld, S. 48.
75 Bebel: Frau, S. 516.
76 Kautsky: Das Erfurter Programm, S. 41, 146f.
77 Gleichheit 5. 9. 1906.
78 Sozialistische Monatshefte 1900, S. 256, 263, 1905, Bd. I, S. 309; Zepler: Sozialismus und Frauenfrage, S. 44.

mel ab: »Liebe ist sittlich auch ohne Ehe, aber Ehe ist unsittlich ohne Liebe.«[79]

Hier wird der Ansatz einer neuen Moral sichtbar, die sich an Inhalten und nicht an Formen orientiert. Käte Duncker sagte: »Diese neue Moral wird jeden Ehebund unsittlich nennen, der nicht aus Liebe geschlossen worden ist.«[80] Wally Zepler ging weiter; sie kritisierte, daß die meisten Sozialisten unter »freier Liebe« nur die von »Gesetzeszwang befreite, monogamische Ehe« verstanden. In Wirklichkeit sei die durchschnittliche Ehe »ein behaglich-ödes Philisterium, in dem nicht die erotische Leidenschaft allein, sondern auch die geistige und seelische Lebendigkeit, die Entwicklungs- und Wandlungskraft des Wesens langsam ertötet wird«. Sie vertrat die Meinung, daß es die »Gesetze menschlichen Fühlens und Werdens, die Variabilität der Empfindungen und die Entwicklungstätigkeit des Geistes völlig verkennen heißt, wenn man für den Durchschnitt der Fälle die lebenslängliche Dauer in der Jugend geschlossener Liebesbündnisse annimmt«[81]. Oda Olberg glaubte, die Monogamie werde »die vorherrschende Eheform in der sozialistischen Gesellschaft« sein, doch werde man auch die »außerehelichen Formen des Geschlechtsverkehrs« nicht moralisch verurteilen[82].

Eine wirklich radikale Alternative zur herkömmlichen Ehe ohne Rücksicht auf traditionelle Moralvorstellungen wurde in der deutschen Sozialdemokratie und in der sozialistischen Frauenbewegung nicht entwickelt. Die Gedanken der Russin Alexandra Kollontai, die allerdings erst 1920 durch die deutsche Übersetzung ihres Buches »Die neue Moral und die Arbeiterklasse« einem größeren Publikum bekannt wurden, rezipierte man nicht. Alexandra Kollontai propagierte einen neuen Frauentyp, für den Arbeit und politisches Engagement im Mittelpunkt des Lebens stehen, während die Liebe nur eine untergeordnete Rolle spielen soll. »Verliebtsein, Leidenschaft, Liebe: das sind nur vorübergehende Perioden in ihrem Leben. Dessen wahrer Inhalt ist das ›Heilige‹, dem die neue Frau dient: die soziale Idee, die Wissenschaft, der Beruf, das Schaffen.« Für diese neuen Frauen sei die Ehe nur eine Fessel. Andererseits wollen sie auch »nicht Alleinbesitz, wo sie lieben«. Alexandra Kollontai befürwortete bewußt das Übertreten der »Grenzen des üblichen geschlechtlichen Tugendkodex«. Die Familie werde im Sozialismus verschwinden, das Zusammenleben von Mann und Frau könne mehrere, nebeneinander bestehende Formen annehmen: »Konkubinat, Monogamie, erotische Freund-

79 Popp: Erinnerungen, S. 81; dies.: Die Arbeiterin im Kampf ums Dasein, S. 26; s. o. S. 243f.

80 K. Duncker: Sozialistische Erziehung, S. 12.

81 In: Zepler: Sozialismus und Frauenfrage, S. 60, 63, 67; ähnlich: Sozialistische Monatshefte 1899, S. 291.

82 In: Zepler: Sozialismus und Frauenfrage, S. 44.

schaft«. Ihre neue Moral erkannte zwei Prinzipien an, die volle Freiheit beider Partner und die »Gleichheit und Aufrichtigkeit kameradschaftlicher Solidarität«[83].

Alexandra Kollontai betonte zwar, daß sie selbst »noch weit vom Typus der ganz neuen Frau« entfernt sei[84], doch ihre Biographie zeigt, daß sie auch persönlich ihrer neuen Moral gelebt hat: Nach dreijähriger Ehe verließ sie Mann und Kind, ging nach Petersburg, wo sie in die sozialdemokratische Partei eintrat, und dann nach Zürich zum Studium[85]. Später schrieb sie: »Ein Kind hat nicht die Fesseln meiner Ehe unlöslicher zu machen vermocht. Ich liebte meinen Mann noch immer, aber das glückliche Dasein einer Hausfrau und Gattin wurde mir zum ›Käfig‹.«[86] Sie wurde zur Revolutionärin, und »Liebe, Ehe, Familie, alles waren untergeordnete, vorübergehende Erscheinungen«[87]. Nach der Oktoberrevolution wurde sie Volkskommissar und später Gesandte in Norwegen. Zwar hatte schon Lenin ihre Auffassungen nicht geteilt[88], doch bis 1921 glaubte sie noch, ihre Ideale könnten in der Sowjetunion verwirklicht werden. In Vorlesungen an der Sverdlov-Universität sagte sie die Ersetzung des Einzelhaushalts durch »Hauskommunen« und »individuelle Wohneinheiten« voraus und diagnostizierte eine »Entwicklungstendenz zur Auflösung der Ehe« und eine Zunahme der »freien Liebesverhältnisse«[89]. Sie geriet zunehmend in Gegensatz zur Parteiführung, schloß sich 1921 der Arbeiteropposition an und konnte unter Stalin ihre Moralauffassungen kaum noch artikulieren[90]. Schon 1924 wurde sie von der kommunistischen Geschichtsschreibung scharf kritisiert[91]; 1960 schließlich erklärte das sowjetische Justizkommissariat die »freie Liebe« offiziell zu einer »bürgerlichen Erfindung« und empfahl die »lebenslange Bindung«[92].

---

83 Alexandra Kollontai: Die neue Moral und die Arbeiterklasse, Berlin 1920, S. 26, 31, 34, 38, 53, 63, 70; dies.: Die Situation der Frau in der gesellschaftlichen Entwicklung. Vierzehn Vorlesungen vor Arbeiterinnen und Bäuerinnen an der Sverdlov-Universität 1921, Frankfurt 1975, S. 126; ähnlich: dies.: Ziel und Wert meines Lebens, in: Führende Frauen Europas. In sechzehn Selbstschilderungen hrsg. und eingeleitet von Elga Kern, München 1928, S. 259f.

84 Kollontai: Ziel und Wert, S. 259.

85 Dies.: Autobiographie, S. 17.

86 Dies.: Ziel und Wert, S. 262. Vgl. dazu auch: Henrik Ibsen: Ein Puppenheim. Schauspiel in drei Akten, in: ders.: Sämtliche Werke. Volksausgabe in fünf Bänden. Hrsg. v. Julian Elias u. Paul Schlenther. Vierter Band, Berlin 1908, S. 1–96.

87 Kollontai: Autobiographie, S. 18.

88 Zetkin: Erinnerungen an Lenin, S. 62f.

89 Kollontai: Die Situation der Frau, S. 198, 218ff.

90 Dies.: Autobiographie, S. 63; ebd., Nachwort von Iring Fetscher, S. 70, 73.

91 G. G. L. Alexander: Kämpfende Frauen, Berlin 1924, S. 37f.

92 Zitiert in: Frauenemanzipation. Antiautoritäres Mißverständnis oder Beitrag zur Konsolidierung der Arbeiterbewegung?, München 1970, S. 33f.

In Deutschland gehörte Otto Rühle zu den ersten Sozialisten, für die der »unteilbare Besitzanspruch der Gatten aneinander« »die sexualethische Konsequenz des bürgerlichen Eigentumsbegriffs« war. Die »gemeinwirtschaftliche Betriebs- und Lebensgemeinschaft« solle die »ins Soziale erweiterte Familie, die Familie des sozialistischen Zeitalters, die kameradschaftliche Großfamilie« werden[93]. In der Wilhelminischen Zeit jedoch fanden Alexandra Kollontais radikale und provozierende Thesen keinen Widerhall. Zu stark waren dort die überkommene Moral und die traditionelle Vorstellung von Ehe und Familie auch in den Köpfen der Sozialdemokraten verankert, und selbst Wally Zepler erwartete »wechselnde Liebesbündnisse in früherer Jugend«, in »reiferem Alter« dagegen »strenge monogamische Beziehungen«[94]. Ein einheitlicher sexualmoralischer Standpunkt war noch nicht gefunden; die unkonventionellsten Auffassungen wurden von Wally Zepler, einer Vertreterin des rechten Flügels, entwickelt, während viele linke Sozialdemokraten der traditionellen Moral sehr nahe standen.

Die bürgerliche Frauenbewegung bekannte sich zur Familie als dem »Fundament alles menschlichen Gemeinschaftslebens«, vertrat eine »hohe und strenge Auffassung der Ehe« und verurteilte jeden Geschlechtsverkehr außerhalb der Ehe[95]. Man erkannte, daß die Realität diesem Ideal häufig nicht entsprach. Im Bürgertum spielten finanzielle Erwägungen bei der Eheschließung nicht selten eine ausschlaggebende Rolle, und zumindest in Großstädten war der Besuch von Bordellen weit verbreitet; dennoch trug man seine Moralität zur Schau und gab sich sittenstreng und prüde[96]. Helene Lange sah in »der Reinheit der Ehe das unanfechtbare Ideal«: »Wir hatten gelernt, die Heuchelei um dieses Ideal zu durchschauen, seine normhafte Gültigkeit war uns darum nicht erschüttert, vielmehr befestigt und im neuen Sinne als Aufgabe gestellt.«[97]

In der Debatte um Ehe und Familie, Moral und Sexualität setzte sich die bürgerliche Frauenbewegung mehrheitlich scharf von der »neuen Ethik« ab[98]. Diese »neue Ethik« wurde vor allem von dem »Bund für Mut-

93 Otto Rühle: Die Sozialisierung der Frau, Dresden o. J. (um 1922), S. 27, 42f.

94 Sozialistische Monatshefte 1899, S. 291.

95 Der Deutsche Frauenkongreß 1912, S. 264; Grundsätze und Forderungen der Frauenbewegung, Leipzig, Berlin 1912, S. 1, 8.

96 Ferch, S. 14; Gystrow, S. 13ff., 31; Schlesinger-Eckstein: Die Frau im 19. Jahrhundert, S. 48ff.

97 Lange: Lebenserinnerungen, S. 232.

98 G. Bäumer, H. Lange, A. Pappritz und A. Salomon in: Frauenbewegung und Sexualethik. Beiträge zur modernen Ehekritik, Heilbronn [2]1909, S. 45ff., 157, 173; Bäumer: Die Frau, S. 273, 286f.; Helene Lange: Die Frauenbewegung in ihren gegenwärtigen Problemen, Leipzig [3]1924, S. 79ff.; Elisabeth Miessner: Die freie Liebe und die Frauen, Berlin 1900, S. 3ff.; Marie Bernays: Die deutsche Frauenbewegung, Leipzig, Berlin 1920, S. 63.

terschutz«[99] vertreten. Er wurde 1904 von Ruth Bré gegründet, die zunächst für die Rechte unehelicher Kinder und deren Mütter eintrat und letztlich eine »mutterrechtliche Familiengemeinschaft« aus vier Familien an die Stelle der Kleinfamilie setzen wollte[100]. Der Bund schuf Auskunftsstellen und Heime für ledige Mütter, forderte aber bald nach der Übernahme des Vorsitzes durch Helene Stöcker 1905 eine grundlegende Sexualreform: Man wandte sich besonders gegen die doppelte Moral und gegen die »herrschende, rein formalistische Auffassung der ›Ehe‹ und der ›Sittlichkeit‹ sexueller Gemeinschaftsverhältnisse«. Vor allem in Berlin kämpfte man für eine »neue Ethik«, die die Sittlichkeit sexueller Beziehungen nicht an formalen und rechtlichen Kriterien messen wollte[101]. Hier tauchte auch in einer nicht sozialistischen Bewegung der Begriff »freie Liebe« auf: Grete Meisel-Heß trat zum Beispiel dafür ein, daß auch aufeinanderfolgende, jeweils monogame Beziehungen außerhalb der Ehe von der Gesellschaft als gültig anerkannt werden sollten[102].
Die Bewegung fand Unterstützung bei Vertreterinnen des radikalen Flügels der bürgerlichen Frauenbewegung wie Cauer, Augspurg und Heymann[103], aber auch bei Sozialdemokratinnen: Henriette Fürth sympathisierte anfangs mit den Bestrebungen des Bundes, lehnte dann aber dessen weitgehende sexualmoralischen Reformvorstellungen ab[104]. Lily Braun arbeitete zeitweise mit, übernahm sogar leitende Funktionen, hat aber wenig zufriedenstellende Arbeit geleistet, da sie ständig durch andere Aufgaben oder ihre schriftstellerische Tätigkeit in Anspruch genommen wurde[105]. Die Klagen ihrer sozialdemokratischen Genossinnen über ihre mangelhafte Arbeitsdisziplin gewinnen an Glaubwürdigkeit, wenn man erfährt, daß sie – als Schriftführerin des Bundes – 1906 erklärte, sie könne keinerlei Arbeiten übernehmen, und 1907 nicht einmal imstande war, den Geschäftsbericht vor der Generalversammlung zu erstatten[106]. Daraufhin

99 Die Geschichte dieses Bundes ist bisher kaum untersucht. Einen kurzen Abriß gibt Evans: Women's Movement, S. 116ff., 136ff. Wichtige Informationen enthalten die umfangreiche Korrespondenz von Adele Schreiber (Bundesarchiv, Nachlaß Adele Schreiber, Nr. 19 und 20) und einige Broschüren: Ruth Bré: Staatskinder oder Mutterrecht? Versuche zur Erlösung aus dem sexuellen und wirtschaftlichen Elend, Leipzig 1904; Rosenthal; Helene Stöcker: Krisenmache. Eine Abfertigung, 1910.

100 Bré, S. 162ff.; Evans: Women's Movement, S. 120f.

101 Rosenthal, S. 1ff.

102 Ebd., S. 85.

103 Evans: Women's Movement, S. 122, 131.

104 H. Stöcker an H. Fürth, 30. 12. 1904, 15. 2. 1905, 21. 3. 1905, 8. 9. 1905, 10. 10. 1905, 16. 10. 1905, 20. 10. 1905, 26. 3. 1906, in: IISG, Kleine Kollektion, coll. Henriette Fürth.

105 Korrespondenz Adele Schreibers, in: Bundesarchiv, Nachlaß Adele Schreiber Nr. 19; Evans: Women's Movement, S. 124.

106 H. Stöcker, S. 29.

wurde Adele Schreiber zu ihrer Nachfolgerin gewählt. 1910 schied Lily Braun »aus Gesundheitsrücksichten« ganz aus der Prüfungskommission aus[107]. Als Adele Schreiber sie bat, gegen Helene Stöcker für den Vorsitz zu kandidieren, lehnte sie ab: »Ich muß mich, aus innerem u.(nd) äußerem Zwang ausschließlich meinen literarischen Arbeiten widmen . . .«[108]

Der Bund hatte bis 1910 keine nennenswerten Erfolge erzielt und trotz der Entfachung einer breiten öffentlichen Diskussion die Moralvorstellungen seiner Zeit nicht nachhaltig verändert[109]. 1910 leitete dann eine Serie von Skandalprozessen den unrühmlichen Niedergang des Bundes ein: Helene Stöcker und Adele Schreiber hatten sich gegenseitig sexuelle Beziehungen zu männlichen Mitgliedern des Bundes vorgeworfen und mit gegenseitigen Beleidigungsklagen reagiert, die in vier Jahren zu sieben Prozessen führten und erst 1914 mit einem Vergleich endeten[110]. Dadurch, daß sich zwei Führerinnen des Bundes, der die freie Liebe propagierte, gerade wegen des Vorwurfs außerehelicher Beziehungen jahrelang in Beleidigungsprozessen gegenüberstanden, wurde das ganze Programm des Bundes unglaubwürdig. Zudem erwies sich die Leitung des Bundes als weitgehend unfähig, als sorglos in Geldsachen und als autoritär gegenüber den Mitgliedern[111]. Die meisten Mitglieder traten voller Abscheu aus dem Bund aus, und die Skandalprozesse machten ihn zum Gespött der Öffentlichkeit. So scheiterte die radikalste Bewegung für eine Sexualreform; sie wurde zwar von einzelnen Sozialdemokraten und Sozialdemokratinnen unterstützt, nicht jedoch von der SPD mitgetragen.

Dennoch gab es Berührungspunkte zwischen sozialistischer und bürgerlicher Frauenbewegung: Beide setzten sich mit dem Problem der Prostitution auseinander[112]. Die Sozialdemokratie glaubte zwar nicht, Prostituierte für sich gewinnen zu können, nutzte die Thematik jedoch zu Angriffen gegen die bürgerliche Gesellschaft. In der Regel ging man davon aus, daß wirtschaftliche Not das Hauptmotiv der Prostituierten sei[113], und die

---

107 M. Cauer an A. Schreiber, 30. 3. 1910, in: Bundesarchiv, Nachlaß Adele Schreiber Nr. 19; H. Stöcker, S. 30.

108 A. Schreiber an L. Braun, 28. 4. 1910, und L. Braun an A. Schreiber, 2. 5. 1910, in: Bundesarchiv, Nachlaß Adele Schreiber Nr. 19.

109 Evans: Women's Movement, S. 137 teilt diese Einschätzung.

110 Zahlreiche Briefe über diese Affäre in: Bundesarchiv, Nachlaß Adele Schreiber Nr. 19; Die Tribüne. Berlin 25. 3. 1914, in: ebd. Nr. 20; H. Stöcker; Evans: Women's Movement, S. 137.

111 Henriette Fürth: Die Lage der Mutter und die Entwicklung des Mutterschutzes in Deutschland, in: Adele Schreiber (Hrsg.): Mutterschaft. Ein Sammelwerk für die Probleme des Weibes als Mutter, München 1912, S. 278–298, hier S. 290ff.

112 Zu den Auseinandersetzungen radikaler bürgerlicher Frauen mit der Polizei in Hamburg s. Heymann, S. 50ff.; und Evans: Women's Movement, S. 53ff.

113 Gystrow (Hellpach) in: Die Neue Zeit. 16. Jg., Bd. II, S. 297; Hirsch, S. 45;

vorliegenden Fakten bestätigen diesen Befund. Die meisten Prostituierten waren vorher Dienstmädchen gewesen, und auch Kellnerinnen und Heimarbeiterinnen waren stark vertreten[114]. Ihr Werdegang läßt sich rekonstruieren: Dienstmädchen wurden häufig vom Hausherrn oder Söhnen des Hauses sexuell belästigt; wurde das bekannt oder bekam das Mädchen ein Kind, wurde es entlassen. Auch während der Urlaubssaison im Sommer wurden viele Dienstmädchen einfach entlassen und ohne Lohn und Wohnung in die Prostitution getrieben. Die Motive von Kellnerinnen sind ebenfalls leicht durchschaubar: In vielen Fällen bekamen sie gar keinen Lohn, sondern waren auf Trinkgeld und damit das Wohlwollen ihrer meist männlichen Kunden angewiesen[115], und ihr Arbeitgeber maßte sich eine Art ius primae noctis an[116].

Ein Versuch der sozialistischen Frauenbewegung Berlins, an dem vor allem Agnes Wabnitz, Martha Rohrlack und Emma Ihrer beteiligt waren, die Kellnerinnen für die Sozialdemokratie zu gewinnen, scheiterte bald nach anfänglichen Erfolgen[117]. Die »Gleichheit« übte scharfe Kritik an Camilla Jellineks Versuch, mit einer von 20000 Frauen unterzeichneten Petition ein Verbot weiblicher Bedienung in Gastwirtschaften durchzusetzen, da diese Arbeit unsittlich sei: man solle die Kellnerinnen vor Ausbeutung schützen, nicht ihnen die Arbeit nehmen. Ein erneuter Versuch, unter Kellnerinnen zu agitieren, wurde 1909 in Nürnberg von Helene Grünberg unternommen, hatte jedoch auch keinen durchschlagenden Erfolg[118]. Tatsächlich schlossen sich auch viele Sozialdemokraten der moralischen Verurteilung dieser Frauen an und rechneten sie zum Lumpenproletariat, dem nicht mehr zu helfen sei[119]. 1918 versuchte der Düsseldorfer Arbeiter- und Soldatenrat sogar, die Arbeit der Kellnerinnen abzuschaffen[120].

---

eine Ausnahme ist Edmund Fischer, der die Prostituierten für Psychopathinnen hielt: Sozialistische Monatshefte 1909, Bd. II, S. 963.

114 Zahlen aus Berlin bei: H. Lux: Die Prostitution, ihre Ursachen, ihre Folgen und ihre Bekämpfung, Berlin 1892, S. 12f., und: Stillich, S. 250; Zahlen über den Regierungsbezirk Arnsberg bei: Paul Kampffmeyer: Die Prostitution als soziale Klassenerscheinung und ihre sozialpolitische Bekämpfung, Berlin 1905, S. 27, 115f.

115 Hirsch, S. 49; Mosegaard in: Klucsarits/Kürbisch, S. 97f.; Karl Schneidt: Das Kellnerinnen-Elend in Berlin, Berlin 1893, S. 19, 45.

116 Ebd., S. 51.

117 Berliner Tageblatt und Handels-Zeitung. Nr. 391, 5. 8. 1891, 20. Jg., Abend-Ausgabe, und: Germania. Zeitung für das deutsche Volk und Handelsblatt. Nr. 297, 28. 12. 1892, 22. Jg., 2. Blatt, in: Bundesarchiv, ZSg 113–95; Gleichheit 11. 1. 1892.

118 Camilla Jellinek: Entwurf einer Petition betreffend das Verbot weiblicher Bedienung in Gast- und Schankwirtschaften, Gautzsch bei Leipzig 1909; Gleichheit 21. 6. 1909, 5. 7. 1909, 19. 7. 1909, 2. 8. 1909.

119 Schneidt, S. 4.

120 Protesttelegramm der Kellnerinnen Düsseldorfs an die Regierung in Berlin,

Neben den Dienstmädchen und Kellnerinnen stellten die Heimarbeiterinnen, die nur saisonal Beschäftigung fanden, das Hauptkontingent auch der Gelegenheitsprostituierten[121]. Unter den Kunden überwog der Mittelstand; viele Arbeiter empfanden einen Bordellbesuch als Schande[122].

Als konkrete Maßnahme traten Sozialisten für die Abschaffung der staatlichen Reglementierung und polizeilichen Überwachung der Prostitution ein, die auch Gertrud Guillaume-Schack, weite Teile der englischen Frauenbewegung und der radikale Flügel der deutschen bürgerlichen Frauenbewegung forderten. Engels hatte 1892 geschrieben:

»Solange Prostitution nicht ganz abschaffbar, ist nach meiner Ansicht vollständige Befreiung der Mädel von aller Ausnahmegesetzgebung für uns erstes Gebot . . . Nach meiner Meinung haben wir bei der Behandlung dieses Gegenstandes die Interessen der Mädel selbst, als Schlachtopfer der heutigen Gesellschaftsordnung, ins Auge zu fassen und sie vor dem Verlumpen möglichst zu schützen – wenigstens nicht durch Gesetze und Polizeischweinereien sie direkt zur Verlumpung zu zwingen, wie das auf dem ganzen Kontinent geschieht.«[123]

Die sozialistische Frauenbewegung führte 1898 trotz der gegenteiligen Auffassung Henriette Fürths[124] Protestversammlungen gegen die Praktiken der Sittenpolizei durch, auf denen unter anderen Lily Braun und Martha Rohrlack sprachen[125]. Sozialistische Stellungnahmen zu der Frage betonten häufig die eigene moralische Überlegenheit über die verdorbene bürgerliche Gesellschaft und verrieten zum Teil puritanische Selbstgerechtigkeit[126].

Prüderie wurde in der Arbeiterschaft dennoch nicht geschätzt. Sexualität war als Gesprächsthema kein Tabu[127], der erste Geschlechtsverkehr fand früh statt[128]. Göhre schildert den Sonntagabend der Arbeiterjugend: Bis Mitternacht ging man tanzen.

»Dann zieht Paar nach Paar einsam von dannen, zu einem Nachtspaziergang ins freie Feld, wo nur die Sterne die Sünde sehen, die man hier begeht, oder bis in

---

24. 11. 1918, in: Archiv der sozialen Demokratie, Nachlaß Emil Barth, Kassette I, Nr. 97.

121 Alfred Blaschko: Die Prostitution im 19. Jahrhundert, Berlin 1902, S. 17, 24.

122 Ebd., S. 11; Göhre, S. 206; Otto Rühle: Illustrierte Kultur- und Sittengeschichte des Proletariats. Bd. I, Berlin 1930, S. 488.

123 F. Engels an A. Bebel, 22. 12. 1892, in: MEW 38, S. 552f.

124 A. Blaschko an H. Fürth, 3. 1. 1905, 6. 2. 1905, 25. 2. 1905, 3. 3. 1905, in: IISG, Kleine Kollektion, coll. Henriette Fürth.

125 Gleichheit 19. 1. 1898, 2. 2. 1898.

126 Neuman, S. 224.

127 Krille in: Emmerich I, S. 362; Günther Dehn: Großstadtjugend. Beobachtungen und Erfahrungen aus der Welt der großstädtischen Arbeiterjugend, Berlin 1919, S. 78; Gystrow, S. 34.

128 Ferch, S. 53; Gystrow, S. 34; Gertrud Herrmann: Formen des Gemeinschaftslebens jugendlicher Mädchen. Sozialpsychologische Untersuchungen in einem Fürsorgeerziehungsheim, Leipzig 1929, S. 28.

Liebchens Hausflur oder gar in Liebchens Wohnung und Bett. Denn das ist nach allen meinen Beobachtungen wenn auch nicht die durchgängige Regel, so doch in den überwiegenden Fällen der Abschluß jedes sonntäglichen Tanzvergnügens . . . Ich behaupte, daß infolgedes kaum ein junger Mann oder ein junges Mädchen aus der Chemnitzer Arbeiterbevölkerung, das über 17 Jahre alt ist, noch keusch und jungfräulich ist. Der geschlechtliche Umgang, auf den Tanzböden vor allem groß gezogen, ist unter dieser Jugend heute im weitesten Umfang verbreitet. Es gilt einfach als das Natürliche und ganz Selbstverständliche . . .«[129]

Auch Wettstein-Adelt beobachtete, daß die Mädchen mit 16 Jahren »einen Schatz« haben und »den geschlechtlichen freien Verkehr aus Liebe nicht für unsittlich, sondern für natürlich halten . . .«, und andere Autoren bestätigen diese Beobachtung[130]. Voreheliche Beziehungen waren in Arbeiterkreisen üblich[131]; die Mädchen wurden nicht mit Verachtung gestraft. Wally Zepler meinte, daß »in der überwiegenden Mehrheit der Fälle geschlechtliche Unberührtheit der Mädchen im Proletarierleben weder existiert noch gefordert wird«[132].

Die unverheiratete Geliebte genoß die gleiche Achtung wie die legitime Ehefrau, und der Moralkodex der Arbeiter verpflichtete den Mann, seine Freundin zu heiraten, wenn sie ein Kind erwartete[133]. »Im Laufe der Jahrzehnte hat diese Praxis sich fest eingebürgert. So fest, daß man heute in Arbeiterkreisen über die Nichteinhaltung der einmal erwachsenen Verpflichtung sehr abfällig denkt. Der junge Arbeiter, der bei seinen Klassengenossen Achtung genießen will, darf das von ihm Mutter gewordene Mädchen nicht im Stich lassen.«

Die Arbeiterschaft auf dem Lande und in der Stadt billigte auch den Mädchen eine größere sexuelle Freiheit zu, als die vorherrschende Moral erlaubte[134]. Dennoch fehlten moralische Gesetze keineswegs: Moralischer Druck zwang den Mann, seine schwangere Geliebte zu heiraten, und die vorehelichen Verhältnisse wie die Ehen der Arbeiter waren in der Regel monogam[135]. Die »Gleichheit« erklärte:

---

129 Göhre, S. 204ff.

130 Wettstein-Adelt, S. 25, 30; Blaschko, S. 12f.; Dehn: Großstadtjugend, S. 80.

131 Gleichheit 18. 3. 1896; K. Duncker: Sozialistische Erziehung, S. 11; Ferch, S. 52; Gystrow, S. 34.

132 Sozialistische Monatshefte 1899, S. 239.

133 Gleichheit 18. 3. 1896; Blaschko, S. 12f.; K. Duncker: Sozialistische Erziehung, S. 11f.; Gottheiner, S. 6; Gystrow, S. 34; Robert und Lisbeth Wilbrandt in: Handbuch der Frauenbewegung. IV, S. 189f.; Bäumer: Die Frau, S. 109; Iwan Bloch: Das Sexualleben unserer Zeit in seinen Beziehungen zur modernen Kultur, Berlin 1907, S. 298.

134 L. Braun: Frauenfrage, S. 384; Fürth: Das Geschlechtsproblem und die moderne Moral, S. 11; dies.: Kulturideale und Frauentum, S. 6; Otto Rühle: Das proletarische Kind. Eine Monographie, München 1911, S. 68; Wegner, S. 24.

135 Ferch, S. 68; Fürth: Das Geschlechtsproblem und die moderne Moral, S. 11;

». . . manche Arbeiterinnen wollen auch keine Vestalinnen sein! Sie geben sich dem Manne, der ihre Neigung gewann, ohne des Priesters Segen, ohne des Standesbeamten Formeln. In einem ›Verhältniß‹ suchen sie Befriedigung ihres Gefühlslebens, Geschlechtsgenuß und den wirthschaftlichen Rückhalt, den die kapitalistisch ausgebeutete Frau so schwer enträth. In den meisten derartigen Fällen erfolgt die Legitimierung der Ehe erst dann, wenn das erste oder zweite Kind ›unterwegs‹ oder geboren ist. Ist das unsittlich? Wir sagen nein . . . Solange das ›Verhältniß‹ der Arbeiterin auf gegenseitiger Achtung und Sympathie beruht, ist es unbeschadet seiner Form sittlich . . .«[136]

Selbst die Gewerbeaufsichtsbeamten verzichteten in einer offiziellen Erhebung auf die Unterscheidung zwischen verheirateten und »in wilder Ehe lebenden« Arbeiterinnen, »weil solche Verhältnisse bei den Arbeitern erfahrungsgemäß meist zu einer gesetzlich gültigen Ehe führen . . .«[137] Arbeiterautobiographien bestätigen diesen Eindruck[138]. Konkubinate waren zu Beginn des 19. Jahrhunderts durch die Ehegesetzgebung gefördert worden, die vor allem in Süddeutschland und Österreich Angehörigen der unteren Schichten ohne reguläre Arbeit und gesichertes Einkommen die Eheschließung unmöglich gemacht hatte.

Die Zahl der unehelich geborenen Kinder gibt Aufschlüsse über das gewandelte Sexualverhalten. Nach Edward Shorter ist in Europa von 1750 bis 1850 ein Anstieg der Rate unehelicher Geburten von 1 % auf 10 bis 20 % zu beobachten. Dieses Phänomen erklärt er mit der Industrialisierung, der Entstehung eines Proletariats mit eigenen, neuen Wertmaßstäben, einer von ihren Eltern unabhängigeren Jugend und mit der Zusammenballung der Menschen in Großstädten. Nach 1880 stieg dann der Anteil der unehelichen Geburten nicht mehr an[139]. Um 1900 wurde in Deutschland fast ein Zehntel aller Kinder unehelich geboren: 1905/06 standen im Tagesdurchschnitt 479 uneheliche Geburten 5184 ehelichen gegenüber; für 1906/07 sind die Zahlen 485 zu 5227[140]. Auf dem Land war der Anteil der Unehelichen mit 25 % weit höher als der Durchschnitt[141], und auch in den wichtigsten Großstädten wie Berlin lagen die Zahlen sehr hoch:

---

Peter N. Stearns: European Society in Upheaval. Social History Since 1800, London, New York 1967, S. 133.

136 Gleichheit 18. 3. 1896.

137 Beschäftigung verheiratheter Frauen, S. 18.

138 Bromme, S. 218; Wenzel Holek: Lebensgang eines deutsch-tschechischen Handarbeiters. Mit einem Vorwort hrsg. v. Paul Göhre, Jena 1909, S. 172; Franz Rehbein: Das Leben eines Landarbeiters. Hrsg. v. Karl Winfried Schafhausen. Unveränderter Nachdruck der Erstausgabe, hrsg. v. Paul Göhre, Jena 1911, Darmstadt, Neuwied 1973, S. 249.

139 Edward Shorter: Sexual Change and Illegitimacy: The European Experience, in: Robert J. Bezucha (Hrsg.): Modern European Social History, Lexington, Toronto, London 1972, S. 231ff.

140 Mayr, S. 99.

141 Wegner, S. 24.

*Tabelle 22:* Der Anteil unehelicher Geburten im Deutschen Reich und in Berlin[142]

| | Deutschland | Berlin |
|---|---|---|
| 1890 | 9,1 % | 12,3 % |
| 1900 | 8,7 % | |
| 1903 | 8,3 % | |
| 1904 | 9,2 % | 14,7 % |
| 1905/06 | 9,2 % | |
| 1906 | | 17,6 % |
| 1906/07 | 9,3 % | |
| 1907 | | 18,6 % |
| 1908 | | 19,3 % |
| 1909 | | 20,0 % |
| 1910 | 9,1 % | 20,9 % |
| 1911 | | 22,2 % |

Die Landbevölkerung und die Arbeiterschaft der Großstädte trugen in erster Linie zu der Zahl unehelicher Geburten bei. In Österreich waren 1904 69,6 % der Väter und 68,0 % der Mütter unehelicher Kinder Arbeiter, Tagelöhner oder Dienstboten[143]. Schneider führte 1895 eine Analyse der Geburtskarten der Dresdener Standesämter durch und errechnete nicht nur die Rate unehelicher Geburten, sondern auch die der vorehelich gezeugten Kinder. Dabei unterschied er nach fünf sozialen Schichten:

*Tabelle 23:* Anteil der vorehelich und ehelich gezeugten Kinder in Dresden 1890–1894 (in %)[144]

| soziale | 1890 | | 1891 | | 1892 | | 1893 | | 1894 | |
|---|---|---|---|---|---|---|---|---|---|---|
| Gruppe | v. | e. | v. | e. | v. | e. | v. | e. | v. | e. |
| I | 51 | 49 | 50 | 50 | 49 | 51 | 48 | 52 | 47 | 53 |
| II | 27 | 73 | 33 | 67 | 32 | 68 | 29 | 71 | 31 | 69 |
| III | 20 | 80 | 19 | 81 | 17 | 83 | 21 | 79 | 11 | 89 |
| IV | 33 | 67 | 37 | 63 | 41 | 59 | 35 | 65 | 27 | 73 |
| V | 2 | 98 | 4 | 96 | 8 | 92 | 3 | 97 | 7 | 93 |

142 Für Berlin: Gleichheit 23. 7. 1913; F. Müller-Lyer: Die Familie, München 1911, S. 229; für Deutschland: William J. Goode: World Revolution and Family Patterns, New York, London 1963, S. 38; Mayr, S. 99; Müller-Lyer, S. 229; Otto Rühle: Kinder-Elend. Proletarische Gegenwartsbilder, München o. J., S. 15. 1975 lag der Anteil der nichtehelich Lebendgeborenen an den Lebendgeborenen in der Bundesrepublik bei 6,12 %: Statistisches Jahrbuch 1977, S. 68.

143 Mayr, S. 147.

144 Schneider: Ueber voreheliche Schwängerung, in: Jahrbücher für Nationalökonomie und Statistik. 3. Folge. 10. Bd., Jena 1895, S. 554–561, hier S. 555. I: Arbeiter, Gehilfen. II: Handwerker, Handelsleute, Subalternbeamte. III: Kaufleute, Industrielle, Gutsbesitzer. IV: Künstler, Schriftsteller. V: Studierte, höhere Beamte, Offiziere. v.: vorehelich gezeugt. e.: ehelich gezeugt.

In der Arbeiterschaft wurde ungefähr die Hälfte der Kinder vorehelich gezeugt, während die Zahlen für die »voreheliche Schwängerung«, wie Schneider formuliert, bei den anderen sozialen Gruppen wesentlich niedriger liegen. Etwa zwei Drittel der vorehelich gezeugten Kinder entfallen auf die Gruppe der Arbeiter und Gehilfen, insgesamt wurden etwa 40 % der ehelichen Erstgeburten vorehelich gezeugt[145]. Diese Zahlen bestätigen erneut, daß für viele Arbeiter und Arbeiterinnen die Schwangerschaft der Anlaß zur Heirat war.
Die Gesamtzahl der Geburten ging in Deutschland seit 1875 deutlich zurück.

*Tabelle 24:* Geburten auf 1000 Einwohner[146]

| | Deutschland | Berlin |
|---|---|---|
| 1875 | 42,3 | |
| 1876 | | 45,4 |
| 1885 | 38,5 | |
| 1895 | 37,3 | |
| 1901 | 36,52 | |
| 1905 | 34 | |
| 1906 | | 25,04 |
| 1907 | | 24,68 |
| 1908 | | 23,88 |
| 1909 | | 22,42 |
| 1910 | 30,83 | 21,45 |
| 1911 | 29,36 | 20,84 |

In der Provinz Brandenburg sank die Zahl der Geburten pro 1000 Frauen zwischen 15 und 45 Jahren von 174,87 im Jahre 1876 auf 137,61 im Jahre 1905[147]. Der kontinuierliche Geburtenrückgang korreliert nicht mit der Zahl der Eheschließungen, die weitgehend konstant blieb, in Berlin sogar anstieg. Er war eine internationale Erscheinung, die zuerst in den Städten, dann jedoch auch auf dem Lande einsetzte. Viele Ehepaare bekamen nur noch ein oder zwei Kinder, die Zahl der sehr kinderreichen Familien ging zurück[148]. Eine Berliner Statistik differenziert – wenngleich mit unscharfen Kriterien – nach sozialen Schichten:

145 Ebd., S. 560.
146 Gleichheit 23. 7. 1913; Eduard Bernstein: Der Geschlechtstrieb, Berlin 1908, S. 22; Ulrich Linse: Arbeiterschaft und Geburtenentwicklung im Deutschen Kaiserreich von 1871, in: Archiv für Sozialgeschichte XII (1972), S. 205–271, hier S. 206; M. Wurm, S. 20.
147 Gleichheit 13. 5. 1914.
148 Gleichheit 23. 7. 1913; E. Bernstein: Der Geschlechtstrieb, S. 22; Marie Bernays: Besteht ein ursächlicher Zusammenhang zwischen der Frauenbewegung

*Tabelle 25:* Geburten auf 1000 Frauen zwischen 15 und 50 Jahren in Berlin 1886 bis 1894[149]

| | |
|---|---|
| in ganz Berlin | 102 |
| in den sehr armen Bezirken | 157 |
| in den armen Bezirken | 129 |
| in den wohlhabenden Bezirken | 114 |
| in den sehr wohlhabenden Bezirken | 96 |
| in den reichen Bezirken | 63 |
| in den sehr reichen Bezirken | 47 |

Trotz der unscharfen Abgrenzung zeigen diese Zahlen eindrucksvoll, daß die Kinderzahl in umgekehrtem Verhältnis zum Einkommen stand. Der Geburtenrückgang setzte zuerst in der Mittel- und Oberschicht ein; seit 1906 jedoch sank die Geburtenziffer in der Berliner Arbeiterschaft schneller als in anderen Schichten, obwohl sie deren niedrigen Stand nicht erreichte. Vor allem qualifizierte Arbeiter wie Schriftsetzer, Buchdrucker, gelernte Metallarbeiter und Feinmechaniker beschränkten sich auf zwei Kinder, während die vom Land in die Stadt einwandernden ungelernten Arbeiter weiterhin viele Kinder hatten[150].
Es zeigt sich, daß die Ursache für den Geburtenrückgang nicht in der gesundheitsschädlichen Frauenarbeit zu sehen ist, die allerdings für eine große Anzahl von Frauenkrankheiten sowie Tot- und Fehlgeburten verantwortlich zu machen war[151]. Die Hauptursache ist vielmehr bewußte Familienplanung und die Anwendung empfängnisverhütender Mittel[152]. Neuman betrachtet die Geburtenkontrolle als Indikator für ein gewisses Niveau sozialer, ökonomischer und intellektueller Entwicklung, die in der Arbeiterschaft in erster Linie bei Facharbeitern und überzeugten Sozialdemokraten anzutreffen war[153]. Wettstein-Adelt meinte sogar, nur die sozialdemokratischen Arbeiterinnen kennten eine »vernünftige Kinderproduktion«; mehr als drei Kinder in einer Arbeiterfamilie seien »Schuld zum Ruin derselben«[154]. Der Rückgang der Kinderzahl war zweifellos eine

---

und dem Geburtenrückgang?, in: Archiv für Frauenkunde und Eugenetik I (1914), S. 70f.; Linse, S. 206, 217.

149 Olberg: Das Weib und der Intellektualismus, S. 47.

150 Linse, S. 218f.

151 Gleichheit 20. 8. 1913, 17. 9. 1913, 25. 10. 1913, 12. 11. 1913, 1. 4. 1914.

152 So richtig Richard Lewinsohn: Die Stellung der deutschen Sozialdemokratie zur Bevölkerungsfrage, in: Schmollers Jahrbuch für Gesetzgebung, Verwaltung und Volkswirtschaft im Deutschen Reiche. 46 Jg. (1922), S. 191–237, hier S. 209.

153 R. P. Neuman: Industrialization and Sexual Behavior: Some Aspects of Working Class Life in Imperial Germany, in: Bezucha, S. 270–298, hier S. 289f.

154 Wettstein-Adelt, S. 42, 45.

ganz wichtige Veränderung im Leben der Frauen und entfachte eine heftige öffentliche Diskussion. Obwohl – anders als heute – die Bevölkerungszahl trotz des Geburtenrückgangs immer noch, allerdings langsamer als zuvor, anstieg, fürchteten konservative Kreise um die politische Machtstellung Deutschlands oder lehnten aus religiösen oder moralischen Gründen die Familienplanung ab. Die Regierung verbot die Werbung für Verhütungsmittel und plante kurz vor dem Ersten Weltkrieg sogar ein generelles Verbot empfängnisverhütender Mittel[155].

Die Sozialdemokratie dagegen hatte kein klares bevölkerungspolitisches Konzept und auch keine einheitliche Auffassung zur Frage der Familienplanung. Marx und Engels haben der Frage keine große Bedeutung beigemessen; Janssen-Jurreits Behauptung, sie hätten sich nie zu dem Problem geäußert, ist allerdings unrichtig[156]. Engels diskutierte die Thematik in einer intensiven Korrespondenz mit Karl Kautsky, der als Anhänger Malthus' die Anwendung von Verhütungsmitteln zur Vermeidung einer drohenden Überbevölkerung empfohlen hatte[157]. Engels jedoch blieb bewußt vage, stellte sich »gegen die Idee der Regelung der Bevölkerung nicht unbedingt ablehnend« und meinte, diese Entscheidung solle man den Nachkommen überlassen[158]. Er wollte die Frage nicht politisch-theoretisch gelöst wissen, sondern sah darin eine »Privatsache zwischen Mann und Frau und allenfalls dem Familienarzt«[159].

Mit dieser Haltung unterschied sich Engels klar von der Intoleranz eines Wilhelm Liebknecht, der Empfängnisverhütung für verwerflich und unsittlich hielt[160]. Auch Lassalle lehnte Verhütungsmittel ab[161]. Diese moralische Verurteilung der Familienplanung konnte sich zwar in der SPD nicht durchsetzen, doch zeigt sich vielfach ein sehr gebrochenes Verhältnis zur Sexualität. Bebel erkannte: »Intelligente und energische Frauen haben – von Ausnahmen abgesehen – in der Regel keine Neigung, einer größeren Anzahl Kinder, als einer ›Schickung Gottes‹, das Leben zu geben und die besten Lebensjahre im Schwangerschaftszustande oder mit dem Kinde an der Brust zu verbringen.« Empfängnisverhütende Mittel mochte er jedoch

---

155 Gleichheit 15. 4. 1914; E. v. Hofmannsthal: Durch Anpreisung von Antikonzeptivmitteln kann das Vergehen nach § 305 StGB begangen werden, in: Archiv für Frauenkunde und Eugenetik I (1914), S. 199f.; Linse, S. 211ff., 257ff.

156 Janssen-Jurreit, S. 200.

157 Karl Kautsky: Der Einfluß der Volksvermehrung auf den Fortschritt der Gesellschaft, Wien 1880; Karl Kautsky: Erinnerungen und Erörterungen. Hrsg. v. Benedikt Kautsky, Den Haag 1960, S. 390ff.; K. Kautsky an F. Engels, 4. 12. 1880, in: B. Kautsky, S. 9f.

158 K. Kautsky an F. Engels, 10. 2. 1881, in: ebd., S. 15.

159 F. Engels an K. Kautsky, 10. 2. 1883, in: ebd., S. 71f.

160 K. Kautsky an F. Engels, 10. 2. 1881 und 15. 3. 1883, in: ebd., S. 15, 76; K. Kautsky: Erinnerungen und Erörterungen, S. 390.

161 Neuman, S. 239.

nicht empfehlen: »Schließlich vollzieht sich die Regulierung der Volkszahl in einer naturgemäß lebenden Gesellschaft ohne schädliche Enthaltsamkeit und ohne widernatürlichen Präventivverkehr.«[162] Die Lösung dieses Rätsels, die Antwort auf diesen Widerspruch ist für Bebel die Errechnung der empfängnisfreien Tage der Frau, die ihm als einzige Methode der Empfängnisverhütung nicht »widernatürlich« erschien[163].

Henriette Fürth ordnete die Sexualität ganz dem Ziel der Fortpflanzung unter: »Im ganzen weiten Reich der Natur dient die Sexualität der Forterhaltung der Art. Sie ist ihr Zweck und ihr Ausdruck, und was sich von diesem Zweck entfernt, ist Entartung.«[164] Der Gedanke der Toleranz fehlt hier völlig; statt dessen werden strenge Normen gesetzt, die den Geist der Lustfeindlichkeit atmen. Noch deutlicher wird diese Einstellung bei Hellpach: Einerseits empfahl er zwar den Mädchen, bei vorehelichem Geschlechtsverkehr – den er allerdings nur mit dem künftigen Ehepartner billigte – Verhütungsmaßnahmen zu ergreifen. Andererseits jedoch schrieb er:

> »Dann aber wirkte das Zweikindersystem überall, wo es zur Sitte ward, direkt entartend. Ist schon der Widerwille des Weibes gegen die Mutterschaft etwas Krankhaftes, so steigert sich durch die Ausübung eines Liebesverkehrs mit Vorbeugungsmaßnahmen das Unnormale des geschlechtlichen Empfindens regelmäßig sehr stark. Die Mutterschaft stellt eine durchaus zweckmäßige Unterbrechung des Liebeslebens für beide Geschlechter dar, nach welcher die Wiederaufnahme des geschlechtlichen Verkehrs als neuer Reiz empfunden wird. Ohne diese Unterbrechung stumpft sich das Wohlgefallen am einfachen Beischlaf sehr rasch ab, namentlich wo starke Begierde des Weibes ihn zu häufig fordert, und es beginnen die Raffinements.«[165]

In der »Neuen Zeit« erklärte er: »Die freie Liebe im pseudomodernen Sinne dagegen müßte zu einer allgemeinen Prostitution führen. Denn prostituirt wird im weitesten Sinne jedes Weib, das sich unter bewußter Verhinderung der Mutterwerdung wiederholt dem Geschlechtsverkehr hingiebt . . . Denn widernatürlich ist jeder Geschlechtsverkehr, der nicht unter den Zweck der Erhaltung der Art fällt.«[166]

Hellpachs schon damals konservative These von der notwendigen Einheit von Sexualität und Fortpflanzung fand sofort Widerspruch[167]; dadurch sah er sich veranlaßt, aus sozialen Gründen empfängnisverhütende Mittel für Eltern mit mindestens fünf Kindern zuzulassen. Auf die Setzung von Normen und Vorschriften verzichtete er nicht. Mit fragwürdigen »biolo-

---

162 Bebel: Frau, S. 547f.

163 Dazu ausführlich Neuman, S. 199ff.; 241, 261ff.

164 Fürth: Das Geschlechtsproblem und die moderne Moral, S. 11.

165 Gystrow (Hellpach), S. 24, 29f.

166 Die Neue Zeit. 16. Jg., Bd. II, S. 300, 303 (ebenfalls unter dem Pseudonym Gystrow).

167 Ebd., S. 411, 521ff.

gischen« Argumenten und der Angst um die Entartung der Frauen begründete er seine Auffassung:

»Vor allen Dingen aber zeigt sich, daß der empfängnißfreie Geschlechtsgenuß, aus hedonistischen Gründen geübt, eine unaufhaltsame Entartung des sexualethischen Empfindens beim Weibe herbeiführt . . . Das Widernatürliche des Präventivverkehrs liegt für mich eben in der Auseinanderreißung einer physiologischen Einheit, die beim Weibe die Grundlage des gesunden Geschlechtsempfindens ist.«[168]

Seine Befürchtungen beschränkten sich auf das weibliche Empfinden; die Berufung auf ein besonderes Wesen der Frau ermöglichte es, eine freiere Sexualität der Frau als Entartung zu bekämpfen.

Es galt weithin als selbstverständlich, daß der Mann von Natur aus, nicht etwa auf Grund historisch gewordener sozialer und kultureller Bedingungen, polygam, die Frau dagegen monogam veranlagt sei[169]. Überhaupt waren auch in der Sozialdemokratie die inzwischen weitgehend widerlegten Vorstellungen ihrer Zeit über die menschliche Sexualität verbreitet. Man übernahm die Thesen zeitgenössischer Mediziner, die zu einem großen Teil puritanisch und sexualfeindlich dachten[170]. Zu groß war die Wissenschaftsgläubigkeit, um Behauptungen von anerkannten Medizinern kritisch gegenüberzustehen, selbst wenn sie den Frauen jegliche sexuellen Gefühle und Bedürfnisse absprachen[171]. Auch in der SPD wurden Homosexualität, früher oder häufiger Geschlechtsverkehr, Masturbation und Nacktheit als pervers oder gesundheitsschädlich angesehen[172]. Das ganze Ausmaß der Unkenntnis sexueller Vorgänge wird bei dem sozialdemokratischen Mediziner (!) Hellpach deutlich, der verkündete, die Selbstbefriedigung bei Mädchen sei »der männlichen Onanie keineswegs gleichwertig, indem sie nur eine Reizung der Geschlechtsteile ohne Befriedigung darstellt«[173].

Angesichts dieses Wissensstandes ist es nicht erstaunlich, daß die SPD

---

168 Ebd., S. 730f.

169 Fürth: Das Geschlechtsproblem und die moderne Moral, S. 15; ähnlich aber auch Engels: Der Ursprung der Familie, S. 82f.; s. dazu Neuman, S. 120.

170 Neuman, S. 265; ders.: The Sexual Question and Social Democracy in Imperial Germany, in: Journal of Social History. Vol. 7 No. 3 (1974), S. 271–286, hier S. 272ff.

171 Z. B. August Forel oder der Chirurg Acton: August Forel: Die sexuelle Frage. Eine naturwissenschaftliche, psychologische, hygienische und soziologische Studie für Gebildete, München [12] 1916, S. 101; Karl Saller: Sexualität und Sitte in der vorindustriellen Zeit, in: Ferdinand Oeter (Hrsg.): Familie und Gesellschaft, Tübingen 1966, S. 113–140, hier S. 114.

171 Bromme, S. 81, 100, 123; K. Duncker: Sozialistische Erziehung, S. 22f.; Ernst Gebert: Geschlechtsverkehr und Geschlechtskrankheiten, Berlin 1918, S. 4f.; Gystrow, S. 41 ff.; Keßler, S. 24; J. Marcuse: Geschlechtliche Erziehung in der Familie, S. 15ff.; ausführlich dazu Neuman, S. 250ff.

173 Gystrow, S. 44.

kein klares sexualmoralisches Konzept entwickelte. In sexuellen Fragen teilte die SPD die traditionellen Moralnormen ihrer Zeit[174]. Schon 1883 hatte Engels im »Sozialdemokrat« die Prüderie deutscher Sozialisten kritisiert, als er über Georg Weerth[175] schrieb, seine Sprache in der »Neuen Rheinischen Zeitung« sei so voller »natürlicher, robuster Sinnlichkeit und Fleischeslust« gewesen, daß viele Leser des »Sozialdemokrat« entsetzt wären. Engels bemerkte dazu:

> »Indeß kann ich doch die Bemerkung nicht unterdrücken, daß auch für die deutschen Sozialisten einmal der Augenblick kommen muß, wo sie dies letzte deutsche Philistervorurtheil, die verlogene spießbürgerliche Moralprüderie, offen abwerfen . . . Es wird nachgerade Zeit, daß wenigstens die deutschen Arbeiter sich gewöhnen, von Dingen, die sie täglich oder nächtlich selbst treiben, von natürlichen, unentbehrlichen und äußerst vergnüglichen Dingen ebenso unbefangen zu sprechen wie die romanischen Völker, wie Homer und Plato, wie Horaz und Juvenal, wie das alte Testament und die ›Neue Rheinische Zeitung‹.«[176]

Bernstein stimmte Engels zu: »Wir haben entsetzliche Anstandsmeier in der Partei.«[177] Zu denen gehörte Wilhelm Liebknecht, der sich der Aufnahme moderner Literatur in die »Neue Welt« widersetzte, da dort auch sexuelle Themen angesprochen wurden: »Die Schweinerei gehört nicht in die ›Neue Welt‹ hinein.« Ohnehin lehnten die »zuweilen kleinkarierten Parteivertreter« der Sozialdemokratie den Naturalismus häufig entschieden als geschmacklos ab[178]. Auf Liebknechts Betreiben ist es auch zurückzuführen, daß in der sozialdemokratischen Presse keine Inserate für Verhütungsmittel und keine Heiratsannoncen aufgenommen wurden[179].
Bernstein klagte über solche »Tugendbolde . . . mit der Engherzigkeit eines Landpastors«: »Wie wurde beispielsweise über die Heiratsannoncen hergezogen, während doch an sich es sehr gleichgültig ist, ob ich im Ball- oder Konzertsaal oder durch die Zeitung mir eine Lebensgefährtin suche. Die Annonce verpflichtet ja doch zu nichts. Aber da taten verschiedene sehr radikale Leute, als ob sie noch glaubten, die Ehen würden im Him-

---

174 Zu diesem Ergebnis kommt auch Neuman, S. 146, 165.

175 Georg Weerth (1822–1856), Dichter des Vormärz und der Revolution 1848; s. Georg Weerth: Sämtliche Werke. 5 Bde., Berlin 1956/57.

176 Sozialdemokrat. Nr. 24, 7. 6. 1883.

177 E. Bernstein an F. Engels, 31. 5. 1883, in: Helmut Hirsch (Hrsg.): Eduard Bernsteins Briefwechsel mit Friedrich Engels, Assen 1970, S. 210. Am 30. 8. 1883 teilte Bernstein Engels mit, seine Bemerkung habe »einige moralische Bedenken« erregt (ebd., S. 225).

178 Zu Liebknecht s. Paul Kampffmeyer: Friedrich Ebert. Ein Lebensbild, in: Friedrich Ebert: Schriften, Aufzeichnungen, Reden. Mit unveröffentlichten Erinnerungen aus dem Nachlaß. Bd. I, Dresden 1926, S. 11–128, hier S. 50f.; zur Haltung der SPD zum Naturalismus s. Günther Mahal: Naturalismus, München 1975, S. 135ff., S. 143.

179 Lewinsohn, S. 222.

mel geschlossen.«[180] Noch über zehn Jahre später bedauerte Bernstein, daß diese schiefe, tugendwächterische Haltung in der Partei noch nicht überwunden sei[181]. Andererseits hat gerade Bernstein es später für nötig befunden, in seiner Ausgabe von Engels' Briefen dessen Kommentare zu sexuellen Fragen auszulassen[182].

Auch in ihrer eigenen Subkultur erhielt die Sozialdemokratie die sexualmoralischen Werte der Gesellschaft: In ihren Jugendheimen standen Jungen und Mädchen stets unter der Aufsicht Erwachsener, abends um 22.00 Uhr wurde geschlossen. Nur selten wurden nächtliche Wanderungen gestattet, sexuelle Beziehungen zwischen Jugendlichen blieben dabei eine Ausnahme[183]. Nur wenige Sozialdemokraten stemmten sich gegen die verbreiteten sexualfeindlichen Anschauungen[184]. Lux etwa hielt die »moralische Enthaltsamkeit der Weiber« für »ein Vergehen gegen die Natur«[185].

So ist die uneinheitliche Stellung der Partei zur Frage des Geburtenrückgangs und der Empfängnisverhütung eingebettet in ein grundsätzlich ungeklärtes Verhältnis zur Sexualität überhaupt. Die in den letzten Jahren vor dem Ersten Weltkrieg öffentlich entbrannte Diskussion um die Geburtenentwicklung und die repressive Bevölkerungspolitik der Regierung zwangen jedoch auch die SPD zu einer Stellungnahme. Zudem stieß eine Propaganda für einen »Gebärstreik« gerade bei sozialdemokratischen Frauen auf große Resonanz. Der Arzt Fritz Brupbacher hatte schon 1903 in Zürich eine Kampagne für die Geburtenbeschränkung eingeleitet, da er sich davon eine Linderung des sozialen Elends erhoffte[186]. Der Berliner Arbeiterarzt und Sozialdemokrat Alfred Bernstein propagierte dagegen seit März 1913 in Vortragsreisen den »Gebärstreik« als politisches Kampfmittel: »Sozialistische Frauen, fordert eure Menschenrechte! Gewährt man sie euch nicht, dann organisiert den Geburtenstreik.«[187] Diese Gedanken wurden vor allem in der sozialistischen Frauenbewegung Berlins diskutiert, aber auch schon am 2. März 1913 in Recklinghausen von Frau

---

180 E. Bernstein an F. Engels, 24. 2. 1883, in: H. Hirsch, S. 184f.

181 Die Neue Zeit. 13. Jg., Bd. II, S. 20f.

182 H. Hirsch, Vorwort zu dem Briefwechsel Bernstein-Engels, S. XIVf.

183 Neuman, S. 337f., 347f. Von einer Ausnahme berichtet Ludwig Tureck: Ein Prolet erzählt. Lebensschilderung eines deutschen Arbeiters, Berlin 1930, S. 58.

184 Vgl. die Aufrufe zur Toleranz, oben S. 248f.

185 Lux, S. 21.

186 Fritz Brupbacher: Kindersegen – und kein Ende?, Zürich 1903; ders.: 60 Jahre Ketzer, S. 97.

187 Alfred Bernstein: Wie fördern wir den kulturellen Rückgang der Geburten?, Berlin 1920, S. 5; Linse, S. 241ff.

Endmann vertreten, die dort zu den führenden Sozialdemokratinnen gehörte[188].

Der »Vorwärts« bezeichnete den Geburtenrückgang als ein »Zeichen kapitalistischer Entartung« und wandte sich gegen die Propagierung des »Gebärstreiks« als Kampfmittel[189]. Ausführlich nahm sich die »Gleichheit« des Problems an[190]: Als sich Minna Güldner von der Arbeiterinnenkommission des Metallarbeiterverbandes für die Einschränkung der Kinderzahl aussprach, fügte Clara Zetkin die Anmerkung hinzu, schuld am sozialen Elend sei der Kapitalismus, nicht die Zahl der Kinder: »Der ›Gebärstreik‹ ist keine neue ›revolutionäre Waffe‹ des Proletariats, er bedeutet keine Verschärfung und Steigerung des proletarischen Klassenkampfes. Er kann vielmehr als ›Präventivmittel‹ wirken gegen die Machtentfaltung des Proletariats und seine Befreiung.«[191] Therese Schlesinger betonte darauf, daß Geburtenbeschränkung den politischen Kampf nicht ausschließe und man die Kinderzahl nicht dem Zufall überlassen müsse, während Mathilde Wurm die ganze Diskussion in »das eheliche Schlafzimmer und in das Sprechzimmer des Arztes« verbannen wollte[192].

Wenngleich der hier hörbare Respekt vor der Entscheidung der einzelnen und der Verzicht auf autoritative Normsetzung anzuerkennen sind, enthält diese Position doch auch ein Ausweichen vor einer Frage von öffentlichem Interesse und letztlich auch politischer Relevanz. Zudem verkannte Clara Zetkin die Motivation von Eltern, die nur wenige Kinder erziehen konnten oder wollten, als Egoismus. 1902 bezeichnete sie den »Neo-Malthusianismus« als »das bequeme Auskunftsmittel aller Egoisten, die soviel u.(nd) so leichten Lebensgenuss als möglich haben wollen.« Als Mittel zur Lösung sozialer Probleme »für ganze soziale Klassen« sei er »ein unvergleichlicher Unsinn«[193]. »Aber nie kann er ein Mittel zur Lösung einer sozialen Frage sein. Gerade weil in den Kreisen unserer ›gebildeten‹ Parteigenossen der Neo-Malth.(usianismus) recht eifrig kultiviert wird – natürlich unter Berufung auf die Pflicht zur besseren Erziehung der Kinder, in Wirklichkeit aber nur aus dem Egoismus heraus, die Kinder so bequem u.(nd) sorglos als möglich grosszuziehen – wollte ich die Sache etwas eingehender erörtern.«[194]

Der vorwurfsvolle Ton legt den Verdacht nahe, daß auch für sie Lust um

188 StA Düsseldorf, Regierung Düsseldorf Nr. 42809 Bl. 218; Gleichheit 29. 10. 1913; Vorwärts 31. 7. 1913, 1. Beilage.
189 Vorwärts 31. 7. 1913, 1. Beilage, 7. 8. 1913, 3. Beilage.
190 Gleichheit 1913: 23. 7., 20. 8., 17. 9., 1. 10., 15. 10., 29. 10., 12. 11., 10. 12.; 1914: 1. 4., 15. 4., 29. 4., 13. 5., 10. 6.
191 Gleichheit 20. 8. 1913.
192 Gleichheit 1. 10. 1913.
193 C. Zetkin an K. Kautsky, 5. 6. 1902, in: IISG, Nachlaß Kautsky D XXIII 353.
194 C. Zetkin an K. Kautsky, 25. 3. 1902, in: IISG, Kautsky-Familienarchiv 19, 5.

ihrer selbst willen eine Sünde gegen irgendein moralisches Gesetz sei. In ihrem oben zitierten Brief bezog Clara Zetkin Stellung gegen Oda Olberg, die zwar den »präventiven Geschlechtsverkehr« pries »für all die Not und Qual, die er ungeboren läßt«, im »Gebärstreik« jedoch kein politisches Kampfmittel sah. Sie wandte sich lediglich gegen das »Gebären bis zur Erschöpfung« und lehnte sogar die Beschränkung auf nur zwei Kinder als »eine Schädigung der Gesellschaft und eine Verlangsamung der Kulturentwicklung« ab. Die Geburtenregelung solle die Kinderzahl pro Familie auf drei bis fünf begrenzen; die Entscheidung jedoch bleibe Privatangelegenheit und gehöre nicht in ein Parteiprogramm. Dagegen erkannte sie richtig, daß die Sozialdemokratie in der öffentlichen Debatte klar Stellung beziehen müsse[195]. Auch Wally Zepler befürwortete eine Familienplanung im individuellen Interesse der einzelnen Familien, nicht als politisches Programm[196].

Die Stellungnahmen innerhalb der sozialistischen Frauenbewegung reichten also von einer radikalen Propagierung des »Gebärstreiks« über Olbergs vorsichtiges Plädoyer für eine begrenzte Form der Geburtenregelung und Clara Zetkins Ablehnung vermeintlich egoistischer Motive bis zu grundsätzlicher Ablehnung aller Verhütungsmittel. In den meisten sozialdemokratischen Schriften jedoch wurde eine prinzipielle Verurteilung der Empfängnisverhütung zurückgewiesen[197], und Eduard Bernstein erklärte: »Die Verhinderung der Befruchtung kann ein hoher sittlicher Akt, sie kann aber auch unter bestimmten Umständen ein antisozialer und damit unsittlicher Akt werden. Irgend ein Gebot, ins Endlose Kinder zu erzeugen, existiert nicht.«[198]

In Berlin veranstalteten die Sozialdemokratinnen am 22. und 29. August 1913 zwei Versammlungen, in denen Clara Zetkin vor 3500 bzw. 3000 Zuhörern, von denen zwei Drittel Frauen waren, ihre Ansichten darlegte. Sie erklärte, die SPD sei sogar an hohen Kinderzahlen interessiert, da sie eine Partei der Massen sei. Während Rosa Luxemburg Clara Zetkin unterstützte, versuchte Luise Zietz zu vermitteln: Die Geburtenbeschränkung könne durchaus die Lage für einzelne verbessern, dürfe jedoch nicht als politisches Kampfmittel angesehen werden. Der sozialdemokratische Arzt Moses, der mit Alfred Bernstein in Berlin die Kampagne zur Geburtenbeschränkung leitete, wurde »mit demonstrativem Beifall« empfangen und erklärte, auch für ihn sei die Beschränkung der Geburtenzahlen nicht »die

195 Olberg: Das Weib und der Intellektualismus, S. 50; dies. in: Die Neue Zeit. 32. Jg., Bd. I, S. 47ff.

196 Sozialistische Monatshefte 1913, Bd. III, S. 1644.

197 Ferch, S. 39, 77, 81ff.; Olberg: Das Weib und der Intellektualismus, S. 50; I. Zadek: Frauenleiden und deren Verhütung. Nebst einem Anhang: Die Verhütung der Schwangerschaft, in: Arbeiter-Gesundheits-Bibliothek. Hrsg. unter Leitung v. Dr. med. Zadek, 1. Bd., Berlin [2]1914, S. 217–236, hier S. 236.

198 Eduard Bernstein: Der Geschlechtstrieb, in: ebd., S. 373–396, hier S. 394.

revolutionäre Waffe«, sondern nur »eines der Heilmittel . . . zur körperlichen Gesundung des Proletariats«. Auch der Beifall, den Alfred Bernstein erhielt, und mehrere Diskussionsbeiträge zeigten, daß Clara Zetkins Auffassung keineswegs von allen Anwesenden geteilt wurde. Schließlich erklärte sie, sie habe niemals diejenigen anklagen oder verurteilen wollen, die »aus irgend welchen Gründen freiwillig ihre Kinderzahl beschränken«. Nur dürfe man diese »Privatfrage« nicht zu einer »Parteisache« machen und vor allem nicht einen »Gebärstreik« als »revolutionäre Waffe anpreisen«[199].

Eine Frage von solch großem öffentlichen Interesse konnte jedoch nicht mehr zur Privatsache heruntergespielt werden. Linse erklärt richtig, daß die Parteianhänger von der SPD auch in sexuellen Fragen Verhaltensrichtlinien erwarteten: »Das Bedürfnis der Arbeiter und Arbeiterinnen nach Normen, nach erkennbarer Sicherheit für den Alltag, das weder von religiösen noch staatlichen Institutionen befriedigt wurde, verlangte seine Erfüllung von der einzig akzeptierten Autoritätsinstanz – der Partei. Diese hatte damit nicht nur die Sinngebung der politischen, sondern auch der privaten Existenz der von ihr repräsentierten Arbeiter zu formulieren.«[200]

Zu ergänzen ist allerdings, daß die negative Einschätzung des Geburtenrückgangs durch die Vertreter der Partei trotz der starken Bindung ihrer Anhänger an eine sozialdemokratische Subkultur mit ihren eigenen Werten und Autoritäten die Entwicklungstendenz nicht umkehren konnte. Der Gebrauch von Verhütungsmitteln nahm auch in Arbeiterkreisen weiter zu. Die Bedeutung dieses Problems zeigt die Äußerung eines schlesischen Grubenarbeiters von 1912: »Mein Wunsch und meiner Frau Wunsch ist daß wier keine Kinder mehr bekommen. Da redet Herr Bebel vom Schein der Wissenschaftlichkeit, wenn sich ein Arzt hergiebt und den Armen geplagten Aufklärung giebt über Verhütung der Empfängnis. Man verlangt die Frau soll sich emanzipieren. Aber wenn er wüßte wie es um die meisten Arbeiterfrauen steht. Ihr ganzes Denken und Fühlen ist auf die Verhütung der Empfängnis gerichtet . . .«[201]

Linses Urteil, die Parteiführung habe sich »deutlich auf den Standpunkt der bürgerlichen Scheinmoral und Sexualtabuisierung gestellt«[202], ist nur teilweise richtig; die immer wieder betonte Erklärung der Empfängnisver-

---

199 Vorwärts 24. 8. 1913, 1. Beilage, 31. 8. 1913, 3. Beilage. Linses Einschätzung der Versammlung als Niederlage der von Clara Zetkin und Luise Zietz repräsentierten Parteiführung (Linse, S. 247f.) ist jedoch überzogen. Auch wurden Luise Zietz' Ausführungen nicht mit Lärm und Unruhe (Linse, S. 247) quittiert, sondern mit lebhaftem Beifall (Vorwärts 24. 8. 1913, 1. Beilage).

200 Linse, S. 249.

201 In einer Antwort auf die Frage »Welche Hoffnungen und Wünsche haben Sie?«: Levenstein, S. 216.

202 Linse, S. 248.

hütung zur Privatsache enthält schließlich durchaus auch eine freiheitliche Komponente, die der konservativen Sexualmoral fremd war. Die Partei enttäuschte ihre Anhänger und vor allem Anhängerinnen jedoch insofern, als sie kein klares Bekenntnis zur Familienplanung ablegte. Immer mehr Frauen hatten erkannt, daß eine große Zahl von Kindern ihnen kaum noch Möglichkeiten zur Selbstverwirklichung, zur Emanzipation gab. Es ist völlig abwegig, in der »Gebärstreik«-Forderung einen »Ausdruck und Beweis wachsender revisionistischer Einflußversuche auf die proletarische Frauenbewegung« zu sehen[203]. Auch Clara Zetkins Befürchtung, man könne den »Gebärstreik« zu einer politischen Alternative zum Sozialismus machen, hatte kaum reale Grundlagen. Schon am 17. 11. 1913 fand die letzte große Versammlung der Gebärstreikpropagandisten statt; danach beschränkte sie sich auf die Hausarztvereine, ohne großes öffentliches Aufsehen zu erregen[204].

Die sozialistische Frauenbewegung beschäftigte sich auf der Frauenkonferenz für Groß-Berlin am 16. 11. 1913 noch einmal mit der Thematik. Luise Zietz referierte über die »volkswirtschaftliche Bedeutung des Bevölkerungsrückgangs« und erklärte,

> »daß es die Privatsache der einzelnen sei, zu entscheiden, wieviel Kinder sie erziehen wollten. Sie persönlich sei gegen eine zu große Kinderzahl; die Frau nur als Gebärapparat zu betrachten, sei verwerflich. Es bedeute eine Verschwendung von Lebenskraft, Energie und Geld, Kinder zu zeugen und zu gebären, wenn Kränklichkeit und Tod der Kinder und Mütter in sicherer Aussicht stehen. Die Mutter von wenigen Kindern finde eher Zeit, sich in der Bewegung zu betätigen, womit jedoch nicht gesagt sei, daß dies auch immer geschehe. Der gewollte Geburtenrückgang in der Arbeiterklasse sei ein Zeichen zunehmender Kultur, wachsenden Verantwortlichkeitsgefühls, eines dunklen Sehnens und Drängens nach einem heraus aus dem Elend und empor zum Licht. Dieses Sehnen müsse in die richtigen Bahnen geleitet werden durch klare Erkenntnis nicht über neumalthusianische Mittel, sondern über das Wesen der kapitalistischen Ordnung und die Mittel, sie zu überwinden. Der Agitation für den sogenannten Gebärstreik als einer revolutionären Kampfeswaffe des Proletariats trat Genossin Zietz scharf entgegen. Wer behaupte, daß die große Kinderzahl die Ursache des proletarischen Elends sei, der bringe Verwirrung in die Reihen der Arbeiterklasse und mache sich geradezu eines Verbrechens schuldig, denn er lenke von unseren Organisationen und ihrer Arbeit ab. Nicht die große Kinderzahl, die kapitalistische Ausbeutung sei die Ursache der Not in den werktätigen Massen. Diese Ursache zu bekämpfen, sei und bleibe unsere Aufgabe. Die Einschränkung der Kinderzahl könne die Lage der einzelnen Frau, der einzelnen Familie etwas verbessern, die Gesamtlage der Arbeiterklasse vermöge sie nicht zu heben. Was Privatsache sei, dürfe nicht zur Parteiangelegenheit gemacht werden.«

In der Diskussion traten die Frauen Güldner und Bohm-Schuch dafür ein, daß man in der Öffentlichkeit Aufklärung über den kulturellen Wert der

---

203 So die Fehlinterpretation von Helbig/Langbein/Zymara, S. 102f.
204 Linse, S. 255.

Geburtenbeschränkung betreiben solle, während die Frauen Duncker, Wurm und Reichert die Frage erneut zur Privatsache erklärten[205].
In der Diskussion um den Geburtenrückgang und den »Gebärstreik« hatte sich das Fehlen eines sexualmoralischen Konzepts gerächt. Die Parteiführung hatte in der Diskussion weitgehend versagt; der Ausweg, die ganze Angelegenheit in den privaten Bereich zu verlagern, enttäuschte viele Anhänger. Einig war die Partei jedoch in ihrem Widerstand gegen die staatliche Bevölkerungspolitik, die mit dem Verbot empfängnisverhütender Mitte die Geburtenzahlen steigern wollte. Die SPD war die einzige Partei, die sich 1914 gegen diese Pläne stellte[206]. In mehreren Artikeln in der »Gleichheit« und in einer Protestversammlung in Berlin wandten sich Sozialdemokratinnen gegen den »staatlichen Gebärzwang«. Luise Zietz erklärte in der Versammlung am 3. März 1914, die Regierung plane ein reaktionäres Ausnahmegesetz gegen arme Frauen; Familienplanung sei eine persönliche Angelegenheit und weder Sache einer Partei noch des Staates[207]. Die progressive Seite der Parteipolitik zeigte sich nur im Widerstand gegen eine repressive Bevölkerungspolitik des Staates.
Ganz andere bevölkerungspolitische Vorstellungen rezipierte Henriette Fürth: 1911 setzte sie sich für eugenische Maßnahmen zur Erhaltung eines gesunden Nachwuchses ein[208]. In späteren Schriften forderte sie den »Ausschluß der Minderwertigen von der Fortpflanzung zur Verhütung der Fortpflanzung der Hemmungslosen und Entarteten«[209]. Obwohl Henriette Fürth keinem rassistischen germanischen Mystifizismus huldigte, sondern an der Ausrottung erblicher oder vermeintlich erblicher Krankheiten interessiert war, geriet sie mit ihren Begriffen und Forderungen in die Nähe der Nationalsozialisten. Die Gefahr des Mißbrauchs eugenischer Maßnahmen darf nicht verkannt werden; in jeder eugenischen Forderung, zum Beispiel der nach Bestrafung syphilitisch Erkrankter, die Kinder zeugen, Faschismus zu sehen[210], ist aber eine unsinnige Konsequenz. In der sozialistischen Frauenbewegung blieb Henriette Fürth eine Randerscheinung. Die Eugenik fand keinen Eingang in Programmatik und Agitation.

---

205 Gleichheit 26. 11. 1913; s. auch: Sozialdemokratische Parteikorrespondenz 1914, 2. Ordner, 15., S. 82f.

206 Lewinsohn, S. 222.

207 Gleichheit 1. 4. 1914, 15. 4. 1914, 29. 4. 1914, 13. 5. 1914, 10. 6. 1914; Gegen den staatlichen Gebärzwang. Reden des Reichstagsabgeordneten Genossen August Brey, des Genossen Dr. Silberstein und der Genossin Luise Zietz, Hannover 1914, S. 18ff.

208 Henriette Fürth: Die Mutterschaftsversicherung, Jena 1911, S. 18.

209 Dies.: Die Regelung der Nachkommenschaft als eugenisches Problem, Stuttgart 1929, S. 7; s. auch ebd., S. 24, 29ff.; dies.: Das Bevölkerungsproblem in Deutschland, Jena 1925, S. 105.

210 Evans: Women's Movement, S. 169.

Der § 218, der den Schwangerschaftsabbruch unter Strafe stellte, stand im Kaiserreich noch nicht im Mittelpunkt der Diskussion, obwohl Abtreibungen »überaus häufig« waren[211]. Die bürgerliche Frauenbewegung hat mehrheitlich den § 218 bejaht; die Befürworterinnen seiner Abschaffung blieben in der Minderheit[212]. Dagegen lehnten die SPD und die sozialistische Frauenbewegung den § 218 ab[213], unternahmen jedoch vor 1914 keine erwähnenswerten Kampagnen zu seiner Abschaffung.
Die Debatte um die Entwicklung einer neuen Sexualmoral steckte noch in den Anfängen, ein einheitliches Konzept war noch nicht gefunden. Einige Sozialdemokratinnen setzten neue Akzente, doch insgesamt blieb die Partei den traditionellen Werten eng verbunden. Dieser Diskussionsstand machte eine zielbewußte politische Praxis von vornherein unmöglich. Die konservativen Schreckgespenster von der obligatorischen Prostitution verdankten ihre Existenz einer krassen Fehleinschätzung der sozialdemokratischen Ziele. Die Sozialdemokratie versuchte stets, »moralischer« zu sein als ihre Gegner. George Bernard Shaw soll einmal über die SPD gesagt haben: »Sie ist die konservativste, die respektabelste, die moralischste und die bürgerlichste Partei Europas. Sie ist keine rohe Partei der Tat, sondern eine Kanzel, von der herab Männer mit alten Ideen eindrucksvolle Moralpredigten halten.«[214]
So überzeichnet dieses Bild ist, vieles in der Debatte über Ehe und Sexualität bestätigt in der Tat diesen Eindruck.

### *3. Die Frau in der sozialdemokratischen Familie*

Für Marx und Engels fiel die Emanzipation der Frau mit ihrer Berufstätigkeit und der Abschaffung des Privateigentums zusammen; psychologische Momente, irrationale Vorurteile, die Langlebigkeit der traditionellen Rollenverteilung wurden unterschätzt. Engels schrieb: »Und vollends seitdem die große Industrie die Frau aus dem Hause auf den Arbeitsmarkt und in die Fabrik versetzt hat und oft genug zur Ernährerin der Familie macht, ist dem letzten Rest der Männerherrschaft in der Proletarierwohnung aller Boden entzogen – es sei denn etwa noch ein Stück der seit Einführung der Monogamie eingerissenen Brutalität gegen Frauen.«[215] Diese

---

211 Zadek in: Arbeiter-Gesundheits-Bibliothek I, S. 236.

212 Agnes Bluhm in: Frauenbewegung und Sexualethik, S. 127; zu den internen Auseinandersetzungen s. Evans: Women's Movement, S. 133ff., 148ff.; Linses Behauptung, die bürgerliche Frauenbewegung habe sich gegen den § 218 ausgesprochen (Linse, S. 235), ist unrichtig.

213 Z. B. Ferch, S. 76; Fürth: Das Bevölkerungsproblem, S. 64.

214 Zitiert bei L. Braun: Memoiren II, S. 476.

215 Engels: Der Ursprung der Familie, S. 73f.

Einschränkung in ihrer vollen Bedeutung zu würdigen, versäumten Marx und Engels; auch für Kautsky fiel die Emanzipation von »der Knechtschaft des Hauses« mit der Befreiung von »der des Kapitals« zusammen[216]. Ein sehr positives Bild von der Realität der Arbeiterehe zeichnete Ferch 1913. Die Ehe des »modernen«, d. h. sozialdemokratischen Arbeiters, besaß für ihn revolutionären Gehalt; sie sei die »Keimzelle einer neuen Welt«. Die Frau sei völlig gleichberechtigt:

»In der bürgerlichen Ehe der erwerbende Herr und Gebieter und die ihm untergeordnete Frau, als Spielobjekt dienend . . . In der Arbeiterehe Mann und Weib, gleichwertig in dem Bunde, den sie in beiderseitigem Verlangen geschlossen, in dem jeder Teil Kämpfer, jeder Gebietender und Gehorchender ist.« . . . »Eine höhere Wertschätzung des Weibes als Kameradin ist in keiner anderen Klasse zu finden.« . . . »Es gibt in dieser Ehe keinen übergeordneten Mann, keine untergeordnete Frau.« . . . »Völlige Gleichheit herrscht bei Aufhebung der Unterordnung des weiblichen Geschlechts.«[217]

Diese leitmotivisch wiederkehrende Behauptung ist jedoch eher als proletarische Romantik, als idealisiertes Wunschbild denn als Beschreibung der Wirklichkeit anzusehen. Die sozialen Verhältnisse ließen schon Marx und Engels von der Zerstörung der Familie sprechen[218]. Innerhalb dieser ungünstigen Voraussetzungen herrschte keineswegs Gleichberechtigung zwischen Mann und Frau. Der Arbeiter Carl Fischer schilderte das Leben seiner Mutter so:

»Denn sie war meinem Vater sein Geselle, und sein Knecht, und sein Lehrjunge, und seine Laden- und Marktfrau, und seine Dienst- und Kindermagd, und seine Wasch- und Scheuerfrau, und sein Flickschneider und was weiß ich noch; aber sie stand weit unter diesen Allen in der Behandlung, und sie bekam weiter nichts dafür, als das bischen kärgliche Futter, und mehr als einmal wußte es mein Vater so einzurichten, daß sie das zu Mittag auch noch nicht bekam.«

Als Frau Fischer später nicht mehr in der Bäckerei, sondern als Näherin arbeitete, verlangte ihr Mann, daß sie ihm das verdiente Geld ausliefere[219]. In vielen Fällen war die Frau nichts als das unbezahlte »Dienstmädchen« ihres Mannes[220], und auch Sozialdemokraten benahmen sich patriarchalisch:

»Gar mancher Genosse, der in Partei und Gewerkschaft tüchtig mitarbeitet, hängt an der Tür seiner Wohnung den Sozialdemokraten an den Nagel: innerhalb seiner vier Wände ist sein Denken und Handeln noch absolut kleinbürgerlich-patriarchalisch. Die Frau ist dazu da, ihn zu bedienen und ihm daheim das Leben möglichst angenehm zu machen, sonst hat sie sich um nichts zu kümmern; die Kinder haben zu gehorchen – das ist sein Familienideal.«[221]

---

216 K. Kautsky: Das Erfurter Programm, S. 146.
217 Ferch, S. 16, 35, 53, 56.
218 S. o. S. 34ff., 43, 237ff.
219 Carl Fischer in: Emmerich I, S. 126f.
220 Mein Arbeitstag – mein Wochenende, S. 94.
221 K. Duncker: Sozialistische Erziehung, S. 38; fast wörtlich so auch auf der Frauenkonferenz 1908, S. 517.

Dieses Bild kontrastiert stark mit der von Ferch gezeichneten Idylle.
Vor allem galt es – und gilt es noch weithin – als selbstverständlich, daß die Frau, auch wenn sie selbst berufstätig war wie der Mann, allein die volle Last der Hausarbeit zu tragen und sich eventuell um die Kinder zu kümmern hatte[222]. Sozialdemokratinnen beklagten sich oft darüber, daß ihre Männer jede Mithilfe im Haushalt als entwürdigend ansahen: »Der Mann, auch wenn er sein Weib noch so lieb hat, wird es meist selbstverständlich finden, daß die müde gearbeitete Frau ihn bedient, ihm das Abendbrot herrichtet, die Kinder versorgt, zu Bette bringt, deren und seine Kleider flickt, während er sich ausruhen kann, seine Zeitung liest, vielleicht auch ab und zu einen Abend im Wirtshaus verbringt, in eine Versammlung, einen Verein geht und dort erfrischt und bereichert wird.« Die Forderung nach Mitarbeit im Haushalt erschien den meisten Männern als eine »schmachvolle Zumutung, eine Lächerlichkeit«[223]. Mutete eine Frau ihrem Mann »eine dieser gering geschätzten Arbeiten« zu, reagierte er geradezu empört[224].

Ob der Mann dabei auf dem äußerst linken Flügel stand, spielte keine Rolle. »Der Barrikadenheld, der in der Aktion oder auf der Tribüne die Rolle des revolutionären Vorkämpfers spielt, aber daheim mit seinem Rock auch seine Freiheitsideale an den Türpfosten hängt und im Kreise der zitternden Familie sich wie ein autoritärer Pascha benimmt, ist durchaus keine Ausnahmeerscheinung.«[225] Lenin erkannte dieses Problem: »Leider heißt es bei vielen unserer Genossen: ›Kratzt den Kommunisten, und der Philister erscheint‹. Natürlich muß man an seiner empfindlichsten Stelle kratzen, an seiner Mentalität in puncto Frau. Gibt es einen drastischeren Beweis dafür, als daß die Männer ruhig zusehen, wie die Frauen bei der kleinlichen, eintönigen Arbeit im Einzelhaushalt verkümmern . . .?«[226] Die Arbeitsverteilung im Haushalt ging einseitig zu Lasten der Frau, auch führende Sozialdemokratinnen mußten diese Erfahrung machen[227].

Die Frauen in der SPD erhofften langfristig die Überwindung solcher männlicher Vorurteile durch eine gleichberechtigte Erziehung von Jungen und Mädchen[228] und die Erleichterung der Hausarbeit durch den Einsatz

---

222 Frauenkonferenz 1908, S. 492; Gleichheit 1. 4. 1904; Sozialistische Monatshefte 1905, Bd. I, S. 445; A. Braun: Die Arbeiterinnen und die Gewerkschaften, S. 10; Popp: Erinnerungen, S. 89; Marianne Weber: Frauenfragen und Frauengedanken. Gesammelte Aufsätze, Tübingen 1919, S. 28; Zepler: Sozialismus und Frauenfrage, S. 37, 49, 51.

223 Hulda Maurenbrecher in: Gleichheit 1. 6. 1904.

224 Emma Ihrer in: Sozialistische Monatshefte 1905, Bd. I, S. 445.

225 O. Rühle: Illustrierte Kultur- und Sittengeschichte I, S. 286; ähnlich ders.: Das proletarische Kind, S. 21.

226 Zitiert in: Zetkin: Erinnerungen an Lenin, S. 74.

227 S. o. S. 34ff.

228 S. o. S. 157.

moderner Technologie. Oda Olberg erklärte: Einen modernen Haushalt der nahen Zukunft »mache ich mich anheischig, in einer halben Stunde täglich instand zu halten, unter demokratischer Verwendung der Arbeitskräfte von Mann und Kind, die ich in die Geheimnisse des Bettenmachens einweihen würde . . .«[229]. Die Mitarbeit des Mannes jedoch wurde keineswegs selbstverständlich, und moderne Technologie drang nur allmählich in Arbeiterhaushalte ein.

Die sozialistische Frauenbewegung erkannte zwar das Problem, sah darin jedoch keinen Schwerpunkt ihrer Arbeit, obwohl auch die politische Arbeit durch die Doppelbelastung vieler Frauen erschwert wurde. Politisches Engagement setzt eben ein gewisses Maß an Freizeit voraus. Käte Duncker berichtete: »Ich habe es zahllose Male erlebt, daß in Versammlungen, in denen eine Frau über ein Thema sprach, das besonders die Frauen interessierte, in der Hauptsache Männer anwesend waren. Wenn man sie fragt, warum sie ihre Frauen nicht hinkommen lassen und selbst bei den Kindern bleiben, empfinden die süddeutschen Genossen diese Zumutung als eine furchtbare Herabwürdigung.«[230] Es gibt keine Anzeichen dafür, daß die Verhältnisse im Norden wesentlich anders waren. Eine Hamborner Lokalstudie von 1913 zeigte, daß fast ausschließlich ledige oder jungverheiratete Frauen am gesellschaftlichen außerhäuslichen Leben teilnahmen, während Frauen mit Kindern stets ans Haus gefesselt waren[231]. Die Männer dagegen wurden in ihrer Bewegungsfreiheit nicht eingeengt und überließen die Sorge um die Kinder fast vollkommen der Frau. Emma Ihrer erkannte, daß der Kampf für den Sozialismus von einer Revolutionierung der innerfamiliären Beziehungen begleitet sein mußte: »Die Proletarierin erstrebt nicht nur ihre Befreiung aus dem Joch des Kapitalismus, sie muß gleichzeitig kämpfen für eine Befreiung von den Familienfesseln: dahin gehen ihre Emanzipationsbestrebungen.«[232]

Allerdings war es nicht immer ein tyrannischer Ehemann oder »Bierphilister«[233], der die Frau im Haus festhielt; für viele Frauen lagen die Prioritäten in der Familie, und selbst führende Sozialdemokratinnen verzichteten nach ihrer Heirat auf ihr politisches Engagement[234]. Zu Hause hielten es viele Sozialisten nicht für nötig, über politische Themen zu sprechen: »Auch in der Familie müßte viel mehr für die Ausbreitung unse-

229 In: Zepler: Sozialismus und Frauenfrage, S. 37; ähnlich Adams-Lehmann, ebd., S. 49.

230 Frauenkonferenz 1908, S. 492.

231 Fischer-Eckert, S. 133; ähnlich über die Zeit der Weimarer Republik: Alice Rühle-Gerstel: Das Frauenproblem der Gegenwart. Eine psychologische Bilanz, Leipzig 1932. Nachdruck unter dem Titel: Die Frau und der Kapitalismus, Frankfurt a. M. o. J., S. 183.

232 Sozialistische Monatshefte 1905, Bd. I, S. 449.

233 Ottilie Baader in: Gleichheit 11. 10. 1899.

234 S. o. S. 98.

rer Ideen geschehen. Über Partei-Angelegenheiten wird in der Familie überhaupt nicht gesprochen. Die Frauen gelten für dumm . . .«[235]
Nicht nur langlebige Vorurteile, auch materielle Verhältnisse bildeten die Grundlage für die Unterdrückung der Frau im Privatleben. Viele Arbeiter betonten, daß schließlich sie das Geld verdienten[236], und die Gewerbeaufsichtsbeamten berichteten, daß Männer ihren Frauen häufig die Unwahrheit über ihre Löhne erzählten, um sich von vornherein ein eigenes Taschengeld zu sichern[237]. Die Arbeiterfrauen dagegen hatten meist kein Geld ausschließlich zur persönlichen Verfügung, und Hulda Maurenbrecher erklärte zu Recht, daß das ihrem Selbstbewußtsein und ihrer Unabhängigkeit enge Schranken setze. »Es muß ihr das Recht zustehen . . ., einen wenn auch noch so kleinen Teil ihres Lohnes zurückzuhalten, nicht um es in Putz oder in Schundromanen zu vergeuden, sondern um die Freiheit zu haben, einem Verein, einer Organisation anzugehören, eine Frauenzeitung zu lesen, kurz, um überhaupt das Gefühl und den Stolz der Selbstverwaltung eigen erworbenen Geldes, der Unabhängigkeit vom Manne zu haben.«[238] Hinzuzufügen wäre, daß auch »sinnlose« Ausgaben durchaus ihre Berechtigung haben mögen, daß sich auch darin Freiheit und Selbständigkeit manifestieren können.
Daß Hulda Maurenbrecher nur von der Arbeiterin sprach, die nicht erwerbstätigen Hausfrauen dagegen nicht in ihre Überlegungen einbezog, zeigt die Bedeutung der Berufstätigkeit für die Arbeiterfrauen. Eigener Verdienst und eine gewisse finanzielle Unabhängigkeit erleichterten die Selbstverwirklichung, die von der sozialistischen Theorie in den Mittelpunkt gestellte Berufstätigkeit bildete nicht selten die entscheidende Grundlage der Emanzipation. Die sozialistische Frauenbewegung bot vielen Frauen einen neuen Lebensinhalt[239], Möglichkeiten zur Bildung und Selbstverwirklichung. Im privaten Bereich konnten die tief eingewurzelten Vorurteile und Rollenmuster jedoch nicht überwunden werden. Das wird selbst in den Familien führender Sozialisten deutlich.
Karl Marx' Eheleben findet in der Literatur eine vollkommen unterschiedliche Wertung. In der DDR wird Marx ein »beispielhaftes Familienleben« bescheinigt und seine Frau Jenny als »geschulte Marxistin« und »erste Frau in der Geschichte, die die Gesetze der gesellschaftlichen Entwicklung verstand«, gefeiert[240]. Tatsächlich jedoch war Marx' Familienleben keineswegs immer idyllisch und ungetrübt, wie ein unehelicher Sohn Marx' und

---

235 Frau Pötzsch auf der Frauenkonferenz 1904, S. 346.
236 Oda Olberg in: Zepler: Sozialismus und Frauenfrage, S. 43.
237 Beschäftigung verheirateter Frauen, S. 32.
238 Gleichheit 1. 6. 1904.
239 Zietz: Willst du arm und unfrei bleiben?, S. 16.
240 Hohendorf, S. 53f.; Luise Dornemann: Jenny Marx. Der Lebensweg einer Sozialistin, Berlin 1969, S. 6.

eine tiefe, von hysterischen Reaktionen Jenny Marx' begleitete Ehekrise bezeugen[241], und Janssen-Jurreit kommt zu dem Schluß, Jenny Marx sei allenfalls die Sekretärin ihres Mannes gewesen, die Rollenverteilung sei vollkommen herkömmlichen Mustern gefolgt[242]. Die DDR-Literatur »beschönigt« Marx' Familienleben, um auch damit die von ihr propagierte stabile Ehe und Familie rechtfertigen zu können. Marx selbst war weitgehend im patriarchalischen Lebensstil seiner Zeit befangen, doch immerhin entwickelten sich seine Töchter zu selbstbewußten und politisch engagierten Frauen. Jenny Marx nannte ihre Tochter Jenny eine »politische Frau«, Eleanor sogar eine »Politikerin von top to bottom!«[243]

Von den Zeitgenossen als vorbildlich anerkannt wurde die Ehe von August und Julie Bebel. August Bebel erinnerte sich: »Ich habe meine Ehe nie zu bereuen gehabt. Eine liebevollere, allezeit opferbereitere Frau hätte ich nicht finden können. Leistete ich, was ich geleistet habe, so war dieses in erster Linie nur durch ihre unermüdliche Pflege- und Hilfsbereitschaft möglich.«[244] Die genannten Tugenden – Liebe, Hingabe, Opfer- und Hilfsbereitschaft – entsprechen ganz den traditionellen positiven Eigenschaften der Frau; jedes emanzipatorische Moment fehlt. Allerdings unterschied sich Julie Bebel schon durch ihre Sympathie für die Sache ihres Mannes von einer Großzahl anderer Frauen; in der Frauenbewegung jedoch ist sie nie hervorgetreten. So geriet auch die »Gleichheit« in ihrem Nachruf trotz des Versuches, in Julie Bebel auch die »Genossin« zu preisen, in die Terminologie bürgerlicher Familienidylle: Als »verständnisvollste, aufopferungsfähigste Gefährtin« lebte sie »ein Leben voller Güte und Treue«. »Ihre sonnige Heiterkeit schuf im Bunde mit nimmermüden Händen ein schmuckes und trauliches Heim, wo der Mann Erquickung und Trost fand . . .Hier waltete nicht bloß die geschickte und liebevolle Hausfrau, die zärtlichste und beglückteste Mutter, hier erwuchs Bebel aus der wissensdurstig Fragenden die Genossin seiner Ideale . . .«[245] Kautsky schrieb bei Julie Bebels Tode in der »Neuen Zeit«: »Sie gehörte nicht zu den sogenannten emanzipierten Frauen, sie suchte sich nicht ein neues Gebiet der Betätigung zu erobern, ihr Ehrgeiz ging vielmehr darin, das Gebiet ihres Wirkens, das sie gegeben vorfand, vollkommen zu beherr-

---

241 L. Kautsky-Freyberger an A. Bebel, 2. und 4. 11. 1898, in: IISG, Nachlaß Bebel 114.; Lutz Schwerin v. Krosigk: Jenny Marx. Liebe und Leid im Schatten von Karl Marx. Eine Biographie nach Briefen, Tagebüchern und anderen Dokumenten, Wuppertal 1975, S. 127ff.

242 Janssen-Jurreit, S. 204.

243 J. Marx an W. Liebknecht, 26. 5. 1872, in: Eckert, S. 169f.; Schwerin v. Krosigk, S. 234ff., 239ff., 241ff.; vgl. Biographischer Anhang: Laura Lafargue, Jenny Marx, Eleanor Marx-Aveling.

244 Bebel: Aus meinem Leben I, S. 186.

245 Gleichheit 5. 12. 1910.

schen; sie war eine pflichttreue und verständige Hausfrau und Mutter.«[246] Auch die Art, wie ein Abend bei Bebels mit Gästen und Freunden verlief, zeigte die tiefe Verwurzelung überkommener, von jeder Emanzipation unberührter Verhaltensweisen selbst in der Familie dieses prominenten Verfechters der Gleichberechtigung der Frau:

> »Nach ein paar Höflichkeitsphrasen wurde der weibliche Teil der Gesellschaft in das Wohnzimmer genötigt; die Herren rückten mit ihren Zigarren um den Eßtisch zusammen, und durch die Tür klang ihre laute Unterhaltung. Bei uns drinnen sprach man von Fleischpreisen und Kochrezepten: keine der anwesenden Frauen schien in der Parteibewegung irgendeine aktive Rolle zu spielen. Fragen von allgemeinerem Interesse wurden nicht berührt.«[247]

Die Frauen interessierten sich nicht für Politik, und für die Männer war es ganz selbstverständlich, in einem eigenen, geschlossenen Kreis zu diskutieren.

Dennoch war das Ehepaar Bebel vorurteilsfreier als viele andere Parteimitglieder: Als es Lily Braun von vielen verübelt wurde, daß Heinrich Braun sich ihretwegen scheiden ließ, wurde sie von August und Julie Bebel verteidigt. Bebel schrieb an Lily Braun: »Natürlich hat das Verhältnis zwischen Ihnen und Heinrich Braun Staub aufgewirbelt und die männlichen und weiblichen Philister in Erregung versetzt . . . In der Theorie läßt man sich schon manches bieten, aber in der Praxis – nein, das geht nicht. Mit Singer habe ich schon gestritten; er stellte schließlich die Frage: ob er denn ein Philister sei? was ich bejahte.«[248]

Auf eine moralisierende Kritik stieß auch Parvus, dessen Liebesleben von der Partei verurteilt wurde[249], und Kautsky mußte ebenfalls erfahren, daß unkonventionelle Entscheidungen im Privatleben auf Unverständnis stießen. 1888 ließ sich Karl Kautsky von seiner ersten Frau scheiden. Louise Kautsky[250] arbeitete nach der Scheidung zunächst als Hebamme und ging dann als Haushälterin und Sekretärin zu Friedrich Engels nach London. Sie engagierte sich in der sozialistischen Frauenbewegung, arbeitete an der »Wiener Arbeiterinnenzeitung« mit und referierte 1893 auf dem Interna-

---

246 Die Neue Zeit. 29. Jg., Bd. I, S. 277; Ähnliches wie für Julie Bebel gilt für Emma Adler: s. Biographischer Anhang.

247 L. Braun: Memoiren II, S. 134.

248 A. Bebel an L. v. Gizycki, 5. 7. 1896; in: Braun-Vogelstein, S. 347; L. Braun: Memoiren II, S. 129f. zitiert den gleichen Brief mit etwas anderem Wortlaut. Dabei betont sie ausdrücklich, daß auch Julie Bebel sich für sie eingesetzt habe. Hier wurde der von Julie Braun-Vogelstein zitierte Text übernommen, der vermutlich der Originaltext ist. Lily Brauns Memoiren sind häufig nicht sehr zuverlässig.

249 Winfried B. Scharlau/Zbynek A. Zeman: Freibeuter der Revolution. Parvus-Helphand. Eine politische Biographie, Köln 1964, S. 80ff.

250 Zur Unterscheidung wird der Name von Kautskys zweiter Frau in dieser Arbeit stets als »Luise« geschrieben.

tionalen Sozialistenkongreß[251]. Engels teilte schon 1888 Louise Kautsky seine Betroffenheit mit[252], und in einem Brief an Karl Kautsky kritisierte er dessen Entschluß und erinnerte ihn an die negativen gesellschaftlichen Folgen einer Scheidung für die Frau[253]. Auch in anderen Briefen mißbilligte Engels Kautskys Verhalten[254]. Kautsky selbst schrieb später, seine Scheidung habe sein bis dahin sehr gutes und vertrauensvolles Verhältnis zu Engels dauerhaft beeinträchtigt[255]. Besonders heftig reagierten Louise Kautsky und Friedrich Engels 1892 auf Kautskys Ansinnen, seine geschiedene Frau solle ihren Geburtsnamen wieder annehmen, damit man sie nicht mit seiner zweiten Frau Luise verwechseln könne[256].

Auch das Ehepaar Liebknecht kritisierte Kautskys Entschluß zur Scheidung, und Natalie Liebknecht äußerte ihre »höchste Mißbilligung« und war »sogar ganz empört«[257]. August Bebel schloß sich den Vorwürfen gegen Kautsky an[258], und noch zehn Jahre später hatten sie »nicht das beste Verhältnis zueinander«. Rosa Luxemburg erfuhr von Clara Zetkin, daß dabei »auch persönliche Aspekte von jeher eine Rolle spielen, cherchez la femme. Klatsch, den ich nicht wiederholen will, über Kautskys erste Frau.«[259] Kautskys Scheidung brachte ihm also heftige Mißbilligung und eine dauerhafte Störung seiner Beziehung zu den führenden Sozialisten ein. Kautsky und Heinrich Braun mußten erfahren, daß der relativ unkonventionelle Entschluß[260] zur Scheidung allgemein auf Unverständnis stieß.

---

251 S. o. S. 135; K. Kautsky an F. Engels, 3. 4. 1889, in: B. Kautsky, S. 238; F. Engels an F. A. Sorge, 20. 12. 1890, 9. 8. 1891, 29. 10 1891, 21. 11. 1891, 6. 1. 1892, in: Briefe und Auszüge aus Briefen . . ., S. 350, 366, 372, 374, 377.

252 F. Engels an L. Kautsky, 11. 10. 1888, in: IISG, Marx-Engels-Nachlaß K 757.

253 F. Engels an K. Kautsky, 17. 10. 1888, in: B. Kautsky, S. 223; auch in MEW 37, S. 114ff.

254 F. Engels an A. Bebel, 25. 10. 1888, in MEW 37, S. 118; F. Engels an L. Lafargue, 13. 10. 1888, in: ebd., S. 108ff.

255 K. Kautsky in: B. Kautsky, S. 213f.

256 K. Kautsky an F. Engels, 13. 5. 1892, 20. 6. 1892; F. Engels an K. Kautsky, 25. 6. 1892; L. Kautsky an K. Kautsky, zur gleichen Zeit, in: B. Kautsky, S. 340, 344ff.

257 N. Liebknecht an F. Engels, 27. 11. 1888, in: Eckert, S. 320.

258 K. Kautsky an A. Bebel, 22. 9. 1888, in: K. Kautsky (Jr.), S. 70.

259 R. Luxemburg an L. Jogiches, 23. 7. 1899, in: Luxemburg: Briefe an Leon Jogiches, S. 154.

260 Die Zahl der Scheidungen in Deutschland stieg von einem Jahresdurchschnitt von 5441 1881/85 auf 18000 im Jahre 1913. Im Vergleich zu heutigen Zahlen – 1975 wurden in der Bundesrepublik 106829 Ehen geschieden – sind das niedrige Ziffern. In der Zeit von 1895 bis 1899 entfielen 9,8 Scheidungen auf 10000 Ehen, 1975 dagegen 67: Mayr, S. 204f.; Grete Meisel-Hess: Das Wesen der Geschlechtlichkeit. Die sexuelle Krise in ihren Beziehungen zur sozialen Frage und zum Krieg, zu Moral, Rasse und Religion und insbesondere zur Monogamie, Jena 1917, 2 Bde., Bd. I, S. 266; Statistisches Jahrbuch 1977, S. 76.

Natalie Liebknecht verkörpert die Frau eines führenden Sozialdemokraten, die wenig Verständnis für das Engagement ihres Mannes hat, weil es das Familienleben entscheidend beeinträchtigt. Schon 1877 klagte sie darüber[261], und während der Zeit des Sozialistengesetzes erklärte sie ganz verbittert, Sozialdemokraten, »namentlich solche, die sich so exponieren müssen, sollten keine Familie haben, es taugt für beide Theile nicht«[262]. Diese angesichts verhängter Haft und Ausweisung verständliche Einstellung machte sie zu einer unpolitischen, ja antipolitischen Frau. Noch 1898 klagte Rosa Luxemburg: »Ich war heute zum zweiten Mal bei Bebel, aber wir haben über nichts ordentlich sprechen können, weil die ganze Zeit Natalie Liebknecht dabei war.«[263]

Die Beispiele aus dem Privatleben der drei führenden Sozialdemokraten Bebel, Kautsky und Liebknecht zeigen modellartig drei weit verbreitete Erscheinungen auf: Julie Bebel war die durchaus im bürgerlichen Sinne gute Frau ihres Mannes, die sich mit seinen Zielen identifizierte, ohne selbst öffentlich hervorzutreten; Natalie Liebknecht wünschte sich ein intaktes Familienleben und bedauerte das starke politische Engagement ihres Mannes; Kautskys Scheidung machte deutlich, daß normwidriges Verhalten auch von führenden Sozialisten verurteilt wurde.

Die meisten Sozialdemokratinnen führten ein konventionelles Ehe- und Familienleben; Ausnahmen sind Emma Ihrer, Oda Olberg[264] und auch Lily Braun: 1913 schrieb sie ihrem Mann: »Ich glaube, daß ich nicht für die Ehe geschaffen bin, wenigstens nicht für die gut bürgerliche mit ihrem Gebot unbedingter körperlicher Treue. Daß ich diese Treue nie verletzte, war eine Vergewaltigung meiner Natur . . .«[265] Noch im gleichen Jahr zog sie auch praktische Konsequenzen und stürzte sich in Venedig in eine Liebesaffäre mit einem Italiener[266]. Doch selbst Lily Braun war finanziell von ihrem Mann abhängig, und da sie sich von adligen Allüren nicht befreien konnte, stürzte sie ihre Familie immer wieder in Schulden, und das führte oft zu Streit mit ihrem Mann[267]. Daher versuchte sie, durch journalistische und schriftstellerische Tätigkeit Geld zu verdienen, um nicht ihren Mann »um Geld zu bitten, was ich immer als Erniedrigung meiner selbst empfand«[268].

261 N. Liebknecht an F. Engels, 28. 8. 1877, in: Eckert, S. 238.

262 N. Liebknecht an F. Engels, 11. 12. 1880, in: ebd., S. 279.

263 R. Luxemburg an L. Jogiches, 17. 11. 1898, in: Luxemburg: Briefe an Leon Jogiches, S. 116.

264 Zu den Gerüchten über Emma Ihrer s.: K. Kautsky an F. Engels, 30. 10. 1891, in: B. Kautsky, S. 316; Löwenherz, S. 193; zu Oda Olbergs Privatleben s. ihre umfangreiche Korrespondenz mit Luise Kautsky, 1910ff., in: IISG, Kautsky-Familienarchiv 15, 1.

265 Vogelstein S. IC; ähnlich Braun-Vogelstein, S. 389.

266 Braun-Vogelstein, S. 395, 403ff.

267 Ebd., S. 327ff., 396, 398, 424ff.

268 L. Braun: Memoiren II, S. 196.

Clara Zetkin war ebenfalls durchaus imstande, sich über Konventionen hinwegzusetzen: Zum Beispiel lebte sie mit Ossip Zetkin zusammen, ohne ihn zu heiraten[269], wenngleich in der Literatur häufig das Gegenteil behauptet wird[270]. So konnte sie die deutsche Staatsbürgerschaft behalten und nicht als unerwünschte Ausländerin ausgewiesen werden[271]. Nach Ossip Zetkins Tod lebte sie zunächst allein mit ihren Söhnen, bis sie später den 18 Jahre jüngeren Kunstmaler Zundel heiratete – auch das ein nonkonformistischer Entschluß. Diese Ehe scheiterte jedoch; nach Kriegsende trennte man sich[272].

Über das Privatleben der Sozialdemokratinnen an der Basis der Bewegung ist wenig bekannt, der Quellenmangel läßt die Rekonstruktion von Biographien nur in seltenen Fällen zu. Die hier gewonnenen Eindrücke zeigen, daß das Problem der Unterdrückung der Frau in der Familie auch in sozialdemokratischen Kreisen fortbestand, daß auch hier konventionelle Vorurteile weiterwirkten. Selbst führende Sozialdemokratinnen mußten die Erfahrung machen, daß sich politisches Engagement und die Rolle der Haus- und Ehefrau nicht leicht miteinander vereinbaren ließen. Hildegard Wegscheiders Ehe zerbrach an ihrer agitatorischen Tätigkeit und der damit verbundenen häufigen Abwesenheit[273]; Elisabeth Röhls Ehemann hatte kein Verständnis für ihre agitatorische Tätigkeit, die Ehe wurde geschieden[274]; ähnlich erging es Luise Zietz und Helma Steinbach. Ottilie Baader und Helene Grünberg waren unverheiratet[275]. Die meisten Frauen jedoch waren mit Sozialdemokraten verheiratet; auch in diesen Familien war die Gleichberechtigung der Frau keine Selbstverständlichkeit. Die Frauenemanzipation wurde zwar theoretisch anerkannt, im privaten Bereich aber nicht verwirklicht. Überkommene Vorurteile erwiesen sich hier als besonders hartnäckig. Die Frauenbewegung erkannte das Problem und entwickelte Gedanken zu seiner Lösung, führte aber für dieses Ziel keinen energischen Kampf, sondern konzentrierte sich auf wirtschaftliche und politische Aufgaben.

269 So richtig Dornemann: Clara Zetkin. Leben und Wirken, S. 55; Honeycutt, S. 57, 245.

270 So fälschlich Mallachow, S. 13; Neuman, S. 285; Söllner, S. 33; Strain, S. 46; Gertrud Meyer-Hepner: Clara Zetkin. Ihr Leben, in: Clara Zetkin. Leben und Lehren einer Revolutionärin, Berlin 1949, S. 5–11, hier S. 7.

271 K. Kautsky an F. Engels, 19. 2. 1892, in: B. Kautsky, S. 330. 1892 sollte Clara Zetkin als Russin ausgewiesen werden.

272 Dornemann: Clara Zetkin. Leben und Wirken, S. 166f.; Honeycutt, S. 241ff.; R. Luxemburg an H. Diefenbach, 7. 1. 1917, in: Luxemburg: Briefe an Freunde, S. 77.

273 Hildegard Wegscheider: Weite Welt im engen Spiegel. Erinnerungen, Berlin-Grunewald 1953, S. 41.

274 Roehl, S. 43.

275 Ottilie Baader heiratete erst in hohem Alter, als sie längst keine führende Funktion mehr bekleidete: s. Biographischer Anhang.

## Zusammenfassung

Der Emanzipation der Frau standen im 19. Jahrhundert große Hindernisse entgegen. Das vorherrschende Frauenbild verwies die Frau auf die Familie; Politik und Gesellschaft, Wirtschaft und Wissenschaft waren ihr verschlossen. Diese Rollenfixierung wurde mittels einer diskriminierenden Gesetzgebung institutionell abgesichert: Bis 1908 untersagten Vereinsgesetze in weiten Teilen Deutschlands Frauen den Beitritt zu politischen Parteien, bis 1918 wurde ihnen das Wahlrecht vorenthalten, erst seit 1900 öffneten sich die Universitäten zögernd auch weiblichen Studenten. Selbst in der ihr als wesensgemäß zugeschriebenen Sphäre der Familie war die Frau dem Mann untertan; konservative und kirchliche Lehren und rechtliche Normen bis hin zum Bürgerlichen Gesetzbuch rechtfertigten die patriarchalische Struktur der Familie. Als in der zweiten Hälfte des 19. Jahrhunderts die Frauenarbeit wieder zunahm, wurde einer breiten Öffentlichkeit der Widerspruch zwischen der gesellschaftlichen Realität und der propagierten Biedermeieridylle bewußt. Während wohlhabende Frauen immer mehr unter der Sinnlosigkeit ihres Daseins litten, enthüllte die Erwerbstätigkeit der Arbeiterinnen den Zusammenhang zwischen der »Frauenfrage« und der »sozialen Frage«. Die Entwicklung unterminierte das überkommene Frauenbild; seine Brüchigkeit wurde auch den nicht unmittelbar Betroffenen immer mehr bewußt. Die »Frauenfrage« wurde Gegenstand der öffentlichen Diskussion.

Die Sozialisten bemühten sich um eine Antwort: Für Marx und Engels war die Unterdrückung der Frau unmittelbar mit der Existenz des Privateigentums verknüpft, die Frauenarbeit unter kapitalistischen Bedingungen die Ursache für die Auflösung der Familie. Dennoch trage die Frauenarbeit emanzipatorischen Charakter, da sie die Grundlage für die Selbständigkeit, Unabhängigkeit und Gleichberechtigung der Frauen lege. Die dialektische Vorstellung, daß die gegenwärtigen Mißstände Begleiterscheinungen des Kapitalismus seien, die Frauenarbeit jedoch einen gesellschaftlichen Fortschritt darstelle, war vielen Arbeitern und Arbeiterinnen unverständlich. Die Erwerbstätigkeit wurde als zusätzliche Belastung, nicht als Emanzipation erfahren. Es war eine naheliegende Reaktion der Arbeiterbewegung, die Abschaffung der Frauenarbeit zu fordern. Eine antifeministische Frontstellung gegen die beginnende Frauenemanzipation kann darin nicht gesehen werden.

August Bebels Buch »Die Frau und der Sozialismus« veränderte die Stellung der Sozialdemokratie zur Frauenfrage ganz entscheidend. Bebel versuchte, sozialistische und feministische Zielsetzungen zusammenzufügen und den Zusammenhang zwischen der Unterdrückung des Arbeiters und der Frau aufzuzeigen. Die lange Zeit sehr unsichere deutsche Arbeiterbewegung machte sich schließlich die Forderung nach Emanzipation der Frauen, nach deren Anspruch auf Berufstätigkeit und politische Rechte zu eigen. Die SPD wurde die erste deutsche Partei, die sich in ihren Programmen und ihrer politischen Tätigkeit für die Gleichberechtigung der Frau einsetzte.

Die sozialistische Frauenemanzipationstheorie wurde von Clara Zetkin fortentwickelt und am prononciertesten ausformuliert. Für sie war die »Frauenfrage« eine Erscheinung des Kapitalismus. Den Anspruch der Frau auf politische Rechte begründete sie mit der Erwerbstätigkeit der Frauen; in ihrem Bemühen um eine stringent materialistische Argumentation vergaß sie die nichterwerbstätigen Frauen. Der eigentliche Gegner der proletarischen Frau sei nicht der Mann, sondern der Kapitalismus; gegen ihn müsse die Arbeiterin zusammen mit dem Arbeiter kämpfen, während die geschlechtsbedingte Ungleichheit eine sekundäre Erscheinung sei, die innerhalb des bestehenden Systems nicht gelöst werden könne. Wenngleich Clara Zetkins Theorie auch feministische Elemente enthielt und die Vertretung spezifischer Fraueninteressen keineswegs ausschloß, so gab sie doch dem Klassenkampf im Sinne des Sozialismus unmißverständlich Vorrang. Clara Zetkin kann daher nicht als Feministin bezeichnet werden. Die neue Frauenbewegung unserer Zeit sieht z. T. in Clara Zetkin sogar eine Verräterin an der Sache der Frauen. Diese nicht zuletzt einer mangelnden historischen Aufarbeitung der Thematik zuzuschreibende Fehlinterpretation resultiert vor allem aus Clara Zetkins Frontstellung gegenüber der bürgerlichen Frauenbewegung. Im Interesse einer klaren und prinzipienfesten sozialistischen Entwicklung grenzte sie die sozialistische Frauenbewegung immer wieder scharf von der bürgerlichen ab und setzte sich mit deren Vertreterinnen häufig polemisch auseinander. Tatsächlich war die SPD angesichts der Schwäche der bürgerlichen Frauenbewegung und der emanzipationsfeindlichen Politik der liberalen Parteien die stärkste soziale Kraft, die sich für die Interessen der Frauen einsetzte. Im Kaiserreich mußte eine feministische Politik in den Reihen der SPD aussichtsreicher erscheinen als die Anbindung an den Liberalismus.

Die SPD machte sich 1896 die Emanzipationstheorie in ihrer Ausprägung durch Clara Zetkin zu eigen. Tatsächlich jedoch bestanden selbst zwischen so führenden Verfechtern der Emanzipation wie Clara Zetkin und August Bebel entscheidende Unterschiede. Während Clara Zetkin z. B. den Anspruch der Frauen auf das Wahlrecht mit deren Erwerbstätigkeit rechtfertigte und jede naturrechtliche Begründung ausdrücklich zurückwies, berief sich Bebel durchaus auf das Prinzip der Gerechtigkeit. Die

Emanzipationstheorie Clara Zetkins war nicht in allen Punkten die Emanzipationstheorie der Sozialdemokratie. Die Partei nahm die Forderung nach der politischen und rechtlichen Gleichstellung der Frauen in ihr Programm auf und vertrat sie im Parlament. 1918 führte der Rat der Volksbeauftragten das Frauenwahlrecht ein, obwohl man damit rechnete, daß die Parteipräferenzen der Frauen in erster Linie dem Zentrum zugute kämen. Die sozialistische Theorie jedoch hatte Prinzipien gesetzt, die man respektierte. Gegenüber Sozialdemokraten, die konventionelle Vorurteile gegen Frauen in der Politik nicht überwunden hatten, erwies sich die Theorie als wirksame Waffe der Frauen. Der Revisionismus unternahm keinen Versuch, die Emanzipationstheorie zu verändern. Die grundsätzlichen Angriffe auf die Grundlagen des sozialdemokratischen Emanzipationsverständnisses sind als vormarxistisch einzuschätzen. In Kontroversen und Programmatik und Organisation konnten die Frauen ihre Auffassung durchsetzen.

Es hieße die historische Situation verkennen, wenn man die Verantwortung für die Aufspaltung in eine sozialistische und eine bürgerliche Frauenbewegung Clara Zetkin allein zuschreiben wollte. Nachdem es in der Frühzeit der Entwicklung zahlreiche persönliche und organisatorische Kontakte und auch ideologische Berührungspunkte zwischen Frauen- und Arbeiterbewegung gegeben hatte, trug die Entwicklung der bürgerlichen Frauenbewegung erheblich zu der zunehmenden Entfremdung bei. Ihr Bündnis mit dem Liberalismus, ihre taktische Zurückhaltung, ihre Beschränkung auf Bildungsfragen und nicht zuletzt ihre Erfolglosigkeit enttäuschten die Arbeiterinnen und ließen sie in der SPD einen besseren Vertreter ihrer Interessen sehen.

Bei der Gründung des »Bundes Deutscher Frauenvereine« 1894 blieben die sozialistischen Frauen ausgeschlossen. Auch in der Folgezeit vereinigte der BDF lediglich verschiedene liberale und konservative Frauenvereine und setzte seine Politik vorsichtiger Zurückhaltung fort. Erst als sich ein radikaler Flügel innerhalb der Bewegung herausbildete, formulierten auch Organisationen bürgerlicher Frauen den Anspruch auf politische Rechte und stellten die herkömmliche Taktik in Frage. Konflikte um das allgemeine Wahlrecht, die Zusammenarbeit mit liberalen Parteien, die das Frauenwahlrecht ablehnten, und die entschiedene Zurückweisung des Anspruches der Dienstboten auf den Achtstundentag machen die Grenzen auch dieses progressiven Flügels deutlich. Dennoch sind die Erkenntnisse und Leistungen gerade dieser radikalen demokratischen Frauen zu würdigen. Ihr Dilemma lösten sie auf unterschiedliche Weise; jedoch erwies sich weder der Beitritt zu liberalen Parteien noch zur SPD noch die Gründung eigener Organisationen als erfolgreich und befriedigend. Das Versagen der sozialistischen Frauenbewegung und der SPD liegt darin, daß sie diesen progressiven Frauen keinen Raum zu geben vermochten und darauf ver-

zichteten, auch deren Kräfte für die Demokratisierung der Gesellschaft einzusetzen.
So entwickelte sich die sozialistische Frauenbewegung innerhalb der SPD, und Clara Zetkin setzte ihren ganzen Einfluß ein, um eine Verwischung der Grenzen zur bürgerlichen Frauenbewegung zu verhindern. Dennoch gab es mehr Berührungspunkte, als man bei der Betrachtung von Clara Zetkins häufig polemischen Äußerungen erwarten könnte. Immer wieder arbeiteten Sozialdemokratinnen in bürgerlichen Vereinen mit, nicht selten unterstützten bürgerliche Frauen Arbeitskämpfe der Arbeiterinnen. Im Ersten Weltkrieg arbeiteten beide Bewegungen unter Leitung Gertrud Bäumers im »Nationalen Frauendienst« zusammen, um durch kommunale Sozialarbeit das Kriegselend zu lindern. In der Weimarer Republik verlor die Frauenbewegung ihre Dynamik. Die bürgerlichen Frauen waren mit der unerwarteten Gewährung des Wahlrechts und der politisch-rechtlichen Gleichstellung weitgehend saturiert und engagierten sich in den verschiedenen politischen Parteien, während die sozialdemokratischen Frauen sich zunehmend in den Bereich der Sozialfürsorge, der kommunalen Tätigkeit und der »Arbeiterwohlfahrt« abdrängen ließen. Neben der wirtschaftlichen Situation mit ihren gerade in der Zeit der Demobilmachung hohen Arbeitslosenzahlen, die auch Sozialdemokraten und Gewerkschaftler den Rückzug der Frauen aus der gesellschaftlichen Produktion propagieren ließen, trug auch der Verlust der bedeutendsten Führerinnen an die USPD und KPD zu einer kampflosen Anpassung der Sozialdemokratinnen bei. Erst in den letzten Jahren hat sich wieder eine Frauenbewegung herausgebildet, die voller Elan für die Verwirklichung der Emanzipation kämpft.
Eine Betrachtung der organisatorischen Entwicklung zeigt, daß schon vor 1890 an verschiedenen Orten Deutschlands Arbeiterinnenvereine entstanden waren. Besonders zu erwähnen sind die Organisationen in Berlin in den achtziger Jahren und die Beteiligung von Frauen an den Gewerkschaften Sachsens. Diese Vereine standen noch keineswegs immer auf dem Boden der sozialistischen Arbeiterbewegung, doch wurden während der Zeit des Sozialistengesetzes immer mehr Frauen in die Arbeit der SPD hineingezogen. Als sich dann 1890 die Partei der Frauenbewegung annahm und Clara Zetkin den Primat des Sozialismus vor dem Feminismus festlegte, begann die Phase der kontinuierlichen Frauenbewegung im Rahmen der SPD. Bis 1908 durften die Frauen in den meisten deutschen Ländern keine politischen Vereine bilden. Sie organisierten sich daher zunächst um Agitationskommissionen und dann, als diese als Vereine aufgelöst wurden, um Vertrauenspersonen, die in öffentlichen Volksversammlungen gewählt wurden. Unpolitische Bildungsvereine trugen auch zur Konsolidierung der Bewegung bei, und die »Gleichheit«, Clara Zetkins Zeitschrift, gewährleistete den Zusammenhang der lokalen Gruppen. Die organisatori-

sche Entwicklung wurde lange Zeit durch Polizei und Gerichte erheblich behindert, doch die sozialistischen Frauen lernten, die Fallstricke der Vereinsgesetze geschickt und erfolgreich zu umgehen. Nicht zuletzt deshalb fiel 1908 die repressive Vereinsgesetzgebung; das neue Reichvereinsgesetz ermöglichte den Frauen den Beitritt zu politischen Parteien.

Nun konnte die Bewegung auch organisatorisch in die SPD integriert werden; eine »Sonderorganisation« war nicht länger notwendig. Die Sozialdemokratinnen hatten jedoch ihre Selbständigkeit und Autonomie schätzen gelernt und fürchteten, ihre frauenspezifischen Interessen könnten nun zu kurz kommen. Den Feminismus wollte man nicht zugunsten des Sozialismus aufgeben. Die Parteiführung erkannte, daß die besonderen Interessen der Frauen und ihre besondere Benachteiligung in der Gesellschaft eine schematische Gleichstellung mit den Männern verboten. Man akzeptierte die Notwendigkeit, den Frauen in der Partei besondere Privilegien zu verleihen, um so erst eine gleichberechtigte Mitarbeit zu gewährleisten: Die weiblichen Parteimitglieder erhielten eine Vertretung in den Vorständen und durften eigene Delegierte zu den Parteitagen entsenden. Um diese Vorrechte kam es immer wieder zu Auseinandersetzungen. Unter der Fahne der Gleichberechtigung protestierten manche Sozialdemokraten gegen diese angeblich eine »Sonderorganisation« konstituierenden Statuten; die Frauen wiesen deren Angriffe jedoch erfolgreich als Äußerungen kleinbürgerlicher und antifeministischer Vorurteile zurück und konnten auch nach 1908 innerhalb der SPD einen gewissen Grad an Selbständigkeit behaupten.

Die Frauen, die sich in der Zeit des Kaiserreichs in der SPD engagierten, waren zu einem großen Teil junge Frauen und keineswegs verbitterte alte Jungfern. Sie waren zu einem Großteil Hausfrauen mit Kindern und mit Sozialdemokraten verheiratet. Die anderen Frauen waren überwiegend Arbeiterinnen; die Leiterinnen jedoch hatten z. T. akademische Bildung genossen und arbeiteten in freien Berufen oder als Lehrerinnen. Ihre Herkunft weist aber auch sie als proletarischem Milieu entstammend aus. Der bürgerlichen Frauenbewegung dagegen gehörten fast ausschließlich Frauen des Mittelstandes an, die im Durchschnitt älter waren als die Sozialdemokratinnen.

Bis zur Jahrhundertwende umfaßte die sozialdemokratische Frauenbewegung nur einen kleinen Kreis von Mitarbeiterinnen. Erst in den Jahren nach 1900, jedoch schon vor 1908 entwickelte sie sich zu einer Massenbewegung. Sie drang in Regionen ein, in denen sie noch nicht hatte Fuß fassen können. Statistiken dokumentieren einen schnellen Aufschwung. Die Frauen auf dem Lande und katholische Frauen konnte man allerdings nicht gewinnen. Bis zum Ersten Weltkrieg stieg die Zahl der sozialdemokratischen Frauen auf fast 175 000 und ihr Anteil an den SPD-Mitgliedern auf über 16 %. Als sich die Partei 1917 und 1918/19 spaltete, schlossen sich zwar zahlreiche Frauen der USPD an, um ihrem Protest gegen den Krieg Ausdruck zu verleihen, doch nur wenige gingen mit Clara Zetkin in die KPD. Mitgliederzahlen und Wahlergebnisse aus der Weimarer Republik zeigen, daß die KPD von allen Parteien die geringste Attraktivität für Frauen besaß. In geringerem Maße wurde auch die parlamentarische Stärke der SPD durch das Wahlverhalten der Frauen beeinträchtigt, obwohl die Sozialdemokratie – SPD und USPD – das Frauenwahlrecht eingeführt hatte. Die Frauen bevorzugten das Zentrum und gemäßigt konservative Parteien rechts von der SPD; diese Tendenz schwächte sich in der zweiten Hälfte der Weimarer Zeit ab, setzte sich in der Bundesrepublik fort und besteht in seit 1972 gemilderter Form immer noch.

Die Arbeit sozialistischer Frauen im Spannungsfeld zwischen Sozialismus und Feminismus stand stets unter dem Dilemma, daß die erklärte Solidarität mit der Partei Fraueninteressen häufig als sekundär erscheinen lassen mußte. Die Integration in die SPD barg die Gefahr einer Anpassung an die männlich dominierte Bürokratie. Vor 1908 hatte die lose Organisationsstruktur der sozialistischen Frauenbewegung das Erstehen einer eigenen Bürokratie verhindert. Den wenigen bestehenden Institutionen, der »Gleichheit« und seit 1900 den Frauenkonferenzen, kam entscheidende Bedeutung für den Prozeß der Meinungsbildung und Entscheidungsfindung zu. Innere Kontroversen dokumentieren, wie ausschlaggebend der Einfluß auf diese beiden Gremien war. Dort entschied sich der Kurs der Bewegung, dort entstanden die programmatischen Stellungnahmen. Clara Zetkin beherrschte die »Gleichheit«, und wenngleich sie ihren Antagonistinnen Raum zur Meinungsäußerung gab, nutzte sie doch ihre Funktion als Redakteurin parteiisch. Auf den Frauenkonferenzen war sie fast ständig Vorsitzende und Referentin, und nur Luise Zietz und Ottilie Baader besaßen einen annähernd großen Einfluß. Mit Clara Zetkin dominierten sie auf den Konferenzen; Ottilie Baader war bis 1908 Zentralvertrauensperson, Luise Zietz seit 1908 Vorstandsmitglied der SPD.

Clara Zetkin hatte bis 1908 dank ihrer bildungsmäßigen Überlegenheit über die meisten anderen Frauen und ihrer Beherrschung der Schlüsselstellen in der unterentwickelten Organisationsstruktur der sozialistischen Frauenbewegung ihre Auffassungen zum offiziellen Programm machen können. Sie, deren Zugehörigkeit zum linken Flügel der Sozialdemokratie unbestreitbar ist, prägte die Stellungnahmen »der« Bewegung. Vielen Beobachtern muß deshalb die sozialdemokratische Frauenbewegung als radikal erscheinen. Das Theoriedefizit der Mitglieder jedoch ließ eine bewußte Stellungnahme in Richtungskämpfen der SPD gar nicht zu. Ein einziges Mal trat die Frauenbewegung als solche in einem Konflikt in Erscheinung: 1908 solidarisierte sich die Frauenkonferenz mit der Jugendbewegung, die mit Hilfe prominenter Vertreter des linken Flügels der Partei gegen den Vorstand und die reformistischen Gewerkschaftsführer um ihre Selbständigkeit kämpfte. Doch selbst dieser Beschluß der Frauenkonferenz ist auf den entschiedenen Einsatz Clara Zetkins zurückzuführen; die Art der Beschlußfassung zeigt, daß die Haltung der Frauen keineswegs als bewußte Identifizierung mit dem Radikalismus der Jugend und der mit ihr sympathisierenden Parteilinken zu werten ist.

Die »Gleichheit« war bereits vor 1914 häufig Gegenstand von Auseinandersetzungen; auf vielen Parteitagen und Frauenkonferenzen klagte man, die Zeitschrift habe ein zu hohes theoretisches Niveau und sei schwer verständlich. Entgegen der Interpretation mancher Historiker ist darin kein versteckter Richtungsstreit gegen Clara Zetkins Radikalismus zu sehen; angesichts des Theoriedefizits und der schlechten Schulbildung von Arbeiterinnen und Arbeiterfrauen sind auch Beschwerden über das Niveau der »Gleichheit« durchaus glaubwürdig. Die Auseinandersetzungen über das Verhältnis zur bürgerlichen Frauenbewegung spiegeln das Problem wider, einen Standpunkt zwischen Sozialismus und Feminismus zu finden; Clara Zetkin wies alle Versuche einer engeren Zusammenarbeit zurück. Bis 1914 bestimmte sie das Selbstverständnis der Bewegung im Spannungsfeld zwischen Parteipolitik und Frauenemanzipation. Zu den prominentesten Gegnerinnen Clara Zetkins innerhalb der sozialdemokratischen Frauenbewegung zählte Lily Braun. Die Auseinandersetzungen zeigen, wie Clara Zetkin dank der Verfügung über die Schlüsselinstanzen der Meinungsbildung ihre Auffassung durchsetzen konnte. Zudem begegneten viele Sozialdemokratinnen Lily Brauns unkonventionellen Vorschlägen mit Mißtrauen; nicht selten verbarg sich hinter der Zurückweisung ihrer Ideen eine eher konservative als revolutionäre Grundhaltung.

1908 entzog die Integration der Frauen in die SPD Clara Zetkin die Monopolstellung im Prozeß der Entscheidungsfindung: Ottilie Baaders und Luise Zietz' Loyalität zu Clara Zetkin geriet in Konflikt mit der neuen Kollegialität im Parteivorstand. Clara Zetkins Position wurde geschwächt; jetzt ging sie nicht mehr aus allen Auseinandersetzungen siegreich hervor. Ihre vermeintlich radikale Anhängerschaft folgte ihr nicht immer; das niedrige theoretische Niveau machte die Treue zu Clara Zetkin oberflächlich. Der häufig diagnostizierte Radikalismus der Frauenbewegung war in Wirklichkeit der Radikalismus Clara Zetkins, und deren Vorherrschaft erwies sich seit 1908 zunehmend als labil.

Eine Betrachtung der Tätigkeitsfelder sozialistischer Frauen zeigt ohnehin, daß die Bewegung keine linke Alternative zum Kurs der SPD besaß. Agitation zur Gewinnung weiterer Anhänger, Bemühungen um die Verbesserungen der wirtschaftlichen und sozialen Lage der Arbeiterinnen sowie die Erweiterung der politischen Rechte der Frau bildeten die Schwerpunkte der praktischen Arbeit. In der Regel setzte man sich für Reformen ein, die das System keineswegs sprengten: Lohnerhöhungen, Arbeitszeitverkürzung, Arbeiterinnenschutz, weibliche Gewerbeaufsicht,

Wahlrecht. Clara Zetkin verstand diese Reformen zwar als Etappen auf dem Weg zur Revolution, doch für viele ihrer Anhänger bildeten sie das eigentliche Ziel des Sozialismus. Die Arbeiterinnen beteiligten sich durchaus ihrem Organisationsgrad entsprechend an Arbeitskämpfen; in den Gewerkschaften allerdings waren sie meist unterrepräsentiert. Sie bemühten sich um die Überwachung der bestehenden Schutzgesetze und engagierten sich für eine Erweiterung der bestehenden Bestimmungen zum Mutter- und Arbeiterinnenschutz. Ferner entwickelte die Bewegung Ansätze einer neuen Pädagogik und eines Schulprogramms, ohne jedoch einen Konsens über das Verhältnis zwischen familiärer und gesellschaftlicher Erziehung zu finden. Die Schulungsbemühungen der Bewegung förderten nicht nur die sozialistische Frauenbewegung, sondern leisteten auch einen Beitrag zur Überwindung des Bildungsdefizits der proletarischen Frauen und damit zu deren Emanzipation.

Die Gleichstellung der Frau im Ehe- und Familienrecht und der Kampf gegen den Militarismus dagegen waren keine Schwerpunkte der Tätigkeit sozialdemokratischer Frauen. Im Weltkrieg fand die Parteispaltung ihre Parallele in einer Spaltung der Frauenbewegung; sehr viele Frauen scheinen seit 1916/17 zu Kriegsgegnerinnen geworden zu sein, ohne sich deshalb unbedingt später der KPD anzuschließen. Der Rückgang der Abonnentenziffer der »Gleichheit« seit 1915 erklärt sich zunächst aus der Kriegssituation und kann nicht als Zeichen für Unwillen gegen Clara Zetkins oppositionelle Haltung gewertet werden. Daß sich die »Gleichheit« auch nach dem Krieg nicht wieder erholte, ist Folge der Spaltung, der Gründung von Konkurrenzzeitschriften und des Elanverlusts der Bewegung nach dem Erringen des Wahlrechts und dem Rückzug in die Sozialarbeit.

In der Haltung zur Frauenemanzipation verliefen die Fronten anders als in der Politik. Links und rechts, radikal und revisionistisch – diese Aufteilung der Sozialdemokratie entspricht nicht bestimmten Auffassungen zur Frauenfrage. Nicht jeder linke Sozialist war ein Freund, nicht jeder Repräsentant des rechten Flügels ein Gegner der Frauenemanzipation. Ausschlaggebender war ein gewisses Maß politischer Schulung: Sozialdemokraten mit hohem theoretischem Niveau wußten sich der sozialistischen Lehre verpflichtet und fühlten sich gezwungen, antifeministische Vorurteile zu überwinden. Tatsächlich hatte die Frauenbewegung auf lokaler Ebene weit größere Schwierigkeiten zu überwinden als auf der Ebene des zentralen Parteivorstandes oder Parteitages. Überkommene Vorurteile blieben auch in der Partei so stark, daß die Frauen häufig um ihre Rechte kämpfen mußten. Klagen über das Desinteresse der Männer kehrten immer wieder. Die Frauen blieben in den führenden Parteigremien wie Vorstand oder Parteitag deutlich unterrepräsentiert und blieben es durch die Zeit der Weimarer Republik hindurch bis in unsere Gegenwart. Zudem

fehlten selbst den führenden Vertreterinnen der Bewegung die theoretischen Kenntnisse oder das Selbstbewußtsein, um gleichberechtigt mitdiskutieren und mitarbeiten zu können. Zu den Ausnahmen gehörte neben Clara Zetkin und Luise Zietz vor allem Rosa Luxemburg, die sich jedoch in der Frauenbewegung nicht engagierte.
Die sozialistische Emanzipationstheorie blieb unvollkommen, da sie die sogenannten Überbauphänomene unterschätzte. Schon Marx und Engels erkannten das Beharrungsvermögen überkommener Vorurteile und Rollenfixierungen nicht in ihrer vollen Tragweite, und unter ihren Nachfolgern wie Kautsky und Zetkin findet sich häufig ein Determinismus, der all diese Probleme auf die Zeit nach der Revolution vertagen will. So konnten gerade im privaten Bereich, in Stellungnahmen zu Ehe, Familie und Sexualität Residuen bürgerlichen Denkens wirksam werden. Die unvollkommene Theorie erwies sich als nicht geeignet, die patriarchalische Praxis in der Ehe und Familie zu überwinden. Marx hatte von der »Aufhebung der Familie« und von der Entstehung einer »neuen Form« gesprochen, ohne diese Begriffe näher zu erläutern. Clara Zetkin verstand sie dahingehend, daß sich die Familie von einer »wirtschaftlichen« zu einer »sittlichen Einheit« entwickeln werde. In diesem Begriff zeigt sich, daß auch sie humanistisch-idealistischen Traditionen verpflichtet war. Auch Clara Zetkins Frauenbild enthielt vormarxistische Elemente. Ihre Frauenwahlrechtszeitungen enthielten einen nahezu mythischen Mutterkult; die Ideologie von einem der Frau wesensmäßig angeborenen, naturgegebenen und daher unveränderlichen weiblichen Charakter war Bestandteil des sozialistischen Frauenbildes. Die unkritische Übernahme dieses weit verbreiteten Gedankengutes barg bereits die Gefahr, das Wirkungsfeld der Frau auf die Erfüllung von Aufgaben in der Sozial- und Wohlfahrtsarbeit zu beschränken.
Die Diskussion um Probleme der Sexualmoral und Alternativen zur Ehe und Familie zeigt, daß die Sozialdemokratie weitgehend den Vorstellungen ihrer Zeit verhaftet war. Nur wenige – und meist keine Repräsentanten des linken Flügels – brachten Begriffe wie »freie Liebe« und »freie Ehe« in die Diskussion; mehrheitlich jedoch teilte die SPD die Auffassung der herrschenden Moral. Die Parteiführung geriet dabei in Konflikt mit ihrer Mitgliedschaft; denn unter Arbeitern waren voreheliche Sexualität, Konkubinat und die Anwendung von Verhütungsmitteln weit verbreitet. Die Parteisprecher und unter ihnen gerade Clara Zetkin dagegen reagierten mit Mißtrauen; hinter Familienplanung witterte man eine Alternative zum Sozialismus und gefährlichen Egoismus. Clara Zetkins Äußerungen verraten Lustfeindlichkeit und eine strenge Moral, die von der Masse der Arbeiterschaft nicht geteilt wurde.
Viele Sozialdemokraten versuchten, »moralischer« zu sein als die bürgerliche Gesellschaft. Sie entwickelten jedoch keine neue Moral, sondern über-

nahmen die Dogmen der von ihr bekämpften bürgerlichen Welt. Wilhelm Liebknecht sorgte sogar dafür, daß die Parteipresse keine Heiratsannoncen und Inserate für Verhütungsmittel abdruckte, und naturalistische Schriftsteller mußten die Erfahrung machen, daß für sie kein Platz in der SPD, für ihre Werke kein Platz in deren Zeitschriften war. Ein Blick auf das Privatleben führender Sozialdemokraten lehrt, daß dort die gleichen konventionellen Normen Geltung hatten. Zwar gab es in der Praxis Ehekrisen, Scheidungen und Verstöße gegen die Gesetze der Monogamie, doch die »Schuldigen« mußten mit der moralischen Verurteilung durch ihre »Genossen« rechnen. Bebel verschwieg, was er über Marx' Eheleben wußte; dem Vater des Marxismus sollte ein vorbildliches Privatleben nachgesagt werden.

Erst in der Weimarer Republik traten alternative Entwürfe des Zusammenlebens und der Sexualmoral in das Zentrum der Diskussion. Clara Zetkin jedoch wies mit Lenin alle Versuche, dieser Thematik entscheidende Bedeutung zuzusprechen, als kleinbürgerlich zurück. Unter Stalin verstummten die Stimmen der Sexualreformer, in der Sowjetunion ließ eine restaurative Entwicklung die radikalen Ansätze Alexandra Kollontais scheitern. In Deutschland vertrat vor allem Wilhelm Reich die Auffassung, eine Revolutionierung von Ehe, Familie und Sexualmoral sei vordringlich. Seine Gedanken erlebten im Rahmen der antiautoritären Studentenbewegung Ende der sechziger Jahre eine Renaissance; Kommunen und Wohngemeinschaften entstanden als Alternativen zur Kleinfamilie.

Die Gleichberechtigung der Frau in der Familie galt in der sozialistischen Emanzipationstheorie als sekundäres Problem. Die Arbeitsteilung im Haushalt, die einseitig die Frau belastete, bestand fort, die Klagen über die Inkonsequenz von Sozialdemokraten, die zu Hause ein patriarchalisches Regime führten, blieben fruchtlos. Auch die erwerbstätigen Frauen blieben zur alleinigen Bewältigung der Hausarbeit und Kindererziehung verurteilt, ihre Mehrfachbelastung nahm der Berufstätigkeit ihre emanzipatorische Bedeutung. Die SPD und die sozialistische Frauenbewegung vermochten die Kluft zwischen Theorie und Praxis nicht zu schließen, in sozialistischen Ländern wie in westlichen Demokratien ist das Problem nach wie vor ungelöst. In der modernen Frauenbewegung unserer Zeit bleiben die Stimmen vereinzelt, die Lohn für Hausarbeit fordern. Die Mehrheit der Feministinnen versteht, daß so die Abhängigkeit der Frauen vom Mann verstärkt und die Frau wieder ganz auf die Familie verwiesen würde. So scheint sich diese finanziell ohnehin nicht zu verwirklichende Forderung nicht durchzusetzen; die Erkenntnis von der emanzipatorischen Bedeutung der Berufstätigkeit bleibt feministisches Gedankengut. Problematisch ist jedoch weiterhin die Verbindung von Mutterschaft und Erwerbstätigkeit. Lösungsansätze sieht man in innerfamiliärer Arbeitsteilung, Nachbarschaftshilfe, verlängertem Mutterschaftsurlaub und der Anstellung von Tagesmüttern.

Die revolutionären Ereignisse von 1918 und die Weimarer Republik brachten den Frauen das Wahlrecht und die politische und rechtliche Gleichstellung mit den Männern; die Gleichberechtigung blieb jedoch weitgehend eine Absichtserklärung der Verfassung, die in der Realität nicht eingelöst werden konnte. Erst in der Zeit nach 1945 fiel in beiden deutschen Staaten die rechtlich fixierte Diskriminierung der Frau. Wirtschaftlich schien die massenhafte Einbeziehung der Frauen in die Industrie während des Ersten Weltkrieges ein Fortschritt zu sein. Die Umstellung von der Kriegs- auf die Friedenswirtschaft jedoch machte diesen Prozeß rückgängig; die Frauen hatten lediglich als Reservearmee und Ersatz für die Männer gedient. Die Demobilmachung und die Wiedereingliederung der Frontkämpfer führten zu Entlassungen zahlreicher Frauen, denen die Sozialdemokratinnen hilflos gegenüberstanden, zumal selbst die SPD und die Betriebsräte diese Maßnahmen mittrugen. Ähnlich litten in der Zeit der Weltwirtschaftskrise vor allem Frauen unter der Arbeitslosigkeit; die Diskriminierung als »Doppelverdiener« rechtfertigte ihre Verdrängung aus dem Arbeitsprozeß. Die SPD fand keine Lösung für die wirtschaftlichen Probleme der Krisenzeiten; die sozialistische Frauenbewegung hatte ihre Dynamik bereits verloren.

Geschwächt durch die Kriegszeit, die Parteispaltung und den Verlust ihrer bedeutendsten Führerinnen hatten sich die sozialistischen Frauen immer mehr der Partei angepaßt. Die politische Gleichberechtigung führte sie in die parlamentarische Arbeit, der Rückzug in die Sozialarbeit zerstörte das feministische Element und schwächte den Widerstand gegen die fortdauernde Diskriminierung in der Partei und in der Gesellschaft. Die wirtschaftlichen Krisen verschärften die Konkurrenz zwischen Arbeitern und Arbeiterinnen, die sozialistische Frauenemanzipationstheorie verlor ihre Bedeutung als Maxime der sozialdemokratischen Frauenpolitik. Das Zusammenwirken sozialistischer und feministischer Zielvorstellungen innerhalb der SPD zerbrach und lebte auch nach 1945 nicht mehr auf.

Die neue Frauenbewegung entwickelte sich z. T. in Abgrenzung von den Frauen in der SPD und den Gewerkschaften. Dennoch sehen sich Feministinnen und Sozialdemokratinnen gleichermaßen mit dem Problem konfrontiert, daß mit der politischen und rechtlichen Gleichstellung der Frauen, mit der Öffnung der Bildungswege und der Berufe die Emanzipation nicht verwirklicht ist. Immer noch sind Leitungsfunktionen Frauen schwerer zugänglich, immer noch bestehen erhebliche Einkommensunterschiede, immer noch dominiert das traditionelle Frauenbild. Die geschlechtsspezifische Rollen- und Arbeitsteilung in der Familie und in der Gesellschaft ist noch nicht überwunden, nach wie vor sind die Frauen in politischen Gremien und Parteien unterrepräsentiert. Die sozialistische

Frauenbewegung entwickelte schon im Kaiserreich beachtliche Lösungsansätze für diese Probleme, die jedoch nicht weitergeführt und teilweise sogar vergessen wurden. Eine kritische Würdigung der Leistungen und Grenzen dieser Bewegung im Spannungsfeld zwischen Sozialismus und Feminismus mag auch für die aktuelle Diskussion fruchtbar sein. Eine historische Analyse mag verstehen helfen, warum die Emanzipation der Frau unvollendet blieb.

# Biographischer Anhang[1]

*Adams-Lehmann,* Hope Bridges: geb. in England, gest. 10. 10. 1916 in München. Sie war eine der ersten Ärztinnen, in erster Ehe mit Otto Walther, einem Spezialisten für Lungenkrankheiten, in zweiter Ehe mit Dr. Karl Lehmann verheiratet. Lehmann war Sozialist, Frau A.-L. schrieb in sozialistischen Zeitschriften über Frauenfragen[2].

*Adler,* Emma: Frau des österreichischen Parteiführers Viktor Adler und Schwester von Heinrich Braun[3]. Nach Adelheid Popp war E. A., »ohne je im Vordergrund zu stehen, eine stets hilfsbereite Freundin der Arbeiterinnenbewegung«, die der Sozialdemokratie »von allem Anfang an mit Begeisterung und Hingabe« diente[4]. Konkret beschränkte sich ihre politische Tätigkeit jedoch auf die Herausgabe von Büchern und auf Anregungen an die Frauenbewegung wie die, für die Märzgefallenen der Revolution von 1848 einen Kranz zu flechten[5].

*Agnes,* Lore: geb. 4. 6. 1876 in Bochum, gest. 1953 in Köln. Sie war die Tochter des Bergarbeiters Benning und arbeitete bis zu ihrer Heirat als Dienstmädchen. Ihr Ehemann war der Gewerkschaftssekretär Peter Agnes. 1906 zog sie nach Düsseldorf und engagierte sich dort in der sozialistischen Frauenbewegung. 1907 wurde sie dort zur Vertrauensperson gewählt, war Mitbegründerin des dortigen Verbandes der Hausangestellten und zog als reisende Agitatorin zu Fuß von Ort zu Ort, um die Dienstmädchen am Niederrhein für die Bewegung zu gewinnen. Sie betrachtete Clara *Zetkin* und Rosa *Luxemburg* als Vorbilder und stand im Ersten

1 Die Quellen für die einzelnen Lebensdaten sind nicht ausdrücklich angegeben, wenn sie in folgenden Biographischen Lexika enthalten sind: Geschichte der deutschen Arbeiterbewegung. Biographisches Lexikon, Berlin 1970; Große Frauen der Weltgeschichte. Tausend Biographien in Wort und Bild, Wiesbaden o. J.; Marie Juchacz: Sie lebten für eine bessere Welt. Lebensbilder führender Frauen des 19. und 20. Jahrhunderts, Berlin, Hannover 1955; Lexikon der Frau in zwei Bänden, Zürich 1953/1954; Die Mitglieder des österreichischen Nationalrates. Hrsg. v. d. Kanzlei des Präsidenten des Nationalrates, Wien 1968; Franz Osterroth: Biographisches Lexikon des Sozialismus. Bd. I: Verstorbene Persönlichkeiten, Hannover 1960; Max Schwarz: MdR. Biographisches Handbuch der Reichstage, Hannover 1965.

2 Gleichheit 27. 10. 1916, 1. 4. 1921.

3 Stampfer, S. 84; vgl. *Braun,* Lily.

4 Popp: Weg zur Höhe, S. 72.

5 Viktor Adler: Briefwechsel, S. 165, 398; Popp: Weg zur Höhe, S. 72.

Weltkrieg auf der Seite der Kriegsgegner. 1914 wurde sie wegen einer Rede auf einer Friedenskundgebung in Düsseldorf zu einer Gefängnisstrafe verurteilt, und 1917 trat sie der USPD bei. Für diese Partei wurde sie in die Nationalversammlung und in den Reichstag gewählt und blieb bis 1933 Reichstagsmitglied. Nach der Spaltung und Auflösung der USPD schloß sie sich der SPD an. Nach dem 20. Juli 1944 wurde sie inhaftiert, überlebte ihre Haft jedoch[6].

*Altmann*, Anna, geb. Urbantschky: geb. 17. 11. 1851 in Böhmisch-Leipa, gest. 1937 in Schönfeld bei Aussig. Ihr Vater war Arbeiter und Obmann des Arbeiterbildungsvereins, sie selbst arbeitete seit ihrem sechsten Lebensjahr in einer Textilfabrik, später in einer Flachsspinnerei und als Dienstmädchen. 1876 hielt sie ihre erste Rede in einer politischen Versammlung. Sie wurde Vertrauensperson und Agitatorin für die sozialistische Frauenbewegung zunächst in Böhmen, später in Wien. Sie war die erste Funktionärin in der österreichischen Partei[7].

*Altmann*, Ida, später Kühnel: I. A. war Tochter eines ostpreußischen Bauern und von Beruf Lehrerin, wurde aber wegen ihrer politischen Tätigkeit nicht zum Schuldienst zugelassen[8]. Sie verfaßte Novellen, Erzählungen und Gedichte, war von 1902 bis 1904 Vertrauensperson der Sozialdemokratinnen in Wilmersdorf und gehörte 1904 dem Arbeiterinnenagitationskomitee der Gewerkschaften an. Sie leitete das Arbeiterinnen-Sekretariat und damit die Frauenarbeit der freien Gewerkschaften, bis sie sich 1908 – nach ihrer Heirat – aus der Bewegung zurückzog[9]. Ihre Nachfolgerin war Gertrud *Hanna*.

*Ammon*, Lina: geb. 22. 9. 1889, Fabrikarbeiterin. Sie arbeitete in der Gewerkschaft und der SPD mit, wurde 1910 Mitglied des Vorstandes der Holzarbeitergewerkschaft und war von 1920 bis 1933 Mitglied des bayerischen Landtages[10].

*Andresen*, Margarete: geb. 5. 4. 1892, Mitgründerin des Arbeiterjugendbundes in Hamburg, später in der SAJ tätig. Seit ihrem 18. Lebensjahr arbeitete sie auch in der SPD und der Gewerkschaft mit[11].

*Anneke*, Mathilde Franziska: geb. 3. 4. 1817 in Blankenstein bei Bochum, gest. 25. 11. 1884. Ihr Vater war der Domänenpächter und Gutsbesitzer

6 Archiv der sozialen Demokratie, Nachlaß Marie Juchacz 3 und Personalia-Sammlung: Agnes.

7 Gleichheit 1959 Nr. 12, S. 456; Emmerich I, S. 127ff., 384; Klucsarits/Kürbisch, S. 377; Popp: Weg zur Höhe, S. 60.

8 I. Altmann an das Preußische Abgeordnetenhaus, 15. 1. 1901, in: IISG, Nachlaß Vollmar 2871 a.

9 Hauff, S. 19; Losseff-Tillmanns, S. 266.

10 Gleichheit 1959 Nr. 11, S. 432.

11 Gleichheit 1962 Nr. 4, S. 129.

Gießler, der sie mit 19 Jahren an den Weinhändler Alfred v. Tabouillot verheiratete. Die Ehe wurde 1843 geschieden, und 1847 heiratete sie Fritz Anneke, einen Offiziersanwärter der preußischen Artillerie, der jedoch später die Armee verließ und Arbeiter wurde. Die Annekes beteiligten sich an führender Stelle an der Revolution von 1848, und M. F. A. gab am 27. 9. 1848 die erste Ausgabe ihrer »Frauen-Zeitung« heraus. Nach dem Scheitern der Revolution emigrierten die Annekes zunächst in die Schweiz, dann in die USA, wo M. F. A. sich der Frauenbewegung anschloß[12].

*Ansorge,* Marie: geb. 15. 12. 1880 in Löchau im Sudetenland, gest. Juli 1955 in Dorsten. Ihr Vater war Maurer, ihre Mutter Handweberin. Seit ihrem 8. Lebensjahr half M. A. ihrer Mutter bei der Arbeit und verdingte sich im Sommer in der Landwirtschaft; mit 13 Jahren wurde sie Textilarbeiterin in einer Fabrik, später arbeitete sie in einer Weberei, als Zeitungsausträgerin und als Expedientin. Auch nach ihrer Heirat mit einem Textilarbeiter blieb sie erwerbstätig. 1905 trat sie der Gewerkschaft bei, von 1907 bis 1911 war sie Vorstandsmitglied der Textilarbeitergewerkschaft. Seit 1906 engagierte sie sich in der Genossenschaftsbewegung, seit 1907 in der SPD. 1910 wurde sie Vorstandsmitglied der Partei in Waldenburg, wo sie 1918 Kreistagsabgeordnete wurde. Von Juni 1920 bis 1933 gehörte sie dem Reichstag an. Im Dritten Reich verbüßte sie mehrere Gefängnisstrafen und wurde 1944 im Konzentrationslager Ravensbrück inhaftiert. 1951 wurde sie in den Bundestag gewählt[13].

*Arendsee,* Martha: geb. 29. 3. 1885 in Berlin, gest. 22. 5. 1953 in Berlin. M. A., Tochter eines Buchdruckers, absolvierte nach dem Besuch der Volksschule eine kaufmännische Lehre und arbeitete bis 1905 als Kontoristin, anschließend als Heimarbeiterin und später als Buchhalterin. 1906 trat sie der SPD, 1907 dem Wäschearbeiterverband bei. 1907/08 leitete sie den Frauenbildungsverein in Berlin-Tegel, wo sie 1908 zweite Vorsitzende des SPD-Wahlvereins wurde. Von 1909 bis 1916 vertrat sie die Frauenbewegung im Kreisvorstand der SPD Niederbarnims. Sie beteiligte sich an der Vorbereitung der internationalen Berner Frauenkonferenz von 1915 und an der Verteilung deren Manifestes. 1917 schloß sie sich der USPD und 1920 der KPD an, für die sie von 1924 bis 1930 in den Reichstag gewählt wurde. Von 1919 bis 1925 war sie Landtagsabgeordnete in Preußen; 1934 emigrierte sie in die Sowjetunion, und 1946/47 gehörte sie dem Parteivorstand der SED an[14].

---

12 Anna Blos: Frauen der deutschen Revolution 1848. Zehn Lebensbilder und ein Vorwort, Dresden 1928, S. 17ff.; Henkel/Taubert, S. 9ff.

13 Archiv der sozialen Demokratie, Personalia-Sammlung: Ansorge; Gleichheit 1955 Nr. 9, S. 352f.

14 Archiv der sozialen Demokratie, Personalia-Sammlung: Arendsee.

*Augspurg,* Anita: geb. 22. 9. 1857 in Verden an der Aller, gest. 1943. Ihr Vater war Jurist, sie selbst absolvierte die Ausbildung zur Lehrerin, arbeitete als Theaterschauspielerin, promovierte 1896 als Juristin und eröffnete schließlich in München ein Photoatelier. A. A. gehörte dem radikalen Flügel der bürgerlichen Frauenbewegung an und war 1901 Mitgründerin des Deutschen Vereins für Frauenstimmrecht. Vorübergehend gehörte sie der Freisinnigen Volkspartei an. Nach der Machtergreifung der Nationalsozialisten emigrierte sie nach Zürich[15].

*Baader,* Ottilie: geb. 30. 5. 1847 in Rackow bei Frankfurt an der Oder, gest. 24. 7. 1925. O. B. war Tochter eines Zuckerschneiders in einer Zukkerfabrik; sie besuchte die Mittelschule, bis sie 1860 nach Berlin zog, wo sie zunächst als Näherin in einer Nähstube, dann in einer Wollfabrik und schließlich als Heimarbeiterin arbeitete. Während des Sozialistengesetzes war sie zeitweilig Mitglied von Lina *Morgensterns* Arbeiterinnenverein, beteiligte sich 1886 am Kampf der Mantelnäherinnen gegen die Erhöhung des Nähgarnzolls und schloß sich der SPD und dem Schneiderverband an. 1894 wurde sie Vertrauensperson der sozialistischen Frauenbewegung im 4. Berliner Wahlkreis, 1899 für ganz Berlin und 1900 Zentralvertrauensperson für Deutschland. Ab 1904 wurde sie besoldet. 1908 verzichtete sie auf die Kandidatur zum Parteivorstand[16], arbeitete jedoch weiterhin im Frauenbüro mit. Nach 1914 trat sie nicht mehr hervor, obwohl sie noch mit 70 Jahren politisch tätig war[17]. Sie blieb Mitglied der MSPD und soll sich bis zu ihrem Tode »mit regem Interesse an dem politischen Leben« beteiligt haben[18]. In hohem Alter heiratete sie einen Diedrichs[19].

*Balabanoff,* Angelica: geb. 1878 in der Ukraine, gest. November 1965 in Rom. A. B. stammte aus einer reichen Landbesitzerfamilie. 1897 ging sie zum Studium nach Brüssel; über Leipzig und Berlin kam sie nach Rom. Dort wurde sie eine Schülerin Labriolas, und seit 1900 arbeitete sie in der sozialistischen Partei Italiens mit. Als Kriegsgegnerin beteiligte sie sich an der Berner Frauenkonferenz von 1915. Im September 1917 kehrte sie nach Rußland zurück und wurde Mitglied der Bolschewiki. Bis November 1918 arbeitete sie in der sowjetischen Botschaft in der Schweiz, anschließend als Sekretärin der Kommunistischen Internationale in Moskau. Ihre Kritik an der Italienpolitik der Komintern führte zu ihrer Entlassung;

---

15 Die Genossin. Heft 10 (1927) 4. Jg., S. 361; Heymann, S. 3ff., 101f.

16 Parteitag 1908, S. 424, 460, 485; Gleichheit 25. 5. 1917. Ihre Memoiren enden 1908: s. Baader.

17 Archiv der sozialen Demokratie, Nachlaß Juchacz 3; O. Baader an K. Weyl, 9. 7. 1914, in: ebd., Nachlaß Gerda Weyl 6; Adelheid Popp: Mädchenbuch, Wien 1924, S. 30.

18 Frauenwelt. Eine Halbmonatsschrift. 1924 Nr. 4, S. 58; Gleichheit 1. 4. 1921; Archiv der sozialen Demokratie, Personalia-Sammlung: Baader.

19 Gleichheit 1. 4. 1921.

1922 verließ sie die Sowjetunion, 1924 wurde sie aus der Partei ausgeschlossen. Bis 1935 lebte A. B. in Paris, emigrierte dann in die USA und kehre 1946 nach Italien zurück[20].

*Bartels,* Elise, geb. Bicker: geb. 1880 in Hildesheim, gest. 25. 10. 1925 in Berlin. Von Beruf Stickerin, schloß E. B. sich 1908 der SPD an. Sie wurde Mitglied des Bezirksvorstandes Hannover, 1919 Stadtverordnete in Hildesheim und seit 1922 Reichstagsabgeordnete[21].

*Bäumer,* Gertrud: geb. 12. 11. 1873 in Hohenlimburg, gest. 25. 3. 1954 in Godesberg. Ihr Vater war Pfarrer und Kreisschulinspektor, G. B. selbst wurde Oberlehrerin und promovierte. Sie wurde eine der bedeutendsten Führerinnen der bürgerlichen Frauenbewegung; seit 1910 leitete sie den Bund deutscher Frauenvereine. 1918 wurde sie Mitglied der DDP, 1919 bis 1932 war sie Reichstagsabgeordnete, 1945 sympathisierte sie mit der CDU/CSU[22].

*Baude,* Agnes: geb. 15. 4. 1878 in Brieg in Schlesien. 1901 schloß sich A. B. der SPD in Kattowitz an, wo ihr Mann führend in der Partei und Gewerkschaft tätig war. 1913 zog sie nach Elbing, und dort wurde sie später Stadtverordnete[23].

*Baum,* Marie: geb. 23. 3. 1874 in Danzig, gest. 8. 8. 1964 in Heidelberg. M. B. stammte mütterlicherseits aus der Familie Mendelssohn-Bartholdy. Sie studierte in Zürich Chemie und arbeitete als Laborleiterin in einer Berliner Firma. Sie verfaßte sozialpolitische Schriften, leitete einen »Verein für Säuglingsfürsorge« in Düsseldorf und wurde 1902 die erste Fabrikinspektorin Badens. 1917 leitete sie zusammen mit Gertrud Bäumer das Sozialpädagogische Institut in Hamburg; sie wurde Mitglied der Nationalversammlung und, bis Februar 1921, des Reichstags. Sie war Mitglied der DDP[24].

*Baumann,* Chr.: geb. 12. 4. 1837. Ihr Mann war zunächst Bahnbeamter in Sachsen, dann Inhaber eines kleinen Geschäfts in Prag. Chr. Baumann arbeitete nach einem Umzug nach Altona als Näherin und Putzmacherin. Sie schloß sich dem Frauenverein und der SPD Hamburgs an, arbeitete im Frauenwahlverein für die preußischen Landtagswahlen mit und wurde Mitglied des Transportarbeiterverbandes[25].

*Baumann,* Linchen: L. B. war seit 1902 Vertrauensperson der sozialistischen Frauenbewegung Altonas, 1908 Provinzial-Vertrauensperson für

---

20 Balabanoff; Branko Lazitch / Milorad M. Drachkovitch: Biographical Dictionary of the Comintern, Stanford 1973, S. 14f.

21 Die Genossin. Heft 13 (1925) 2. Jg., S. 379.

22 Huber, S. 2ff.

23 Gleichheit 1953 Nr. 4, S. 135.

24 Bundesarchiv, Nachlaß Lüders Nr. 254.

25 Gleichheit 27. 4. 1917.

Schleswig-Holstein. Auch ihr Mann, Ernst Baumann, war Sozialdemokrat[26].

*Bayley,* Elfriede, später Stoecker: geb. 1897, Tochter eines Modelltischlers, Ehefrau des Kommunisten Stoecker. 1913 beteiligte sie sich in Bonn an der Arbeiterjugendbewegung; im Weltkrieg gehörte sie zu den Kriegsgegnerinnen und trat 1917 zur USPD über[27].

*Bebel,* Frieda, später Simon: geb. 1869, gest. 1948, Tochter August Bebels, Ehefrau des Arztes Dr. Ferdinand Simon. Wie ihr Mann und ihr Vater war sie Sozialistin; sie arbeitete aktiv an der österreichischen Arbeiterinnen-Zeitung mit[28].

*Bebel,* Julie: geb. 1843, gest. 1910. Am 9. 4. 1866 heiratete sie August Bebel. Sie teilte die Bestrebungen ihres Mannes, trat jedoch in der Parteipolitik und in der Frauenbewegung nicht öffentlich hervor[29]. An Engels schrieb sie:

> »Früher war ich oft sehr unzufrieden, dass ich so gar nichts für meine geistige Ausbildung tun konnte; aber mich hat doch das Bewußtsein glücklich gemacht, für meinen Mann die häusliche Behaglichkeit schaffen zu können, die ihm zu seiner geistigen Entfaltung und Arbeit so nötig war. Aber dadurch, dass ich seine Parteigeschäfte fortführen musste, soweit ich es konnte, wenn er so oft vom Hause weg war, bin ich in den Geist der Bewegung eingedrungen und heute mit ganzer Seele dabei, und so muß ich mich mit dem begnügen, was ich daraus gelernt habe.«[30]

*Behm,* Margarete: geb. 3. 5. 1860 in Lehndorf, gest. 28. 7. 1930 in Berlin. M. B. war von Beruf Lehrerin, engagierte sich in der christlichen Gewerkschaftsbewegung und gründete den Gewerkverein für Heimarbeiterinnen. In der Weimarer Republik vertrat sie bis Mai 1928 die DNVP im Reichstag.

*Behnke,* Marie Helene: geb. 1880 in Dangastermoor, gest. 1944 in Wilhelmshaven, Tochter eines Arbeiters. Sie wurde 1919 für die SPD Reichstagsabgeordnete und war bis 1920 Reichstagsmitglied[31].

*Belli,* Else: geb. 1887, gest. 1940, Tochter Josef Bellis, des Gehilfen Mottelers in Zürich, später Ehefrau Kurt Eisners. Sie arbeitete vor dem Ersten Weltkrieg im Sekretariat der Parteischule. Im Zweiten Weltkrieg emigrierte sie nach Frankreich; auf der Flucht vor der Gestapo beging sie dort Selbstmord[32].

---

26 Gleichheit 27. 8. 1902; Parteitag 1908, S. 104f.

27 Stoecker, S. 67, 139.

28 A. Bebel an F. Engels, 9. 4. 1890, in: Blumenberg, S. 388; Popp: Weg zur Höhe, S. 24.

29 S. o. S. 277f.

30 Julie Bebel an F. Engels, 13. 2. 1892, in: Blumenberg, S. 507.

31 Frauenstimmen aus der Nationalversammlung. Beiträge der sozialdemokratischen Volksvertreterinnen zu den Zeitfragen, Berlin 1920, S. 12.

32 K. Kautsky (Jr.), S. 200 Anm. 1.

*Benz,* Sibylla: gest. 1918 in Köln. Seit 1906 arbeitete sie in der SPD und der sozialistischen Frauenbewegung mit, im Krieg war sie die erste sozialdemokratische Armenpflegerin Kölns. Ihr Ehemann war Kassierer des Sattlerverbandes[33].

*Bernstein,* Regina (Gine), geb. Zadek, geschiedene Schattner: gest. 1924, seit 1886 Ehefrau Eduard Bernsteins. R. B. trat politisch nicht hervor, übersetzte jedoch sozialistische Bücher[34]. Bernstein erklärte, seine Frau sei eine »gute Genossin«[35]. Ihr Einfluß auf Bernstein ist umstritten: Während Peter Gay sie für eine ruhige, stets im Hintergrund bleibende Frau hält, vermutet Pierre Angel, daß R. B. dazu beigetragen habe, Eduard Bernstein vom orthodoxen Marxismus zu entfernen[36].

*Beutelmaier,* Marie, geb. Stadler (auch *Beutelmayr*): geb. 26. 2. 1870 in Linz, gest. 6. 5. 1948 in Linz. Mit 13 Jahren wurde M. B. Fabrikarbeiterin, 1890 Dienstmädchen in Wien und 1891 Arbeiterin in einer Dampfsäge. 1892 trat sie dem Linzer Arbeiterinnenbildungsverein bei, wurde Agitatorin der Frauenbewegung und 1895 Mitglied des Landesparteivorstandes. 1910 leitete sie das Frauenlandeskomitee Oberösterreichs, 1918 wurde sie in den Linzer Gemeinderat und den oberösterreichischen Landtag und 1930 in den Bundesrat gewählt[37].

*Bieber-Boehm,* Hanna: geb. 6. 2. 1851, gest. 15. 4. 1910, Tochter eines ostpreußischen Rittergutsbesitzers, seit 1888 mit einem Rechtsanwalt verheiratet. H. B.-B. arbeitete in der bürgerlichen Frauenbewegung mit und interessierte sich besonders für Fragen der Sittlichkeit, der Prostitution und des Jugendschutzes[38].

*Bischof:* Frau Dr. B. war die erste Vorsitzende des Berliner-Arbeiterinnenvereins, den sie von 1869 bis 1871, als Vorgängerin von Lina *Morgenstern,* leitete.

*Bittorf,* Marie: geb. 1886 in Frankfurt a. M. Seit 1911 engagierte sich M. B. in der sozialistischen Frauenbewegung, von 1919 bis 1933 war sie Stadtverordnete in Frankfurt[39].

*Blatny,* Fanny: geb. 22. 3. 1873, gest. 1948 in London. Tschechische Sozialistin, die 1939 nach England emigrierte[40].

---

33 Gleichheit 7. 6. 1918.

34 E. Bernstein an F. Engels, 30. 6. 1895, in: H. Hirsch, S. 418.

35 E. Bernstein an F. Engels, 27. 9. 1886, in: ebd., S. 339.

36 Angel, S. 71; Gay, S. 43; H. Hirsch, S. XV.

37 Die Frau. Sozialdemokratische Monatsschrift für Politik, Wirtschaft, Frauenfragen, Literatur (Wien). Nr. 4 (April 1930), S. 9; Klucsarits/Kürbisch, S. 377.

38 Bahnbrechende Frauen. Hrsg. aus Anlaß der Ausstellung »Die Frau in Haus und Beruf« 1912 v. Deutschen Lyceum-Club, Berlin-Charlottenburg 1912, S. 211ff.

39 Gleichheit 1961 Nr. 12, S. 472.

40 Gleichheit 1953 Nr. 3, S. 97.

*Blos,* Anna: geb. 4. 8. 1866 in Liegnitz, gest. 27. 4. 1933 in Stuttgart. Ihr Vater war der Oberstabsarzt Tomaszewski. A. B. wurde Oberlehrerin; 1905 heiratete sie den sozialdemokratischen Reichstagsabgeordneten und späteren Staatspräsidenten Württembergs Wilhelm Blos. Seit 1905 war A. B. Mitarbeiterin der »Gleichheit«, obwohl sie dem rechten Flügel der SPD zuzurechnen ist und im »Deutschen Hausfrauenverein« eng mit der bürgerlichen Frauenbewegung zusammenarbeitete[41]. 1910 wurde sie Mitglied des Stuttgarter Ortsschulrates, 1919 war sie Mitglied der Nationalversammlung und bis Juni 1920 des Reichstags.
*Bode,* Katharina: geb. 1861, gest. 1900. Tochter eines Arbeiters, besuchte K. B. die Volksschule und wurde Dienstmädchen. Ihr Mann war Schneider und Sozialdemokrat. 1893 wurde K. B. Vorsitzende des Frauenbildungsvereins in Kiel, 1896 wurde sie dort Vertrauensperson[42].
*Bohm-Schuch,* Clara: geb. 5. 12. 1879 in Stechow in der Mark, gest. 6. 5. 1936 in Berlin. Ihre Eltern waren kleine Büdnersleute, ihr Ehemann Willy Schuch Kaufmann. C. B.-S. besuchte zunächst die Dorfschule und arbeitete dann als Dienstmädchen und Verkäuferin. Mit 18 Jahren ging sie zur Handelsschule in Berlin-Rixdorf. Bis zu ihrer Heirat 1905 oder 1906 arbeitete sie als Buchhalterin und Korrespondentin. 1904 besuchte sie erstmals eine Versammlung; Referentin war Rosa *Luxemburg.* Von nun an engagierte sie sich in der SPD und der Gewerkschaft, unterstützte die Streikenden in Crimmitschau und arbeitete in den Kinderschutzkommissionen mit. Seit 1907 war sie ehrenamtlich in der Gemeindefürsorge tätig. Von 1919 bis 1922 redigierte sie die »Gleichheit«, 1919 war sie Mitglied der Nationalversammlung und gehörte von 1919 bis 1933 dem Reichstag an. 1933 wurde sie vorübergehend verhaftet. Ihre Beerdigung, zu der 8000 Menschen kamen, wurde zu einer antifaschistischen Kundgebung[43].
*Bollmann,* Minna, geb. Zacharias: geb. 31. 1. 1876 in Halberstadt, gest. 1935 in Halberstadt. Ihr Vater, ein Schneidermeister, war Sozialdemokrat, ebenso wie der Gastwirt Max Bollmann, den sie am 2. 10. 1896 heiratete. M. B. arbeitete zunächst als Schneiderin und nach ihrer Heirat als »Parteiwirtin«. Seit 1907 unternahm sie Agitationsreisen für die sozialistische Frauenbewegung. Im Krieg war sie als Bezirkspflegerin für Kriegerfrauen zuständig, und 1919 und 1920 gehörte sie der Nationalversammlung und dem Reichstag an. Ihr Lokal blieb auch nach 1933 ein Treffpunkt der Sozialdemokraten und wurde ständig überwacht. Als 1935 ein Verfahren gegen M. B. angestrengt wurde, beging sie Selbstmord[44].

41 Archiv der sozialen Demokratie, Nachlaß Juchacz 3; s.o. S. 95, 173.
42 Gleichheit 10. 4. 1901; Osterroth: 100 Jahre Sozialdemokratie, S. 29.
43 Archiv der sozialen Demokratie, Personalia-Sammlung: Bohm-Schuch; Gleichheit 1955 Nr. 2, S. 57.
44 Archiv der sozialen Demokratie, Personalia-Sammlung: Bollmann.

*Boschek,* Anna: geb. 14. 5. 1874 in Wien, gest. 19. 11. 1957 in Wien. A. B. war Textilarbeiterin. 1891 trat sie einem Bildungsverein bei, wurde sozialdemokratische Agitatorin und 1894 von der Gewerkschaftskommission angestellt. Sie war Mitgründerin des ersten Dienstmädchenvereins Österreichs. Von 1919 bis 1934 gehörte sie dem Nationalrat an[45].

*Brand-Knack,* Olga: geb. 29. 6. 1885. Ihr Vater war Förster, ihre Mutter führte nach seinem Tod eine Pension in Hamburg. O. B.-K. arbeitete dort als Ballettänzerin und Theaterschauspielerin; sie wurde Sozialdemokratin und agitierte seit 1903 unter ihren Kolleginnen. 1908 gründete sie einen Tänzerbund. 1917 heiratete sie den Arzt Knack[46].

*Braun,* Lily, geb. v. Kretschman: geb. 2. 7. 1865 in Halberstadt, gest. 8. 8. 1916 in Berlin. L. B. stammte aus einer adligen Familie, die am Hofe des Kaisers verkehrte. Ihr Vater war der General v. Kretschman. L. B. schildert in ihren Memoiren ihre für ein junges Mädchen adliger Kreise typische Jugend[47]. Ihre Heirat mit Professor Georg v. Gizycki, einem führenden Vertreter der »Gesellschaft für ethische Kultur«, bedeutete eine erste Abkehr von den Werten ihrer Familie. Sie wandte sich der bürgerlichen Frauenbewegung zu und war dort mit Minna *Cauer* eine der ersten Vertreterinnen eines linken Flügels. Sie gehörte dem Vorstand des Vereins »Frauenwohl« an und gab mit Minna *Cauer* die Zeitschrift »Die Frauenbewegung« heraus. Allmählich näherte sie sich sozialdemokratischen Auffassungen, und nach dem Tod v. Gizyckis trat sie offiziell zur SPD über. 1896 heiratete sie Heinrich Braun. In der sozialistischen Frauenbewegung wurde sie bald zu einer der wichtigsten Gegnerinnen Clara *Zetkins.* Ihre Sympathien für den Revisionismus, ihre mangelhafte Disziplin, ihre Zusammenarbeit mit bürgerlichen Kräften und die Herausgabe einer eigenen Zeitschrift durch das Ehepaar Braun isolierten sie auch in der Partei. L. B. kehrte sich weitgehend von sozialistischen Vorstellungen ab, arbeitete vorübergehend im Bund für Mutterschutz mit, zog sich aber zunehmend in schriftstellerische Arbeit zurück. Den Ersten Weltkrieg begrüßte sie als großes Ereignis und Erneuerer Deutschlands. Ihr eigenwilliger Werdegang entzieht sie jeder Katalogisierung. In Berlin-Spandau ist ein Gymnasium nach ihr benannt[48].

*Brill,* Else: E. B., Ehefrau eines Holzkaufmanns, in der sozialistischen Frauenbewegung Königsbergs tätig. 1917 schloß sie sich der USPD an[49].

---

45 Gleichheit 1954 Nr. 8, S. 290; Klucsarits/Kürbisch, S. 377f.

46 Gleichheit 1965 Nr. 6, S. 235.

47 L. Braun: Memoiren I.

48 Zu L. Braun s. o. S. 84, 87f., 101, 173ff., 181ff., 253f. Braun: Memoiren I, II; Archiv der sozialen Demokratie, Personalia-Sammlung: Braun; Gärtler; Braun-Vogelstein; Vogelstein.

49 Matull: Ostpreußen, S. 90.

*Brüggemann,* Grete: gest. 1910 im Alter von 24 Jahren. Ihr Vater, ein führender Vertreter des Textilarbeiterverbandes, gewann G. B. für die sozialistische Bewegung[50].

*Casper-Derfert,* Cläre: geb. 1894. Seit ihrem 7. Lebensjahr mußte C. C.-D. durch Botengänge und als Kindermädchen Geld verdienen. Mit 16 Jahren ging sie in eine Glühlampenfabrik; sie trat dem Deutschen Metallarbeiterverband bei und wurde Agitatorin. Am 1. 2. 1918 schloß sie sich der USPD an; sie war das einzige weibliche Mitglied der revolutionären Obleute Berlins[51].

*Cauer,* Minna, geb. Schelle: geb. 1. 11. 1841 in Freyenstein in der Mark, gest. 3. 8. 1922. Ihr Vater war Pfarrer, ihr Ehemann, den sie mit 21 Jahren heiratete, war Arzt. Nach vierjähriger Ehe wurde M. C. Witwe und arbeitete als Lehrerin. 1869 heiratete sie Eduard Cauer, den Direktor eines Gymnasiums in Hamm. Sie engagierte sich in der bürgerlichen Frauenbewegung und war dort eine der bedeutendsten Vertreterinnen des linken Flügels. 1888 wurde sie Vorsitzende des Vereins »Frauenwohl«, 1902 war sie an der Gründung des Verbandes für Frauenstimmrecht beteiligt. 1918 trat sie der DDP bei[52].

*Colditz,* Marie: M. C. war eine der ersten Gewerkschaftsführerinnen. Sie war in der »Internationalen Gewerksgenossenschaft der Manufaktur-, Fabrik- und Handarbeiter Sachsens« in Crimmitschau tätig. Ihr Mann war Tuchmacher[53].

*Dawill,* Frau D. war Mitglied der Agitationskommission der sozialistischen Frauen in Königsberg. Ihr Mann war Redakteur. 1917 schloß sie sich der USPD an[54].

*Demmning,* Martha: gest. 16. 4. 1924 im Alter von 48 Jahren. M. D. stammte aus Schlesien, zog 1906 nach Berlin und schloß sich dort dem »Verein für Frauen und Mädchen der Arbeiterklasse« an. Sie engagierte sich vor allem für den Kinderschutz und in der Jugendarbeit. Bei der Parteispaltung stand sie auf der Seite der USPD[55].

*Deuper,* Wilhelmine: W. D. war eine der führenden Sozialdemokratinnen Essens. 1904 wurde sie stellvertretende Vertrauensperson, 1905 Vertrauensperson für Essen und 1907 für den Wahlkreis Essen. 1906 leiteten die Behörden ein allerdings erfolgloses Strafverfahren gegen sie ein. Nach

---

50 Gleichheit 11. 4. 1910.

51 Emmerich II, S. 174ff., 420.

52 S. o. S. 96f.; Frauenwelt 1924 Nr. 12, S. 194; E. Lüders: Minna Cauer.

53 Schaarschmidt, S. 75; Zetkin: Geschichte, S. 138, 140.

54 Matull: Ostpreußen, S. 90.

55 Flugblatt der USPD zur Berliner Stadtverordnetenwahl am 23. 2. 1919, in: Archiv der sozialen Demokratie, Nachlaß Gerda Weyl 33; Frauenwelt 1924 Nr. 7, S. 107.

dem Inkrafttreten des Reichsvereinsgesetzes wurde W. D. Vorstandsmitglied der Essener SPD. Ihr Mann, Fritz Deuper, war Schneider und Vorsitzender der Essener Sozialdemokratie[56].

*Dittmer,* Emilie: geb. 17. 1. 1837 in Renitz in Mecklenburg. Ihr Vater war Arbeiter, ihr Ehemann Heimarbeiter in der Tabakbranche. E. D. arbeitete vor ihrer Heirat als Dienstmädchen in Hamburg; als sie mit 25 Jahren heiratete, arbeitete sie zusammen mit ihrem Mann als Hausindustrielle. Mit 70 Jahren schloß sie sich der gerade entstandenen Dienstbotenorganisation an. Sie unterstützte die sozialistische Frauenbewegung und die SPD[57].

*Döltz,* Emma, geb. Lehmann: geb. 14. 2. 1866 in Steglitz, gest. 16. 3. 1950 in Fulda. Ihre Mutter war früh verwitwet und nähte als Heimarbeiterin Pantoffeln. E. D. wuchs im Steglitzer Armenhaus auf, half ihrer Mutter beim Nähen, arbeitete dann als Arbeiterin in einer Stahlfederfabrik und dann als Posamentiererin. Mit 20 Jahren heiratete sie den Schlosser Döltz; von da an arbeitete sie als Heimarbeiterin. Schon seit 1894 schrieb sie für die »Gleichheit«, und von 1903 an engagierte sie sich in der Kinderschutzkommission Berlins. Sie wurde Bezirksvorstandsmitglied der Berliner SPD und eine der Leiterinnen der Berliner Arbeiterwohlfahrt. Sie schloß sich der USPD an, kehrte jedoch wieder zur SPD zurück[58].

*Döring,* Josephine: gest. 1902, Sozialdemokratin aus einer Breslauer Arbeiterfamilie, von Beruf Konfektionsnäherin[59].

*Dohm,* Hedwig, geb. Schleh: geb. 20. 9. 1833 in Berlin, gest. 1. 6. 1919 in Berlin. Ihr Vater war Fabrikant, ihr Ehemann Ernst Dohm, der Herausgeber des »Kladderadatsch«. In ihren Schriften setzte sich H. D. schon früh für die Emanzipation der Frau ein: 1873 erschien »Der Jesuitismus im Hausstande«, 1876 »Der Frauen Natur und Recht« und 1902 »Die Antifeministen«. H. D. arbeitete nicht in den Vereinen der bürgerlichen Frauen mit, sympathisierte aber mit den Bestrebungen der »Radikalen«. Sie schrieb auch für die »Sozialistischen Monatshefte« und verfaßte mehrere Romane[60].

*Duncker,* Käte, geb. Döll: geb. 23. 5. 1871 in Lörrach in Baden, gest. 2. 5. 1953 in Bernau. K. D.'s Vater war Kaufmann; sie besuchte die Volksschule, die Höhere Töchterschule, die Hauswirtschaftsschule und studierte von 1888 bis 1890 am Eisenacher Lehrerinnenseminar. Sie schloß

---

56 StA Düsseldorf, Regierung Düsseldorf Nr. 42789 Bl. 61 ff.; Gleichheit 23. 8. 1905.

57 Gleichheit 2. 2. 1917.

58 Archiv der sozialen Demokratie, Personalia-Sammlung: Doeltz; ebd., Nachlaß Juchacz 3; Cäcilia Friedrich (Hrsg.): Aus dem Schaffen früher sozialistischer Schriftstellerinnen, Berlin 1966, S. 184 f.

59 Gleichheit 22. 10. 1902.

60 Hedwig Dohm: Emanzipation, Zürich 1977; Adele Schreiber: Hedwig Dohm als Vorkämpferin und Vordenkerin neuer Frauenideale, Berlin 1914.

sich der SPD an und wurde aus politischen Gründen aus dem Schuldienst entlassen. Von 1899 bis 1905 leitete sie Diskussionsabende der Frauen in Leipzig[61], von 1906 bis 1908 assistierte sie Clara *Zetkin* in der Redaktion der »Gleichheit«. 1918 wurde sie Mitglied der Spartakuszentrale und dann der KPD. Im März 1919 zog sie sich aus der politischen Arbeit zurück, befürwortete einen Zusammenschluß mit der USPD, kehrte dann jedoch wieder zur KPD zurück. Von 1921 bis 1923 war sie Mitglied des Thüringer Landtages. Seit 1898 war K. D. mit Hermann Duncker verheiratet[62].

*Dworschak,* Adelheid (auch *Dworak*): s. *Popp.*

*Ebert,* Louise, geb. Rump: geb. 23. 12. 1873 in Bremen, gest. 18. 1. 1955. Ihre Mutter war Waschfrau, sie selbst Kistenkleberin und Tabakarbeiterin. Sie engagierte sich gewerkschaftlich, nicht jedoch in der sozialistischen Frauenbewegung. 1894 heiratete sie Friedrich Ebert; seitdem arbeitete sie als Wirtin in ihrer Gastwirtschaft[63].

*Eichhorn,* Auguste: geb. 1851 in Chemnitz, gest. 1902 in Dresden. Ihr Vater, ein Weber, starb bereits vor ihrer Geburt. Nach der Schulzeit wurde A. E. Fabrikarbeiterin. Eine erste, auf Befehl der Mutter geschlossene Ehe wurde geschieden, ihr zweiter Mann war der Steinmetz und Sozialdemokrat Hermann Eichhorn. Während der Ehe arbeitete A. E. als Näherin. Sie gehörte der Dresdener Frauenagitationskommission und ab 1894 dem Frauenbildungsverein an[64].

*Eichler,* Minna: geb. 1872 in Queienfeld, gest. 1937 in Leipzig. M. E. war Tochter eines Webers, mußte schon als Kind arbeiten und wurde Dienstmädchen. Nach ihrer Heirat war sie in der Etuisbranche und als Buchbinderin tätig. 1906 wurde sie Vorstandsmitglied der SPD von Sachsen-Altenburg, 1919 Mitglied der Nationalversammlung und von 1919 bis 1924 als SPD- und KPD-Vertreterin Reichstagsmitglied[65].

*Endmann,* Lina: Führende Agitarorin der sozialistischen Frauenbewegung in Recklinghausen, Kreis-Vertrauensperson für Recklinghausen-Borken. Ihr Mann war einer der Leiter der Recklinghausener SPD[66].

*Fahrenwald,* Agnes: geb. 14. 9. 1852. A. F. war eine der Leiterinnen der sozialistischen Frauenbewegung in Berlin und Hamburg. Seit 1903 war sie eine der Hamburger Vertrauenspersonen[67]. Sie schloß sich der USPD an und arbeitete in der Weimarer Republik als Stadtverordnete und in der Wohlfahrtsdeputation.

---

61 Frauenkonferenz 1902, S. 292, 1904, S. 346.

62 Kirsch; H. Weber: Der Gründungsparteitag der KPD, S. 314.

63 Archiv der sozialen Demokratie, Personalia-Sammlung: L. Ebert; Kotowski I, S. 50.

64 Gleichheit 18. 6. 1902.

65 Frauenstimmen, S. 8.

66 StA Münster, Regierung Münster VII 62 v, VII 44a.

67 Gleichheit 1. 1. 1903.

*Fischer*, Ruth, geb. Eisler: geb. 11. 12. 1895 in Leipzig, gest. 13. 3. 1961 in Paris. Sie war Tochter eines österreichischen Philosophieprofessors, besuchte die Volksschule, das Lyzeum in Wien und studierte Philosophie und Nationalökonomie. Sie schloß sich der österreichischen Sozialdemokratie an und wurde 1918 Mitgründerin der Kommunistischen Partei Österreichs. 1919 zog sie nach Berlin und trat 1920 der KPD bei. 1923 wurde sie Mitglied des Zentralkomitees, von 1924 bis 1928 gehörte sie dem Reichstag an. Da sie keine linientreue Kommunistin war, wurde sie 1925 aus dem Politbüro und 1926 aus der KPD ausgeschlossen. 1926 bis 1933 arbeitete sie als Sozialfürsorgerin in Berlin[68].
*Fluderer*, Katharina: gest. 10. 3. 1920 im Alter von 45 Jahren. K. F. fand 1905 den Weg zur sozialistischen Frauenbewegung, leistete dort organisatorische Arbeiten, Hausagitation und Wahlhilfe für die SPD und arbeitete in den Kinderschutzkommissionen mit. 1917 blieb sie Mitglied der MSPD[69].
*Franke:* geb. 1877 in Janessen in Westböhmen, gest. 1. 5. 1954. Frau F. war eine der sozialdemokratischen Versammlungsrednerinnen. Mit 22 Jahren heiratete sie einen Sozialdemokraten; sie hatte acht Kinder[70].
*Freundlich*, Emmy: geb. 27. 6. 1878 in Aussig, gest. 16. 3. 1948 in den USA. Sie war eine österreichische Sozialdemokratin und Verfasserin zahlreicher Schriften. Sie wirkte in der Sozialarbeit, war Vorstandsmitglied der österreichischen Konsumvereine und gehörte dem Wiener Gemeinderat an. Von 1919 bis 1934 vertrat sie ihre Partei in der Nationalversammlung und im Nationalrat.
*Friedländer*, Regine, geb. Kraus: gest. 1918. R. F. stammte aus einer Arbeiterfamilie; sie war Agitationsrednerin für die sozialistische Frauenbewegung und engagierte sich in der Bewegung der Berliner Handelsgehilfen, in deren Verband sie die erste weibliche Angestellte wurde. Bei ihrer Heirat gab sie diese Stelle auf. Im Kriege schloß sie sich der USPD an[71].
*Fuchs*, Martha: M. F. war von Beruf Kontoristin. Als Vertreterin der SPD wurde sie 1925 Stadtverordnete und später Oberbürgermeister Braunschweigs[72].
*Fürth*, Henriette, geb. Katzenstein: geb. 15. 8. 1861 in Gießen, gest. 1. 6. 1936 in Bad Ems. H. F. war die Tochter eines Holzhändlers. Sie besuchte eine höhere Mädchenschule, gab jedoch ihren Plan, Lehrerin zu werden, auf, als sie mit 19 Jahren den Kaufmann Wilhelm Fürth heiratete. Sie bekam sieben Kinder und arbeitete erst in der Weimarer Republik als Lehre-

68 Vgl. R. Fischer.
69 Gleichheit 17. 4. 1920.
70 Gleichheit 1954 Nr. 7, S. 254.
71 Gleichheit 25. 10. 1918.
72 Gleichheit 1963 Nr. 6, S. 222.

rin an einer Volkshochschule. In der sozialistischen Frauenbewegung war sie eine Gegnerin Clara *Zetkins*, hielt Kontakte zur bürgerlichen Frauenbewegung und schrieb auch für nichtsozialistische Zeitschriften. Sie verfaßte zahlreiche Broschüren[73] und – unter dem Pseudonym G. Stein – auch Gedichte und Novellen. Von 1919 bis 1924 war sie Stadtverordnete in Frankfurt a. M.[74].

*Geck*, Marie: gest. 13. 8. 1927, Ehefrau des sozialdemokratischen Parlamentariers Adolf Geck. M. G. arbeitete seit der Jahrhundertwende in Offenbach in der Fürsorge und als Armenrätin[75].

*Geiser*, Alice: Tochter Wilhelm Liebknechts aus erster Ehe. 1895 nahm sie als Vertreterin Breslaus am Parteitag der SPD teil.

*Gerndt*, Ottilie: O. G. wurde 1895 zur ersten Vertrauensperson der sozialistischen Frauen Berlins gewählt[76], jedoch schon 1896 durch Margarete *Wengels* abgelöst. Im Krieg trat sie der USPD bei.

*Gewehr*, Elfriede: E. G. war eine der Leiterinnen der sozialistischen Frauenbewegung Elberfelds und Mitglied des dortigen Jugendausschusses der SPD[77]. 1910 versuchte Clara *Zetkin* vergeblich, sie in der Redaktion der »Gleichheit« anzustellen[78]. E. G. war die Tochter des Redakteurs der sozialdemokratischen »Freien Presse« in Elberfeld, Wilhelm Gewehrs.

*Gizycki*, v., Lily: s. *Braun*.

*Gnauck-Kühne*, Elisabeth: Vertreterin der bürgerlichen Frauenbewegung, die aus der evangelischen Frauenbewegung kam. E. G.-K. verfaßte zahlreiche sozialpolitische Schriften und arbeitete in Naumanns Nationalsozialem Verein mit. Von 1897 bis 1898 war sie Vorsitzende der evangelisch-sozialen Frauengruppe[79].

*Goldschmidt*, Henriette, geb. Genas: geb. 23. 11. 1825, gest. 30. 1. 1920. H. G. war eine der Führerinnen der bürgerlichen Frauenbewegung. Ihr Vater war Kaufmann, ihr Ehemann Prediger. H. G. interessierte sich in erster Linie für Bildungsfragen.

*Greifenberg*, Marie: M. G. war eine der reisenden Agitatorinnen der sozialistischen Frauenbewegung und Leiterin der Bewegung in Bayern. Seit 1905 war sie Vertrauensperson in Augsburg, 1908 wurde sie Landesvertrauensperson für Bayern[80].

---

73 Vgl. Quellen- und Literaturverzeichnis.

74 Archiv der sozialen Demokratie, Personalia-Sammlung: Fürth; die Zahl ihrer Kinder wird auch mit 6 oder 8 angegeben, ihr Todesdatum auch mit 1933 und 1938.

75 Die Genossin. Heft 10 (1927) 4. Jg., S. 363.

76 Gleichheit 17. 4. 1895, 18. 9. 1895, 27. 11. 1895, 11. 12. 1895.

77 StA Düsseldorf, Regierung Düsseldorf Nr. 42811.

78 S. o. S. 196.

79 Sauer, S. 61.

80 Parteitag 1908, S. 104.

*Grubinger*, Maria: Österreichische Sozialdemokratin. M. G. war eines der führenden Mitglieder des ersten österreichischen Arbeiterinnenbildungsvereins, der 1890 gegründet wurde. Von Beruf war sie Schneiderin[81].
*Grünberg*, Helene: geb. 28. 6. 1874 in Berlin, gest. 7. 7. 1928. H. G. war Tochter eines Berliner Restaurateurs, besuchte die Volksschule und wurde gelernte Schneiderin. 1896 schloß sie sich der Gewerkschaft an, und am 1. 7. 1905 wurde sie in Nürnberg als erste besoldete Arbeitersekretärin angestellt. Sie gründete 1906 den »Verein der Nürnberger Dienstmädchen, Waschfrauen und Putzfrauen« und initiierte damit die Dienstbotenbewegung[82]. Sie engagierte sich auch in der Arbeiterjugendbewegung[83]. 1919 wurde sie als Vertreterin der MSPD in die Nationalversammlung gewählt, und bis 1920 gehörte sie dem Reichstag an[84]. Seit 1923/24 litt sie unter einem Nervenleiden und tiefen Depressionen; 1928 beging sie Selbstmord.
*Günzl*, Marie, geb. Franke: geb. 23. 3. 1896 in Böhmen. M. G. stammte aus einer sozialdemokratischen Arbeiterfamilie; sie arbeitete als Porzellanarbeiterin und in einem Strickereibetrieb und organisierte sich 1910 in der Arbeiterjugendbewegung. 1911 wurde sie Schriftführerin der von ihrer Mutter gegründeten Frauenbewegung in Graslitz. Von 1938 bis 1941 wurde sie im KZ Ravensbrück inhaftiert; später wurde sie sozialdemokratische Abgeordnete in Bayern[85].
*Guillaume-Schack*, Gertrud: gest. 1903. G. G.-S. stammte aus der alten schlesischen Rittergutsbesitzer- und Grafenfamilie Schack. Ihre Ehe mit dem Künstler Guillaume, mit dem sie nach Paris auswanderte, wurde getrennt. 1880 gründete sie mit Marie *Hofmann* den »Deutschen Kulturbund« zur Bekämpfung der Prostitution. 1885 bekannte sie sich zum Sozialismus, gab die Zeitschrift »Die Staatsbürgerin« heraus und engagierte sich in der Berliner Arbeiterinnenbewegung. 1886 wurde ihre Zeitschrift verboten, sie selbst ausgewiesen[86]. Über Zürich ging sie nach London, arbeitete in anarchistischen und Gewerkschaftskreisen, resignierte weitgehend und schloß sich zuletzt den Theosophen an[87].
*Haase*, Klara: s. Weyl.

---

81 Popp: Weg zur Höhe, S. 16ff.

82 S. o. S. 117ff.

83 F. Wiemer an M. Juchacz, 30. 6. 1952, in: Archiv der sozialen Demokratie, Nachaß Juchacz 1.

84 Frauenstimmen, S. 12; über Grünbergs heftiges Engagement für die MSPD s. M. Treu an H. Schneider, 13. 7. 1952, in: Archiv der sozialen Demokratie, Nachlaß Juchacz 1. Die Angabe Schwarz' (S. 659), Helene Grünberg sei Mitglied der USPD gewesen, beruht auf einem Irrtum.

85 Klucsarits/Kürbisch, S. 378.

86 S. o. S. 53f.

87 Gleichheit 27. 1. 1904, 15. 6. 1904, 29. 6. 1904; Plothow, S. 167ff.

*Haase,* Thea, geb. Lichtenstein: Ehefrau Hugo Haases. T. H. hatte offenbar Sympathien für die Emanzipationsbestrebungen der Frauen[88], trat jedoch weder in der Frauenbewegung noch in der SPD hervor.
*Hahn:* Frau H. war die Leiterin des 1873 gegründeten Berliner »Arbeiterfrauen und -Mädchen-Vereins«, der 1877 aufgelöst wurde. Als sie sich noch 1878 in der Arbeiterinnenbewegung engagierte, wurde sie ausgewiesen. Zusammen mit ihrem Mann emigrierte sie in die USA[89].
*Hajlamáß:* gest. 5. 6. 1916 in Leipzig. Leipziger Sozialdemokratin, die vor allem in der Jugendbewegung tätig war[90].
*Hanna,* Gertrud: geb. 22. 6. 1876 in Berlin, gest. 26. 2. 1944 in Berlin. Schon mit 14 Jahren arbeitete G. H. als Buchdruckereihilfsarbeiterin; 1893 schloß sie sich der Gewerkschaft an und wurde am 1. 7. 1907 Gewerkschaftsangestellte. Als Nachfolgerin Ida *Altmanns* war sie Sekretärin des gewerkschaftlichen Arbeiterinnenkomitees und damit Leiterin der gewerkschaftlichen Frauenarbeit. Überwiegend pragmatisch orientiert, gab sie die sozialistische Emanzipationstheorie als Richtschnur ihrer Arbeit zunehmend auf[91]. Seit 1916 redigierte sie die »Gewerkschaftliche Frauenzeitung«, eine Gegengründung zur »Gleichheit«, und arbeitete im Krieg eng mit der bürgerlichen Frauenbewegung zusammen. Von 1919 bis 1933 gehörte sie dem preußischen Landtag an. Sie starb durch Selbstmord[92].
*Harpf,* Martha: M. H. war Mitglied der Königsberger Frauenagitationskommission und wurde später Stadträtin. 1917 blieb sie Mitglied der MSPD[93].
*Hartung,* Marie: Von Beruf war M. H. Büroangestellte. In Königsberg war sie Frauensekretärin der SPD; 1917 trat sie der USPD bei[94].
*Hatzfeld,* Sophie Gräfin v.: geb. 10. 8. 1805 in Trachenberg, gest. 25. 1. 1881 in Wiesbaden. In ihrem berühmten Scheidungsprozeß mit Edmund v. Hatzfeld-Wildenburg wurde sie von Lassalle vertreten und blieb mit ihm bis zu seinem Tode befreundet. Nach Lassalles Tod gründete sie 1867 den Allgemeinen Deutschen Arbeiterverein, mit dem sie Lassalles Ideen auch weiterhin verfocht.
*Haucke,* Frieda: geb. 1890 in Breslau. F. H. war Hausfrau und engagierte sich als Sozialdemokratin vor allem in der Gemeindepolitik. 1919 gehörte sie der Nationalversammlung, bis 1922 dem Reichstag an.

---

88 E. Haase, S. 8; Haase an Thea, 20. 6. 1891, in: ebd., S. 189f.
89 Deutsche Reichs-Zeitung. Nr. 258, 19. 9. 1885, 14. Jg., in: Bundesarchiv, ZSg 113-37.
90 Gleichheit 4. 8. 1916.
91 S. o. S. 231f.
92 Archiv der sozialen Demokratie, Personalia-Sammlung: Hanna.
93 Matull: Ostpreußen, S. 59, 90.
94 Ebd., S. 61, 70, 90.

*Heiden-Deutschmann*, Lea: gest. 1906 in München. Von Beruf Handelsangestellte, fand sie Mitte der neunziger Jahre den Weg zum Sozialismus. Sie arbeitete in Frauenbildungvereinen in Frankfurt, Berlin und München, war Vertrauensperson in Frankfurt und verfaßte Beiträge für den »Vorwärts«, die »Neue Zeit« und die »Gleichheit«[95]. Ihre Ehe wurde kurz vor ihrem Tod geschieden[96].

*Heinrich*, Klara: gest. 1903 im Alter von 28 Jahren. K. H. war eine aktive Sozialdemokratin, die schon mit 21 Jahren zum Parteitag nach Gotha 1896 delegiert wurde. In der folgenden Zeit trat sie ihrer vier Kinder wegen kaum noch in der Bewegung hervor[97].

*Hennig*, Pauline: gest. 1912 im Alter von 49 Jahren. Sie war eine Sozialdemokratin aus proletarischen Verhältnissen und engagierte sich in erster Linie in der Arbeiterjugendbewegung[98].

*Henrich-Wilhelmi*, Hedwig: geb. 1833 in Mainz, gest. 8. 2. 1910 in Wiesbaden. H. H.-W. war Tochter eines Arztes; mit 20 Jahren heiratete sie den Besitzer einer Papierfabrik in Granada, kehrte aber 1866 nach Deutschland zurück. Als Schriftstellerin zeigte sie ihre Sympathien für die Arbeiterbewegung, als Rednerin hielt sie aufklärerische Vorträge[99].

*Heubeck*, Olga: geb. 9. 9. 1886. Seit 1910 betätigte sich O. H. in der SPD, seit 1914 war sie Wohlfahrtspflegerin. In der Weimarer Republik vertrat sie die SPD als Stadtverordnete[100].

*Heusgen*, Julie: geb. 1866 in Hamburg, gest. 1911 in Düren. J. H. stammte aus einer Schuhmacherfamilie und heiratete einen Schuhmachergesellen. Schon ihr Vater war Sozialist; als J. H. nach ihrer Heirat ins Rheinland zog, wurde sie Mitarbeiterin der »Gleichheit«[101].

*Heyl*, Hedwig, geb. Crüsemann: geb. 5. 5. 1850 in Bremen, gest. 1934. H. H. heiratete den Farbenfabrikanten Heyl und leitete nach dessen Tod die Fabrik selbst. Sie schuf im Rahmen der bürgerlichen Frauenbewegung Institutionen zur hauswirtschaftlichen Ausbildung der Mädchen und organisierte 1912 in Berlin die Ausstellung »Die Frau in Haus und Beruf«. Im Ersten Weltkrieg arbeitete sie im »Nationalen Frauendienst« mit und organisierte Massenspeisungen in Berlin[102].

---

95 L. Heiden-Deutschmann an Dittmann, 30. 5. 1904, in: Archiv der sozialen Demokratie, Nachlaß Dittmann, Kassette II Nr. 58.; Gleichheit 17. 10. 1906.

96 L. Heiden-Deutschmann an H. Fürth, 19. 10. 1905, in: IISG, Kleine Kollektion, coll. H. Fürth, 1. Mappe.

97 Gleichheit 21. 10. 1903.

98 Gleichheit 4. 3. 1912.

99 Friedrich: Schriftstellerinnen, S. 185.

100 Gleichheit 1961 Nr. 11, S. 437.

101 Gleichheit 27. 2. 1911.

102 Archiv der sozialen Demokratie, Personalia-Sammlung: Heyl.

*Heymann,* Lida Gustava: geb. 15. 3. 1868 in Hamburg, gest. 1943. Ihr Vater war Großkaufmann, ihre Mutter stammte aus dem sächsischen Landadel. L. G. H. besuchte zunächst die vornehmste Töchterschule Hamburgs und dann ein Pensionat in Dresden. Als sie 1896 ihr Elternhaus verließ, engagierte sie sich in der Sozialarbeit und der bürgerlichen Frauenbewegung. Sie trat dem Verein »Frauenwohl« bei, arbeitete eng mit A. *Augspurg* zusammen und gründete mit ihr 1902 den Verein für Frauenstimmrecht. L. G. H. wurde zu einer der bedeutendsten Vertreterinnen des linken Flügels der Bewegung; vorübergehend war sie Mitglied der Freisinnigen Volkspartei. Im Ersten Weltkrieg bekämpfte sie die kriegsbejahende Politik Gertrud *Bäumers,* in der Hitlerzeit emigrierte sie nach Zürich[103].

*Hilferding-Hönigsberg,* Margaret: geb. 1871, gest. 1942. M. H.-H. war eine Wiener Frauenärztin. Ihr Ehemann war Rudolf Hilferding. Sie starb im Konzentrationslager[104].

*Hocks:* Frau Hocks war Kartonarbeiterin und 1890 Mitglied der Berliner Streikkommission[105].

*Höfs,* Else, geb. Voigt, später Kirchmann: geb. 1876 in Berlin. Ihr Vater wurde 1887 als Sozialist aus Stettin ausgewiesen. E. H. arbeitete nun, mit 11 Jahren, wie ihre Mutter als Heimarbeiterin. 1894 heiratete sie den Malermeister und SPD-Stadtverordneten Paul Höfs und arbeitete in der sozialistischen Frauenbewegung Pommerns mit. 1905 wurde sie Vertrauensperson, später Mitglied des Bezirksvorstandes. 1919 wurde sie in die Nationalversammlung gewählt, bis Juni 1920 vertrat sie die SPD im Reichstag, anschließend im preußischen Landtag. In zweiter Ehe war sie mit dem sozialdemokratischen Landtagsabgeordneten Karl Kirchmann verheiratet[106].

*Hoffmann,* geb. Tempsky: geb. 1845 in Prag. Frau Dr. Hoffmann war 1886 Vorstandsmitglied des Berliner »Vereins zur Vertretung der Interessen der Arbeiterinnen«. Bei der Schließung des Vereins wurde sie zu einer Geldstrafe von 60 Mark verurteilt[107].

*Hoffmann,* Stephanie: gest. 7. 7. 1918 in Mannheim im Alter von 47 Jahren. S. H. war eine der Leiterinnen der Mannheimer Frauenbewegung. Seit 1905 war sie dort Vertrauensperson der sozialdemokratischen Frauen, und außerdem gehörte sie dem Vorstand der Kinderschutzkommission und der Schulkommission an[108].

---

103 Heymann, S. 24ff., 101f.

104 K. Kautsky (Jr.), S. 177 Anm. 1.

105 Losseff-Tillmanns, S. 176.

106 Frauenstimmen, S. 11; Wilhelm Matull: Ostdeutschlands Arbeiterbewegung. Abriß ihrer Geschichte, Leistung und Opfer, Würzburg 1973, S. 267.

107 2 Zeitungsausschnitte ohne Quellenangabe v. 3. und 4. 12. 1886, in: Bundesarchiv, ZSg 113-37.

108 Gleichheit 2. 8. 1918.

*Hofmann,* Emilie: geb. 3. 9. 1844 in Liebenau in Hessen. E. H. war eine der frühen sozialistischen Schriftstellerinnen. Zunächst arbeitete sie als Dienstmädchen in Kassel, bis sie 1865 einen Kellner heiratete und nach Offenbach zog. 1881 wanderte sie nach Amerika aus[109].

*Hofmann,* Marie: M. H. war 1904 Mitglied des gewerkschaftlichen Arbeiterinnenagitationskomitees[110].

*Hofrichter:* Frau H. war Ehefrau eines Kölner Sozialdemokraten und Schlossers; sie selbst arbeitete in der Kölner Frauenbewegung mit und gehörte 1892 zu den Leiterinnen des Frauenbildungsvereins[111].

*Hofstetten,* Mathilde v.: geb. 12. 7. 1847. M. v. H. arbeitete in einem Hutgeschäft, bis sie 1881 Johann Baptist v. Hofstetten heiratete, einen bayerischen Kavallerieleutnant, der zum Mitgründer und Leiter des »Sozialdemokrat« wurde und als Journalist arbeitete. Nach dessen Tod 1887 arbeitete M. v. H. als Wäschenäherin. Sie engagierte sich als Rednerin in der sozialistischen Frauenbewegung und der Berliner Kellnerinnenbewegung, nahm 1891 am Parteitag der SPD teil und war Mitbegründerin und 1. Vorsitzende des Berliner »Bildungsvereins für Frauen und Mädchen der Arbeiterklasse«. Zudem gehörte sie dem Verband der Wäschearbeiter und -arbeiterinnen und in den neunziger Jahren dem Streikbüro der Schneider an. Bis 1920 war sie politisch tätig[112].

*Hohn,* Henriette, geb. Scharfenstein: geb. 6. 7. 1876 in Bimbach. H. H. war mit einem Fabrikarbeiter verheiratet. Sie gehörte dem Vorstand des Frauenbildungsvereins in Gräfrath bei Solingen an, der 1906 verboten wurde. H. H. wurde zu 15 Mark Geldstrafe oder 3 Tagen Gefängnis verurteilt[113].

*Hoppe,* Marie: gest. 1900 in Bremen im Alter von 81 Jahren. Von Beruf Wickelmacherin, war M. H. vor allem während des Sozialistengesetzes aktiv für die SPD tätig[114].

*Hoppe,* Martha: geb. 25. 2. 1860. M. H. war Kurbelstepperin und in erster Linie gewerkschaftlich engagiert, schrieb aber auch für die »Gleichheit«. Sie saß im Hauptvorstand des Textilarbeiterverbandes und war 1904 Mitglied des Frauensekretariats der Gewerkschaften, gehörte der SPD und später der MSPD an[115].

*Hübler,* Anna: geb. 1876 in Leipzig. A. H. war Hausfrau in Schkendnitz. Von Januar 1919 bis Juni 1920 gehörte sie für die USPD dem Reichstag an.

---

109 Friedrich: Schriftstellerinnen, S. 186.
110 Hauff, S. 19.
111 Bers/Klöcker, S. 75, 389.
112 Gleichheit 15. 7./1. 8. 1922.
113 StA Düssedorf, Regierung Düsseldorf Nr. 42789 Bl. 79.
114 Gleichheit 31. 1. 1900.
115 Gleichheit 13. 3. 1920.

*Ihrer*, Emma, geb. Rother: geb. 3. 1. 1857 in Glatz in Schlesien, gest. 8. 1. 1911 in Berlin. E. I. stammte aus einer kleinbürgerlichen katholischen Familie und kam über die bürgerliche Frauenbewegung zur Sozialdemokratie. Sie war Vorstandsmitglied des »Frauen-Hilfsvereins für Handarbeiterinnen« und des »Vereins zur Vertretung der Interessen der Arbeiterinnen« in Berlin. 1889 nahm sie als Vertreterin der Frauen Deutschlands am Gründungskongreß der Sozialistischen Internationale in Paris teil. 1891 gab sie mit finanzieller Unterstützung ihres Ehemanns, eines Apothekers, die Zeitschrift »Die Arbeiterin« heraus, die dann von Clara Zetkin als »Die Gleichheit« weitergeführt wurde. E. I. war bis zu ihrem Tod führend in der sozialistischen Frauenbewegung und in der Gewerkschaftsbewegung tätig: Von 1890 bis 1892 gehörte sie als erste Frau der Generalkommission an, 1904 war sie Mitglied des gewerkschaftlichen Arbeiterinnenagitationskomitees[116].

*Jagert*, Johanna: geb. 1862 in Stavenhagen. J. J. arbeitete in den achtziger Jahren in der Berliner Arbeiterinnenbewegung mit und gehörte dem Vorstand des »Vereins zur Vertretung der Interessen der Arbeiterinnen« an. In den neunziger Jahren trat sie als Rednerin für die sozialistische Frauenbewegung hervor[117].

*Jallandt:* gest. 1905. Frau J. war eine der Frauen, die in der Frühphase der sozialistischen Frauenbewegung politisch tätig wurden. Sie gehörte zu den Gründerinnen des ersten sozialistischen Frauenvereins Hamburgs und unterstützte während des Sozialistengesetzes aus Berlin ausgewiesene Sozialdemokraten[118].

*Jensen*, Toni: Von Beruf Lehrerin, arbeitete T. J. führend in der sozialdemokratischen Frauenbewegung Schleswig-Holsteins mit. In der Weimarer Republik wurde sie in die Stadtvertretung Kiels und in den preußischen Landtag gewählt[119].

*Jobst*, Sophie: S. J. war gelernte Näherin. Sie agitierte für die Frauenbewegung in Böhmen, trat 1893 dem Frauenbildungsverein bei, übernahm 1898 die Leitung des Arbeiterinnenvereins in Böhmen und baute 1903 die Frauenorganisation in Graz auf. 1904 zog sie nach Wien[120].

*Juchacz*, Marie, geb. Gohlke: geb. 15. 3. 1879 in Landsberg a. d. Warthe, gest. 28. 1. 1956 in Bonn. M. J. war Tochter eines Zimmermeisters, besuchte von 1885 bis 1893 die Volksschule und arbeitete anschließend als Dienstmädchen, Fabrikarbeiterin, Krankenwärterin in einer Anstalt für

---

116 Archiv der sozialen Demokratie, Personalia-Sammlung: Ihrer; ebd., Nachlaß Juchacz 3; Baader, S. 24; Hauff, S. 19.

117 Zeitungsausschnitt v. 3. 12. 1886, in: Bundesarchiv ZSg 113-37; Baader, S. 38.

118 Gleichheit 29. 11. 1905.

119 Osterroth: 100 Jahre Sozialdemokratie, S. 82.

120 Klucsarits/Kürbisch, S. 379.

Nervenkranke, Schneiderin und Heimarbeiterin. Ihre 1903 mit dem Schneidermeister Juchacz geschlossene Ehe scheiterte. 1907 schloß sich M. J. dem Frauenbildungsverein in Berlin-Schöneberg an, dessen Vorsitzende sie wurde. 1908 trat sie der SPD bei und vertrat die Frauen im Vorstand Neuköllns. Nach einer Agitationstour durch das Rheinland wurde sie von 1913 bis 1917 in Köln als Frauensekretärin angestellt. Als 1917 Clara *Zetkin* und Luise *Zietz* ihrer Parteiämter enthoben wurden, übernahm Marie Juchacz die Leitung des Frauenbüros und den Sitz Luise *Zietz'* im Parteivorstand und – zusammen mit Heinrich Schulz – bis 1919 die Redaktion der »Gleichheit«, die unter ihrer Leitung ihren Charakter als Organ des linken Flügels vollkommen verlor. 1919 gehörte sie der Nationalversammlung, anschließend bis 1933 dem Reichstag an. Seit 1920 war sie Vorsitzende der Arbeiterwohlfahrt. Nach der Machtergreifung der NSDAP emigrierte sie zunächst ins Saarland, dann nach Frankreich und schließlich in die USA. 1949 kehrte sie nach Deutschland zurück[121].

*Kadeit,* Auguste: gest. 1909 im Alter von 33 Jahren. A. K. stammte aus einer Arbeiterfamilie und mußte schon als Kind ihrer verwitweten Mutter bei der Arbeit helfen. Sie schloß sich der Sozialdemokratie an, arbeitete als Zigarrenmacherin, in einer Korkfabrik und schließlich als Metallarbeiterin. Dabei zog sie sich eine Bleivergiftung zu, an der sie im Alter von erst 33 Jahren starb[122].

*Kähler,* Luise, geb. Girnth: geb. 12. 1. 1869 in Berlin, gest. 22. 9. 1955 in Berlin. Ihr Vater war Droschken- und Möbelkutscher. L. K. besuchte die Volksschule, arbeitete als Dienstmädchen, als Näherin in Heimarbeit und von 1893 bis 1895 als Stewardeß auf einem Handelsschiff. 1895 heiratete sie den Malergesellen Kähler. 1902 fand sie den Weg zur Sozialdemokratie, 1906 gründete sie in Hamburg den Dienstbotenverein, dessen Vorsitzende sie auch wurde. 1908 wurde sie Vorstandsmitglied des Gewerkschaftskartells, 1913 Vorsitzende des Zentralverbandes der Hausangestellten. Von 1918 bis 1933 war sie für die SPD Landtagsmitglied in Preußen und arbeitete in der Arbeiterwohlfahrt mit, 1946 trat sie der SED bei[123].

*Kähler,* Wilhelmine, geb. Mohs: geb. 3. 4. 1864 in Kellinghusen in Holstein. W. K. besuchte die Dorfschule und arbeitete seit ihrem 7. Lebensjahr. Sie wurde Schneiderin und schloß sich mit 23 Jahren der Arbeiterbewegung an. Zunächst schrieb sie Gedichte im »Neuen Sozial-Demokrat«. Sie gründete den »Zentralverein der Fabrik- und Handarbeiterinnen

---

121 Archiv der sozialen Demokratie, Personalia-Sammlung: Juchacz; Roehl.

122 Gleichheit 16. 8. 1909.

123 Archiv der sozialen Demokratie, Personalia-Sammlung: L. Kähler; Die Genossin. Heft 2 (1929) 6. Jg., S. 75.

Deutschlands«[124] und war von 1892 bis 1899 Mitglied der Generalkommission der Gewerkschaften. Sie redigierte das Zentralorgan des Verbandes der Hausangestellten, gehörte zu den führenden Agitatorinnen der sozialistischen Frauenbewegung und war Vertrauensperson für den Niederrhein, für Hamburg – dorthin zog sie nach ihrer Heirat – und für Dresden. 1919 wurde sie in die Nationalversammlung und 1920 in den Reichstag gewählt, dem sie bis Februar 1921 angehörte[125].

*Kaisen,* Helene: geb. 11. 5. 1889. H. K. kam aus einer sozialdemokratischen Arbeiterfamilie. Mit 24 Jahren besuchte sie die Parteischule, wo sie Schülerin Rosa *Luxemburgs* wurde und ihren Ehemann Wilhelm Kaisen kennenlernte, den Redakteur der Bremer Volkszeitung[126].

*Karpinski,* Paula: geb. 6. 11. 1898. P. K. stammte aus einer sozialdemokratischen Arbeiterfamilie Hamburgs, schloß sich mit 14 Jahren der Arbeiterjugendbewegung an und wurde Sozialdemokratin. Sie arbeitete als staatliche Wohlfahrtspflegerin. 1944 wurde sie in ein Konzentrationslager eingewiesen; sie überlebte die Haft[127].

*Kastrup,* Luise: Von Beruf Näherin, gehörte L. K. als Kassiererin 1890 dem Vorstand der »Freien Vereinigung der Frauen und Mädchen« in Bielefeld an[128].

*Kautsky,* Louise, geb. Strasser, später Freyberger: geb. 1860, gest. 1950. L. K. war die erste Frau Karl Kautskys; 1888 wurde die Ehe geschieden, 1894 heiratete sie den österreichischen Arzt Ludwig Freyberger. Nach ihrer Scheidung arbeitete sie zunächst als Hebamme und ging dann als Sekretärin und Haushälterin zu Friedrich Engels nach London[129]. Von dort aus arbeitete sie an der Wiener Arbeiterinnen-Zeitung mit und vertrat Österreich auf den internationalen Arbeiterkongressen von 1891 und 1893[130].

*Kautsky,* Luise, geb. Ronsberger: geb. 11. 8. 1864 in Wien, gest. Dezember 1944 in Auschwitz. L. K. stammte aus einer wohlhabenden jüdischen Familie, die eine Konditorei führte. 1890 heiratete sie Karl Kautsky. Später schrieb sie, sie habe von 1890 an »etwa 19 Jahre lang meinen Teil an der Parteiarbeit im Verborgenen geleistet, als Redaktionsdiener u.(nd) Laufbursche für die Neue Zeit . . .«[131]. Ab 1908 schrieb sie für die »Gleich-

---

124 Losseff-Tillmanns, S. 551; Gleichheit 20. 1. 1897.

125 Frauenwelt 1924 Nr. 4, S. 58; Frauenstimmen, S. 7f.

126 Gleichheit 1959 Nr. 7, S. 248, 1963 Nr. 5, S. 178.

127 Gleichheit 1958 Nr. 2, S. 52.

128 StA Münster, Oberpräsidium B Nr. 2693 Vol. 2, S. 197ff., in: Hellfaier, S. 220.

129 S. o. S. 278f.

130 S. o. S. 135, 278f.; Popp: Weg zur Höhe, S. 23.

131 L. Kautsky an C. Zetkin, 16. 11. 1912, in: IISG, Kautsky-Familienarchiv 21,4.

heit« und beteiligte sich offiziell an der Parteiarbeit[132]. L. K. war eng mit Rosa *Luxemburg* befreundet und ließ sich von ihr bei ihrem Eintritt in die politische Arbeit beraten[133]. Von 1914 bis 1917 arbeitete sie im Bildungsausschuß der SPD mit. In der Weimarer Republik wurde sie Stadtverordnete in Charlottenburg. Im Alter von fast 80 Jahren wurde sie von der Gestapo ins Konzentrationslager Auschwitz geworfen, wo sie noch 1944 umkam[134].

*Kautsky,* Minna, geb. Jaich: geb. 11. 6. 1837 in Graz, gest. 21. 12. 1912 in Berlin. Ihr Vater war ein armer Kunstmaler; mit 14 Jahren ging sie als Schauspielerin zum Theater, beendete diese Laufbahn jedoch schon mit 24 Jahren wegen einer Krankheit. Mit 16 Jahren bereits hatte sie den Landschaftsmaler Johann Kautsky geheiratet; Karl Kautsky war ihr Sohn. Bekannt wurde M. K. als Verfasserin sozialkritischer Romane[135].

*Kellner,* Katharina: gest. 1910. K. K. war Besitzerin eines Restaurants; in erster Ehe war sie mit einem Maler namens Gils, in zweiter Ehe mit dem Monteur Kellner verheiratet. Seit dem Sozialistengesetz war sie in der Arbeiterbewegung in Frankfurt a. M. tätig[136].

*Key,* Ellen: geb. 11. 12. 1849, gest. 25. 4. 1926. E. K. war von Beruf Lehrerin. Bekannt wurde sie als Schriftstellerin und Verfechterin der Frauenemanzipation; von Schweden aus beeinflußte sie auch die deutsche Frauenbewegung. Ihre philosophischen und pädagogischen Gedanken wirkten auch auf Clara *Zetkin* ein. Das 20. Jahrhundert erklärte E. K. programmatisch zum »Jahrhundert des Kindes«; im Krieg erwies sie sich als überzeugte Pazifistin.

*Kirchner,* Johanna, geb. Strunz: geb. 1889 in Frankfurt, gest. 9. 6. 1944 in Plötzensee. J. K. kam aus einer sozialdemokratischen Familie; mit 14 Jahren trat sie in die Arbeiterjugendbewegung ein. Sie heiratete einen Sozialdemokraten, arbeitete in der sozialistischen Frauenbewegung und in der Arbeiterwohlfahrt mit. 1933 arbeitete sie zunächst illegal, emigrierte dann nach Frankreich, wurde jedoch im Juni 1942 ausgeliefert. Als Regimegegnerin wurde sie 1944 hingerichtet[137].

*Kirschmann,* Elisabeth: s. *Röhl.*

---

132 Ebd.; C. Zetkin an L. Kautsky, 7. 1. 1908, 20. 1. 1908, in: ebd. 19,5; Gleichheit 11. 5. 1908.

133 R. Luxemburg an L. Kautsky, Ostern 1907, 22. 2. 1908, in: Luise Kautsky (Hrsg.): Rosa Luxemburg. Briefe an Karl und Luise Kautsky (1896-1918), Berlin 1923, S. 136f.

134 Ebd., S. 166 Anm. 1, S. 218; Archiv der sozialen Demokratie, Personalia-Sammlung: L. Kautsky.

135 Cäcilia Friedrich: Minna Kautsky, Diss. Halle 1963.

136 Gleichheit 5. 12. 1910.

137 Archiv der sozialen Demokratie, Personalia-Sammlung: Kirchner.

*Klingner,* Marie: geb. 31. 8. 1846. Aus einer Arbeiterfamilie stammend, arbeitete M. K. in der Berliner SPD mit. Seit 1903 agitierte sie in den Frauenwahlvereinen für die Reichs- und Landtagswahlen, gehörte von Anfang an dem »Verein für Frauen und Mädchen der Arbeiterklasse« in Berlin an und zahlte freiwillige Parteibeiträge, bevor sie 1908 offiziell der SPD beitrat[138].
*Klinkert,* Marie: Von Beruf Dienstmädchen, wurde M. K. kurz nach der Jahrhundertwende durch eine Versammlung Luise *Zietz'* für die Bewegung gewonnen. Für die sozialistische Frauenbewegung vertrieb sie die »Gleichheit« an ihrem Wohnort[139].
*Koenen,* Sophie: gest. 1910 in Hamburg. S. K. war Dienstmädchen; mit 21 Jahren trat sie 1876 dem Verein für Arbeiterfrauen und -mädchen in Hamburg bei. Ihr Ehemann war der Sozialdemokrat Heinrich Koenen[140].
*Kollontai,* Alexandra, geb. Domontovic: geb. 1. 4. 1872 in Petersburg, gest. 10. 3. 1952 in Moskau. A. K. stammte aus dem russischen Adel, legte 1888 ihr Abitur ab und heiratete einen Ingenieur und Großgrundbesitzer. Nach drei Jahren Ehe verließ sie Mann und Kind, um in Zürich Nationalökonomie zu studieren. 1899 schloß sie sich der Sozialdemokratie Rußlands an und begann, sich mit Frauenfragen zu beschäftigen. 1908 floh sie nach Deutschland. Nach der Oktoberrevolution bekleidete sie bis 1918 das Amt eines Volkskommissars für soziale Fürsorge, 1922 wurde sie Gesandte in Norwegen. Sie entwickelte Ansätze einer neuen Moral, in deren Mittelpunkt die »freie Liebe« und die »neue Frau« standen, die politischem und beruflichem Engagement die Priorität vor dem Gefühlsleben gab und die herkömmliche Ehe und Familie ablehnte. Bald konnte sie in der Sowjetunion diese Vorstellungen nicht mehr propagieren[141].
*Kollwitz,* Käthe, geb. Schmidt: geb. 8. 7. 1867 in Königsberg, gest. 22. 4. 1945 in Berlin-Lichtenberg. Ihr Vater, Karl Schmidt, war Anwalt, arbeitete aber nach der Verhängung eines Berufsverbots als Maurer und Baumeister. K. K. heiratete 1891 den Arzt Karl Kollwitz. Bekannt wurde sie als Graphikerin, deren Werke sich häufig mit sozialem Elend oder mit der Not des Krieges auseinandersetzten und von SPD und sozialistischer Frauenbewegung sehr geschätzt wurden.
*Kornitzky:* Von Beruf Näherin, gehörte Frau K. als stellvertretende Vorsitzende 1890 zum Vorstand der Bielefelder »Freien Vereinigung der Frauen und Mädchen«[142].

---

138 Gleichheit 1. 9. 1916.
139 Gleichheit 1955 Nr. 8, S. 301.
140 Gleichheit 21. 11. 1910.
141 Archiv der sozialen Demokratie, Personalia-Sammlung: Kollontai; Kollontai: Autobiographie; dies.: Ziel und Wert; s. o. S. 250f.
142 StA Münster, Oberpräsidium B Nr. 2693 Vol. 2, S. 197ff., in: Hellfaier, S. 220.

*Korte,* Anna: A. K., eine Näherin, gehörte als Schriftführerin zum Vorstand der »Freien Vereinigung der Frauen und Mädchen« 1890 in Bielefeld[142].

*Kremser,* W.: W. K. war 1905 Vertrauensperson der sozialistischen Frauen Düsseldorfs, bis sie 1906 mit ihrem Ehemann, einem Zimmerer, nach Frankfurt verzog[143].

*Kreuzer:* Frau K., Ehefrau eines Bäckers, war Vorstandsmitglied des österreichischen Arbeiterinnenbildungsvereins, der am 29. 6. 1890 gegründet wurde[144].

*Kröger,* Berta: geb. 24. 9. 1891. B. K. stammte aus Harburg-Wilhelmsburg; bis zu ihrer Heirat arbeitete sie als Hausangestellte. Schon mit 15 Jahren wurde sie Sozialdemokratin, von 1919 bis 1926 gehörte sie dem Gemeinderat Wilhelmsburg, von 1919 bis 1921 dem Kreistag des Landkreises Harburg und von 1921 bis 1933 dem preußischen Landtag an[145].

*Kuhlmann,* Frieda: gest. 13. 4. 1916 in Hamburg. F. K. engagierte sich in der Hamburger Frauen- und Dienstbotenbewegung. Sie trat zwar nie in öffentlichen Versammlungen auf, agitierte jedoch in kleinerem Kreis und trug die »Gleichheit« aus. Sie war Kassiererin des »Vereins der Dienstboten, Wasch- und Scheuerfrauen«[146].

*Kunert,* Marie, geb. Bombe: geb. 20. 5. 1871 in Berlin, gest. 28. 5. 1957 in der Schweiz. M. K. war die Tochter eines Lehrers und einer Fleischbeschauerin. Nach dem Besuch der Höheren Töchterschule und des Lehrerinnenseminars wurde sie Lehrerin. 1890 heiratete sie den sozialdemokratischen Abgeordneten und »Vorwärts«-Redakteur Fritz Kunert, der ebenfalls Lehrer war. M. K. selbst arbeitete seit 1889 als Schriftstellerin und Übersetzerin für die sozialistische Presse und schrieb auch für die »Gleichheit«. In Breslau gründete sie einen Arbeiterinnenverein; von 1921 bis 1928 gehörte sie als Vertreterin der SPD dem preußischen Landtag, von 1928 bis 1933 dem Reichstag an. Im Dritten Reich emigrierte sie in die Schweiz[147].

*Kurt,* Hedwig: geb. 1877 in Dresden. H. K. stammte aus einer Arbeiterfamilie und war selbst Hutarbeiterin. Sie gehörte als Sozialdemokratin der Nationalversammlung und – bis Juni 1920 – dem Reichstag an[148].

*Lafargue,* Laura, geb. Marx: geb. 1845 in Brüssel, gest. 1911 in Paris. L. L. war eine Tochter Karl Marx'. 1868 heiratete sie den Arzt Paul La-

---

143 StA Düsseldorf, Regierung Düsseldorf Nr. 9058 Bl. 65.

144 Popp: Weg zur Höhe, S. 16f.

145 Gleichheit 1956 Nr. 11, S. 433.

146 Gleichheit 12. 5. 1916.

147 Archiv der sozialen Demokratie, Personalia-Sammlung: Kunert; Gleichheit 1955 Nr. 2, S. 55.

148 Frauenstimmen, S. 12.

fargue, einen französischen Sozialisten. Sie unterstützte die sozialistische Frauenbewegung durch ihre Mitarbeit an der österreichischen Arbeiterinnen-Zeitung. 1911 beging sie gemeinsam mit ihrem Ehemann Selbstmord[149].

*Lang,* Erna: E. L. war von Beruf Kindergärtnerin und arbeitete seit 1906 in der Hamburger Arbeiterjugendbewegung mit[150].

*Lange,* Helene: geb. 9. 4. 1848, gest. 13. 5. 1930. H. L. war eine der bedeutendsten Führerinnen der bürgerlichen deutschen Frauenbewegung, innerhalb der sie zum konservativen Lager zählte. Sie war Tochter eines Kaufmanns und wurde als Lehrerin ausgebildet. Der Ausbau des höheren Mädchenschulwesens war ein Schwerpunkt ihrer Tätigkeit. Sie gab die Zeitschrift »Die Frau« heraus und war seit 1893 Vorsitzende des »Allgemeinen Deutschen Frauenvereins«. 1908 trat sie der »Freisinnigen Vereinigung« bei[151].

*Laszinski:* Frau L. war Schäftearbeiterin und gehörte 1890 der Berliner Streikkommission an[152].

*Ledebour,* Minna, geb. Stamfuß: geb. 14. 10. 1867, gest. 1962. M. L. stammte aus einer bürgerlich-demokratischen Familie und fand während des Sozialistengesetzes den Weg zur Arbeiterbewegung. 1890 besuchte sie die Arbeiter-Bildungsschule in Berlin; dort lernte sie Georg Ledebour, den sozialdemokratischen Kaufmann und Privatlehrer, als ihren Lehrer kennen. Am 1. 5. 1895 heirateten sie[153].

*Lehmann,* Wilhelmine: gest. 1911 in Mannheim. W. L. war die Ehefrau des sozialdemokratischen Reichstagsabgeordneten Lehmann. Sie war Mitbegründerin der sozialistischen Frauenbewegung Mannheims und vertrat die sozialdemokratischen Frauen im SPD-Vorstand des Bezirks Neckarvorstadt[154].

*Leuschner:* Frau L. war Anfang der neunziger Jahre an führender Stelle in der Berliner Frauenbewegung tätig und die erste Vorsitzende des Berliner Frauenbildungsvereins von 1892[155].

*Lewin-Dorsch,* Hannah: gest. 1911. H. L.-D. stammte aus gutbürgerlichen Kreisen und wurde Krankenschwester. Anschließend studierte sie in Zürich und wurde eine der Mitarbeiterinnen der »Gleichheit«[156].

---

149 F. Engels an F. A. Sorge, 6. 1. 1892, in: Briefe und Auszüge aus Briefen . . ., S. 377; Schwerin v. Krosigk, S. 239ff.; Popp: Weg zur Höhe, S. 23.

150 Gleichheit 1963 Nr. 7, S. 259f.

151 Lange: Lebenserinnerungen.

152 Losseff-Tillmanns, S. 176.

153 Archiv der sozialen Demokratie, Personalia-Sammlung: Ledebour; Gleichheit 1962 Nr. 6, S. 234; Ursula Ratz: Georg Ledebour. 1850–1947. Weg und Wirken eines sozialistischen Politikers, Berlin 1969, S. 39.

154 Gleichheit 5. 6. 1911.

155 E. Bernstein: Die Berliner Arbeiterbewegung von 1890 bis 1905, S. 376.

156 Gleichheit 14. 8. 1911.

*Lex,* Anna: A. L. war eine der führenden Sozialdemokratinnen des Ruhrgebiets. Sie war Vertrauensperson in Dortmund und nahm an den SPD-Parteitagen von 1910 bis 1912 teil.

*Liebknecht,* Natalie, geb. Reh: geb. 1835, gest. 1909. N. L. war die Tochter des Hofgerichtsadvokaten Reh und die zweite Frau Wilhelm Liebknechts. Sie interessierte sich wenig für politische Fragen und bedauerte die Beeinträchtigung ihres Familienlebens durch die politische Tätigkeit ihres Mannes[157].

*Lodahl,* Gertrud: geb. 1878 in Berlin. G. L. war Hilfsarbeiterin im graphischen Gewerbe und wurde bereits mit 20 Jahren Vorstandsmitglied des Berliner Buchdruckereihilfsarbeiterverbandes. Sie wurde als Vertreterin der SPD in die Nationalversammlung gewählt und gehörte bis Juni 1920 dem Reichstag an[158].

*Löwenherz,* Johanna: J. L. kam aus der bürgerlichen zur sozialistischen Frauenbewegung und lebte in bürgerlichen Verhältnissen: z. B. hatte sie eine eigene Wäscherei[159]. In der Sozialdemokratie gehörte sie zum rechten Flügel, wenngleich ihr verworrenes und unklares Gedankengut jede Einschätzung erschwert[160]. 1895 unternahm sie ausgedehnte Agitationsreisen für die Frauenbewegung[161].

*Longuet,* Jenny: s. *Marx.*

*Lorenz:* gest. September 1916 in Kiel im Alter von 72 Jahren. Frau L. stammte aus proletarischen Verhältnissen und schloß sich zusammen mit ihrem Mann während des Sozialistengesetzes der Arbeiterbewegung an. Sie leistete Kleinarbeit für die SPD und die Frauenbewegung und gehörte als stellvertretende Vertrauensperson zur Leitung der Bewegung in Kiel-Gaarden[162].

*Ludwig,* Marie: gest. 1896. Bis zu ihrem Tod gehörte M. L. zu den Mitarbeiterinnen des Berliner Frauenbildungsvereins[163].

*Lüders,* Else: E. L. arbeitete in der bürgerlichen Frauenbewegung mit und interessierte sich besonders für sozialpolitische Fragen. Sie verfaßte mehrere Schriften zu Frauenfragen.

*Lüders,* Marie-Elisabeth: geb. 25. 6. 1878 in Berlin, gest. 1966. M.-E. L. war die Tochter eines Geheimen Oberregierungsrats Preußens. Sie arbeitete als Photographin und Lehrerin und promovierte 1912 als erste deutsche Frau zum Doktor der Staatswissenschaften. Unter dem Einfluß He-

---

157 S. o. S. 280.

158 Frauenstimmen, S. 9.

159 Löwenherz, S. 85f.

160 Das verdeutlicht ihre Schrift »Prostitution oder Production, Eigentum oder Ehe«.

161 Gleichheit 9. 1. 1895, 6. 2. 1895, 17. 11. 1895.

162 Gleichheit 13. 10. 1916.

163 Gleichheit 25. 11. 1896.

lene Langes arbeitete sie sozialpflegerisch in der bürgerlichen Frauenbewegung. Im Ersten Weltkrieg wurde sie Referentin im Kriegsministerium, in der Weimarer Republik gehörte sie als Abgeordnete der DDP der Nationalversammlung und dem Reichstag an, und in der Bundesrepublik trat sie als FDP-Abgeordnete und Alterspräsidentin im Bundestag hervor.

*Lührs*, Frieda: geb. 1869 in Frankfurt a. M. F. L. arbeitete als Fürsorgerin in Hannover und engagierte sich in der Genossenschaftsbewegung. Sie vertrat die SPD in der Nationalversammlung und – bis Juni 1920 – im Reichstag[164].

*Lungwitz*, Berta: gest. 16. 9. 1951 in Seelbach bei Nassau. B. L. schloß sich noch in jugendlichem Alter dem Fabrikarbeiterverband an und engagierte sich auch in der sozialistischen Frauenbewegung. Seit 1904 war sie Vertrauensperson für den Kreis Dresden-Pieschen. Als Mitglied der USPD wurde sie Stadtverordnete[165].

*Lutze*, Ernestine: geb. 1873 in Marzdorf, gest. 1948 in Dresden. Seit ihrem 9. Lebensjahr arbeitete E. L., zunächst als Dienstmädchen und dann, nach ihrer Heirat, als Blumenarbeiterin in einer Fabrik und später in Heimarbeit. Sie war Mitgründerin und Vorstandsmitglied des Blumenarbeiterverbandes und arbeitete auch in der SPD mit. 1910 nahm sie am Parteitag teil, und 1919/20 vertrat sie die Partei in der Nationalversammlung und im Reichstag[166].

*Luxemburg*, Rosa: geb. 5. 3. oder 5. 5. 1870 oder 1871 in Zamocs in Polen, gest. 15. 1. 1919 in Berlin. Als Tochter eines liberalen polnischen Kaufmanns besuchte R. L. das Mädchengymnasium in Warschau; seit 1889 studierte und promovierte sie in Zürich. Durch eine Scheinheirat erwarb sie 1897 die deutsche Staatsbürgerschaft und schloß sich der SPD an. Sie redigierte die »Sächsische Arbeiter-Zeitung« in Dresden und kurze Zeit die »Leipziger Volkszeitung«. 1907 wurde sie Lehrerin an der Parteischule. In der Frauenbewegung engagierte sie sich nicht; sie hatte jedoch als führende Theoretikerin des linken Flügels entscheidenden Einfluß auf Clara *Zetkin* und schrieb auch Artikel für die »Gleichheit«[167]. Im Krieg gehörte sie zu den Leitern des Spartakusbundes; bei der Gründung der KPD hielt sie die programmatische Rede. Im Januar 1919 wurde sie von rechten Korpsmitgliedern ermordet[168].

---

164 Frauenstimmen, S. 10.

165 Archiv der sozialen Demokratie, Personalia-Sammlung: Lungwitz.

166 Frauenstimmen, S. 8.

167 Z. B. Gleichheit 8. 2. 1905, 29. 11. 1905, 8. 1. 1912, 18. 3. 1912, 26. 6. 1912, 28. 5. 1913.

168 Zu Rosa Luxemburgs Biographie s. z. B.: Paul Frölich: Rosa Luxemburg. Gedanke und Tat, Hamburg 1949; Luise Kautsky: Rosa Luxemburg. Ein Gedenkbuch, Berlin 1929; Nettl.

*Mahn,* Emilie: geb. 1847, gest. 18. 5. 1908. E. M. gehörte zu den Proletarierinnen, die schon in der Zeit des Sozialistengesetzes für die Arbeiterbewegung tätig waren. Sie war Mitglied des Magdeburger Frauenbildungsvereins und lange Zeit Vertrauensperson der sozialistischen Frauen Magdeburgs[169].

*Marx,* Jenny, geb. v. Westphalen: geb. 12. 2. 1814 in Salzwedel, gest. 2. 12. 1881 in London. J. M. stammte aus einer Adelsfamilie: Ihr Großvater war Generalstabschef Friedrichs II., ihre Großmutter stammte aus der schottischen Adelsfamilie Argyle, und ihr Vater war Landrat, später Regierungsrat in Trier. 1843 heiratete J. M. Karl Marx, 1849 ging sie mit ihm nach London. Für Marx leistete sie häufig Sekretärinnenarbeit, trat in der Öffentlichkeit jedoch nicht hervor[170].

*Marx,* Jenny, später Longuet: geb. 1844 in Paris, gest. 1883. J. M. war eine Tochter Karl Marx'. Sie engagierte sich in der irischen Freiheitsbewegung. 1872 heiratete sie Charles Longuet; sie bekam sechs Kinder[171].

*Marx-Aveling,* Eleanor: geb. 16. 1. 1855 in London, gest. 1898. E. M.-A. war eine Tochter Karl Marx'. Sie lebte 15 Jahre lang mit dem englischen Sozialisten und Naturwissenschaftler Edward Aveling zusammen, war selbst eine sehr engagierte Sozialistin und betätigte sich als Mitarbeiterin der österreichischen Arbeiterinnen-Zeitung auch in der Frauenbewegung[172]. Aus persönlichen Gründen beging sie Selbstmord[173].

*Matern,* Jenny, geb. Pickerodt: geb. 11. 4. 1904 in Hannover, gest. 22. 9. 1960 in Berlin. J. M. war Tochter eines Drechslers, der bereits Sozialdemokrat war. Sie besuchte von 1910 bis 1918 die Volksschule und anschließend die Handelsschule in Hannover. 1919 arbeitete sie in der SAJ mit und war Stenotypistin im SPD-Bezirksbüro Hannover, bis sie sich 1921 der KPD anschloß. In der Zeit des Nationalsozialismus durchlebte sie illegale Arbeit, Konzentrationslager und Emigration. 1945 wurde sie Staatssekretär für Sozialfürsorge in der Sowjetischen Zone[174].

*Matschke,* Anna: A. M. engagierte sich in der SPD und der sozialistischen Frauenbewegung. Sie verfaßte eine an die Frauen gerichtete Wahlkampfbroschüre[175].

---

169 Gleichheit 8. 6. 1908.

170 Dornemann: Jenny Marx; Schwerin v. Krosigk.

171 Schwerin v. Krosigk, S. 234ff.

172 F. Engels an F. A. Sorge, 6. 1. 1892, in: Briefe und Auszüge aus Briefen ..., S. 377; Popp: Weg zur Höhe, S. 23.

173 Schwerin v. Krosigk, S. 141ff.; Chushichi Tsuzuki: The Life of Eleanor Marx 1855–1898. A Socialist Tragedy, Oxford 1967.

174 Archiv der sozialen Demokratie, Personalia-Sammlung: Matern.

175 Anna Matschke: Eine Mahnung an die Frauen und Mädchen in ernster Zeit, Spandau o. J.

*Melzer*, Charlotte, geb. Linde: Ihr Vater war Parteisekretär, ihr Mann Bürovorsteher in Haases Rechtsanwaltspraxis. C. M. schloß sich 1917 der USPD an und wurde zur Stadträtin gewählt.
*Menzzer*, Marianne: M. M. war eine liberale Demokratin und Mitglied des »Allgemeinen Deutschen Frauenvereins«. 1871 gründete sie in Dresden den »Verein für weibliche Fortbildung«, und 1881 und 1883 referierte sie auf den Frauentagen über die Arbeiterinnenfrage. Sie arbeitete im »Verein zur Vertretung der Interessen der Arbeiterinnen« mit[176].
*Misselwitz:* Frl. M. war von Beruf Näherin und arbeitete an führender Stelle in der Internationalen Gewerksgenossenschaft in Chemnitz mit. Später wanderte sie in die USA aus[177].
*Morgenstern*, Lina, geb. Bauer: geb. 25. 11. 1830 in Breslau, gest. 16. 12. 1909 in Berlin. L. M. war Tochter eines wohlhabenden Fabrikanten; sie heiratete einen Kaufmann und bekam fünf Kinder. Sie studierte Astronomie, Literatur und Musik und interessierte sich für Sozialarbeit, Bildungsfragen und Jugendschutz. Im Rahmen der bürgerlichen Frauenbewegung führte sie in den Kriegsjahren 1866 und 1870/71 öffentliche Massenspeisungen durch und entwickelte die Berliner Volksküchen, die billig Mittagessen an Tausende von Menschen abgaben. Von 1871 bis 1873 leitete sie den Berliner Arbeiterinnenverein, 1873 gründete sie in Berlin einen Hausfrauenverein, mit Gertrud *Guillaume-Schack* arbeitete sie im »Kulturbund« mit, und 1896 leitete sie den internationalen Frauenkongreß in Berlin[178].
*Mosegaard*, Anna, geb. Sachse: geb. 2. 1. 1881 in Nordhausen im Harz, gest. 26. 3. 1954 in Hadersleben. A. M. arbeitete zunächst als Dienstmädchen und Fabrikarbeiterin; seit ihrer Heirat 1901 war sie Hausfrau und betätigte sich schriftstellerisch. Sie schrieb auch für die »Gleichheit«[179].
*Müller-Jahnke*, Klara: geb. 5. 2. 1861 in Lenzen in Pommern, gest. 5. 11. 1905. Tochter eines Pfarrers, besuchte K. M.-J. seit 1877 die Handelsschule in Berlin und arbeitete als Buchhalterin in einer Tapetenfabrik. Später wurde sie Redakteurin einer Kolberger Zeitung. Durch eine größere Erbschaft wurde sie unabhängig. Sie heiratete den Maler Jahnke und widmete sich schriftstellerischer Tätigkeit. Ihre Romane und Gedichte wurden vor allem in der Arbeiterbewegung geschätzt und auch von Clara Zetkin häufig veröffentlicht[180].
*Münzberg:* Frau M., Ehefrau eines Sozialdemokraten, leitete die soziali-

---

176 S. o. S. 53 Anm. 16, S. 55; Berger, S. 17.
177 Zetkin: Geschichte, S. 140f.
178 Bahnbrechende Frauen, S. 91ff.
179 Friedrich: Schriftstellerinnen, S. 187; Klucsarits/Kürbisch, S. 380.
180 A. Blos: Frauenfrage, S. 41ff.

stische Frauenbewegung in Oberhausen und war dort für die Verteilung der »Gleichheit« zuständig[181].

*Mutz,* Helene: geb. 21. 10. 1884 in Wald bei Solingen. H. M. gehörte dem Frauenbildungsverein von Gräfrath an, der 1906 polizeilich aufgelöst wurde. Sie wurde wegen Verstoßes gegen das Vereinsgesetz zu 15 Mark Geldstrafe oder drei Tagen Gefängnis verurteilt[182].

*Naumann,* Minna, geb. Schreiber: geb. 27. 1. 1882 in Spremberg. M. N. war mit einem Maurer verheiratet. Vor dem Krieg arbeitete sie in der SPD mit, schloß sich 1917 der USPD an und nahm als Delegierte der Linksradikalen aus Dresden am Gründungskongreß der KPD teil[183].

*Negri,* Ada: geb. 3. 2. 1870, gest. 11. 1. 1945. A. Negri stammte aus Lodi, wurde Lehrerin in Pavia und dann Professorin am Lehrerinnenseminar Mailand. Ihr Ehemann war der Industrielle Garlanda. Seit 1892 schrieb sie sozialkritische Gedichte, die vor allem in der sozialistischen Frauenbewegung verbreitet wurden.

*Nemitz,* Anna, geb. Voigt: geb. 3. 1. 1873 in Bromberg, gest. 6. 10. 1962 in Berlin-Köpenick. A. N. kam aus einer Arbeiterfamilie und war seit ihrem 19. Lebensjahr mit einem Marmorschleifer verheiratet. Schon als Kind arbeitete sie als Dienst- und Kindermädchen, später dann als Schneiderin. Von 1903 bis 1906 war sie Vertrauensperson in Bromberg. Dann wohnte sie in Dortmund und Bochum und vertrat von 1908 an die Frauen von Bochum-Gelsenkirchen im Vorstand der SPD, bis sie 1911 nach Berlin zog. Im Krieg gehörte sie zu den Kriegsgegnerinnen und schloß sich der USPD an, kehrte aber nach deren Spaltung wieder zur SPD zurück. Von 1919 bis 1920 war sie Stadtverordnete in Charlottenburg, von 1920 bis 1933 gehörte sie dem Reichstag an, von 1946 bis 1954 war sie Mitglied des Berliner Abgeordnetenhauses[184].

*Niegelloh,* Clara, geb. Mülenschläder: geb. 27. 10. 1871 in Ohligs bei Solingen. C. N. war Vorstandsmitglied des Gräfrather Frauenbildungsvereins. Bei dessen Auflösung 1906 wurde sie zu drei Tagen Gefängnis oder 15 Mark Geldstrafe verurteilt[185].

*Niehaus,* Lotte: geb. 1882. L. N. war seit 1908 Mitglied der SPD und vertrat die Partei in der Weimarer Republik im Bremer Parlament[186].

*Niendorf,* Theodora: T. N. war seit 1905 die Vertrauensperson der sozia-

---

181 StA Düsseldorf, Regierung Düsseldorf Nr. 42789 Bl. 122f.

182 StA Düsseldorf, Regierung Düsseldorf Nr. 42789 Bl. 79.

183 H. Weber: Der Gründungsparteitag der KPD, S. 339.

184 Archiv der sozialen Demokratie, Personalia-Sammlung: Nemitz; Gleichheit 1958 Nr. 3, S. 108.

185 StA Düsseldorf, Regierung Düsseldorf Nr. 42789 Bl. 79.

186 Gleichheit 1962 Nr. 11, S. 436.

listischen Frauenbewegung in Kiel. Ihr Mann war dort Arbeitersekretär[187].

*Nowagrotzki,* Auguste: A. N. arbeitete als Masseuse und war mit einem Friseur verheiratet. Seit 1904 war sie Vertrauensperson der sozialistischen Frauen in Königsberg. 1917 schloß sie sich der USPD an[188].

*Oestreicher,* Annemarie: geb. 1875 in Berlin, gest. 1944 in Ravensbrück. A. O. arbeitete zunächst als Dentistin und Hilfsschwester, wurde dann später eine sozialistische Schriftstellerin. Von 1921 bis 1933 gehörte sie dem preußischen Landtag an. Als Regimegegnerin warf man sie im Dritten Reich in das Konzentrationslager Ravensbrück. Sie gehörte zu den vielen Frauen, die dort umkamen.

*Olberg-Lerda,* Oda: geb. 2. 10. 1872 in Lehe bei Bremerhaven, gest. April 1955 in Buenos Aires. Ihr Vater war Marineoffizier, ihr Ehemann der italienische Sozialist und »Avanti«-Redakteur Giovanni Lerda. O. O.-L. studierte, schloß sich früh der SPD an und verfaßte Artikel und Schriften zur Frauenfrage. Wegen einer Lungenkrankheit zog sie nach Italien; in Rom arbeitete sie als Korrespondentin zahlreicher sozialistischer Zeitschriften, u. a. der »Neuen Zeit«, der »Sozialistischen Monatshefte«, der »Gleichheit« und des »Vorwärts«. Ihre Briefe an Luise Kautsky geben Aufschluß über ihr Privatleben, das nicht frei von Krisen und Affären war[189]. In der Zeit des Faschismus emigrierte sie zunächst nach Österreich und dann nach Argentinien[190].

*Oles,* Käte: gest. 1963 im Alter von 72 Jahren. K. O. gehörte seit 1913 der SPD an. In Homberg am Niederrhein wurde sie Stadtverordnete und engagierte sich in der Arbeiterwohlfahrt[191].

*Otto-Peters,* Luise: geb. 26. 3. 1819 in Meissen, gest. 13. 3. 1895 in Leipzig. L. O.-P. war eine der Gründerinnen und ersten Führerinnen der deutschen Frauenbewegung. Sie stammte aus einer sächsischen Patrizierfamilie; ihr Vater war Gerichtsdirektor in Meissen. L. O.-P. besuchte eine Privatschule und trat seit 1842 mit eigenen Schriften, Romanen und Zeitungsartikeln an die Öffentlichkeit. Zum Teil arbeitete sie mit Robert Blum und mit ihrem Ehemann, dem Arbeiter und Journalisten August Peters, zusammen. Sie wandte sich in erster Linie an die arbeitenden Frauen, deren Recht auf Arbeit sie vor allem 1848 energisch vertrat. Von 1849 bis 1852 gab sie unter dem Motto »Dem Reich der Freiheit werb' ich Bürgerinnen« eine eigene Zeitschrift heraus. L. O.-P. wandte sich zunehmend

---

187 Osterroth: 100 Jahre Sozialdemokratie, S. 49.
188 Matull: Ostpreußen, S. 80.
189 O. Olberg an L. Kautsky, in: IISG, Kautsky-Familienarchiv 15, 1.
190 Archiv der sozialen Demokratie, Personalia-Sammlung: Olberg.
191 Gleichheit 1963 Nr. 3, S. 107.

von Arbeiterinnenfragen ab und der bürgerlichen Frauenbewegung zu und gründete 1865 den »Allgemeinen Deutschen Frauenverein«. 1901 wurde ihr in Leipzig ein Denkmal errichtet. Die »Gleichheit« würdigte sie als »ehrliche bürgerliche Demokratin«, der auch die »proletarische Frauenwelt Anerkennung« schulde[192].

*Panzeram,* Elise: E. P. war Mitglied des Berliner Frauenbildungsvereins von 1899 und seit 1905 eine der Vertrauenspersonen Berlins[193].

*Pappritz,* Anna: geb. 10. 5. 1861 auf Gut Radach in der Neumark. A. P. stammte aus einer alten böhmischen Adelsfamilie. Sie schloß sich der bürgerlichen Frauenbewegung an, in der sie sich vor allem dem Kampf gegen die Prostitution widmete[194].

*Perthen,* Anna: A. P. entstammte einer sozialdemokratischen Arbeiterfamilie. Seit ihrem 12. Lebensjahr arbeitete sie in einer Textilfabrik, seit 1896 trat sie als sozialistische Agitatorin hervor. 1897 trat sie dem Arbeiter-Bildungsverein bei, 1900 gründete sie einen Arbeiterinnenverein und 1910 die politische Frauenorganisation in Bodenbach. Im sozialdemokratischen Frauenkomitee Böhmens hatte sie den Vorsitz, und 1920 wurde sie als Senatorin Mitglied des tschechischen Parlaments[195].

*Peuschel,* Christiane: Von Beruf Arbeiterin, gehörte C. P. dem Vorstand der Internationalen Gewerksgenossenschaft Sachsens an. 1870 nahm sie an deren Generalversammlung in Crimmitschau teil[196].

*Pfülf,* Antonie: geb. 1877 in Metz, gest. 8. 6. 1933 in München. Ihr Vater war Oberst in Bayern und wurde später Kommandierender General. A. P. brach mit ihren Eltern, die auf einer standesgemäßen Ehe beharrten, und wurde Volksschullehrerin. 1902 bis 1907 arbeitete sie als Dorflehrerin, anschließend in München, wo sie auch als Sozialdemokratin aktiv wurde. Von 1919 bis 1933 vertrat sie die SPD in der Nationalversammlung und im Reichstag. Nach der Machtergreifung der Nationalsozialisten beging sie Selbstmord[197].

*Plum,* Agnes, geb. Jansen: geb. 1869 in Bardenberg, gest. 1951 in Essen. A. P. war eine der führenden Sozialdemokratinnen des Ruhrgebiets. 1905 wurde sie stellvertretende Vertrauensperson Essens, ab 1906 war sie selbst Vertrauensperson. Im Winter 1907/08 besuchte sie die Parteischule. 1908 zog sie sich wegen Arbeitsunfähigkeit ihres Mannes, eines Bergarbeiters, vorübergehend aus der Politik zurück und arbeitete als Hausierhändlerin.

---

192 Gleichheit 3. 4. 1895.

193 Gleichheit 23. 8. 1905, 4. 4. 1906.

194 Marie-Elisabeth Lüders: Anna Pappritz. Rundfunkmanuskript 1952, in: Bundesarchiv, Nachlaß Lüders Nr. 268.

195 Klucsarits/Kürbisch S. 380f.

196 Zetkin: Geschichte, S. 127, 131ff.

197 Gleichheit 1956 Nr. 9, S. 339.

Später nahm sie jedoch ihre Agitationstätigkeit wieder auf[198]. Sie schloß sich der KPD an und war von Dezember 1925 bis Mai 1928 Reichstagsmitglied.

*Pölzer,* Amalia: gest. 1925 im Alter von 53 Jahren. A. P. hatte sich in der sozialistischen Frauenbewegung Österreichs engagiert[199].

*Popp,* Adelheid, geb. Dworschak (oder Dworak): geb. 11. 2. 1869 in Inzersdorf bei Wien, gest. 7. 3. 1939 in Wien. Ihr Vater, ein armer Weber, starb früh, so daß A. P. schon mit 6 Jahren als Näherin arbeiten mußte. Später wurde sie Bronzearbeiterin und arbeitete dann in einer Metalldrukkerei, einer Patronenfabrik, einer Kartonagenfabrik, einer Schuhfabrik und als Fransenknüpferin. Sie heiratete den sozialdemokratischen Parteikassierer Julius Popp, der nach neun Ehejahren starb. Als in Österreich eine sozialistische Frauenbewegung entstand, gehörte A. P. von Anfang an zu den führenden Persönlichkeiten. Am 15. 10. 1892 übernahm sie die Schriftleitung der Arbeiterinnen-Zeitung und wurde zur bedeutendsten Vertreterin der österreichischen Sozialdemokratie. Die Republik begrüßte sie als weitgehende Erfüllung ihrer Ziele; 1918 wurde sie Stadtverordnete in Wien, von 1919 bis 1934 gehörte sie dem Nationalrat an. Als Nachfolgerin Clara Zetkins leitete sie außerdem das Internationale Frauenkomitee[200].

*Proft,* Gabriele: geb. 20. 2. 1879 in Troppau, gest. 6. 4. 1971 in Wien. Tochter eines Kleingewerbetreibenden, besuchte sie die Volks- und Bürgerschule und arbeitete ab 1896 in Wien als Dienstmädchen und Heimarbeiterin. 1902 schloß sie sich der Heimarbeiterinnenorganisation an, 1909 wurde sie Vorsitzende des sozialdemokratischen Frauenzentralkomitees, später stellvertretende Parteivorsitzende. Von 1918 bis 1923 gehörte sie dem Wiener Gemeinderat, von 1919 bis 1934 dem Nationalrat an. 1934, 1944 und 1945 verbüßte sie politische Freiheitsstrafen. Nach dem Ende des Zweiten Weltkrieges vertrat sie bis 1953 die SPÖ im Nationalrat[201].

*Quarck-Hammerschlag,* Meta: geb. 21. 12. 1864, gest. 11. 8. 1954. M. Q.-H. war in erster Ehe mit dem Chemiker Hammerschlag, in zweiter Ehe mit dem Sozialpolitiker Max Quarck verheiratet. Nachdem sie schon in der Frauenbewegung und der Sozialarbeit tätig gewesen war, schloß sie sich 1911 der SPD an. 1918 wurde sie Stadträtin in Frankfurt[202].

*Ranke:* gest. 1901. Frau R. war Arbeiterin in einer Wirkerei und Strickerei, gehörte der Gewerkschaft und später der Agitationskommission der

198 StA Düsseldorf, Regierung Düsseldorf Nr. 9058 Bl. 290f., Nr. 9059 Bl. 157, Nr. 42810, 42789 Bl. 70.

199 Die Genossin. Heft 1 (1925) 2. Jg., S. 11.

200 Zahlreiche biographische Informationen enthalten: Popp: Erinnerungen; dies.: Die Jugendgeschichte einer Arbeiterin; dies.: Der Weg zur Höhe.

201 Klucsarits/Kürbisch, S. 381.

202 Gleichheit 1954 Nr. 10, S. 377.

Berliner Textilarbeiter an. Anfang der neunziger Jahre gehörte sie zu den Leiterinnen der Berliner Sozialdemokratinnen; von 1892 bis 1894 war sie Mitglied der dortigen Frauenagitationskommission[203].

*Rauscha,* Julie: geb. 7. 4. 1878 in der Wiener Neustadt, gest. 19. 2. 1926 in Wien. J. R. besuchte die Volks- und Bürgerschule und engagierte sich in der sozialistischen Frauenbewegung Österreichs und in der Partei. Sie wurde Vorsitzende der politischen Frauenorganisation Wiener Neustadt und wurde dort in den Gemeinderat gewählt. Von 1919 bis 1923 vertrat sie ihre Partei in der Nationalversammlung und im Nationalrat.

*Rauschenberger:* Frau R. trat in Oberhausen als Agitatorin für die »Gleichheit« hervor und wurde dort am 9. 9. 1906 zur Vertrauensperson gewählt. 1907 jedoch scheint sie sich, wie ihr Mann, der Maurer Karl Rauschenberger, aus der politischen Arbeit zurückgezogen zu haben[204].

*Rautenberg,* Mila: M. R. war eine Sozialdemokratin in Elbing, die dort in einer Zigarrenfabrik arbeitete. Später wurde sie Betriebsratsvorsitzende und Stadtverordnete[205].

*Reese,* Maria, geb. Meyer: geb. 1889 in Michelbach, gest. 1958 in Zell a. d. Mosel. M. R. stammte aus bürgerlicher Familie; nachdem sie sich der SPD angeschlossen hatte, arbeitete sie als Redakteurin einer Parteizeitung. Von Mai 1928 bis März 1933 war sie Reichstagsmitglied; 1929 trat sie zur KPD über, wurde aber 1933 wegen ihrer scharfen Kritik an der Partei ausgeschlossen. Als sie aus Frankreich, dem Land ihrer Emigration, ausgewiesen wurde, lebte sie unter ständiger Überwachung zurückgezogen in Deutschland[206].

*Reiche,* Adele: geb. 1875. A. R. kam aus einem sozialistischen Elternhaus; ihr Vater, ein Schuhmacher, verarmte zusehends. A. R. besuchte die Volksschule in Hamburg und das Lehrerinnenseminar; 1896 trat sie in den Schuldienst ein. Ihr Ehemann, Wilhelm Reiche, war ebenfalls Volksschullehrer. Schon 1897 hatte A. R. als Gast am Parteitag der SPD teilgenommen und sich interner Parteiarbeit gewidmet. Im Krieg übernahm sie Leitungsaufgaben in der Hamburger Arbeiterjugendbewegung; 1919 wurde sie in die Bürgerschaft gewählt[207].

*Reitze,* Johanna, geb. Leopolt: geb. 16. 1. 1878 in Hamburg, gest. 1949 in Hamburg. J. R. stammte aus einer Arbeiterfamilie, besuchte die Volksschule und arbeitete anschließend als Dienstmädchen und als Buchdruckereihilfsarbeiterin, bis sie 1900 den sozialdemokratischen Redakteur Jean

---

203 Gleichheit 11. 9. 1901.

204 StA Düsseldorf, Regierung Düsseldorf Nr. 42789 Bl. 110, 122.

205 Matull: Ostdeutschlands Arbeiterbewegung, S. 403.

206 Vgl. ihre Lebenserinnerungen und ihre Briefe an C. Zetkin, in: Bundesarchiv, Kleine Erwerbungen Nr. 379: Maria Reese, 1 und 4.

207 Gleichheit 1955 Nr. 8, S. 291.

Reitze heiratete. Nachdem sie schon vorher politisch tätig gewesen war, schloß sie sich 1902 der SPD an. In Vegesack bei Bremen gründete sie eine Frauenorganisation, sie besuchte 6 Monate lang die Parteischule und wurde 1908 Vorstandsmitglied der Hamburger SPD. Im Krieg arbeitete sie als Sozialpflegerin. 1919 und 1920 vertrat sie ihre Partei in der Hamburger Bürgerschaft, von 1919 bis November 1932 gehörte sie der Nationalversammlung und dem Reichstag an[208].

*Richthammer:* Frau R., Ehefrau eines Bäckers, war Vorstandsmitglied des österreichischen Arbeiterinnenbildungsvereins, der am 29. 6. 1890 gegründet wurde[209].

*Röhl,* Elisabeth, geb. Gohlke, später Kirschmann: geb. 22. 8. 1888 in Landsberg, gest. 21. 9. 1930 in Köln. Ihr Vater, der Zimmermann Gohlke, hatte seine Selbständigkeit verloren; ihre Schwester war Marie *Juchacz.* E. R. arbeitete als Dienstmädchen, Fabrikarbeiterin, Krankenwärterin und Näherin. Eine frühe Ehe mit dem Bauarbeiter Röhl wurde wieder aufgelöst. Nachdem E. R. 1905 nach Berlin gezogen war, schloß sie sich 1912 der SPD an und trat als Rednerin für die Frauenbewegung auf. 1912 nahm sie am Parteitag teil. Seit 1913 wohnte sie in Köln. Als E. Kirschmann – sie hatte den Redakteur, Ministerialrat und Reichstagsabgeordneten Kirschmann geheiratet – gehörte sie 1920 dem preußischen Landtag und von 1919 bis Juni 1920 der Nationalversammlung bzw. dem Reichstag an[210].

*Rohrlack,* Martha: M. R. war eine engagierte Mitarbeiterin in der sozialistischen Frauenbewegung und schon 1893 eine der führenden Agitatorinnen. Seit 1891 nahm sie mehrfach an sozialdemokratischen Parteitagen teil. 1896 wurde sie zu einer viermonatigen Gefängnisstrafe verurteilt[211].

*Roland-Holst,* Henriette: gest. 1953 im Alter von 83 Jahren. H. R.-H. war eine holländische Sozialistin, die seit 1895 als Schriftstellerin hervortrat[212].

*Rubiner,* Frida, geb. Ichak: geb. 28. 4. 1879 in Mariampol in Litauen, gest. 22. 1. 1952 in Kleinmachow bei Berlin. Ihr Vater war Angestellter, sie selbst arbeitete als Schneiderin, bis sie nach autodidaktischer Ausbildung von 1900 bis 1903 in Zürich studierte und zum Dr. phil. promovierte. In Frankfurt schloß sie sich 1906 der SPD an. Während des Ersten Weltkrieges wohnte sie in der Schweiz und unterstützte die Zimmerwalder Bewegung. 1919 trat sie der KPD bei. Nach der Niederwerfung der

---

208 Archiv der sozialen Demokratie, Personalia-Sammlung: Reitze; Frauenstimmen, S. 9.

209 Popp: Weg zur Höhe, S. 16f.

210 Die Genossin. Heft 10 (1930) 7. Jg., S. 398.

211 Gleichheit 22. 2. 1893, 27. 5. 1896.

212 Gleichheit 1953 Nr. 2, S. 66.

bayerischen Rätebewegung wurde sie fast 2 Jahre lang inhaftiert; 1930 emigrierte sie in die Sowjetunion und kehrte erst nach Ende des Zweiten Weltkrieges nach Deutschland zurück. Sie lehrte an der SED-Parteihochschule »Karl Marx«[213].

*Rühle-Gerstel,* Alice: geb. 1896 oder 1897 in Prag, gest. 1943. Ihr Vater war ein wohlhabender jüdischer Kaufmann, sie selbst studierte Philosophie und Literaturgeschichte. Sie war schriftstellerisch und journalistisch tätig und verfaßte auch ein Buch über die Frauenfrage[214]. 1921 heiratete sie den kommunistischen Politiker und Schriftsteller Otto Rühle. 1943, nach dessen Tod, beging sie Selbstmord.

*Ryba,* Amalia: s. *Seidel.*

*Ryneck,* Elfriede, geb. Staegemann: geb. 14. 12. 1872 in Berlin, gest. 12. 1. 1951 in Berlin[215]. E. R. war die Tochter des Maurers Staegemann und der Sozialdemokratin Pauline *Staegemann.* Sie arbeitete als Näherin, engagierte sich in der SPD und der Frauenbewegung und besuchte 1910 einen Schulungskurs für Rednerinnen[216]. Ferner arbeitete sie in der Kinderschutzkommission mit und widmete sich neben ihrer Parteiarbeit zunehmend der Wohlfahrtspflege. 1912 wurde sie SPD-Vorstandsmitglied in Teltow-Beeskow-Sterkow-Charlottenburg und 1917 Mitglied des Berliner Vorstandes der MSPD. 1919 gehörte sie der Nationalversammlung, von 1920 bis Mai 1924 dem Reichstag und von 1925 bis 1933 dem preußischen Landtag an.

*Sachs,* Anna: gest. 1910. Bis zum Bankrott ihres Vaters waren ihre Eltern wohlhabend. A. S. wurde Blumenarbeiterin und schloß sich schon mit 16 Jahren während des Sozialistengesetzes der Arbeiterbewegung an. Von 1890 bis 1894 war sie Mitglied der Frauenagitationskommission in Berlin[217].

*Salomon,* Alice: geb. 19. 4. 1872 in Berlin, gest. August 1948 in New York. A. S. promovierte in Berlin zum Dr. phil. Sie war eine der Führerinnen der bürgerlichen Frauenbewegung; von 1900 bis 1920 gehörte sie dem Vorstand des Bundes deutscher Frauenvereine an, 1909 wurde sie Schriftführerin des Internationalen Frauenbundes. Ihr Interesse galt sozialen Fragen der Frauenarbeit. Da sie Jüdin war, verließ sie Deutschland 1937 und emigrierte in die USA.

*Schack,* Betty: geb. 20. 4. 1873 im Sudetenland. Tochter eines selbständigen Gewerbetreibenden, trat B. S. 1893 in einen Arbeiterinnenbildungs-

---

213 Archiv der sozialen Demokratie, Personalia-Sammlung: Rubiner.

214 Rühle-Gerstel.

215 So ihre Todesanzeige, in: Archiv der sozialen Demokratie, Nachlaß Juchacz 1. Daher ist Schwarz' Angabe (19. 1. 1951) als unrichtig anzusehen.

216 Archiv der sozialen Demokratie, Nachlaß Juchacz 3.

217 Gleichheit 19. 12. 1910.

verein ein, dessen Vorsitzende sie bald wurde. Als Agitatorin und Rednerin spielte sie eine führende Rolle in der sozialistischen Frauenbewegung des Sudetenlandes. 1919 wurde sie Stadträtin in Eger. Ihre Inhaftierung in ein Konzentrationslager 1938 überlebte sie[218].

*Schackow,* Johanne: gest. 1903. J. S. arbeitete in der frühen Berliner Arbeiterinnenbewegung. Sie war Schriftführerin des 1872 oder 1873 gegründeten und 1877 verbotenen »Berliner Arbeiterfrauen- und -Mädchenvereins«. In der Zeit des Sozialistengesetzes wurde sie aus Berlin ausgewiesen[219].

*Schäfer:* Frau S. war die Ehefrau eines Fabrikarbeiters in Remscheid. Seit der Gründung des dortigen Frauenbildungsvereins am 18. 2. 1906 gehörte sie dessen Vorstand als Schriftführerin an, bis der Verein 1907 polizeilich geschlossen wurde[220].

*Schaub,* Käte: geb. 15. 4. 1892 im Saarland. K. S. stammte aus einer Arbeiterfamilie und war selbst Arbeiterin und Heimarbeiterin. Mit 18 Jahren trat sie der SPD bei und engagierte sich als Fürsorgerin hauptsächlich in der Arbeiterwohlfahrt. Nach Gründung der Bundesrepublik wohnte sie in Dortmund und trat als Vorsitzende des SPD-Bezirksfrauenausschusses westliches Westfalen und als Landtagsmitglied von Nordrhein-Westfalen hervor[221].

*Schepeler-Lette,* Anna: geb. 10. 12. 1827 in Soldin in der Neumark, gest. 17. 11. 1897. Sie war die Tochter des Juristen und Politikers Adolf Lette und mit dem Großkaufmann Schepeler verheiratet. 1872 übernahm sie die Leitung des von ihrem Vater gegründeten Lette-Vereins.

*Scherz,* Betty, geb. Meier: gest. Dezember 1916 in Zürich. B. S. war ein Arbeiterkind aus Frankfurt a. M. und wurde Kontoristin. Sie trat als Schriftstellerin hervor und arbeitete auch an der »Gleichheit« mit. Nach der Heirat mit dem sozialdemokratischen Redakteur Scherz zog sie nach Gotha, wo sie in den Frauenleseabenden tätig war[222].

*Scherzer,* Lina: gest. 7. 12. 1915 in Berlin im Alter von 81 Jahren. L. S. kam aus einer Arbeiterfamilie und besuchte die Landschule. Sie gehörte zu den sozialdemokratischen Agitatorinnen[223].

*Schilling,* Agnes: gest. 1896 im Alter von 34 Jahren. A. S. war bis zu ihrem Tod Vertrauensperson der Sozialdemokratinnen von Königsberg. Beruflich arbeitete sie mit ihrem Mann, einem Schneider, zusammen[224].

---

218 Gleichheit 1953 Nr. 4, S. 122f., 1958 Nr. 2, S. 65.
219 Gleichheit 28. 1. 1903; s. o. S. 53.
220 StA Düsseldorf, Regierung Düsseldorf Nr. 42789 Bl. 41ff., 108.
221 Gleichheit 1962 Nr. 4, S. 129.
222 Gleichheit 2. 2. 1917.
223 Gleichheit 7. 1. 1916.
224 Gleichheit 25. 11. 1896; Matull: Ostpreußen, S. 45, 59.

*Schilling,* Minna, geb. Petermann: geb. 1877 in Freiburg, gest. 1943 in Weimar. Tochter eines Tabakarbeiters, wurde M. S. selbst Arbeiterin. Obwohl sie sechs Kinder hatte, engagierte sie sich in der Gemeindepolitik. 1919 vertrat sie die SPD in der Nationalversammlung, bis Mai 1928 gehörte sie dem Reichstag an[225].

*Schindler-Sichler,* Maria: geb. 18. 5. 1886. Ihr Vater war Maurer und Sozialdemokrat. M. S.-S. arbeitete als Wasch- und Putzfrau, wenn ihr Mann ausgesperrt oder arbeitslos war. Seit 1906 arbeitete sie in der Frauenbewegung der Oberpfalz mit, im Ersten Weltkrieg gehörte sie der Parteileitung der SPD in Schwandorf an, und in der Weimarer Republik war sie Stadträtin, Amtsrätin und Waisenrätin[226].

*Schlesinger-Eckstein,* Therese: geb. 6. 6. 1863 in Wien, gest. 5. 6. 1940 in Blois. T. S.-E. betrieb Privatstudien und verfaßte mehrere Broschüren. Vom linken Flügel der bürgerlichen Frauenbewegung Österreichs kam sie zur Sozialdemokratie, mit der sie schon vorher sympathisiert hatte. Sie schrieb für die sozialistische Presse und machte die Frauensektionen der Gewerkschaften der Buchbinder und der kaufmännischen Angestellten zu den erfolgreichsten des Landes. 1919 gehörte sie der Nationalversammlung und bis 1923 dem Nationalrat an[227].

*Schlosser,* Ernestine: gest. November 1904 in Zwickau. E. S. gehörte zu den Frauen und Männern, die während des Sozialistengesetzes in Zwickau illegal den »Sozialdemokrat« verbreiteten[228].

*Schmidt,* Auguste: geb. 3. 8. 1833 in Breslau, gest. 10. 6. 1902 in Leipzig. Tochter eines preußischen Artilleriehauptmanns, besuchte A. S. das Lehrerinnenseminar und leitete die Steybersche Schule in Leipzig, die auch Clara *Zetkin* besuchte. Sie war Mitbegründerin des »Allgemeinen Deutschen Frauenvereins« und des »Allgemeinen Deutschen Lehrerinnenvereins« und leitete die Gründungsversammlung des Bundes deutscher Frauenvereine, dessen Vorsitzende sie wurde[229].

*Schmidt,* Rosa: geb. 16. 6. 1875 in Saalfeld in Thüringen. Auch nachdem R. S. 1896 geheiratet hatte, und trotz ihrer fünf Kinder blieb sie stets als Arbeiterin berufstätig, da ihr Mann häufig arbeitslos war. 1899 begann sie, in der SPD und der Frauenbewegung in Leipzig mitzuarbeiten, wo sie auch Vertrauensperson wurde. 1903 nahm sie bereits am Parteitag der SPD teil, und auch in der Gewerkschaft war sie tätig. 1903 zog sie nach

225 Frauenstimmen, S. 8.

226 Gleichheit 1956 Nr. 6, S. 212, 1956 Nr. 7, S. 260f.

227 Th. Schlesinger an K. Kautsky, 30. 3. 1897 und 10. 2. 1898, in: IISG, Nachlaß Kautsky DXX 246 und 249; Popp: Weg zur Höhe, S. 79.

228 Gleichheit 28. 12. 1904.

229 Bahnbrechende Frauen, S. 60ff.

Berlin, und von 1914 bis 1920 war sie Gemeindevertreterin in Berlin-Hermsdorf[230].

*Schneider,* Anna, geb. Röder: geb. 12. 12. 1845 in Köln, gest. 16. 4. 1935. Wie ihre Mutter war A. S. von Beruf Dienstmagd. 1873 heiratete sie den Sozialdemokraten Ernst Schneider. Sie war die Vorsitzende des Frauenbildungsvereins in Köln und eine der führenden Agitatorinnen des Rheingebiets[231].

*Schreiber,* Adele, später Krieger: geb. 29. 4. 1872 in Wien, gest. 18. 2. 1957 in Herrliberg bei Zürich. A. S. war die Tochter eines Arztes, erhielt Privatunterricht, besuchte Mädchenpensionate in Paris und Stuttgart und die School of Economics in London. Von 1901 bis 1903 studierte sie in Berlin. 1898 heiratete sie den Arzt Krieger. Sie schrieb Artikel für zahlreiche Zeitschriften und interessierte sich vor allem für Frauenfragen. Seit 1904 arbeitete sie im »Weltbund für Frauenstimmrecht« mit, dessen Vizepräsidentin sie später wurde. Sie gehörte zu den Leiterinnen des »Bundes für Mutterschutz« und gründete 1910 die »Deutsche Gesellschaft für Mutter- und Kindesrecht«. Bekannt wurde sie 1917 durch ihren Stummfilm »Die im Schatten leben«, der das Schicksal unehelicher Kinder zeigte. Ihr soziales Engagement hatte sie schon früh zu einer Sympathisantin der SPD werden lassen, der sie schließlich auch offiziell beitrat. Von Juni 1920 bis Mai 1924 undvom Mai 1928 bis November 1932 vertrat sie die Partei im Reichstag. 1933 emigrierte sie in die Schweiz, 1939 ging sie nach England[232].

*Schreiner,* Olive: geb. 24. 3. 1855 in Südafrika, gest. 12. 12. 1920 in Südafrika. O. S. war die Tochter eines deutschstämmigen Missionars, die Geliebte des Schriftstellers Havelock Ellis und die Ehefrau des Farmers Samuel Cronwright. In ihren Romanen, z. T. unter dem Pseudonym »Ralph Iron«, und anderen Schriften setzte sie sich für die Farbigen und für die Frauen ein. Im Ersten Weltkrieg zog sie nach England, kehrte aber 1920 nach Südafrika zurück[233].

*Schroeder,* Louise: geb. 2. 4. 1887 in Altona, gest. 4. 6. 1957 in Berlin. Ihr Vater war Bauhilfsarbeiter und Sozialdemokrat, ihre Mutter betrieb einen Gemüsekeller. L. S. besuchte die Volks-, Mittel- und Gewerbeschule; anschließend arbeitete sie im Büro einer Versicherungsgesellschaft als kaufmännische Angestellte und später als Chefsekretärin. 1910 wurde sie Mit-

---

230 Gleichheit 1959 Nr. 4, S. 134.

231 Bers/Klöcker, S. 74f., 393.

232 Vgl. ihren Nachlaß in: Bundesarchiv, Nachlaß Schreiber; Archiv der sozialen Demokratie, Personalia-Sammlung: Schreiber; A. Schreiber an K. Kautsky, undatiert und 20. 11. 1895, 31. 12. 1895, in: IISG, Nachlaß Kautsky D XX 463ff.

233 Archiv der sozialen Demokratie, Personalia-Sammlung: Schreiner.

glied des SPD-Parteivorstandes von Altona-Ottensen, 1919 Stadtverordnete in Altona. Sie vertrat die SPD in der Nationalversammlung und von 1920 bis 1933 im Reichstag. Ferner leitete sie die Arbeiterwohlfahrt in Schleswig-Holstein. Im Dritten Reich stand sie unter Polizeiaufsicht. Nach dem Zweiten Weltkrieg war sie zwei Jahre lang Oberbürgermeister Berlins, und von 1949 bis 1957 gehörte sie dem Bundestag an[234].

*Schützler*, Luise: L. S., eine Plätterin, war als Schriftführerin 1890 Vorstandsmitglied der Bielefelder »Freien Vereinigung von Frauen und Mädchen«[235].

*Schulz*, Berta, geb. Rüker[236]: geb. 7. 5. 1878 in Wetter an der Ruhr, gest. 21. 12. 1950 in Berlebeck. B. S. besuchte die Volksschule. Von Beruf Hausfrau, leistete sie seit 1906 agitatorische und organisatorische Arbeit für die SPD. 1913 nahm sie am Parteitag teil. Sie wurde Kreisleiterin der sozialdemokratischen Frauen in Bochum, Vorsitzende der Arbeiterwohlfahrt für den Unterbezirk Bochum und die Stadt Herne sowie Stadtverordnete in Herne. Von Juni 1920 bis Mai 1924 und von Dezember 1924 bis Juni 1933 war sie Mitglied des Reichstags[237].

*Schulze*, Flora: gest. 1904. F. S. mußte schon als Kind im Hause ihrer Eltern mitarbeiten. Nach dem Scheitern einer ersten Ehe war sie als Schneiderin und Zigarrenmacherin erwerbstätig, bis sie 1890 den Vorsitzenden des Leipziger Gewerkschaftskartells, Karl Schulze, heiratete. Beide gründeten ein Zigarrengeschäft, in dem sie als Meister und ihr Mann als Lehrling arbeiteten. Schon vor 1878 hatte sie sich der Arbeiterbewegung angeschlossen; sie war Mitglied des Leipziger »Vereins für Frauen und Mädchen der Arbeiterklasse«. In den letzten Jahren ihres Lebens widmete sie sich ausschließlich ihrem Geschäft, während ihr Mann sich in erster Linie politisch betätigte[238].

*Schwärmer*, Minna: M. S., die Ehefrau eines Tischlers, gehörte der Frauenagitationskommission Königsbergs an. 1917 ging sie in die USPD[239].

*Schwarz*, Johanna: geb. 2. 3. 1833, gest. 1912. J. S. heiratete 1865 den sozialdemokratischen Reichstagsabgeordneten Theodor Schwarz; mit ihm zusammen ging sie als Stewardeß zur See. Die »Gleichheit« würdigte sie als Gefühlssozialistin: »Der Sozialismus war für unsere Genossin keine

---

234 Ebd.: Schroeder; Osterroth: 100 Jahre Sozialdemokratie, S. 56, 82.

235 StA Münster, Oberpräsidium B Nr. 2693 Vol. 2, S. 197ff., in: Hellfaier, S. 220.

236 So ihre Todesanzeige in: Archiv der sozialen Demokratie, Personalia-Sammlung: Schulz. Als Geburtsname finden sich auch die Schreibweisen Rücker und Rückert.

237 Archiv der sozialen Demokratie, Personalia-Sammlung: Schulz.

238 Gleichheit 30. 11. 1904.

239 Matull: Ostpreußen, S. 59, 80.

verstandesmäßige Lehre, vielmehr eine Herzenssache, deren warmer Schein das ganze Leben durchdrang.«[240]

*Schweichel*, Elise: geb. 17. 9. 1831. E. S. war mit dem Dichter Robert Schweichel verheiratet. Sie selbst schrieb für den »Neue Welt-Kalender« und unter dem Namen »Elise Langer« den Roman »Vom Stamme gerissen«[241].

*Schwerin*, Jeanette: geb. 21. 11. 1852 in Berlin, gest. 14. 7. 1899. J. S. war Tochter eines Arztes und Ehefrau eines Arztes. Ihr Mann gehörte zu den Führern der »Deutschen Gesellschaft für ethische Kultur«. Sie selbst betätigte sich in der Wohlfahrtspflege und der bürgerlichen Frauenbewegung. Vor allem setzte sie sich für die Verbesserung des Arbeiterschutzes, des Kinderschutzes und für die Anstellung weiblicher Fabrikinspektoren ein. Sie wurde Gewerkschaftsmitglied und leitete die Kommission für Arbeiterinnenschutz im Bund deutscher Frauenvereine[242].

*Seidel* (auch Seidl), Amalia, geb. Ryba: geb. 21. 2. 1876 in Wien, gest. 11. 5. 1952 in Wien. Tochter eines Schlossers, besuchte A. S. die Volks- und Bürgerschule und arbeitete als Dienstmädchen, Packerin und Textilarbeiterin in einer Appreturfabrik. 1892 organisierte sie den ersten Frauenstreik in Wien und trat dem Arbeiterinnenbildungsverein bei. Seit 1893 leitete sie den sozialdemokratischen Lese- und Debattierklub »Liberitas« in Wien und engagierte sich außerdem in der Genossenschaftsbewegung. Als führende Agitatorin der Frauenbewegung mußte sie 1894 eine dreiwöchige Freiheitsstrafe verbüßen. Seit 1895 war sie verheiratet. 1918 wurde sie in den Wiener Gemeinderat gewählt, 1919 gehörte sie der Nationalversammlung und bis 1934 dem Nationalrat an[243].

*Seiffart:* Frl. S. war eine Näherin aus Elberfeld, die sich dort in der sozialistischen Frauenbewegung betätigte und 1906 der Polizei als Versammlungsrednerin auffiel[244].

*Seliger*, Marie, geb. Pietsch: M. S. stammte aus Neu-Habendorf und war Fabrikarbeiterin. 1893 heiratete sie Josef Seliger, einen Führer der Sozialdemokratie Österreichs und seit 1907 Vertreter der Partei im Wiener Parlament. Von 1911 bis 1934 war sie führend in der sozialistischen Frauenbewegung tätig[245].

*Selinger*, Berta: geb. um 1880 in Niemes in Böhmen. Ihr Vater war Fabrikarbeiter, ihrer Mutter half sie schon als Kind beim Rohrmöbelflechten in Heimarbeit. Später arbeitete sie als Hilfskraft im Kleingewerbe und im

---

240 Gleichheit 13. 11. 1912.
241 Gleichheit 11. 9. 1911.
242 Bahnbrechende Frauen, S. 211ff.
243 Emmerich I, S. 343ff., 391; Klucsarits/Kürbisch, S. 382.
244 StA Düsseldorf, Regierung Düsseldorf Nr. 9057.
245 Gleichheit 1959 Nr. 10, S. 376f.

Haushalt, als Lehrmädchen in einer Bücherei und als Druckereiarbeiterin. Sie schloß sich der SPD an, besuchte die Parteischule in Berlin und arbeitete unter Luise *Zietz* im Frauenbüro und unter Clara *Zetkin* in der Redaktion der »Gleichheit«[246].

*Sender,* Toni: geb. 29. 11. 1888 in Biebrich, gest. 26. 6. 1964 in New York. T. S. stammte aus einer wohlhabenden Kaufmannsfamilie. Sie besuchte die Höhere Töchterschule und anschließend die Handelsschule. Sie arbeitete in einer Immobilienfirma, schloß sich der Gewerkschaft an und agitierte unter Büroangestellten. 1910 ging sie nach Paris und trat dort der sozialistischen Partei bei. Bei Kriegsausbruch kehrte sie über die Schweiz nach Deutschland zurück, beteiligte sich 1915 an der internationalen Frauenkonferenz und anschließend an der Verteilung deren Manifestes gegen den Krieg. Sie wurde Stadtverordnete in Frankfurt, und seit 1920 vertrat sie erst die USPD, dann die SPD im Reichstag, dem sie bis 1933 angehörte. 1919 war sie Redakteurin der USPD-Zeitung »Volksrecht«, 1920 schrieb sie für die Betriebsrätezeitung des Deutschen Metallarbeiterverbandes, und schließlich wurde sie Redakteurin der »Frauenwelt«. 1933 emigrierte sie nach Belgien, 1935 ging sie in die USA[247].

*Setzer,* Sophie: geb. 1885. Ihr Vater war Sozialdemokrat und arbeitete in den königlichen Zentralwerkstätten. Sie selbst ging als Dienstmädchen nach Hamburg, betreute dort für die Gewerkschaften die Hausangestellten und arbeitete auch in der SPD mit[248].

*Siemsen,* Anna: geb. 18. 1. 1882 in Mark in Westpreußen, gest. 22. 1. 1952 in Hamburg. A. S. war Tochter eines Pfarrers, legte 1901 das Lehrerinnenexamen ab und wurde Privatlehrerin. 1905 bis 1911 studierte sie und promovierte zum Dr. phil., wurde Oberlehrerin und später Oberschulrätin in Jena. Während des Ersten Weltkrieges ging sie in die Schweiz und schloß sich dort als Pazifistin dem »Bund Neues Deutschland« an. Nach Kriegsende kehrte sie nach Deutschland zurück, trat 1919 der USPD bei und wurde 1922 Mitglied der SPD. Von Mai 1928 bis September 1930 war sie Reichstagsmitglied. Sie gehörte zum linken Flügel der SPD und teilte 1932 Luise *Kautsky* mit, daß weder die SPD- noch die KPD-Presse ihre Artikel drucke[249]. Von 1923 bis 1932 lehrte sie als Professorin Pädagogik in Jena, und 1933 emigrierte sie in die Schweiz, wo sie die Zeitschrift »Die Frau in Leben und Arbeit« redigierte. 1945 übernahm sie eine Professur für Literaturgeschichte in Hamburg[250].

---

246 Emmerich I, S. 391; Klucsarits/Kürbisch, S. 382.
247 Archiv der sozialen Demokratie, Personalia-Sammlung: Sender; Sender.
248 Gleichheit 1956 Nr. 2, S. 72.
249 A. Siemsen an L. Kautsky, 3. 5. 1932, in: IISG, Kautsky-Familienarchiv 17, 4.
250 August Siemsen: Anna Siemsen. Leben und Werk, Hamburg, Frankfurt 1951.

*Simon*, Anna: geb. 1862 in Schneppenbach. Tochter eines Schmiedegesellen, wurde A. S. Kurbelstepperin, später Gewerkschaftsangestellte. Sie war Mitgründerin und 2. Vorsitzende des Verbandes der in der Kurbelstepperei beschäftigten Personen und gehörte verschiedenen Ortsvorständen des Textilarbeiterverbandes an. 1911 wurde sie Mitglied des Kreisvorstandes der SPD Westhavelland, 1919 wurde sie in die Nationalversammlung gewählt[251].

*Simon*, Helene: geb. 16. 9. 1863 in Düsseldorf. Von 1896 bis 1900 studierte H. S. Sie war Verfasserin sozialpolitischer und sozialgeschichtlicher Schriften, empfand Sympathien für die SPD und arbeitete auch mit der »Neuen Zeit« zusammen, während jedoch starke Differenzen zwischen ihr und Clara *Zetkin* bestanden[252].

*Spindler*, Selma: gest. 1915. Die »Gleichheit« bezeichnete S. S. als »Proletarierin«. Sie engagierte sich in der Frauenbewegung und SPD Sachsens und war dort erst Kassiererin, dann Leiterin der sozialistischen Frauen[253].

*Sponner*, Irene: geb. 14. 6. 1867 in Hermannstadt in Siebenbürgen, gest. 22. 3. 1922 in Wien. I. S. besuchte die Volks- und Bürgerschule und die Lehrerbildungsanstalt und wurde Bürgerschullehrerin. Als Sozialdemokratin wurde sie 1919 in die Nationalversammlung gewählt.

*Staegemann*, Pauline, geb. Schuck: geb. 18. 3. 1830 in Oderbruch, gest. 5. 9. 1909. P. S. ging mit 18 Jahren als Hausgehilfin nach Berlin. 1865 heiratete sie den Maurerpolier Staegemann; nach dessen Tod betrieb sie einen Gemüsekeller. Sie war Mitgründerin des 1872 oder 1873 gegründeten »Arbeiterfrauen- und Mädchenvereins«, verbüßte 1879 eine sechswöchige Gefängnisstrafe und arbeitete im »Verein zur Vertretung der Interessen der Arbeiterinnen« mit. In den neunziger Jahren widmete sie sich der Organisation der Heimarbeiterinnen, und 1899 wurde sie Mitglied des Berliner Frauenbildungsvereins[254].

*Stefan*, Julie: geb. 13. 12. 1872, gest. 1958. J. S. stammte aus einer Arbeiterfamilie, besuchte die Volksschule und arbeitete seit ihrem 12. Lebensjahr in einer Fabrik. Sie schloß sich dem Tabakarbeiterverband an und trat noch in den achtziger Jahren einem Bildungsverein bei. Sie betätigte sich in der Frauenbewegung und in der Parteiarbeit und war Kassiererin und Bezirksvorsitzende[255].

---

251 Frauenstimmen, S. 11.

252 H. Simon an K. Kautsky, undatiert und 26. 3. 1895, 8. 3. 1901, in: IISG, Nachlaß Kautsky D XX 648ff.

253 Gleichheit 15. 10. 1915.

254 Archiv der sozialen Demokratie, Personalia-Sammlung: Staegemann; Gleichheit 11. 10. 1909; Frauenwelt 1924 Nr. 17, S. 276; A. Blos: Frauenfrage, S. 74.

255 Gleichheit 1953 Nr. 1, S. 11, 1958 Nr. 2, S. 65.

*Steinbach,* Helma: geb. 1847, gest. 7. 7. 1918 in Plüsing bei Lauenberg. H. S. kam aus einer armen Hamburger Kaufmannsfamilie; nach einer kurzen, bald aufgelösten Ehe arbeitete sie als Näherin, Vorleserin und Wirtschafterin. Adolph v. Elm war ihr Lebensgefährte. H. S. gründete die Organisation der Plätterinnen, war eine der führenden Agitatorinnen der sozialistischen Frauenbewegung, schrieb für die »Gleichheit« und nahm seit 1890 mehrfach an Parteitagen der SPD teil. 1898 beteiligte sie sich an der Gründung der Hamburger Konsumgenossenschaft »Produktion«, deren Aufsichtsrat sie auch angehörte[256].

*Steiner,* Anna: A. S. war die Frau eines Bäckereiarbeiters und erste Obmännin des 1890 in Österreich gegründeten Arbeiterinnen-Bildungsvereins[257].

*Steinhäuser,* Gretchen: geb. 1874, gest. 1955. G. S. schloß sich 1895 der SPD Offenbachs an und wurde 1906 Mitglied des Landesvorstandes. Seit 1905 gehörte sie dem Fabrikarbeiterverband an; sie gründete die Arbeiterwohlfahrt in Hessen und war von 1918 bis 1928 hessisches Landtagsmitglied[258].

*Stiegler,* Anna: gest. 23. 6. 1963 im Alter von 82 Jahren. Ihr Vater war Landarbeiter in Mecklenburg und Sozialdemokrat. A. S. besuchte zwei Jahre lang eine Haushaltsschule in Schwerin und ging mit 16 Jahren als Kindermädchen nach Hamburg; sie arbeitete dort und in der Umgebung an mehreren Stellen, bis sie nach Blumenthal bei Bremen zog. Sie engagierte sich in der sozialistischen Frauenbewegung und schloß sich 1905 der SPD an. Von 1918 bis 1933 vertrat sie ihre Partei in der Bremer Bürgerschaft. Im Dritten Reich mußte sie zehn Jahre im Zuchthaus und Konzentrationslager verbringen[259].

*Stille:* Frau S., die Ehefrau des Gewerkschaftssekretärs von Gladbeck, engagierte sich dort in der sozialistischen Frauenbewegung und war eine der führenden Agitatorinnen im Kreis Recklinghausen[260].

*Stock,* Emmy: E. S. war ein Vorstandsmitglied des Berliner Frauenbildungsvereins von 1899.

*Stoecker,* Elfriede, geb. Bayley: s. *Bayley.*

*Stöcker,* Helene: geb. 1869 in Elberfeld, gest. 1943 in New York. H. S. war Vorsitzende des Bundes für Mutterschutz. Im Krieg sympathisierte sie mit der USPD, später mit der KPD. Sie war Mitgründerin des »Wissenschaftlich-humanitären Komitees«, arbeitete in der »Weltliga für Sexu-

---

256 Gleichheit 2. 8. 1918; Frauenwelt 1930 Nr. 15, S. 345.

257 Popp: Weg zur Höhe, S. 16.

258 Gleichheit 1954 Nr. 11, S. 400, 1955 Nr. 8, S. 307.

259 Gleichheit 1963 Nr. 7, S. 250.

260 StA Düsseldorf, Regierung Düsseldorf Nr. 42809 Bl. 218.

alreform« und der pazifistischen Bewegung mit und engagierte sich im Kampf gegen den § 218[261].

*Stöter-Tillmann:* Frau S.-T. war Vorsitzende des im September 1904 gegründeten Frauenbildungsvereins in Langendreer und seit 1905 Vertrauensperson der dortigen Sozialdemokratinnen[262].

*Storbeck,* Henny: geb. 9. 12. 1880. H. S. fand 1904 den Weg zur SPD, war von 1918 bis 1920 Stadtverordnete in Hamburg-Bergedorf und später Kreistagsabgeordnete von Berlin-Mariendorf und Straußberg[263].

*Stritt,* Marie, geb. Bacon: geb. 18. 2. 1855 in Schässburg in Siebenbürgen, gest. 16. 9. 1928 in Dresden. M. S. arbeitete als Bühnenkünstlerin und heiratete 1879 den Opernsänger Albert Stritt. In der bürgerlichen Frauenbewegung interessierte sie sich zunächst für Bildungsfragen, forderte dann jedoch auch politische Rechte für Frauen. 1899 wurde sie als Nachfolgerin Auguste *Schmidts* Präsidentin des Bundes deutscher Frauenvereine, bis sie 1910 von konservativeren Kräften abgewählt wurde[264]. Seit 1904 gehörte sie zu den Leiterinnen des Reichsverbands für Frauenstimmrecht. 1921 und 1922 war sie Stadträtin in Dresden.

*Striwinsky,* Johanne: J. S., die Ehefrau eines Fabrikarbeiters in Remscheid, war Vorsitzende des dort am 18. 2. 1906 gegründeten Frauenbildungsvereins. Als dieser Verein 1907 geschlossen wurde, wurde sie zu einer Geldstrafe von 40 Mark verurteilt[265].

*Taubert,* Amalie: gest. 1913 im Alter von 65 Jahren. A. T., Ehefrau des Zigarrenmachers und Parteikolporteurs Gustav Taubert, war in der sozialistischen Frauenbewegung Leipzigs tätig[266].

*Tesch,* Johanna, geb. Carillon: geb. 1875 in Frankfurt a. M., gest. 1945 in Ravensbrück. Tochter eines Schneidermeisters, besuchte J. T. die Mittelschule und arbeitete bis zu ihrer Heirat im elterlichen Haushalt. Sie war eine der Gründerinnen des »Bildungsvereins für Frauen und Mädchen der Arbeiterklasse« 1902 in Frankfurt, dessen Leitung sie übernahm. Zudem arbeitete sie an führender Stelle im Zentralverband der Hausangestellten mit. 1919 wurde sie in die Nationalversammlung gewählt, bis Mai 1924 gehörte sie dem Reichstag an. Sie erlitt das Schicksal vieler Gegnerinnen der Nationalsozialisten und starb im Konzentrationslager in Ravensbrück[267].

---

261 S. o. S. 252ff. Für weitere Informationen danke ich Atina Grossmann, New York. Helene Stöckers Nachlaß befindet sich im Swarthmore College, Pennsylvania.

262 StA Düsseldorf, Regierung Düsseldorf Nr. 9042; Gleichheit 23. 8. 1905, 4. 4. 1906.

263 Gleichheit 1960 Nr. 12, S. 476.

264 Dazu Evans: Feminist Movement S. 150ff.

265 StA Düsseldorf, Regierung Düsseldorf Nr. 42789 Bl. 41ff., 105ff.

266 Gleichheit 19. 2. 1913.

267 Frauenstimmen, S. 8f.

*Teumer*, Luise: gest. 1904 im Alter von 28 Jahren. L. T. stammte aus proletarischen Verhältnissen und war mit einem Arbeiter verheiratet. Als Vertrauensperson in Oberreichenbach arbeitete sie für die sozialistische Frauenbewegung[268].

*Thalheimer*, Berta: B. T. gehörte im Ersten Weltkrieg zu den Kriegsgegnerinnen. Sie sprach in Versammlungen und verbreitete den Friedensaufruf der Berner Frauenkonferenz[269].

*Thiede*, Paula, verw. Fehlberg: geb. 1870, gest. 4. 3. 1919. P. T. war in erster Linie gewerkschaftlich tätig. Seit 1892 saß sie im Vorstand des Verbandes der Buchdruckereihilfsarbeiterinnen, 1904 gehörte sie der gewerkschaftlichen Arbeiterinnenagitationskommission an, und 1908 wurde sie Vorsitzende des gemeinsamen Verbandes der männlichen und weiblichen Buchdruckereihilfsarbeiter[270].

*Tiburtius*, Franziska: geb. 24. 1. 1843 in Bisdamitz/Rügen, gest. 5. 5. 1927 in Berlin. F. T. war die erste deutsche Ärztin. Nachdem sie ihr Lehrerinnenexamen abgelegt und als Erzieherin gearbeitet hatte, studierte sie von 1871 bis 1876 in Zürich Medizin. Sie eröffnete eine Praxis in einem Berliner Arbeiterviertel.

*Tietz*, Martha: M. T. engagierte sich an führender Stelle in der gewerkschaftlichen Arbeiterinnenagitation. Sie nahm mehrfach an den Gewerkschaftskongressen teil und referierte über die Arbeiterinnenagitation. 1904 wurde sie Mitglied der Arbeiterinnenagitationskommission[271].

*Todenhagen*, Minna: geb. 14. 8. 1880, gest. 16. 11. 1950. Ihr Vater war ein selbständiger Handwerksmeister[272] und Anhänger Lassalles. Bis zu ihrem 15. Lebensjahr besuchte M. T. die Bürgerschule in Greifswald, dann zog sie nach Hamburg. Sechs Jahre später ging sie nach Berlin, um dort als Heimarbeiterin Geld zu verdienen und eine kaufmännische Ausbildung zu durchlaufen. Sie arbeitete als kaufmännische Angestellte und schloß sich der SPD an. 1918 wurde sie Parteisekretärin, 1919 Gemeindevertreterin in Treptow und später im Stadtparlament Berlins. 1919 gründete sie in Berlin die Arbeiterwohlfahrt, in deren Leitung sie bis 1933 tätig war. Sie arbeitete im Landeswohlfahrts- und Jugendamt Berlins und leitete das Haus »Kinderschutz« in Zehlendorf. 1945 nahm sie ihre Tätigkeit in der Wohlfahrt wieder auf[273].

*Tölle*, Emma: geb. 1854. E. T. war Mitglied des Verbandes der Schneider

---

268 Gleichheit 1. 6. 1904.

269 C. Zetkin an A. Henke, 22. 4. 1915, in: Archiv der sozialen Demokratie, Nachlaß Henke 43.

270 Hauff, S. 19; Losseff-Tillmanns, S. 546f.

271 Hauff, S. 19; Losseff-Tillmanns, S. 232ff., 595.

272 Tapezierer oder Sattler. Die Angaben sind widersprüchlich.

273 Archiv der sozialen Demokratie, Personalia-Sammlung: Todenhagen.

und Schneiderinnen und agitierte in den neunziger Jahren intensiv unter den Konfektionsarbeiterinnen Berlins[274]

*Trotzmüller*, Brigitte: B. T., von Beruf Büglerin, war in der österreichischen Sozialdemokratie und Frauenbewegung tätig[275].

*Tusch*, Maria: geb. 1. 12. 1868 in Klagenfurth, gest. 25. 7. 1939 in Klagenfurth. M. T. besuchte die Volksschule. Sie arbeitete an führender Stelle in der politischen Frauenorganisation und im Tabakarbeiterverband und wurde Mitglied des Klagenfurther Gemeindeausschusses. 1919 gehörte sie der österreichischen Nationalversammlung, bis 1934 dem Nationalrat an.

*Vogel*, Lina: L. V. war eine führende Sozialdemokratin, die seit 1891 mehrfach an Parteitagen der SPD teilnahm. 1899 wurde sie aus der Partei ausgeschlossen[276].

*Vollmar*, Julia v., geb. Kjellberg: geb. 1849 in Schweden, gest. 1923. Ihren Plan, ein Studium zu absolvieren, gab. J. V. bei ihrer Heirat mit Vollmar 1885 auf. Sie war mit Ellen *Key* befreundet und Mitglied in der Münchener »Gesellschaft zur Förderung geistiger Interessen der Frau«[277]. Sie trug dazu bei, daß Vollmar sich auch zu einem Anwalt des Frauenstudiums machte[278].

*Wabnitz*, Agnes: geb. 10. 12. 1842 in Glewitz, gest. 28. 8. 1894 in Berlin. Tochter eines wohlhabenden Hotelbesitzers aus polnischem Adel[279], erhielt A. W. eine gute Schulbildung. Vorübergehend war sie mit einem Leutnant verlobt; sie arbeitete als Erzieherin und Näherin, zog nach Berlin und schloß sich dort der bürgerlichen Frauenbewegung an. Sie wandte sich der Arbeiterinnenbewegung zu und war Mitgründerin des »Vereins der Mantelnäherinnen« und des »Vereins zur Vertretung der Interessen der Arbeiterinnen«. Anfang der neunziger Jahre war sie eine der aktivsten Rednerinnen der sozialistischen Frauenbewegung. Nach mehreren Gefängnisstrafen trat sie in einen Hungerstreik. Sie wurde in eine Anstalt für Geisteskranke überführt und zwangsernährt. Als sie dann ihre Haftstrafe antreten sollte, beging sie Selbstmord[280]. Ihre Bestattung wurde zu einer Massendemonstration mit 40000–45000 Teilnehmern[281].

274 Gleichheit 1. 4. 1914.
275 Popp: Weg zur Höhe, S. 57.
276 Gleichheit 29. 3. 1899.
277 Mitgliedskarten von 1896 in: IISG, Nachlaß Vollmar 3157.
278 Jansen, S. 71.
279 So die »Gleichheit« v. 17. 10. 1894 in Berichtigung eines Artikels v. 19. 9. 1894. Daher scheint Juchacz' Angabe, ihr Vater sei Gastwirt gewesen (Juchacz: Sie lebten für eine bessere Welt, S. 321), zumindest unpräzise. Auch die Angabe ihres Geburtsdatums mit 1857 (Osterroth: Biographisches Lexikon, S. 321) ist unrichtig.
280 S. o. S. 100.
281 Archiv der sozialen Demokratie, Personalia-Sammlung: Wabnitz.

*Wackwitz,* Marie, geb. Zinske: geb. 1865 in Dresden. M. W. war eine der reisenden Agitatorinnen der sozialistischen Frauenbewegung und arbeitete als Schriftstellerin. Seit 1905 war sie Vertrauensperson in Dresden. Sie schloß sich der USPD an, kehrte aber nach deren Auflösung wieder zur SPD zurück. Von Juni 1920 bis Mai 1924 gehörte sie dem Reichstag an[282].
*Wagenknecht,* Maria: geb. 13. 9. 1885. Durch ihren Mann kam M. W. erstmals in Kontakt mit der Sozialdemokratie. Nach der Teilnahme an einer Versammlung Luise *Zietz'* im Februar 1911 trat sie der Partei bei. Während des Ersten Weltkrieges war sie Kassiererin des Metallarbeiterverbandes, von 1919 bis 1933 war sie Stadtverordnete, seit 1920 arbeitete sie in der Leitung der Arbeiterwohlfahrt in Hildesheim[283].
*Wagner,* Maria, später Schulz: Seit 1917 gehörte M. W. dem Spartakusbund an; als Delegierte Stettins nahm sie am Gründungskongreß der KPD teil[284].
*Wartenberg,* Alma: A. W., Ehefrau eines Schlossers, war eine der führenden Sozialdemokratinnen Altonas. Von 1902 bis 1905 war sie Vertrauensperson in Ottensen, 1904 nahm sie an der Frauenkonferenz und 1905 und 1906 an den Parteitagen der SPD teil. Von 1911 bis 1913 trat sie als Agitatorin für den »Gebärstreik« hervor[285].
*Webb,* Beatrice, geb. Potter: geb. 22. 1. 1858, gest. 30. 4. 1943. B. W. war seit 1892 mit dem Sozialpolitiker Sidney Webb verheiratet. Sie war Mitglied der Fabian Society und der Labour Party in England, gehörte von 1905 bis 1909 der Königlichen Kommission zur Reform des Armenrechts und für die Bekämpfung der Arbeitslosigkeit an und beteiligte sich an der Gründung von Konsumgenossenschaften. 1924 gründete das Ehepaar Webb den Parliamentary Labour Club.
*Weber,* Marianne, geb. Schnittger: geb. 2. 8. 1870, gest. 14. 3. 1954. M. W. war Tochter eines Arztes aus einer reichen Industriellenfamilie und Ehefrau Max Webers. Sie schloß sich der bürgerlichen Frauenbewegung an und verfaßte zahlreiche Schriften. Von 1919 bis 1923 war sie Vorsitzende des Bundes deutscher Frauenvereine.
*Weber,* Wilhelmine: W. W., eine Arbeiterin, war Mitarbeiterin der Internationalen Gewerksgenossenschaft Sachsens. Später emigrierte sie in die USA, wo sie für die sozialistische Presse schrieb[286].
*Wegscheider,* Hildegard, geb. Ziegler: geb. 2. 9. 1871 in Berlin, gest. 4. 4. 1953 in Berlin. H. W. war die Tochter eines liberalen Pfarrers. 1892 legte sie das Lehrerinnenexamen ab, studierte in Zürich und promovierte 1898

---

282 Gleichheit 23. 8. 1905, 4. 4. 1906, 27. 11. 1912, 25. 12. 1912.
283 Gleichheit 1955 Nr. 12, S. 485.
284 H. Weber: Der Gründungsparteitag der KPD, S. 334.
285 Gleichheit 27. 8. 1902; Linse, S. 236.
286 Zetkin: Geschichte, S. 127, 141.

in Halle als erste Frau Preußens zum Dr. phil. In der Schweiz hatte sie sich der Sozialdemokratie angeschlossen; deshalb trennte sich ihr Verlobter, ein Theologe, von ihr[287]. H. W. arbeitete als Lehrerin für gymnasiale Mädchenkurse bei Helene *Lange*, wurde aber 1899 wegen ihrer Heirat mit dem Arzt Wegscheider entlassen[288]. Mit Hilfe von Minna *Cauer* gründete sie darauf eine Mädchenschule in Charlottenburg. Seit 1904 war sie Oberlehrerin in Bonn. Sie agitierte für die SPD und besonders – im Rahmen der Guttempler – gegen den Alkoholmißbrauch. An ihrer intensiven politischen Arbeit zerbrach ihre Ehe; sie wurde geschieden[289]. 1919 wurde H. W. Stadtverordnete in Bonn, von 1919 bis 1933 gehörte sie dem preußischen Landtag an; seit 1920 war sie Oberschulrätin. Nach 1945 wandte sie sich entschieden gegen eine Vereinigung von SPD und KPD[290].

*Wehmann*, Klara: gest. 19. 7. 1915 im Alter von 56 Jahren. K. W. stammte vermutlich aus einer Arbeiterfamilie: Die »Gleichheit« bezeichnet sie als »Volkskind«. K. W. war eine der Leiterinnen der sozialistischen Frauenbewegung Leipzigs; 1893 trat sie dem Frauenbildungsverein bei und gehörte, nachdem dieser Verein 1894 aufgelöst worden war, 1895 zu den Gründerinnen des »Vereins der Frauen und Mädchen der Arbeiterklasse«. Von 1900 bis 1908 vertrat sie die Frauen im Vorstand der Partei. Außerdem leitete sie bis zu ihrem Tod einen Frauenleseabend in Leipzig und arbeitete dort in der Arbeiterjugendbewegung und in der Gewerkschaft der Wäschereiarbeiter mit[291].

*Weiss*, Christine: geb. 30. 8. 1875. C. W. war die Ehefrau des Sozialdemokraten Weiss, der den Mainzer Parteitag leitete. Trotz ihrer zehn Kinder leistete sie seit 1900 Parteikleinarbeit[292].

*Wengels*, Margareta: geb. 29. 2. 1856, gest. 1931. Ihr Vater war ein Seidenweber aus Krefeld, ihr Ehemann war Weber. Nach ihrem Umzug nach Berlin wurde sie 1896 als Vorgängerin von Ottilie *Baader* zur Vertrauensperson gewählt und leitete damit die inoffizielle Zentrale der sozialistischen Frauenbewegung. Als 1900 Ottilie *Baader* ihr Amt übernahm, wurde M. W. Vertrauensperson des 4. Berliner Wahlkreises. 1919 war sie Kandidatin der USPD für die Stadtverordnetenwahl in Berlin[293].

---

287 Archiv der sozialen Demokratie, Nachlaß Juchacz 3.

288 Juchacz: Sie lebten für eine bessere Welt, S. 146.

289 Wegscheider, S. 41.

290 L. Hartung an M. Juchacz, 16. 4. 1953, in: Archiv der sozialen Demokratie, Nachlaß Juchacz 1; Archiv der sozialen Demokratie, Personalia-Sammlung: Wegscheider; Wegscheider.

291 Gleichheit 6. 8. 1915, 20. 8. 1915.

292 Gleichheit 1960 Nr. 9, S. 340.

293 Flugblatt der USPD, in: Archiv der sozialen Demokratie, Nachlaß Gerda Weyl 33; Gleichheit 27. 10. 1897, 6. 12. 1899, 7. 11. 1900.

*Weyl,* Klara, geb. Haase: geb. 7. 1. 1872 in Frankfurt a. d. Oder, gest. 21. 10. 1941. Ihr Vater war Arbeiter, ihr Ehemann Arzt. K. W. trat schon mit 18 Jahren dem Schneiderverband und der Frauenagitationskommission bei und wurde deshalb von ihrem konservativen Vater aus der Wohnung geworfen. Mit 21 Jahren hielt sie ihren ersten öffentlichen Vortrag; seitdem arbeitete sie als Rednerin für die sozialistische Frauenbewegung und unter dem Namen Karl Lampe als Journalistin. 1902 wurde sie Armenpflegerin. Besonders intensiv agitierte sie unter kaufmännischen Angestellten; 1893 wurde sie Vorstandsmitglied des Fachvereins der Handlungsgehilfinnen. 1902 war sie eine der Vertrauenspersonen in Berlin, und 1919 wurde sie als Kandidatin der USPD zur Stadtverordneten Berlins gewählt. Auch vor bürgerlichen Frauen sprach sie über die Probleme der Arbeiterinnen[294].

*Wiemer,* Frieda; F. W., eine Buchhändlerin, arbeitete zusammen mit Helene *Grünberg* in der Nürnberger Arbeiterjugendbewegung[295].

*Wilms,* Elle, geb. Röder: geb. 7. 1. 1883 in Wald bei Solingen. E. W., Ehefrau eines Fabrikarbeiters in Gräfrath, war Vorstandsmitglied des 1906 als Filiale des Solinger Frauenbildungsvereins gegründeten Vereins in Gräfrath. Als der Verein noch im selben Jahr behördlich aufgelöst wurde, wurde sie wegen Vergehens gegen das Vereinsgesetz zu 15 Mark Geldstrafe oder drei Tagen Gefängnis verurteilt[296].

*Wolff,* Ida: geb. 28. 10. 1893 in Brieg in Schlesien. I. W. stammte aus einer Arbeiterfamilie und war Arbeiterin in einem graphischen Betrieb. Sie engagierte sich in der SPD und der Gewerkschaft, ebenso wie ihr Mann, den sie 1918 heiratete. Sie wurde Gewerkschaftsfunktionärin und Mitarbeiterin der Arbeiterwohlfahrt. 1933 wurde sie inhaftiert[297].

*Wolff,* Jeanette: geb. 22. 6. 1888 in Bocholt, gest. 19. 5. 1976. J. W. war das älteste von 16 Kindern eines Lehrers, der aus politischen Gründen von den preußischen Behörden aus dem Schuldienst entlassen wurde. Sie selbst arbeitete zunächst als Kindergärtnerin, später als Journalistin. 1905 schloß sie sich der SPD an, 1909 trat sie der Gewerkschaft bei. 1919 wurde sie Stadtverordnete in Bocholt und Vorstandsmitglied des Bezirks westliches Westfalen in der SPD. Als Jüdin und Sozialdemokratin verbüßte sie von 1933 bis 1935 eine Haftstrafe, von 1941 bis 1945 war sie Insassin eines

---

294 Klara Weyl: Erinnerungen, in: Archiv der sozialen Demokratie, Nachlaß Gerda Weyl 21; M. Cauer an K. Weyl, 22. 12. 1916, in: ebd. 14; Gleichheit 19. 4. 1893, 29. 1. 1902.

295 F. Wiemer an M. Juchacz, 30. 6. 1952, in: Archiv der sozialen Demokratie, Nachlaß Juchacz 1.

296 StA Düsseldorf, Regierung Düsseldorf Nr. 42789 Bl. 79.

297 Gleichheit 1963 Nr. 10, S. 373.

Konzentrationslagers. Im Bundestag vertrat sie die SPD von 1952 bis 1961[298].

*Wolfstein,* Rose, später Frölich: geb. 27. 5. 1888 in Witten. R. W. war Angestellte. 1908 trat sie der SPD bei, 1912/13 besuchte sie die Parteischule. Im Krieg schloß sie sich dem Spartakusbund und der USPD an, im November 1918 gehörte sie zum Arbeiter- und Soldatenrat Düsseldorfs. Als Delegierte Düsseldorfs nahm sie am Gründungsparteitag der KPD teil, deren Zentrale sie von 1920 bis 1923 angehörte. Von 1921 bis 1924 war sie Mitglied des preußischen Landtages. 1929 wurde sie aus der KPD ausgeschlossen und trat erst der KPO, dann der SAP bei. 1933 emigrierte sie in die USA; als sie 1950 nach Deutschland zurückkam, wurde sie Mitglied der SPD[299].

*Wünsche,* Berta: gest. 1910 im Alter von 42 Jahren. B. W. war Mitgründerin und Schriftführerin des Frauenbildungsvereins in Regensburg und arbeitete dort in der SPD mit[300].

*Wulff,* Frieda, geb. Sander: geb. 1876 in Stralsund, gest. 1952 in Stralsund. F. W. war eine Agitatorin der sozialistischen Frauenbewegung. Seit 1905 war sie eine der Vertrauenspersonen Berlins, später wurde sie dort Parteisekretärin. Von Juni 1920 bis Mai 1924 vertrat sie erst die USPD, dann die SPD im Reichstag[301].

*Wurm,* Mathilde, geb. Adler: geb. 30. 9. 1874 in Frankfurt a. M., gest. 1935 in London. M. W. besuchte die höhere Mädchenschule in Frankfurt und arbeitete seit 1896 in der sozialen Fürsorge in Berlin, wo sie die erste Lehrstellenvermittlung mitgründete und 1903/04 die weibliche Abteilung des Zentralvereins für Arbeitsnachweis leitete. 1904 heiratete sie den Sozialdemokraten Emanuel Wurm, einen Chemiker. Sie arbeitete intensiv in der sozialistischen Frauenbewegung und verfaßte eine Agitationsbroschüre[302]. 1917 trat sie der USPD bei und wurde Bürgerdeputierte Berlins, von 1919 bis 1920 war sie Stadtverordnete. Nachdem sie 1922 wieder zur SPD zurückgekehrt war, arbeitete sie bis August 1923 in der Redaktion der »Gleichheit«. Von Juni 1920 bis 1933 gehörte sie dem Reichstag an. Nach der Machtergreifung der NSDAP emigrierte sie nach England; dort wählte sie den Freitod[303].

---

298 Archiv der sozialen Demokratie, Personalia-Sammlung: Wolff; Interview im 1. Deutschen Fernsehen, ARD, 21. 6. 1976, 16.20 Uhr: »Bebel und die Bibel. Lebenszeichen«. Ein Film von Dorothea Neukirchen. Ihren Parteibeitritt datierte J. Wolff im Interview auf 1907; die Dokumente im Archiv der sozialen Demokratie nennen aber 1905.

299 H. Weber: Der Gründungsparteitag der KPD, S. 336.

300 Gleichheit 13. 2. 1910.

301 Gleichheit 23. 8. 1905, 4. 4. 1906.

302 M. Wurm.

303 Archiv der sozialen Demokratie, Personalia-Sammlung: Wurm.

*Zadek,* Julie, später Romm: J. Z. war die Schwester des sozialdemokratischen Arztes Zadek und Ehefrau des Mediziners Maxim Romm. 1882 studierte sie in Zürich. Sie schrieb literaturkritische Artikel und Rezensionen für die »Neue Zeit«[304].

*Zahn-Harnack,* Agnes v.: geb. 19. 6. 1884 in Gießen, gest. 22. 5. 1950 in Berlin. Ihr Vater war der Berliner Theologe und Kulturpolitiker Adolf v. Harnack; sie ging in Berlin zur Schule, besuchte das Lehrerinnenseminar und die Universität. Sie wurde Oberlehrerin und promovierte über Clemens Brentano. Bis 1919 leitete sie ein privates Lyzeum in Berlin, und 1919 heiratete sie den Juristen Karl v. Zahn, der Ministerialrat im Reichsinnenministerium wurde. Sie engagierte sich in der bürgerlichen Frauenbewegung, war von 1931 bis 1933 Vorsitzende des Bundes deutscher Frauenvereine und verfaßte mehrere Bücher[305].

*Zeh,* Adelheid: gest. 1909. A. Z. stammte aus proletarischen Verhältnissen und war selbst Arbeiterin. Sie wirkte in der sozialistischen Frauenbewegung in Lechhausen[306].

*Zepler,* Wally: W. Z., Ehefrau eines Arztes, arbeitete in erster Linie schriftstellerisch für die sozialistische Frauenbewegung. Sie schrieb mehrere Broschüren, betreute seit 1908 die Rubrik »Frauenbewegung« in den »Sozialistischen Monatsheften« und war Vorstandsmitglied des 1899 gegründeten Berliner Frauenbildungsvereins[307].

*Zetkin,* Clara, geb. Eißner: geb. 5. 7. 1857 in Wiederau in Sachsen, gest. 20. 6. 1933 in Archangalskoje bei Moskau. Ihr Vater war Dorflehrer, ihre Mutter gehörte der bürgerlichen Frauenbewegung an. C. Z. besuchte das von Auguste *Schmidt* geleitete Lehrerinnenseminar, wurde Sozialistin und ging, nachdem sie als Erzieherin gearbeitet hatte, mit dem russischen Revolutionär Ossip Zetkin nach Paris. Sie nahm seinen Namen an, heiratete ihn aber nicht[308]. Nach seinem Tod und dem Ende des Sozialistengesetzes kehrte C. Z. mit ihren zwei Söhnen nach Deutschland zurück, wo sie bald die führende Persönlichkeit der sozialistischen Frauenbewegung wurde. 1889 sprach sie auf dem Kongreß der Internationale, von 1891 bis 1917 redigierte sie die »Gleichheit«, 1895 wurde sie in die Kontrollkommission der SPD gewählt, und 1907 wurde sie internationale Sekretärin der sozialistischen Frauen. Als Protagonistin des linken Flügels der Sozialdemokratie stand sie auch im Krieg in Opposition zur Parteileitung. Sie organisierte 1915 die Berner Frauenkonferenz, bekämpfte auch in ihrer Zeitschrift

---

304 Friedrich: Schriftstellerinnen, S. 188.

305 Mitteilungsblatt des Deutschen Akademikerinnenbundes e. V., Nr. 25, Juni 1964, S. 2f., in: Bundesarchiv, Nachlaß Lüders Nr. 254.

306 Gleichheit 15. 3. 1909.

307 Sozialistische Monatshefte 1908ff.

308 S. o. S. 281.

energisch den Krieg und trat 1917 der USPD bei. Die Leitung der MSPD entzog ihr die Redaktion der »Gleichheit«. C. Z. stand der Gründung der KPD skeptisch gegenüber, trat jedoch im März 1919 der Partei bei. Von Juni 1920 bis 1933 gehörte sie dem Reichstag an. 1932 hielt sie als Alterspräsidentin eine scharfe Rede gegen den Nationalsozialismus, die auch als Tondokument erhalten ist. In ihren letzten Lebensjahren lebte sie überwiegend in der Sowjetunion[309].

*Ziegler,* Anna, geb. Strauß: geb. 1882 in Backnang, gest. 1942 in Schwäbisch-Hall. A. Z. war Hausangestellte und Sozialdemokratin in Heilbronn. Von Juni 1920 bis Mai 1924 vertrat sie erst die USPD, dann die SPD im Reichstag.

*Zietz,* Luise, geb. Körner: geb. 25. 3. 1865 in Bargteheide in Holstein, gest. 27. 1. 1922 in Berlin. Tochter eines selbständigen Wollwirkers, arbeitete L. Z. schon als Kind in der väterlichen Weberei, später als Kindermädchen bei Verwandten. Sie besuchte die Volksschule und wurde als Kindergärtnerin ausgebildet. In Hamburg heiratete sie den Hafenarbeiter Karl Zietz; die Ehe scheiterte. Seit 1892 wandte sie sich der SPD zu, 1896, beim Hamburger Hafenarbeiterstreik, trat sie erstmals öffentlich als Rednerin auf. L. Z. wurde zur aktivsten und erfolgreichsten Agitatorin der sozialistischen Frauenbewegung[310]; man nannte sie den »weiblichen Bebel«. Als Vertrauensperson machte sie Hamburg zur Hochburg der sozialistischen Frauenbewegung, gehörte von 1904 bis 1908 dem Hamburger Parteivorstand an und wurde 1908 als erste deutsche Frau in den Parteivorstand einer politischen Partei gewählt. Als Mitglied der Zentralstelle für die arbeitende Jugend wirkte sie auch leitend in der Arbeiterjugendbewegung. Während des Weltkrieges gehörte sie zu den Gegnern der MSPD-Politik; 1917 trat sie der USPD bei, der sie bis zu ihrem Tode angehörte. Sie wurde in die Nationalversammlung gewählt und war bis 1922 Mitglied des Reichstages[311].

*Zorwald,* Karola: geb. 22. 10. 1889 in Pommern. K. Z. wohnte seit 1912 in Dortmund und widmete sich dort der sozialistischen Frauenbewegung und der Arbeiterwohlfahrt[312].

---

309 Alexander: Aus Clara Zetkins Leben und Werk; Sinaida Bojarskaja: Clara Zetkin. Eine Kämpferin, Berlin 1927; Dornemann: Clara Zetkin. Ein Lebensbild; dies.: Clara Zetkin. Leben und Wirken; Honeycutt; Ilberg; zahlreiche Nachrufe in: Archiv der sozialen Demokratie, Personalia-Sammlung: Zetkin; Clara Zetkin. Kämpferin für die proletarische Weltrevolution, Moskau, Leningrad 1933; Clara Zetkin. Ein Sammelband zum Gedächtnis der großen Kämpferin, Moskau, Leningrad 1934.

310 S. o. S. 102ff.; Gleichheit, Spalte »Aus der Bewegung«, passim.

311 Archiv der sozialen Demokratie, Personalia-Sammlung: Zietz; A. Blos: Frauenfrage, S. 49f.

312 Gleichheit 1959 Nr. 12, S. 458.

# Abkürzungsverzeichnis

| | |
|---|---|
| ADAV | Allgemeiner Deutscher Arbeiterverein |
| ADF | Allgemeiner Deutscher Frauenverein |
| BDF | Bund Deutscher Frauenvereine |
| BGB | Bürgerliches Gesetzbuch |
| DDP | Deutsche Demokratische Partei |
| Diss. | Dissertation |
| DNVP | Deutschnationale Volkspartei |
| DVP | Deutsche Volkspartei |
| Frauenkonferenz | Bericht über die sozialdemokratische Frauenkonferenz, in: Protokoll über die Verhandlungen des Parteitages der Sozialdemokratischen Partei Deutschlands |
| geb. | geboren |
| gest. | gestorben |
| IISG | Internationaal Instituut voor Sociale Geschiedenis |
| KPD | Kommunistische Partei Deutschlands |
| KPO | Kommunistische Partei Deutschlands (Opposition) |
| KZ | Konzentrationslager |
| MEW | Karl Marx / Friedrich Engels: Werke |
| MSPD | Mehrheits-Sozialdemokratische Partei Deutschlands |
| NSDAP | Nationalsozialistische Deutsche Arbeiterpartei |
| Parteitag | Protokoll über die Verhandlungen des Parteitages der Sozialdemokratischen Partei Deutschlands |
| SAJ | Sozialistische Arbeiterjugend |
| SAP | Sozialistische Arbeiterpartei |
| SED | Sozialistische Einheitspartei Deutschlands |
| SPD | Sozialdemokratische Partei Deutschlands |
| SPÖ | Sozialistische Partei Österreichs |
| StA | Staatsarchiv |
| USPD | Unabhängige Sozialdemokratische Partei Deutschlands |

# Quellen- und Literaturverzeichnis

*1. Ungedruckte Quellen*

*Archiv des Bundes Deutscher Frauenvereine (Berlin)*
2. Abteilung, 3. Mappe: Lebensbilder von Gesamtvorstands-Mitgliedern
4. Abteilung, 4. Mappe: Der linke Flügel
16. Abteilung, 1. Kapsel: Veranstaltungen des Bundes

*Archiv der sozialen Demokratie / Friedrich Ebert-Stiftung (Bonn-Bad Godesberg)*
Nachlaß Emil Barth: Kassette I Nr. 97.; Kassette II Nr. 269.
Nachlaß Wilhelm Dittmann: Kassette II Nr. 32., 58., 98.–118., 136.–153.
Nachlaß Alfred Henke: Kassette I Nr. 8., 20., 33.–43.
Nachlaß Marie Juchacz: 1–4
Nachlaß Hedwig Wachenheim: 1–9
Nachlaß Gerda Weyl: 1, 2, 4, 5, 6, 9, 10, 14, 21, 22–25, 33, 37
Nachlässe: Originalbriefe und -dokumente. Sammlung von Einzelstücken: 13–16
Personalia-Sammlung

*Bundesarchiv (Koblenz)*
Nachlaß Marie Elisabeth Lüders: 254, 268, 308
Nachlaß Adele Schreiber: 1, 9, 10, 11, 19, 20, 58, 64, 69, 70, 73, 74, 75
Nachlaß Walter Schücking: 48
Nachlaß Rudolf Wissell: 7
Kleine Erwerbungen: Nr. 129. Lily Braun; Nr. 379. Maria Reese
Zeitgeschichtliche Sammlung: ZSg 1-90/25; ZSg 1–90/60; ZSg 113–37; ZSg 113–95; ZSg 113 - Kulturgeschichtliche Abteilung, ein noch nicht katalogisierter Band mit Materialien über die Frauenbewegung

*Hauptstaatsarchiv Düsseldorf (Schloß Kalkum)*
Regierung Düsseldorf Nr. 9039: Acta betr. Terminalberichte über die socialdemokratische pp. Bewegung, über socialdemokratische Versammlungen, Preßerzeugnisse socialdemokratischer und anarchistischer Richtung. Vol. I: 1895 bis 1897
Nr. 9040: Vol. II: 1898 bis 1904
Nr. 9041: Vol. III: 1904 bis 1907
Nr. 9042: Acta betreffend Berichte der Herren Präsidenten der angrenzenden Regierungen über die sozialdemokratische pp. Bewegung. Vol. I: 1898 bis 1904
Nr. 9057: Acten betr. sozialdemokratische und anarchistische Bewegung, Sammlungen zum Jahresbericht 1906. Vol. 15: 1905 bis 1906
Nr. 9058: Acten betr. Material zum Jahresbericht über die sozialdemokratische pp. Bewegung (Sammelbericht). Band 16: 1906
Nr. 9059: Acten betr. Material zum Jahresbericht über die sozialdemokratische pp. Bewegung (Sammelbericht). Band 17: 1907
Nr. 9060: Acta betreffend die Parteitage der sozialdemokratischen Partei Deutschlands sowie der Anarchisten. Vol. I: 1894 bis 1900

Nr. 9066: Acta betr. sozialdemokratische und anarchistische Versammlungen und Aufzüge. Vol. I: 1902 bis 1906
Nr. 13656: Acta betreffend den Beitritt der weiblichen Fabrik-Arbeiter zu den Unterstützungskassen
Nr. 42781: Sammelbericht zum Jahresbericht über sozialdemokratische und anarchistische Bewegung. Vol. 20.: 1910
Nr. 42789: Frauenbewegung
Nr. 42809: Acten betreffend Terminalberichte über die sozialdemokratische Bewegung, über sozialdemokratische Versammlungen, Preßerzeugnisse sozialdemokratischer und anarchistischer Richtung. Vol. 5: 1912 bis 1914
Nr. 42810: Sammelberichte zum Jahresbericht über sozialdemokratische und anarchistische Bewegung. Band 18: 1908
Nr. 42811: Acten betr. Sammelbericht zum Jahresbericht über sozialdemokratische und anarchistische Bewegung. Vol. 19: 1909
Nr. 42812: Sammelberichte zum Jahresbericht über sozialdemokratische und anarchistische Bewegung. Vol. 21: 1911
Nr. 42813: Vol. 22: 1912
Regierung Aachen Nr. 13009: Akten betr. speziala. Jahrsberichte des Regierungs- und Gewerberats. 1909 bis Ende 1917

*Helene Lange-Archiv (Berlin)*
Aa 2 bb: Bund Deutscher Frauenvereine. Satzungen, Programme, Tätigkeits- und Kassenberichte, Sitzungsberichte
B b: Sittlichkeitsfragen
Eb 2 cc: Parteipolitik. Stellung und Mitarbeit der Frau in der Politik. Demokraten, Staatspartei
Eb 2 ee: Parteipolitik. Stellung und Mitarbeit der Frau in der Politik. Sozialdemokraten

*Internationaal Instituut voor Sociale Geschiedenis (Amsterdam)*
Nachlaß August Bebel: 71, 114, 164, 183
Nachlaß Karl Kautsky: C 316, C 317, C 319, C 325; D VI 583, 584, 584 a, 585, 610; D IX 332, 333; D XIV 244 a, 342; D XVIII 249–286; D XX 246, 249, 250, 463–465, 648–651; D XXIII 269, 303–387, 465; G 4. 110
Marx-Engels-Nachlaß: K 561, K 757; L 2048 – L 2055, L 6475
Nachlaß Julius Motteler: 126
Nachlaß Georg v. Vollmar: 135, 141, 312, 761, 1006, 2447, 2777, 2871 a, 3156–3163, 3713, 3714
Robert Grimm, Zimmerwalder Bewegung: B 199, C 44
Kautsky-Familienarchiv: 4,1; 7,3; 11,1; 15,1; 16,2; 17,1; 17,4; 19,5; 21,4
Kleine Korrespondenz: Lily Braun; Clara Zetkin
Kleine Kollektion: coll. Henriette Fürth. 2 Mappen

*Staatsarchiv Münster*
Regierung Arnsberg I Nr. 96: Sammelberichte der Landräthe pp. zum Bericht über den Stand der sozialdemokratischen Bewegung. Vol. VI: 1902–1905
I Nr. 97: Vol. VII: 1905
I Nr. 98: Sammelberichte der Landräte und Bezirkspolizeikommissare über den Stand der sozialdemokratischen pp. Bewegung. Vol. VIII: 1906
I Nr. 99: Vol. IX: 1907
I Nr. 100: 1908

Regierung Münster VII Nr. 41: Wahlrechtsdemonstrationen
VII Nr. 43: Übersichten über die allgemeine Lage über die sozialdemokratische und revolutionäre Bewegung. 1878 bis 1894
VII Nr. 44 a: Berichte der Regierungen über die sozialdemokratische Bewegung. 1907 bis 1911
VII Nr. 62 a: Organisation der sozialdemokratischen Partei
VII Nr. 62 e: Sozialdemokraten. Vereine, Versammlungen, Aufzüge pp., März-, Maifeier und besondere Feiern
VII Nr. 62 o: Sozialdemokraten. Frauenbewegung
VII Nr. 62 v: Sozialdemokraten. Frauenbewegung
VII Nr. 62 R: Berichte der Rgierung über die sozialdemokratische pp. Bewegung. 1912ff.

*2. Spezielle Bibliotheken*[1]

Archiv des deutschen Staatsbürgerinnen-Verbandes (Berlin)
Bibliothek zur Geschichte der Arbeiterbewegung (Bochum)[2]
Deutsches Zentralinstitut für soziale Fragen (Berlin)
Institut für Zeitungsforschung (Dortmund)
Internationales Archiv für die Frauenbewegung (Amsterdam)
Internationaal Instituut voor Sociale Geschiedenis (Amsterdam)

*3. Amtliche Quellen*

Die Beschäftigung verheiratheter Frauen in Fabriken. Nach den Jahresberichten der Gewerbe-Aufsichtsbeamten für das Jahr 1899 bearbeitet im Reichsamt des Innern. Mit einer tabellarischen Übersicht, Berlin 1901
Das Bürgerliche Gesetzbuch für das Deutsche Reich nebst dem Einführungsgesetze. Vom 18. August 1896, Berlin [17]1900
Frau und Gesellschaft. Zwischenbericht der Enquete-Kommission deutscher Bundestag (Bundestagsdrucksache 7/5866), in: Zur Sache. Themen parlamentarischer Beratung. 1/77
Gesetz-Sammlung für die Königlichen Preußischen Staaten. 1850, Berlin o. J.
Mayr, Georg v.: Statistik und Gesellschaftslehre. Dritter Band: Moralstatistik mit Einschluß der Kriminalstatistik, Tübingen 1917
Reichs-Gesetzblatt. 1878, Berlin o. J.; 1891, Berlin o. J.; 1908, Berlin o. J.; 1918, Berlin o. J.
Statistik des Deutschen Reichs. Herausgegeben vom Kaiserlichen Statistischen Amt. Neue Folge Band 102, Berlin 1897; Band 203, Berlin 1910; Band 211, Berlin 1913
Statistik der Frauenorganisationen im Deutschen Reiche. Bearbeitet im Kaiserlichen Statistischen Amte. Abteilung für Arbeiterstatistik, Berlin 1909
Statistisches Jahrbuch 1977 für die Bundesrepublik Deutschland

---

1 Einige der für diese Arbeit benutzten Zeitschriften und Broschüren sind vermutlich nur noch in diesen Bibliotheken aufzufinden.

2 Zum Bestand dieser Bibliothek s.:
Heinz Niggemann: Literatur zur Frauenfrage und sozialistischen Frauenbewegung, in: Mitteilungen der Bibliothek zur Geschichte der Arbeiterbewegung, Heft 3, Bochum 1978, S. 1–14.

Außerordentlicher Internationaler Sozialisten-Kongreß zu Basel am 24. und 25. November 1912, Berlin 1912

Bericht über die dreiunddreißigste General-Versammlung und die Delegirten-Versammlung des Vaterländischen Frauen-Vereins am 18. und 19. April 1899, Berlin o. J.

Bericht über die (. . . 2. ff.) sozialdemokratische Frauenkonferenz in Mainz (München ff.) am 15. und 16. September 1900 (13. und 14. September 1902 ff.), in: Protokoll über die Verhandlungen des Parteitages der Sozialdemokratischen Partei Deutschlands. Abgehalten zu Mainz (München ff.) vom 17. bis 21. September 1900 (14. bis 20. September 1902 ff.), Berlin 1900 (1902 ff.)

Bericht über die Verhandlungen des III. (8.) Parteitages der Kommunistischen Partei Deutschlands (Sektion der Kommunistischen Internationale). Abgehalten in Leipzig vom 28. Januar bis 1. Februar 1923, Berlin o. J.

Bericht über die Verhandlungen des IX. Parteitages der Kommunistischen Partei Deutschlands (Sektion der Kommunistischen Internationale). Abgehalten in Frankfurt am Main vom 7. bis 10. April 1924, Berlin 1924

Berichte für die erste Internationale Konferenz sozialistischer Frauen, abgehalten in Stuttgart am Sonnabend den 17. August 1907 vormittags 9 Uhr in der Liederhalle, Stuttgart o. J.

Berichte an die zweite Internationale Konferenz sozialistischer Frauen zu Kopenhagen am 26. und 27. August 1910, Stuttgart o. J.

Der Deutsche Frauenkongreß, Berlin, 27. Februar bis 2. März 1912. Sämtliche Vorträge herausgegeben im Auftrage des Vorstandes des Bundes Deutscher Frauenvereine von Gertrud Bäumer, Leipzig, Berlin 1912

Deutsche Parteiprogramme. Herausgegeben von Wilhelm Mommsen, München 1960

Fünfter (letzter) Delegiertentag des Wahlvereins der Liberalen zu Berlin am 5. März 1910, Berlin-Schöneberg 1910

Grundsätze und Forderungen der Frauenbewegung, Leipzig, Berlin 1912

Der Internationale Kongreß für Frauenwerke und Frauenbestrebungen in Berlin 19. bis 26. September 1896. Eine Sammlung der auf dem Kongreß gehaltenen Vorträge und Ansprachen, Berlin 1897

Internationaler Kongreß für Arbeiterschutz in Zürich vom 23. bis 28. August 1897. Die Cirkulare des Organisationskomites, Referate und Anträge und Vorläufiges Verzeichnis der Kongreßtheilnehmer, Zürich 1897

Internationaler Sozialisten-Kongreß zu Stuttgart. 18. bis 24. August 1907, Berlin 1907

Das Kommunal-Programm der Sozialdemokratie Preußens. Erläutert von Paul Hirsch, Berlin 1911

Protokoll des Internationalen Arbeiter-Congresses zu Paris. Abgehalten vom 14. bis 20. Juli 1889. Deutsche Übersetzung, Nürnberg 1890

Protokoll des Internationalen Sozialistischen Arbeiterkongresses in der Tonhalle Zürich vom 6. bis 12. August 1893, Zürich 1894

Protokoll über die Verhandlungen des Allgemeinen Deutschen sozial-demokratischen Arbeiterkongresses zu Eisenach am 7., 8. und 9. August 1869, Leipzig 1869

Protokoll des Vereinigungs-Congresses der Sozialdemokraten Deutschlands, abgehalten zu Gotha, vom 22. bis 27. Mai 1875, Leipzig 1875

Protokoll der Verhandlungen des ersten Allgemeinen Heimarbeiterschutz-Kongresses. Abgehalten zu Berlin im Gewerkschaftshaus am 7., 8. und 9. März 1904, Berlin 1904

Protokoll der Verhandlungen des ersten (ff.) Kongresses der Gewerkschaften Deutschlands. Abgehalten zu Halberstadt (ff.) vom 14. bis 18. März 1892 (ff.), Hamburg 1892ff.

Protokoll über die Verhandlungen des Parteitages der Sozialdemokratischen Partei Preußens. Abgehalten in Berlin vom 3. bis 5. Januar 1910, Berlin 1910

Protokoll über die Verhandlungen des Parteitages der Sozialdemokratischen Partei Deutschlands. Abgehalten zu Halle a. S. (ff.) vom 12. bis 18. Oktober 1890 (ff.), Berlin 1890ff.[3]

Rosenthal, Max (Hrsg.): Mutterschutz und Sexualreform. Referate und Leitsätze des I. Internationalen Kongresses für Mutterschutz und Sexualreform in Dresden 28./30. September 1911 nebst einer Einführung: »Zur Geschichte des Deutschen Bundes für Mutterschutz« und einem Anhang: »Gründungsprotokoll, Satzungen und Aufruf der Internationalen Vereinigung für Mutterschutz und Sexualreform«, Breslau 1912

Sozialdemokratische Parteitage für die Rheinprovinz und den Niederrhein von 1889–1909, mit einem Anhang: Statistisches von der Landtagswahl 1908 Bezirk Niederrhein, Elberfeld 1910

Stenographische Berichte über die Verhandlungen des Reichstags. IX. Legislaturperiode. III. Session. 1894/95, Erster Band, Berlin 1895; Zweiter Band, Berlin 1895; Erster Anlageband, Berlin 1895; IV. Session. 1895/97, Vierter Band, Berlin 1896

Unabhängige Sozialdemokratische Partei Deutschlands. Protokoll über die Verhandlungen des außerordentlichen Parteitages vom 2. bis 6. März 1919 in Berlin, Berlin o. J.

Unabhängige Sozialdemokratische Partei Deutschlands. Protokoll über die Verhandlungen des außerordentlichen Parteitages in Halle. Vom 12. bis 17. Oktober 1920, Berlin o. J.

Weber, Hermann: Gründungsparteitag der KPD. Protokoll und Materialien, Frankfurt a. M. 1969

### 5. *Periodika*[4]

Die Arbeiterin. Zeitschrift für die Interessen der Frauen und Mädchen des arbeitenden Volkes. Organ aller auf dem Boden der modernen Arbeiterbewegung stehenden Vereinigungen der Arbeiterinnen. Nr. 1 (1891), in: Olga Essig: Die Frau in der Industrie, Berlin 1932, S. 57–63

Arbeiter-Jugend. Organ für die geistigen und wirtschaftlichen Interessen der jungen Arbeiter und Arbeiterinnen. 1909ff.

Archiv für Frauenkunde und Eugenetik. Band I (1914)

Correspondenzblatt der Generalkommission der Gewerkschaften Deutschlands. 1900ff.

Die Frau. Sozialdemokratische Monatsschrift für Politik, Wirtschaft, Frauenfragen, Literatur. (Wien) 1928ff.

Frauenjahrbuch 1976, München 1976

Frauenkalender 1975ff.

---

3 Im Text zitiert als: Parteitag 1890 ff.

4 Standorte der Zeitschriften und weitere Informationen in: Die Presse der Arbeiterklasse und der sozialen Bewegungen. Von den dreißiger Jahren des 19. Jahrhunderts bis zum Jahre 1967. Gesammelt, zusammengestellt und bearbeitet von Alfred Eberlein. 4 Bände, Frankfurt a. M. 1968/69.

Frauenwahlrecht. Herausgegeben zum Ersten (ff.) Frauentag von Clara Zetkin. 1911ff.
Frauenwelt. Eine Halbmonatsschrift. 1924ff.
Frauen-Zeitung. Herausgegeben von Mathilde Franziska Anneke. Nr. 1, 27. 9. 1848
Frauenzeitung für das westliche Westfalen. Nr. 1, Februar 1911, 1. Jg.
Die Genossin. Informationsblätter der weiblichen Funktionäre der sozialdemokratischen Partei Deutschlands. 1924ff.
Die Gleichheit. Zeitschrift für die Interessen der Arbeiterinnen. 1891–1923
Gleichheit. Das Blatt der arbeitenden Frau. 1953ff.
Handbuch der Frauenbewegung. I.–V. Teil, Berlin 1901ff.
Illustrirter Neue Welt-Kalender für das Jahr 1894ff.
Die Internationale. Heft 1 (April 1915)
Jahrbuch der Frauenbewegung 1914. Im Auftrage des Bundes Deutscher Frauenvereine herausgegeben von Elisabeth Altmann-Gottheiner, Leipzig, Berlin 1914
Die Neue Gesellschaft. Sozialistische Wochenschrift. 1905ff.
Die Neue Zeit. Revue des geistigen und öffentlichen Lebens. 9. Jg. 1890/91ff.
Social-Demokrat. Organ der social-demokratischen Partei. 2. Jg. 1866ff.
Der Sozialdemokrat. Zentral-Organ der deutschen Sozialdemokratie. 1883ff.
Sozialdemokratische Partei-Correspondenz. 5. Jg. 1910ff.
Sozialistische Monatshefte. 1. Jg. 1897ff.
Spartakusbriefe. Herausgegeben vom Institut für Marxismus-Leninismus beim Zentralkomitee der Sozialistischen Einheitspartei Deutschlands, Berlin 1958
Vorwärts. Berliner Volksblatt. Zentralorgan der sozialdemokratischen Partei Deutschlands. 9. Jg. 1892ff.
Die Zeit. Nationalsoziale Wochenschrift. 1903
Die Zukunft. 17. Band (1896)

### 6. *Briefe*

Victor Adler. Briefwechsel mit August Bebel und Karl Kautsky sowie Briefe von und an Ignaz Auer, Eduard Bernstein, Adolf Braun, Heinrich Dietz, Friedrich Ebert, Wilhelm Liebknecht, Hermann Müller und Paul Singer. Gesammelt und erläutert von Friedrich Adler, Wien 1954
Blumenberg, Werner (Hrsg.): August Bebels Briefwechsel mit Friedrich Engels, London, The Hague, Paris 1965
Briefe und Auszüge aus Briefen von Joh. Phil. Becker, Jos. Dietzgen, Friedrich Engels, Karl Marx u. A. an F. A. Sorge und Andere, Stuttgart 1906
Eckert, Georg (Hrsg.): Wilhelm Liebknecht. Briefwechsel mit Karl Marx und Friedrich Engels, The Hague 1963
Hirsch, Helmut (Hrsg.): Eduard Bernsteins Briefwechsel mit Friedrich Engels, Assen 1970
Kautsky, Benedikt (Hrsg.): Friedrich Engels' Briefwechsel mit Karl Kautsky, Wien ²1955
Kautsky, Karl (Jr.) (Hrsg.): August Bebels Briefwechsel mit Karl Kautsky, Assen 1971
Kautsky, Luise (Hrsg.): Rosa Luxemburg. Briefe an Karl und Luise Kautsky (1896–1918), Berlin 1923
Luxemburg, Rosa: Briefe an Freunde, nach dem von Luise Kautsky fertig gestellten Manuskript herausgegeben von Benedikt Kautsky, Zürich 1950

Luxemburg, Rosa: Briefe an Leon Jogiches. Mit einer Einleitung von Feliks Tych, Frankfurt a. M. 1971

Marx, Karl / Engels, Friedrich: Werke. Band 32-39, Berlin 1965ff.

Unveröffentlichte Briefe Clara Zetkins an Heleen Ankersmith, in: Beiträge zur Geschichte der deutschen Arbeiterbewegung. 9. Jg. (1967) S. 659–692

Weber, Hermann: Zwischen kritischem und bürokratischem Kommunismus. Unbekannte Briefe von Clara Zetkin, in: Archiv für Sozialgeschichte XI (1971) S. 417–448

*7. Zeitgenössische Schriften und Broschüren*

Apolant, Jenny: Stellung und Mitarbeit der Frau in der Gemeinde. Nach dem Material der Zentralstelle für Gemeindeämter der Frau in Frankfurt a. M. bearbeitet, Berlin [2]1913

Arbeiter-Gesundheits-Bibliothek. Herausgegeben unter Leitung von Dr. med. Zadek. 1. Band, Berlin [2]1914

Aus der Berliner Heimarbeit, Enquete des Vereins für Frauen und Mädchen der Arbeiterklasse zu Berlin. Herausgegeben von M. Hoffmann, Berlin 1904

Ausstellung ›Die Frau in Haus und Beruf‹. Unter dem Allerhöchsten Protektorat Ihrer Majestät der Kaiserin und Königin, Berlin 1912, 24. Februar bis 24. März

Bachofen, Johann Jakob: Das Mutterrecht. Eine Untersuchung über die Gynaikokratie der alten Welt nach ihrer religiösen und rechtlichen Natur. Eine Auswahl herausgegeben von Hans-Jürgen Heinrichs, Frankfurt a. M. 1975

Bäumer, Gertrud: Die Frau in Volkswirtschaft und Staatsleben der Gegenwart, Stuttgart, Berlin 1914

Baum, Maria: Die gewerbliche Ausbildung der Industriearbeiterin, Leipzig 1907

dies.: Drei Klassen von Lohnarbeiterinnen in Industrie und Handel der Stadt Karlsruhe. Bericht, erstattet an das Großherzogliche Ministerium des Innern und herausgegeben von der Großherzoglich Badischen Fabrikinspektion, Karlsruhe 1906

dies.: Der Einfluß der gewerblichen Arbeit auf das persönliche Leben der Frau / Bluhm, Agnes: Der Einfluß der gewerblichen Gifte auf den Organismus der Frau / Jaffé-Richthofen, E.: Die Frau in der Gewerbeinspektion. Drei Vorträge, gehalten auf der zweiten Konferenz zur Förderung der Arbeiterinnen-Interessen, Jena 1910

Bebel, August: Die Frau und der Sozialismus, Berlin [60]1962

ders.: Die Sozialdemokratie und das Allgemeine Stimmrecht. Mit besonderer Berücksichtigung des Frauen-Stimmrechts und Proportional-Wahlsystems, Berlin 1895

Berger, Adeline: Die zwanzigjährige Arbeiterinnen-Bewegung Berlins und ihr Ergebniß. Beleuchtet von einer Arbeiterin, Berlin 1889

Bernstein, Alfred: Wie fördern wir den kulturellen Rückgang der Geburten?, Berlin 1920

Bernstein, Eduard: Der Geschlechtstrieb, Berlin 1908

Bilder aus der deutschen Heimarbeit. Herausgegeben von der literarischen Kommission der deutschen Heimarbeitsausstellung, Leipzig 1906

Blaschko, Alfred: Die Prostitution im 19. Jahrhundert, Berlin 1902

Bloch, Iwan: Das Sexualleben unserer Zeit in seinen Beziehungen zur modernen Kultur, Berlin 1907

Blos, Anna: Kommunale Frauenarbeit im Kriege, Berlin 1917

dies.: Krieg und Schule, Berlin-Karlshorst 1915

Böckeler, Hans: Es werde Licht! In ernster Zeit ein ernstes Wort an die Hüttenleute und Metallarbeiter im Saargebiet, Saarbrücken 1906
Braun, Adolf: Die Arbeiterinnen und die Gewerkschaften, Berlin 1913
ders.: Berliner Wohnungsverhältnisse. Denkschrift der Berliner Arbeiter-Sanitäts-Kommission, Berlin 1893
ders. (Hrsg.): Gleiches Recht für die Frauen! Eine Werbeschrift mit Beiträgen von E. Freundlich, S. Nestriepke, A. Popp, Nürnberg 1914
Braun, Lily: Die Emanzipation der Kinder. Eine Rede an die Schuljugend, München 1911
dies.: Die Frauen und der Krieg, Leipzig 1915
dies.: Die Frauen und die Politik, Berlin 1903
dies.: Frauenarbeit und Hauswirthschaft, Berlin 1901
dies.: Die Frauenfrage, ihre geschichtliche Entwicklung und wirtschaftliche Seite, Leipzig 1901
dies.: Die Mutterschaftsversicherung. Ein Beitrag zur Frage der Fürsorge für Schwangere und Wöchnerinnen, Berlin 1906
dies.: Was wir wollen, Berlin 1902
Braun-Gizycki, Lily: Frauenfrage und Sozialdemokratie. Reden anläßlich des Internationalen Frauenkongresses zu Berlin, Berlin 1896
Bré, Ruth: Staatskinder oder Mutterrecht? Versuche zur Erlösung aus dem sexuellen und wirtschaftlichen Elend, Leipzig 1904
Breitscheid, Tony: Hausfrauen und Politik, Berlin 1911
Brügelmann, Wilhelm: Die Frauenbewegung im besonderen und die soziale Bewegung im allgemeinen. Vom wissenschaftlichen Standpunkt aus betrachtet, Leipzig 1907
Brupbacher, Fritz: Kindersegen – und kein Ende?, Zürich 1903
Büchner, Ludwig: Meine Begegnung mit Ferdinand Lassalle. Ein Beitrag zur Geschichte der sozialdemokratischen Bewegung in Deutschland, Berlin 1894
Caspari, Otto: Die Sociale Frage über die Freiheit der Ehe. Mit Berücksichtigung der Frauenbewegung vom philosophisch-historischen Gesichtspunkt. Frankfurt a. M. ²1905
Cathrein, Viktor: Die Frauenfrage, Freiburg 1901
Dodd, Arthur: Die Wirkung der Schutzbestimmungen für die jugendlichen und weiblichen Fabrikarbeiter und die Verhältnisse im Konfektionsbetriebe in Deutschland. Vergleichende Untersuchungen, Jena 1898
Dohm, Hedwig: Emanzipation, Zürich 1977
dies.: Der Frauen Natur und Recht, Berlin 1876
Dokumente und Materialien zur Geschichte der deutschen Arbeiterbewegung. Reihe II Band 1, Berlin 1958
Dokumente der revolutionären deutschen Arbeiterbewegung zur Frauenfrage 1848–1974, Leipzig 1975
Drahn, Ernst: Deutsche Arbeitslöhne, Gautzsch bei Leipzig 1914
Dullo, Alice: Die Aufgaben der bürgerlichen Frauen in der Arbeiterinnenbewegung, Leipzig 1907
Duncker, Käte: Die Kinderarbeit und ihre Bekämpfung, Stuttgart ²1910
dies.: Sozialistische Erziehung im Hause, Berlin 1914
dies.: Ueber die Betheiligung des weiblichen Geschlechts an der Erwerbsthätigkeit, Hamburg 1899
Dyrenfurth, Gertrud: Die hausindustriellen Arbeiterinnen der Berliner Blusen-, Unterrock-, Schürzen- und Tricotkonfektion, Leipzig 1898
Ehrenberg, Richard: Die Familie in ihrer Bedeutung für das Volksleben, Jena 1916
Engels, Friedrich: Grundsätze des Kommunismus, in: Karl Marx / Friedrich Engels: Werke. Band 4, Berlin 1959, S. 361–380

ders.: Die Lage der arbeitenden Klasse in England. Nach eigner Anschauung und authentischen Quellen, in: Karl Marx / Friedrich Engels: Werke. Band 2, Berlin 1962, S. 225–506
ders.: Der Ursprung der Familie, des Privateigentums und des Staats. Im Anschluß an Lewis H. Morgans Forschungen, in: Karl Marx / Friedrich Engels: Werke. Band 21, Berlin 1962, S. 25–173
Erkes, H.: Die moderne Frauenfrage im Lichte des Sozialismus, Köln o. J. (1908)
Feld, Wilhelm: Die Kinder der in Fabriken arbeitenden Frauen und ihre Verpflegung mit besonderer Berücksichtigung der Crimmitschauer Arbeiterinnen, Dresden 1906
Ferch, Joh.: Liebe und Ehe in der arbeitenden Klasse, Oranienburg 1913
Fischer-Eckert, Li: Die wirtschaftliche und soziale Lage der Frauen in dem modernen Industrieort Hamborn im Rheinland, Hagen 1913
Forel, August: Die sexuelle Frage. Eine naturwissenschaftliche, psychologische, hygienische und soziologische Studie für Gebildete, München [12]1916
Fourier, Charles: Œuvres Complètes. Tome I, Paris 1967
Frank, Ludwig: Die jugendlichen Arbeiter und ihre Organisation, Berlin 1906
Frau und Genossenschaft, Berlin 1926
Frauenbewegung und Sexualethik. Beiträge zur modernen Ehekritik, Heilbronn [2]1909
Frauen-Landsturm. Flugblatt zum Familienrecht im bürgerlichen Gesetzbuch. Herausgegeben von Hanna Bieber-Boehm, Berlin 1896
Frauenstimmen aus der Nationalversammlung. Beiträge der sozialdemokratischen Volksvertreterinnen zu den Zeitfragen, Berlin 1920
Freudenberg, Ika: Die Frau und die Kultur des öffentlichen Lebens, Leipzig 1911
Fürth, Henriette: Die Berufstätigkeit des weiblichen Geschlechts und die Berufstätigkeit der Mädchen, Gautzsch bei Leipzig 1908
dies.: Das Bevölkerungsproblem in Deutschland, Jena 1925
dies.: Die deutschen Frauen im Kriege, Tübingen 1917
dies.: Die Fabrikarbeit verheirateter Frauen, Frankfurt a. M. 1902
dies.: Die geschlechtliche Aufklärung in Haus und Schule, Leipzig 1903
dies.: Das Geschlechtsproblem und die moderne Moral, Leipzig 1908
dies.: Die Hausfrau. Eine Monographie, München 1914
dies.: Kulturideale und Frauentum, Leipzig 1906
dies.: Die Mutterschaftsversicherung, Jena 1911
dies.: Die Regelung der Nachkommenschaft als eugenisches Problem, Stuttgart 1929
Gaebel, Käthe: Die Heimarbeit. Das jüngste Problem des Arbeiterinnenschutzes, Jena 1913
Gebert, Ernst: Geschlechtsverkehr und Geschlechtskrankheiten, Berlin 1918
Gegen den staatlichen Gebärzwang. Reden des Reichstagsabgeordneten Genossen August Brey, des Genossen Dr. Silberstein und der Genossin Luise Zietz, Hannover 1914
Gerhard, Adele / Simon, Helene: Mutterschaft und geistige Arbeit. Eine psychologische und soziologische Studie auf Grundlage einer internationalen Erhebung mit Berücksichtigung der geschichtlichen Entwicklung, Berlin [2]1908
Germanicus: Der Sozialismus und die Frau in Vergangenheit, Gegenwart und Zukunft. Bebel im Lichte der Bibel. II, Leipzig 1899
Gnauck-Kühne, Elisabeth: Einführung in die Arbeiterinnenfrage, M./Gladbach 1905
dies.: Die Deutsche Frau um die Jahrhundertwende. Statistische Studie zur Frauenfrage, Berlin [2]1907

dies.: Die soziale Lage der Frau. Vortrag, gehalten auf dem 6. Evangelisch-sozialen Kongreß zu Erfurt am 6. Juni 1895, Berlin 1895
Göhre, Paul: Drei Monate Fabrikarbeiter und Handwerksbursche. Eine praktische Studie, Leipzig 1891
Gottheiner, Elisabeth: Die gewerbliche Arbeiterinnenfrage, Leipzig 1905
Guillaume-Schack, Gertrud: Ein Wort zur Sittlichkeitsfrage. Vortrag gehalten im Rathause zu Berlin am 14. Mai 1880, Berlin $^{4}$1881
dies.: Ueber unsere sittlichen Verhältnisse und die Bestrebungen des Britisch-Continentalen und Allgemeinen Bundes. Vortrag. Am 23. März 1882 in Darmstadt gehalten und von der Polizeibehörde daselbst verboten, Berlin 1882
Gystrow, Ernst[5]: Liebe und Liebesleben im 19. Jahrhundert, Berlin 1902
Hanna, Gertrud: Die Arbeiterinnen und der Krieg, Berlin-Karlshorst 1916
Heimarbeit-Ausstellung Berlin 1906. Thüringer Heimarbeit für Textilwaren. Begleitschrift des Gewerkvereins der Stuhl-(Textil-)Arbeiter
Die Heimarbeitsausstellung in Berlin, Nürnberg, Gotha o. J.
Heller, Marie: Der Wandel in der Frauenarbeit Deutschlands seit 1895, Gautzsch bei Leipzig 1910
Herzfelder, Henriette: Die gemeinsame Erziehung der Geschlechter, Leipzig 1907
Hindermann, Adele: Frau contra Frau: Frauenfrage und Damenfrage. Mangel an Achtung vor der Arbeit. Frau contra Frau, Leipzig 1896
Hirsch, Paul: Verbrechen und Prostitution als soziale Krankheitserscheinungen, Berlin 1897
Hoffmann, Adolph: Ein Warnungsruf! An die Frauen und Mädchen aller Stände, Pankow-Berlin 1893
Ichenhaeuser, Eliza: Zur Frauenfrage, Zittau 1896
Ihrer, Emma: Die Arbeiterinnen im Klassenkampf. Anfänge der Arbeiterinnen-Bewegung, ihr Gegensatz zur bürgerlichen Frauenbewegung und ihre nächsten Aufgaben, Hamburg 1898
dies.: Die Organisationen der Arbeiterinnen Deutschlands, ihre Entstehung und Entwicklung, Berlin 1893
Jaeckel, Elisabeth: Weibliche Dorfjugend, Leipzig 1912
Jellinek, Camilla: Entwurf einer Petition betreffend das Verbot weiblicher Bedienung in Gast- und Schankwirtschaften, Gautzsch bei Leipzig 1909
Juchacz, Marie: Praktische Winke für die sozialdemokratische Frauenbewegung, Berlin 1919
Kamp: Unsere jugendlichen Lohnarbeiterinnen in Arbeit, Unterricht und Mussestunden, Leipzig 1902
Kampffmeyer, Paul: Die Prostitution als soziale Klassenerscheinung und ihre sozialpolitische Bekämpfung, Berlin 1905
Kautsky, Karl: Der Einfluß der Volksvermehrung auf den Fortschritt der Gesellschaft, Wien 1880
ders.: Das Erfurter Programm in seinem grundsätzlichen Theil erläutert, Stuttgart $^{3}$1892
Kempf, Rosa: Das Leben der jungen Fabrikmädchen in München. Die soziale und wirtschaftliche Lage ihrer Familie, ihr Berufsleben und ihre persönlichen Verhältnisse. Nach statistischen Erhebungen dargestellt an der Lage von 270 Fabrikarbeiterinnen im Alter von 14 bis 18 Jahren, Leipzig 1911
Keßler, Gustav: Wer zerstört die Familie?, Berlin o. J.
Key, Ellen: Die Frauenbewegung, Frankfurt a. M. 1909
Kollontai, Alexandra: Die neue Moral und die Arbeiterklasse, Berlin 1920

5 Pseudonym für Hellpach.

dies.: Die Situation der Frau in der gesellschaftlichen Entwicklung. Vierzehn Vorlesungen vor Arbeiterinnen und Bäuerinnen an der Sverdlov-Universität 1921, Frankfurt a. M. 1975

Krukenberg, Elsbeth: Agitation in der Frauenbewegung. Vortrag, gehalten auf der 21. Generalversammlung des Allgemeinen Deutschen Frauenvereins zu Eisenach am 1. Oktober 1901, Bonn 1901

Kühne, Julie: Die Frauenvereine der Gegenwart und die sittliche Berechtigung der Frauenfrage. Vortrag gehalten auf dem Frauentage zu Leipzig, den 30. Oktober 1871, Berlin 1872

Lafargue, Paul: La Question de la Femme, Paris 1904

Lange, Helene: Die Frauenbewegung in ihren gegenwärtigen Problemen, Leipzig [3]1924

Levenstein, Adolf: Die Arbeiterfrage. Mit besonderer Berücksichtigung der sozialpsychologischen Seite des modernen Großbetriebes und der psycho-physischen Einwirkungen auf die Arbeiter, München 1912

Liebknecht, Karl: Gesammelte Reden und Schriften. 7 Bände, Berlin 1958-1971

Linzen-Ernst, Clara: Die Arbeiterin und die Arbeiterkammern, Leipzig 1905

Loewenherz, Johanna: Prostitution oder Production, Eigentum oder Ehe? Eine Studie zur Frauenbewegung, Neuwied 1895

Lüders, Else: Arbeiterinnenorganisation und Frauenbewegung, Berlin 1902

dies.: Heimarbeitfragen in Deutschland. Bericht an die Internationale Vereinigung für gesetzlichen Arbeiterschutz erstattet, Berlin 1910

dies.: Heimarbeitfragen in Deutschland. II. Bericht an die Internationale Vereinigung für gesetzlichen Arbeiterschutz erstattet, Berlin 1912

dies.: Das Problem der Mutterschaftsversicherung, Berlin 1905

Lux, H.: Die Prostitution, ihre Ursachen, ihre Folgen und ihre Bekämpfung, Berlin 1892

Marcuse, Julian: Geschlechtliche Erziehung in der Familie, Berlin 1920

ders.: Geschlechtliche Erziehung in der Arbeiterfamilie, Berlin 1908

Marx, Karl: Das Kapital. Kritik der politischen Ökonomie. I. Band: Karl Marx / Friedrich Engels: Werke. Band 23, Berlin 1970

ders,: Kritik des Gothaer Programms, in: Karl Marx / Friedrich Engels: Werke. Band 19, Berlin 1962, S. 11–32

Marx, Karl / Engels, Friedrich: Die deutsche Ideologie. Kritik der neuesten deutschen Philosophie in ihren Repräsentanten Feuerbach, B. Bauer und Stirner, und des deutschen Sozialismus in seinen verschiedenen Propheten, in: Karl Marx / Friedrich Engels: Werke. Band 3, Berlin 1969, S. 9–530

dies.: Manifest der Kommunistischen Partei, in: Karl Marx / Friedrich Engels: Werke. Band 4, Berlin 1959, S. 459–493

Marx/Engels/Lenin: Über die Frau und die Familie. Auswahlband, Leipzig 1972

Matschke, Anna: Eine Mahnung an die Frauen und Mädchen in ernster Zeit, Spandau o. J.

Mein Arbeitstag – mein Wochenende. 150 Berichte von Textilarbeiterinnen. Gesammelt und herausgegeben vom Deutschen Textilarbeiterverband, Hauptvorstand Arbeiterinnensekretariat, Berlin 1930

Meisel-Hess, Grete: Das Wesen der Geschlechtlichkeit. Die sexuelle Krise in ihren Beziehungen zur sozialen Frage und zum Krieg, zu Moral, Rasse und Religion und insbesondere zur Monogamie. 2 Bände, Jena 1917

Meyers Konversations-Lexikon. Ein Nachschlagewerk des allgemeinen Wissens, Leipzig, Wien [5]1894

Michels, Robert: Die deutsche Sozialdemokratie. I. Parteimitgliedschaft und soziale Zusammensetzung, in: Archiv für Sozialwissenschaft und Sozialpolitik (1906), S. 471–556

Miessner, Elisabeth: Die freie Liebe und die Frauen, Berlin 1900
Möbius, P. J.: Über den physiologischen Schwachsinn des Weibes, Halle [12]1922
Morgan, Lewis Henry: Die Urgesellschaft. Untersuchungen über den Fortschritt der Menschheit aus der Wildheit durch die Barbarei zur Zivilisation, Stuttgart 1920
Müller, Moritz: Aphorismen über die Frauenfrage. Zur Erinnerung an den Frauentag in Stuttgart den deutschen Frauen gewidmet, Pforzheim 1873
ders.: Vortrag über die Frauenfrage. Gehalten am dritten Arbeitertage in Stuttgart, Coburg 1865
Müller-Lyer, F.: Die Familie, München 1911
Niggemann, Heinz (Hrsg.): Frauenemanzipation und Sozialdemokratie. Mit Beiträgen von Ottilie Baader, Lily Braun, Käte Duncker, Clara Zetkin, Luise Zietz u. a., Frankfurt a. M. 1981
Olberg, Oda: Das Elend in der Hausindustrie der Konfektion, Leipzig 1896
dies.: Das Weib und der Intellektualismus, Berlin, Bern 1902
Otto, Louise: Das Recht der Frauen auf Erwerb. Blicke auf das Frauenleben der Gegenwart, Hamburg 1866
Otto, Rose: Über Fabrikarbeit verheirateter Frauen, Stuttgart, Berlin 1910
Pache, Oskar: Unsere Arbeiterfrauen. Wie sind sie? Wie sollen sie sein? Ein Beitrag zur sozialen Frage, Leipzig 1890
Pierstorff, Julius: Frauenarbeit und Frauenfrage, Jena 1900
Poerschke, Stephan: Die Entwicklung der Gewerbeinspektion in Deutschland, Jena 1911
Pohle, Ludwig: Frauen-Fabrikarbeit und Frauenfrage. Eine prinzipielle Antwort auf die Frage der Ausschließung der verheirateten Frauen aus der Fabrik, Leipzig 1900
Popp, Adelheid: Die Arbeiterin im Kampf ums Dasein, Wien [2]1911
dies.: Haussklavinnen. Ein Beitrag zur Lage der Dienstmädchen, Wien 1912
dies.: Mädchenbuch, Wien 1924
Priester: Arbeits- und Lebensverhältnisse der Frauen in der Landwirtschaft in Mecklenburg. Auf Grund einer vom ständigen Ausschuß zur Förderung der Arbeiterinnen-Interessen veranstalteten Erhebung dargestellt, Jena 1914
Putlitz, Elly zu: Arbeits- und Lebensverhältnisse der Frauen in der Landwirtschaft in Brandenburg. Auf Grund einer vom ständigen Ausschuß zur Förderung der Arbeiterinnen-Interessen veranstalteten Erhebung dargestellt, Jena 1914
Radel, Frieda: Warum fordern wir das Frauenstimmrecht?, Leipzig 1910
Raumer, Carl v.: Das Familienleben des niederen Volkes unter Berücksichtigung der Lehren der Social-Demokratie besprochen für das Volk, Breslau [2]1878
ders.: Die Frau der Socialdemokratie unter Klarlegung des socialistischen Zukunftsstaates nach August Bebel. Beleuchtet, Berlin 1884
Richter, Eugen: Sozialdemokratische Zukunftsbilder. Frei nach Bebel, Berlin 1919
Richter, M.: Die Frau in der Industrie und Landwirtschaft Württembergs, Berlin 1913
Rösler, Augustin: Die Frauenfrage vom Standpunkte der Natur, der Geschichte und der Offenbarung auf Veranlassung der Leo-Gesellschaft beantwortet, Wien 1893
Rühle, Otto: Kinder-Elend. Proletarische Gegenwartsbilder, München o. J.
ders.: Das proletarische Kind. Eine Monographie, München 1911
ders.: Die Sozialisierung der Frau, Dresden o. J.
Salomon, Alice: Die deutschen Arbeiterinnenschutzgesetze, Leipzig 1906
dies.: Die Ursachen der ungleichen Entlohnung von Männer- und Frauenarbeit, Leipzig 1906

Schirmacher, Käthe: Die Frauenarbeit im Hause, ihre ökonomische, rechtliche und soziale Wertung, Leipzig 1905
dies.: Sociales Leben. Zur Frauenfrage, Paris, Leipzig 1897
Schlesinger, Therese: Wie will und wie soll das Proletariat seine Kinder erziehen, Wien 1921
Schlesinger-Eckstein, Therese: Die Frau im 19. Jahrhundert, Berlin 1902
Schneider: Ueber voreheliche Schwängerung, in: Jahrbücher für Nationalökonomie und Statistik. 3. Folge. 10. Band, Jena 1895, S. 554–561
Schneidt, Karl: Das Kellnerinnen-Elend in Berlin, Berlin 1893
Scholz, Friedrich: Prostitution und Frauenbewegung, Leipzig 1897
Schomerus, Friedrich: Halbtagsschicht statt Ganztagsschicht für verheiratete Fabrikarbeiterinnen, Leipzig 1906
Schreiber, Adele (Hrsg.): Mutterschaft. Ein Sammelwerk für die Probleme des Weibes als Mutter, München 1912
Schreiner, Olive: Die Frau und die Arbeit, Jena 1914
Schüller, Ludwig: Die Wiener Enquête über Frauenarbeit, in: Archiv für soziale Gesetzgebung und Statistik. Zeitschrift zur Erforschung der gesellschaftlichen Zustände aller Länder. 10. Band (1897), S. 379–416
Schutz den Heimarbeitern! Eine Denkschrift des Verbandes der Schneider, Schneiderinnen und verwandten Berufsgenossen an Bundesrat und Reichstag. Mit einem Anhange: Die Lage der Arbeiter im Schneidergewerbe Deutschlands, Stuttgart 1901
Seufert, Hans: Arbeits- und Lebensverhältnisse der Frauen in der Landwirtschaft in Württemberg, Baden, Elsass-Lothringen und Rheinpfalz auf Grund einer vom ständigen Ausschuß zur Förderung der Arbeiterinnen-Interessen veranstalteten Erhebung dargestellt, Jena 1914
Siemsen, Anna: Frau und Sozialismus. Herausgegeben von den sozialdemokratischen Frauengruppen der Schweiz, o. O., o. J.
Simon, Helene: Der Anteil der Frau an der deutschen Industrie, Jena 1910
Sittel, Valentin: Die Frauenarbeit im Handelsgewerbe, Leipzig 1911
Die Sozialdemokratie im Nürnberger Rathause. Drei Jahre sozialdemokratischer Gemeindetätigkeit 1908–1911. Zu den Gemeindewahlen herausgegeben vom Sozialdemokratischen Verein Nürnberg-Altdorf, Nürnberg o. J.
Stein, Lorenz, v.: Die Frau, ihre Bildung und Lebensaufgabe, Berlin, Dresden $^{3}$1890
Stern, J.: Der Zukunftsstaat. Thesen über den Sozialismus. Sein Wesen, seine Durchführbarkeit und Zweckmäßigkeit, Berlin $^{5}$1906
Stillich, Oscar: Die Lage der weiblichen Dienstboten in Berlin, Berlin, Bern 1902
Stöcker, Helene: Krisenmache. Eine Abfertigung, o. O. 1910
dies.: Die Liebe der Zukunft, Leipzig o. J.
Treitschke, Heinrich v.: Politik. Vorlesungen gehalten an der Universität zu Berlin. I, Leipzig $^{2}$1899
Unger, Joseph: Die Ehe in ihrer welthistorischen Entwicklung. Ein Beitrag zur Philosophie der Geschichte, Wien 1850
Vaërting, Mathilde v.: An die Frauen auf der Wagenburg, Den Haag 1915
dies.: Neubegründung der Psychologie von Mann und Weib. I. Die weibliche Eigenart im Männerstaat und die männliche Eigenart im Frauenstaat. II. Wahrheit und Irrtum in der Geschlechterpsychologie, Karlsruhe 1921/1923
Weber, Marianne: Beruf und Ehe. Die Beteiligung der Frau an der Wissenschaft. Zwei Vorträge, Berlin-Schöneberg 1906
dies.: Frauenfragen und Frauengedanken. Gesammelte Aufsätze, Tübingen 1919
Wegner, Marie: Die Lage der Landarbeiterinnen, Leipzig 1905
Wegscheider-Ziegler, Hildegard: Die arbeitende Frau und der Alkohol, Berlin o. J.

Wettstein-Adelt, Minna: 3 ½ Monate Fabrikarbeiterin, Berlin 1893
Weyl, Klara: Die Frau und die Gemeindepolitik, Berlin 1912
Wilbrandt, Robert: Arbeiterinnenschutz und Heimarbeit. Mit einem Beitrag von Dora Landé, Jena 1906
ders.: Die Frauenarbeit. Ein Problem des Kapitalismus, Leipzig 1906
Wolf, Gertraud: Der Frauenerwerb in den Hauptkulturstaaten nach amtlichen statistischen Quellen, München 1916
Wurm, Mathilde: Die Frauen und der preußische Landtag, Berlin 1913
Zepler, Wally: Die Frauen und der Krieg, Berlin-Karlshorst 1916
dies. (Hrsg.): Sozialismus und Frauenfrage, Berlin 1919
dies.: Der Weg zum Sozialismus, Berlin o. J.
dies.: Welchen Wert hat die Bildung für die Arbeiterin? Ein Vortrag, Berlin 1907
Zetkin, Clara: Die Arbeiterinnen- und Frauenfrage der Gegenwart, Berlin 1889
dies.: Ausgewählte Reden und Schriften. 3 Bände, Berlin 1957
dies.: Erinnerungen an Lenin, Wien, Berlin 1929
dies.: Zur Frage des Frauenwahlrechts. Bearbeitet nach dem Referat auf der Konferenz sozialistischer Frauen zu Mannheim, Berlin 1907
dies.: Die Frauen und die Kommunistische Partei, Leipzig 1921
dies.: Geistiges Proletariat, Frauenfrage und Sozialismus. Nach einem Vortrage, gehalten in einer öffentlichen Studenten-Versammlung zu Berlin im Januar 1899, Berlin 1902
dies.: Ich will dort kämpfen, wo das Leben ist. Eine Auswahl von Schriften und Reden zusammengestellt vom Marx-Engels-Lenin-Stalin-Institut beim Zentralkomitee der SED, Berlin 1955
dies.: Lenins Vermächtnis für die Frauen der Welt, Basel 1933
dies.: Die Schulfrage. Referat, gehalten auf der 3. Frauenkonferenz in Bremen, Berlin 1904
dies.: Der Student und das Weib, Berlin 1899
Zetkin, Clara / Duncker, Käthe / Borchardt, Julian: Die Erziehung der Kinder in der proletarischen Familie. Quellen zur Pädagogik der deutschen Arbeiterbewegung aus der Zeit vor dem ersten Weltkrieg. Ausgewählt, eingeleitet und erläutert von Gerd Hohendorf, Berlin 1960
Zietz, Luise: Bist du eine der Unsrigen? Ein Mahnwort an die Frauen und Mädchen des arbeitenden Volkes, Berlin 1912
dies.: Zur Frage der Frauenerwerbsarbeit während des Krieges und nachher, Berlin 1916
dies.: Zur Frage des Mutter- und Säuglingsschutzes, Leipzig 1911
dies.: Die Frauen und der politische Kampf, Berlin [2]1912
dies.: Die Frauen und die Reichstagswahlen. Politische Gespräche zwischen zwei Frauen, Leipzig 1911
dies.: Gewinnung und Schulung der Frau für die politische Betätigung, Berlin 1914
dies.: Kinderarbeit, Kinderschutz und die Kinderschutzkommissionen, Berlin 1912
dies.: Komm zu uns! Ein Weckruf an die junge Arbeiterin, Berlin 1913
dies.: Die sozialdemokratischen Frauen und der Krieg, Berlin, Stuttgart 1915
dies.: Warum sind wir arm? Eine eindringliche Frage an alle Arbeiterinnen, Berlin 1914
dies.: Willst du arm und unfrei bleiben? Ein Aufruf an die Frauen des werktätigen Volkes, o. O., o. J.
Zwölf Urteile über das Einküchenhaus, Wien o. J.

## 8. *Memoiren, Biographien, biographische Lexika*


Alexander, G. G. L.: Aus Clara Zetkins Leben und Werk, Berlin 1927

ders.: Kämpfende Frauen, Berlin 1924

Baader, Ottilie: Ein steiniger Weg. Lebenserinnerungen, Berlin 1921

Bahnbrechende Frauen. Herausgegeben aus Anlaß der Ausstellung »Die Frau in Haus und Beruf« 1912 vom Deutschen Lyceum-Club, Berlin-Charlottenburg 1912

Balabanoff, Angelica: Erinnerungen und Erlebnisse, Berlin 1927

Bäumer, Gertrud: Helene Lange. Zu ihrem 70. Geburtstag, Berlin $^{2}$1918

dies.: Lebensweg durch eine Zeitenwende, Tübingen 1933

Bebel, August: Aus meinem Leben. 3 Teile, Stuttgart 1911, $^{8}$1923

Blos, Anna: Frauen der deutschen Revolution 1848. Zehn Lebensbilder und ein Vorwort, Dresden 1928

Bojarskaja, Sinaida: Clara Zetkin. Eine Kämpferin, Berlin 1927

Braun, Lily: Memoiren einer Sozialistin. I. Lehrjahre, II. Kampfjahre. Roman, in: dies.: Gesammelte Werke. Band 2, 3, Berlin-Grunewald o. J.

Braun-Vogelstein, Julie: Ein Menschenleben. Heinrich Braun und sein Schicksal, Tübingen 1932

Bromme, Moritz William Theodor: Lebensgeschichte eines modernen Fabrikarbeiters. Herausgegeben und eingeleitet von Paul Göhre, Jena, Leipzig 1905

Brupbacher, Fritz: 60 Jahre Ketzer. Selbstbiographie, Zürich-Leimbach 1935

Dornemann, Luise: Clara Zetkin. Ein Lebensbild, Berlin $^{4}$1962

dies.: Clara Zetkin. Leben und Wirken, Berlin 1973

dies.: Jenny Marx. Der Lebensweg einer Sozialistin, Berlin 1969

Emmerich, Wolfgang: Proletarische Lebensläufe. Autobiographische Dokumente zur Entstehung der Zweiten Kultur in Deutschland. 2 Bände, Reinbek bei Hamburg 1974/75

Felden, Emil: Eines Menschen Weg. Friedrich Eberts Leben, Bremen 1927

Friedrich, Cäcilia: Minna Kautsky, Diss. Halle 1963

Fröhlich, Paul: Rosa Luxemburg. Gedanke und Tat, Hamburg 1949

Gärtler, Gina: Lily Braun, eine Publizistin des Gefühls, Diss. Heidelberg 1935

Geschichte der deutschen Arbeiterbewegung. Biographisches Lexikon, Berlin 1970

Glogau, B.: Agnes Wabnitz. Eine Frauenstimme aus der Bourgeoisie, Berlin 1894

Gross, Babette: Willi Münzenberg. Eine politische Biographie, Stuttgart 1967

Große Frauen der Weltgeschichte. Tausend Biographien in Wort und Bild, Wiesbaden o. J.

Haase, Ernst (Hrsg.): Hugo Haase. Sein Leben und Wirken. Mit einer Auswahl von Briefen, Reden und Aufsätzen, Berlin-Frohnau 1929

Hellpach, Willy: Wirken in Wirren. Lebenserinnerungen. Eine Rechenschaft über Wert und Glück, Schuld und Sturz meiner Generation. 1. Band: 1877–1914, Hamburg 1948

Heymann, Lida Gustava, in Zusammenarbeit mit Anita Augspurg: Erlebtes – Erschautes. Deutsche Frauen kämpfen für Freiheit, Recht und Frieden. 1850–1940, Meisenheim am Glan 1972

Holek, Wenzel: Lebensgang eines deutsch-tschechischen Handarbeiters. Mit einem Vorwort herausgegeben von Paul Göhre, Jena 1909

Honeycutt, Karen: Clara Zetkin: A Left-Wing Socialist and Feminist in Wilhelmian Germany, Diss. Columbia University 1975

Huber, Werner: Gertrud Bäumer. Eine politische Biographie, Diss. München 1970

Ilberg, Hanna: Clara Zetkin. Aus dem Leben und Wirken einer großen Sozialistin, o. O., 1956

Jansen, Reinhard: Georg von Vollmar. Eine politische Biographie, Düsseldorf 1958
Juchacz, Marie: Sie lebten für eine bessere Welt. Lebensbilder führender Frauen des 19. und 20. Jahrhunderts, Berlin, Hannover 1955
Kampffmeyer, Paul: Friedrich Ebert. Ein Lebensbild, in: Friedrich Ebert: Schriften, Aufzeichnungen, Reden. Mit unveröffentlichten Erinnerungen aus dem Nachlaß. Band I, Dresden 1926, S. 11–128
ders.: Georg von Vollmar, München 1930
Kautsky, Karl: Erinnerungen und Erörterungen. Herausgegeben von Benedikt Kautsky, Den Haag 1960
Kautsky, Luise: Rosa Luxemburg. Ein Gedenkbuch, Berlin 1929
Keil, Wilhelm: Erlebnisse eines Sozialdemokraten. Band I, Stuttgart 1947
Kirsch, Ruth: Käte Duncker. Eine biographische Studie über ihr politisch-pädagogisches Wirken, Diss. PH Dresden o. J.
Klucsarits, Richard / Kürbisch, Friedrich G. (Hrsg.): Arbeiterinnen kämpfen um ihr Recht. Autobiographische Texte zum Kampf rechtloser und entrechteter »Frauenspersonen« in Deutschland, Österreich und der Schweiz des 19. und 20. Jahrhunderts, Wuppertal o. J.
Kollontai, Alexandra: Autobiographie einer sexuell emanzipierten Kommunistin. Herausgegeben und mit einem Nachwort von Iring Fetscher, München ²1970
dies.: Ziel und Wert meines Lebens, in: Führende Frauen Europas. In sechzehn Selbstschilderungen herausgegeben und eingeleitet von Elga Kern, München 1928
Kotowski, Georg: Friedrich Ebert. Eine politische Biographie. Band I: Der Aufstieg eines deutschen Arbeiterführers 1871 bis 1917, Wiesbaden 1963
Lange, Helene: Lebenserinnerungen, Berlin 1927
Lazitch, Branko / Drachkovitch, Milorad M.: Biographical Dictionary of the Comintern, Stanford 1973
Lüders, Else: Minna Cauer. Leben und Werk. Dargestellt an Hand ihrer Tagebücher und nachgelassenen Schriften, Gotha 1925
Lüders, Marie-Elisabeth: Fürchte Dich nicht. Persönliches und Politisches aus mehr als 80 Jahren. 1878–1962, Köln, Opladen 1963
Mallachow, Lore: Clara Zetkin. Ihr Leben in Bildern, Leipzig 1960
May, Eugen: Mein Lebenslauf (1887–1920), in: Eugen Rosenstock: Werkstattaussiedlung. Untersuchungen über den Lebensraum des Industriearbeiters, Berlin 1922, S. 16–71
Die Mitglieder des österreichischen Nationalrates. Herausgegeben von der Kanzlei des Präsidenten des Nationalrates, Wien 1968
Münzenberg, Willi: Die dritte Front. Autobiographische Aufzeichnungen, Berlin 1931
Nettl, J. P.: Rosa Luxemburg. 2 Bände, London, New York, Toronto 1966
Neukirchen, Dorothea: Bebel und die Bibel. Lebenszeichen. Interview mit Jeanette Wolff im 1. Deutschen Fernsehen, ARD, 21. 6. 1976, 16.20 Uhr
Osterroth, Franz: Biographisches Lexikon des Sozialismus. Band I: Verstorbene Persönlichkeiten, Hannover 1960
Plothow, Anna: Die Begründerinnen der deutschen Frauenbewegung, Leipzig 1907
Popp, Adelheid: Erinnerungen. Aus meinen Kindheits- und Mädchenjahren. Aus der Agitation und anderes, Stuttgart 1915
dies.: Die Jugendgeschichte einer Arbeiterin. Mit einführenden Worten von August Bebel, München ⁴1930
Ratz, Ursula: Georg Ledebour. 1850–1947. Weg und Wirken eines sozialistischen Politikers, Berlin 1969

Reetz, Dorothea: Clara Zetkin als sozialistische Rednerin, Diss. Berlin 1973
Rehbein, Franz: Das Leben eines Landarbeiters. Herausgegeben von Karl Winfried Schafhausen. Unveränderter Nachdruck der Erstausgabe, herausgegeben von Paul Göhre, Jena 1911, Darmstadt, Neuwied 1973
Roehl, Fritzmichael: Marie Juchacz und die Arbeiterwohlfahrt. Überarbeitet von Hedwig Wachenheim, Hannover 1961
Scharlau, Winfried B. / Zeman, Zbynek A.: Freibeuter der Revolution. Parvus-Helphand. Eine politische Biographie, Köln 1964
Schreiber, Adele: Hedwig Dohm als Vorkämpferin und Vordenkerin neuer Frauenideale, Berlin 1914
Schwarz, Max: MdR. Biographisches Handbuch der Reichstage, Hannover 1965
Schwerin v. Krosigk, Lutz: Jenny Marx. Liebe und Leid im Schatten von Karl Marx. Eine Biographie nach Briefen, Tagebüchern und anderen Dokumenten, Wuppertal 1975
Sender, Toni: The Autobiography of a German Rebel, New York 1939
Siemsen, August: Anna Siemsen. Leben und Werk, Hamburg, Frankfurt a. M. 1951
Stampfer, Friedrich: Erfahrungen und Erkenntnisse. Aufzeichnungen aus meinem Leben, Bielefeld 1957
Stoecker, Helmuth: Walter Stoecker – Die Frühzeit eines deutschen Arbeiterführers. 1891–1920, Berlin 1970
Tsuzuki, Chushichi: The Life of Eleanor Marx 1855–1898. A Socialist Tragedy, Oxford 1967
Tureck, Ludwig: Ein Prolet erzählt. Lebensschilderung eines deutschen Arbeiters, Berlin 1930
Viersbeck, Doris: Erlebnisse eines Hamburger Dienstmädchens, München 1910
Vogelstein, Julie: Lily Braun. Ein Lebensbild, in: Lily Braun: Gesammelte Werke. Band I, Berlin-Grunewald o. J., S. V–CXXXVI
Wachenheim, Hedwig: Vom Großbürgertum zur Sozialdemokratie. Memoiren einer Reformistin, Berlin 1973
Wegscheider, Hildegard: Weite Welt im engen Spiegel. Erinnerungen, Berlin-Grunewald 1953
Zetkin, Clara: Kämpferin für die proletarische Weltrevolution, Moskau, Leningrad 1933
dies.: Leben und Lehren einer Revolutionärin, Berlin 1949
dies.: Ein Sammelband zum Gedächtnis der großen Kämpferin, Moskau, Leningrad 1934

*9. Darstellungen*

Albrecht, Willy / Boll, Friedhelm / Bouvier, Beatrix W. / Leuschen-Seppel, Rosemarie / Schneider, Michael: Frauenfrage und deutsche Sozialdemokratie vom Ende des 19. Jahrhunderts bis zum Beginn der zwanziger Jahre, in: Internationale Tagung der Historiker der Arbeiterbewegung (»XIV. Linzer Konferenz« 1978). Die Frau in der Arbeiterbewegung 1900–1939, Wien 1980, S. 107–181
Allendorf, Marlis: Die Frau im Sozialismus, Leipzig 1975
Angel, Pierre: Eduard Bernstein et l'Evolution du Socialisme Allemand, Paris 1961
Arbeiterbewegung und Frauenemanzipation, Frankfurt a. M. 1973
Aron, Steffi: Die sozialistische Frauenbewegung Deutschlands in ihrer historisch-soziologischen Entwicklung und in ihrem Verhältnis zur bürgerlichen Frauenbewegung, Diss. Heidelberg 1923

Balser, Frolinde: Sozial-Demokratie 1848/49–1863. Die erste deutsche Arbeiterorganisation »Allgemeine Arbeiterverbrüderung« nach der Revolution. Textband, Stuttgart 1962

Bartsch, Günther: Feminismus kontra Marxismus, in: Aus Politik und Zeitgeschichte. Beilage zur Wochenzeitung »Das Parlament«, 3. 12. 1977, S. 13–27

Bernays, Marie: Die deutsche Frauenbewegung, Leipzig, Berlin 1920

Bernstein, Eduard: Die Geschichte der Berliner Arbeiter-Bewegung. Ein Kapitel zur Geschichte der deutschen Sozialdemokratie. 1. Teil: Vom Jahre 1848 bis zum Erlaß des Sozialistengesetzes. Illustriert mit Bildern und Dokumenten aus der Zeit, Berlin 1907

ders.: Die Berliner Arbeiterbewegung von 1890 bis 1905. Berlin 1924

Bers, Günther / Klöcker, Michael: Die sozialdemokratische Arbeiterbewegung im Kölner Raum 1890–1895, Westorf bei Hamburg 1976

Beyer, Hans: Die Frau in der politischen Entscheidung. Eine Untersuchung über das Frauenwahlrecht in Deutschland, Stuttgart 1933

Blochmann, Elisabeth: Das »Frauenzimmer« und die »Gelehrsamkeit«. Eine Studie über die Anfänge des Mädchenschulwesens in Deutschland, Heidelberg 1966

Blos, Anna (Hrsg.): Die Frauenfrage im Lichte des Sozialismus, Dresden 1930

Boedeker, Elisabeth: Marksteine der deutschen Frauenbewegung von ihren Anfängen im 19. Jahrhundert bis zum Neuanfang nach 1945, Hannover $^{2}$1969, Neudruck 1970

Bölke, Gundula: Die Wandlung der Frauenemanzipationstheorie von Marx bis zur Rätebewegung, Hamburg $^{2}$1971

Bornemann, Ernest: Das Patriarchat. Ursprung und Zukunft unseres Gesellschaftssystems, Frankfurt a. M. 1975

Bossard, H. S. / Boll, E. S.: The Sociology of Child Development, New York 1960

Brandt, Gisela / Kootz, Johanna / Steppke, Gisela: Zur Frauenfrage im Kapitalismus, Frankfurt a. M. 1973

Bremme, Gabriele: Die politische Rolle der Frau in Deutschland. Eine Untersuchung über den Einfluß der Frauen bei Wahlen und ihre Teilnahme in Partei und Parlament, Göttingen 1956

Brüggemeier, Franz J. / Niethammer, Lutz: Schlafgänger, Schnapskasinos und schwerindustrielle Kolonie. Aspekte der Arbeiterwohnungsfrage im Ruhrgebiet vor dem Ersten Weltkrieg, in: Jürgen Reulecke / Wolfhard Weber: Fabrik – Familie – Feierabend. Beiträge zur Sozialgeschichte des Alltags im Industriezeitalter, Wuppertal 1978

Bry, Gerhard: Wages in Germany 1871–1945, Princeton 1960

Cohn, Gustav: Die deutsche Frauenbewegung. Eine Betrachtung über deren Entwicklung und Ziele, Berlin 1896

Daly, Mary: Kirche, Frau und Sexus, Olten 1970

Dehn, Günther: Großstadtjugend. Beobachtungen und Erfahrungen aus der Welt der großstädtischen Arbeiterjugend, Berlin 1919

ders.: Proletarische Jugend. Lebensgestaltung und Gedankenwelt der großstädtischen Proletarierjugend, Berlin 1929

Dornemann, Luise: Die proletarische Frauenbewegung während des Ersten Weltkrieges und der Novemberrevolution, in: Einheit. Zeitschrift für Theorie und Praxis des wissenschaftlichen Sozialismus, 13. Jg. (1958), S. 1670–1683

Ellscheid, Rosemarie: Die Frau in den deutschen Arbeiterberufsvereinen, Diss. Köln 1923

Essig, Olga: Die Frau in der Industrie, Berlin 1932

Evans, Richard J.: The Feminists. Women's Emancipation Movements in Europe, America and Australasia 1840–1920, London, New York 1977

ders.: The Feminist Movement in Germany 1844–1933, London 1976
ders.: The Women's Movement in Germany, 1890–1919, Diss. Oxford 1972
Fels, Orla-Maria: Die deutsche bürgerliche Frauenbewegung als juristisches Phänomen dargestellt an der Erscheinung Gertrud Bäumers, Diss. Freiburg 1959
Fischer, Ruth: Stalin und der deutsche Kommunismus. Der Übergang zur Konterrevolution, Frankfurt a. M. 1948
Franzen-Hellersberg, Lisbeth: Die jugendliche Arbeiterin. Ihre Arbeitsweise und Lebensform. Ein Versuch sozialpsychologischer Forschung zum Zweck der Umwertung proletarischer Tatbestände, Tübingen 1932
Frauenemanzipation. Antiautoritäres Mißverständnis oder Beitrag zur Konsolidierung der Arbeiterbewegung?, München 1970
Freudenthal, Margarete: Gestaltwandel der städtischen bürgerlichen und proletarischen Hauswirtschaft unter besonderer Berücksichtigung des Typenwandels von Frau und Familie, vornehmlich in Südwest-Deutschland zwischen 1760 und 1933. I. Teil von 1760–1910, Diss. Frankfurt a. M. 1934
Fricke, Dieter: Zur Organisation und Tätigkeit der deutschen Arbeiterbewegung (1890–1914). Dokumente und Materialien, Leipzig 1962
ders.: Clara Zetkin und der »Sozialdemokrat«, in: Beiträge zur Geschichte der deutschen Arbeiterbewegung, 3. Jg. (1961), S. 927–937.
Friedrich, Cäcilia (Hrsg.): Aus dem Schaffen früher sozialistischer Schriftstellerinnen, Berlin 1966
Fuchs, Eduard v.: Sozialgeschichte der Frau, Frankfurt a. M. 1973 (Neudruck von: ders.: Die Frau in der Karikatur, o. O., ³1928)
25 Jahre Frauenstudium in Deutschland. Verzeichnis der Doktorarbeiten von Frauen 1908–1933. Zusammengestellt von Elisabeth Boedecker unter Mitarbeit von Ingeborg Colshorn und Ela Engelhardt. Vier Hefte. Heft I, Hannover 1939
Gärtner, Georg: Die Nürnberger Arbeiterbewegung. 1868–1908, Nürnberg o. J. (1908)
Gay, Peter: The Dilemma of Democratic Socialism, New York 1952
Gerhard, Ute: Verhältnisse und Verhinderungen. Frauenarbeit, Familie und Rechte der Frauen im 19. Jahrhundert. Mit Dokumenten, Frankfurt a. M. 1978
Gersdorff, Ursula v.: Frauen im Kriegsdienst 1914–1945, Stuttgart 1969
Geschichte der deutschen Arbeiterbewegung. Band 2: Vom Ausgang des 19. Jahrhunderts bis 1917, Berlin 1966
Globig: . . . aber verbunden sind wir mächtig. Aus der Geschichte der Arbeiterjugendbewegung, Berlin 1958
Götze, Dieter: Clara Zetkin und die Einbeziehung der werktätigen Frauen in den Kampf der Kommunistischen Internationale 1919–1922, Diss. PH Leipzig 1974
Goode, William J.: World Revolution and Family Patterns, New York 1963
Groh, Dieter: Negative Integration und revolutionärer Attentismus. Die deutsche Sozialdemokratie am Vorabend des Ersten Weltkrieges, Frankfurt a. M., Berlin, Wien 1973
Hackett, Amy Kathleen: The Politics of Feminism in Wilhelmine Germany, 1890–1918, Diss. Columbia University 1976
Hauff, Lilly: Die deutschen Arbeiterinnen-Organisationen, Halle a. S. 1912
Hausen, Karin: Die Polarisierung der »Geschlechtscharaktere« – Eine Spiegelung der Dissoziation von Erwerbs- und Familienleben, in: Werner Conze (Hrsg.): Sozialgeschichte der Familie in der Neuzeit Europas. Neuere Forschungen, Stuttgart 1976, S. 363–393
Heinz, Margarete: Über das politische Bewußtsein von Frauen in der Bundesrepublik, München 1971
Helbig, Rolf / Langbein, Wilhelm / Zymara, Lothar: Beiträge zur Lage des weibli-

chen Proletariats und dessen aktive Einbeziehung in den Kampf der deutschen Arbeiterkasse gegen Imperialismus, Militarismus und Krieg in der dritten Hauptperiode der Geschichte der deutschen Arbeiterbewegung, Diss. PH Leipzig 1973

Hellfaier, Karl Alexander: Probleme und Quellen zur Frühgeschichte der Sozialdemokratie in Westfalen, in: Archiv für Sozialgeschichte III (1963) S. 157–221

Henkel, Martin / Taubert, Rolf: Das Weib im Conflict mit den socialen Verhältnissen. Mathilde Franziska Anneke und die erste deutsche Frauenzeitung, Bochum 1976

Herzig, Arno: Die Entwicklung der Sozialdemokratie in Westfalen bis 1894, in: Westfälische Zeitschrift, 121. Band (1971) S. 97–172

Heymans, G.: Die Psychologie der Frauen, Heidelberg ²1924

Hoffmann, Walther G.: Das Wachstum der deutschen Wirtschaft seit der Mitte des 19. Jahrhunderts, Berlin, Heidelberg, New York 1965

Hohendorf, Gerd: Revolutionäre Schulpolitik und marxistische Pädagogik im Lebenswerk Clara Zetkins, Berlin 1962

Hohorst, Gerd / Kocka, Jürgen / Ritter, Gerhard A.: Sozialgeschichtliches Arbeitsbuch. Materialien zur Statistik des Kaiserreichs 1870–1914, München 1975

Horkheimer, Max: Autorität und Familie. Allgemeiner Teil, Paris 1936

Hunt, Richard N.: German Social Democracy 1918–1933, New Haven, London 1964

Internationale Tagung der Historiker der Arbeiterbewegung (»XIV. Linzer Konferenz« 1978). Die Frau in der Arbeiterbewegung 1900–1939, Wien 1980

Jaeckel, Reinhold: Die Stellung des Sozialismus zur Frauenfrage im 19. Jahrhundert, Diss. Tübingen 1904

Janssen-Jurreit, Marielouise: Sexismus. Über die Abtreibung der Frauenfrage, München, Wien 1976

Jenks, William: Austrian Electoral Reform of 1907, Oxford 1951

Joos, Joseph: Die sozialdemokratische Frauenbewegung in Deutschland, M. Gladbach 1912

Kanitz, Otto Felix: Das proletarische Kind in der bürgerlichen Gesellschaft, Jena 1925

Kirchhoff, Auguste: Zur Entwicklung der Frauenstimmrechts-Bewegung, Bremen 1916

Klein, Viola: The Feminine Character. History of an Ideology, London 1946

Kleinberg, Alfred / Blatney, Fanni: Das Denkmal der unbekannten Proletarierin. Die Sudetendeutsche Arbeiterinnenbewegung bis zum Weltkrieg, Karlsbad 1937

Korn, Karl: Die Arbeiterjugendbewegung. Einführung in ihre Geschichte. 3 Teile, Berlin 1922–1924

Kuczynski, Jürgen: Studien zur Geschichte der Lage der Arbeiterin in Deutschland von 1700 bis zur Gegenwart, Berlin ²1965

Lehmann, Hans Georg: Die Agrarfrage in der Theorie und Praxis der deutschen und internationalen Sozialdemokratie. Vom Marxismus zum Revisionismus und Bolschewismus, Diss. Tübingen 1970

Lewinsohn, Richard: Die Stellung der deutschen Sozialdemokratie zur Bevölkerungsfrage, in: Schmollers Jahrbuch für Gesetzgebung, Verwaltung und Volkswirtschaft im Deutschen Reiche. 46. Jg. (1922) S. 191–237

Lexikon der Frau in zwei Bänden, Zürich 1953/54

Lichey, Margarete: Sozialismus und Frauenarbeit. Ein Beitrag zur Entwicklung des deutschen Sozialismus von 1869 bis 1921, Diss. Breslau 1927

Linse, Ulrich: Arbeiterschaft und Geburtenentwicklung im Deutschen Kaiserreich von 1871, in: Archiv für Sozialgeschichte XII (1972) S. 205–271

Lion, Hilde: Zur Soziologie der Frauenbewegung. Die sozialistische und die katholische Frauenbewegung, Berlin 1926

Lipinski, Richard: Die Geschichte der sozialistischen Arbeiterbewegung in Leipzig. Teil I: bis 1857, Leipzig 1931

Losseff-Tillmanns, Gisela: Frauenemanzipation und Gewerkschaften (1800–1975), Diss. Bochum 1975

Lützenkirchen, Ralf: Der sozialdemokratische Verein für den Reichstagswahlkreis Dortmund-Hörde. Ein Beitrag zur Parteigeschichte, Dortmund 1970

Magnus-Hausen, Frances: Ziel und Weg in der deutschen Frauenbewegung des XIX. Jahrhunderts, in: Deutscher Staat und deutsche Parteien. Beiträge zur deutschen Partei- und Ideengeschichte. Herausgegeben von Paul Wentzcke, München 1922, Neudruck Aalen 1973, S. 201–226

Mahal, Günther: Naturalismus, München 1975

Mannschatz, Eberhard: Einführung in die sozialistische Familienerziehung, Berlin 1971

Marcuse, Herbert / Furth, Peter: Emanzipation der Frau in der repressiven Gesellschaft. Ein Gespräch mit Herbert Marcuse, in: Das Argument. Berliner Hefte für Politik und Gesellschaft. 23, 4. Jg. (1962) Heft 4, 71972, S. 2–11

Martiny, Martin: Integration oder Konfrontation? Studien zur Geschichte der sozialdemokratischen Rechts- und Verfassungspolitik, Bonn-Bad Godesberg 1976

Matthias, Erich: Kautsky und der Kautskyanismus. Die Funktion der Ideologie in der deutschen Sozialdemokratie vor dem ersten Weltkrieg, in: Marxismusstudien. 2. Folge. Herausgegeben von Iring Fetscher, Tübingen 1957, S. 151–197

Matull, Wilhelm: Ostdeutschlands Arbeiterbewegung. Abriß ihrer Geschichte, Leistung und Opfer, Würzburg 1973

ders.: Ostpreußens Arbeiterbewegung. Geschichte und Leistung im Überblick, Würzburg 1970

Medick, Hans: Zur strukturellen Funktion von Haushalt und Familie im Übergang von der traditionellen Agrargesellschaft zum industriellen Kapitalismus: die proto-industrielle Familienwirtschaft, in: Werner Conze (Hrsg.): Sozialgeschichte der Familie in der Neuzeit Europas. Neuere Forschungen, Stuttgart 1976, S. 234–282

Meister, Angela: Die deutsche Industriearbeiterin. Ein Beitrag zum Problem der Frauenerwerbsarbeit, Jena 1939

Menschik, Jutta: Gleichberechtigung oder Emanzipation? Die Frau im Erwerbsleben der Bundesrepublik, Frankfurt a. M. 1974

Merfeld, Mechthild: Die Emanzipation der Frau in der sozialistischen Theorie und Praxis, Reinbek bei Hamburg 1972

Middleton, Lucy (Hrsg.): Women in the Labour Movement. The British Experience, London, Totowa/New Jersey 1977

Milhoffer, Petra: Familie und Klasse. Ein Beitrag zu den politischen Konsequenzen familialer Sozialisation, Frankfurt a. M. 1975

Mitscherlich, Waldemar: Eine soziologische Betrachtung über die Entstehung der deutschen Frauenbewegung, Diss. Berlin 1904

Moring, Karl-Ernst: Die Sozialdemokratische Partei in Bremen 1890–1914. Reformismus und Radikalismus in der Sozialdemokratischen Partei Bremens, Hannover 1968

Münzenberg, Willi: Die sozialistischen Jugendorganisationen vor und während des Krieges, Berlin 1919

Neuman, Robert Paul: Industrialization and Sexual Behavior: Some Aspects of Working Class Life in Imperial Germany, in: Robert J. Bezucha (ed.): Modern European Social History, Lexington, Toronto, London 1972, S. 270–298[6]
ders.: The Sexual Question and Social Democracy in Imperial Germany, in: Journal of Social History. Vol. 7 No. 3 (1974) S. 271–286[7]
ders.: Socialism, the Family and Sexuality: The Marxist Tradition and German Social Democracy before 1914, Diss. Northwestern University 1972[8]
Neumann, Annemarie: Die Entwicklung der sozialistischen Frauenbewegung, Diss. Berlin 1921[9]
dies.: Die Entwicklung der sozialistischen Frauenbewegung, in: Schmollers Jahrbuch für Gesetzgebung, Verwaltung und Volkswirtschaft im Deutschen Reiche. 45. Jg. (1921) S. 815–877[10]
Niethammer, Lutz, unter Mitarbeit von Franz Brüggemeier: Wie wohnten Arbeiter im Kaiserreich?, in: Archiv für Sozialgeschichte XVI (1976) S. 61–134
Nolan, Mary: Proletarischer Anti-Feminismus. Dargestellt am Beispiel der SPD-Ortsgruppe Düsseldorf, 1890–1914, in: Frauen und Wissenschaft, Beiträge zur Berliner Sommeruniversität für Frauen. Juli 1976, Berlin 1977, S. 356–377
dies.: The Socialist Movement in Düsseldorf, 1890–1914, Diss. Columbia University 1975
Oeter, Ferdinand (Hrsg.): Familie und Gesellschaft, Tübingen 1966
Osterroth, Franz: 100 Jahre Sozialdemokratie in Schleswig-Holstein. Ein geschichtlicher Überblick, Kiel 1963
Paulmann, Christian: Die Sozialdemokratie in Bremen 1864–1964, Bremen 1964
Pauls, Maria: Die deutschen Frauenorganisationen. Eine Übersicht über den Bestand, die Ursprünge und die kulturellen Aufgaben, Diss. Aachen 1966
Plat, Wolfgang: Die Stellung der deutschen Sozialdemokratie zum Grundsatz der Gleichberechtigung der Frau auf dem Gebiet des Familienrechts bei der Schaffung des Bürgerlichen Gesetzbuches des Deutschen Reiches, Diss. Berlin 1966
Popp, Adelheid: Der Weg zur Höhe. Die sozialdemokratische Frauenbewegung Österreichs. Ihr Aufbau, ihre Entwicklung und ihr Aufstieg, Wien ²1930
Quarck, Max: Die erste deutsche Arbeiterbewegung. Geschichte der Arbeiterverbrüderung 1848/49. Ein Beitrag zur Theorie und Praxis des Marxismus, Leipzig 1924
Quataert: Jean H.: The German Socialist Women's Movement 1890–1918: Issues, Internal Conflicts, and the Main Personages, Diss. University of California, Los Angeles 1974[11]
dies.: Feminist Tactics in German Social Democracy: A Dilemma, in: Internationale Wissenschaftliche Korrespondenz zur Geschichte der Arbeiterbewegung. 13. Jg. (1977) Heft 1 S. 48–65[12]
Reich, Wilhelm: Die sexuelle Revolution. Zur charakterlichen Selbststeuerung des Menschen, Frankfurt a. M. 1966
ders.: Die Massenpsychologie des Faschismus, Köln, Berlin ³1971
Remme, Irmgard: Die internationalen Beziehungen der deutschen Frauenbewegung vom Anfang des 19. Jahrhunderts bis 1933, Diss. Berlin 1955

6 Im Text zitiert als: Neuman, in: Bezucha.
7 Im Text unter dem vollständigen Titel zitiert.
8 Im Text zitiert als: Neuman.
9 Im Text zitiert als: Neumann.
10 Im Text zitiert als: Neumann, in: Schmollers Jahrbuch 1921.
11 Im Text zitiert als: Quataert.
12 Im Text unter dem vollständigen Titel zitiert.

Ritter, Gerhard A.: Die Arbeiterbewegung im Wilhelminischen Reich. Die Sozialdemokratische Partei und die Freien Gewerkschaften 1890–1900, Berlin ²1963
Rosenbaum, Heidi (Hrsg.): Familie und Gesellschaftsstruktur. Materialien zu den sozioökonomischen Bedingungen von Familienformen, Frankfurt a. M. 1974
Roth, Guenther: The Social Democrats in Imperial Germany. A Study in Working-Class Isolation and National Integration, Totowa/New Jersey 1963
Rover, Constance: Love, Morals and the Feminists, London 1970
dies.: Women's Suffrage and Party Politics in Britain 1866-1914, London, Totowa 1967
Rückert, Otto: Zur Geschichte der Arbeiterbewegung im Reichstagswahlkreis Potsdam-Spandau-Osthavelland (1871–1917) unter besonderer Berücksichtigung der Tätigkeit Karl Liebknechts. 3 Teile, Potsdam 1965
Rühle, Otto: Illustrierte Kultur- und Sittengeschichte des Proletariats. Band I, Berlin 1930
Rühle-Gerstel, Alice: Das Frauenproblem der Gegenwart. Eine psychologische Bilanz, Leipzig 1932. Neudruck unter dem Titel: Die Frau und der Kapitalismus, Frankfurt a. M. o. J.
Salomon, Alice / Baum, Marie (Hrsg.): Das Familienleben der Gegenwart, 182 Familienmonographien, Berlin 1930
Sauer, Else: Die Entwicklung der bürgerlichen Frauenbewegung von der Gründung des Bundes Deutscher Frauenvereine 1894 zum ersten Weltkrieg, Diss. Leipzig 1969[13]
dies.: Die Entwicklung der bürgerlichen Frauenbewegung von der Gründung des Bundes Deutscher Frauenvereine 1894 bis zum ersten Weltkrieg, in: Wissenschaftliche Studien des Pädagogischen Instituts Leipzig, Heft 2 (1970) S. 134–138[14]
Schaarschmidt, Erich: Geschichte der Crimmitschauer Arbeiterbewegung, Diss. Leipzig 1934
Schallenberger, Horst: Untersuchungen zum Geschichtsbild der Wilhelminischen Ära und der Weimarer Zeit. Eine vergleichende Schulbuchanalyse deutscher Schulgeschichtsbücher aus der Zeit von 1888 bis 1933, Ratingen bei Düsseldorf 1964
Scheffler, Erna: Die Stellung der Frau in Familie und Gesellschaft im Wandel der Rechtsordnung seit 1918, Frankfurt a. M., Berlin 1970
Schirmacher, Kaethe: Die moderne Frauenbewegung. Ein geschichtlicher Überblick, Leipzig 1909
Schmidt, Bernd / Richter, Wolfgang: Die Rolle August Bebels und der von ihm geführten revolutionären Sozialdemokratie beim Kampf des Proletariats um die Befreiung der Frau (1865–1900). Ein Beitrag zur Geschichte der politisch-theoretischen und organisatorischen Entwicklung der proletarischen Frauenbewegung Deutschlands im 19. Jahrhunderts, Diss. PH Leipzig 1973
Schmidt-Beil, Ada (Hrsg.): Die Kultur der Frau. Eine Lebenssymphonie der Frau des XX. Jahrhunderts, Berlin-Frohnau 1931
Schneider, Lothar: Der Arbeiterhaushalt im 18. und 19. Jahrhundert. Dargestellt am Beispiel des Heim- und Fabrikarbeiters, Berlin 1967
Schneider, Max: Die deutsche Wählerin. Eine notwendige Ergänzung zu dem Artikel 1912–1928, in: Die Gesellschaft. Internationale Revue für Sozialismus und Politik. II. Band (1927) S. 364–372
Scholze, Siegfried: Der Kampf Clara Zetkins um die Verwirklichung der Ideen Le-

13 Im Text zitiert als: Sauer.
14 Im Text unter dem vollständigen Titel zitiert.

nins zur Befreiung der Frau, in: Beiträge zur Geschichte der Arbeiterbewegung. 12. Jg. (1970) S. 648/649
Schorske, Carl E.: German Social Democracy 1905–1917. The Development of the Great Schism, Cambridge 1955
Schult, Johannes: Geschichte der Hamburger Arbeiter 1890–1919, Hannover 1967
Schuster, Klaus: Theodor Fontane: Effi Briest – ein Leben nach christlichen Bildern, Tübingen 1978
Schwägler, Georg: Soziologie der Familie. Ursprung und Entwicklung, Tübingen 1970
Shorter, Edward: Sexual Change and Illegitimacy: The European Experience, in: Robert J. Bezucha (Hrsg.): Modern European Social History, Lexington, Toronto, London 1972, S. 231–269
Sieger, Walter: Das erste Jahrzehnt der deutschen Arbeiterjugendbewegung 1904–1914, Berlin 1958
Söllner, Christa: Clara Zetkin und die sozialistische Frauenbewegung in der Zeit von 1890 bis zum I. Weltkrieg, Köln 1970
Sommerlad, Philipp: Siebzig Jahre sozialistische Bewegung in Bochum, Hattingen 1948
Staude, Fritz: Ein Beitrag Clara Zetkins für den proletarischen Internationalismus, in: Wissenschaftliche Studien des pädagogischen Instituts Leipzig, Heft 2 (1970) S. 149–156
Stearns, Peter N.: European Society in Upheaval. Social History Since 1800, London, New York 1967
Steinberg, Hans-Josef: Sozialismus und deutsche Sozialdemokratie. Zur Ideologie der Partei vor dem I. Weltkrieg, Hannover 1967
Strain, Jacqueline: Feminism and Political Radicalism in the German Social Democratic Movement, 1890–1914, Diss. University of California, Berkeley 1964
Strecker, Gabriele: Hundert Jahre Frauenbewegung in Deutschland, Wiesbaden o. J. (1951)
dies.: Der Weg der Frau in die Politik. Die Rolle der Frau in den deutschen Parteiprogrammen, Bonn 1965
Struewing, Werner: Das sozialistische Arbeiterinnenproblem, Diss. Freiburg 1921
Thönnessen, Werner: Frauenemanzipation. Politik und Literatur der Deutschen Sozialdemokratie zur Frauenbewegung 1863–1933, Frankfurt a. M. 1969
ders.: Die Frauenemanzipation in Politik und Literatur der Deutschen Sozialdemokratie (1863–1933), Diss. Frankfurt a. M. 1958[15]
Todt, Elisabeth / Radandt, Hans: Zur Frühgeschichte der deutschen Gewerkschaftsbewegung. 1800–1849, Berlin 1950
Tornieporth: Gerda: Studien zur Frauenbildung. Ein Beitrag zur historischen Analyse lebensweltorientierter Bildungskonzeptionen, Weinheim, Basel 1977
Twellmann, Margrit: Die deutsche Frauenbewegung im Spiegel repräsentativer Frauenzeitschriften. Ihre Anfänge und erste Entwicklung 1843–1889, Meisenheim am Glan 1972
Ullrich, Volker: Die Hamburger Arbeiterbewegung vom Vorabend des Ersten Weltkrieges bis zur Revolution 1918/19. Band 1, Hamburg 1976
Um eine ganze Epoche voraus. 125 Jahre Kampf um die Befreiung der Frau. Sammelband. Herausgegeben von der Arbeitsgemeinschaft »Geschichte des Kampfes der deutschen Arbeiterklasse um die Befreiung der Frau« am Pädagogischen Institut Leipzig, Leipzig 1970

15 Beide Bücher von Thönnessen sind fast identisch. Verweise in dieser Arbeit beziehen sich stets auf die Ausgabe von 1969.

Wachenheim, Hedwig: Die deutsche Arbeiterbewegung 1844–1914, Frankfurt a. M., Wien, Zürich 1971
Walther, Rosemarie: Clara Zetkin zur proletarischen Familienerziehung, Berlin 1959 (Diss. Humboldt Universität Berlin unter dem Titel: »Der Beitrag zur Theorie der proletarischen Familienerziehung in den Ausführungen von Clara Zetkin«)
Weber-Kellermann, Ingeborg: Die deutsche Familie. Versuch einer Sozialgeschichte, Frankfurt a. M. 1974
Wehler, Hans-Ulrich: Das Deutsche Kaiserreich 1871–1918, Göttingen [2]1975
Zahn-Harnack, Agnes v.: 80 Jahre Frauenbewegung 1849–1928, Berlin-Tempelhof o. J.
dies.: Wandlungen des Frauenlebens vom 18. Jahrhundert bis zur Gegenwart, Berlin, Hannover, Frankfurt a. M. 1951
Zeitz, Alfred: Zur Geschichte der Arbeiterbewegung der Stadt Brandenburg vor dem ersten Weltkrieg, Potsdam 1965
Zetkin, Clara: Zur Geschichte der proletarischen Frauenbewegung Deutschlands, Frankfurt a. M. 1971
Zinnecker, Jürgen: Sozialgeschichte der Mädchenbildung. Zur Kritik der Schulerziehung von Mädchen im bürgerlichen Patriarchalismus, Weinheim, Basel 1973

*10. Literarisches*

Aragon, Louis: Die Glocken von Basel. Roman, München 1964
Braun, Lily: Lebenssucher. Roman; Mutter Maria. Eine Tragödie in 5 Akten, in: dies.: Gesammelte Werke. Band 4, Berlin-Grunewald o. J.
Glaeser, Ernst: Jahrgang 1902, Berlin 1931
Goethes Faust. Der Tragödie erster und zweiter Teil. Urfaust. Kommentiert von Erich Trunz, Hamburg 1963
Hauptmann, Gerhart: Die Weber, in: ders.: Das Dramatische Werk. Sechs Teile in drei Bänden. 1. Teil, Berlin [6]1932, S. 293–394
Heine, Heinrich: Die Wanderratten, in: ders.: Werke. Herausgegeben von Ernst Elster. Kritisch durchgesehene und erläuterte Ausgabe. Band II, Leipzig 1890, S. 325–327
Ibsen, Henrik: Ein Puppenheim. Schauspiel in drei Akten, in: ders.: Sämtliche Werke. Volksausgabe in fünf Bänden. Herausgegeben von Julius Elias und Paul Schlenther. Vierter Band, Berlin 1908, S. 1–96
Der utopische Staat. Morus: Utopia, Campanella: Sonnenstaat, Bacon: Neu-Atlantis, Reinbek bei Hamburg 1960
Weerth, Georg: Sämtliche Werke. 5 Bände, Berlin 1956/57

---

Nach Fertigstellung des Manuskriptes erschienene Literatur (z. B. Brinker-Gabler, Evans) konnte aus technischen Gründen nicht mehr berücksichtigt werden.